Global Trade Environment

국제통상 환경론

박형래

Global Trade Environment

도서출판 청람

■ 머리말 ■

근대경제체제가 확립된 이래 국제무역질서는 자유무역과 보호무역의 갈등으로 혼합된 사건의 연속이었다. 최근 미국 등 주요 교역국의 보호무역주의 확산 추세, WTO 다자주의 정체상황의 대안으로서 Mega FTA의 출현, 중국의 부상과 미·중 무역마찰, 한편으로는 무역자유화를 외치지만 또 다른 측면에서는 무역제한조치의 강화 등으로 국제경제질서는 불확실하고 혼란스러운 환경에 직면하고 있다. 미국을 필두로 시작한 양적완화정책의 점진적인 종결이 또 어떠한 파급효과를 가져올지 정확하게 예측하기가 쉽지가 않다. 유럽에서는 유로존 재정위기가 어느 정도 안정화 되었으나, 영국의 브렉시트 국민투표 결정에 따른 체제의 불안정성이 그 어느 때보다도 높은 상황이다. 오랫동안 고성장을 구가하던 중국경제도 이제 6%대 이하의 성장이 고착화되는 등 세계경제의 성장에 대한 기여가 현저하게 축소되었다. 역사적으로 보면 이렇게 불안정성과 불확실성이 강한 시기에는 대부분 보호무역주의가 횡행하였다. 이러한 모습은 지금도 예외가 아니다. 세계경제의 전반적인 보호무역주의 경향에는 미국 트럼프 행정부가 주도한 '자국이익 중심주의'와 '일방주의'가 커다란 역할을 한 것으로 파악되고 있다. 최근 변화들은 지난 50여 년간 개방된 세계경제를 대상으로 대외지향적이며 수출의존적인 경제발전정책을 견지해 온 한국경제에 다양한 도전과제를 던져주고 있다.

이에 본서는 이러한 상황을 심층분석하고 해법을 제시하기 위한 기초적 국제규범과 무역환경의 여러 이슈들을 소개하였다. 특히 이 책은 국제경제환경의 한 분야라 할 수 있는 국제무역규범환경에 관한 이슈를 공부하고 연구하는 학생들에게 도움을 주기 위하여 만들었다. 필자는 국제무역환경이라는 과목을 오랫동안 강의해 오면서 국제무역의 현상을 이론적인 접근보다 최근의 이슈 중심으로 알기 쉽게 그 내용을 소개하는 책의 필요성을 느끼고 있었다. 그동안 국제경제환경은 우리가 생각하는 이상으로 빠르게 변하고 형성되어 왔으며 이러한 과정에서 우리가 검토해야 할 새로운 주제와 문제들이 끊임없이 제기되어 왔기에 이에 대한 내용을 정리하고 각 분야에 대한 쟁점을 소개한다는 의미에서 이 책을 쓰게 되었다.

국제무역환경을 이해하기 위한 예비지식으로서 우선 무역에 대한 기본개념과 그 정치경제학적인 의미를 소개하였는데 이는 그동안 대학에서 국제무역론을 강의해 온 이론적 내용을 바탕으로 가능한 쉬운 개념으로 설명하고자 노력하였다. 다자간 협상환경에 관한 내용은 그동안 강단과 사회교육에서 강의한 최근의 이슈에 관한 내용들을 토대로 내용을 정리하였다. 다양하고 복잡한 국제무역환경에 대한 내용들의 사례를 소개하며 쉬운 내용으로 정리해보려고 노력하였으나 어려움이 많았다. 그간 '국제무역환경의 이해'라는 저서를 통해 국제무역환경에 대한 체계적인 설명을 시도해 왔으나 기존의 동 저서에서 다루지 않았던 메가 FTA와 디지털무역을 자세히 소개하였다. 미국의 TPP 탈퇴로 인해 현재는 소강상태를 보이지만 향후 보호무역주의의 퇴조와 자유무역의 기조가 다시 등장하게 되면 주요한 국제통상환경의 새로운 변수로 등장하게 되리라는 점을 고려하여 Mega FTA를 별도의 한 장으로 다루었다. 이와 함께 디지털시대의 무역환경도 함께 새로운 장에서 소개하였다. 향후 국제무역질서의 큰 축으로 자리매김할 주요 이슈에 대한 환경을 새롭게 추가하고 미흡한 부분들을 보강하여 이 책을 다시 '국제통상환경론'이라는 이름으로 발간하게 되었다.

그나마 이 책을 만드는 동안 현재 강릉대학교 무역학과 학생들과 교양과정 수강생들의 격려가 없었다면 이러한 작은 노력도 결실을 보지 못했을 것이다. 그러나 이 책을 만들고 보니 저자의 부족함이 새삼 느껴지게 되었음을 고백한다. 어렵고 복잡하고 광범위한 내용을 교양과정에 적합한 내용으로 알기 쉽게 기술하기가 생각보다 많은 노력과 지혜를 필요로 하는 작업이나 부분적으로는 너무 전문적인 내용과 국제경제환경 중에서도 주로 실물부문의 무역환경에만 초점을 맞추다 보니 여러 면에서 부족하고 빈약한 저서가 되었음을 느낀다. 하지만 앞으로 지속적인 연구와 노력을 통하여 이러한 점은 보충시켜 나가고자 한다. 이 책이 나오기까지 직·간접으로 도움을 준 아내와 두 딸들, 전국의 국제통상관련 교수님과 출판을 쾌히 승낙해 주신 도서출판 청람의 여러 관계자분들에게 진심으로 감사드린다.

2019년 3월
저자 씀

■ 차 례 ■

Chapter 14 미국의 통상정책환경

01 CHAPTER

국제무역환경 이해의 대상

1 Chapter
국제무역환경 이해의 대상

1.1 국제경제활동의 환경 프레임워크

국가 간의 경제활동을 그 성격상 다양한 복수문화적 경제환경에 노출되고, 다원적인 환경 속에서 경제활동을 수행해야 하므로, 각국은 성공적으로 경제활동을 하고 경쟁하는 데 필수적인 지식과 대응책을 갖추어야 한다.

국제무역환경이란 국가 간 교역 시 직면하는 다양한 환경을 말하는데, 이는 한 나라 안에서 지역 간에 발생하는 생산, 교환, 소비현상에 미치는 기능적 역할과 크게 다를 바가 없다. 따라서 생산자나 소비자의 동기나 행위는 국제거래나 국내거래 모두 비슷하다는 것이다. 그렇다면 국제무역환경을 다루는 문제도 한 나라 안에서 지역 간에 발생하는 경제활동에 영향을 미치는 국내교역환경문제를 다루는 일반적 분석 프레임워크와 구분해서 다루어야 할 필요가 있는가에 대한 의문을 제기할 수 있다.

그렇지만 국제무역환경에 대한 이해를 일반적 국내교역환경과 분리해서 취급하는 데에는 몇 가지 이유가 있다. 그것은 국가 간에 존재하는 무역환경이 한 나라 안에서 지역 간에 존재하는 교역환경과는 비교할 수 없을 만큼 여러 가지 측면에서 차이가 있기 때문이다.

첫째, 한 나라 안의 지역 간·국가 간의 교역환경 차이 중 제일 중요한 것은 생산요소의 이동성에 있다. 한 나라 안에서는 모든 생산요소의 자유로운 이동이 허용되는 반면에, 국가 간에는 그것이 거의 불가능하거나 극히 제한적인 조건하에서만 가능하다. 예를 들면, 거의 모든 국가에서 국가 간 노동력의 이동은 극히 제한적인 범위 내에서만 허용하고 있다. 만약 한 국가의 노동자가 외국에 가서 일하려면 그 나라의 이민법, 취업허가규정 등 엄격하고 복잡한 규제절차 때문에 제약을 받게 된다. 자본의 국가 간 이동은 노동력의 이동보다는 훨씬 자유롭지만 그것도 여러 가지 형태의 정부규제를 받는 점에서는 비슷한 입장이다.

둘째, 한 나라 안에 있는 모든 경제주체들은 동일한 경제제도 및 법률제도하에서 경제활동을 할 수 있는데, 그 경제제도나 법률제도가 국가 간에 현격한 차이가 있을 수 있으며 이를 적용하는 관례도 국내의 경우와는 많은 차이를 나타낼 것이다. 예를 들면, 국가 간에는 세제 및 금융제도, 교통, 통신, 정보서비스 등과 같은 사회간접자본의 확충과 그 운영방법 등에서 상당한 격차가 존재할 수 있다. 이러한 제도적 차이는 결과적으로 거래에 따르는 위험부담, 거래비용 등의 측면에서 한 나라 안에서보다는 국가 간의 거래에 훨씬 큰 부담을 안겨줄 가능성이 있다.

셋째, 문화적 배경과 역사적 전통이 다르고 또 이로 인한 가치관의 차이가 한 나라 안에서보다는 국가 간에 훨씬 더 클 것이라는 점이다. 따라서 이러한 상황하에서 국제무역을 하는 각국의 경제주체들이 국가 간에 존재하는 문화적 차이를 성공적으로 관리하고 이해하게 되면, 지속적으로 경쟁우위를 확보하게 되어 국제경제활동을 성공으로 이끌 수 있다. 반면에 문화적 차이를 무시하거나 잘못 이해하게 되면, 국제경제활동은 실패할 가능성이 높다. 그렇기 때문에 각국의 경제주체들은 문화적 차이를 단순히 국가 간 경제활동을 제한하는 하나의 장해물로만 생각하지 말고, 실제적인 편익을 제공하고 경쟁우위 확보 등에 활용할 수 있는 것임을 인식할 필요가 있다.

넷째, 교통, 전자·통신기술과 컴퓨터 그리고 정보처리기술의 비약적인 발달에 모든 개별국가가 세계경제의 일부로 통합되는 경제환경하에서는 지금까지 우리가 가지고 있었던 의식구조, 생활양식과 경제활동의 차원이 크게 변화하게 되었다. 이와 같은 세계경제의 변화로 말미암아 개별국가의 독자적인 주권행사는 제약을 받게 되면서 각국의 차별적이고 독립적인 국내정책을 추구하기에 어려움이 많아지고 있다. 그리고 다자주의의 발전은 필연적으로 경제정책에 대한 개별국가의 주권 행사력을 약화시키고 있다. 이와 관련하여 인식해야 할 새로운 변수로서 환경, 노동조건, 경쟁정책, 투자정책, 기술정책, 부패 등 이제까지 고유한 개별국가의 영역이라 여겨지던 분야까지도, 국제규범과 국제협약에 따라야 하게 되었다. 따라서 국내외 독자적 경제환경 외에도 다자간 차원의 무역환경을 이해해야 할 특수성이 있다고 할 수 있다.

이상과 같은 교역환경의 차이는 비단 국가 간에만 존재하는 것이 아니고 한 나라

안의 지역 간에도 존재할 수 있으며, 이러한 경우 국제무역환경에 대한 이해도 서로 다른 교역환경을 가진 지역 간에도 적용될 수 있음은 당연한 일이다. 나아가 모든 국가를 초월하여 경제구조가 통합관리되어 가는 다자간 국제교역환경을 이해하는 것이 무엇보다 시급한 과제라 할 수 있다.

1. 국내경제환경과 경제흐름

[그림 1-1]에서는 국제경제환경에 노출되지 않은 국내산업이 단순히 국내경제환경에 직면하여 경제활동을 할 때 각 산업들이 직면하는 상호관계를 나타내고 있다. 경제 내에 속한 개별산업들은 재화, 용역, 임금, 조세, 정보, 오염 등과 같은 다양한 요인을 그들이 활동하고 있는 환경 속으로 유출시키고 있으며, 동시에 모든 산업이 사회적 · 문화적 · 정치적 · 법적 · 경제적 환경에 의해 영향을 받고 있다. 국내산업에 있어서 이러한 환경적 요인들은 그다지 큰 비용을 발생시키지 않는 일정량

그림 1-1 국내경제환경 속의 경제흐름

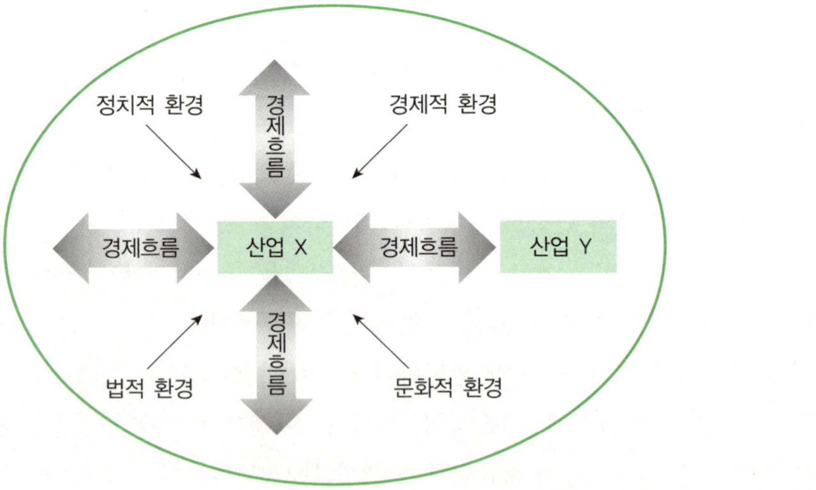

(경제흐름) 재화, 용역, 자금, 인적자원, 정보, 조세
(국내제약조건)
사회문화적 환경 : 직업윤리, 교육, 사회성향 등
경제적 환경 : 인플레이션, 이자율, 경쟁, 노조, 화폐 및 자본시장
정치 · 법률적 환경 : 화폐 · 금융정책, 반독점법, 고용 및 노동정책, 환경오염 및 보건 안전정책 등

(constants), 즉 예를 들면 언어 및 통화와 같이 모든 국내기업이 동일하게 직면하는 일정요인임에 반해 외국기업들에게는 특별한 관심이 요구되는 중요한 변수라 할 수 있다.

2. 국제경제환경과 경제흐름

[그림 1-2]에서는 두 개의 다른 국가에서 경제활동을 하는 두 경제주체 간의 활동을 나타내고 있는데, 이러한 환경 속에서는 보다 복잡한 관계를 보이게 된다. 즉 국경을 넘나드는 경제활동으로 경제적 환경은 복잡하고 다원적인 요인을 형성하게 된다. 그러나 한편으로 이 단계에서는 경제활동에 있어 복잡한 장애요인은 줄어들게 되는 측면도 있다. 왜냐하면 국제 간 무역과 금융이론에서 강조하는 주요 가정 중의 하나가 합리성이고, 복잡한 경제활동의 단계에서는 합리성만이 유일하게 경제활동을 가능하게 하는 요인으로 취급되는 만큼 경제활동의 불확실성이 줄어들 수 있기 때문이다. 그러나 각국은 국내에서 고려하지 않았던 보다 복잡한 국제적 기업환경요인에 직면하게 된다. 즉 외환보유로 인한 환위험의 발생, 다양한 외국 법률, 국제경제활동을 제약하는 국제기구 등과 같은 요인을 추가적으로 고려해야 한다.

그림 1-2 국제경제환경 속의 경제흐름

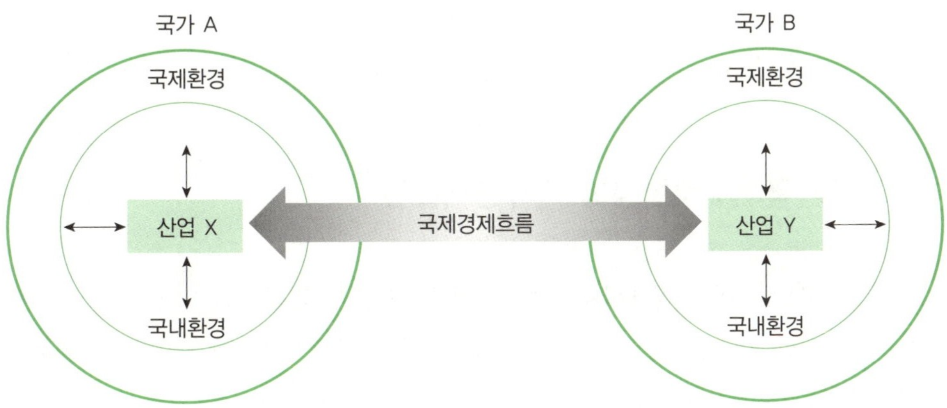

3. 무역장벽과 국제경제흐름

[그림 1-3]은 국가 간 경제활동에 있어 장애요인으로 등장하는 요인들을 설명하고 있는데, 재화와 용역의 자유로운 이동을 방해하는 관세 및 기타 무역규제, 외환시장에의 자유로운 진입과 퇴출을 규제하는 외환통제, 화폐 및 자본의 자유로운 이동을 규제하는 자본규제 등을 들 수 있다. 이러한 규제는 경제적 거래를 공급하는 국가나 수요하는 국가 모두에서 발생할 수 있으며, 이는 경제활동의 유출입의 장벽인 동시에 중요한 국제경제환경을 구성하는 요인들이다.

그림 1-3 무역과 생산요소의 국제적 자유이동에 대한 장벽

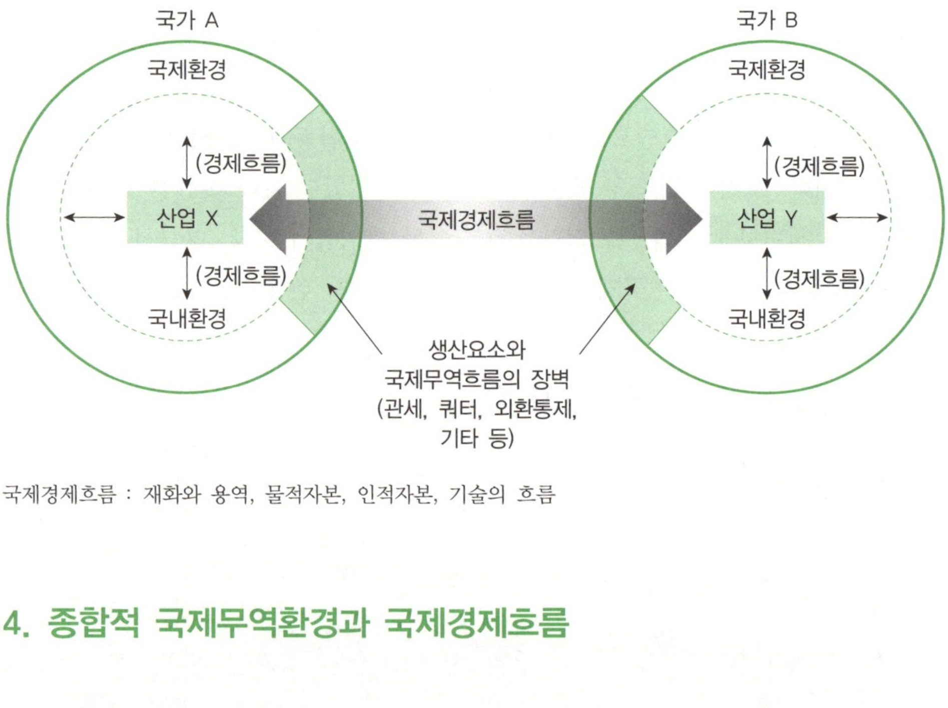

국제경제흐름 : 재화와 용역, 물적자본, 인적자본, 기술의 흐름

4. 종합적 국제무역환경과 국제경제흐름

[그림 1-4]는 국내외 경제활동을 하는 경제주체들이 직면하게 되는 각국의 다양한 환경적 요인 외에, 국제적 규범을 규율하는 국제경제기구들에 의해 규율됨을 나타내고 있다. 국제경제활동을 실물적인 측면에서 규율하는 국제기구로는 GATT, WTO이며, 금융적인 측면에서 규율하는 국제기구는 IMF, World Bank 및 기타 국제금융시스템을 규율하는 기구들이 있다.

그림 1-4 **국내외 경제흐름에 대한 종합적 환경**

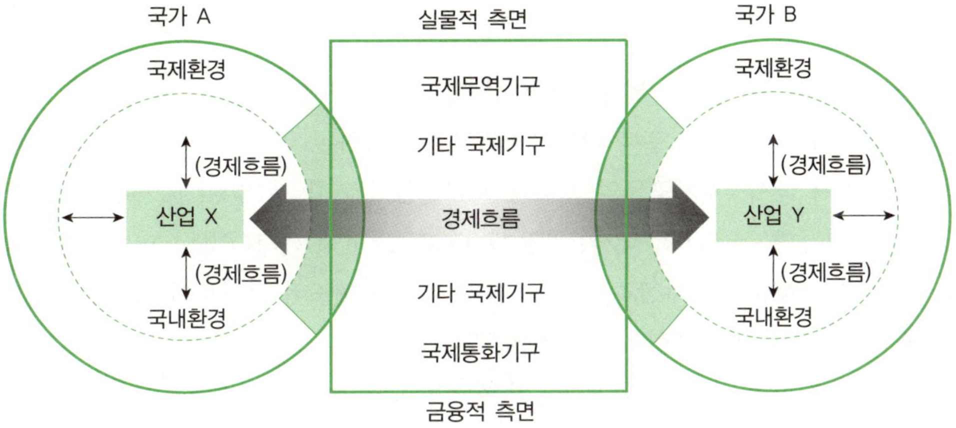

국제기구 : 실물부문의 국제기구는 GATT·WTO, 금융부문의 국제기구로는 IMF, World Bank 및 기타 국제 금융시스템을 규율하는 기구

1.2 국제무역환경의 이해와 정책조화

국제경제는 자유롭게 경제정책을 선택할 수 있는 주권국가들로 구성되어 있다. 그러나 불행히도 세계경제에서는 한 국가의 경제정책이 자연스럽게 다른 국가들의 경제에 영향을 미치게 되고, 국가 간의 목표차이는 흔히 개별국가들 간 이해관계의 충돌을 초래한다. 비록 국가들이 비슷한 목표를 지니고 있다고 하여도 국가 상호간에 정책을 조정하지 못하면, 각 국가들은 무역으로 인해 이득보다 손실을 보게 될 것이다. 각 국가들을 통치할 세계정부가 없는 상태에서 국제경제학의 근본적인 문제는 국가 간 무역정책과 통화정책을 어떻게 조화롭게 조정하느냐에 달려 있다. 따라서 국제무역환경을 이해하고 국가 간 발생할 수 있는 마찰을 최소화함으로써 국가 간 경제활동을 원활하게 운영할 필요가 있다.

1.3 국제무역환경의 전개와 연구대상

지난 50년간 세계경제의 발전을 살펴볼 때 그동안 자유무역 및 경제성장의 파급과 지속을 가져온 요인으로서 국제무역환경을 규율하는 국제무역과 국제금융부문의 여러 가지 국제경제기구들의 중추적인 역할을 간과할 수 없다. 국제경제환경을 구성하고 있는 Worl Bank, 국제결제은행, OECD, GATT, WTO들은 회원국 정부의 정책입안을 국제규범에 부합하도록 조정·제약하는 제도적 장치로서 국제무역환경을 형성하는 주도적인 역할을 담당하여 왔다.

이러한 국제경제기구들은 국제규범의 강력한 집행에 있어서 때로는 미흡한 점도 있었으나, 국제경제관계를 체계화하는 규약, 협약 및 이해각서 등을 수호하는 역할을 이행하면서 국제경제질서의 유지에 크게 기여하였다. 특히 전후 25년간 국제경제기구는 원칙준수와 집행의 신축성을 효과적으로 병용하여 그 성과가 성공적이었다고 평가된다. 또한 전후의 국제경제규범은 1930년대 성행했던 근린궁핍화정책, 경쟁적 평가절하 등과 같은 세계무역과 경제에 위해로운 근시안적인 국내정책의 추구를 재연하지 않기 위해서 필요하였다. 국제무역질서를 규율하는 최초의 국제협약 하바나헌장(Havana Charter)이 창출시킨 국제무역기구(International Trade Organization : ITO)는 무산되었으나, 1946년 하바나회의 준비위원회가 제의한 GATT의 설립은 국제무역에 대해 다자주의적 및 비차별적인 접근과 무역의 수량규제를 비난하는 두 개의 원칙을 행동강령에 포함시켰다. 브레튼우즈체제가 동시에 추진한 국제통화체제의 자유화는 새롭게 출범한 개방주의적 교역질서를 크게 보완하였다.

전후 국제경제체계는 견실하였을 뿐만 아니라 환경변화에도 매우 순응적이었다. 상호의존성을 인식한 주요 국가들은 협의를 통하여 예기치 못한 이변에 신축적으로 대응하였고 즉시 오류를 즉시 시정하였다. 앞에서 지적한 바와 같이 갑작스러운 반대에 부딪혔던 ITO계획은 GATT로 대체되었으며, 예기치 못했던 달러 부족상태에 직면하자 재원조달 임무를 맡았던 IMF 및 세계은행은 미국 정부 주도하의 마샬계획(Marshall Plan)으로 이양하였다. 전후 처음 25년간 국제경제기구는 설립목적으로부터 큰 이탈 없이 그리고 조직의 훼손 없이 새로운 상황변화에 유연하게 적응했다. 그러나 전후 두 번째의 25년 동안 국제경제체제를 형성하였던 각종 기구들은 세계경제의 변화된 여건에 적응하지 못하면서 세계경제질서의 혼란을 가져왔다. 국제통화체제의 개편이 뒤따랐고, 세계무역질서는 UR협상을 거치면서 1995년 WTO의 출범으로 무역자유화의 범위가 상품, 서비스, 투자 등으로 확대되었으며, 무역자유화의 초점도 과거에는 국경상의 제약을 완화하는 것이었는데 이제는 국경 내의 문제로까지 확대되고 있다.

국제경제환경은 크게 국제무역과 국제금융부문으로 구분할 수 있다. 국제무역에 관련된 제반문제의 설명을 위한 국제무역이론은 주로 국제경제에서 발생하는 실물거래에 대한 내용들을 설명하고 있는데, 재화의 물리적 이동이나 경제적 자원의 유형적인 거래와 관련된 모든 경제적인 거래의 원인과 결과에 초점을 맞추고 있다. 따라서 국제무역의 주제는 무역발생의 원인과 결과, 보조금을 지원받는 국제거래, 각국의 실물거래 흐름에 영향을 미치는 무역규제 등의 문제가 주요한 관심의 대상이라 할 수 있다. 한편 국제금융의 세반문제를 설명하려는 국제금융이론은 국제경제의 통화적 측면을 설명하는 것으로서 국제통화의 매매와 결제와 관련된 금융거래에 초점을 맞추고 있다. 예를 들면, 달러의 외국환 가치가 자유롭게 변동하는 것을 허용해야 하는지, 아니면 정부간섭에 의해 안정화되어야 하는지에 대한 논생의 문제를 들 수 있다.

현실세계에서 무역과 통화문제를 명확히 구분하기 어렵고 대부분의 국제거래는 국제금융거래를 포함하고 있지만 본서에서는 부분적으로는 금융 및 투자에 관한 내용을 부수적으로 언급하고 있으며, 주로 실물부문의 경제환경을 규율하는 국제무역기구들의 역할과 이들 국제무역기구의 역할이 우리나라와는 어떠한 관계 속에서 전개될 것인가에 관한 이슈를 다루고자 한다.

02 CHAPTER

자유무역환경의 이해를 위한 이론적 근거

2 Chapter 자유무역환경의 이해를 위한 이론적 근거

2.1 국제무역이론의 이해

무역은 재화와 서비스가 국경을 넘어서 교환되는 것을 말한다. 재화와 서비스의 교환이 일어나는 것은 우리가 각자 필요로 하는 재화를 자급자족하는 것보다는 분업으로 각자 생산한 재화를 제공하고, 자신이 필요로 하는 재화를 교환을 통해서 입수하는 것이 우리의 물질적 생활을 보다 풍요롭게 하기 때문이다.

이와 같은 무역 이익은 일반적으로 두 가지로 나누어서 살펴볼 수 있다. 첫째는 교환의 이익이다. 우리가 보유하고 있는 재화만 소비할 수 있는 경우보다는 다른 사람과 자유롭게 교환할 수 있는 기회가 있을 때, 우리의 경제적 생활은 더욱 풍요로워진다. 사람에 따라 재화에 부여하는 가치가 다른 경우에, 교환을 통해서 자신이 작은 가치를 부여하는 재화를 제공하고 큰 가치를 부여하는 재화를 획득할 수 있음으로써 교환은 각자가 보유하는 재화의 가치를 증가시켜서 사회 전체의 부를 증가시킨다. 사람에 따라 재화에 부여하는 가치가 달라지는 데에는 사람마다 취향이 달라서일 수도 있고, 사람이 처해있는 환경이 다르기 때문일 수도 있다. 내가 사과 1개보다 배 1개에 더 높은 가치를 부여하는 것은 내가 배를 사과보다 좋아하기 때문일 수도 있다. 그러나 어떤 사람의 경우에는 사과 1개보다 배 1개를 더 높이 평가하는 이유가, 현재 그 사람이 사과는 100개를 가지고 있는데 배는 1개밖에 없기 때문일 수도 있다. 산촌 사람들과 해변에 사는 사람들이 숯과 소금을 교환하는 경우에, 산촌사람들은 숯보다는 소금에 더 높은 가치를 매기고 해변에 사는 사람들은 숯에 더 높은 가치를 매긴다. 또 생산자와 소비자의 교환에서 생산자는 자신이 생산한 재화를 제공하고 돈을 획득하는 것보다, 교환하는 것에서 더 큰 만족을 얻는다.

둘째는 분업 또는 전문화의 이익이다. 재화를 생산하는 데에 드는 비용은 사람에 따라 차이가 있을 수 있고, 모든 생산활동을 다 잘 할 수 있거나 못하거나 하지는 않는다. 이처럼 각자가 타고난 자질, 숙련도 또는 환경에 따라 여러 가지 재화를 생산하는 비용은 사람에 따라 천차만별하다. 그러므로 각자가 다른 사람보다 상대적으로 잘 할 수 있는 활동에 전문화하여 생산한 재화를 자신이 필요로 하는 재화와 교환하는 것이, 자신이 필요로 하는 모든 재화를 직접 생산하는 것보다 훨씬 적은 비용으로 획득할 수 있기 때문에 실질소득이 증가하고 경제적 후생이 증가한다. 또한 사회 전체적으로 보다 더 많은 가치가 있는 재화를 생산할 수 있다. 이와 같이 상대우위에 따른 분업은 개인뿐만 아니라 사회 전체의 경제적 후생을 증가시킨다.

그리고 경우에 따라서는 전문화를 하는 것 자체가 생산성을 증가시킬 수 있다. 이는 기술적인 특성, 경제적인 특성 등으로 인해 생산규모가 증가할수록 비용이 감소하는 경제적 활동에서 찾아볼 수 있다. 각자 전문화를 해서 옛날보다 생산활동의 규모가 증가하고 이에 따라 생산비가 감소한다면 분명히 경제적 후생은 증가할 것이고, 이런 경제적 후생의 증가는 전문화를 했다는 것 자체에서 일어난 것이다.

그런데 이러한 전문화가 가능하기 위해서는 각자가 전문화를 해서 생산한 재화를 처분하고 자신이 필요로 하는 재화를 획득할 수 있는 교환의 기회가 존재해야 한다. 자신이 생산에서 우위를 가지고 있다는 이유로 생산을 전문화하는 것은 자신이 필요로 하는 재화를 획득할 수 있는 기회가 없는 경우에는 어리석은 행동이 될 것이기 때문이다.

사람마다 재화에 부여하는 가치가 다르고 생산활동을 수행하는 효율성이 다른 것처럼, 국가에 따라 재화에 부여하는 가치와 재화를 생산하는 비용이 다르다. 어떤 나라는 다른 나라보다 특정한 재화를 더 좋아해서 더 많이 소비할 수도 있고 또 특정 재화를 보다 효율적으로 생산할 수도 있고 또 특정 재화를 보다 효율적으로 생산할 수도 있다. 그러므로 국가들 사이에 발생하는 재화와 서비스의 교환, 특히 무역은 각국의 경제적 후생을 증가시키고 세계 전체의 경제적 후생을 증가시킨다.

그러면 국가에 따라 재화에 대해 부여하는 가치가 다르고 또 생산활동을 수행하는 상대적 효율성이 다른 것은 어떻게 알 수 있는가? 이것은 두 나라 사이에 재화의 상대가격 차이에서 알 수 있다. 즉 어떤 나라 사람들이 다른 나라 사람들보다 사과를 더 좋아한다면 그 나라에서 사과의 상대가격은 비쌀 것이다. 그리고 그 나라가 다른 나라보다 옷감을 보다 싼 값으로 생산한다면 그 나라에서 옷감의 상대가격은 다른 나라보다 쌀 것이다. 그러므로 두 나라 사이에 상대가격의 차이가 존재하면 두 나라 사람들이 그 재화에 대해서 부여하는 가치가 다르다는 것을 나타내고, 따라서 두 나라는 무역을 통해서 이익을 얻을 수가 있다. 즉 각국은 자국에서 값이 싼 재화를 수출하고 값이 비싼 재화는 외국에서 수입함으로써 교환의 이익을 얻을 수 있다. 각국은 자기들이 가치를 낮게 평가하는 재화를 포기하는 대신 높은 가치를 부여하는 재화를 외국에서 수입함으로써 가치를 증가시킬 수 있기 때문이다. 또 각국에서 상대우위가 있는 재화의 생산에 전문화를 함으로써 각국은 보다 효율적인 생산활동을 하고 실질소득을 증가시킬 수 있다.

그런데 이론적으로 보면 이와 같은 무역을 통한 이익의 실현을 위해서 정부가 적극적으로 개입할 필요는 없다. 즉 두 나라 사이에 상대가격의 차이가 있을 때 항상 상인은 상대가격이 싼 국가에서 재화를 사다가 상대가격이 비싼 국가로 재화를 수출함으로써 이익을 얻을 수 있는 차익거래의 기회가 있다. 따라서 상인들이 자신의 이윤을 증가시키는 활동을 하는 가운데 각국은 상대가격이 싼 재화를 수출하고 상대가격이 비싼 재화를 수입하게 된다.

무역이론의 과제 중 하나는 왜 각국별로 상대가격의 차이가 나타나는가를 규명하는 것이다. 이렇게 규명된 무역이론이 실제 무역의 구조를 충분히 설명할 수 없다면 경제학자들은 무역의 효과를 논의하거나 무역이익을 극대화시키려는 정책적 제안에 대해 확신을 갖고 제시할 수 없을 것이다. 그러므로 어느 나라가 무엇을 누구에게 판매할 것인가에 대한 질문으로부터 제기되는 무역의 구조를 올바르게 설명하려는 노력이 바로 국제무역이론의 주요한 역할로 여겨진다.

2.2 국제무역의 발생원인

개별국가들은 두 가지 이유에서 무역을 한다. 첫 번째 이유는 국가들이 서로 무역을 통해 경제적인 이득을 얻기 때문이다. 특히 세계시장에서 국가들 간의 무역은 국가 상호 간에 자원보유량, 선호도 및 기술 등이 서로 다르기 때문에 발생한다. 개인과 마찬가지로 국가 역시 상호 간에 상대적으로 우위를 차지하는 요인들이 있으므로 국가들은 서로 우위의 차이점을 교환하면서 경제적인 이득을 얻을 수 있다.

두 번째 이유는 국가들이 생산에서 규모의 경제를 달성하기 위해서 무역을 한다. 만약 각 국가들이 제한된 자원으로 한정된 범위의 제품들만을 생산한다면 대규모적인 생산을 할 수 있지만, 광범위한 제품들을 제한된 자원으로 생산할 경우 결과적으로 다양한 제품들을 소규모적으로 생산할 수밖에 없기 때문에, 한정된 범위의 제품만을 규모 있게 생산하는 것보다 비효율적일 수밖에 없게 된다. 따라서 무역은 각국들이 서로 다른 제품을 교역함으로써 다양한 제품을 더 많이 소비할 수 있게 한다.

실제로 세계경제에서 국가 간 무역을 하는 경우, 비교우위와 규모의 경제로 인한 동기들이 서로 작용하고 있는 예들을 볼 수 있다. 무역이론을 설명함에 있어 위의 두 가지 요인을 설명하는 방법은 경제상황과 시대별로 다양하다. 따라서 먼저 무역이 발생하는 원인과 무역으로 인한 경제적 효과를 쉽게 설명하기 위해 고전무역이론, 근대무역이론, 현대무역이론의 흐름을 단순모형과 각각의 이론에서 주장하는 관점이 무엇인가를 간단하게 설명하고자 한다.

2.3 국제무역이론의 전개

일반적으로 이론이란 어떤 현상을 체계적으로 설명하고 예측하는 것이라 할 수 있는데, 무역이론은 국가 간에 발생하는 실물교역현상, 즉 무역이라는 현상을 체계적으로 설명하고 예측하는 것이다. 국제무역론에서 전통적으로 연구대상으로 삼아온 주요 과제들은 다음의 세 가지로 요약해볼 수 있다.

첫째, "무역은 왜 발생하며, 국가 간의 무역패턴은 어떻게 결정되는가"라는 문제이다. 무역패턴이라 함은 국제무역이 허용되는 경우 누가 누구에게 무엇을 수출하고 무엇을 수입하게 되는가를 설명하고자 하는 것이다.

둘째, 교역조건은 어떻게 결정되는가의 문제이다. 교역조건이라 함은 무역이 이루어질 때 수입상품과 수출상품의 교환비율이 궁극적으로 어떠한 수준에서 이루어지게 되는가를 설명하고자 하는 것이다.

셋째, "무역을 하게 되면 각국은 이로부터 어떠한 경제적 이익을 기대할 수 있는가"라는 문제, 즉 무역이익에 관한 문제이다. 원래 국제무역은 어디까지나 상호이익을 위해 자발적으로 발생하는 현상이지만 이로부터 발생하는 이익이 국가 간에 균일하게 배분되는 것은 아니다. 또 한 국가에 이익이 발생하더라도 그 이익이 국민들 사이에 균일하게 배분되는 것은 아니다. 경우에 따라서는 무역으로부터 손해를 보는 국가 또는 국민들이 존재할 수도 있는 것이므로, 국제무역이 각국의 소득배분에 미치는 영향이라든가, 혹은 한 국가 내의 국민들 사이에 미치는 후생효과를 분석하는 것이 중요한 과제 중의 하나이다.

1. 고전무역이론의 이해

고전무역이론이란 무역의 원인, 무역패턴, 무역이익, 소득배분의 문제에 대하여 체계적으로 설명하려는 전통적인 이론들을 말한다. 구체적으로는 애덤 스미스의 절대우위론, 데이비드 리카도의 비교우위론, 그리고 존 스튜어트 밀의 상호수요이론 등을 지칭한다.

(1) 애덤 스미스의 절대우위론

1) 절대우위의 개념과 생산비조건

절대우위(absolute advantage)란 두 나라에 있어 생산비의 절대적 차이를 의미하며, 절대생산비설이라고도 한다. 즉 어느 국가가 다른 나라보다 상품을 값싸게 생산할 경우 그 상품에 절대우위가 있다고 한다.

애덤 스미스(Adam Smith)의 절대우위론을 예를 들어 설명하면, 포르투갈과 영국의 두 나라에서 각각 포도주와 모직물을 생산하는 경우를 가정한다. 애덤 스미스는 노동가치설에 근거하는데, 이는 상품의 가치가 인간의 노동에 의하여 결정되는 점을 고려하여 노동이 경제 내에서 유일한 생산요소라고 가정한다. 이 경우 생산비는 그 상품을 생산하기 위해 투입된 노동량으로 측정되며 이는 노동자의 수로 표시할 수 있다. 이때 양국의 생산비는 다음의 예와 같다.

표 2-1 애덤 스미스의 절대우위론 설명을 위한 생산비용조건

	포르투갈	영국
포도주 1단위 생산비용	7인	14인
모직물 1단위 생산비용	10인	8인

이 경우 포도주 1단위를 생산하는 데 필요한 노동량이 포르투갈에서는 7명이고 영국에서는 14명이므로 포르투갈은 포도주를 영국보다 값싸게 생산한다는 것을 알 수 있다. 다시 말하면 포르투갈은 포도주 생산에 절대우위가 있으며, 모직물의 경우에는 영국이 포르투갈보다 값싸게 생산하므로 영국은 모직물의 생산에 절대우위가 있다.

2) 절대우위하의 무역이익

무역은 왜 발생하는가? 애덤 스미스는 양국의 생산비에 절대적 차이가 있을 경우, 각 나라는 절대우위 상품의 생산에만 전문화한다면 분업에 의한 이익을 누릴 수 있다고 주장한다. 두 나라 사이에 존재하는 생산비의 절대적 차이가 있을 경우 무역이 발생한다는 것이나. 다시 말하면, 양국 간에 생산비 차이가 없을 경우 무역은 발생하지 않는다는 것이다.

앞의 예에서 보면, 포르투갈은 포도주에 절대우위가 있고 영국은 모직물에 절대우위가 있다. 따라서 포르투갈은 포도주 생산에 특화하고, 영국은 모직물 생산에 특화하여 국제적 분업을 한다. 그 후 무역의 패턴을 보면 포르투갈은 포도주를 영국에 수출하고 그 대가로 모직물을 수입한다. 반면에 영국은 모직물을 포르투갈에 수출하고 포도주를 수입한다.

무역으로 인한 이익을 살펴보면 무역 전 두 나라에서 생산되는 것을 모두 합하면 포도주 2단위와 모직물 2단위이다. 무역이 이루어져 포르투갈과 영국 양국이 각각 포도주와 모직물 생산에 특화한다고 가정한다. 무역 후 포르투갈은 17명의 노동을 전부 포도주 생산에만 투입한다면 포도주 1단위 생산에 7명의 노동이 필요하므로 17/7단위의 포도주를 생산하게 된다. 그리고 영국은 22명의 노동을 전부 모직물 생산에만 투입한다면 모직물 1단위 생산에 8명의 노동이 소요되므로 22/8단위의 모직물을 생산할 수 있게 된다. 그러므로 무역은 두 나라의 포도주 생산을 3/7단위 증가시키고 모직물 생산을 3/4단위만큼 증대시킬 것이다. 이러한 생산의 증가분이 무역 참가국들의 무역이익이라 할 수 있다.

3) 절대우위론에 대한 비판

절대우위론은 무역발생의 원인을 절대생산비의 차이로 설명하고 있음을 알고, 한 나라가 하나의 상품만 절대우위를 가진다고 묵시적으로 가정하고 있다. 그러나 만일 한 나라가 두 상품 생산에 모두 절대우위를 가지는 경우에도 무역은 발생하는가?

만일 포르투갈이 포도주와 모직물 생산 모두에 있어 절대우위를 가질 경우, 절대우위론에 따르면 포르투갈은 포도주와 모직물 두 상품 모두를 생산하여 수출하고 영국은 수출할 상품이 없으므로 두 나라 사이에 무역은 발생할 수 없다는 결론에 이른다. 애덤 스미스의 절대우위론은 어느 한 나라가 두 상품 모두에 절대우위를 가지고 있을 경우 무역을 설명하지 못한다는 비판을 받는다.

(2) 데이비드 리카도의 비교우위론

1) 비교우위의 개념과 생산비조건

데이비드 리카도(David Ricardo)는 애덤 스미스의 절대우위론의 비판을 보완하여 비교우위(comparative advantage)의 개념을 이용하여 무역패턴을 설명하였다. 그는 한 국가가 두 교역상품에 있어 모두 절대우위를 갖는 경우에도 두 상품 사이에 비교우위가 있다면 무역이 발생할 수 있음을 밝혔다. 비교우위란 두 상품의 우위의 차이를 비교하여 그 우위가 큰 것을 말한다.

리카도의 비교우위의 개념을 예를 들어 설명하면, 포르투갈과 영국 두 나라가 존재하고, 포도주와 모직물의 두 교역상품의 생산비는 아래와 같다고 하자.

포르투갈은 두 상품 모두 영국보다 값싸게 생산할 수 있지만 두 상품의 우위의 정도를 비교하여보면 포르투갈은 포도주 생산에는 영국 생산비의 2/3가 드는 데 비하여 모직물 생산에는 영국 생산비의 9/10가 든다. 다시 말하면 포르투갈은 두 상품 모두 절대우위를 가지고 있지만 모직물 생산보다는 포도주 생산에 그 우위가 더 크다. 그러므로 포르투갈은 포도주 생산에 비교우위를 가지고 있다고 할 수 있다.

2) 비교우위하의 무역이익

리카도는 두 나라가 비교우위가 있는 상품에 각각 특화하여 생산한 후 서로 두 상품을 교환하는 것이 무역 참가국인 두 나라 모두에게 유익함을 설명하였다. 위의 예에서 포르투갈은 비교우위가 있는 포도주의 생산에 전문화하여 영국에 수출하고 생산을 포기한 모직물은 영국으로부터 수입하는 것이 경제적으로 유익하다는 것이다.

이제 양국에서의 무역이익을 살펴보면, 무역 전 포르투갈은 17명의 노동으로 포도주와 모직물 각 1단위씩을 생산하였다. 영국은 22명의 노동으로 역시 포도주와 모직물 각 1단위씩을 생산하였다. 이제 무역이 발생하여 포르투갈이 포두주 생산에 17명의 노동을 전부 투입한다면, 포도주 1단위 생산에 8명이 소요되므로 포르투갈은 17/8단위의 포도주를 생산할 수 있게 된다. 그리고 영국이 모직물 생산에 22명의 노동을 전부 투입한다면, 모직물 1단위 생산에 10명이 소요되므로 영국은 22/10단위이 모직물을 생산하게 된다. 전 세계적으로 무역 전에는 두 교역상품의 생산은 각 2단위였지만, 무역개시 후에는 포도주 17/8단위와 모직물 22/10단위만큼 증가하여 이익이 된다는 것을 알 수 있다.

한편 두 나라의 무역이익은 노동의 설약이라는 측면에서도 살펴볼 수 있다. 포도주와 모직물이 1 : 1의 교환비율로 교환된다고 가정하면, 포르투갈은 8명의 노동으로 생산한 포도주 1단위를 수출하고 그 대가로 9명의 노동으로 국내생산하였던 모직물 1단위를 수입하게 되므로 1명의 노동을 절약할 수 있다. 영국의 경우에도 10명의 노동으로 생산한 모직물 1단위를 수출하고 12명의 노동으로 국내생산하였던 포도주 1단위를 수입하게 되므로 2명의 노동을 절약할 수 있게 된다.

표 2-2 데이비드 리카도 비교우위론 설명을 위한 생산비용조건

	포르투갈	영국
포도주 1단위 생산비용	8인	12인
모직물 1단위 생산비용	9인	10인

3) 비교우위론에 대한 비판

비교우위론은 절대생산비이론을 보완하여 사유무역에 대한 이론적 토대를 확고히 하였다는 것과, 국제무역의 발생원리를 규명하였다는 점에서 의의를 갖는다고 할 수 있다. 그러나 리카도의 비교우위론은 아래와 같은 한계점을 지니고 있다.

우선 비교우위론은 일국이 비교우위가 있는 한 상품에 완전특화한다고 가정하고 있으나, 일반적인 경우 완전특화보다는 부분특화가 발생하는 것이 보통이다. 즉 자국의 비교우위가 있는 상품의 생산에만 모든 노동을 투입하기보다는 비교열위의 상품도 생산하는 것이 현실에 가깝다는 것이다. 또한 비교우위론은 무역의 이익이 교역 당사국에 어떻게 배분될 것인가 하는 문제에 있어서도 명확한 답을 제시하지 못하고 있다.

(3) 존 스튜어트 밀의 상호수요이론

1) 상호수요의 개념과 교역조건

앞에서 설명한 스미스와 리카도의 무역이론에서는 두 재화의 교환비율이 포도주 1단위와 모직물 1단위라고 가정했을 때 무역을 통한 이익이 발생할 수 있다는 것을 보여주었다. 그러나 이들이 옷감과 포도주와의 교환비율이 1 : 1이라고 가정한 이유에 대해서는 설명이 없었으며, 다만 그것이 적어도 양국 간 두 재화의 교환비율 사이에 놓이게 된다는 것을 보여준 데 그쳤다. 그의 논리에서 양국 간 두 재화의 교환비율이 옷감 1단위와 포도주 1단위가 교환된다고 가정한 것은, 단순히 설명의 편의상 임의로 가정한 것이라고 해석된다. 두 재화의 국가 간 교환비율, 즉 국제교역조건이 리카도가 제시한 대로 두 재화의 국내교환비율 사이에서 구체적으로 어떻게 결정되는지에 대한 문제는 그 후 존 스튜어트 밀(John Stuart Mill)에 의해 해명되었다. 밀은 일국이 자국의 수출상품을 제공하려는 의도는 그와 교환으로 얻을 수 있는 수입상품의 양에 달려 있다고 보았다. 즉 일국이 수출하고자 하는 수출상품과 교환하고자 하는 수입상품과의 교환비율에 따라 변한다고 보았다.

밀에 의하면 양국 간에 실제로 교환되는 두 상품의 비율은 양국이 갖는 상대국 상품에 대한 각각의 수요가 정확하게 일치되는 수준에서 결정된다고 하였다. 이것이 소위 밀의 상호수요균등의 이론이다. 이렇게 상호수요가 일치되는 점에서 일국의 수출량과 그에 대한 상대국의 수입량이 정확하게 같을 경우 무역균형이 성립되며, 무역균형을 성립하게 하는 국제교환비율이 곧 균형국제교역조건이 된다는 것이다. 이와 같이 밀은 고전무역이론의 분석에서 수요개념을 최초로 도입하여 무역균형에 대한 설명을 제시하였다.

2) 교역조건의 결정

밀은 그가 제시한 상호수요의 개념과 균형교역조건의 결정과정을 다음과 같은 간단한 예를 통해서 설명하였다. 여기서 유의할 점은 밀의 예에서는 리카도의 경우와는 달리 동일 노동투입 시 생산가능한 재화량의 단위로 주어지고 있다는 점이다. 즉 리카도는 재화 1단위의 생산에 투입된 노동량을 생산비로 나타낸 반면, 밀은 노동 1단위가 생산할 수 있는 재화의 생산량으로 표시하였다. 양국이 동일한 노동을 투입하여 포르투갈에서는 포도주 10단위와 옷감 15단위를 생산할 수 있고, 영국에서는 포도주 10단위와 옷감 20단위를 생산할 수 있다고 하자.

생산비를 노동투입량으로 본다면 양국이 모두 동일한 노동을 투입하였으므로 생산비는 생산량의 역수로 나타낼 수 있다. 포르투갈의 포도주 생산비는 1/10, 옷감 생산비는 1/15이고, 영국의 경우 포도주 생산비는 1/10, 옷감 생산비는 1/20이다. 비교우위론에 따르면 영국은 옷감 생산에 비교우위가 있으므로 옷감 생산에 특화하여 생산하고, 포르투갈은 포도주 생산에 특화한 후 서로 생산물을 교환하는 경우 양국 모두 이익을 얻을 수 있다. 단 이 경우 포르투갈은 10단위 포도주로 15단위 이상의 옷감을 얻을 수 있어야 하고, 영국은 20단위 이하의 옷감으로 10단위의 포도주를 얻을 수 있어야 한다. 그 이유는 두 재화의 국내교환비율이 포르투갈에서는 포도주 10단위에 옷감 15단위, 영국에서는 포도주 10단위에 옷감 20단위이기 때문이다. 따라서 두 재화가 실제로 양국 간에 교환되는 비율, 즉 교역조건(terms of trade)은 포도주 10단위 : 옷감 15단위와 포도주 10단위 : 옷감 20단위의 사이가 될 것이다. 따라서 두 상품의 국가 간 교역조건은 위와 같은 교역조건의 범위 내에서 교역상품에 대한 상대국의 수요, 즉 상호수요에 의해 결정된다고 주장하였다.

표 2-3 밀이 예시한 동일노동 투입 시 생산가능한 재화량조건

	포르투갈	영국
포도주 생산량(동일노동 투입 시)	10단위	10단위
옷감 생산량(동일노동 투입 시)	15단위	20단위

3) 상호수요이론의 공헌과 비판

밀의 상호수요이론이 갖는 중요한 의미는 국제무역에 있어서 균형교역조건, 즉 두 상품 간의 교환비율이 실제로 어떻게 결정되는가를 설명해주고, 그에 따라 각국에 귀속되는 무역이익이 얼마인가를 보여주는 데 있다. 이로써 리카도의 무역이론이 갖는 미흡한 점이 보완된 것이다. 즉 리카도의 비교우위설에서 밀의 상호수요이론으로 연결되는 고전무역이론은 무역이익, 무역패턴, 국가 간 상품교환비율(균형교역조건)의 결정에 따라 정해지는 무역이익의 분배문제 등에 대해 명확하게 설명해주는 하나의 이론체계가 된다. 이에 반해 고전무역이론은 그 논리의 전개상 상품의 국내교환비율에 대한 설명을 위해 노동가치설이 원용되고, 국제적 교환비율에 대해서는 상호수요설이 도입됨으로써 가치의 이원화라는 문제를 내포함은 물론 노동가치설의 유용성에도 문제를 안고 있는 것으로 지적되고 있다. 그 후 이러한 문제들은 1930년대에 하벌러(Harberler)의 기회비용설에 의해 극복되었다.

2. 근대무역이론의 이해

고전무역이론에서는 양국 간에 존재하는 두 재화의 상대가격비율차이가 무역발생의 직접적 요인이며, 각국은 비교우위상품 생산에 특화하여 교역함으로써 이익을 얻을 수 있다고 보았다. 그런데 양국 간 두 재화의 상대가격비율차이가 발생하는 이유에 대한 근본적인 문제는 고전적 무역이론에서 다루어지지 않았다. 리카도는 비교생산비설에서 양국 간 노동생산성의 차이가 주어진 것으로 간주하고, 무역의 발생과 이익에 대해서 설명하였다. 즉 그는 양국 간에 노동생산성의 차이가 발생하는 이유에 대해서는 규명하지 않고,[1] 무역발생의 직접적 요인이 되는 양국 간 두 재화의 상대가격비율차이가 발생하는 이유에 대한 분석과 설명이 1930년대 초에 이르러 스웨덴의 경제학자 헥셔(E. Hecksher)와 올린(B. Ohlin)에 의해 이루어졌다.

1) 애덤 스미스(Adam Smith)는 국가 간 노동생산성의 차이가 발생하는 원인을 막연하게 기후조건의 차이로 설명하였다.

(1) 헥셔-올린의 무역이론(Hecksher-Ohlin theorem)

헥셔와 올린은 국가 사이에 발생하는 비교생산비 차이의 원천은 요소부존도의 차이에 있다는 것을 밝힘으로써, 무역이론에 있어 획기적인 발전을 이룩하였다. 헥셔-올린 이론은 두 가지 명제로 구성되어 있다. 첫째, 헥셔-올린 이론은 국가 간에 생산요소의 부존도가 다르고, 각 재화에 투입되는 생산요소의 비율이 다르기 때문에 비교생산비의 차이가 존재하게 된다는 것(헥셔-올린 이론의 제1명제)을 설명하였다. 둘째, 국가 간의 비교생산비의 차이 때문에 무역이 발생하고, 이러한 무역의 전개에 따라 요소의 이동이 아닌 재화의 이동에 따라 국가 간에 요소의 상대적 가격이 균등화된다는 것(헥셔-올린 이론의 제2명제)을 설명하였는데, 이 요소가격균등화이론은 후에 사무엘슨(P. A. Samuelson)에 의해 수학적으로 증명되었다.

1) 요소부존이론(헥셔-올린 정리 제1명제)

헥셔-올린 이론은 국가 간 요소부존비율의 차이에 따라 무역의 방향이 결정된다고 하여 요소부존이론이라고도 하는데, 이 이론은 한 나라가 다른 나라에 비하여 상대적으로 보다 풍부하게 부존된 생산요소를 보다 집약적으로 사용하여 생산한 상품에 비교우위를 갖는 경향이 있다는 것이다. 따라서 세계에 노동이 풍부한 국가와 자본이 풍부한 두 국가가 있다면, 노동이 풍부한 국가에서는 노동집약적인 상품의 생산에 비교우위를 갖게 되어 노동집약재를 수출하게 되고, 자본이 풍부한 국가에서는 자본집약적인 상품의 생산에 비교우위가 있게 되어 자본집약재를 수출하게 된다는 것이다. 다시 말하면, 어느 나라든 그 나라에서 풍부한 생산요소를 많이 사용하는 제품을 수출하고 희소한 생산요소를 많이 사용하는 상품은 수입하게 됨을 설명하고 있다.

2) 요소가격 균등화정리(헥셔-올린 정리 제2명제)

이 이론은 국가 간 생산요소의 이동이 없다고 할지라도 자유무역을 하게 되면 국가 간에 생산요소의 가격이 같아진다는 것이다. 이는 상품의 수출입이 국내생산구조의 변화를 가져오고 이러한 변화는 국가 간의 생산요소의 이동과 같은 효과를 가져온다는 것이다.

헥셔-올린 정리에 기초하여 무역이 이루어지면 각국에서는 비교우위상품에 대한 생산이 증가하고, 그에 따라 상대적으로 풍부한 생산요소에 대한 수요도 증가함으로써 생산요소의 가격이 상승하게 된다. 한편 비교열위상품에 대한 생산이 감소하여 상대적으로 희소한 생산요소에 대한 수요가 줄어들어 희소 생산요소의 가격이 하락하게 된다는 것이다. 이와 같이 무역이 이루어지면 각국에서는 무역 이전에 상대적으로 희소하여 비쌌던 생산요소의 가격이 하락하게 되어, 결과적으로 국가 간 생산요소의 가격이 상대적으로나 절대적으로 같아진다는 것이다. 이것이 요소가격 균등화정리(factor price equalization theorem)이다.

(2) 스톨퍼-사무엘슨 정리(Stolper-Samuelson theorem)

자유무역이 이루어지면 양국에서의 요소가격이 변동함에 따라 생산요소 간의 소득분배가 영향을 받게 된다. 즉 앞의 헥셔-올린 정리에 따라 상대적으로 풍부한 생산요소의 가격은 상승하고 희소한 생산요소의 가격은 하락하게 된다. 이는 풍부한 생산요소의 소득이 더 증가하며 희소한 생산요소의 소득은 하락하게 됨을 의미한다. 다시 말해서 각국에 있어서 풍부한 생산요소의 소유계층에 귀속되는 소득은 증가되고, 희소한 생산요소의 소유계층에게는 불리한 소득이 재분배되는 것을 보여주게 된다.

따라서 자유무역이 이루어지면 각국에서는 희소한 생산요소의 공급자들이 자유무역의 제한, 즉 수입규제를 요구할 수도 있을 것이다. 그리하여 자유무역 대신 각국이 수입관세를 부과하게 되면 자유무역하에서의 경우와는 반대로 소득이 희소한 생산요소에 유리하게 되고, 풍부한 생산요소에는 불리하게 재분배된다. 이와 같이 수입규제 및 특정 무역정책의 수단들로 인해 교역상품의 가격이 영향을 받을 때 그로 인해 각국의 소득분배가 어떻게 영향을 받게 되는가를 설명하는 것이 스톨퍼-사무엘슨 정리이다.

(3) 레온티에프의 역설(Leontief paradox)

헥셔-올린의 무역이론이 과연 현실의 무역패턴을 잘 설명하고 있는가에 대한 시도가 이루어져 왔는데 레온티에프(W. Leontief)의 연구는 이에 대한 가장 대표적인 연구이다. 레온티에프는 1953년 미국의 자료를 가지고 헥셔-올린의 무역이론이 미국의 수출입 패턴을 잘 설명하고 있는가를 실증적으로 검증하였다.

만일 헥셔-올린의 이론이 맞다면 자본풍부국이라고 간주되는 미국의 경우 미국의 수출품들은 자본집약재이고 미국의 수입품들은 노동집약재일 것이다. 이러한 논리하에 그는 1947년의 미국 수출입시장을 조사해보았다. 검증한 결과는 다음과 같다.

첫째로 미국이 해외에 수출하는 재화들의 자본집약도를 조사해보았으며, 둘째로 미국이 외국으로부터 수입하는 재화에 대한 자본집약도를 조사하기 위해 해당 제품의 미국 내 동일한 경쟁산업을 조사하였다. 만일 헥셔-올린 무역이론이 맞다면 미국은 자본풍부국이므로 전자의 자본집약도가 후자의 자본집약도보다 높아야 할 것이다. 그의 결과는 수출산업의 노동 1인당 자본비율보다 수입경쟁산업에서의 자본집약도가 훨씬 높은 결과를 얻었다. 이러한 결과는 헥셔-올린 무역이론에서 예측되는 결과와 반대되는 현상이 나타난 것으로 이것을 레온티에프 역설이라고 부른다.

레온티프의 연구는 "그러면 헥셔-올린 무역이론이 현실과는 맞지 않은 잘못된 것인가?"에 대한 논란을 불러일으켰으며, "왜 레온티에프와 같은 결과가 발생하였는가"에 대한 많은 연구들이 제시되었는데 이를 살펴보면 다음과 같다. 첫째, 미국의 수요가 자본집약재에 편중되어 있기 때문에 자본이 풍부함에도 불구하고 자본집약재를 수입할 수 도 있다는 점, 둘째 미국은 노동자에 대한 투자와 교육으로 타국보다 약 3배 정도의 높은 생산성을 갖추고 있으므로, 미국의 노동을 타국의 노동단위로 환산하면 미국이 노동풍부국이 되어 노동집약재를 수출하게 된다는 점, 셋째 미국은 당시 천연자원을 많이 수입하였는데 미국 내에서 이들 상품의 생산은 외국보다 훨씬 자본집약적인 방법으로 생산되고 있었으므로, 이들 상품을 분석대상에서 제외한다면 레온티에프와 같은 역설적인 결과가 나오지 않게 된다는 점, 넷째 미국과 같이 숙련노동이 많은 국가에서는 수출상품생산에 숙련노동이 많이 투입되는데, 숙련노동에 투입된 막대한 투자지출을 인적자본(human capital)으로 분류하여 이를 물적자본(physical capital)에 포함시킨다면, 미국은 당연히 자본집약재를 수출하게 될 것이라는 점들이 지적되었다.

3. 현대무역이론의 이해

비교우위를 입증한 헥셔-올린의 정리는 리카도의 비교생산비설에서 취급하지 못한 비교생산비의 결정요인을 규명하고 국제분업이나 국제무역이 요소가격에 미치는 영향을 시도한 점에 대해서는 높이 평가된다. 그러나 이 이론을 비롯한 몇몇 이론으로서는 국제분업이나 무역을 완전히 설명할 수 없는 것이다. 리카도의 비교생산비설이나 이 이론을 한층 더 발전시킨 헥셔-올린의 무역이론은 현실과 너무 괴리된 여러 가지 가정하에서 설명되고 있기 때문에 현실의 무역현상을 잘 설명하지 못하고 있다.

그러므로 헥셔-올린 무역이론에 대한 레온티에프의 역설을 기점으로 비교우위이론에 대한 새로운 이론들을 요구하고 있다. 더욱이 전후 국제무역의 특징은 전전의 공산품 대 1차 산품의 산업 간 무역형태에서 공산품 상호 간, 특히 생산비 차이가 존재하지 않더라도 국제분업이나 국제무역의 가능성이 예측되기 때문에 새로운 이론이 대두되었다. 그 대표적 이론이 수요 측면을 고려한 린더(S. B. Linder)의 대표적 수요이론, 기술적 요인을 강조한 기술격차이론 및 R&D이론을 비롯하여 완전경쟁을 전제로 하지 않은 불완전경쟁하의 제반 무역이론들이다. 이들 무역이론들을 통칭하여 현대무역이론이라 부른다.

무역패턴에 관한 새로운 현대무역이론은 단순히 노동 및 자본의 부존한계를 넘어서 더욱더 많은 비교우위의 결정요인을 규명하고 이와 아울러 전통적인 단순 무역모형(2국 2재화)을 다국 다재화의 무역모형으로 발전시키려고 노력하고 있다. 그러나 이 새로운 비교우위의 무역이론들로서도 현실의 무역현상을 완전히 설명하기에는 많은 한계점이 있다.

(1) 대표적 수요이론

대표적 수요이론이란 한 국가에서 잠재적으로 수출상품이 되기 위해서는 해당 국가 내에서 대규모의 대표적 수요(representative demand)가 존재해야 가능하다는 것이다. 이 이론은 린더에 의해 체계화되었는데, 그는 1차 산품과 공산품의 무역패턴을 구별하고, 1차 산품의 무역패턴은 천연자원의 부존상태에 의해 설명될 수 있으나, 공산품의 무역패턴은 많은 실증연구의 결과에서 나타난 바와 같이 생산요소의 부존상태에 의하여 설명될 수 없으므로, 그 외의 다른 요인 중 수요요인에 의해 설명되어야 한다는 것을 강조하였다.

실제 어떤 상품에 대한 수요가 존재하지 않는다면 수입이 이루어질 수 없을 것이다. 물론 수요는 수입에 의하여 모두 충족되지 않을지라도 한 국가의 수입가능재의 범위를 결정하는 것은 국내수요의 존재인 것만은 사실이다. 어떤 상품이 수출가능재가 되려면 전통적인 이론에서 주장하는 것처럼 이 재화를 싸게 생산할 수 있어야 하며, 또한 국내수요가 존재하는 것만으로는 부족하고 어느 정도 결정된 충분한 수요가 존재해야 한다. 린더는 이와 같이 어느 정도 결정된 충분한 수요를 대표적 수요라 하였다. 이러한 분석은 특별한 것은 아니지만 수출과 수입을 국내수요와 연계하여 설명하였다는 점에서 기존의 무역이론과는 다른 새로운 무역이론이라 할 수 있다.

한편 린더의 대표적 수요이론은 기존의 이론이 설명하지 못하는 소득수준이 비슷한 국가나 공업국가의 산업 내 무역과 같은 교역형태를 설명할 수 있다는 장점이 있다. 즉 소득수준이 비슷한 국가들 간에는 수요조건이 비슷하여 서로가 필요로 하는 제품의 수출가능성이 높은 반면, 소득수준의 차이가 큰 경우에는 수출가능성이 낮기 때문에 소득수준이 비슷한 국가들 간의 교역가능성이 커진다고 할 수 있다. 이와 같은 대표적 수요이론은 공산품교역에 있어 선진공업국가들 간의 대규모 무역과 소비수준과 기호수준에 의해 무역의 패턴이 결정될 수 있다는 제반 현대무역이론의 기초를 제공하고 있다.

그러나 한편으로는 수요 자체가 공급을 주도하고 이에 의해 무역패턴의 결정을 전적으로 설명한다는 것은, 수요 측면을 너무 강조한 이론이라는 비판이 제기될 수 있다.

(2) R&D이론

연구개발이론은 한 국가의 무역패턴을 결정하는 요인을 설명함에 있어, 연구개발 종사자, 기술자, 숙련노동자 등 우수한 질적 노동을 많이 보유하는 산업이 수출산업으로서 국제적 우위를 유지할 수 있으며 그 제품을 수출하게 된다는 것이다. 이 이론은 그루버(W. Gruber), 메타(D. Metha), 키싱(D. B. Keesing) 등과 같은 학자에 의해 제시되었는데, 기술수준의 차이를 강조하는 의미에서 고전이론과 같은 기초위에 입각하고 있다고 할 수 있다. 그러나 이 이론이 기존의 무역이론과는 다르게 설명되는 점은, 국가 간 비교우위의 차이를 투자에 의한 연구개발요소의 상대적 부존 상태의 우위성에서 찾고 있다는 점이다. 한편 이 이론은 무역발생의 원인을 기술적 요인에서 설명하고 있다는 점에서, 다음에서 설명하는 기술격차이론과 그 맥을 같이 한다고 볼 수 있다.

(3) 기술격차이론

기술격차이론(technology gap theory)이란 국가 간의 무역패턴은 국가 간 기술격차에 의해 결정된다는 이론이다. 이 이론은 미국의 포스너(M. Posner)와 후프바우어(G. Hufbauer) 등의 학자에 의해 주장되었는데, 이들에 의하면 기술혁신국이 신제품을 개발하고 이 신기술을 기술후진국이 모방하여 제품을 생산하기까지는 많은 시간이 소요되는바, 이러한 모방시차가 존재하는 기간 동안 기술혁신국은 신제품에 대해 비교우위를 가지고 이를 수출할 수 있다는 것이다.

예를 들면, 한국이 신기술을 개발하여 신제품을 생산할 경우, 중국은 이 신제품을 한국으로부터 수입하지만 나중에는 한국의 생산기술을 모방하여, 이를 상대적으로 저렴한 비용으로 생산한 후 다시 한국으로 수출하게 된다는 것이다. 이에 따라 중국의 무역패턴은 역전되고 그동안 새로운 기술을 개발한 한국은 기술 갭(technology gap)을 이용하여 수출을 하지만, 이에 비하여 한국으로부터 신기술을 모방한 중국은 기술 갭을 축소시켜 수출할 가능성을 갖게 된다는 것이다.

그러나 이와 같은 기술격차이론은 기술혁신국과 모방국 사이에 존재하는 기술격차를 무역발생요인으로 인식하고 공산품의 무역패턴을 설명하는 데는 기여했다고 할 수 있으나, 국가 간에 존재하는 기술격차의 발생원인, 즉 "왜 특정 국가가 기술혁신국이 되고 다른 국가들은 기술모방국이 되는가?"에 대한 설명이 부족하다. 특히 "왜 어느 한 국가에서 신상품이 개발되면 그 상품을 가장 싸게 생산할 수 있는 곳이 생산지로 선택되지 않고, 그 신상품이 개발된 나라에서 생산이 이루어지는가 하는가?"에 관한 설명이 부족하다. 이러한 한계점은 다음에 설명되는 제품수명주기이론에 의해 구체적으로 보완되고 설명되었다.

(4) 제품수명주기이론

제품수명주기이론(product life cycle theory)은 한 국가의 무역패턴 결정은 국가 간의 기술격차가 소진되는 제품의 수명주기(life cycle)과정에서 결정된다는 것으로, 새로운 제품에 대한 기술혁신국의 비교우위가 외국으로 이전되는 과정에서 무역패턴이 결정됨을 설명하고 있다. 버논(R. Vernon)은 어떤 새로운 상품이 개발되면 그것은 신상품(new product), 성숙상품(maturing product), 표준상품(standardized product)의 단계를 거치게 되는데, 각 단계마다 그 상품의 요소투입에 변화가 일어나게 되고 또 생산지에도 변화가 일어나게 된다는 것이다.

신상품단계에서는 상품이 개발된 나라의 요소부존도나 생산비 면에서 볼 때, 다소 불리한 여건이 있더라도 그 나라에서 생산이 이루어지게 되고, 또 신상품의 단계에서는 독점생산이 가능하기 때문에 쉽게 외국으로 수출하게 된다. 그러나 이 상품의 생산이 성숙단계에 신입하게 되면 기술혁신도 어느 정도 안정되고 대량생산이 되면서, 다른 선진국에서도 생산이 활발하게 일어나지만 국내수요를 충족시키기에는 미흡하여, 어느 정도 수입에 의존하게 되며 신흥공업국을 비롯한 개발도상국에서도 생산이 소규모로 시작된다. 그러나 표준상품단계에 들어가게 되면 제품의 생산기술은 보편적인 기술이 되고 대량생산과 대량소비가 이루어지므로, 임금이 저렴한 신흥공업국을 비롯한 개발도상국으로 자본의 해외진출을 통해서 생산지가 이전되고, 그 곳에서 생산된 제품은 다시 그 상품을 개발한 국가로 역수출된다는 것이다.

이 이론은 버논(R. Vernon)이 제시하고 웰즈(L. T. Wells) 등에 의하여 발전된 것으로, 앞에서 언급한 무역발생의 원인을 기술요인에서 찾는 제반 이론들을 더욱 발전시키고 일반화시킨 이론이라 할 수 있다. 한편 이 이론은 기존의 무역이론에서 설명하지 못하는 국가 간 비교우위의 변화과정을 동태적으로 잘 설명하고 있는데, 실제 TV, VTR, 컴퓨터, 오디오 등과 같은 전자제품의 국제적 교역현상에서 볼 수 있다. 이들 제품이 처음에는 미국에서 개발되어 타국으로 수출되고 그것이 다른 선진국을 거쳐 개발도상국으로 그 생산지가 이전되어 왔다는 사실에서, 제품수명주기이론은 이들 제품의 무역패턴을 잘 설명할 수 있다.

한편 제품수명주기이론은 다국적기업의 활동으로 인한 제품수명주기의 단축, 나아가서는 제품수명주기의 제거가능, 기술개발 즉시 생산설비를 외국의 자회사에 설치하는 현상이 가속화되는 현실, 첨단선진국이라 하더라도 이들 나라에서 표준화된 제품의 수출이 많은 부분을 차지하고 있다는 점에서 볼 때, 제품주기로 무역패턴을 설명하는 방법은 여러 가지 비판이 제기될 수 있다.

(5) 불완전경쟁하의 무역이론

전통적 무역이론은 시장(재화시장, 요소시장)이 규모의 경제가 존재하지 않고 완전경쟁적 시장구조라는 전제하에서 국가 간에 존재하는 기술격차 또는 요소부존도의 차이로부터 비교우위가 결정되고, 그것은 국가 간에 무역을 발생시키는 원인으로 설명하였다.

그러나 현실의 경제현상을 살펴보면 대규모 기업은 소규모 기업보다 규모의 경제효과가 있기 때문에 유리한 생산비구조를 갖게 되므로, 시장은 다수의 기업보다는 몇 개의 대기업에 의해서 지배될 가능성이 높다. 이에 따라 시장구조는 독점(monopoly), 복점(duopoly), 과점(oligopoly)의 모습을 보이고 있다. 각 기업의 생산에 규모의 경제가 존재하는 가운데 생산품의 질이나 디자인이 약간씩 다른 제품, 즉 차별화된 상품이 다수의 기업에 의해서 생산되는 경우 시장구조는 독점적 경쟁(monopolistic competition), 생산요소의 이동성이 자유롭지 못한 시장의 모습들을 관찰할 수 있다. 이러한 다양한 형태의 시장구조를 불완전경쟁시장이라 하는데, 이러한 시장을 전제로 할 때 국제무역패턴을 어떻게 결정되고 국제무역의 역할과 효과에 대해 설명하려는 이론들을 불완전경쟁하의 무역이론이라 한다.

이들 이론은 규모의 경제(economies of scale)하의 무역이론, 독점적 경쟁(monopolistic competition)하의 무역이론, 산업 내 무역(intra-industry trade)이론, 요소특정성(specific factor)이론 등을 들 수 있는데, 이를 간단히 설명하면 다음과 같다.

규모의 경제하의 무역이론은 시장의 확대로 인해서 무역이익이 발생할 수 있다는 점을 강조하고 있는데, 국내기업의 생산량이 상대국의 그것보다 많은 경우에 다른 조건이 같다면, 그 부문에서 생산비우위를 갖게 되어 그 제품을 수출하게 된다는 것이다.

독점적 경쟁하의 무역이론은 각국의 기업이 규모의 경제가 존재하는 상태에서 차별화된 상품을 각각 생산하여 수출하는 무역패턴을 보이게 된다는 점을 설명하고 있다. 이 이론하에서의 무역이익을 살펴보면, 첫째 각국의 소비자는 좀 더 다양한 품질, 규격, 디자인을 가지면서 동종상품에 대한 선택의 폭이 크게 확대된다는 점이며, 둘째 무역 후 각국은 규모의 경제가 존재하는 가운데 생산량을 증가시키기 때문에 생산비가 낮아지므로 소비자는 좀 더 싼 가격으로 소비를 할 수 있게 되어 실질소득의 향상을 가져올 수 있다는 점을 설명하고 있다.

산업 내 무역이론은 각국 간 동종상품(동일산업 간)의 무역발생원인을 설명하는 이론으로서 제품이 차별화되어 있는 경우, 각국 간 동종상품이 존재할지라도 그 상품을 외국으로 수출하기도 하고 수입하게 되는데 그 원인은 각국의 차별화된 제품에 대한 수요가 무역을 발생시킨다는 것이다. 예를 들면, 미국이 승용차를 일본에 수출하는가 하면 일본으로부터 승용차를 수입도 하는데, 이것은 각국의 승용차에 대한 다양한 기호(차별화된 기호) 때문이며, 이 경우 기존의 무역이론으로 설명이 곤란하나 산업 내 무역이론으로 상기의 동종제품 간의 무역패턴을 잘 설명할 수 있다.

국제통상환경론
International Trade Environment Theory

03 CHAPTER

보호무역환경의 이해를 위한 이론적 근거

3 Chapter 보호무역환경의 이해를 위한 이론적 근거

자유무역은 18세기 애덤 스미스가 국제분업에 따른 무역의 이익을 규명한 이래 모든 나라의 후생을 극대화시킬 수 있는 이상적인 무역정책으로 신봉되어 왔다. 자유무역이론은 완전경쟁과 생산요소의 완전이동 등 고전학파의 가정하에서 가격기능이 가지고 있는 효율성에 그 근거를 두고 있다. 즉 각국이 비교우위에 따라 국제분업을 통하여 자유무역을 하게 되면 생산부문에서 생산요소의 효율적인 배분이 가능해져 효율성이 증대하기 때문에, 주어진 자원과 생산기술하에서 자유무역은 모든 나라의 후생을 극대화시키게 된다는 것이다.

이러한 애덤 스미스의 자유무역의 효과는 시장의 가격기능에 의해서 발생되기 때문에 가격을 왜곡시키는 조치, 즉 관세 등 보호주의적인 무역정책은 자원의 효율적인 배분을 저해하여 생산 및 소비부문에서 효율성을 저하시키고 그에 따라 보호조치를 취한 국가는 물론 세계적으로도 후생이 감소하게 된다는 점을 지적하고 있다. 따라서 애덤 스미스의 자유무역이론에 의하면 어떤 국가가 특정 산업의 보호 등 특정한 정책목표를 달성하기 위하여 시행하는 보호무역은 그 나라 또는 세계경제 차원에서 항상 효율성 저하라는 비용을 수반하게 되므로 정당화될 수 없다는 점을 강조하고 있다.

그러나 이러한 전통적인 자유무역주의는 자유무역이 가진 많은 이점이 있음에도 불구하고 오늘날까지 많은 논란의 대상이 되고 있다. 특히 자유무역이 교역당사국에 미치는 효과가 각국의 시장환경에 따라 각기 다를 수 있고 전략적 선택, 안보 및 국방과 같은 비경제적 정책목표가 우선적으로 추구되어야 할 경우에는, 오늘날 대부분의 국가들이 자유무역의 이점을 인정하면서도 완전한 자유무역보다는 제한적 무역이 더 바람직하다는 관점에서 여러 가지 형태의 무역제한조치를 시행하고 있다.

3.1 보호무역에 대한 중상주의적 인식

무역은 각국의 경제적 후생을 증진시킨다는 무역이론의 결론을 현실경제에 비추어보면 상당히 비현실적으로 보인다. 우선 어느 나라든 재화와 서비스의 자유로운 이동을 막는 여러 가지 무역장벽이 존재하고 있다. 관세, 수입쿼터, 자율적 수출규제, 부품 국산화율규제 등은 우리에게 낯익은 용어들이다. 그리고 무역이 각국의 경제적 후생을 증진시킨다면, 각국은 서로 자국시장을 개방해서 외국으로부터의 수입을 증가시키기 위해서 노력할 것이고, 일방적 무역시장개방을 적극적으로 추진할 것이다. 그러나 각국의 무역협상에서 주된 과제는 항상 어떻게 하면 외국으로부터의 수입을 줄이고, 외국시장에 대한 자국의 수출을 증가시킬 것인가 하는 측면에 노력이 집중되고 있다.

이에 따라 역설적으로 교과서에는 흔히 무역의 두드러진 특성 가운데 하나로 무역에 대한 국가의 간섭을 지적하고 있다. 즉 세계 어느 나라를 막론하고 무역에 대한 규제를 하지 않는 나라가 없다고 해도 과언이 아니다. 그러면 왜 이런 간섭이 존재하는가?

무역규제가 존재하는 단순한 이유는 일반대중들이 가지고 있는 무역에 대한 인식에서 찾아볼 수 있다. 무역에 대한 가장 오래된 사고인 중상주의적 사고는 사람들의 상식적 판단으로 자연스럽게 자리 잡고 있다. 즉 무역은 국부를 증가시키는 수단으로 사용되어야 한다는 것이다. 그리고 개인의 경우 돈 많은 사람을 부자라고 하는 것처럼 국가의 경우는 국부를 그 나라가 보유하고 있는 국제적으로 통용될 수 있는 돈, 즉 금·은 등의 귀금속 또는 외화로 파악할 수 있는데 국부를 증가시키기 위해서는 수출을 증가시켜야 하고 수입을 억제해야 한다. 따라서 수출은 선이고 수입은 악으로 인식되며, 이에 따라 정부의 무역에 대한 정책은 어떻게 하면 외국에 수출을 많이 하고, 반면에 외국으로부터의 수입을 억제할 수 있는가 하는 측면에서 수립되고 집행되어야 한다. 이와 같은 입장에서 보면 수입억제와 수출장려를 위한 여러 가지 정책수단을 강구하는 것이 국가의 당연한 정책이 될 수 있다는 것이다.

3.2 보호무역정책의 이론적 근거

1. 유치산업보호론

유치산업보호론(infant industry argument)이란 자국의 산업이 외국과의 경쟁을 극복하고 경쟁국들이 누리는 정도의 시장확보를 위해서 보조금, 장려금 등의 지급과 같은 유인제도를 실시하고, 고율의 관세와 같은 수입제한조치를 채택하여 국내유치산업을 보호해야 한다는 것인데, 이에 따라 국내유치산업은 조속한 기간 내에 육성될 수 있고 나아가 외국의 산업과 같이 낮은 생산비용으로 경쟁할 수 있게 된다는 것을 주장하는 이론이다.

유치산업의 근거는 다음과 같은 것에서 찾을 수 있다. 첫째는 일정기간의 보호를 통한 생산증가는 규모의 경제효과를 달성할 수 있다는 것이다. 둘째는 생산경험의 축적을 통한 비용감소나 원가감소를 가져와 국제경쟁력을 향상시킬 수 있다는 것이다. 셋째는 산업보호과정에서 특정 산업의 지원조치는 후발기업 혹은 타 산업에 유익한 외부경제효과를 발생시키기 때문에, 이들 산업을 보호할 필요성이 있다는 것이다.

이와 같은 근거로 유치산업을 일정기간 보호하게 되면 이 산업은 국제시장에서 가격경쟁력을 확보할 수 있으며, 일단 가격경쟁력이 확보되면 유치산업을 보호하는 과정에서 발생할 수 있는 보호비용은 국내산업 발전과 무역을 통한 경제적 이익으로 보상받을 수 있게 된다는 것이다.

그러나 한편으로는 다음과 같은 문제점도 존재한다. 첫째는 과연 어떤 산업을 유치산업으로 선정할 것인가의 문제이다. 즉 국내에 있는 수많은 산업 중에서 과연 일정기간 보호 후에 국제경쟁력을 확보할 수 있는 산업을 어떻게 판정할 수 있는가 하는 것이다. 둘째, 일단 유치산업을 선정하였다고 하더라도 과연 "어느 기간 동안 보호하여야 하는가"라는 보호기간의 선택문제이다. 일단 선정된 산업을 보호한 이후 몇 년간 지원하여야 하며, 언제 보호를 중단할 것인가를 결정하는 것이 어려우며, 잘못 판단한다면 이러한 보호기간이 장기화될 수 있다는 부정적인 효과가 존재한다는 것이다. 셋째, 산업보호를 위하여 어떤 정책을 활용할 것인가가 중요하다.

예를 들어, 관세를 통하여 보호하기로 하였다면 이는 국내소비가격의 상승을 통한 소비 측면의 왜곡을 가져옴으로써 오히려 경제적 손실을 가중시킬 수가 있다. 따라서 국내경제에 미치는 효과를 최소화하는 정책수단의 선택이 필요하다.[1)]

2. 외부경제효과

특정 재화의 생산에 외부경제효과가 존재하는 경우에는 이들 산업부문을 보호하기 위한 무역정책이 필요하다. 외부경제효과란 특정 산업부문에서 발전된 지식이나 생산기술이 다른 산업 분야의 생산성증가나 경제적 효율을 증가시키는 데 기여할 수 있는 경우를 말하며, 이때 특정 산업이 타 산업에 대하여 외부경제효과가 있다고 한다.

예를 들어, 공산품 생산에서 얻은 지식과 기술개발이 농업기계화의 발달을 통한 농업생산성의 증가를 유도한다면 공업부문이 외부경제효과가 있다는 것이며, 이들 외부경제유발산업에 대해서는 국가적인 차원에서 지원해주는 정책수립이 필요하다. 왜냐하면 이들 공업부문의 발전과정에 투입된 비용이 농업부문의 산업발전에 기여한 부문에 대해서는 농업부문이 공업부문에 보상을 해주어야 하지만, 현실경제에서는 이것이 불가능하기에 정부 차원에서 이들 외부경제 유발산업에 대해서 지원해주는 것이 바람직하다는 것이다.

3. 전략적 무역정책

세계 전체적인 측면에서 소수의 독과점적 구조를 갖는 산업 분야는 어느 기업이 독과점적인 위치를 차지하느냐에 따라, 초과이윤을 통한 막대한 이윤을 얻을 수 있는 기회가 존재하게 된다. 이들 산업 분야는 규모의 경제를 실현하기 위하여 필요한 생산설비가 대규모이며, 기술개발의 위험이 높으며 산업발전에 따른 외부경제효과가 큰 산업으로서 주로 특수한 군수장비나 항공기, 전기통신, 인공위성과 관련된

1) 이장로 · 문희철, 무역개론, 무역경영사, 2000, pp.60~61.

산업이라 할 수 있다. 이들 산업 분야는 각국 정부들이 가능하다면 정부의 직접적인 개입을 통하여 이러한 초과이윤을 자국기업에게 돌아오도록 노력하게 된다는 것이다. 즉 각국 정부들은 전략적 무역정책수단들을 활용함으로써 자국기업이 타국기업과의 경쟁에서 우위에 설 수 있는 기반을 마련해준다는 점에서 기존 무역정책들과는 달리 전략적 무역정책이라 말한다. 정부의 개입수단은 수출보조금의 지급이나 수입규제정책, 그리고 정부와 산업 간의 협동계획 등이 있다.

이와 같은 전략적 무역정책들의 문제점은 다음과 같은 것들이 있다.

첫째, 한 국가가 이러한 정책을 효과적으로 수행하기 위해서는 방대한 정보를 필요로 하며, 이를 위해서는 많은 비용과 시간이 소요된다. 둘째, 한 국가가 무역정책을 실시하였다면 이 산업과 연관된 다른 국가에서의 보복위험성이 있다. 셋째, WTO규정에 따른다면 특정 산업에 전략적으로 지급되는 모든 생산보조금과 수출보조금은 전면적으로 금지되어 있어 현실적으로 이러한 정책을 사용하기에는 많은 제한이 따른다는 점이다.

4. 비경제적 목표를 성취하기 위한 요인

기타 보호무역의 이론적 근거로는 자국의 국방상의 문제나 문화적·사회적 가치 유지문제 등을 들 수 있다.

(1) 국방상의 원인

한 나라의 군사력을 유지하기 위하여 꼭 필요한 산업, 특히 국가안보와 관련된 방위산업 등을 보호해야 한다는 것이다.

(2) 사회·문화적 원인

자국의 전통적인 가치관이나 생활양식을 보호하기 위한 해외의 문화적 상품의 무분별한 수입을 규제해야 한다는 것이다.

3.3 보호무역정책의 수단

역사적으로 볼 때 대부분의 국가에서 가장 일반적으로 널리 사용해 온 보호무역정책의 수단은 관세(tariff)와 수량규제(Quantitative restriction : Quota)를 들 수 있다. 관세란 교역되는 상품이 국경을 통과할 때 부과되는 조세 또는 징수금을 말하며, 수량규제란 수입상품이나 수출상품의 수량에 대해서 정부당국이 직접적으로 제한하는 것을 말한다.

이러한 전통적 보호무역정책수단 중 수량규제는 1948년 GATT체제하에서 그 사용이 크게 제한되었고, 관세도 그동안 여러 번에 걸친 다자간 무역협상을 통하여 모든 국가에서 현저하게 하향 조정되었다. 더구나 대부분의 선진국에서는 관세양허를 하였기 때문에 한 번 하향 조정된 관세는 특별한 경우 이외에는 다시 올릴 수가 없게 되었다. 그 결과 세계경제는 제2차 세계대전 이후 1973년 1차 오일쇼크가 일어나기 전까지만 해도 역사상 유례 없는 속도의 무역규모의 확대를 경험하였다.

그러나 1차 오일쇼크 이후 세계경제가 침체를 거듭하면서 미국을 비롯한 몇몇 선진국 내에서는 보호주의 압력이 크게 증대되었지만, GATT체제하에서는 관세나 수량규제와 같은 전통적 수입규제수단의 사용이 여의치 못하였기 때문에 이들 나라에서는 갖가지 비관세장벽(Non-Tariff Barriers : NTB)에 의한 수단이 급속히 확산되었다.

그 대표적인 예로 소위 수출자율규제(Voluntary Export Restraints : VER), 시장질서유지협정(Orderly Marketing Agreement : OMA)과 같이 GATT체제를 회피하여 무역당사국 간의 협상에 의한 수량규제가 있고, 반덤핑관세(anti-dumping duties) 및 상계관세(countervailing duties)와 같이 GATT체제에서 허용되는 수단이지만 이를 보호주의 수단으로 남용하는 경우가 있다. 그 밖에 행정규제, 복잡한 통관절차, 엄격한 안전 및 위생에 대한 검사제도, 심지어 수입품에 불리한 국내유통제도와 같은 비공식적인 비관세장벽이 있다.

한편, 수출규제의 수단으로는 수출세(export duties)나 수량규제가 흔히 사용되고 또 수출진흥을 위한 수단으로는 수출활동에 대한 보조금제도(export subsidy)가 널리 사용되어 왔다. 본 장에서는 위와 같은 다양한 보호무역정책수단에 대한 특성을 간략하게 살펴보기로 한다.

1. 관세

관세는 제2차 세계대전 후 GATT가 설립된 이래 여러 차례에 걸친 다자간협정을 통하여 대폭 인하되었는데, 특히 오늘날 선진국들의 경우 공산품에 대한 무역제한 수단으로서 관세의 중요성이 떨어지고 있다. 그러나 이와는 대조적으로 비관세장벽을 비롯한 기타 무역장벽이 오히려 선진국들에 의해서 강화되고 있다.

관세를 국내산업의 보호조치수단으로 사용할 경우 국내법뿐만 아니라 국제적 규범에 의해 엄격히 통제되고 제한적 범위 내에서의 사용만이 허가되고 있는 데 반해, 비관세조치를 보호정책수단으로 사용하는 경우에는 산업별 혹은 국가별로 선별적이고 차별적으로 적용할 수 있다. 뿐만 아니라 GATT와 WTO규정 자체가 모호하거나 완전한 절차를 규정하고 있지 않기 때문에 비관세조치는 국제적 규범에 위배되지 않는 것처럼 보일 수 있다. 현실적으로 WTO체제가 지향하는 목표가 지속적인 관세인하를 통해 국가 간 무관세를 달성하는 것에 있으므로 각국은 산업보호를 위한 손쉬운 방법으로 관세보다 비관세조치를 보호수단으로 사용하는 것이 일반화되어 있다.

관세는 한 국가의 국경선을 통과하는 상품에 부과하는 세금으로 수출품과 수입품에 모두 부과될 수 있다. 그러나 실제에 있어서는 수입품에 부과되는 수입관세가 중요하다. 수입관세에는 수입품의 가격에 대하여 일정비율로 부과하는 종가세(ad valorem duty)와 수량을 과세기준으로 하는 종량세(specific duty), 그리고 이들을 결합한 복합세(compound duty) 등이 있다.

2. 비관세장벽[2)]

(1) 비관세장벽의 유형

비관세장벽(Non-Tariff Barriers : NTB)이란 국제무역을 저해하는 관세 이외의 모든 무역정책의 수단을 의미한다. 비관세장벽에는 무역을 직접적으로 제한하는 것을 목적으로 하는 비관세장벽, 예를 들어 수량제한, 수입허가제, 각종 수입과징금 및 외환할당 등과 간접적으로 무역제한효과를 갖는 수입규제조치, 예를 들어 보건위생 규정 또는 내국세제도 등으로 크게 구분할 수 있다.

GATT는 [표 3-1]에서 보는 바와 같이 비관세장벽을 수입규제방법에 따라 정부관여, 세관 및 행정상의 수입절차, 수입품 및 국내제품에 대한 기준, 수입 및 수출에 관한 특정 제한, 가격 메커니즘에 의한 수출입규제, 기타 유형으로 가격 이외의 규제로 구분하여 분류하고 있다.

▎표 3-1 ▎GATT의 비관세장벽 분류표

규제유형	세부 규제조치
1. 정부관여	① 정부원조 ② 국가무역 ③ 정부조달 ④ 정부독점업무
2. 세관 및 행정상의 수입절차	① 상계관세 ② 덤핑방지관세 ③ 관세평가 ④ 관세분류 및 주석(註釋)상의 통일 ⑤ 영사수속 ⑥ 원산지증명 ⑦ 자의적 관세품목분류 ⑧ 견본요구 ⑨ 재수입 및 재수출에 대한 관세환급 ⑩ 구비서류 요구
3. 수입품 및 구제품에 관한 기준	① 제조기준 ② 보건 및 안전규정 ③ 계량표준에 따른 규정 ④ 제약기준에 따른 규정

2) 이장로 · 문희철, 전게서, pp.70~71.

	⑤ 함량규정 ⑥ 상품 및 용기규정 ⑦ 가공규정 ⑧ 원산지표시에 관한 규정 ⑨ 포장에 관한 규정
4. 수입 및 수출에 관한 특정 제한	① 수량제한 ② 수입금지 ③ 수입허가제도 ④ 외환관리제도 ⑤ 양국 간 협정에 의한 차별규제 ⑥ 반출지에 따른 규정 ⑦ 수출규제 ⑧ 최저가격규제 ⑨ 관세할당제 ⑩ 최저·최고가격규제
5. 가격 메커니즘에 의한 수출입규제	① 수입담보 ② 과징금·항만세·통계세 등 ③ 차별적 내국소비세, 정부규제를 받는 보험요율, 사용세 ④ 차별적 차관규제 ⑤ 영사수수료 ⑥ 인지세 ⑦ 가변과징금 ⑧ 국경세조정
6. 기타 가격 이외 면에서의 규제	① 광고선전 및 운송규제 ② 상영시간규제 ③ 지방관서에 의한 함량규제 ④ 제한적 영업관행

(2) 비관세장벽의 특성

1) 효과측정의 곤란성

비관세장벽은 유형에 따라 그 영향이 미치는 품목범위가 다르고 어떤 유형은 시간에 따라 극히 유동적이어서 관계 당국의 판단에 따라 실시되거나 혹은 외부에는 모습을 나타내지 않고 은밀히 적용되는 유형도 있다. 대부분의 경우 자료의 이용가능성이 현실적으로 제한되어 있기 때문에, 비관세장벽의 무역제한적 효과를 종합적으로 또는 개별품목별로 계량화하여 측정하는 것은 어렵다.

2) 복잡성

일반적으로 선진국에 있어서 비관세장벽의 적용 및 운영은 매우 복잡하다. 어떤 유형은 처음부터 법률로서 제정되기도 하지만 어떤 유형의 것은 통일적이고 체계적인 조정을 통하지 않고 여러 행정기관의 정책에서 파생되므로 각 유형은 성질이 다양하다. 이러한 측면 때문에 선진제국은 보호목적을 위해 관세보다는 비관세장벽을 보호무역수단으로 손쉽게 사용하는데, 그 이유는 최소한 공공연한 논란과 엄격한 조사를 회피할 수 있기 때문이다.

3) 불확실성

비관세장벽의 또 하나의 특성으로서는 정보부족 및 변칙적인 제도의 운영으로 인한 그 실효효과의 불확실성을 들 수 있다. 즉 수출업자는 활용할 수 있는 관련 정보가 부족한 상태에서 자신들의 수출에 미치는 영향이나 정도를 정확하게 판단하는 것이 어렵다는 것이다. 또한 수입국의 무역정책은 수출국에 아무런 통고 없이 수시로 변경될 가능성을 항시 내포하기 때문에 수출업자로서는 상당한 무역장벽으로 작용할 수 있다.

4) 차별적 적용

비관세장벽이 무역에 미치는 영향은 선진국이나 개도국에 대해 명목상으로는 무차별적인 것처럼 보이지만 실제로는 개발도상국에 상당히 불리하게 작용함으로써 비관세장벽문제는 선진국의 경우보다는 개도국에 더 불리한 영향을 미친다.

5) 협상의 곤란성

비관세장벽은 앞에서 설명한 제반 특성 때문에 상호 간의 양허 정도를 비교하여 이를 균일화시킬 수 있는 지표의 설정이 불가능하고, 또한 비관세장벽에 대한 일정한 기준이 없으므로 설사 정부 간에 협상이 되더라도 그것이 곧 비관세장벽의 철폐를 보장해줄 수 없기 때문에, 비관세장벽의 완화 또는 제거를 위한 협상을 하는 데는 많은 문제점이 있다.

3. 주요 비관세장벽의 내용

(1) 수입할당제

수입할당제는 가장 명백하고 쉽게 확인할 수 있는 비관세장벽으로, 수입품의 가격에는 상관없이 수입국시장으로 유입되는 상품에 대해 일정기간 수입량에 대한 직접적인 한도를 지정함으로써 수입량을 제한하는 조치를 말한다.

1) 일방적 할당제(unilateral quota)

수입국이 쿼터량을 배정함에 있어 수입상대국들과 협의를 거치지 않고 일방적으로 수입할당량을 정하는 방식을 말한다.

2) 쌍무적 할당제(bilateral quota)

쌍무적 할당제는 다자간 할당제(multilateral quota)라고도 하는데, 이는 수량제한을 실시하는 국가가 교역상대국과의 사전 협의를 거쳐 쿼터할당량을 정하는 방식을 말한다. 구체적으로는 수입국과 수출국 양국의 정부, 상사, 산업단체, 상공회의소 등이 사전에 협의를 하여 할당에 관한 국제협정 또는 사적 협정을 체결함으로써 할당량을 결정하게 된다. 그런데 이러한 쌍무적 할당제에서 사적 협정에 의한 협의는 정부의 승인을 얻어야만 확정되고 정부 간에 이루어진 협정은 정부에 의해 직접 수출업자에게 할당량이 배분되는 것이 아니라, 민간의 이익단체로 하여금 배분하게 하는 것이 통례이다. 여기에는 총량할당제(global quota)와 배정할당제(allocated quota)의 방식이 있다.

총량할당제(global quota)는 수입할당총량만을 정하고 수출상대국은 지정하지 않고 모든 국가로부터 일정기간, 일정한도에서 특정 상품의 수입량 또는 수입액을 제한하는 제도를 말한다. 이 제도의 적용 시 쿼터의 배분은 대부분 선착순으로 부여하게 되어 있으나, 과거의 수출실적 또는 쿼터량을 기준으로 배분되는 것이 통례이므로 새로운 수출국에는 매우 불리한 제도가 될 수 있다. 이에 대하여 배정할당제(allocated quota)는 수입량관련 수출국들에게 일정한 기준에 따라 배정하는 제도이다.

3) 수출자율규제(Voluntary Export Restraints : VER)

일부 국가에 대한 특정 상품의 수출급증으로 수입제한이 필요하게 되었으나, 관세율인상이나 수입할당제의 실시가 국제적으로 제한되어 있기 때문에, 수출국이 수입국의 제한조치를 회피하기 위하여 수출하는 상품수량을 자율적으로 제한하는 조치를 말한다. 이는 교역상대국의 입장에서 볼 때 사실상 수입할당제의 실시와 다를 바 없는 수량제한의 효과를 가지며, 수출국의 지도하에 양국 간 내지는 다수국 간의 협정에 의해 실시되고 있다. 그러므로 수출국이 자율적으로 수출을 규제한 것이라고는 볼 수 없으며, 수입국의 요구가 반영된 규제라 할 수 있다.

4) 시장질서유지협정(Orderly Marketing Agreement : OMA)

시장질서유지협정은 수입국의 시장교란을 방지하기 위하여, 상호 간 협정에 따라 수출국이 특정 상품의 수출을 자발적으로 제한한다는 점에서, 수출자율규제와 거의 같은 수입규제조치라고 할 수 있다. 다만 시장질서유지협정은 양국 정부 간 공식적인 통상조약(통상협정)인 데 비하여, 수출자율규제는 양국 정부 간이나 일국 정부와 외국의 관련 산업계 간 또는 양국의 관련 산업계 간의 비공식적·암묵적으로 조정된 협의(arrangement)이다. 따라서 수출국이 협정한도를 초과하여 수출한 경우 수출자율규제하에서는 수출국이 자동적으로 규제조치를 취하나, 시장질서유지협정은 수입국이 자동적으로 규제조치를 취할 수 있기 때문에, 수출자율규제보다는 시장질서협정이 더 엄격한 수입제한조치라고 할 수 있다.

(2) 수입허가제(import license system) 및 수입담보제(advance deposit requirements)

수입허가제도가 수입제한수단으로 사용되는 경우는 그것이 지나치게 복잡하고 불편하여 수입업자들로 하여금 수입허가권의 취득을 포기하거나 주저하게 함으로써, 수입이 제한되도록 만드는 결과를 가져오는 경우이다. 그리고 수입담보금제도는 수입대금의 전부 또는 일부를 사전에 관계금융기관에 대가의 지불 없이 예치하도록 하는 제도로서, 이는 수입업자의 입장에서 금리부담 등 자금상의 압박요인을 제공하여 역시 수입을 억제하게 하는 결과를 가져오게 된다.

(3) 국영무역(state trading)

국영무역은 국영기업이나 국가에 의하여 배타적 특권(exclusive privilege)을 부여받은 사기업이, 소비대중이 사용할 재화나 용역의 구매 및 판매활동을 행하는 것을 말한다. 국가기관이 수입행위과정에서 특정 물품에 대한 수입대상지역(국가) 등에 정책적인 배려를 함으로써 임의 차별수입을 하는 경우가 많으며, 자의적인 조치를 통하여 직접적인 수입제한을 가하는 것이 상례이다. 또한 국영무역은 국내시장상황에 따라서 수입량을 임의로 조정하여 수입품의 가격을 조절함으로써 국내공급자를 부당하게 보호하고 수입을 제한하기도 한다. 따라서 이러한 형태의 국영무역은 수출국의 무역 장애요인이 되고 있는데, 계획경제체제하의 사회주의 국가에서는 거의 모두 이를 실시하고 있으며 시장경제체제하의 일부 국가도 어느 정도는 국영무역을 하고 있다.

(4) 국산품사용의무 및 수출제한(domestic content regulations)

국산품사용의무는 한 상품의 국내부가가치율을 일정수준 이상으로 제고시킴으로써 동종 수입품에 대한 국내의 수입경쟁자에게 일정수준 이상의 시장쉐어를 확보해주며, 수입중간재 및 원자재에 대한 가공공정을 보장해주기 위한 목적으로 실시된다. 이것은 국내의 원재료 및 반가공원료 공급자에게 외국의 수입원자재와의 경쟁력을 제고시키는 효과를 가져오기도 한다.

한편 수출제한은, 첫째 일국의 원자재나 반제품이 수출되어 고도의 가공공정을 거친 후 재수입되는 현상을 방지하기 위하여, 둘째 장기적인 면에서의 이익확보나 비상시 국가안전에 대비할 수 있도록 천연자원을 보전하기 위하여, 셋째 상대수출국으로 하여금 국내에서 가장 민감한 반응을 보이는 관심품목을 생산할 수 없도록 하거나, 상대수출국에 경제적 타격을 주기 위하여 수출국이 자국의 수출을 제한하는 조치를 말한다. 구체적으로는 일부 선진국에서 노동집약적 산업의 특정 원자재나 반제품이 저임금국가인 개발도상국에 수출되어, 가공공정을 거친 후 재수출되어 국내 동종제품시장에 침투함으로써, 국내생산자를 위협하는 사태를 방지하기 위하여 수출에 제한을 가하는 것 등이 있다.

(5) 반덤핑관세(anti-dumping duties)

수출국이 자국 수출을 증대시키기 위하여 정상가격 이하로 수출함으로써 수입국 산업이 손해를 입거나 또는 그 우려가 있는 경우, 그 부당염매액을 상쇄하기 위하여 수입국이 정기관세 외에 추가로 부과하는 관세를 말한다. 그런데 여기서 정상가격의 판단기준으로서는, 첫째 수출국의 소비용 동종상품의 통상적인 상거래에서 비교가능한 가격, 둘째 전기한 가격이 없을 경우 제3국에 수출되는 동종상품의 통상거래에서 비교가능한 최고가격 또는 원산국에서의 생산비에 합리적인 판매비 및 이윤을 가산한 가격 등을 설정하고 있다.

반덤핑관세의 부과는 덤핑행위로 인해서 수입국의 국내산업이 불공정하게(unfairly) 피해를 입는 것을 막기 위해 정당화되는 것이라고 할 수 있다. 그러나 실제로는 반덤핑관세가 이미 경쟁력을 잃은 국내산업을 보호하기 위한 수단으로 남용될 수 있는 가능성은 항상 존재할 수 있다. 이러한 반덤핑관세 부과의 남용을 비롯한 여러 가지 문제들이 다자간 무역협상들에서 논의되어 왔으며, 그 결과 반덤핑관세의 부과요건을 강화시킨 반덤핑규약(anti-dumping code)이 다자간 무역협상에서 채택되었다.

(6) 상계관세(countervailing duties)

많은 국가들이 자국의 수출증대를 위하여 수출산업에 보조금을 지급하고 있는데, 이는 수출보조금이 지급되면 수출산업의 경쟁력이 강화되어 수출이 증대되기 때문이다. 그러나 수출국의 수출증대는 수입국의 수입증가를 의미하며 이에 따라 수입국의 수입경쟁산업이 피해를 받을 경우가 발생한다. 이러한 경우 수입국은 덤핑의 경우와 마찬가지로 먼저 문제의 수입상품이 수출국 내에서 보조금지급을 받았는지의 여부를 조사하여 보조금을 지급받은 것으로 확인되고, 다음으로 그것이 관련 국내산업에 중대한 피해를 주는 요인이 된다고 판단되는 경우, 그 수출보조금에 해당하는 금액만큼의 관세를 부과할 수 있는 데, 이때 부과되는 관세를 상계관세라 한다.

(7) 수입경쟁산업에의 보조금

보조금은 그 성격상 다양한 모습을 띠고 있어 일의적으로 정의하기 어려우나 일반적으로는 일국의 수출소득지원 또는 가격지원 등을 통하여 직접·간접으로 자국제품의 수출을 증가시키거나 수입을 감소시킬 목적으로 정부가 지급하는 모든 형태의 지원금을 말한다.

보조금은 조세 측면, 금융 측면, 그리고 기타의 보조금으로 크게 구분될 수 있다. 조세 측면에는 조세경감, 조세유예, 조세환불, 조세특별감면 등이 있으며, 재정·금융 면에서는 특별금융지원, 투자지원, 수출인센티브, 금융상의 저리의 신용제공, 수출신용보증제도 및 기타 운임할인 등이 있다.

이러한 보조금지급행위는 첫째 국내소비자 또는 국민의 부담을 통하여 이루어지므로 국민을 희생시키게 되며, 둘째 상대국의 대응조치가 따를 때에 세계무역은 더욱 위축되며 보호무역주의가 더욱 심화될 수 있다.

(8) 기준, 규격, 품질에 관한 국내규정

많은 국가들이 자국제품이 충족해야 할 보건 및 안전기준, 계량기준, 함량기준, 원산지, 포장규정, 그리고 기술규격 등을 국내법에 규정하고 있다. 그런데 이들 국내규정은 상대적으로 국내공급업자들에게 유리하고 외국의 공급업자들에게 불리한 경우가 많다. 따라서 이 국내규정들을 수입상품에 적용할 때에 이들이 실질적으로 수입장벽으로 이용될 수가 있다. 이와 같이 실질적인 수입장벽으로 작용하는 여러 가지 형태의 국내규정들을 포괄하여 무역에 대한 기술적 장벽이라고 하는 비관세장벽이다. 이와 같은 국내규정을 통한 수입제한행위는 다자간 무역협정 내의 기술적 무역장벽에 대한 규약(technical barriers to trade code)에 의해 규제를 받고 있다.

한편 보건 및 후생기준은 더욱 까다롭다. 대개의 국가들은 모든 음식물에 첨가제를 사용하는 것을 일체 금하고 있다. 또한 수출되기 전에 견본으로는 통관이 안 되고 반드시 실제로 수입된 상품 중에서 견본을 뽑아 시험을 한다. 이러한 시험은 전부 전문 연구소에서 이루어지기 때문에 결과적으로 수출비용을 상승시키고, 또 사전에 수입통관 여부를 확신할 수 없기 때문에 불안요소가 될 수 있으며, 이와 같은 비용상승과 불안요소가 국제무역을 저해하는 비관세장벽요인이 된다.

(9) 통관 및 행정절차

관세의 부과는 그 관련 상품의 수출가격과 그에 적용되는 관세율에 따라 결정된다. 수출가격에는 일반적으로 송장가격(invoice price)이 적용되는데, 그것은 송장가격이 실제의 거래가격으로 간주되기 때문이다. 그러나 만일 세관공무원이 송장가격 자체의 진실성에 의문을 가지게 되는 경우, 자국 내에서 그와 유사한 상품의 시장가격을 대신 적용하는 경우가 있다.

그리고 적용될 관세율을 정하는 데 있어서도 문제가 발생될 수 있는데, 즉 어느 나라의 관세율표도 수입되는 모든 상품을 다 포함하여 상품별로 관세율을 정할 수가 없으므로, 유사한 제품들을 일정한 기준에 따라 분류하여 그에 대한 관세율을 정하고 있다. 따라서 특정의 수입품이 어떻게 분류되는가에 따라 관세율의 적용이 달라질 수 있다. 이는 일반적으로 세관원의 재량에 의해서 이루어지는데, 만일 어떠한 상품의 분류가 부당하게 이루어져 높은 관세를 부담해야 할 경우가 발생하면 수입업자는 궁극적으로 법적 구제에 호소할 수밖에 없으며, 이는 많은 시간과 비용을 필요로 하므로 수입을 주저하게 되어 결국 수입이 억제되는 결과를 초래하게 된다. 한편 관세평가와 분류의 문제는 다자간 무역협정 내의 관세평가에 관한 규약(customs valuation code)의 적용을 받고 있다.

4. 보호무역정책의 정치경제학적 측면

무역은 무역으로부터 이득을 보는 사람뿐만 아니라 손실을 보는 사람도 만든다. 이러한 시각이 현대세계경제에서 실제 무역정책을 결정하는 과정을 이해하는 데 매우 중요하다. 여기에서는 무역정책의 정치경제학적인 측면을 간단하게 설명하고자 한다.

무역정책을 바라보는 데는 두 가지 시각이 있다. 첫째, 목표를 수립하면 어떠한 정책을 수행하는 것이 바람직한가? 과연 무엇이 최적무역정책인가? 둘째, 정부는 실제로 어떤 정책을 수행할 것인가? 무역으로 인한 소득분배효과는 이들 물음에 결정적인 요소리 힐 수 있다.

정부가 전체국가의 후생을 극대화하기를 원한다고 가정하자. 만약 모든 사람이 소득과 취미 면에서 서로 같다면 정부는 가능한 개인의 후생을 증가시킬 수 있는 정책들을 선택하기가 쉬울 것이므로, 동질적인 경제에서 자유무역정책은 정부의 목표를 확실히 달성시켜줄 수 있을 것이다. 그렇지만 국민들이 서로 다른 소득과 선호를 갖는 경우 모두에게 만족을 주는 정부정책은 쉽게 도출되기 어렵다. 어떤 보호정책을 선택할 때 그 정책으로 인해 손해보는 집단과 이익을 보는 집단이 항상 공존하게 된다. 이때 정부는 손실을 당하는 사람들에 대해서 무역으로부터 이득을 얻는 사람들과의 이해관계를 조정하고 정책의 효율성을 평가하여야 한다.

예를 들어, 우리나라 정부가 자국의 시장을 완전히 개방해야 하는 WTO에 가입함으로써 자유무역정책을 더욱 가속화시킨 결과 농업부문의 종사자는 자유무역으로 인해 손해를 보겠지만 공산품을 수출하는 기업들은 무역자유화로 큰 이익을 얻을 수 있게 된다. 이러한 정부의 정책에 대해 농업 종사자들은 자유무역조치가 자신들에게 피해를 주는 해악적인 조치로 평가하고 적극적으로 반대하는 입장을 취할 것이다.

한 집단이 다른 집단보다 더 중시되는 이유는 여러 가지 있겠지만 가장 중요한 이유 중의 하나는 어떤 집단이 상대적으로 빈곤하여 특별한 대우를 해줄 필요가 있는 경우이다. 예를 들면, 미국 정부가 부과한 무역제재조치가 의복과 신발가격을 인상시키지만, 이들 산업 내의 노동자들이 타 산업에 비해 저임금을 받고 있으므로 국민들은 의복과 신발에 대한 수입제한조치를 동의하고 있다. 미국 정부는 부유한 소비자가 담당할 손실보다 신발과 의복산업에 있는 저임금 노동자들이 얻는 이득을 더 중요시하므로 미국 일반대중들은 이들 산업에 대한 수입제한조치를 별로 큰 문제로 생각하지 않고 있다.

그러면 "무역은 저소득층을 해치지 않을 때만 허용해야 하는가"라는 문제가 제기된다. 그러나 어떤 경제학자도 여기에는 동의하지 않을 것이다. 무역의 소득분배기능에 대한 중요성에도 불구하고 대부분의 경제학자들은 자유무역을 강하게 선호하고 있다. 경제학자들이 일반적으로 무역의 소득분배효과를 강조하지 않는 몇 가지 중요한 이유가 있다.

첫째, 소득분배효과는 국제무역에만 있는 특수한 문제가 아니라는 점이다. 기술진보, 소비자 기호의 변화, 자원의 고갈 및 새로운 자원의 발견 등과 같은 국가경제에서 발생하는 모든 변화들이 소득분배에 영향을 준다. 만약 경제 내의 모든 변화가 소득분배효과를 고려한 후에만 허용된다면 경제적인 진보는 소득분배로 인해 쉽게 소멸될 수 있을 것이다.

둘째, 무역을 금지하는 것보다 무역을 허용하여 무역에 의해 손실을 본 사람들에게 보상해주는 방안이 더 바람직할 수 있다. 현대산업국가들은 무역에 의해 피해를 본 집단의 손실을 보상해줄 수 있는 여러 종류의 소득지원방안을 갖고 있는데, 예를 들면 재취업교육비, 산업구조조정지원비 등의 지원조치를 생각할 수 있다. 경제학자들은 이러한 보상계획이 적절하다고 느끼며 무역을 제한하기보다는 보상을 강화하는 방안이 바른 접근방식이라고 주장하고 있다.

셋째, 무역의 증가로부터 손실을 보는 사람들은 이득을 보는 사람들에 비해 전통적으로 잘 조직화되어 있다. 이러한 조직상의 불균형은 피해를 본 집단에게 무게를 더 주도록 정치적으로 편중되기 마련이다. 경제학자들은 전통적으로 국가 전체의 이득을 지적하면서 자유무역을 강하게 지지하고 있지만 손실을 당한 사람들은 자신들의 불만을 대중들에게 강하게 표현한다. 대부분의 국가들은 무역제한을 원하는 사람만큼 강하게 로비할 것이라고 기대할지 모르지만 그러한 경우는 거의 드물다. 대부분의 국가들에서 무역제한을 원하는 사람들은 무역확대를 원하는 사람들보다 정치적으로 더 큰 영향력을 갖고 있다. 전형적으로 특정 제품에서 무역의 이득을 보는 사람보다 손실을 보는 사람들이 더 집중되어 있고 많은 정보를 가지고 있으면서 잘 조직화되어 있는 것이 일반적이다.

따라서 경제학자들은 불평등한 소득분배에 대한 무역의 효과는 인정하지만, 국가 내의 특정 집단에게 발생할 수 있는 손실보다 무역으로부터 얻는 잠재적 이득을 강조하는 것이 더 중요하다고 믿고 있다. 그렇지만 이해집단 간의 갈등이 첨예하게 대립될 경우, 경제정책을 결정하는 데 결정적인 목소리를 내는 집단은 결코 경제학자들이 아니며, 조직화되어 정치력을 발휘하는 집단들이 될 가능성이 많다. 경제정책이 이들에 의해 영향을 받게 되면, 경제적 논리는 뒷전이고 정치적 논리가 우선시되는 우를 범하기 쉽다는 점이다.

두 집단 간의 이러한 대조는 미국의 설탕산업의 예에서 극명하게 나타남을 알 수 있다. 미국은 과거 오랜 기간 동안 설탕수입을 제한하였다. 현재 미국 시장에서 설탕가격은 세계시장가격의 두 배 정도 수준이었다. 대부분의 연구에서 설탕수입제한 조치가 미국 소비자에게 1년에 약 20억 달러 정도, 즉 모든 남녀 및 어린아이에게

1년에 8달러 정도의 손해를 끼쳤다고 주장하고 있다. 설탕생산자의 이득은 아마 20억 달러의 절반 이하로 추정되고 있다. 만약 생산자와 소비자가 똑같이 자신들의 이해를 표출할 수 있다면 이러한 수입제한정책은 결코 제정되지 않았을 것이다. 그렇지만 소비자 각자는 절대치로 보았을 때 거의 피해를 보지 않는 것으로 나타났다. 1년에 8달러는 큰돈이 아니다. 더구나 설탕을 직접 구입하기보다 다른 식품의 원료로 사용하기 때문에 대부분의 피해는 숨겨져 있다. 그래서 소비자들은 설탕에 수입할당제도가 존재하며, 이러한 수입제한조치가 자신들의 소득수준을 낮추고 있다는 사실조차 모르고 있다. 만약 소비자들이 이러한 사실을 인식할지라도 8달러라는 손실은 항의를 조직화시키고 국회의원에게 편지를 쓸 정도로 큰돈이 아니다. 설탕생산업자의 입장은 아주 다르다. 평균적인 설탕생산자는 수입할당제도로부터 1년에 수천 혹은 수만 달러의 이득을 보았다. 더구나 설탕생산자들은 설탕생산자의 정치적 이해를 적극적으로 도와줄 관련 협회와 정치가들을 통해 잘 조직화되어 있다. 그래서 설탕수입에 대한 설탕생산업자들은 효과적으로 불만을 크게 표현하고 있다. 설탕산업에서 수입제한조치의 정치경제학은 국제무역에서 일종의 극단적인 정치적 과정이라고 볼 수 있다. 이제까지의 세계무역의 흐름을 살펴볼 때 세계무역이 점진적으로 자유로워졌다는 사실은 자유무역에 반대하는 정치적인 성향을 제어하는 특별한 정치·경제적 환경에 의해서만 가능하였다는 사실이다.

04 CHAPTER

다자간 국제무역협상의 경제학

4.1 국제무역협상의 의의
4.2 국제무역협상의 성격
4.3 국제무역협상의 유형
4.4 다자간 협상의 중요성
4.5 국제무역협상의 이익
4.6 다자간 무역협정 이익의 주체
4.7 국제무역협상 이익의 이론적 근거

Chapter 4 다자간 국제무역협상의 경제학

4.1 국제무역협상의 의의

오늘날 국가 간의 상호의존성이 심화되면서 국가 간 경제적인 협력과 마찰이 더욱 증대되고 있기 때문에, 이를 해결할 국제경제협상이 더욱 빈번해지고 그 중요성도 증대하고 있다. 지금 세계는 경제전쟁이라 할 만큼 경제활동에서의 경쟁이 치열하다. 이러한 경제전쟁은 한편으로는 기업의 차원에서 이루어지고, 한편으로는 국가의 차원에서 이루어지고 있다. 국가의 차원에서 경제전쟁이 가장 치열하게 일어나는 곳이 국제무역협상의 장이라 할 수 있다.

이 경제전쟁에서 자국의 기업과 국민의 경제적인 이익을 지키기 위해서는 국가가 협상력을 발휘할 수 있어야 한다. 협상력은 국가의 경제력은 물론이고 정치, 군사, 외교, 정보 등의 국력을 형성하는 제반 요소를 바탕으로 하여 협상을 유리하게 전개할 수 있는 능력이나 기술에서 나오기 때문에 협상자의 능력이나 기술도 협상의 결과에 큰 영향력을 미치게 된다. 따라서 국제무역협상 주체는 체계적인 협상전략과 기술로써 자국이 갖고 있는 협상자원을 동원하여 협상력을 최대한 발휘함으로써 성공적인 협상을 하지 않으면 안 된다.

또한 국제협상은 문화, 가치관, 신념, 언어 등이 서로 다른 사람 간의 협상이다. 이러한 문화적인 차이는 표면적으로 나타나지 않는 가운데 중대한 역할을 하기 때문에, 협상당사자는 상대국의 정치, 경제, 문화, 사회의 제반 배경을 충분히 이해하고 이러한 차이를 감안하여 협상에 임할 필요가 있다. 국가 간의 협상은 어느 협상보다 중대하며, 이러한 문화적 차이에 따른 문제 또한 있기 때문에 그 절차에 있어서도 국제적인 의전이나 예양을 갖추게 된다. 국제협상자는 협상사안에 대한 지식 외에도 언어의 의사소통문제, 문화적 차이에 따른 문제 등을 잘 통제할 수 있어야 하며, 국제적인 예의와 같은 기본적인 능력을 갖추고 있어야 한다.

국제협상에서는 상대방과의 의사전달에 있어서 명확성이 줄어들게 된다. 상대방이 표현하는 의사표시의 방법, 언어의 정확한 의미, 뉘앙스, 바탕으로 하고 있는 생각 등에 있어서 전달의 한계가 있기 마련이다. 문화 및 가치관의 차이로 인하여 동일 사실에 대하여 인지의 차이가 있을 수 있고, 상대방의 제스처, 예법, 행동, 감정의 표시 등에 대하여 오해하거나 불편함을 느끼거나 감정적인 손상을 입을 수 있다. 따라서 당사자가 의도하지 않았거나 통제할 수 없는 요인이 발생할 가능성을 줄이기 위하여, 혼동되는 용어의 사용이나 정치적, 종교적, 문화적으로 미묘한 문제는 피할 필요가 있는 것이다.

이러한 국제협상에서의 사회, 문화적인 차이는 협상전략에도 고려되어야 한다. 국가나 문화에 따라 협상에서 사안에 접근하는 방법이나 진행방법이 다를 수 있으며, 협상단의 역할 분담이나 협상단 내의 정보흐름이나 의사결정형태가 다르다. 일반적으로 문화적인 배경에 따라 차이가 날 수도 있으므로, 협상전략에서 고려해야 할 상대방의 성향으로는 ① 명분을 중요시하느냐, 실리를 중요시하느냐, ② 당사자 관계를 중요시하느냐, 협상내용을 중요시하느냐, ③ 원칙합의를 선호하느냐, 구체적인 합의를 선호하느냐, ④ 집단적인 의사결정을 하느냐, 단독결정을 하느냐, ⑤ 상향식 의사결정을 하느냐, 하향식 의사결정을 하느냐, ⑥ 연역적인 접근을 하느냐, 귀납적인 접근을 하느냐, ⑦ 입장을 은폐하고 표현을 삼가느냐, 입장을 공개하고 솔직히 표현하느냐, ⑧ 타협적이냐 비타협적이냐 등을 들 수 있다.[1)]

1) 조영정, 국제통상학, 학현사, 1999, p.234.

4.2 국제무역협상의 성격

국제무역협상의 목표는 국익의 수호 또는 증대이다. 국제협상에서 추구하는 가치는 경제적인 문제 이외에도 정치, 사회적인 문제와 같은 다른 많은 요인을 포함한다. 예를 들어, 자유무역이 경제적인 차원에서 이익이 된다고 하여도 국내의 다른 사회적, 정치적 사정이 자유무역을 허용할 수 없다면, 무역개방이 협상의 목표로 될 수 없는 것이다. 따라서 협상의 목표는 경제적인 면을 포함하여 국가 전반적인 차원에서 국가의 이익이 극대화될 수 있는 방향으로 설정된다.

무역협상이 갖는 이러한 성격으로 인하여 협상의 목표설정이 간단하지 않을 뿐만 아니라 협상과정에서 이해관계의 교환도 어렵다. 경제적인 면만 본다면 쌍방에 이익이 증대되는 방안을 찾기가 보다 쉽겠지만 경제외적인 다른 면들도 고려하여야 하기 때문에, 쌍방이 가지고 있는 복합적인 면을 상대방에게 이해시키기도 어렵고 이해관계의 교환도 어렵게 된다.

이와 같이 국제협상은 단순하지 않고 여러 가지 면에서 복잡성을 가지고 있는 것이다. 또한 국가는 다양한 이해관계를 가지는 국민들의 집합체이므로 협상의 결과에 대한 국민 개개인의 이해관계는 달라질 수밖에 없다. 협상의 목표나 결과에 대하여 이익을 갖는 집단이 있는 반면 손해를 보는 집단이 있기 마련이다. 국가 내의 이해집단은 협상내용에 대한 자기이해에 따라 찬성하기도 하고 반대하기도 하면서, 사회여론을 환기시키거나 로비활동을 하는 등 자신의 이해를 반영하고자 노력하게 된다.

따라서 무역협상과 관련하여 그 국가의 국민들이 가지는 다양한 이해관계를 적절하게 조정하는 것이 중요하다. 그렇기 때문에 국제협상에서는 대외적으로는 외부협상을 하면서, 대내적으로는 국내의 의견조정을 위한 내부협상을 해야 하는 경우가 많다. 정부 내에서는 국내 사회집단이나 계층 간의 이해관계를 조정하고 국내정책 간에 상충되는 문제를 해결하기 위한 부처 간의 협의과정이 따르게 되는 것이다.

4.3 국제무역협상의 유형[2)]

1. 쌍무간 협상

쌍무간 협상은 이해관계가 있는 양 당사국 간에 협상을 행하는 것이다. 쌍무적인 협상은 다양한 형태와 내용으로 이루어지지만, 기본적으로는 상호주의하에서 양국간에 통상상의 이익을 서로 교환하는 것이다. 통상의 경우 이익의 연계교환은 상호주의에 의하여 받는 혜택과 주는 혜택을 균형되게 함으로써 달성되는 것이며, 서로에게 필요한 이익을 교환함으로써 전체 이익을 증가시키게 하는 작업이라고 할 수 있다.

쌍무적인 협상에서는 다자간의 협상에서보다 개별국가가 가진 힘의 요인이 많이 작용하게 된다. 국제협상에서 소국은 대국과의 협상에서 협상력이 약하기 때문에 협상을 유리하게 이끌어 가기가 어려운 것이 일반적이다. 소국은 대국에 비하여 협상에서 사용할 수 있는 대안이 적고, 협상이 결렬될 경우에 발생하는 어려움이 대국보다 더 큰 경우가 많기 때문에 협상에서의 입지가 좁다. 국제무역협상에 있어서 상대국에 대한 자국시장의 폐쇄위협은 중요한 협상무기이다. 그런데 국제경제관계에 있어서 대국이 소국의 시장에 의존하는 것보다, 소국이 대국의 시장에 더 많이 의존한다. 따라서 소국의 대국에 대한 시장폐쇄위협이 보다 약할 수밖에 없다는 점에서 협상력에서 균형이 유지되지 않는다. 뿐만 아니라 소국은 국제시장에서 가격결정력이 약하기 때문에, 무역장벽을 극복할 수 있는 힘이 대국에 비하여 더 약하다는 점을 비롯하여 여러 가지로 불리한 요인이 많다.

실제 미국은 국제관계에서의 힘을 가지고 있고 거대한 시장을 보유하고 있기 때문에, 쌍무적인 협상에 있어서 그만큼 유리하게 협상을 이끌 수 있다. 특히, 미국이 자국시장을 많이 이용하고 있는 아시아지역의 여러 국가들에게 통상압력을 쉽게 가하는 이유도 여기에 있다고 할 수 있다.

2) 조영정, 전게서, pp.236~239.

무역협상이라고 하더라도 경제외적인 문제가 작용하지 않는 것은 아니다. 그 한 예로서 한국은 경제적인 측면뿐만 아니라 정치나 국방과 같은 비경제적 측면에서도, 미국과 우호적인 관계를 유지하는 것이 매우 중요한 입장에 있다. 그리고 정보에 있어서도 한국은 미국에 의존하는 경우가 많다. 이러한 요인으로 말미암아 한국은 대미 통상협력에서 적극적이고 능동적으로 대응하지 못하고 소극적이고 수세적인 자세로 일관하는 경향이 있으며, 이러한 상황에서 협상에서 우위에 서기란 쉽지 않은 것이다.

이러한 요인으로 현재 다자간 국제무역체제하에서도 미국은 대외 통상관계에 있어서 쌍무간의 협정을 통한 접근방법을 많이 활용하고 있다. 그것은 미국이 우위에 있는 협상력을 쌍무협상에서 최대한 활용할 수 있기 때문이다. 또한 다자주의체제하에서는 무임승차의 문제가 항상 발생할 수 있기 때문에, 미국이 세계의 통상관계를 주도하는 입장에서 개별국가와의 쌍무적인 관계로 상호주의적인 접근을 함으로써, 무임승차를 방지하고 실질적으로 효과적인 무역규칙을 설정하고 유지할 수 있다는 주장도 있다. 그렇기 때문에 이 같은 미국의 쌍무주의는 다자주의 무역체제의 약화를 막고 실질적으로 다자주의를 유도하는 역할을 한다는 것이다.

다자간 통상체제하에서도 다자간의 협상기간이 아닌 통상적인 시기에 양 당사국간에 통상상의 협상이 필요한 경우에는 쌍무간의 협상이 이루어지게 된다. 다자간 통상관계도 그대로 쌍무적인 협상에서의 상대국에 대한 혜택은 이어진다. 그래서 쌍무적인 협상에서 개방을 요구받는 국가는 그만큼 상대국의 요구수용이 부담이 된다.

그리고 통상당사국 중의 한 나라가 다자간 무역기구의 비회원국인 경우에는 다자간 통상체제의 영역 밖에 있으므로 쌍무적인 협상에 의한 통상관계가 성립한다. 또한 다자간 협정회원국 간이라도 다자간 협정의 범위 밖의 분야에 대해서는 쌍무적인 협상에 의존할 수밖에 없다. 이때는 다자간 관계의 최혜국대우원칙이 적용되지 않아 이때 주어지는 양허는 협상당사국에 대해서만 효력이 미치게 된다.

2. 다자간 협상

다자간 협상은 여러 국가들이 동시에 참가하여 협상을 하는 것이다. 다자간 협상도 기본적으로는 쌍무간의 협상과 마찬가지로 이익의 연계교환으로 이루어진다. 다자간의 협상은 다수의 주체가 참여하여 서로 혜택을 교환을 하는 행위로 이루어지게 되며, 다자간 협상의 장은 이러한 거래가 이루어지는 하나의 시장이라고 할 수 있다. 이러한 시장에서 개별국가는 특정 분야에서의 개방이나 관세인하를 제안(offer)하고 승낙(bid)하는 것이다. 이는 혜택들의 물물교환과 같기 때문에 한 국가가 제시하는 혜택을 원하는 국가가 있어야 하고, 그것을 원하는 국가도 자국에 혜택을 주되 바로 그 국가에 주지는 않더라도 다른 국가가 원하는 것을 줄 수 있어야 한다.

그리고 주고받는 것의 가치의 동등성이 보장되어야 한다. 다자간 체제하에서 혜택의 제공 없이 받기만 하는 무임승차의 발생을 방지하는 것은 그 체제의 유지와 관리에 있어서 매우 중요한 것이다. 그래 이러한 가치의 교환을 기반으로 하는 상호주의는 무임승차자를 방지하는 역할을 한다. 그러나 대가의 동등성을 유지한다는 것은 매우 어려운 문제로, 관세의 경우는 어려움이 덜 하지만 비관세장벽의 경우에는 이러한 동등성을 유지하기가 매우 어렵게 된다. 비관세장벽은 수량적인 측정이 불가능하기 때문에 다자간 협상은 다수 주체 간에 동등한 가치의 교환이 이루어지도록 해야 한다는 점에서 성립되기가 결코 쉬운 거래는 아닌 것이다.

한편 다자간 협상은 강대국과의 1대1 협상에서 유리하게 협상을 이끌 수 없는 소국들에게 연합하여 힘을 발휘할 수 있는 기회를 제공한다. 그리고 다자간 체제의 무차별원칙은 소국에게 더욱 소중한 것이다. 자국의 힘으로는 얻을 수 없는 혜택을 다른 국가가 얻어내면 그것을 동등하게 누릴 수 있기 때문이다. 세계에는 세계무역을 주도하는 경제대국보다 경제소국의 수가 압도적으로 많다. 따라서 다자간 협상에서는 비슷한 입장에 있는 많은 수의 후진국들이 공동의 입장을 취함으로써, 소국의 불리한 입장이 다소 완화될 수 있다. 그러나 후진국들은 개별국가의 경제사정과 이해관계가 매우 다양하다. 또한 경제대국에 정치적·경제적으로 종속되기나 대국의 입장을 무시할 수 없는 입장에 있는 소국의 경우에는, 대국의 요구를 정면으로 거부할 수가 없다. 따라서 소국들이 결집된 힘을 발휘하기 쉽지 않은 것도 현실이다.

다자간 협상에서는 협상을 주도하는 국가들이 있는데 주로 미국을 비롯한 선진국들이다. 다자간의 협상에서는 이미 개방 정도가 높은 선진국들이 보다 개방적인 통상관계의 틀을 제시하고, 이에 대하여 후진국들은 어쩔 수 없이 참여하여 다자간 협정을 체결하는 경우도 많다. 반면에 선진국의 입장에서도 많은 국가들이 참여하는 다자간의 협정이 되기 위해서는 후진국의 입장을 반영하지 않을 수 없다. 그래서 후진국의 개발을 지원하거나, 후진국이 다자간 무역체제에 참여하여 경제적인 발전과 이익을 누릴 수 있도록 GSP의 예와 같이 후진국에 특혜를 주는 방향으로 다자간 무역규칙을 설정하게 되기도 한다.

이러한 다자간 협상은 ① 쌍무적인 협상으로는 수십 회의 협상으로도 이루기 어려운 많은 범위의 무역자유화를 이룰 수 있다는 점, ② 전 세계가 공통적으로 직면하고 있는 문제를 해결할 수 있다는 점, ③ 제3국의 중재가 가능하고 다른 국가와 보조를 맞추어야 한다는 부담으로 합의가 쉬울 수 있다는 점, ④ 약소국의 입장에서 같은 입장에 있는 국가들이 협조하여 강대국과 교섭할 수 있기 때문에 쌍무적인 협상에서보다 공평한 결과를 도출할 수 있다는 점 등이다.

반면에 단점은 ① 양허의 효과가 다른 모든 국가에 미치므로 양허가 자국경제에 미칠 영향의 불확실성 때문에 양허를 쉽게 할 수 없다는 점, ② 자국은 작은 양허를 하면서 다른 국가들의 많은 양허를 누리는 무임승차국이 생길 수 있으며 이를 이용하려는 유혹이 따른다는 점, ③ 모든 당사자의 이해를 맞추기 어려워 합의가 어려울 수도 있다는 점, ④ 협상이 복잡하고 오래 걸린다는 등이다.

4.4 다자간 협상의 중요성

경제의 범세계화 추세가 심화되면서 국제적인 상품거래가 많이 이루어지고 국제적인 투자나 서비스교역이 중요해지면서, 국제적인 거래를 규율하기 위한 다자간 국제규범의 중요성도 증대되고 있다. 이에 따라 다자간 국제규범을 확립하기 위한 국제협상이 더욱 활발히 진행되고 있으며, 경제가 복잡해짐에 따라 국제협상의 내용도 포괄적인 동시에 복잡해지고 있다.

이와 같이 국제경제활동과 협상이 서로 밀접한 관계를 갖고 있는 것은, 국제적인 거래가 협상의 결과로 이루어지기 때문이기도 하지만 기본적으로는 국제경제협상의 산물이기 때문이기도 하다. 예를 들면, 관세 및 무역에 관한 일반협정(GATT)은 제2차 세계대전 직후 서방국가들의 경제발전이라는 공동의 목표 아래 이루어진 다자간 협상의 산물이며, GATT에 이어 1995년 출범한 세계무역기구(WTO)는 제8차 다자간 무역협상인 우루과이라운드협상에서 진행된 수많은 양자간·다자간 협상의 결과로 탄생한 것이다. 또한 OECD, UN 등 많은 다자간 협력기구 및 APEC, EU 등의 지역적 협력기구 등도 국가 간의 대화와 협상을 통해 만들어진 것이다. 이들 국제기구들에서는 지금도 많은 국제경제협상이 진행 중에 있다. OECD 산하 여러 위원회에서는 공개적·비공개적 협상이 진행 중에 있으며, WTO는 과거에 합의된 협정을 바탕으로 무역관련 의제에 대해 계속해서 협상이 이루어지는 장소 및 근거가 될 것이다.

국제경제활동에 있어서 이와 같이 많은 협상이 이루어지고 있는 가장 근본적인 이유는 전쟁 등 물리적인 힘을 통한 문제의 해결보다는 공동의 번영을 달성하기 위하여 협력이 필요하다는 데에 모든 국가들이 공감하고 있기 때문이다. 협상은 최소한의 공동의 이해관계 또는 공동의 목표가 존재하는 가운데 당사자 간의 이해가 충돌하는 경우, 이를 합의를 통해 해결하는 과정으로 이해될 수 있다.

4.5 국제무역협상의 이익

국제경제활동에 있어서 협상이 중요한 역할을 담당하고 있는 것은 국제무역의 활성화가 모든 국가에게 이익이 되며, 무역협상을 통해 당사자 모두가 이익을 얻을 수 있다는 데에 의견을 같이하고 있기 때문이라고 할 수 있다. 물론 개별국가의 입장에서는 상대국의 무역자유화를 주장하는 반면, 자국의 이익을 위해 자신은 무역자유화에 소극적인 자세를 나타내기가 쉽다. 그러나 모든 국가가 보호무역주의를 채택하는 경우 모두에게 손해가 되기 때문에, 많은 국가들은 이와 같은 이해의 충돌을 합의를 통해 해결하고 무역자유화 또는 국제적인 무역규범에 대해 협상할 필요를 느끼게 되는 것이다.

그러나 국제경제활동에 있어서의 협상이 항상 만족스러운 결과를 가져오는 것은 아니다. 우선 국제무역협상이 합의를 도출하지 못하는 경우도 존재한다. 협상이 실패로 돌아가 상호 간에 이익이 되는 국제거래가 일어나지 않는 경우도 있으며, 국제무역협상이 결렬되는 경우, 때로는 연속되는 무역보복조치에 의해 해당 국가들 모두가 피해를 보기도 한다. 또한 무역협상의 타결이 지연되어 더욱 발전된 형태의 국제무역규범의 제정이 늦어지기고 한다. 예를 들면 1986년 시작된 우루과이라운드 협상은 당초 1990년 12월까지 끝나기로 예정되어 있었으나, 특히 농산물부문을 둘러싼 미국과 프랑스의 힘겨루기로 말미암아 3년 뒤인 1993년 12월이 되어서야 타결되었다. 새로운 국제통상규범 제정의 지연은 그만큼 모든 국가에게 손해를 가져다주었다고 할 수 있다.

4.6 다자간 무역협정 이익의 주체

통상관계의 중심에 있는 WTO는 국제기구로서 그 주체는 국가이며 정부가 대표하고 있다. WTO규범은 회원국인 국가에게 적용되며, WTO분쟁해결기구(DSB)에서 해결되는 분쟁은 공식적으로는 회원국들 사이의 국가 간 분쟁이다. 그러나 WTO의 법적 주체가 국가이지만, WTO규범의 이익의 주체는 기업이다.

예컨대, 반덤핑제도를 보자. 반덤핑관세는 상품이 수출국에서보다 낮은 가격으로 수입되어 수입국의 관련 산업이 피해를 입는 경우에 수입국이 추가적으로 부과할 수 있는 관세이다. WTO의 반덤핑협정은 반덤핑관세를 부과하는 실질적 및 절차적 요건을 규정함으로써, 수입국이 자의적으로 반덤핑관세를 부과하는 것을 금지하고 있다. WTO의 반덤핑관세에 관한 규범은 수입국에게 자의적인 반덤핑관세부과를 금지하고 있는데, 이것은 실제에 있어서 수출과 수입을 실행하는 기업이 수입국의 자의적인 반덤핑관세의 부과로부터 자유롭게 한다. 따라서 WTO의 반덤핑관세에 관한 규범은 자유로운 수출과 수입에서 발생하는 기업의 이익을 보호하게 된다. 이 점에서 WTO규범의 이익의 주체는 기업이 되므로, 기업은 WTO규범을 올바로 이해하고 활용해야 할 필요가 있다.

또한 그동안 WTO체제에서 180여 건의 분쟁이 제소되었는데, 이들 분쟁은 예컨대 'EC-한국 주세 분쟁' 및 '미-EC 바나나 분쟁' 등으로 불리면서 한국과 EC 및 EC와 미국 간의 국가 간 분쟁으로 기술되곤 하였다. 그러나 실제로 이들 분쟁은 영국산 위스키가 한국 시장에서, 미국의 바나나회사가 수출한 바나나가 유럽 시장에서 WTO법에 위반되게 부당한 대우를 받았기 때문에 발생한 것이다. 즉 이들 WTO 분쟁은 실제로는 수출국 기업과 수입국 정부와의 분쟁인 것이다. 이 점에서도 기업이 WTO체제의 사실상의 주체가 되는 점을 유의할 필요가 있다.

4.7 국제무역협상 이익의 이론적 근거

1. 국제경제활동의 게임이론적 시각

게임이론이란 상호 간의 행동이 서로 영향을 주는 게임적 상황(game like situation)에서, 어떤 개인이 어떻게 합리적으로 전략적인 행동을 취해야 하는 것이 가장 좋은 것인가를 연구하는 학문이다. 그런데 국제경제활동 역시 다양한 국가 간 이해관계 속에서 이루어지기 때문에, 개별국가의 전략적 행동이 중요하게 인식되며 전략적 행동이 초래하게 될 결과에 대한 모형을 세우고 국제경제활동의 장에서 각 국가의 전략적 행동을 게임이론의 틀로 분석할 필요가 있다. 따라서 게임이론은 국제무역정책 결정이나 다자간 무역협상에 있어서 최적 해결책을 유도하는 이론적 기초로 이용되고 있다.

개별국가들의 여러 경제상황에 대한 선호관계가 다른 것은 각 국가 간 이해관계의 상충 때문이다. 즉 한 국가의 이득은 다른 국가의 손실을 나타내는 경우가 많기 때문이다. 각국이 취하는 대부분의 국제무역정책을 살펴보면, 그 무역정책으로 인하여 정책 시행국가는 이익을 보게 되며 타국은 손해를 입게 되는 경우가 많다. 이러한 경우에는 각국들은 자기의 이익만을 생각하여 의사결정을 하기 때문에, 세계 전체로 보아 바람직한 의사결정을 하기가 힘들며 때로는 세계 전체의 경제에 손실을 초래하는 경우도 있다.

2. 국제협상이익의 이론적 근거

각 국가들이 자신들의 이익만을 생각하여 어떤 무역정책을 시행할 때, 세계 전체에 손실을 야기할 수 있다는 것이 소위 죄인들의 딜레마(prisoner's dilemma)에 의해 잘 설명될 수 있다. [표 4-1]은 A와 B라는 두 사람이 어떤 공범의 혐의를 받고 붙잡혔을 때의 상황이다. 두 사람 다 두 가지의 전략밖에 없다. 즉 고백을 하든지 아니면 함구하여 고백을 하지 않는 것이다.

표 4-1 각자가 선택할 수 있는 전략 조합

A의 전략 / B의 전략	고백하는 전략	함구하는 전략
고백하는 전략	10년 / 10년	0년 / 30년
함구하는 전략	30년 / 0년	3일 / 3일

아무런 물적 증거가 없다고 할 때 A와 B는 격리되어 취조를 받는데 [표 4-1]과 같은 결과를 알려준다. 즉 둘이 모두 고백하면 각각 10년형을 받는 범죄이고, 만약 A는 고백을 하고 B는 함구하는 경우 A는 특전을 받아 무죄로 풀려나고 B는 30년형을 받으며, 반대로 B는 고백하고 A가 함구하면 역시 B는 무죄로 풀려나고 A는 30년형을 받는다고 하자. 또 A와 B가 다 끝까지 함구하면 3일씩 구류를 당하다 무죄로 풀린다고 하자.

이때 A와 B가 자기의 형량만을 생각하면 다 고백하여 각각 10년형을 받는 결과가 된다. 왜냐하면 우선 A는 B가 고백할지 함구할지 모른다. 따라서 B가 고백할 경우와 함구할 경우를 나누어 생각해야 한다. 먼저 B가 고백을 한다면 A는 자기도 고백할 경우는 형량이 10년이나 고백하지 않으면 30년형을 받게 되니 고백해야 한다는 결론이다. B가 함구를 할 경우 A는 자기가 고백하면 당장 무죄로 풀리나 함구하면 3일은 고생해야 한다. 따라서 A가 자기이익만을 생각한다면 B가 함구하더라도 고백해야 한다는 결론이다. 즉 A는 B가 고백하든 함구하든 자기만의 이익을 위해서는 고백해야 한다는 결론이다. B도 A와 똑같은 이유로 자기이득만을 위해서는 A가 고백을 하든 함구를 하든 고백해야 한다는 결론이다. 따라서 A와 B가 자기이득만을 위해 의사결정을 한다면 다 같이 고백하게 되어 각기 10년형을 받는다. 그러나 A와 B 전체를 위해서는 다 같이 함구하여 3일씩 구류받고 나오는 더 좋은 전략이 있으니 이를 죄인의 딜레마(prisoner's dilemma)라고 한다.

똑같은 이유로 각국들이 국제경제활동에 있어서 여러 가지 다른 정책의 우선순위를 결정해야 할 경우 각국들이 자기이익만을 생각하여 정책결정을 할 때보다 전체의 이득을 위하여 정책결정을 하면 세계 전체의 이득을 가져올 수 있다는 것이다. 세계의 환경보전을 위하여 국제적 규제를 두느냐에 대한 문제를 선거로 결정할 때 각국들이 자기이익만을 생각하여 선거할 경우, 대부분이 반대하고 때로는 국제환경규범을 세움으로써 비용-편익(cost-benefit)상 세계적으로 이익을 실현할 수 있음에도 불구하고 부결될 경우가 발생하게 된다. 또한 비슷한 예로 인플레이션이 일어날 것을 걱정하여 자기이익만을 위하여 재고를 늘리는 식으로 구매행위를 한다면, 가수요가 생겨 인플레이션은 더욱 악화되어 전체가 큰 손실을 볼 수 있게 된다. 그 외 두 국가 간에 가격 낮추기 경쟁을 하는 경우, 국가 간에 무역의 관세 및 비관세 장벽을 높이는 경우, 좁은 어장에서 서로 어획량을 경쟁적으로 증대시키려다 어족자원을 고갈시켜 모든 국가들이 피해를 입게 되는 현실의 예에서 알 수 있듯이 각자가 개인이익을 위해 행동하는 것보다 전체의 이익을 위해 의사결정을 할 때는 모두가 이익을 볼 수 있다는 사실을 알 수 있다.

따라서 국제적으로 각국들이 특정 경제상황하에서 의사결정을 할 때, 개별국가들의 독립적인 결정보다 협상을 통해 결정하는 것이 세계 전체에 더 큰 이익을 줄 수 있으며, 이러한 측면에서 볼 때 협상을 통한 국제규범의 제정과 국제무역현안의 해결방식이 협상을 배제하는 것보다 우월한 방식이라 할 수 있다.

3. 국제무역정책과 국제무역협상

한국과 미국 양국이 자유무역정책과 보호무역정책이라는 두 정책의 선택을 가지고 있을 때, 앞에서 살펴본 죄수의 딜레마를 이용하여 국제무역협상과 이에 따른 두 정책수단의 선택문제를 [표 4-2] 보수표(pay-off matrix)를 이용하여 설명해보자.

표 4-2 무역정책의 선택문제

미국의 전략 / 한국의 전략	자유무역정책	보호무역정책
자유무역정책	40 / 40	5 / 70
보호무역정책	70 / 5	10 / 10

한국과 미국이 국제무역협상에 의해 협조적으로 자유무역정책을 취하면 양국 모두 각각 40씩의 이익을 얻게 된다. 그러나 한국과 미국이 비협조적으로 무역정책을 수행하게 되어 상대국이 자유무역을 취한다는 가정하에 보호무역을 취하게 되면, 보호무역을 하는 국가의 이익은 70으로 되어 자유무역을 할 때보다 30만큼의 무역이익을 증가시킬 수 있는 반면, 자유무역을 하는 국가는 무역이익이 5밖에 발생하

지 않아 무역이익이 35만큼 감소한다.

그러므로 교역국들이 비협조적으로 무역정책을 취하는 경우에는 상대국이 자유무역을 할 때 어떤 국가가 보호무역정책을 선택함으로써 자국의 무역이익이 크게 증가한다. 따라서 각국은 상대국이 자유무역정책을 견지한다는 것을 알 때 보호무역정책을 취함으로써 무역이익을 크게 증가시킬 수 있는 강력한 유인이 발생한다. 이와 같은 비협조적 국제경제상황에서는 양국 모두 보호무역정책을 채택하게 되며 각국은 각각 10만큼의 무역이익만 발생하게 되어 양국 모두 자유무역을 할 때의 무역이익은 40보다 작은 무역이익을 발생시키게 된다. 이와 같이 자국의 이익을 극대화하기 위하여 개별국가들이 무역정책을 독립적으로 수행하면 이 국가들은 최선의 결과를 얻을 수 없게 된다는 사실을 알 수 있다. 만약 두 국가가 보호무역정책을 독립적으로 수행하면 무역진쟁에 빠질 수 있으며 그 후유증으로 심각한 후생수준의 하락을 초래하게 될 것이다. 따라서 각국들이 보호무역정책을 선택하지 못하게 하는 협약을 체결할 필요가 있다. 그 결과 서로 다른 국가의 행동을 제약하는 무역협정은 각국의 행동자유를 유보케 하여 각국 모두에게 훨씬 더 많은 이익을 얻게 할 수 있다.

이러한 예는 매우 단순한 게임문제이다. 실제 세계에는 많은 국가들이 존재하며 이들 국가들은 수입에 대한 보호정책과 자유무역 간의 보호 정도 면에서 큰 차이를 갖고 있다. 그럼에도 앞에서 살펴본 예는 국제협약을 통해 무역정책을 서로 조정할 필요성과 이러한 협약이 무역정책의 변화를 유도하였다는 점이다. 실제 현재의 국제무역체제는 일련의 국가 간 협약들로 이루어져 있다는 사실에서 국제협약의 중요성이 거듭 강조될 수 있다.

국제통상환경론
International Trade Environment Theory

05 CHAPTER

GATT체제와 다자간 무역협상환경

Chapter 5

GATT체제와 다자간 무역협상환경

5.1 국제무역환경의 변화

제2차 세계대전 이후 국제경제질서의 재편과정에서 1948년에 형성된 GATT(관세 및 무역에 관한 일반협정 : General Agreement on Tariffs and Trade)체제는 여러 번에 걸친 다자간 무역협상(Round)을 성공적으로 추진하여 공산품(Goods)의 관세 인하, 개도국 참여 확대 등을 이끌어냄으로써 세계무역 확대 및 무역자유화 촉진에 기여하여 왔다.

그러나 1980년대 들어 세계적인 경기침체로 인한 보호무역주의 확산, 서비스무역 등 새로운 분야와 관련된 다자간 규범 부재 등으로 GATT체제는 국제규범으로서의 한계에 봉착하게 되었다. 이에 따라 다자간 무역규범을 재정립하기 위한 우루과이라운드(UR)협상이 1986년부터 시작되어 8년간의 협상 끝에 1994년 종료되었다. 우루과이라운드협상은 시장개방 확대, GATT규율 강화, 서비스, 투자 등 새로운 분야에 대한 다자간 규범 정립 등 광범위한 의제를 채택하여 국제무역질서가 위협받고 있는 상황을 해소하고자 노력하였다.

1994년 4월 UR협상의 타결과 함께 111개국이 서명한 세계무역기구(World Trade Organization : WTO) 설립협정문이 1995년 1월 발효됨으로써 기존의 GATT체제가 막을 내리고 보다 강력한 기능과 권한을 가진 WTO체제가 정식으로 출범하였다. 이러한 WTO는 출범 이후 UR협상 결과의 이행, 서비스 및 각종 규범 제정 등의 후속협상 전개, WTO협정 외의 추가적인 무역자유화 논의 등을 통하여 자유무역의 범위를 확대하는 데 기여하였다.

본 절에서는 국제무역환경의 시대적 변화과정을 제2차 세계대전 이후 현재까지를 매 10년을 주기로 구분하여 살펴본다.[1)]

1) 박종수, 국제무역의 이해, 두남, 1998, pp.165~169 ; 조선대학교 경제무역학부 전의천 교수 홈페이

1. 1940년대의 무역환경

제2차 세계대전 이후 국제무역과 국제지급을 자유화하기 위한 몇 가지 조치가 있었다. 미국이 주도한 그러한 조치들은 세계의 모든 국가들이 경제적으로 긴밀히 협력하여 국제무역, 국제지급, 국제투자를 확대하는 것을 목적으로 하였다. 이러한 노력의 결과로 범세계적인 협력기구로써 브레튼우즈(Bretton Woods)협정에 따라 국제통화기금(IMF)과 세계은행(IBRD)이 창설되었고, 하바나헌장(Havana Charter)의 정신에 따라 관세와 무역에 관한 일반협정(GATT)이 탄생되었다.

이들 IMF, IBRD, GATT는 자유무역주의 사상과 시장경제의 원리에 따라 세계경제를 이끌고 간 전후의 3두마차라고도 할 수 있다. GATT가 무역의 자유화에 의한 세계무역의 확내를 추구하고, IMF가 환의 안정과 대외경제의 자유화를 통해 국제거래를 원활히 하며, IBRD는 장기자본의 조달과 공급으로 전후 경제의 부흥과 경제개발을 위하여 설립되었다. GATT는 1930년대 보호주의가 만연하는 과정에서 인근궁핍화[2)] 정책(Begger-my-neighbour policy)이 세계경제에 끼친 악영향을 자기 반성하는 과정에서 잉태된 것으로 1948년 GATT 설립 이래 세계무역의 확대와 자유무역기조의 유지에 지대한 공헌을 해왔다. 따라서 GATT는 국제무역을 관리하는 그 규정과 계약체결국 간의 상호감시를 통해서 무역문제를 해결하고, 토의하는 실제적인 기구로서 인식되고 있다. 또한 유엔에서는 자조적인 경제부흥과 개발을 위한 지역경제의 협력체제가 구축되어 전후의 세계경제 전망을 밝게 해주었다.

2. 1950년대의 무역환경

1950년대의 10년은 각국의 자주적 경영원칙이 미국 주도하에 IMF·GATT체제 내에서 결정된 범미주의(Pax-American)의 시대라 할 수 있다. 그 당시 세계적 우위성을 갖는 미국이 국제조정을 위한 비용을 부담하였고, 전후의 세계경제부흥을 위해 각국이 부분적으로 보호주의를 취하였지만, 국제무역의 기조는 자유무역의 방

지 자료실 자료 참조.

2) 인근궁핍화란 국내경기의 진작을 위해 취한 자국의 정책이 외국의 경기후퇴를 초래함으로써 역효과를 가져오는 경우를 말한다.

향이 유지되었다. 또한 이 시기에는 미국과 소련을 양극으로 하는 일방적인 원조무역이 이루어졌기 때문에 무역질서와 무역장벽은 문제되지 않았으며, 선진국을 막론하고 미국과 소련의 전후 부흥원조, 구호원조, 개발원조가 정치적인 관계에 의해 일방적인 무역통로를 통하여 무역이 이루어진 시기이므로 이 기간을 일반적으로 원조무역기로 구분하고 있다.

3. 1960년대의 무역환경

1960년대의 세계경제는 선진국을 중심으로 비교적 안정적이고 높은 경제성장을 달성하였으며 동시에 세계무역도 순조로운 확대를 실현하였다. 선진국 경제의 안정적인 고수준의 경제성장 달성은 미국을 중심으로 대다수 국가에서 정부의 안정고용정책, 경제성장정책으로 인적·물적 자원의 효율적 활용이 행하여졌고, IMF·GATT체제에 의한 관세경감 및 기타 무역장벽의 철폐와 함께 수송수단의 혁신 및 정보화의 진전으로 국제분업의 증대와 효율적인 자원배분이 가능하였기 때문이었다. 이에 따라 세계경제는 미국을 중심으로 한 경제체제로 급속히 이행하게 되었으며, 국제무역질서 면에서도 당시 미국의 무역기조를 반영하여 자유무역질서가 유지될 수 있었다.

1960년대의 이러한 범세계적인 무역자유화 분위기 속에서 미국은 GATT 창설 이래 6차 다자간 무역협상인 케네디라운드를 주도적으로 성공시킴으로써 선진국의 관세는 평균 35%가 인하되어 GATT가 추구하는 자유무역질서의 확립에 크게 기여하였다.

한편 1964년 제1차 UN무역개발회의[3](UNCTAD)의 개최로 무역의 확대를 통한 개도국 경제개발과 선·개도국 간의 협력증진의 계기가 마련되었으며, GATT 또한 1965년에 이른바 개도국조항인 제4부를 동 협정에 추가하여 선·개도국 간 무역교섭에서 상호주의를 기대하지 않는다는 등 개도국에 대한 예외조항들이 포함되어 개도국에 대한 특별대우가 공식화되었다.

[3] UNCTAD 1차 및 2차 총회를 거치면서 선진국은 개도국의 수출품에 대해서 일반특혜관세제도(GSP)를 부여하기로 결정하여 1970년 10월 GSP제도를 탄생시켰다.

이와 같이 GATT 제4부 개발도상국조항이 GATT의 규정에 새로이 추가됨으로써 GATT규정은 기존의 제3부 제35조에서 제4부 제38조로 확대되게 되었으며, 그 결과 당시까지 미진했던 개발도상국의 GATT 가입이 크게 확대, GATT가 국제무역의 기본적인 규범으로서 자리를 잡아나가는 계기를 마련할 수 있었다.

4. 1970년대의 무역환경

1970년대에 들어오면서 국제무역환경은 급변하는 추세를 보였다. 즉 자유무역의 기조 아래에서 선진국경제의 안정적 고성장을 바탕으로 견실한 성장세를 보여 왔던 세계경제는 1970년대 들어와서 경제구조의 급격한 조정과정 속에서 변화에 대한 적응의 어려움으로 인하여 성장이 큰 폭으로 둔화되고, 중대한 전환기를 맞이하게 되었다.

1960년대를 통하여 미국은 막대한 해외군사비 지출과 무역수지의 악화 등으로 국가재정 및 국제수지 적자가 누증되어 기축통화로서 달러가치의 신임이 크게 문제되었으며 이로 인해 세계경제의 지도적 입장을 견지해 온 미국 경제가 점차 약화되면서 미국의 전통적인 보호무역이 고개를 들기 시작하여 전 세계적으로 파급되었다.

더욱이 EC의 경제적 지위상승과 석유파동 이후의 선진 제국의 경기침체로 보호주의와 지역주의가 강화됨으로써 전후 무역규범의 기본골격이었던 GATT의 무차별 원칙은 크게 위협을 받게 되었다.

즉 1970년대에 미국이 IMF·GATT체제를 크게 동요시키게 되는데, 이른바 닉슨 쇼크(Nixon Shock)이다. 닉슨 쇼크의 첫 번째는 닉슨 대통령의 금태환정지선언이며, 두 번째는 국제수지 개선과 달러를 방어하기 위해 자국에 수입되는 모든 물품에 대하여 10%의 임시수입부가세를 부가하는 것으로써 이로 인해 미국은 자유무역체제를 뒤흔들게 되었다. 또한 일본은 급속한 수출신장과 외환보유를 배경으로 국제자원시장에 등장해 각종 자원에 대하여 환물투기를 자행함으로써 국제원자재의 거래질서를 혼란시켜 국제무역질서를 교란시켰으며 EC는 1973년 1월 영국, 덴마크, 네덜란드 등 3개국이 추가로 가입하였고, 1975년 2월에는 아프리카·카리브해·태평양(ACP) 46개국 간에 특혜관세를 부과하는 로메협정에 서명하고 1978년 2월 유럽공동체가 공식 출범함으로써 세계경제를 블록화하였다.

이러한 와중에 1973년 10월 석유파동이 일어남으로써 선·후진국을 막론하고 국제수지 방어를 위한 보호무역조치를 노골적으로 강화함으로써 GATT체제가 지향하는 자유무역은 큰 시련을 맞이하였다. 그러나 이 같은 각국의 보호무역주의 대두에 대한 반작용으로 국제무역질서를 새로이 형성하려는 국제적 노력이 다자간 무역협상(Multilateral Trade Negotiation : MTN)을 통하여 이루어지기도 하였다.

5. 1980년대의 무역환경

1980년대에 들어와 부각되고 있는 보호주의적 움직임을 보면 GATT원칙에 위배되는 회색지대조치, 즉 수출자율규제(VER), 시장질서유지협정(OMA) 등이 만연되고 있을 뿐만 아니라 GATT원칙에 위배되는 정부지원행위, 즉 국내소재 외국기업의 수출입 활동제한 요구, 정부의 구매 관행, 보조금 지급 등이 아무런 제약 없이 빈번하게 이루어지고 있는 등 무역왜곡적인 국내정책수단도 점차 증가하였다.

또한 보호대상이 국제경쟁력을 잃은 사양산업 또는 민감산업으로 점차 확대되어 과거 섬유·의류·신발 등 단순 노동집약적 산업에서 철강, 조선, 자동차, 전자제품, 첨단기술제품 등으로 범위가 확대되었다. 이와 함께 과거 일부 사양산업에만 적용되어 온 단기적 보호조치가 기간산업 및 전략산업에 대한 중단기적 보호조치도 확대·파급되는 등 보호무역조치의 구조적 경직성이 심화되었다.

이에 따라 기존의 국제무역질서가 동요하고, 기존질서의 근간이 되어 왔던 시장경제의 원리나 자유무역의 원리는 점차 한계에 부딪히게 되고 정부가 개입하여 간섭하거나 관리하는 관리무역이 점차 확대되게 되었다. 또한 선진국들을 중심으로 수출자율규제, 시장질서 유지협정 등 다양한 보호주의조치 원용 사례가 증가하고, 특정 지역 내 공동의 이해관계를 중심으로 지역적 블록(bloc)을 형성하려는 지역주의현상이 심화되면서, 기존의 무역관리질서의 근간이 되어왔던 다자간 무역체제가 위협을 받게 되고, 이에 따라 국제무역관리의 기본이념은 2국 간 공정무역 혹은 관리무역으로 전환되었다.

따라서 국제무역질서는 관리된 자유무역질서(managed free trade)라고 할 수 있으며, 선진국의 대외거래는 다음과 같은 두 가지 원칙을 근간으로 삼았다.

첫째, 선진국은 자국이 비교열위인 산업에 있어서는 무역질서를 확립한다는 취지 아래 덤핑, 보조금 지급 및 독점 등 소위 불공정한 무역행위를 철저히 규제한다.

둘째, 선진국은 자국들이 비교우위를 가진 신기술 분야 등의 산업에 대해서는 상호주의원칙에 입각하여 시장개방 압력을 크게 강화한다는 것이었다. 이러한 시장개방 압력은 금융, 증권, 보험 등 서비스 분야와 공업소유권, 저작권, 지적소유권 보호 등의 분야에까지 확대되었다.

살펴보기 **회색지대조치(grey area measures)와 논쟁**

회색지대조치란 GATT의 기본원칙인 최혜국대우의 원칙을 준수하지 않고 이에 위배되면서 또는 GATT 제19조 긴급수입제한조치조항에 부합되지 않으면서 GATT 테두리 밖에서 취해지는 수출자율규제, 시장질서협정, 다자간 섬유협정 등 수입제한조치를 말한다. 회색지대조치는 GATT의 기본원칙에 위배된 비합법적 수입규제정책수단이다. 그럼에도 불구하고 GATT기 이 회색지대조치에 대해 세재조치를 취하지 않고 묵인하고 있는 것은 이 조치가 교역 당사국간의 쌍무협정이나 다자간 협정에 따라 채택되고 있기 때문이다.

이러한 회색지대조치는 회색지대, 혹은 회색조치라고도 하며, 이 회색조치는 GATT의 기본원칙인 최혜국대우의 무차별원칙에 위배된 변칙적인 세이프가드(safeguard)이다. 이 회색조치는 GATT 다자간 무역협상에서 GATT 제19조 긴급수입제한조치에 관한 문제와 연계되어 논의되어 왔다. 즉 GATT가맹국 중 일부 국가는 대부분의 회색조치가 수입규제조치에 지나지 않으므로 이 회색조치를 GATT 제19조 세이프가드조항에 포함시켜 이의 남용을 방지해야 한다고 주장하기도 했고, 반면에 일부 국가는 회색조치란 신사협정이므로 이것이 GATT에서 논의될 성질의 것이 못된다고 주장하기도 했다.

6. 1990년대의 무역환경

관리된 자유무역질서 시기 중반부터 각국 간의 무역불균형이 심화되면서 보호무역주의가 고개를 들기 시작하였는데, 특히 일본과 미국의 경우 일본은 큰 규모의 무역흑자를 낸 반면에 미국은 엄청난 무역적자에 시달렸다. 또한 선진국들은 반덤핑관세, 쌍무적 개방 압력, 일방적 무역조치 등을 남용하였고, 수출국에게 수출자율규제를 강요하는 한편 섬유부문은 GATT체제에서 규율하지 못하였을 뿐만 아니라, 농산물은 GATT의 취지와 어긋나는 비관세장벽(NTB)이 폭넓게 인정되는 등 무역질서가 문란해졌다.

자유무역체제의 위기를 의식한 GATT가 무역질서의 흐름을 자유무역체제로 되돌리기 위해 1986년 9월부터 1993년 12월까지 7년여에 걸쳐 타결된 것이 GATT의 제8차 다자간 무역협상인 소위 우루과이라운드(UR)이다.

우루과이라운드는 협상시작과 달리 타결의 실마리를 찾지 못하고 계속적으로 난항을 거듭하였다. 협상타결의 관건을 갖고 있던 미국과 EC가 농산물 분야에서 시장개방 및 보조금 감축 등에 대한 합의를 이루지 못하다가 1992년 12월 미국과 EC가 농업보조금문제의 의견조정으로 새로운 협상 돌파구가 마련되었고, 1994년 4월 12일부터 15일까지 모로코의 마라케시(Marrakesh)에서 개최된 UR 각료회의를 끝으로 우루과이라운드협상이 공식적으로 마무리되었다.

따라서 UR최종협정의 이행 기구 및 국제무역에 관한 UN으로서의 역할은 WTO를 설립함으로써 과거 GATT가 가지고 있던 한계를 극복하여 새로운 국제무역질서를 구축하게 되었다. WTO체제는 GATT의 기능을 더욱 강화하며, 서비스, 지적재산권 등 새로운 교역과제를 포괄하고, 회원국의 무역관련법, 제도, 관행 등의 명료성을 제고시킴으로써 세계교역을 증진하려 하고 있다. GATT의 기능은 국제무역에 관한 다자간 규범의 제정, 다자간 무역협상의 무대, 회원국 간 무역분쟁의 해결을 위한 국제재판소 등으로 WTO는 이와 같은 각 기능을 보완·강화하고 있다.

WTO체제의 출범은 결국 세계경제가 WTO협정이라는 하나의 규범과 WTO(세계무역기구)라는 하나의 기구로 통일됨을 뜻한다. 이에 따라 산업, 무역의 세계화와 함께 국경 없는 무한경쟁시대로 돌입하는 새로운 국제무역환경의 기반이 조성되었다.

7. 2000년대의 무역환경

새 천년을 맞이한 2000년대에 접어들면서 국제무역환경은 두 체제의 뚜렷한 양상을 보이며 급변하는 추세를 보이고 있다. 자유무역과 다자무역체제를 지향하고 있는 WTO는 2001년 11월 카타르 도하에서 개최된 제4차 각료회의 결과의 산물로 WTO 차원에서의 제1차 다자간 무역협상인 도하개발어젠다(일명 DDA : Doha Development Agenda)가 진행되고 있다. 도하개발어젠다는 WTO체제하의 첫 번째 다자간 무역협상으로서 우루과이라운드(UR) 이행기간의 종료에 맞추어 시작된 것으로 새로운 국제무역질서 수립을 위한 협상이라 할 수 있다. DDA는 농산물, 비농산물, 서비스, 무역원활화 등 WTO체제하에서 보다 실질적이고 광범위한 시장개방을 목표로 추진 중인 무역협상으로 Win-Win정신에 입각하여 무역자유화를 확산시켜 회원국의 지속적인 경제와 무역의 발전을 통한 세계경제 발전을 도모하고 있다.

그러나 지난 2003년 9월 멕시코 칸쿤에서 열렸던 WTO 제5차 각료회의가 아무런 합의 없이 결렬된 이후로 DDA협상 진행에 있어 차질을 보이고 있다. 칸쿤 각료회의에서는 농업, 비농산물 시장접근, 싱가포르 이슈, 개발 및 기타 이슈 등 5개 협상그룹별로 공개 협상이 진행되었으나 농업, 비농산물 시장접근, 싱가포르 이슈 등 3개 핵심 이슈에 대해 회원국들이 종전과 동일한 주장만을 되풀이해 협상은 진척을 보이지 못하였다.

개도국들은 농업 분야에서 EU와 미국의 획기적인 양보 없이는 싱가포르 이슈에 대한 어떠한 다자규범도 반대한다는 강경한 입장을 고수했고, 선진국들은 나름대로 농업 분야의 양보안을 제시하였으므로 싱가포르 이슈 중 정부조달 투명성, 무역원활화 분야의 다자규범은 반드시 관철시키겠다는 입장이었다. 이로 인해 WTO는 선·개도국 간의 입장 대립을 조율하는 조정능력을 시험받는 중대 기로를 맞고 있으며, WTO의 역할과 위상에 영향을 미치고 있다.

한편 국제무역환경은 자유무역협정(FTA)의 심화로 국제무역질서의 새로운 틀이 마련되고 있다. 세계무역기구의 도하개발어젠다가 교착상태에 빠져들면서 지역 간 자유무역을 겨냥한 FTA 체결이 급증하고 있다. 세계 각국이 지지부진한 DDA협상 대신 국가 간, 지역 간 자유무역협정을 서둘러 체결하고 있다. 세계 자유무역의 확대와 시장개방을 주장하고 있는 대표국가인 미국은 북미자유무역협정, 이스라엘, 요르단, 칠레, 싱가포르 등의 개별국가 간 FTA에 이어 2003년 말 과테말라, 엘살바도르, 니카라과, 온두라스 등 중미 4개국과 중미자유무역협정(CAFTA)을 체결하기로 하였고, 미주자유무역지대(FTAA) 34개 회원국의 협정 체결을 위해 회원국 간 입장 조율이 진행되고 있다. 또한 동남아국가연합(ASEAN) 측과도 협상을 추진 중에 있다.

EU는 25개국으로 회원국의 수를 늘려 유럽경제권 통합에 이어 역외 국가로 점차 눈을 돌려 중남미 국가와 협상을 시작한 데 이어 아세안(ASEAN)을 대상으로 협상 의사를 타진하고 있다. 아시아지역에서는 아세안을 중심으로 강대국을 배제한 지역 국가 간 자유무역창설 움직임이 활발히 진행되고 있다. 동아시아지역에서는 일본은 싱가포르와의 FTA 발효 후 태국, 필리핀, 말레이시아와도 협상 중에 있다. 중국은 이미 아세안과는 상품 분야의 협상을 타결했으며, 2008년에는 서비스·투자부문협상을 진행시키고 있다. 2004년 초 홍콩 및 마카오와 경제긴밀화협정(CEPA)를 체결했다. 나아가 일본 및 한국은 물론 국경분쟁 등으로 긴장관계에 있었던 인도 등도 그 대상에 포함시키고 있다.

국제경제질서 속에서 이루어지고 있는 무역의 커다란 틀은 자유무역주의와 보호무역주의 공존과 병행 및 대립의 연속이었다. 그러나 새로운 천년을 맞이하면서 세계의 국제무역환경은 더욱 빠른 변화를 시도하고 있다. WTO의 출범으로 자유무역주의는 다자간 무역체제라는 방식을 통하여 각국의 보호무역정책을 극복하려는 움직임과 함께, 자유무역협정(FTA)이라는 지역경제체제가 확대되고 심화 추세가 더욱 강화되고 있는 실정이다.

살펴보기 우리나라의 무역환경

우리나라는 2007년 기준으로 볼 때 무역규모가 약 7,823억 달러인 무역대국이다. 이는 1960년대 이후 수출 주도에 의한 경제성장을 추구한 결과라고 할 수 있다. 그만큼 한국 경제의 무역의존도는 높다. 1997년 말 이후의 외환위기를 극복한 것도 대규모 무역흑자에 힘입은 바 크다. 하지만 세계시장의 자유화와 개방 확대 추세에 따라 한국 무역이 넘어야 할 파고는 더욱 높고 험난해졌다.

해방 후부터 1960년대 초까지는 한국무역의 여명기였다. 2차 세계대전 후 브레튼우즈체제에 따라 세계 각국의 무역이 급신장했으나 한국은 경제적 낙후상태를 벗어나지 못했다. 무역정책도 부실해 국민경제 안정을 위한 수입정책이 주류를 이뤘다. 무역정책의 기본골격이나마 형성된 것은 1957년 무역법이 실시되면서부터다.

1960년대 들어 수출주도형 개발정책을 채택한 이래 무역정책은 수출증대에 의한 국제수지 개선에 주력했다. 특히 선진국이 개발도상국의 공산품에 대해 무관세 또는 저율의 관세혜택을 주는 일반특혜관세제도(GSP)는 개도국의 수출증대에 크게 기여했다. 1967년 케네디라운드 타결로 관세가 대폭 인하돼 보호주의의 기운이 꺾인 점도 고무적인 요소였다. 이 같은 분위기에 편승하여 우리나라는 1967년 GATT에 가입했다.

급신장하던 한국 무역이 시련기에 접어든 것은 1970년대부터이다. 브레튼우즈체제가 붕괴되면서 국제통화 질서가 불안해진 데다 1973년의 석유파동으로 원유 부담이 폭증했다. 이 때문에 세계경제가 심각한 스태그플레이션에 빠지면서 각국의 수입수요는 줄고 보호무역 추세도 강해졌다. 이런 와중에서도 한국은 1972년부터 1976년까지 연 평균 48.5%에 이르는 높은 수출증가율을 기록했다. 1978년 제2차 석유파동과 신보호무역주의의 대두 등으로 무역환경이 나빠진 탓에 1980년대 중반까지 수출증가율은 대폭 둔화됐다. 대신 1986년 사상 처음으로 31억 달러의 무역수지 흑자를 기록, 흑자시대를 열었다.

그러나 수출이 급신장하면서 선진국과의 통상마찰, 특혜관세 중단 등 새로운 장벽이 등장했다. 이 때문에 무역도 1990년대 들어 적자로 돌아섰다. 우루과이라운드(UR)협상 타결로 인한 WTO체제 출범과 이로 인한 한국 내의 시장개방 등도 한국 무역이 넘어야 할 산이다. 21세기를 맞이한 현재 이런 장벽을 넘어 어렵게 자리 잡기 시작한 무역흑자 기조를 정착시키고 무역 1조 달러 시대로 진입하는 것이 중요한 과제로 대두되고 있다. 지금까지 무역 1조 달러를 달성한 국가는 미국, 중국, 일본, 독일, 프랑스 등 5개국에 불과하다. 우리보다 앞선 이들 국가가 무역 7천억 달러 달성 이후 1조 달러 돌파에 이르기까지 걸린 기간은 평균 5년이다. 앞으로도 지속될 대외여건의 어려움을 극복하고 무역 1조 달러를 달성하기 위해서는 품목별, 지역별 수출 불균형을 해소하고 날로 악화되는 수출채산성을 개선하기 위한 다양하고 경쟁력 있는 상품의 개발과 새 시장의 개척, 선진 무역인프라의 구축 등이 필요한 과제로 지적되고 있다.

5.2 GATT체제의 탄생

1. 설립배경과 탄생

세계 각국은 1929년의 세계대공황을 전후하여 자국 산업의 보호 및 육성을 위하여 여타국의 수출을 억제하는 정책을 취하게 되었다. 이로 인하여 세계경제의 경기침체 및 국제경제질서가 붕괴되기에 이르렀고 전 세계가 무역전쟁에 휘말리게 되었다. 이와 같은 혼란 속에서도 국제경제질서를 회복하려는 노력이 없었던 것은 아니나 결실을 보지 못하였다.

또한 경기침체가 장기화되자 각국은 경기침체를 방어하기 위한 수단으로 보호무역을 강화하는 한편 국내산업의 활성화를 위하여 관세인상, 수입수량제한 등과 같은 일련의 보호무역조치를 시행하였다.

이와 같은 배타적이고 폐쇄적인 세계경제가 제2차 세계대전의 주요 원인이라는 단정을 내렸고 세계의 평화를 지속적으로 유지하기 위해서는 세계 각국의 경제번영이 이룩되어야 한다는 것을 인식하게 되었다. 이러한 인식하에 범세계적인 차원에서 각국이 협력하고 국제무역을 자유롭고 활발하게 하기 위한 움직임이 연합국을 중심으로 제2차 세계대전 중에 대두되었고, 대전 종식을 앞두고 통화와 투자 및 무역문제를 처리하기 위한 국제기구의 설립문제를 검토하게 되었다.

이러한 노력의 결과 1944년 브레튼우즈협정[4]에 의해서 제2차 세계대전 후의 새로운 국제경제질서의 구조가 조정되어 IMF(국제통화기금)와 IBRD(국제부흥개발은행, 일명 '세계은행')가 1945년 말에 발족됨으로써[5] 금융 면에서 국제경제 협력이 추진되는 성과를 거두었으나, 무역에 관한 국제기구를 설립하려는 노력은 순조롭게 진전되지 않았다.

GATT의 설립은 미국과 UN이 주도하였는데, 미국은 1945년 11월에 '세계무역 및 고용의 확대에 관한 제안'을 발표하였다. 이 제안은 세계무역에 대한 국제협정을 체결하고, '국제무역기구(ITO)'라는 새로운 국제기구를 설립하여 이를 통해서 국제적인 상품의 교류와 분배에 대한 장벽을 제거하고, 고용 및 소비의 증대를 도모하려는 의도를 표명한 것이었다. 미국의 제안에 근거를 두어 1946년 2월 국제무역기구 헌장 작성과 관세인하협상을 추진하기 위한 국제회의, 즉 '국제무역 및 고용에 관한 회의'[6]에서 동 원칙이 처음 결의되었으며 그 후 2차에 걸친 예비회담 끝에 1948년

4) 1944년 미국의 브레튼우즈에서 열린 연합국 통화금융회의에서 채택된 국제금융기구에 관한 협정을 말한다.

5) 1944년 7월 브레튼우즈협정에 따라 설립된 것으로 국제통화기금(IMF)은 국제수지가 일시적인 불균형에 처한 나라에 자금을 제공해 국제통화제도의 안정을 도모하는 목적으로 설립되었고 세계은행(IBRD)은 제2차 세계대전으로 파괴된 가맹국 경제의 부흥과 개발도상국의 경제발전을 위한 장기융자가 기본설립목적이다.

6) 이 회의 결과 GATT 설립준비위원회가 구성되었고, 준비위원회는 1946년부터 1948년 사이에 GATT 및 ITO헌장 작성을 위해 1946년 9월에 개최된 런던회의(GATT 제정 필요성 합의), 1947년 1월 20일부터 2월 25일까지 개최된 뉴욕회의(GATT 초안 작성 및 GATT의 ITO 부속협정으로 합의), 1947년 4월 10일 개최된 제네바회의, 1947년 11월 21일부터 1948년 3월 24일까지 개최된 하바나회의 등 4

23개국이 모인 하바나회의[7]에서 '국제무역기구 설립에 관한 헌장'(ITO헌장, 일명 하바나헌장(Havana Charter)이라고 한다)이 채택되었다.

한편 미국은 ITO 구상의 발표와 함께 관세의 상호인하를 제창하고, 1947년 제네바회의[8]에서 미국·영국·프랑스 등 23개국이 참가한 관세교섭이 진행되었고 그 결과 1948년 1월 1일에 발효한 것이 관세 및 무역에 관한 일반협정(GATT)[9]이다. 원래 GATT는 ITO헌장 중 통상정책에 관한 부분의 협정으로서 작성되고 ITO헌장 아래서 관세교섭부분을 취급하는 보조기관으로서의 역할을 수행할 예정이었다.

그러나 국제무역기구(International Trade Organization : ITO) 설립에 관한 하바나헌장(Havana Charter)은 국제무역을 규율하는 데 있어서 너무나 엄격하였을 뿐만 아니라, 이상에 치우쳐 있다는 참가국의 비난과 함께 각국의 비준을 얻지 못하였다. 특히 미국은 ITO 설립이 통상문세에 대한 입법부의 고유권한을 제약시킨다는 미국 의회의 부정적 태도를 인식한 미국 행정부가 1950년 12월 ITO헌장의 비준요청을 미국 의회에 제출하지 않기로 발표함에 따라 ITO 설립은 완전히 무산되고 말았다.

이렇듯 GATT는 설립 당시부터 필요한 행정적인 기능은 ITO에 의해 수행될 것을 전제로 하고 있었기 때문에, GATT는 별도의 하나의 국제기구로 고려될 수 없었다. 그러나 ITO 설립의 실패로 GATT는 설립목적과는 다르게 발전하여, 국제기구로서의 중요한 모든 특성을 갖추어 역할을 수행하여 온 것이다. 즉 하바나헌장의 발효와 국제무역기구 설립까지의 연결고리 역할을 할 것으로 기대되었던 GATT는 엄격한 규율과 이상에 치우친 하바나헌장의 폐기로 인하여, 잠정적용협정으로서 GATT가 발효되었던 1948년 1월 1일을 기하여 세계무역의 기본규범으로서 출발하게 된 것이다. 이에 따라 1954년 10월부터 1955년 3월까지 개최된 제9차 GATT총회에서

차례의 회의를 개최하였다.

7) 하바나회의는 UN주관으로 1947년 11월 21일부터 1948년 3월 24일까지 쿠바의 하바나에서 개최된 회의로 공식명칭은 'UN Conference on Trade and Employment'로 되어 있다.

8) 제네바회의는 ITO헌장 제정의 완결 및 관세의 상호인하협상을 개시하기 위한 목적으로 1947년 4월 10일부터 개최된 회의로서 회의결과 ITO헌장이 완성되었고 이를 각국 정부는 의회의 비준을 받아 확정시킬 예정이었다.

9) 제네바회의에서 ITO헌장에 대한 각국의 비준이 늦어지자 23개 참가국 중 벨기에, 네덜란드, 룩셈부르크, 영국, 프랑스, 미국, 캐나다, 호주 등 8개국은 GATT협정이라도 성립시키기 위하여 잠정적용의정서(Protocol of Provisional Application)를 1947년 10월 30일에 채택하였고 이 잠정적용협정은 1948년 1월 1일부터 발효되었다. 이렇게 탄생된 GATT는 당초의 의도대로 ITO의 부속협정으로 태어나지 못하고 잠정협정 형식으로 출범되었다.

는 하바나회의 결과로 수정된 ITO헌장의 주요 부문이 GATT협정에 도입되었고, GATT는 ITO가 수행하기로 되어 있었던 국제무역기구로서의 역할도 수행하게 되었다.

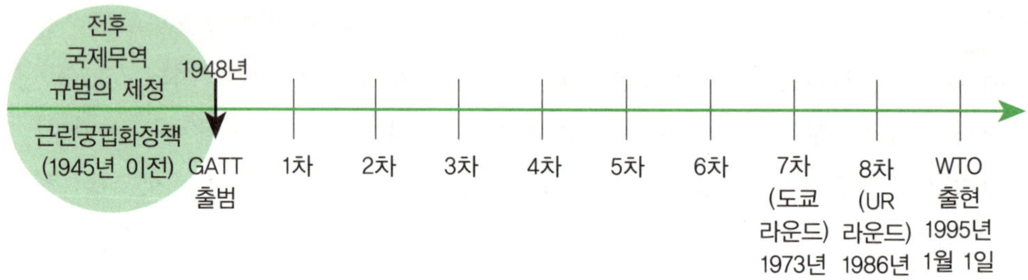

2. GATT의 목적과 역할

GATT는 국제무역규범으로서 사실상의 국제기구로서의 역할을 수행하며 국제무역에 지대한 영향을 미쳤다. 즉 일련의 무역혜택과 원칙을 제시하는 GATT규범은 국제무역의 총체적인 기본질서를 규율하였으며, 우루과이라운드를 포함하여 8차례에 걸친 다자간 무역협상을 통하여 세계무역의 확대에 크게 공헌하였다.

GATT의 목적은 관세 및 비관세 분야에 있어서, 첫째 상호양허의 원칙, 둘째 최혜국대우(Most-Favoured-Nation Treatment : MFN)의 원칙, 셋째 국내조세(Internal Taxation) 및 국내규범(Regulation)에 있어서의 내국민대우(National Treatment)의 원칙, 넷째 무차별(Non-discrimination)원칙 등에 기하여 세계무역의 확대·생활수준의 향상, 완전고용 유지, 자원의 완전한 이용을 달성하는 것이었다.

이러한 GATT의 목적에 비추어볼 때 그 역할은 다음과 같다.

첫째, 관세 및 기타의 무역장벽을 감축 또는 철폐하기 위한 장(場)을 제공하는 것이다. 1947년 4월 스위스 제네바에서 개최된 1차 협상을 시작으로 제6차 케네디라운드, 제7차 도쿄라운드 등의 다자간 무역협상을 통하여 공산품에 있어서의 관세인하가 행해졌으며, 특히 도쿄라운드에서는 비관세장벽에 관한 표준규정, 허가규정 등 국제규칙이 제정되었다. 또한 제8차 다자간 무역협상(우루과이라운드)을 통하여 세계무역기구(WTO)를 출범시켰다.

둘째, GATT 계약체결국[10]의 무역정책상의 행동을 규율하는 국제무역규범을 제시하는 것이다. WTO 설립 이전까지 GATT의 규범에 의하여 국제무역이 규율되어 국제무역법전의 성격을 가지고 있었다.

셋째, GATT는 국제무역규범에 관한 해석기관이자 무역규범을 둘러싼 대립과 분쟁의 조정기관으로서의 역할을 수행하였다.

3. GATT의 기본원칙

GATT는 무차별원칙(Non-discrimination)을 그 기본원칙으로 하고 있으며, GATT의 무차별원칙은 체약국의 어떤 국가에도 타 국가보다 특혜를 베풀지 않는다는 소위 최혜국대우의 조항에 나타나 있다. 즉 GATT는 이국 간의 특혜조치는 인정하지 않으며, 다국 간의 협정을 그 기본원칙으로 하고 있다는 점이다. 또한 GATT는 보호무역정책의 수단으로서 관세 이외의 기타의 수량할당을 포함한 비관세장벽(Non Tariff Barrier : NTB)을 철폐할 것을 규정하고 있으며, 관세인하교섭의 방법으로서는 한 체약국이 관세를 인하하면 상대교역국 역시 관세를 인하해야 된다는 호혜주의를 기본원칙으로 하고 있다.

그러나 GATT는 최혜국대우의 기본원칙과 무역협상의 원칙적인 도구로서의 관세에 대해서는 몇 가지 예외조건을 규정하고 있다. 최혜국대우의 기본원칙에 대한 예외조항의 내용에 있어서 주목할 만한 사항은 관세동맹과 자유무역지역의 형성을 인정하고 있다는 점이며, 무역제한의 원칙적인 도구로서 수량할당의 철폐에 관하여도 ① 국제수지의 악화를 방지하기 위하여 필요하다고 인정될 경우, ② 식량의 자급자족의 위협을 받을 경우, ③ 저개발국의 경제발전을 위하여 수입할당이 필요하다고 인정될 경우, ④ 덤핑의 방지를 위하여 필요하다고 인정될 경우 등과 같은 예외조항을 허용하고 있다.

GATT의 일반적인 원칙과 예외조항에 관하여 살펴보기로 하자.

---

10) GATT는 정식기구가 아니라 협정의 성격이므로 협정에 가입한 국가, 즉 계약을 체결한 국가(계약체결국 : Contracting party)라 하며, 이하에서는 '체약국'이라 표기한다. 물론 세계무역기구(WTO)는 정식기구이므로 회원국(Member)이라 한다.

(1) 최혜국대우(MFN)원칙

최혜국대우(Most-Favoured-Nation Treatment : MFN)원칙은 특정 국가에 대하여 다른 국가보다 불리한 교역조건을 부여해서는 안 된다는 원칙으로 GATT규범 제1조[11])에 근거하고 있다. 즉 모든 체약국이 상호 간의 무역에 있어서 서로 동등하고 가장 유리한 조건하에서 무역하는 것을 골자로 하고 있는 것이 최혜국대우 원칙이다.

사례분석

한·일, 캐나다 자동차 차별관세 대응 공조 및 캐나다 자동차 차별관세 WTO 위반판정

한국과 일본이 캐나다의 외국산 자동차에 대한 차별관세제도에 맞서 공조체제를 구축한다. 우리 정부는 최근 일본이 캐나다의 외국산 자동차 차별관세제도를 세계무역기구의 분쟁해결기구에 정식 제소함에 따라 우리나라도 이해관계자(제3자 참여) 자격으로 일본의 입장을 적극 지지하기로 했다.

캐나다는 지난 1996년부터 캐나다에 투자한 미국의 소위 빅3 자동차회사와 스웨덴의 볼보사가 외국으로부터 수입하는 자동차에 대해서는 일정조건하에 관세를 부과하지 않고 무관세로 수입하는 반면, 그 이외 업체가 수입하는 자동차에 대해서는 6.7%의 관세를 부과하고 있다. 현재 도요타, 혼다 2개 업체가 현지 투자하고 있는 일본은 그동안 자국이 투자한 업체에 대해서도 동등한 혜택을 부여할 것을 주장하여 왔으나, 이를 최근 다시 검토한 캐나다 정부는 캐나다 내 자동차 노조의 반발 등으로 일본의 주장을 받아들이지 않고 기존의 관행을 계속 유지키로 결정한 바 있다.

이에 따라 일본은 이러한 캐나다의 조치가 WTO의 최혜국대우와 내국민 동등 대우원칙에 위배될 뿐 아니라 WTO의 무역관련 투자협정과 서비스(GATS)협정에도 위배된다며 제소하기에 이른 것이다. 우리 정부는 이러한 일본의 제소조치에 대하여 관련 업계와 협의·논의한 결과 우리도 일본의 제소조치에 이해당사자로 참여하기로 결정하였다. 산업자

11) GATT 체약국의 일방이 무역협정 등에 기하여 다른 제3국의 상품에 관하여 부여하고 있거나 장래 부여할 가장 유리한 대우를 상대체약국의 동종상품에 대하여도 부여하여야 한다는 것이다.

원부는 캐나다의 수입관세는 역외 국가에 대해 동등하게 무차별적으로 적용되어야 하고 선별적인 무관세는 협정위반이라는 입장에서 WTO분쟁과정에 이해당사자의 자격으로 적극 참여키로 결정하였다.

2000년 2월 11일 WTO 패널은 캐나다의 외국산 자동차에 대한 차별적인 관세부과와 관련한 분쟁에서 캐나다의 제도가 WTO협정에 위반된다고 판정하였다. 우리나라는 대 캐나다 연간 자동차 수출물량이 2만여 대에 달하여 분쟁에 실질적 이해관계를 갖고 있음을 감안하여 1999년 1월 분쟁관련 패널이 설치되었을 때 제3자로 참여하였으며 약 1년간의 패널절차에서 우리나라는 캐나다의 제도가 WTO의 최혜국대우와 내국민대우 등의 원칙에 위반된다는 내용의 서면 입장을 제출하는 등 캐나다 제도의 WTO 위반 판정을 이끌어내기 위해 노력하였다.

자료 : 외교통상부 보도자료(1998년 7월 16일 및 2000년 2월 12일)

(2) 내국민대우원칙

무차별원칙의 또 다른 기본원칙이 내국민대우(National Treatment)원칙이다. 이를 정확하게 표현한다면 국내조세와 국내규범에 있어서의 내국민대우원칙(National Treatment on Internal Taxation and Regulation)을 말한다. 이는 GATT 제3조의 규범에 근거한 것으로 수입물품에 대하여 국내조세 및 국내규범에 의하여 같은 종류의 국내상품에 대하여 주어지는 대우보다도 불리하지 않는 대우를 부여하여야 한다는 원칙을 말한다. 즉 수입물품과 국내물품을 차별대우하여서는 안 된다는 원칙이다.

여기서 유의해야 할 점은 최혜국대우원칙이나 내국민대우원칙이나 모두 무차별원칙으로 의미는 같으나 최혜국대우원칙은 GATT 체약국 사이에 경쟁조건의 균등, 즉 국경통관 시의 무차별대우를 확보하기 위한 것이고, 내국민대우원칙은 수입국내의 국내상품과 수입물품 사이에 경쟁조건의 균등, 즉 국내거래에서의 무차별대우를 확보하기 위한 것이다.

사례분석

한국 – EU 및 미국 주세분쟁 사례

1. 개관

우리나라의 개정 전 주세법이 소주에 35%, 위스키 및 꼬냑 등에 대하여는 100%의 주세율을 부과하고 교육세를 포함할 경우 각각 38.5%와 130%의 세율을 부과하는 것에 관

하여 유럽연합(EU) 및 미국은 증류주 간의 이러한 세율 격차가 WTO협정상 내국민대우원칙에 위배됨을 들어 1997년 4월 WTO에 제소하였다. WTO 패널은 소주보다 위스키에 대해 높은 세율을 부과하는 우리나라의 현행 주세 및 교육세제도가 WTO협정에 위배된다고 판정을 내렸으며 WTO 주세상소심판정 결과도 WTO협정에 위배된다고 최종판정을 내렸다.

2. WTO 주세분쟁 경과

- 1997년 4월　EU 및 미국, 우리 현행 제도를 WTO에 제소
- 1997년 10월　WTO 패널 설치
- 1998년 7월 31일　WTO 패널 판정(한국 패소)
- 1998년 10월 19일　우리 측, WTO 상설 상소기구에 상소
- 1998년 11월 24일　상소 심의 개최
- 1999년 1월 18일　상소 보고서 발표(한국 패소)

3. 주세 및 교육세제도 현황

종류	주세(%)	교육세(%)	총세율(%)
위스키 브랜디	100	(주세액의) 30	130
증류식 소주	50	(주세액의) 10	55
희석식 소주	35	(주세액의) 10	38.5
일반 증류주	80	(주세액의) 30	104

4. 주요 쟁점과 결과

소주에 비해 위스키 등 여타 증류 주류에 높은 주세율을 부과하는 현행 주세제도가 WTO/GATT 제3조 2항의 '내국민 대우' 의무에 위배되느냐 하는 것이 주요 쟁점이었다. 상기 논쟁은 궁극적으로 소주와 위스키 간에 '직접적인 경쟁 대체'관계가 존재하느냐 여부의 문제로 귀결되었다. 우리 측은 소주와 위스키 간의 현저한 가격차이, 음용 장소 및 습관차이 등을 이유로 양자간에 직접적인 경쟁·대체관계가 존재하지 않고 따라서 주세율에 차등을 두는 것도 WTO협정 위배가 아니라고 주장하였으나 패널은 받아들이지 않았다. 이행권고에 따라 우리나라는 현행 주세를 균등화하기로 하였고, 1999년 11월 29일 국회 재정경제위원회에서 최종 72%로 주세를 개정하여 2000년 1월 1일부터 시행하였다.

자료 : 외교통상부

사례분석

한국 – 미국과 호주 수입쇠고기 구분판매제도 분쟁 사례

1. 개관

미국과 호주는 1999년 2월 및 동년 4월에 각각 우리나라의 수입쇠고기관련 제도가 WTO협정에 위반된다고 주장하여 WTO에 제소하였다. 1999년 5월 WTO 쇠고기 패널이 설치되었고, 2000년 7월 31일 패널은 우리의 수입쇠고기 구분판매제도가 GATT 제3조 내국민대우원칙에 위반된다고 판정하였으며 이에 우리나라는 2000년 9월 11일 상기 패널의 판정내용에 대하여 상소하였으나 WTO 상소기구는 2000년 12월 11일 우리나라 수입쇠고기 구분판매제도에 대하여 수입쇠고기와 국산 한우의 판매장소를 달리하는 우리나라 쇠고기 구분판매제도는 GATT 제3조의 내국민대우원칙에 위반이라고 최종판결하였다.

2. 분쟁 경과

- 1999년 2월 미국 제소(호주, 뉴질랜드, 개나다 제3자 참여)
- 1999년 4월 호주, 독자 제소
- 1999년 5월 한·미 간 양자 타결 실패로 미국이 요청한 패널 설치
- 1999년 7월 호주가 요청한 패널 설치, 미국 패널과 통합
- 1999년 12월 1차 구두심리 개최
- 2000년 2월 2차 구두심리 개최
- 2000년 5월 10일 패널 중간보고서 배포
- 2000년 7월 31일 최종보고서 배포(쇠고기 구분판매제도원칙 위반 판정)
- 2000년 9월 11일 상소
- 2000년 12월 11일 상소기구 보고서 배포(쇠고기 구분판매제도원칙 위반 판정)

3. 쟁점사항에 대한 내용과 상소기구 판정결과

원심 패널은 쇠고기 구분판매제도가 수입산 쇠고기와 국내산 쇠고기의 유통경로를 분리함으로써 수입산 쇠고기의 경쟁조건을 불리하게 하는 차별적인 조치로 GATT의 내국민대우원칙 위반이라고 판정하였다. 우리나라는 상소심에서 쇠고기 구분판매제도가 수입산과 국내산을 분리하고 있지만 규정상 균형을 유지하고 있고, 수입산에게 추가적인 부담을 주지 않고 있음을 강조하였다. 원심 패널은 내국민대우원칙 위반 여부를 판정에 있어서 국내산과 외국산의 경쟁조건에 영향을 미쳤는지 여부에 대한 사실적 분석이 미흡하다고 주장하였다.

상소기구는 원심 패널의 판정이유에 대하여는 불충분하다고 판정하였으나 상소기구의 판단으로는 우리나라의 쇠고기 구분판매제도 자체가 WTO협정 위반은 아니지만 우리나라가 쇠고기 구분판매제도를 도입하여 수입쇠고기의 경쟁조건이 불리하게 되었으므로 결과적으로 GATT 제3조의 내국민대우원칙 위반이라고 판정하였다.

자료 : 외교통상부

사례분석

United States versus Thailand – Restriction on Imports of & Internal Taxes on Cigarettes – (담배에 있어서의 국내세와 수입제한)

1990년 미국과 태국의 담배분쟁으로 태국이 수입하는 담배에 대하여 국내세를 추가로 부과하고 수입을 제한하였다. 태국은 GATT 제20조 (b)항 인간, 동・식물의 생명과 건강의 보호를 위한 필요조치에 의거하여 미국 및 외국산 담배로부터 국민을 보호하고 담배 피우는 것을 통제하기 위하여 무역제한을 실시한다는 주장이었다.

패널은 흡연(smoking)이 인간의 건강에 심각한 위험으로 제20조 (b)항의 범위 내에서 담배소비의 감소를 의도하는 조치에 관해서는 공감을 하였으나 문제는 그러한 무역제한조치를 실시함에 있어서 국내에 있어서는 아무런 규제조치가 없었다는 것이다. 즉 국내프로그램도 병행되어졌어야 한다는 것이다. 이는 바로 태국이 국산담배에 있어서는 아무런 제한조치가 없었기 때문에 태국의 무역제한조치는 자국의 담배산업을 보호하려는 의도를 가지는 것으로 내국민대우원칙 및 수량제한의 일반적 제거원칙에도 위배되며, 또한 GATT 20조 일반적 예외 (b)항에 근거한 태국의 조치는 GATT 제20조 (b)항 예외에 해당되지 않는다고 판정하였다.

4. GATT의 주요 규범

1948년 1월 정식 발효된 GATT체제의 규범은 GATT 출범 후 우루과이라운드협상 전까지 여러 차례의 다자간 협상을 통하여 변경과 수정을 통하여 보완되어 왔다. GATT규범은 체약국 간에 이루어진 합의(agreement)이기 때문에 검토회의를 통하여 규정이 수정되거나 본문에 부속되는 해설주석(interpretative notes annexed to the text)이 추가되기도 하였고, 1965년에는 협상을 통하여 개도국의 무역과 개발문제를 중점적으로 취급하기 위하여 제4편 무역과 개발이 신설되기도 하였다. 1973년부터 1979년까지 협상이 이루어진 도쿄라운드에서는 본문 38개 조항, 부속서, 관세양허표의 3개 부문으로 구성되어 있는 GATT규범(GATT articles)과 비관세장벽을 주로 다룬 9개의 다자간 무역협상협약(9 MTN Codes)의 이원화된 체계를 갖추게 되었다.[12] GATT규범(GATT 1947)[13]은 목적(전문), 관세, 무역상의 장애 제거, 예외규정, 분쟁처리, 절차규정으로 나누어볼 수 있다.

표 5-1 GATT 1947(관세)

관세	최혜국대우(제1조 제1항)	* 예외 : ① 특혜관세(제1조 2, 3, 4항) ② 자유무역지역 · 관세동맹, 국경무역(제24조) ③ 도쿄라운드의 수권조항
	관세인하협상(제28조 제2항)	상호성이며 호혜적인 양허의 일반수준유지를 위한 노력
	관세양허의 고정화(제2조)	당 양허표상에 규정된 것보다 불리한 대우 금지
	관세양허의 수정 또는 철회	정기적 수정(제28조)
		특별사정이 있는 경우의 수정(제28조 4항)
		후신국 경우의 수정(제18조 A)
		긴급조치에 의한 수정 또는 철회(제19조 1항)
		자유무역지역 · 관세동맹의 설립에 따른 수정(제24조)
		양허의 정지 또는 철회(제27조)
	양허세율에 관하여 관세 이외의 조세 또는 과징금의 고정화(제2조 제1항)	본 협정일 현재 부과되고 있는 조세 또는 과징금을 초과하는 기타 조세 또는 과징금 부과 금지

12) 김성준, WTO법의 형성과 전망(제1권), 삼성출판사, 1996, p.173.

13) 1947년도의 원래 GATT협정(GATT 1947)과 현재의 WTO체제에서의 GATT규범(GATT 1994)을 구분하기 위하여 표시한 것으로 'GATT 1947'은 'GATT 1994'의 일부를 구성하는 부분개념인 동시에 'GATT 1994'와 구분되는 시기에 제정된 원래의 GATT규범으로서의 개념 등 양 측면을 공유한 개념이라 할 것이다.

표 5-2 GATT 1947(무역상의 장애 제거)

<table>
<tr><td rowspan="21">무역상의 장애 제거</td><td rowspan="8">수출입의 제한</td><td rowspan="3">일반적 금지 (제11조 제1항)</td><td>농수산물의 특례(제11조 제2항)</td><td>·</td></tr>
<tr><td rowspan="2">국제수지 옹호를 위한 제한</td><td>일반국(제12조)</td></tr>
<tr><td>후진국(제18조 B)</td></tr>
<tr><td rowspan="5">예외</td><td colspan="2">개발도상국의 특정 산업 확립을 위한 수입제한 (제18조 C)</td></tr>
<tr><td colspan="2">긴급조치에 의한 수입제한(제19조 제1항)</td></tr>
<tr><td colspan="2">일반적 예외에 의한 제한(제20조)</td></tr>
<tr><td colspan="2">안전보장을 이유로 한 제한(제21조)</td></tr>
<tr><td colspan="2">체약국단의 결정에 의한 제한(제25조 제5항)</td></tr>
<tr><td rowspan="13">기타 무역상의 장애 제거</td><td colspan="3">수량제한의 무차별적용(제13조)</td></tr>
<tr><td colspan="3">수량제한 무차별적용의 예외(제14조)</td></tr>
<tr><td colspan="3">국내세, 국내규범의 최혜국대우(제1조 제1항)</td></tr>
<tr><td colspan="3">국내의 과세 및 판매조건의 내국민대우(제3조)</td></tr>
<tr><td colspan="3">영화필름에 관한 특별규정(제4조)</td></tr>
<tr><td colspan="3">통관의 자유(제5조)</td></tr>
<tr><td colspan="3">반덤핑관세, 상계관세(제6조)</td></tr>
<tr><td colspan="3">관세상의 평가(제7조)</td></tr>
<tr><td colspan="3">수출입수수료 및 절차(제8조)</td></tr>
<tr><td colspan="3">원산지표시(제9조)</td></tr>
<tr><td colspan="3">무역규칙의 공표 및 시행(제10조)</td></tr>
<tr><td colspan="3">보조금(제16조)</td></tr>
<tr><td colspan="3">국영무역기업(제17조)</td></tr>
</table>

표 5-3 GATT 1947(예외규정)

<table>
<tr><td rowspan="7">예외규정</td><td rowspan="4">일반예외</td><td>일반적 예외(제20조)</td></tr>
<tr><td>안전보장을 위한 예외(제21조)</td></tr>
<tr><td>개발도상국에 대한 특별규정(제18조 제4항)</td></tr>
<tr><td>특정 상품의 수입에 대한 긴급조치(제19조)</td></tr>
<tr><td rowspan="3">구제규정</td><td>양허의 정지 또는 철회(제27조)</td></tr>
<tr><td>양허의 수정(제28조)</td></tr>
<tr><td>탈퇴(제18조 제12항, 제23조 제2항, 제30조 제2항, 제31조)</td></tr>
</table>

표 5-4 GATT 1947(분쟁처리)

분쟁처리	양국 간의 합의(제22조)
	체약국단에의 제소(제23조)

표 5-5 GATT 1947(절차규정)

절차규정	적용지역(자유무역지역, 관세동맹)(제24조)
	체약국단의 공동행동(제25조)
	수락, 효력 발생 및 등록(제26조)
	GATT와 하바나헌장과의 관계(제29조)
	개정(제30조)
	탈퇴(제31조)
	체약국(제32조, 제24조 제1항, 제26조 제5항 C)
	가입(제33조)
	임시가입(제25조 제4항 및 제33조의 준용)
	부속서(제34조)
	특정 체약국 간에 있어서의 협정의 비적용(제35조)

(1) General Most-Favoured-Nation Treatment(제1조 일반적인 최혜국 대우)

GATT의 모든 체약국이 그 상호 간의 무역에 있어서 서로 동등하고 가장 유리한 조건하에서 무역하는 것 및 최혜국대우 적용의 예외를 규정하고 있다.

국제무역관계에 있어서의 최혜국대우원칙은 물품의 수출입을 비롯하여 국제통상상의 혜택과 관련하여서 어느 일방의 체약국이 부여한 최고의 우대조치를 다른 체약국에게도 부여하여야 한다는 원칙이다.

최혜국대우원칙은 국제무역관계에 있어서 일반화된 기본적인 원칙으로서 국제무역과 관련된 협약이나 조약에서 이러한 내용을 포함시키는 것이 통상적인 관례이며, 이 조항을 일반적으로 최혜국조항이라고 한다.

최혜국대우의 부여로써 수혜국은 양허국 내에서 최고의 대우를 향유하는 불특정의 제3국과 동등한 대우를 받게 되는 것이다. 이때 제3국과 동일한 대우를 부여하는 국가를 양혜국, 대우를 부여받는 국가를 수혜국, 기준이 되는 제3국을 최혜국이라 한다.

이러한 최혜국대우원칙은 국가 간의 차별을 배제하고 평등한 지위를 보장함으로써 국제무역의 발전에 이바지할 뿐만 아니라 국제관계의 안정에도 적지 않은 역할을 하게 된다. 그러나 GATT에서는 최혜국대우를 기본원칙으로 하고 있지만 역사적인 특혜조치, 지역무역협정, 의무면제에 의한 특혜조치 등과 같은 현실에서의 여러 가지 여건으로 인하여 이에 대한 적지 않은 예외를 인정하고 있다.

(2) Schedule of Concessions(제2조 관세양허)

관세양허란 당사국 간 상호교섭을 통해 관세율을 인하하는 것을 말한다. GATT는 세계무역의 확대발전을 위해 체약국 상호 간 교섭을 통해 관세율을 인하하고, 체약국 간에는 최혜국대우를 부여함으로써 관세상의 차별대우를 없애는 것을 주요 내용으로 하고 있다. 이에 따라 부속서로 관세양허표를 만들어 양허품목 및 양허세율을 지정하고 있다.

즉 GATT 체약국이 일정품목의 수입에 대하여 GATT규범에 부속된 양허표에 기재된 수준보다 불리한 대우를 하지 않겠다는 약속(GATT 제2조 1항 a)을 규정하고 있다.

(3) Nation Treatment on Internal Taxation and Regulation(제3조 국내세 및 규범에 있어서의 내국민대우)

내국민대우란 수입국 내에서 외국물품이나 외국기업을 국내의 상품이나 기업과 동등하게 대우한다는 것을 의미한다. 즉 국내의 조세나 규제 등에 있어서 외국물품이나 외국기업을 국내물품이나 국내기업보다 불리하게 대우해서는 안 된다는 것을 의미한다.

만약 외국물품에 대하여 국내물품보다 더 많은 세금을 부과하거나 더 엄격한 규제를 하게 되면 관세율을 더 올리거나 수입장벽을 더 높이는 것과 같은 효과를 가지게 되므로 수입을 제한하는 효과를 결과가 가져오게 된다.

내국민대우를 기본원칙으로 하는 것은 외국상품에 대하여 국내의 상품과 동일한 대우를 함으로써 외국상품이 국내에 제한 없이 공급되고 이에 따라 자유로운 국제무역이 이루어질 수 있도록 하는 데 있다. 이는 수입상품에 대한 국경장벽을 제거한다 하여도 국내에서 차별적으로 불리한 대우를 받게 된다면 실질적인 개방과 자유로운 국제무역은 이루어질 수 없기 때문이다.

그러나 내국민대우는 모든 측면에서 완전한 동등대우를 의미하는 것이라기보다는 자유로운 국제무역관계에 장애가 될 수 있는 불필요한 차별요인의 제거를 의미한다고 할 수 있다.

GATT에서도 수입물품에 대하여 국내조세 및 국내규범에 의하여 같은 종류의 국내상품에 대하여 주어지는 대우보다도 불리하지 않는 대우를 부여하여야 한다는 원칙을 규정하고 있다. 즉 GATT 제3조 1항은 "체약국은 국내세 및 기타 국내과징금과 물품의 국내판매, 판매를 위한 제의, 구매, 수송, 배분 또는 사용에 영향을 주는 법률, 규칙 기타 요건 및 일정한 수량 또는 비율에 의한 물품의 혼합, 가공 또는 사용을 요구하는 국내의 수량규제가 국내생산을 보호하기 위한 목적으로 수입물품 또는 국내물품에 적용하여서는 안 된다는 것을 인정한다"라고 규정하고 있다.

(4) Special Provision relating to Cinematograph Films(제4조 영화필름에 관한 특별규정)

GATT에서는 영화필름에 관한 특별규정을 두었다. 이는 GATT 제3조 및 GATT 제11조의 예외로 영화필름에 대한 내국민대우원칙의 적용을 예외로 할 경우 반드시 스크린쿼터의 형식을 취하도록 하였다. 즉 각 극장의 영화 상영시간 중 일정비율 이상의 시간을 국산영화에 의무적으로 할당하는 것을 허용하였는데 이는 경제적인 측면이나 국제무역 측면에서보다는 국내 문화정책 측면에서 영화필름이 갖는 중요성을 고려한 결과라고 할 수 있다.

따라서 GATT에서는 영화필름 또는 영화산업에 대한 기본원칙의 예외로 인정하여 내국민대우원칙의 적용을 예외로 할 경우 스크린쿼터(Screen quota)의 형식을 취하도록 규정하고 있으며, 일반적으로 GATT에서는 제11조에 의거하여 수량제한(Quota)을 일반적으로 금지하고 있으나 영화필름에 있어서는 예외로 인정하고 있다.

그러나 GATT 제4조에서 스크린쿼터를 인정하고 있으나 GATT 제4조 (d)항에 의하면[14] 스크린쿼터가 자유화 또는 철폐를 위한 협상의 대상임을 명시하고 있다.

14) Article IV Special Provisions relating to Cinematograph Films "… (d) Screen quotas shall be

사례분석

스크린쿼터(Screen quota)에 얽힌 이야기

1998년. 우리나라 영화인들의 시위와 전례 없던 113명의 집단 삭발. 이는 스크린쿼터와 관련되었던 문제였다. 스크린쿼터는 자국영화 의무상영 일수를 말한다. 그 당시 우리나라 영화진흥법은 모든 극장이 연중 5분의 2에 해당하는 146일 이상 한국 영화를 상영하도록 의무화하고 있었다. 그러나 문화관광부 장관이나 시·구청장이 20일씩 줄여주는 재량권을 감안하면 실제로는 106일이 의무상영 일수였다. 이러한 스크린쿼터제를 유지하고 있는 나라는 8개국 정도이다.

당시 왜 이 문제가 대두되었을까?

우리나라는 1997년 말 IMF라는 시대를 맞이하였다. 외환위기를 맞아 정부와 온 국민들은 이 난국을 타개하고자 많은 고통과 아픔을 나누며 극복하고자 하였다. 특히 많은 외환을 필요로 했던 정부는 외자유치활동 또한 하나의 방편이었으며 이때 맞물린 것이 한미투자협정이다. 미국 측은 스크린쿼터 폐지 또는 완화 시에 5억 달러를 투자하겠다는 제안을 하게 된다. 이어 스크린쿼터 폐지에 관한 발언이 나오면서 의무상영제를 둘러싼 논란이 일파만파로 확산되었고 미국 측은 스크린쿼터를 없애지 않으면 한미투자협정을 무산시킬 것이라는 입장을 전하게 된다.

무엇이 문제였을까?

미국이 마련한 한미투자협정 초안 16개항 가운데 제6항은 "의무이행 강제 불가조항으로 상대국 투자기업에 대해서는 국내기업들과 같은 의무를 부과하지 않고 우대한다"는 내용을 담고 있다. 한미투자협정(BIT)에 이 조항이 들어가면 미국이 직접 설립하거나 50% 이상의 지분을 인수한 영화관에 대해서는 스크린쿼터제를 요구할 수 없게 된다. 이렇게 되면 국내의 다른 극장과 형평을 맞추기 위해 스크린쿼터제 자체를 전면 폐지하지 않을 수 없다는 점이다.

현재 스크린쿼터제는 유지되고 있으나 언제 또 다시 수면 위로 부상할지 모르는 일이다. 스크린쿼터제는 GATT규범은 물론 UR서비스협상, OECD 가입협상 시에도 개별국가의 형편에 따라 유보가 허용된 제도이다.

---

subject to negotiation for their limitation, liberalization or elimination."

(5) Freedom of Transit(제5조 통과의 자유)

통과운송에 관하여 규정으로서 통과운송이란 "상품, 선박 및 기타 운송수단이 어느 일방 체약국의 영역을 통과하는 경우에 있어 환적, 입고, 하역 또는 수송방법의 변경 등을 불문하고 해당 운송과정이 해당 체약국의 국경 외에서 시작하여 국경 외에서 끝나는 전 여정의 일부에 해당할 때 해당 영역을 통과하는 것(1항)"을 말한다. 그러므로 통과운송에 대하여 각 체약국은 가장 편리한 경로가 되도록 자국 영역의 통과의 자유를 부여해야 하며, 이 경우에 있어 선박의 국적, 원산지, 출발지, 입국지, 출국지, 행선지 등에 의해서거나 또는 화물, 선박 또는 기타의 운송수단의 소유권에 의해서 차별대우 받아서는 안 된다는 것이다.

또한 통과운송에 대하여 체약국은 운송요금, 통과에 수반되는 행정적 경비, 제공된 용역비용에 상당하는 과징금을 제외하고는 관세, 통과세 및 통과와 관련된 과징금을 부여하지 말 것을 규정하고 있다.

(6) Anti-dumping and Countervailing Duties(제6조 반덤핑과 상계관세)

GATT규범에서는 수출물품의 가격이 국내에서의 판매가격보다 낮게 수출되거나 정부로부터 보조금을 받고 상품을 제조하여 외국에 수출되는 경우에 있어서 불공정무역(unfair trade)으로 간주하여 수입국이 제재를 할 수 있도록 규정하고 있는 조항으로서 반덤핑관세 및 상계관세의 의의 및 부과요건에 관하여 규정하고 있다. 보다 자세한 내용은 제7장에서 다루기로 한다.

사례분석

EC – 한국, 일본, 중국 카라디오 반덤핑 사례

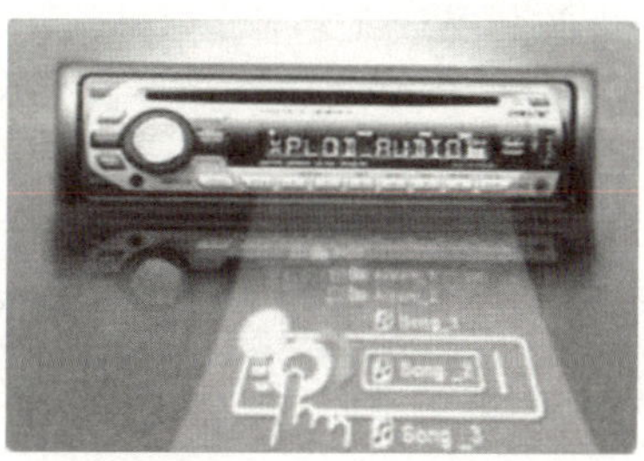

1990년 5월 8일, EC 유럽카라디오규격협회(ALARM)는 한국, 일본, 중국의 카라디오에 대하여 반덤핑제소를 하였다. 우리나라는 삼성전자, 현대전자를 비롯하여 60여 개 업체에 달하였다. 네덜란드의 필립사와 독일의 브라우푼트크사, 그룬딕사가 주도하는 가운데 유럽 카라디오규격협회가 한국·일본·중국산 카라디오 제품에 대해 반덤핑제소를 해 옴에 따라 1990년 5월 8일 EC 집행위원회가 조사를 개시하였다.

제소자 측은 최근 2년간 카라디오 수입의 급증으로 유럽의 시장기반이 흔들리고 생산단축이 초래되고 있으며 특히 한국산 카라디오의 경우 1985년 170만 대 정도였던 수출물량이 1988년에는 580만 대로 급증하였고 한국 업체들의 덤핑마진도 평균 70%가 넘어 역내 업계의 경쟁이 사실상 불가능한 상황이라고 주장하였다.

카라디오의 최대수출시장인 EC에서의 반덤핑규제로 인해 대부분 영세 중소기업인 국내 카라디오업계는 큰 타격을 받게 되었다. 카라디오의 대 EC 수출은 조사가 개시되었던 1990년에 2.6억 달러, 1991년에는 2억 달러였다가 1992년 1월부터 4월까지 0.2억 달러로 급감하는 등 사실상 대 EC 수출이 어려운 상태에 놓이게 되었다. 이에 따라 많은 국내업체들이 국내생산을 포기하고 업종을 전환을 하거나 해외생산을 모색하게 되었다. 이를 계기로 결국 세계 최대 카라디오 생산국의 하나였던 한국은 중국을 포함한 아시아 후발주자에게 그 위치를 넘겨주게 되었다.

1997년 2월 EC 집행위원회는 자동소멸규정에 따라 1997년 8월 9일부터 반덤핑조치를 종료할 방침을 발표하였다. 이에 대해 네덜란드의 필립스사는 규제의 연장을 청원하면서 동시에 중국·말레이시아·인도네시아·태국 등 아시아 국가의 카라디오에 대해서도 반덤핑조사를 개시하도록 요청하였다. 그러나 EU 집행위원회는 이를 기각하고, 1997년 7월 30일자 관보를 통해 한국산 카라디오에 대한 반덤핑조치를 1997년 8월 9일부로 종결한다고 발표하였다. 이에 따라 1992년 8월 이래로 한국산 카라디오에 부과되어 온 최고 34.4%의 반덤핑관세가 해제되었다.

자료 : 포스코 경영연구소, 한국의 산업별 무역분쟁 사례 참조

사례분석

한·미 냉연강판, 형강 상계관세 사례

미국이 다른 나라들과 수출자율규제협상을 추진하고 있던 1984년 6월 US Steel사는 한국을 비롯하여 EC, 일본 등을 포함한 18개국을 대상으로 냉연강판과 구조용 형강에 대하여 상계관세 제소를 하였다. 우리나라에서는 포항제철, 연합철강, 동국제강, 인천제철 등이 관련되었는데, 미국은 당시 포항제철은 54.2%, 다른 업체들은 38.2%의 보조금혜택을 받았다고 주장하였다.

1984년 7월 26일 미국 국제무역위원회(ITC)는 보조금 지급에 따른 미국 내 산업의 피해가 있다는 예비판정을 내렸고, 상무부는 조사 개시 후 2개월이 지난 9월에 보조금 예비판정을 내렸다. 보조금 마진율은 냉연강판의 경우 3.81%, 형강의 경우 미소마진(de minimis) 판정을 받았다. 보조금 최종판정에서는 예비판정보다 다소 낮아진 3.60%의 마진이 결정되었고, 1985년 1월 ITC는 피해긍정 최종판정을 내렸다. 그러나 1985년 5월 냉연강판과 형강제품이 VRA의 규제대상에 포함되면서 미국은 상계관세를 철회하였다.

자료 : 포스코 경영연구소, 한국의 산업별 무역분쟁 사례 참조

(7) Valuation for Customs Purposes(제7조 관세평가)

관세평가는 관세 징수 시에 적용되는 수입물품의 가격결정방법을 말한다. 이러한 관세평가에 있어서 체약국이 다른 체약국의 요구가 있을 때 자국의 관세평가방법을 제공해야 하는 의무가 있으며(제7조 1항), 관세평가방법에 있어서는 국내산의 동종 상품가격이나 임의가격 또는 가공가격에 의한 것이 아니라 수입물품의 실제가격을 기준으로 하여야 한다고 규정하고 있다.

실제가격은 수입국의 법률에서 정한 시간과 장소에서 해당 상품 또는 동종상품이 정상적인 무역경로를 통하여 완전한 경쟁적인 조건에서 판매되거나 판매를 위하여 제의될 때의 가격을 말한다. 당해 상품 또는 동종상품의 가격이 특정한 거래에서 수량에 의해서 규제되고 있을 때에는 비교가능한 수량 또는 수입업자에게 불리하지 않은 수량 등을 일관성 있게 고려하여 결정하여야 한다. 또한 수입상품이 원산지국 또는 수출국에서 내국세를 면제 또는 환급받을 경우 관세평가 시 동 내국세 금액을 포함해서는 안 된다.

환율의 적용방법에 있어서는 IMF협정에 따라 설정된 환평가치 또는 IMF에서 인정한 환율 또는 GATT 제15조에 의한 특별외환협약에 따라 인정된 환율을 사용해야 하며, 만일 인정된 환율이 없을 경우에는 상거래에서 해당 자국통화의 시세를 실질적으로 반영하는 환율을 사용하여야 함을 규정하고 있다.

(8) Fees and Formalities connected with Importation and Exportation (제8조 수출입에 관한 수수료 및 절차)

수출입에 부과되는 조세 및 수수료는 수출입세, 내국세, 수수료 및 과징금의 세 가지 형태로 구분할 수 있는데, 수출입세의 경우는 GATT 제2조의 관세양허에 의해서 다루어지고 있으며, 내국세의 경우는 GATT 제3조 내국민대우에 의해서 규제되고 있다. 그러므로 GATT 제8조에서는 수출입세와 내국세를 제외한 수수료 및 과징금의 과다한 부과와 까다로운 통관절차에 의해서 국제무역이 위축되는 것을 방지하기 위한 것이라 할 수 있다.

이 규정에 의하면 수출입과 관련하여 부과하는 모든 수수료 및 과징금은 제공된 용역의 개괄적 산정비용에 한정시켜야 하며, 국내산업보호 목적 및 재정수입 목적으로 부과되서는 안 되며, 체약국은 수수료 및 과징금의 수와 종류를 감소시켜야 하고, 수출입절차의 범위와 복잡성을 극소화하며, 수출입 구비서류를 감소 및 간소화해야 한다.

또한 체약국은 다른 체약국 또는 체약국단의 요청이 있을 경우 자국법의 시행을 GATT규정에 맞추어 검토해야 하며, 체약국은 세관규칙 또는 절차상의 경미한 위반에 대하여 중벌을 과해서는 안 되며, 누락 또는 오기의 경우 세관서류를 용이하게 정정할 수 있어야 하고, 고의 또는 중과실이 아닌 경우 처벌은 경고에 그쳐야 함을 규정하고 있다.

(9) Marks of Origin(제9조 원산지표시)

국제무역에 있어서 특혜관세(preferential tariff)의 공여, 반덤핑관세 등의 부과 등 GATT규범 내에서 자국의 정책목적을 실현하기 위하여 수입물품에 원산국을 표시하도록 요구하는 것이 허용되고 있는데 이러한 원산지표시의무가 국제무역을 위축시키지 않도록 그 내용과 절차를 규정하고 있다.

그러나 GATT 1947 제9조에서는 원산지표시제도만 규정하고 있을 뿐 원산지규정에 대해서는 아무런 언급도 하고 있지 않다. 원산지규정에 관한 국제규범이 존재하기 않았기 때문에 각국은 서로 다른 원산지규정을 가지고 있었고, 원산지표시규정의 불명료성과 자의적인 운용의 결과 무역왜곡적인 비관세장벽이 형성되었다.

GATT 제9조에 의하면 원산지표시는 최혜국대우의무를 적용해야 하며(제1항), 소비자보호를 위하여 적절한 배려를 해야 하는 동시에 수출국에 미칠지도 모르는 곤란과 불편을 최소화해야 함을(제2항) 규정하고 있다. 또한 체약국은 정정의 표시가 부당하게 지연되거나 허위의 표시가 붙어졌거나 또는 소정의 표시를 고의로 생략한 경우를 제외하고 표시여건을 이행하지 않는 데 대하여 수입 전에 특별세 또는 범칙금을 부과할 수 없으며(제5항), 상품의 진정한 원산지를 오인하게 하는 상표를 사용하여 어느 다른 체약국이 입법화하여 보호하고 있는 상표에 해를 끼치지 않도록 협력해야 함을(제6항) 규정하고 있다.

살펴보기 **음식점 육류 원산지표시제 논란**

2008년 6월 22일부터 시중의 100㎡ 이상 모든 음식점을 대상으로 쇠고기 등 육류의 원산지표시제가 확대 시행되고 있다. 그러나 농수산물품질관리법과 식품위생법 간의 시행범위와 시행령 등의 미비 등으로 혼선이 빚어지고 있다.

또한 대부분의 농수산물과 농산물을 원료로 하는 가공품에는 농산물 품질관리법에 의거 원료의 원산지가 표시되도록 하고 있고, 음식점도 원료농산물을 가공해 판매하는 것이므로 가공농산물 원료에 원산지를 표시하는 것과 크게 다르지 않아 음식점에도 원산지표시제도가 실시되고 있으나 혼란과 이견이 있는 것 또한 사실이다.

쇠고기는 수입산과 국산 간에 2~3배의 가격차이가 존재하고 수입육의 50% 이상을 소비하는 음식점에서 둔갑 판매가 성행하고 있음에도 이를 단속할 아무런 규정이 없는 실정인데 이러한 제도 미비로 인해 소비자는 높은 가격에 수입육을 한우로 알고 사먹게 되는 반면 한우농가는 적정가격을 받기가 어렵게 되어 있다. 소비자의 알권리 차원에서 소비자가 원하는 쇠고기를 알고 먹을 수 있도록 하는 실질적인 방안을 마련할 필요가 있다.

음식점 육류표시제 시행으로 한우와 쇠고기의 적정가격이 형성될 경우 한우가격은 올라가고 수입육가격은 내려갈 것이므로 오히려 수입이 늘어날 수도 있지만 보다 중요한 것은 한우와 수입육에 공정한 가격이 형성되도록 하고 소비자의 알권리를 보장해주는 것이라 할 수 있다.

지난 1999년 쇠고기 구분판매제의 패널 판정 결과에서 WTO규정 위반으로 판정한 주된 사유가 쇠고기 구분판매제는 수입육과 한우를 물리적으로 구분하고 있어 경쟁을 제약한다는 것이다. 그러나 음식점 육류 원산지표시제는 같은 장소에서 수입육과 국산육에 대해 동등한 판매 기회를 부여하므로 구분판매제에 대한 판결결과만 가지고 음식점 육류 원산지표시제가 WTO규정에 위반되는지에 대한 명확한 결론을 내리기는 어려운 실정이라 할 수 있다.

(10) Publication and Administration of Trade Regulations(제10조 무역규범의 공표 및 시행)

무역규칙 및 공표에 관한 GATT 제10조는 무역정책 또는 통관에 관한 제반 규정과 시책이 빈번히 개정되고 이를 국내외의 수출입입자가 충분히 인식하지 못하여 수입이 억제되는 결과를 초래하지 않도록 의무를 부과하고 있는 규정이다.

자국법의 시행을 저해하거나 공익을 해치거나 개별기업의 정당한 상업상의 이익을 침해할 수 있는 비밀정보의 공표를 요구하는 것이 아닌 경우 무역절차 및 관세에 미치는 영향을 제번조치와 외국과의 무역협정 등은 무역업자가 인지할 수 있도록 신속히 공표해야 하며, 공표될 때까지는 무역정책의 실시를 유보하며, 공정하고 합리적인 방법으로 무역법규를 시행하고 가능한 한 조속한 시일 내에 이 목적을 위한 적절한 기구를 수립할 것을 규정하고 있다.

(11) General Elimination of Quantitative Restrictions(제11조 수량제한의 일반적 제거) & Non-discrimination Administration of Quantitative Restrictions(제13조 수량제한의 비차별대우)

GATT 제11조는 국제무역에 있어서 GATT 체약국은 "관세, 조세, 기타 과징금을 제외한 금지 또는 제한조치를 취하거나 유지하여서는 안 된다"라고 규정하여 수량제한[15)]을 일반적으로 금지하고 있다. 그러나 식량 등의 부족상태 해소를 위한 수출제한이나 국제무역에 있어서 상품의 분류, 등급, 판매에 관한 기준 또는 규칙의 적용을 위해 필요한 수출 및 수입의 금지 또는 제한을 쿼터(quota)금지의 예외로서 규정하고 있다.

GATT 제13조는 GATT 제11조의 수량제한의 일반적 제거의 예외로서 부과되는 수출입의 제한 또는 금지는 완전히 비차별적으로 실시되어야 하며, 특정국을 차별적으로 대우해서 안 된다는 원칙을 규정하고 있다. 이는 비록 근거에 의하여 수량제한을 실시하더라도 수량제한에 있어서 자국의 임의대로 각국을 제한하거나 할당하는 것은 안 된다는 의미를 내포하고 있다.

15) 수량제한이란 자국 상품의 생산을 보호하기 위해 수입상품의 수량을 일정수준으로 제한하는 조치를 말한다. 수량제한은 비관세장벽(Non Tariff Barrier)의 대표적인 수단으로 일반적으로 쿼터의 형식을 취하고 있다. 쿼터는 일정기간 동안에 어떤 특정 상품에 대하여 정해진 수량 또는 금액만큼 수입할 수 있도록 하는 일종의 행정명령으로 그 한도를 초과하는 수입은 어떠한 가격수준에서도 할 수 없도록 되어 있다.

사례분석

수량제한의 금지와 관련한 쇠고기 수입제한 사례

우리나라는 미국을 비롯한 쇠고기 수출국들에게 1984년부터 1985년까지 그리고 1988년에 쇠고기 수입을 금지하였으며, 1988년 8월에는 수량제한과 기타 우육 수입제한조치를 취한 바 있다. 미국은 이러한 조치에 대해 GATT 제11조의 위반 및 우리나라의 국영무역기업인 축산물유통사업단이 수입을 독점하면서 일정한 이득을 부과하였기 때문에 GATT 제2조의 관세양허에도 위반된다고 주장하였다. 이에 대하여 우리나라는 수입제한조치는 국내우육산업의 보호와 육성을 위한 것이 아니라 국제수지를 이유로 한 것이며, 축산물유통사업단[16]의 설치운영은 관세양허를 규정한 GATT 제2조나 수량제한의 비차별적 운용을 규정한 GATT 제13조에 위배되지 않는다고 주장하였다.

이에 대해 GATT 패널은 우리나라가 제시한 GATT 제18조는 수량제한의 일반적 제거를 규정한 GATT 제11조에 대한 정당한 사유가 되지 못한다고 판정하였으며, 축산물유통사업단의 설치 운영과 관련해서는 GATT 제17조 국영무역기업조항에 의거하여 설립운영을 허용하고 있기 때문에 수입독점을 하는 국영기업의 존재 자체가 GATT규정에 위반되는 별도의 수입제한이라고는 볼 수 없다는 결론을 내렸다. 또한 축산물유통사업단의 수입마진에 대해서는 수량제한이 있는 경우 부득이하게 초래되는 현상으로 수입제한조치가 철폐되면 자동적으로 소멸되기 때문에 패널은 이 부분에 대해서 별도로 판난하지 않았다.

패널은 우리나라의 쇠고기 수입제한조치를 폐지하든지 혹은 다른 방법으로 GATT에 합치되도록 하고 미국 및 다른 이해당사국들과 협의하여 제한조치 철회일정을 마련하도록 권고하였다.

자료 : 서근태 외 4인, 국제통상론, p.308 참조

16) 국가가 농산물의 수입을 관리하는 제도로 국영무역(state trading)에 의한 축산물유통관리기관을 말한다. 우루과이라운드협상 타결 이후 개인이나 기업의 자유로운 수입이 원칙이나 무분별한 농수산물 수입에 따른 농어민의 피해를 막기 위해 마련되었다. 국가가 국내사정을 고려하여 수입물량·시기·수입권자 등을 제한한다. 수입과 시판가격 간의 차액은 농산물가격안정기금이나 축산업발전기금 등으로 축적되어 농어민지원과 농어촌환경개선 등에 투입된다. 한국은 우루과이라운드협상에서 쌀을 비롯한 7개 품목을 국영기업으로 인정받아 쌀·보리는 조달청, 소고기는 축산물유통사업단, 고추·마늘·양파 등은 농수산물유통공사, 잣은 임업협동조합중앙회에서만 수입할 수 있도록 창구를 지정했다. 그러나 2001년부터 수입되는 쇠고기물량을 축산물유통사업단이 국영무역형태로 수입하는 현행 제도 대신에 수입권을 민간 실수요자에 공매하고 현재 민간 수입업체가 자율적으로 수입하는 쇠고기의 판매제도(SBS방식 : 업계 간 자율거래제도)의 제한도 단계적으로 완화하는 등 쇠고기 수입을 자율화하였다. 그 결과 UR에서 약속한 쇠고기 의무수입물량(TRQ)의 방출량과 시기를 조절함으로써 가격안정을 도모하였던 농축산물유통사업단(LPMO)은 2001년 쇠고기 수입자유화 조치로 인해 폐지되었다.

(12) Restrictions to Safeguard the Balance of Payments(제12조 국제수지보호를 위한 제한) & Exceptions to the Rules of Non-discrimination(제14조 수량제한의 비차별원칙 예외)

국제수지 옹호(보호)를 위하여 제한할 수 있다는 것으로 GATT 체약국은 국제수지의 악화에 의하여 통화준비금이 현저하게 감소한 경우에 그 합리적인 증가를 위하여 필요한 최소한도 내에서 수입수량을 제한할 수 있다고 규정하고 있다. 그리고 이 조항에 근거하여 수입제한을 행하고 있는 국가는 매년 국제수지옹호위원회와 협의하여 필요한 최소한도의 제한에 해당하는지의 여부를 심사받고 국제수지상황이 개선됨에 따라 그 제한을 완화하고 필요가 없는 경우에는 이를 폐지해야 한다고 규정하고 있다.

즉 GATT 제12조의 규정은 체약국이 통화준비가 현저히 감소한 경우에 있어 이를 예방하거나 방지하거나 또는 통화준비가 심히 부복한 때에 이를 합리적으로 증가시키기 위하여 필요한 최소한도의 예외를 허용함으로써 수입상품의 수량 또는 가격을 제한할 수 있도록 하고 있다. 따라서 이를 채택하고 있는 나라는 매년 GATT 국제수지위원회와 협의를 통하여 각국의 제한이 필요한 최소한도의 것이냐에 관하여 심사를 받아야 하며, 해당 나라가 국제수지상의 이유가 있느냐의 여부는 IMF규정에 따르도록 되어 있다.

또한 수량제한의 비차별원칙 예외에 대하여 GATT 제14조에 규정하고 있는바, 국제수지상의 이유로 수입제한을 행하는 체약국에 대하여 특정의 경우에 GATT 제13조의 수량제한의 비차별대우에서 벗어나 수입제한을 할 수 있도록 하고 있다.

(13) Exchange Arrangements(제15조 외환협약)

GATT 제15조는 환율의 부적합한 운용과 외환관리가 수입을 억제하고 자국 산업을 보호하기 위한 목적으로 사용되는 것을 방지하기 위하여 체약국에 대하여 환율조정과 외환관리에 일정한 의무를 부과하고 있는 규정이다. 즉 국제통화기금 가입국의 경우에 환율조정과 외환관리는 국제통화기금의 협정범위 내에서 실시하도록 하고 있으며, 비가입국의 경우 조속한 시일 내에 국제통화기금에 가입하거나 혹은 체약국단과 특별외환협약을 체결하도록 의무화하고 있다.

(14) Subsidies(제16조 보조금)

GATT 제16조는 GATT 제6조의 상계관세와 같은 맥락을 가지고 있는 규정으로서 보조금 지급에 관하여 통보 및 협약의무, 수출보조금의 감축 및 철폐의무를 규정하고 있다.

보조금(subsidy)이란 정책당국이 특정 정책목표를 달성하기 위해 산업 및 기업활동에 제공하는 금융·조세상의 각종 지원을 의미한다. 이는 덤핑과 함께 대표적인 불공정무역으로 이를 시정하고 공정을 기하기 위하여 보조금률범위 내에서 추가적으로 관세를 부과하는 상계관세(Countervailing duty)의 적용대상이 된다. 이러한 보조금 지급은 국내생산 및 소비를 변화시킬 뿐만 아니라 수출입에도 직·간접적으로 영향을 미치게 된다. 즉 어떤 국가가 생산보조금이나 수출보조금을 지급한다면 보조금을 지급받은 상품은 그만큼 싼 가격으로 수출하게 되어 유리해지고 그 결과로 수출국 간에 공정한 경쟁 기회를 저해할 가능성이 있게 되며, 수입국의 해당 산업에도 피해를 줄 우려가 있게 될 것이다.

따라서 보조금 지급은 덤핑과 미친가지로 수입국 내의 효율적인 자원분배를 서해하고 시장질서를 문란하게 한다는 점에서 국제무역에서는 불공정무역으로 간주되고 있다. 그러므로 수입국 정부는 수출국의 생산자가 보조금 지급을 했다는 증거를 확보하고, 국내의 동종산업이 보조금 지급으로 인하여 실질적 피해를 입었거나 또는 입을 우려가 있다고 판단한 경우에 보조금 지급을 시정함으로써 공정한 경쟁관계를 확립하고, 국내산업을 보호하기 위한 목적으로 보조금액 이하에 상당하는 관세, 즉 상계관세를 부과할 수 있다.[17)]

이러한 상계관세는 반덤핑관세와 함께 수입국이 수출국의 불공정한 무역행위를 규제할 수 있는 중요한 수단이며, 자유무역질서의 유지를 위한 필수불가결한 조치라 할 수 있다. 따라서 상계관세는 정당한 목적을 가지고 있어 보호무역의 수단이 아니라고 할 수 있으며, 수입국의 당연한 권리로서 상계관세 부과를 허용하고 있으며, GATT 제6조에서 이를 위한 절차와 기준을 마련해 놓고 있다. 보다 자세한 내용

17) 각국은 경쟁력이 약화되는 산업을 보호하기 위해 또는 수출을 활성화시키기 위해 보조금을 지급하거나 상계관세를 부과하고 있다. 특히 선진국의 경우에는 조선, 철강, 섬유 등 사양산업을 보호하기 위해 운영보조금, 구조조정보조금, 생산보조금 및 상계조치 등을 취하고 있다. 이에 반해 후진국의 경우에는 수출을 장려하기 위해 수출금융, 조세감면, 수출원자재 관세인하 등을 사용하고 있다.

은 제7장에서 다루기로 한다.

(15) State Trading Enterprises(제17조 국영무역기업)

국영무역기업이란 체약국에 의해 설립되거나 유지되는 기업 또는 독점권 혹은 특권적 권한을 부여받은 기업을 말하며, 이러한 기업에 의해 이루어지는 무역을 국영무역이라 한다. 국영무역기업은 독점의 특혜가 허용되는데 상품의 수입독점이 허용되는 경우 수입이 위축되거나 수출국의 이익이 손상될 가능성이 크고 이 때문에 수입독점이 일정한 범위 내에서만 영위되도록 제한을 가해야 할 필요가 있다. 국영무역기업의 설립 유지 및 수입독점이 허용될 경우 체약국이 준수해야 할 의무사항을 규정하고 있다. 특히 준수해야 할 의무사항으로 일반적인 최혜국대우 및 수량제한의 무차별적용을 준수하고, 국내판매가격을 인상하여 관세인상과 동일한 효과를 가져오는 조치를 취해서는 아니 되며, 대상품목을 GATT에 통보할 의무를 지우고 있다.

살펴보기 국영무역에 관한 논쟁

국영무역의 기본취지는 정책적인 수입관리나 수출관리를 통해 국내산업의 안정적인 발전을 도모하고 국가안보상의 목적을 달성하면서 국내소비자의 이익을 최대한 보호하는 데 있다. 이에 따라 우리나라의 경우에도 시장개방에 따른 국내 농가피해를 최소화하기 위해 개방 피해가 클 것으로 우려되는 품목을 중심으로 수입 국영무역을 시행하고 있다. 특히 우루과이라운드협상의 대원칙인 예외 없는 관세화에 따라 개방 빗장을 풀게 된 쌀·보리·콩·쇠고기·고추·마늘·양파 등 19개 품목의 시장접근물량을 수입하는 데 이 국영무역을 운용하고 있다.

현재 이 국영무역에 대해서는 미국과 유럽연합(EU)에서 문제를 제기하고 있다. 국영무역이 무역을 왜곡시키는 효과가 있다는 것이 이들의 주장이다. 그러나 이들 국가에서는 우리나라와 같은 수입 국영무역보다는 호주·뉴질랜드·캐나다 등에서 주로 운용하고 있는 수출 국영무역에 공세의 초점을 맞추고 있다.

미국 등에서는 수입 국영무역에 대해 수입가격·판매가격·수입품의 등급 및 품질 등을 결정하는 데 투명성이 부족하고 고의적으로 저급품을 수입, 수입품에 대한 소비자들의 이미지를 훼손시키는 등의 문제점이 있다고 지적하고 있다. 또 수출 국영무역에 대해서는 수출가격의 설정에 투명성이 부족하고 가격지지효과가 초래된다고 주장하고 있다.

이 같은 주장에 대해 수입 국영무역을 시행하고 있는 우리나라와 일본 등은 국영무역은 식량공급의 안정성 확보를 위해 반드시 필요한 제도이며 이를 수입을 제한하는 수단으로 이용하지 않는 한 계속 허용해야 한다는 입장이다. 반면 수출 국영무역을 하고 있는 호주 등은 수입 국영무역에 대한 미국의 문제제기에 대해서는 수용하는 반면, 수출 국영무역에 대해서는 반대하는 이중전략을 펴고 있다.

이에 따라 차기협상에서는 국영무역의 존폐와 국영무역을 인정하되 그 운용방안을 강화하는 두 가지 방안이 논의될 것으로 예상된다. 이와 관련 통상전문가들은 국영무역이 GATT의 역사만큼이나 오래된 제도이고 WTO규정상 이를 금지하고 있지 않은 점을 들어 운용방안을 강화하는 방향으로 협상이 진행될 것으로 예상하고 있다

이에 대해 일부 통상전문가들은 수입 국영무역의 경우 국영무역기관의 독점력을 제거, 민간기업과 동일하게 경쟁하도록 하고 수출 국영무역에 대해서는 수출보조금 허용한도를 더 제한하는 방법으로 무역왜곡효과를 최소화하는 방안을 대안으로 제시하고 있다

(16) Governmental Assistance to Economic Development(제18조 경제개발에 대한 정부원조)

GATT는 체약국들이 각기 다른 경제적 여건 속에서 갖고 있는 다양한 이해관계를 조화시키지 않으면 안 되었고, 이러한 가운데 일률적인 규범을 적용하기에는 어려움이 존재하였다. 특히 GATT 체약국에는 경제발전과정에 있어서의 국가 간의 차이, 선진국과 개발도상국에 대한 고려가 필요하게 되었다. 따라서 일정한 조건하에서 개발도상국들에게 GATT의 의무를 벗어날 수 있도록 GATT 제18조 규정에 근거하여 허용하고 있다. 내국민대우원칙의 예외로서 개발도상국의 경우 경제개발정책상으로 필요한 경우 자국 상품에 대한 우대를 허용하고, 수량제한에 대한 예외로서 산업의 육성, 국제수지 방어 등의 목적으로 수량제한조치를 할 수 있도록 규정하고 있다. 특히 최빈개도국의 경우에 있어서는 특정 산업의 설립을 위하거나 자국민의 일반적 생활수준의 향상을 목적으로 할 때에 양허하지 않은 품목들은 물론 양허한 품목이라 하더라도 관세율을 인상할 수 있도록 하고 있다.[18)]

GATT 제18조의 주요 내용은 개발도상국을 경제가 저생활수준을 유지하고 있는 개발 초기의 단계에 있는 국가, 경제가 개발과정에 있거나 저생활수준을 유지하고

18) 물론 이 경우에 있어서 당해 취지를 체약국단에게 통보하고 체약국단이 지정하는 이해관계에 있는 다른 체약국과 협의해야 하며, 협의사항은 주로 보상문제로서 합의에 이르면 양허된 품목이더라도 관세를 인상할 수 있고, 합의에 이르지 못하는 경우에는 체약국단에 해당 문제의 해결을 요청할 수 있고, 체약국단은 보상조정이 적당하다고 인정되는 경우에 관세인상을 승인할 수 있다.

있는 개발 초기의 단계에 있는 국가의 범위 내에 포함되지 않는 국가로 구분하여 경제가 저생활수준을 유지하고 있는 개발 초기의 단계에 있는 국가에 해당되는 개발도상국은 경제개발을 위하여 필요한 경우에 관세양허의 수정 또는 철회, 국제수지의 옹호를 위한 수입제한, 특정 산업의 확립을 위한 수입제한 등의 조치를 취할 수 있으며, 경제가 개발과정에 있거나 저생활수준을 유지하고 있는 개발 초기의 단계에 있는 국가의 범위 내에 포함되지 않는 국가에 해당되는 개발도상국은 특정 산업의 확립을 위하여 수입제한조치를 취할 수 있다.

(17) Emergency Action on Imports of Particular Products(제19조 특별제품에 있어서의 긴급조치)

특정한 상황에 처하여 있지 않더라도 일정한 조건하에서 GATT의 의무로부터 벗어날 수 있는 경우가 있는데, 국내산업이 수입으로 인하여 심각한 피해를 받을 경우에는 일정한 조건하에서 일시적으로 GATT의 의무로부터 벗어날 수 있다는 것이다. 일명 세이프가드(Safeguard), 즉 긴급수입제한조치라고 한다.

세이프가드는 외국상품의 수입이 급격히 증가하여 국내산업이 심각한 피해를 받거나 받을 우려가 있을 때 조사를 실시하여 수입수량을 제한(quota)한다든지 관세율을 인상(tariff increase)하는 등의 구제조치를 취하는 것을 말한다.

GATT 제19조의 핵심 규정은 제1항 (a)로서 "회원국은 예측하지 못한 사태의 진전과 WTO협정에 의하여 회원국이 부담하는 의무(관세양허를 포함)를 이행한 결과, 특정 물품이 국내의 동종물품 또는 직접적 경쟁물품의 국내생산자에게 심각한 피해를 주거나 줄 우려가 있을 만큼 증가된 수량과 상황하에 자국 내에 수입되고 있을 때에 그 회원국은 해당 물품에 대한 손해를 방지 또는 구제하기 위하여 필요한 한도 및 기간 동안 협정상 의무의 전부 또는 일부를 정지하거나 양허를 철회 또는 수정할 수 있다"라고 규정하고 있다. 이를 요약하면 WTO 회원국이 수입급증으로 인한 자국 내의 산업피해를 구제하기 위하여 일정한 발동요건과 절차에 의하여 수입수량을 제한하거나 양허의 철회를 통한 관세인상을 할 수 있다는 것이다. 그와 같은 규정이 수입규제조치와 관련된 GATT규범의 다른 예외조항과 특이하게 구별되는 점은 세이프가드가 공정무역 관행으로 발생한 구제조치이므로 다른 조항에 비해 그 적용규정이 매우 까다롭다는 것이다. 보다 자세한 내용은 제7장에서 다루기로 한다.

사례분석

한·EU 혼합분유 세이프가드 사례

1. 개관

우리나라는 EU가 분유에 대한 고율관세를 회피하기 위해 분유와 다른 성분이 혼합된 분유, 즉 혼합분유에 대한 수입이 급증하자 무역위원회(KTC)의 산업피해조사에 근거하여 1997년 3월 7일부터 혼합분유에 대한 긴급수입제한조치를 시행하고 1997년에 혼합분유 수입쿼터 20,251톤을 배정한 이후 매년 5.7%씩 증량시켜 왔다. 그러나 동 조치에 대해 EU는 이러한 조치가 WTO협정상의 발동요건을 충족시키지 못한다고 주장하며 이는 WTO협정에 위배된다는 이유로 1997년 8월 13일 WTO에 제소하였다. 패널은 1999년 6월 21일 우리나라의 조치가 WTO협정에 일치하지 않는다고 판정하였으며 우리나라는 이에 불복하여 상소하였고 상소기구는 최종판정에서 대체로 원심의 입장을 그대로 인정하였다.

2. 경위

- 1997년 3월 농림부는 무역위원회의 국내산업 피해판정에 의거 혼합분유에 대해 수입규제(쿼터)조치 시행
- 1997년 8월 EU는 동 세이프가드조치가 WTO협정에 위반된다고 주장하고 WTO에 제소
- 1998년 7월 23일 패널 설치
- 1999년 6월 21일 패널 판정(우리나라 세이프가드조치가 WTO에 합치하지 않다고 판정)
- 1999년 9월 15일 우리 측 상소
- 1999년 12월 14일 상소기구 판정(패널의 판정결과를 대부분 인정)
- 2000년 1월 12일 패널 및 상소기구 보고서 채택
- 2000년 5월 20일 패널 및 상소기구 판정 이행완료(혼합분유에 대한 세이프가드조치 철회)

3. 쟁점사항

패널은 EU에서 제기한 다음 사항에 대하여 WTO 세이프가드협정 일치 여부에 대하여 ① 혼합분유 세이프가드조치를 WTO에 적절히 통보하였는지, ② 혼합분유 세이프가드조치 시 상대국과의 협의의무를 충실히 이행하였는지, ③ 혼합분유 수입급증으로 인해 국내 유제품산업이 심각한 피해를 입었는지, ④ 혼합분유 수입증가와 국내 유제품산업 피해 간의 인과관계가 성립하는지, ⑤ 우리나라가 세이프가드조치의 방법으로 선택한 수량제한

(Quota)이 적절한지 등에 관하여 심리하였다.

4. 패널 판정

패널은 EU 측의 상기 제소사항 중 세이프가드 통보 및 협의의무 불이행 주장은 우리 측의 주장을 받아들여 배척하였다. 그러나 패널은 수입으로 인한 국내산업 피해 입증 시 세이프가드협정에서 규정한 개별적인 지표에 대한 검토가 불충분하였다는 것과 세이프가드조치의 방법으로 수량제한(Quota) 선택 시 검토가 불충분하였다는 것을 근거로 우리나라의 세이프가드조치 발동이 WTO 세이프가드협정에서 규정한 요건에 합치하지 않다는 판정을 내렸다. 혼합분유 수입증가와 국내 유제품산업 피해의 인과관계에 대해서는 이미 WTO협정 불합치 결정이 있으므로 심리가 불필요하다는 입장을 개진하였다

(18) General Exceptions(제20조 일반적 예외)

GATT 체약국이 문화, 풍속 등 당해국의 특수한 여건상 불가피한 경우에 한하여 GATT의 의무를 벗어날 수 있다고 규정하고 있다. 이러한 일반적인 예외의 상황은 인간 및 동・식물의 생명과 건강을 보호하기 위한 경우, 소진가능한 천연자원의 보존을 위한 경우 등을 포함하여 10가지의 예외적인 상황을 규정하여 체약국이 필요한 조치를 할 수 있도록 규정하고 있다.

그러나 GATT 제20조를 적용함에 있어 전제조건이 있다. 즉 "본 협정의 어떠한 규정도 체약국이 다음의 조치를 채택하거나 실시하는 것을 방해하는 것으로 해석되어서는 아니 된다. 단 이러한 조치가 동일한 조건하에 있는 국가 간에 자의적이며, 불공평한 차별의 수단 또는 국제무역에 대한 위장된 무역차별조치로 사용되지 않을 것을 조건으로 한다"라고 규정하여 GATT 제20조에서 규정한 10가지 예외가 협정의 모든 조항에 적용되고, 10가지 예외의 상황에 처해 있는 경우 모든 GATT의무로부터 벗어날 수 있으나 다만 이러한 조치가 국가 간에 차별적으로 적용되어서는 안 되고, 위장된 형태로 사용되지 않아야 한다는 것을 전제조건으로 하고 있다.

GATT 제20조에서 규정하고 있는 10가지 예외사항은 ① 공중도덕을 보호하기 위한 경우, ② 인간 및 동・식물의 생명과 건강을 보호하기 위한 경우, ③ 금 및 은의 수출입, ④ GATT협정에 위반하지 않는 법령 또는 규칙의 준수를 보장하기 위하여 필요한 조치의 경우, ⑤ 죄수노동에 의한 상품의 경우, ⑥ 미술적・역사적・고고학적 가치가 있는 국보의 보호를 위한 경우, ⑦ 소진가능한 천연자원의 보존을 위한

경우, ⑧ 체약국단에 제출된 기준에 합치되는 정부 간 상품협정 또는 체약국단에 직접 제출되어 부인되지 아니한 정부 간 상품협정에 의한 의무에 따라 취하는 조치의 경우, ⑨ 국내 원료가격이 정부의 안전계획 일부로 국제가격보다 낮은 가격으로 유지되고 있는 가운데 국내 가공산업에 불가결한 수량의 확보를 위하여 국내원료의 수출에 제한을 가하는 경우, ⑩ 일반적으로 또는 지역적으로 공급이 부족 되는 상품의 획득 또는 분배를 위한 경우 등이다.

사례분석

미국 대 멕시코 참치분쟁 사례

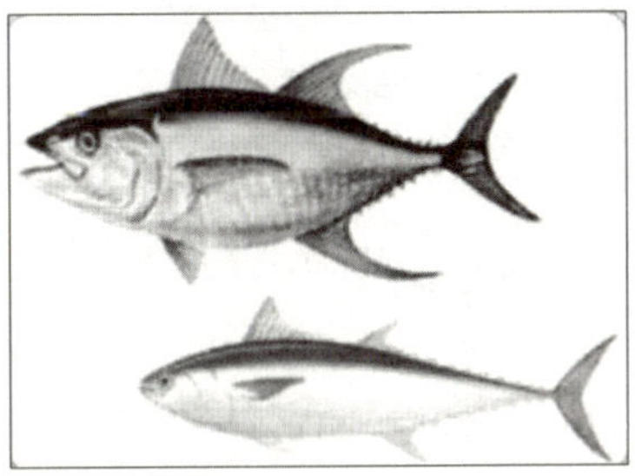

이 분쟁 사례는 미국이 돌고래를 보호하기 위하여 멕시코로부터의 참치 수입에 대해 수입제한조치를 내린 사건이다. 미국에서 환경관련법에 근거하여 수입제한을 실시한 대표적인 사례로서 1990년 미국은 급격한 수출감소로 인한 재정수지 적자의 해결을 위해 멕시코로부터 황다랑어(Yellow-fin Tuna)의 수입을 금지하였다. 미국의 수입금지로 멕시코는 다른 나라로 시장개척에 나섰으며 이로 인하여 세네갈 등과 마찰을 빚게 되자 무역과 관세에 관한 일반협정(GATT)에 이 문제의 조사를 위한 패널 설립을 요구하였다.

미국은 1972년에 해양포유동물보호법(MMPA : The Marine Mammal Protection Act of 1972)을 제정하여 참치잡이 시 부수적으로 잡히는 돌고래의 숫자를 줄이는 노력을 하여 왔다. 미국은 돌고래와 참치는 서로 모여드는 습성이 있어 멕시코 어부들이 참치를 잡기 위해 사용하는 유자망(Purse-Seine Nets)에 돌고래들이 잡혀 죽게 되어 동부 열대 태평양지역에서 돌고래가 희생당할 잠재적 위험성이 커지게 되자 유자망을 사용하여 잡은 멕시코 참치에 대하여 수입제한조치를 시행하였던 것이다.

멕시코는 미국의 해양포유동물보호법(MMPA)이 돌고래보호를 목적으로 한다면 미국은 돌고래의 포획방법, 돌고래 종류 및 지역에 관계없이 모든 종류의 돌고래를 보호해야 한다고 주장하면서 이 사건은 해양포유동물보호법에 해당되지 아니함을 강조하였다.

이 분쟁의 결과는 여러 방면에서 중요한 환경영향과 경제적 의미를 함축하고 있기 때문에 GATT의 패널 회원국들은 커다란 관심을 표명하였다. GATT에 의해 설립된 패널은 미국의 해양포유동물보호법(MMPA)은 단지 미국 국토 내에서만 법적 권한이 있으며, 수입제한은 GATT협정에 위반한다고 결정하여 미국이 GATT상의 의무를 따르는 조치를 취할 것을 요구하였다.

자료 : 환경부, 국가 간 환경피해분쟁 사례 참조

사례분석

노르웨이 대 국제포경협회(IWC) 고래잡이분쟁 사례

1. 분쟁배경

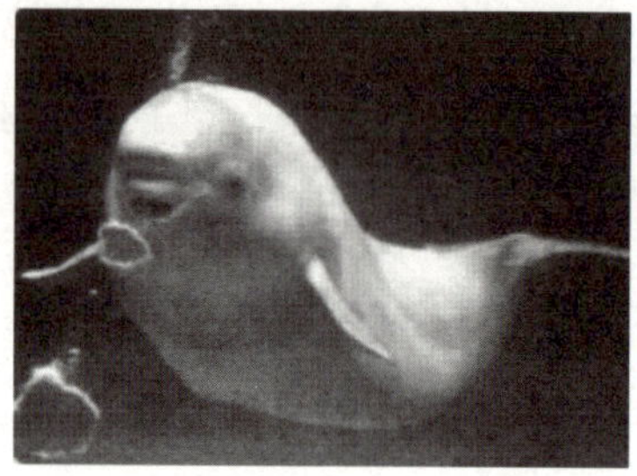

1991년 6월 노르웨이 포경협회는 국제포경협회의 포경일시중지(Moratorium)에도 불구하고 상업적 포경개시 계획을 발표하였다.

국제포경협회(IWC)는 1946년 고래의 지속적인 수준유지를 위해 설립된 기구로 초기에는 국제포경협회 회원국들이 포경에 상업적 관심이 있는 나라들이 대부분이었기 때문에 설립목적 달성이 곤란하였다. 그러나 1970년 국제포경협회는 고래보호를 주장하는 새로운 회원국들의 가입으로 그 역할이 변경되었는데 주요 포경국가로는 노르웨이, 일본, 아이슬란드, 구소련, 덴마크, 캐나다, 미국 등이었다.

2. 분쟁상황

1982년 국제포경협회(IWC)는 1991년까지 상업적 포경금지(Moratorium)를 규정하였으나 노르웨이는 여기에 서명하지 아니하였다. 1991년 여름 상업적 포경금지에 대한 유예기간이 끝나자 국제포경협회는 그동안 정확한 연구자료가 확보되지 않았다는 이유로 상업적 포경금지 기간을 연장하기로 결정하였는데, 여기에 바로 노르웨이 어부들에 의해서만 포획되는 밍크고래도 포함되어 있었다.

노르웨이 어업조합회원으로 구성된 노르웨이 대표부는 이에 대해 강력히 항의하고 노르웨이 정부가 가지고 있는 연구평가서는 상업적 포경을 정당화할 충분한 자료가 되므로 1994년까지 과학적 연구조사에 기초를 둔 과학적 포획을 계속할 것이라고 밝혔다.

국제포경협회(IWC)는 Green Peace 같은 국제민간단체(NGOs)그룹들에게 이 사실에 대한 강력한 로비활동을 전개하였다.

자료 : 환경부, 국가 간 환경피해분쟁 사례 참조

(19) Security Exceptions(제21조 국가안보 예외)

무차별원칙에 대한 예외규정으로 GATT 체약국의 안전보장과 관련된 경우에 한하여 GATT의 의무를 벗어날 수 있다고 규정하고 있다. 즉 자국의 안전보장상 핵분열성 물질 또는 동 생산원료, 무기, 탄약 및 군수품의 거래와 군사시설에 공급하기 위하여 직접 또는 간접적으로 행하여지는 기타의 화물 및 원료, 전시 또는 기타 국제관계상 긴급 시 취하는 조치에 따른 수출입제한을 인정하고 있다.

(20) Consultation(제22조 협의) & Nullification or Impairment(제23조 무효화 혹은 침해)

GATT협정에는 체약국 간에 무역분쟁 발생을 미연에 방지하고 분쟁 발생 시 용이하게 할 수 있도록 그 규정을 마련하고 있는바, 제22조에서는 무역문제에 관하여 관련 있는 체약국과 협의할 수 있도록 그 근거를 마련하고 있고, 제23조에서는 무역분쟁이 발생하였을 경우 원만한 해결을 위한 절차를 제시하고 있다.

(21) Territorial Application–Frontier Traffic–Customs Unions and Free-trade Areas(제24조 적용지역–국경무역–관세동맹과 자유무역지역)

GATT규범에서 제일 강조하고 있고 원칙으로 지키고자 하였던 것은 무차별원칙이다. 즉 GATT 제3조의 내국민대우와 GATT 제1조의 최혜국대우원칙이다. 그러나 GATT 제4조의 규정은 무차별원칙의 예외로 특히 최혜국대우원칙의 예외로 인정되는 규정이다. 이는 지리적으로 인접하였던 국가들이 경제통합체를 형성하여 역내국과 역외국의 차별적인 무역정책이 실시됨으로 인하여 발생하게 되었다. 즉 경제통합에 관한 협정을 체결함으로써 회원국인 역내국과 비회원국인 역외국 간의 국제무역거래에 있어 차별적인 대우를 받는 현상이 발생하게 되었다. 특히 역내 국가와 역외 국가 모두 GATT 체약국인 경우 체약국 간의 차별대우가 명확히 드러나게 된다. 그러나 GATT 제24조 규정에 의하여 GATT 제1조 최혜국대우원칙의 위배에도 불구하고 체약국 간의 차별대우를 제도적으로 인정하고 있다.

특히 GATT 제24조 4항에는 "체약국은 자발적인 협정을 통하여 협정 당사자국 간에 보다 밀접한 경제적 통합을 이룩함으로써 무역의 자유화를 증대하는 것이 바람직함을 인정한다. 또한 체약국은 관세동맹 또는 자유무역지역의 목적이 동 구성영역 간에 무역을 촉진하는 데 있으며, 이와 같은 영역과 다른 체약국 간의 무역에 관한 장애를 증대시켜서는 안 된다는 것을 인정한다"라고 규정하여 어느 일부 체약국 간에 관세동맹이나 자유무역지역협정 체결과 같은 경제적 통합을 이룩하여 무역자유화를 확대하는 것은 GATT규범에 위반하지 않음을 명시하고 있다. 이에 대한 자세한 논의는 제11장에서 다루기로 한다.

(22) Joint Action by the Contracting Parties(제25조 체약국 간의 공동행동)

GATT의 투표에 관한 조항으로 일국일표주의이며, GATT의 의무면제요건에 관하여 규정하고 있다. 통상 의무면제를 웨이버(Waiver)라고 하는데 GATT에 규정되지 않은 예외적 상황하에서 GATT 체약국단[19]이 일정한 요건하에서 범위 및 기준을 정하여 어떤 체약국에게 특정한 GATT의 의무를 면제해주는 것을 말한다. 웨이버를 부여받기 위해서는 투표된 투표수의 2/3 이상, 체약국단의 과반수 이상의 찬성을 얻어야 한다.

(23) Acceptance, Entry into Force and Registration(제26조 승낙, 효력발생과 등록)

GATT협정의 등록권한은 국제연합(UN)이 가지며, 체약국은 체약국단의 사무국장에게 승낙서를 기탁해야 하고, 사무국장은 각 승낙서의 기탁일과 GATT협정의 효력발생일을 모든 관계정부에 통고해야 한다. 각 체약국별 GATT협정의 효력발효일은 부속서에 기재된 백분율에 의거하여 대외무역총액 85%를 점하는 영역의 정부가 승낙서를 체약국단의 사무국장에게 기탁한 일자로부터 30일 후에 GATT협정을 수락한 정부 간에 효력이 발생한다.

(24) Withholding or Withdrawal of Concessions(제27조 양허의 정지 또는 철폐) & Modification of Schedules(제28조 국별 이행계획서의 수정) & The Relation of this Agreements to the Havana Charter(제29조 하바나헌장과 협정과의 관계)

체약국은 체약국이 아닌 정부 또는 탈퇴한 체약국 정부와 직접 협상한 양허의 일부 또는 전부를 정지하거나 철회할 수 있으며, 이 경우 체약국은 그 취지를 체약국단에게 통보해야 하며, 요청을 받았을 경우 실질적인 이해관계에 있는 체약국과 협의해야 한다.

국별 이행계획서의 수정에 있어서 1958년 1월 1일부터 매 3년간의 최초일에 당해 양허를 수정하거나 철회할 수 있는 데, 이 경우 신청체약국은 양허한 사항에 대

19) 체약국은 'Contracting Party'라고 하며, 체약국단은 'Contracting Parties'라고 한다.

하여 직접 교섭한 체약국 및 체약국단이 직접 공급국으로서 이해를 갖고 있다고 지정한 다른 체약국과 합의함으로써, 그리고 해당 양허에 관하여 실질적인 이해관계를 갖는다고 체약국단이 결정한 기타 체약국과 협의할 것을 조건으로 하고 있다. 관세인하협상은 특정 품목별 또는 다자간의 절차를 통하여 수행될 수 있는데 이러한 관세협상은 관세인하, 현행수준에의 거치 또는 개개의 관세나 특정 산품의 평균 관세가 일정한 수준을 넘지 않아야 한다는 점에 합의할 것을 목적으로 수행될 수 있으며, 저율관세 또는 무세의 계속 유지는 고율관세의 인하와 동등한 양허로 간주함을 규정하고 있다.

한편 GATT규범은 하바나헌장이 발효되는 것을 예상해서 하바나헌장과 GATT 규범과의 관계를 GATT 제29조에 규정하였는데 실질적인 의미를 상실한 채 이 조항이 남아 있다. 이는 하바나헌장이 1948년 3월 28일 성립되었으나 각국의 비준을 얻지 못하여 발효되지 못함에 따라 1950년부터 1955년까지의 GATT 점검회의에서 'GATT 제1부 및 제29조와 제30조의 수정에 관한 의정서'가 작성되었고, 동 의정서가 발효되면 제29조는 GATT규범에서 삭제토록 되어 있었으나 이 의정서도 모든 체약국의 승낙을 얻지 못하여 발효되지 못하였기 때문이었다.

(25) Amendments(제30조 개정) & Withdrawal(제31조 탈퇴) & Contracting Parties(제32조 체약국) & Accession(제33조 가입) & Annexes(제34조 부속서) & Non-application of the Agreement between Particular Contracting Parties(제35조 특정 체약국 간의 협정 비적용)

GATT협정 파트 I(Part I), 즉 제1조와 제2조, 또는 제29조, 제30조는 모든 체약국의 만장일치로 하고, 기타 조항은 모든 체약국의 2/3 이상 찬성으로 개정이 가능하다.

또한 GATT 체약국의 탈퇴는 자유로우나 UN사무총장이 탈퇴통지서를 접수한 날로부터 6개월이 경과한 이후에 효력이 발생하며, 가입에 있어서는 GATT 체약국의 2/3 이상의 찬성으로 가입할 수 있다.[20] 여기서 GATT 체약국이란 GATT협정의 규

20) 가입조건은 자국 정부와 체약국단 간의 합의에 의하여 정하도록 되어 있는데 주로 관세양허가 되며, 가입절차는 첫 단계에는 observer status, 다음 단계는 잠정회원국으로 가입하였다가 정회원국이 된다.

정을 적용하고 있는 정부, 즉 GATT협정 가입국을 체약국이라 한다.

그러나 GATT협정 또는 GATT 제2조의 적용에 있어 양 체약국이 상호 간에 관세교섭을 개시하지 아니하였으며, 양 체약국 중 어느 일방 체약국이 다른 체약국에 협정의 적용을 승낙하지 아니한 경우 체약국 간에는 적용되지 않는다는 특정 체약국 간의 협정 비적용조항을 두고 있다. 이것은 어느 체약국이 다른 체약국에 대하여 GATT협정의 적용을 인정하지 않고 수입제한에 있어서도 차별조치를 취할 수 있다는 것을 의미한다.

(26) Principles and Objectives(제36조 원칙과 목적) & Commitments (제37조 약속) & Joint Action(제38조 공동행동)

1965년 2월에 개최된 GATT 특별총회에서 제4부 무역과 개발(Part IV Trade and Development)을 신설하여 GATT협정에 추가하기로 결의한 후 1966년 1월 1일 발효됨에 따라 GATT규범은 제3부 제35조에서 제4부 제38조로 확대되었다. 제4부 무역과 개발의 주요 내용은 선진국이 최빈개도국의 수출증대와 경제개발을 위하여 노력할 것과 무차별원칙 및 상호주의원칙을 적용하지 않은 것 등을 규정하고 있다.

원칙과 목적조항에 있어서는 개발도상국의 수출시장 및 소득확대, 1차 산품 교역조건 개선, 개발도상국의 경제다각화, 국제연합의 각종 기관을 포함한 모든 국제기구와의 협력 강화, 상호주의원칙을 강요하지 않을 것 등을 규정하고 있으며, 특히 상호주의원칙은 국제무역협상의 기본원칙이나 선진국은 개발도상국에 대하여 무역상의 특혜를 제공할 수 있도록 허용하고 있다.

약속조항에 있어서는 선진국은 법률상 또는 불가피한 경우를 제외하고 개발도상국의 수출과 관련된 부분에 대하여 수입장벽을 완화하고, 최소한 현행수준 이상으로 수입제한정책을 강화하지 않을 것을 규정하고 있다. 또한 개발도상국의 1차 산품의 소비증대에 노력할 뿐 아니라 개발도상국의 1차 산품을 수입하여 판매가격을 결정할 때도 그 차익은 공평수준을 유지하도록 하고, 선진국은 개발도상국의 수입상품을 촉진하기 위하여 국내산업 개편, 소비촉진, 무역지원 등을 모색하도록 한다고 규정하고 있다.

공동행동조항에 있어서는 개발도상국의 무역확대와 경제개발을 위하여 1차 산품 수출확대 노력, 유엔무역개발회의(UNCTAD) 권고에 의하여 설치된 기관을 포함한 국제연합의 여러 기관과 협력하여 다각적인 차원에서 개발도상국 무역확대와 경제개발 촉진을 위하여 체약국은 공동행동으로 노력할 것을 규정하고 있다.

5. GATT체제의 한계

GATT체제 출범 이후 수차에 걸친 다자간 무역협상은 관세인하 교섭에 있어서 상당한 성과를 보여 GATT체제는 소기의 성과를 얻었으나 동시에 새로운 문제가 나타나기 시작하였다.

첫째, EEC의 성립(1957)으로 GATT규범에서도 제24조에 근거하여 무차별원칙의 예외 인정하고 있는 관세동맹(Customs Unions), 자유무역지역(Free Trade Areas)이 조건에 합치하는가의 논란이다. 이러한 지역주의의 대두는 연쇄반응을 만들어내게 된다.

둘째, 1980년대에 들어오면서 규범력의 한계를 드러내기 시작하였다. 주요 교역국이 경쟁력을 상실한 자국의 산업을 보호하기 위해 경쟁적으로 보조금을 지급하기 시작하였고, GATT규제를 회피하는 수단으로 수출자율규제 등을 확대하여 왔지만 GATT는 이에 대해 거의 속수무책이었다.

셋째, GATT체제는 국제경제질서의 변화에 대처하지 못한 다른 이유는 법적인 결함으로 GATT 회원국 중에서도 이들 협정에 가입한 국가들과 그렇지 않은 국가들 간의 차별적 대우에 관한 문제점이 노출되었다. 또한 GATT규정과 각국의 국내법과의 관련성이 매우 모호하여 GATT규범을 회피하는 경우가 많았다.

넷째, 선진국 간에서의 무역관계의 '정치화'와 평행해서 남북문제가 '정치화'하였다. UNCTAD의 발족에 상징되듯이 이 문제는 GATT체제의 자유무역의 한계를 노정시키게 된다. 일반특혜, 원조요구라는 주장은 GATT의 틀을 넘어서는 형태로 세계규모의 소득재분배를 추구하는 것이며, 1974년의 NIEO선언에서 극에 달하게 된다. 이런 움직임은 자유무역체제의 정비에 의해서 후진국의 경제상황은 개선되지 않고, 오히려 개선되지 않는 구조적 요인이 국제경제질서에 자리 잡는다는 논리에 의해 지지되고 있다. 이들 두 가지는 GATT체제 외부로부터의 문제를 첨가시키는 것이었으나 동시에 GATT체제의 성공이 역으로 그 한계를 명백히 한 것이란 측면이 있는 것이다.

우선 무역자유화는 세계경제확대에 크게 기여했으나 동시에 시장기구는 그 자신의 움직임에 의해 경제실체에 영향을 주고, 특히 경제적·정치적 힘의 변동을 초래하였다. 새로운 무역의 가능성 증대는 고용과 부의 증식에 있어서 바람직한 조건이었으나 다른 한편, 시장의 개방은 용서 없는 경쟁을 조장하고, 그것에의 적응과 비용절하 없이는 그 힘을 가질 수 없게 된다.

불균등한 성장과 발전은 시장기구에 따라 자극되고 혹은 그것을 통하여 전해지고, 부단히 힘의 재편성, 변동을 만들어내는 것이다. 한마디로 GATT체제는 기존의 국제권력구조를 유동화시키는 요인을 포함하고 있는 것이다. 이것은 전후 압도적인 경제력을 일시에 장악한 미국의 상대적 후퇴를 초래한 것에 극명하게 나타나고 있다.

다음으로 GATT에 내재적인 문제에 관하여 보면 관세의 인하교섭이 진전됨에 따라 넓은 의미에서의 비관세장벽(NTB)이 더욱 커다란 장벽으로 나타나게 된 것도 중요하다. 도쿄라운드의 주된 논제는 농산물무역과 비관세장벽문제였다. 이 어느 것도 고관세라는 국경조치에 관여된 것이라기보다는 정치와 경제활동과의 각국의 국내관계를 직접 문제로 하는 성격이 강한 것이다. 원래 GATT를 계획된 자유무역주의로 부르고 있듯이 각국 국내의 정치적 조건에 의하여 규정된 자유무역주의로서, 예를 들면 완전고용이란 국내의 정치적 조건에 결코 무관심일 수는 없다는 것이다.

이렇듯 비관세장벽(NTB)문제에만 신경을 쓰고 있을 때 현실경제에서는 2국 간 수출자율규제란 형태로 수량제한 및 관리무역이 급속하게 진전된다. 이는 본래 수입국이 수입을 제한해야 하나 GATT 위반을 면하기 위하여 취한 일종의 회색조치이다. 그리고 수출자율규제를 압도적으로 요구하는 것은 미국, EC 등 선진국이었음은 중대한 사실이다.

또한 무역문제의 정치화에 크게 영향을 미치게 된 것은 다름 아닌 냉전의 종식이었다. 사회주의체제의 붕괴와 시장경제체제의 도입은 한편으로는 GATT로 대표되는 자유시장의 이념이 권위를 높였으나 다른 한편으로는 공통의 적이 소멸됨에 따라 내부 대립에 제동을 걸기가 어렵게 된 것이다.

5.3 GATT와 다자간 국제무역협상환경

1. 개관

GATT는 세계무역 확대를 위하여 관세인하와 수입제한철폐를 추구하였다. 이러한 GATT는 국제무역의 기본질서를 규율하는 국가 간의 협정으로서 WTO 출범 전까지 자유무역과 공정무역을 추구하면서 세계무역의 확대에 지대한 역할을 수행하였다. GATT체제는 세계무역환경의 변화에 따라 8차례의 다자간 무역협상을 타결하면서 수정보완을 거듭하여 왔다.

표 5-6 GATT의 다자간 무역협상

명칭	기간	개최지	참가국수	주요 내용
1차 라운드 (제네바라운드)	1947년 4~10월	제네바 (스위스)	23	• GATT 설립을 위한 최초의 관세인하협상 • 4,500개 공산품을 관세양허 – 국별, 품목별 협상방식 채택, 2국 간에 양허요구표와 양허가능품목을 상호교환, 양허의 균형을 추구, 이러한 2국 간 교섭을 다각적으로 동시 진행
2차 라운드 (앙시라운드)	1949년 8~10월	앙시 (프랑스)	32	• GATT 기존 체약국과 11개 신규 가입국 간 교섭 • 5,000개 공산품을 관세양허 – 국별, 품목별 협상방식
3차 라운드 (토케이라운드)	1950년 9월~ 1951년 4월	토케이 (영국)	34	• GATT 기존 회원국과 7개 신규 가입국 간 교섭 및 기한이 만료된 종래의 관세양허 재교섭 • 8,000개 공산품을 관세양허 – 국별, 품목별 협상방식
4차 라운드 (제네바라운드)	1956년 1~5월	제네바 (스위스)	22	• 3,000개 공산품을 관세양허 – 국별, 품목별 협상방식
5차 라운드 (딜론라운드)	1961년 5월~ 1962년 7월	제네바 (스위스)	23	• EEC의 공통관세 설정에 따른 관세양허 교섭 • 4,400개 공산품에 대한 관세율 평균 7% 인하

6차 라운드 (케네디라운드)	1964년 5월~ 1967년 6월	제네바 (스위스)	56	• 미국과 EEC 간의 관세장벽 제거를 목표 • 30,000개 품목에 대해 관세율을 평균 35% 인하 – 일률인하방식(linear reduction) 채택(예외품목을 제외한 대상품목에 대해 일정 관세인하폭을 일괄 적용)
7차 라운드 (도쿄라운드)	1973년 9월~ 1979년 4월	제네바 (스위스)	99	• 1971년 스미소니언합의에 따라 출범 • 33,000개 품목에 대한 평균 33% 관세 인하 – 조화인하방식 채택(기존 관세율이 높을수록 큰 폭의 인하율 적용 • 비관세장벽 제거를 위한 협정제정(MTN) – 관세평가협정, 보조금 및 상계관세협정, 반덤핑협정, 정부조달협정, 무역에 대한 기술장벽협정, 국제낙농협정, 국제우육협정, 민간항공기협정 • 개도국에 대한 우대 및 의무규정 – 일반특혜관세제도(GSP) 합법화 – 신흥공업국들에 대한 개도국 졸업 조항 신설
8차 라운드 (우루과이 라운드)	1986년 9월~ 1993년 12월	푼타 델 에스테 (우루 과이)	117	• WTO 출범의 준비 – 항구적이고 강력한 국제무역기구의 설립으로 다자무역체제 강화 – 회원국의 국내법을 WTO규정에 합치시키도록 규정 • 공산품 관세인하 및 비관세장벽 완화 – UR협상 이전에 비해 1/3 이상 관세 인하 – VER, OMA 등 회색조치의 철폐 • 농산물 및 섬유류 무역의 GATT 편입 • 기존 GATT규범의 강화 – 반덤핑, 보조금, 상계관세, 세이프가드 등의 명료성을 제거하고, 규율을 강화 • 서비스무역에 관한 기본규범 설정 및 최초의 양허교섭 완료 • 지적재산권보호 및 투자관련조치 규범 마련 • 통합분쟁해결절차 및 규칙(DSU) 합의

제1차 다자간 무역협상부터 제6자 다자간 무역협상인 케네디라운드까지는 선진국들 간의 관세인하가 주요 내용이었고, 제7차 다자간 무역협상인 도쿄라운드에서는 관세인하 이외에도 비관세장벽의 철폐 및 감축이 본격적으로 다루어졌다.

2. 제6차 다자간 무역협상(케네디라운드)

(1) 협상배경

국제무역의 자유화를 위한 선진국들의 노력이 절정에 달하였던 1960년대 초반에 진행된 케네디라운드는 가장 폭넓게 관세인하가 이루어졌으며 무역장벽의 제거에도 기여하였다. 이러한 협상이 추진된 배경을 살펴보면 그 당시 미행정부의 서유럽에 대한 경제전략에서 찾아볼 수 있다. 제2차 세계대전 후 서유럽경제의 부흥은 미국의 마샬플랜(Marshall Plan)[21]에 의한 원조에 크게 힘입었는데 선진경제국으로 진입한 이들 국가들은 유럽경제공동체(European Economic Communit : EEC)[22] 및 유럽자유무역연합(European Free Trade Association : EFTA)[23]을 형성하기에 이르렀다. 이러한 경제통합의 추진은 결국 비회원국에 대한 차별대우를 가져오게 되는데 이것이 미국의 대외경제거래에 피해를 주는 것은 당연하였다. 이러한 움직임에 대한 대응책으로 당시 케네디행정부는 GATT의 메커니즘에 착안하여 호혜성을 바탕으로 한 무역협상을 개최하였다. 즉 미국은 경제통합 방지와 자유무역의 확보를 위한 상호관세인하를 주내용으로 하는 통상확대법안을 의회에 제출하기에 이르렀으며 이에 따라 1964년 5월에 협상이 시작되어 1967년 6월에 이르러 타결되었는데 이것이 GATT 제6차 다자간 무역협상인 케네디라운드이다.

21) 제2차 세계대전 후 서구 여러 나라에 대한 미국의 원조계획으로, 그 목적은 서구 여러 나라의 경제성장을 촉진하고 나아가 공산주의의 확대를 저지시키려는 것이다. 이 계획에 의해 유럽 여러 나라의 미국 무역에 대한 의존성은 감소하게 되었으며, 유럽 16개국은 구주경제협력기구(OEEC)를 형성했다.

22) 로마조약에 의거하여 1958년 1월 1일 구서독・프랑스・이탈리아・벨기에・네덜란드・룩셈부르크의 6개국에 의해 빌족된 EEC는 그 후 1967년에 그동안 각각 독립되어 있던 ECSC(유럽석탄・철강공동체)와 EURATOM(유럽원자력공동체)을 흡수하여 EC(유럽공동체)로 통합하였다.

23) 1960년 1월에 영국・덴마크・노르웨이・스웨덴・스위스・오스트리아・포르투갈 등 EEC에 가입하지 않은 나라들이 설립한 자유무역연합을 말한다.

통상확대법안의 가장 중요한 취지는 미국과 확대 EEC[24] 간 북대서양자유무역지역의 첫 단계를 실현한다는 데 있었다. 이 법안은 양 지역 간 수출액의 합계가 세계 총수출에서 차지하는 구성비가 80% 이상 해당하는 품목에 대하여 상호관세를 철폐하자고 제안하였는데 당시 이 두 지역이 국제무역에서 절대적인 비중을 갖고 있었으므로 이러한 기준에 많은 품목이 해당되었다.

국제무역협상의 측면에서 볼 때 케네디라운드는 무엇보다도 두 가지의 새로운 혁신을 가져왔다. 하나는 그 이전까지 국제협상에서는 기본적으로 각 품목별로 분류하여 중요한 수출국 간 교섭이 이루어졌다. 그러나 미행정부는 전 공산품에 대하여 1962년 7월 1일 기준 시행관세율의 50%를 일시에 인하하자고 제안하였다. 또 다른 내용으로서 딜론라운드에 이르기까지 무역협상의 대상은 어디까지나 관세인하에 국한하였으나 케네디라운드에서는 비관세장벽이 다루어지기 시작하였다는 점을 들 수 있다.

(2) 협상의 진행과 성과

케네디라운드가 출범하면서 초기에 등장한 문제는 제외품목리스트의 확정과 체약국 간 관세율구조상의 절차였다. 당시까지만 하여도 관세가 수입제한의 핵심 수단이었기 때문에 이를 50% 인하한다는 것은 용이하지 않았다. 따라서 이 대상에서 제외하든가 아니면 50% 인하기준을 차등적으로 완화하는 품목에 관한 예외리스트를 작성하기로 회원국 간 합의를 보았다. 그러나 당초의 우려와는 달리 제외품목이 주요국 내의 총공산품 수입에서 차지하는 비중이 5%에서 8%에 위치함으로써 협상과정에서 큰 제약으로 등장하지 않았다.

EEC가 미국을 상대로 제기한 이 문제는 같은 50%를 인하한다 하더라도 그 효과는 당초 관세율의 절대수준에 의하여 크게 차이가 난다는 데서 제기되었다. 예를 들어 특정 품목에 대한 관세율이 체약국에 따라 60% 및 20%라고 가정할 때 이를 50% 인하하면 각각 30% 및 10%로 하락한다. 그러나 전자가 아직도 보호적인 성격이 있다고 한다면 후자는 상대적으로 큰 의미를 갖지 못하게 된다. 사실 EEC와 미국은 상당히 대조를 이루는 관세율구조를 갖고 있었다. EEC의 경우 전통적으로 자

24) 1967년 7월에 유럽석탄철강공동체(ECSC), 유럽경제공동체(EEC), 유럽원자력공동체(EURATOM) 등 3기구를 유럽공동체(EC)로 통합한 것을 말한다.

유무역주의를 실시해 온 베네룩스 3국 및 구서독을 포함하는 4개 관세지역의 관세율 평균을 구하여 공동관세율을 수립하였으므로 일반적으로 관세율이 낮을 뿐만 아니라 평준화가 이루어졌다. 반면 미국에 있어서는 18세기와 19세기에 걸쳐 보호주의를 추구해 왔으므로 일반적으로 관세율이 높은 데 더하여 품목별로 크게 차이가 보였다.

케네디라운드의 결과 관세인하협정, 화학제품부문 관세인하협정, 국제반덤핑세법, 그리고 세계곡물협정이 조인되었는데 많은 개도국들은 이들 협정이 선진 제국의 이익만을 반영한다는 이유로 참여하기를 거부하였다. 그 이유를 살펴보면 다음과 같다.

첫째, 관세율인하에 있어서는 선진제국이 공산품 수입에 대하여 적용하는 세율의 인하폭은 평균 30~40%에 달하였다. 단지 이러한 인하율을 일시에 실현하는 데 따른 부작용을 완화하기 위하여 1972년까지 5년간 단계적으로 실시키로 하였으며, 이와 관련하여 미국 또는 EEC의 인하방식 중 하나를 선택하도록 권유하고 있다.

둘째, 화학제품에 있어서 관세인하가 별도의 협정에 포함된 이유는 미판매가제도가 비관세 성격을 띠고 있기 때문이다. 동일협정의 체결에 따라 이 제도는 미국의 관세율표에 포함되었고 주로 서유럽 제국과의 협상에 의하여 양 지역 간 평균 50% 인하되었다.

셋째, 국제반덤핑법은 GATT의 제6조를 비롯한 관련 규정을 보완함으로써 공정무역을 기하되 남용을 방지하려는 취지를 갖고 있다.

넷째, 세계곡물협정은 국제소매가격 기준설정과 후진국에 대한 곡물원조를 내용으로 하는데 당초 시도되었던 국제농산물무역의 확대에 비하여 하등의 실질적인 업적을 실현하지 못하였다.

미국이나 EEC가 다 같이 농산물 부문에서 보호정책을 택하고 있는데, 미국은 수출의 증대에 큰 관심을 두고 있는 반면 EEC는 역내 자급도의 제고 내지는 국제농산물무역의 안정화에 치중하였다. 이러한 입장이 협상에서도 반영되어 미국은 무역장벽의 제거나 수입국 내 시장점유율의 확대를 주장하였던 데 반하여 EEC는 농산물부문에 대한 보조금의 확정을 비롯한 안정화요건의 도입을 고집하였고 결국 양 지역 간 협상은 결렬되었다.

결론적으로 케네디라운드의 주요 성과를 한마디로 표현한다면 관세인하에[25] 있다고 할 수 있다. 즉 전 대상품목의 평균관세인하율이 35%였는데 이는 무역액으로 약 400억 달러 상당을 대상으로 한 것이었다. 그리고 합의된 관세인하는 1968년부터 1972년까지 단계적 인하방식에 의하도록 하였다. 케네디라운드의 결과 GATT 체약국 간의 무역이 확대되어 1963년에는 1,547억 달러, 1968년에는 2,378억 달러, 1973년에는 5,743억 달러로 증대되었다.

(3) 케네디라운드의 의의

케네디라운드는 1950년대의 경제부흥과정이 완료되고, 무역자유화의 진전과 관세의 대폭적인 인하에 의한 무역 기회의 창출을 바라는 각국의 열의를 반영하여 탄생하였으나 교섭의 기획, 추진에 있어 주도권을 발휘한 국가는 미국이었다.

당시 미국은 경제 면에서 GNP가 여타 자유주의국가 전체의 GNP에 필적할 정도였으며, 매년 수십억 달러의 무역수지흑자를 기록하여 대외경쟁력에 대한 자신감이 의회, 산업계, 노조를 포함한 자유무역 추진세력에게 널리 확산되어 있었다. 또한 이 같은 미국 태도의 이면에는 EEC의 역내·역외 관세차이가 자국에 미치는 영향을 가능한 한 축소시키려는 의도가 다분히 있었다. 이와 동시에 1960년대 초기의 베를린문제, 쿠바위기 등으로 대표되는 동서관계의 긴장과 관련하여 무역장벽의 대폭적인 경감에 의해 동구 제국에 대항하기 위한 대서양 제국의 경제적 결속을 강화하고자 했던 미국의 국제정치적 고려도 적지 않게 작용하였다고 할 수 있다.

그러나 케네디라운드는 그 결과에 있어서 몇 가지의 문제점을 내포하고 있었는데, 그것은 영국의 EEC 가입을 전제로 하였던 조항이 무효가 되었으며, 농산물무역의 확대, 관세평가제도, 수입과징금, 차별적인 수입제한에 관해서 통일된 결론을 얻지 못했다는 점이다. 특히 케네디라운드는 선진국의 이해조정에 그치고 말았다는 인상을 주었다. 그 이유로 들 수 있는 것으로는 첫째, 화학품·기계류 등 선진국 산품에 대해서는 90% 이상 관세인하가 이루어졌음에 반하여 열대산품은 42%에 그쳤을 뿐 아니라 이 중 2/3의 인하폭이 50% 미만에 머물렀으며, 둘째, 커피·코코아 등 1차 산품에 대한 상품협정이 기대되었으나 이루어지지 않았고, 셋째, 아직 경쟁력을 갖추지 못한 개발도상국들에게는 일반적인 관세인하가 별 의미가 없었을 뿐더

25) 케네디라운드는 참가국이 56개국, 관세인하품목수가 약 3만 개, 평균관세인하율이 약 35%로서 종전에 없었던 대규모의 협상이었다.

러 기존의 혹은 장래의 특혜폭을 오히려 축소시킨 결과를 초래했다는 점 등을 들 수 있다.

이처럼 케네디라운드에 실망한 개발도상국들은 선진국 중심의 GATT협상에 반발하게 되었고, 이러한 움직임이 유엔무역개발회의(UNCTAD) 설립과 이를 중심으로 한 활발한 활동의 계기가 되었다. 또 하나 간과할 수 없었던 것은 GATT 설립 이래 6차에 걸친 협상결과 관세가 대폭 인하되자 새로운 무역장벽으로서 각국이 비관세 조치에 보다 많이 의존하게 되었는데, 이것이 그 후에 GATT의 난제 중의 하나로 등장하게 되었다.

3. 제7차 다자간 무역협상(도쿄라운드)

(1) 배경

선진 제국이 사상 유례 없는 호경기를 누리던 1960년대 추진된 케네디라운드는 국제무역의 자유화를 위한 노력의 절정을 이루었다고도 볼 수 있다. 그러나 1970년대에 들어오면서부터 사정은 달라졌다. 무엇보다도 1960년대 중반 이후 누적되어 온 미국의 국제수지불균형은 이제껏 세계적 지배경제로서 국제무역의 확대를 추구해 온 주체를 사라지게 하는 결과를 가져왔다. 금환본위제도가 붕괴되고 환율의 불안은 브레튼우즈체제의 종식을 가져왔고, 금융과 통화 면에서의 보호주의 가능성을 제고시켰다. 국제무역에 있어서도 1971년 미국이 모든 수입상품에 대하여 10%의 임시부가세를 부과하는 긴급조치를 취하였고, 1973년 원유파동 이후 다자간 섬유협정(MFA)의 체결을 비롯하여 비관세장벽의 실시를 내용으로 하는 갖가지 신보호주의 경향이 나타나기 시작하는 등 1960년대 말에서 1970년대 초에 이르러 그때까지 안정성장을 지속해 오던 세계경제에 구조적인 변화가 발생하자 각국 간에 새로운 무역협상의 필요성이 제기되었다. 이러한 GATT체제가 위기에 당면하게 된 원인을 정리하여보면 다음과 같다.

첫째, 신보호무역주의가 대두되었다는 것이다. 1950년대까지 세계경제를 이끌어 왔던 미국 경제는 1960년대에 EEC와 일본경제의 성장으로 절대적 우위를 상실하였다. 한편 미국의 국제수지는 적자로 반전한 뒤 만성화하여 기축통화인 달러화의 국제적 지위가 크게 떨어졌고, 국제통화의 파동이 빈번하게 발생하여 '브레튼우즈' 체제가 위태롭게 되었다. 이에 더해 1973년의 석유파동 이후 지역별·국별 국제수지의 불균형이 더욱 심화하여 소위 신보호무역주의가 세계무역을 지배하게 되어 GATT체제에 정면으로 도전하였다.

둘째, 지역주의의 강화에 따라 국제경제구조가 다극화되었다는 것이다. EC는 1968년 역내 관세를 철폐하여 관세동맹을 완성하고, 1975년 2월에는 아프리카·카리브해·태평양(African, Caribbean, Pacific : ACP) 국가 간에 로메협정(Rome Convention)에 서명함으로써 특혜무역협정을 체결하는 등 역내 통합을 강화하고, 1973년 1월에는 영국, 아일랜드, 덴마크를 신규로 참가시켜 EC를 확대시켰다. 또한 개발도상국도 경제블록화를 추진하고, 특히 석유파동 이후에는 자원민족주의가 확대되었으며, 일본의 급속한 경제성장도 세계경제구조의 다극화에 한 몫을 하였다.

셋째, 남북문제가 심화되었다는 것이다. 선진국과 개발도상국의 경제격차가 계속 확대되어 왔으며, 선진국이 개발도상국에 대하여 실시하고 있는 UNCTAD(유엔무역개발회의)의 산물인 일반특혜관세제도(GSP)는 일반적 구속력을 갖지 못하여 개발도상국의 수출증대에 별로 기여하지 못하였다. 이러한 점을 인식한 개발도상국은 UNCTAD 및 77그룹(G77)을 통하여 세력을 확장하면서 현행체제가 선진국 위주의 경제질서이며, 지금까지의 다자간 무역협상에서 개발도상국이 소외되어 왔음을 지적하면서 새로운 무역협상을 주장하였다.

넷째, 무역장벽이 다양화되었다는 것이다. 종래 국제무역에서 가장 중요한 무역장벽으로 무역협상의 주요 의제였던 관세 이외에 비관세장벽이 중요한 무역저해요인으로 등장하였고, 석유, 식량 등 기초원자재 보유국의 임의적 수출규제의 횡포가 만연하여 보다 포괄적인 새로운 무역협상의 필요성이 제기되었다.

이러한 세계경제여건의 변화에 따라 GATT체제가 동요하게 되자 1973년 도쿄에서 개최된 GATT 각료이사회를 기점으로 새로운 국제무역질서를 추구하는 제7차 다자간 무역협상(도쿄라운드)이 출범하게 되었다. 도쿄선언 이후 무역협상위원회는 산하에 7개의 협상그룹을 설치하여 의제별로 작업에 들어갔다. 그 내용을 보면 관세, 비관세, 열대성산물, 농산물, 부문접근, 긴급수입제한그룹 및 프레임워크그룹 등이다.

(2) 협상의 진행과 성과

도쿄라운드는 102개국이 참여한 가운데 1973년부터 1979년까지 진행되었으며, GATT의 점진적 관세인하 노력이 지속되었다. 그 결과 세계 주요 9개 선진국시장의 관세율이 평균 1/3 정도 인하되었으며, 특히 공산품의 평균관세율은 4.7%까지 인하되었다. 8년의 기간에 걸쳐 시행된 관세인하는 관세가 높을수록 그에 비례하여 더 많은 관세를 인하하는 '관세조화'의 요소까지 포함하게 되었다.

다른 부문에 있어서 도쿄라운드는 다소 복합적인 결과를 실현했다. 농산물교역에 영향을 미치는 근본적인 문제해결에 실패하고, 시간이 촉박하여 긴급수입제한조치인 '세이프가드'에 관한 새로운 협정의 제정도 성사시키지 못했다. 그럼에도 불구하고 협상을 통해 비관세장벽관련 일련의 협정문들을 탄생시켰는데, 이는 기존의 GATT규정을 보완한 부분도 있었으나 일부 분야에서는 완전히 새로운 협정문을 제정하기도 했다. 하지만 대부분의 경우에 선진국을 중심으로 상대적으로 소수의 GATT 회원국들이 그와 같은 협정 및 협약에 서명했다. 이 협정들은 GATT 전체 회원국이 수용하지 않았기 때문에 비공식적으로 '협약(codes)'이라고 불리기도 했다.

이들은 다자간 협정은 아니었으나 오늘날 다자간 협정의 출발점이 되었다. 즉 일부 협약은 결국 우루과이라운드에서 수정되어 모든 WTO 회원국들이 수용한 다자간 규범으로 발전되었다. 정부조달, 쇠고기, 민간항공기, 낙농제품 등 4개 부문만이 복수 간 협정의 형태로 남아 있게 되었으나 WTO 회원국들은 1997년 말부터 쇠고기 및 낙농협정 등을 종결시키는 데 합의했다.

표 5-7 | 도쿄라운드협약

도쿄라운드협약
• 보조금 및 상계조치 : GATT 제6, 16, 23조의 해석 • 무역관련 기술장벽 : 표준협약이라고도 칭함 • 수입허가절차 • 관세평가 : GATT 제7조의 해석 • 반덤핑 : 케네디라운드의 반덤핑협약을 대체하는 GATT 제6조의 해석 • 쇠고기협정 • 국제낙농협정 • 민간항공기교역

결론적으로 국제무역의 자유화라는 측면에서 본다면 도쿄라운드에 있어서 역시 관세인하가 핵심을 이루었다. 주요 제국별로 공산품에 있어서 명목관세율의 평균인하율을 비교해보면 미국 33%, EEC 22%, 일본 44% 및 캐나다 40%였다. 이와 같이 합의를 본 관세율인하는 1980년 초부터 8년간에 걸쳐 단계별로 점진적으로 실현되었다.

또한 도쿄라운드에서는 비관세장벽의 철폐 내지 완화를 위한 여러 가지 협상이 타결되었는데, 그 주요한 것을 보면 ① 보조금 및 상계관세협정, ② 정부조달협정, ③ 관세평가협정, ④ 수입허가절차협정, ⑤ 기술장벽협정, ⑥ 덤핑방지협정 개정 등의 체결이다. 이러한 협정 중 덤핑방지협정의 개정을 제외한 모든 협정은 국제적으로 처음 타결되었기 때문에 그동안 어려웠던 비관세장벽문제 해결에 계기를 마련했다고 볼 수 있다.

4. 제8차 다자간 무역협상(우루과이라운드)

(1) 개관

우루과이라운드(UR)는 세계 여러 나라의 관세·비관세장벽 철폐를 논의하기 위해 열린 관세 및 무역에 관한 일반협정(GATT)의 제8차 다자간 무역협상으로 1986년 9월 우루과이의 푼타 델 에스테에서 시작되어 1994년 4월 15일에 마무리되었다.

우루과이라운드는 본래 예정보다 거의 두 배의 시간이 소요된 7년 반 동안 진행되었으며 종반에는 125개국이 참여했다. 우루과이라운드는 칫솔에서 호화보트, 금융에서 통신 그리고 벼 종자에서 에이즈 진료에 이르기까지 거의 모든 무역거래를 다루었다. 이는 분명히 가장 큰 규모의 무역협상이었으며 아마도 모든 협상을 통틀어 역사상 가장 큰 규모의 협상이었을 것이다.

우루과이라운드는 간혹 실패가 예정되어 있는듯하기도 했으나, 결국 제2차 세계대전 종반에 GATT가 창설된 이래 세계교역체제에 가장 큰 개혁을 이루어냈다. 더욱이 진행과정의 어려움에도 불구하고 우루과이라운드는 초기에 일부 성과를 올리기도 했다. 협상출범 2년 만에 참가국들은 주로 개도국에 의해 수출되는 열대성 농산물에 대한 관세인하 패키지에 대해 합의를 이룬 것이다. 그들은 또한 분쟁해결규정을 개선했으며 일부 조치는 중간단계에서 시행하기도 했다. 뿐만 아니라 그들은 GATT 체약국들의 무역정책에 관한 정기보고서의 제출을 요구하였는바 이는 전 세계 교역체제의 투명성 제고에 중요한 역할을 한 것으로 평가되고 있다.

표 5-8 | UR 초기 15개 협상의제

우루과이라운드(UR)의 초기 15개 협상의제
관세, 비관세장벽, 천연자원, 섬유 및 의류, 농산물, 열대성 농산물, GATT조항, 도쿄라운드협약, 반덤핑, 보조금, 지적재산권, 투자조치, 분쟁해결, GATT체제, 서비스

우루과이라운드는 1982년 11월 제네바에서 개최된 GATT 회원국 회의에서 태동했다. 각료들은 대규모의 새로운 협상의 출범을 의도했지만 회의는 농산물 이슈에서 난관에 봉착하고, 그로 인해 협상이 성사되지 못할 것이라는 인식이 지배적이었다. 사실상 각료들이 합의한 작업계획은 우루과이라운드협상 의제 선정의 기초를 이루었다.

그럼에도 불구하고 각료들이 새로운 다자간 협상을 출범시키는 네에 합의하기까지 이슈의 발굴, 그의 명료화 및 공감대 형성에 4년이 더 소요되어 1986년 9월 우루과이의 푼타 델 에스테에서 협상을 출범시켰다. 그들은 결국 사실상 모든 무역정책 현안을 포괄하는 협상의제를 수용하기에 이르렀던 것이다. 협상은 서비스와 지적재산권 등을 위시한 수 개의 새로운 분야를 다자간 교역체제에 편입시키고 농산물 및 섬유 등 민감한 분야에 있어서의 교역제도를 개혁하고자 했다. 그 밖에도 기존의 모든 GATT조항이 검토대상이 되었다. 이는 분명 역사적으로 교역과 관련하여 국가간에 합의된 가장 큰 규모의 협상의제였으며, 이를 위해 4년의 협상시한이 설정되었다.

2년 후인 1988년 12월 각료들은 우루과이라운드 중간시점에서 진척상황을 평가하기 위해 캐나다 몬트리올에서 다시 회동했다. 그 목적은 2년의 협상잔여시한 중에 추진할 의제를 명료화하는 데에 있었으나 다음해 4월 각료들이 제네바에서 보다 차분하게 회동하기 전까지 협상은 난관에 봉착하여 중단되기에 이르렀다.

그와 같은 어려움에도 불구하고 몬트리올 회의에서 각료들은 조기에 타결지을 협상패키지에 합의했다. 여기에는 개도국 지원을 목적으로 하는 열대성 농산물관련 시장접근을 위한 일부 양허, 분쟁해결제도의 합리화, GATT 회원국들의 무역정책 및 관행에 관한 최초의 포괄적이고 체계적이며 정기적인 검토를 위해 마련된 무역정책 검토제도 등이 포함되었다. 우루과이라운드는 1990년 12월 브뤼셀회의에서 종결되도록 예정되어 있었으나 농산물교역의 개선방식에 대해 합의를 이루지 못하고 협상연기가 결정되었으며, 그 결과 협상은 침체기에 들어섰다. 그러나 암울한 정치적 전망에도 불구하고 상당량의 기술적 작업은 계속되어 결국 최종법률적 합의안이 최초로 작성되었는바, 그 합의안이 바로 각료급 협상을 주재했던 당시의 GATT 사무총장인 아서 던켈(Arthur Dunkel)이 마련한 '최종협정안(Final Act)'이었다.[26] 그 최종안은 1991년 12월 제네바 회의의 의제로 상정되었다. 최종안에는 협상 참가국들의 수입관세인하 및 서비스시장개방에 관한 양허목록이 빠졌다는 단 하나의 예외를 제외하고는 푼타 델 에스테에서 합의된 모든 사항을 반영하고 있었으며, 따라서 최종합의문의 기초가 되었다.

그 후 2년의 기간 동안 협상은 절박한 실패와 급작스러운 성공예측의 사이를 오가는 예측불허의 기간에 접어들었다. 수차례의 협상만료시한이 설정되고 또 무산되기도 했다. 농산물에 더하여 나타난 새로운 주요 쟁점은 서비스, 시장접근, 반덤핑, 그리고 새로운 무역기구의 창설이었다. 미국과 EU 간의 입장차이가 최종 성공적 결론의 관건이 되었다.

1992년 11월 미국과 EU는 비공식적으로 '블레어하우스 합의(Blair House accord)'[27]라고 알려진 협상을 통해 농산물관련 대부분의 입장 차이를 해결했다. 1993년 7월경 4대 무역국, 즉 Quad[28] 4국(미국, EU, 일본, 캐나다)은 관세 및 관련 이슈(시장접근)에 관한 협상에서 상당한 진전이 있었음을 공표했다. 비록 일부 최종 마무리가 모든 협상이 종결된 지 몇 주 후의 시장접근관련 협상에서 마무리되기는 했지만, 1993년 12월 15일에 이르러서야 모든 이슈가 최종적으로 해결되고 상품 및

26) '던켈 초안(Dunkel Draft)'이라고 하는데, GATT의 아서 던켈 사무총장이 1991년 12월 교착상태에 빠진 우루과이라운드협상을 타개하기 위해 제시한 최종협정문으로서 이후 우루과이라운드협상의 틀이 되었다. 주요 내용으로는 관세율인하, 모든 농산물의 예외 없는 관세화, 10년 내 섬유교역 완전자유화, 지적재산권보호, 서비스 분야 자유화, 다자간 무역기구의 설립 등이다.

27) 1992년 말 미국과 유럽공동체(EC) 간에 체결된 농산물협정으로서 워싱턴의 영빈관 블레어하우스에서 협정이 체결된 데서 유래되었으며 이 합의를 토대로 우루과이라운드 타결의 실마리를 찾았다. 주요 내용은 보조금이 지급된 농산물의 수출량을 향후 6년간 21% 감축하고 농산물에 대한 수출보조금을 36% 줄인다는 것이다.

28) Quad는 quadripartie(4국)의 약자이다.

서비스관련 시장접근협상이 종결되었다. 협상결과는 1994년 4월 15일 모로코 마라케시에서 개최된 회의에서 125개 협상참여국 정부의 각료들에 의해 서명되었다.

협상지연으로 인해 얻은 소득도 없는 것은 아니었다. 협상이 지연됨으로써 일부 협상, 예를 들어 서비스, 지적재산권, WTO 창설 등과 관련된 협상에서 1990년에 가능했을 수준 이상의 진전이 가능했던 것이다. 그러나 거대한 협상업무로 말미암아 전 세계의 무역행정 당국은 피로의 기색이 역력했다. 대부분의 무역현안을 포괄하는 완전한 협상패키지에 대한 합의 도출의 어려움을 깨달은 일각에서는, 그와 같은 대규모 협상이 다시는 가능하지 않을 것이라는 결론을 내리기도 했다. 그러나 우루과이라운드협정은 많은 부분에 대해 새로운 협상을 위한 일정을 포함하고 있다. 또한 1996년 일부 국가들은 다음 세기 초에 새로운 다자간 무역협상을 개최할 것을 공개적으로 요구했다. 그에 대한 반응은 복합적으로 나타나고 있으나, 마라케시협정은 이미 다음 세기로의 전환시점에 일련의 이슈에 대해 협상을 재개해야 한다는 약속을 담고 있다.

표 5-9 | 우루과이라운드 주요 일정

우루과이라운드(UR) 주요 일정	
• 1986년 9월	푼타 델 에스테 : 출범
• 1988년 12월	몬트리올 : 각료 중간검토
• 1989년 4월	제네바 : 중간검토 완료
• 1990년 12월	브뤼셀 : 각료회의 종료 및 협상 중단
• 1991년 12월	제네바 : 최초의 최종협정안 완성
• 1992년 11월	워싱턴 : 농산물관련 미·EU 간 블레어하우스 합의 도출
• 1993년 7월	도쿄 : G-7 회의에서 4대 무역국 간 시장접근관련 합의 도출
• 1993년 12월	제네바 : 대부분 협상 종결(일부 시장접근협상은 존속)
• 1994년 4월	마라케시 : 협정문 조인
• 1995년 1월	제네바 : WTO 창설 및 협정 발효

(2) 협상의 주요 결과

우루과이라운드는 GATT의 다자간 무역협상 중 가장 중요하고 포괄적인 무역협상이었으며, 우루과이라운드협상의 타결은 자유무역을 향한 획기적인 진전의 의미를 가지고 있다 할 것이다. UR협상은 무역장벽을 대폭 완화하였을 뿐 아니라 자유무역환경을 보장하는 다자간 무역규범을 크게 강화함으로써 무역확대를 통한 세계경제 도약의 계기를 마련한 것으로 평가되고 있다.

그 이유는 첫째, 항구적이고 강력한 세계무역기구(WTO)를 수립하였다. 둘째, 상품의 관세인하 및 무세화를 통해 기존의 관세장벽을 대폭 낮추었을 뿐만 아니라 회색조치 등 비관세장벽도 대폭 완화시켰다. 셋째, 각종 수량제한조치로 보호되어 왔던 농산물에 대해서도 일단 관세화를 통해 WTO체제 내로 끌어들임으로써 농산물무역에 대한 비관세장벽을 단계적으로 완화시켰다. 넷째, 다자간 섬유협정(MFA)에 의해 규제되어 오고 있는 섬유류도 10년간에 걸쳐 완전히 WTO체제 내로 통합함으로써 섬유류 무역자유화의 기반을 마련하였다는 점이다. 다섯째, 각국의 보호무역수단으로 활용된 사례가 많았던 기존의 반덤핑·상계관세·긴급수입제한조치의 남용을 억제하도록 규범화하였고, 보다 효율적이고 신속한 분쟁해결절차를 도입함으로써 자의적인 무역규제의 여지를 축소시켰다. 여섯째, 최근 국제무역에서 비중이 커지고 있는 서비스무역 분야에 대해 별도의 무역규범을 새로이 제정하고, 이 분야의 시장개방 계획을 작성토록 함으로써 서비스무역이 확대되는 발판을 마련하였다. 일곱째, 무역관련 지적재산권에 관한 협정을 수립함으로써 무역관련 지적재산권에 대한 보호를 강화하였다는 것이다.

1) 공산품 분야

공산품 분야에 있어서 관세인하는 1986년 9월 수준에서 40%의 감축을 달성하였는데, 우리나라의 평균양허세율은 8.1%, 선진국의 평균양허세율은 3.3%였다. 또한 전반적인 관세인하 외에 철강, 건설, 농업장비, 의료기기, 의약품, 가구 등에 있어서는 관세철폐 및 화학제품에 있어서는 관세조화에 합의함으로써 보다 큰 폭의 관세인하를 달성하였다.

2) 농업 분야

UR협상의 난제였던 농업 분야에 있어서는 시장접근과 관련하여 비관세장벽을 모두 관세화하고 최소시장접근 허용원칙을 도입하였으며, 각국이 농업 분야에 대하여 지급하고 있는 각종 보조금이 국제농산물의 건전한 무역질서를 저해함에 따라 이들 보조금 중 허용되는 국내보조금의 범위를 명백히 하고 여타의 국내보조금이나 수출보조금은 점진적으로 감축하도록 규정하였다.

3) 섬유

섬유류는 다자간 섬유협정(MFA)에 따라 주요 국가 간 쿼터(Quota)를 설정하여 운영하는 방식으로 무역이 이루어져 왔으나 UR 섬유협상 타결로 향후 10년 동안 4단계에 걸쳐 2005년에는 기존의 섬유무역은 모두 WTO체제로 통합되기로 하였다.

4) 규범의 강화

GATT 정신에 위배되는 수출자율규제(VER), 시장질서협정(OMA) 등 이른바 회색조치를 4년 이내에 철폐하고, 반덤핑 · 상계관세 · 긴급수입제한조치의 발동요건과 기준을 보다 투명하고 엄격하게 규정함으로써 수출국, 특히 개발도상국의 수출여건을 개선하였다.

5) 서비스 분야

최근 국제무역에서 그 비중이 커지고 있는 서비스무역에 관한 규범을 새로이 제정하였으며, 서비스무역은 상품의 경우와는 달리 저장이 곤란하고 생산자와 소비자가 직접 접촉하여야 하는 경우가 많아 기존 GATT규정이 적절하지 못하였던바, 별도의 무역규범(General Agreement on Trade in Services : GATS)을 제정하였다.

6) 지적재산권 분야

지적재산권에 있어서 선진국들은 자국의 경제가 지식산업화함에 따라 자신들이 비교우위가 있는 지적재산권을 보호하기 위한 국제규범의 강화에 주력하였는데, 이러한 지적재산권보호에 관한 협정으로는 UN 전문기구인 WIPO(세계지적재산권기구)가 관장하고 있는 파리협약, 베른협약, 로마협약 등이 있었으나 미국 등 선진국은 이들 기존협약들로는 보호가 미흡하다는 판단하에 지적재산권보호문제를 WTO체제에 포함하였다.

UR협상에서 지적재산권협상은 처음에는 위조상품의 무역규제를 목표로 하였으나 점차 그 범위가 확대되어 저작권, 상표권, 특허권 등 전반적인 지적재산권보호에 관한 포괄적인 무역규범을 제정하였다.

7) 분쟁해결절차

GATT체제하에서의 분쟁해결절차에 많은 시일이 소요되었고, 그 절차가 비효율적이고 복잡하였다는 점을 감안하여 단일 분쟁해결절차를 마련하고 단계별로 시한을 설정하는 등 분쟁해결절차의 단일화 및 신속성을 도모하였다.

8) 세계무역기구의 출범

우루과이라운드협상 결과가 원만히 이행되도록 GATT를 대체하는 항구적이고 강력한 새로운 세계무역기구(World Trade Organization : WTO)를 설립하였다. 세계무역기구의 기능과 다자간 무역협정의 모든 사항에 대한 결정권한을 보유하는 최고의 의결기관인 각료회의를 매 2년마다 1회 개최하기로 하였고, 세계무역기구 산하에는 일반이사회 및 각 분야별로 상품 무역이사회, 서비스 무역이사회, 지적재산권 이사회를 설치하고, 회원국 무역정책의 주기적 검토를 위한 무역정책검토기구(Trade Policy Review Body : TPRB)와 분쟁해결을 관장할 분쟁해결기구(Dispute Settlement Body : DSB)를 설치하였다.

난항을 거듭하여 오던 우루과이라운드는 드디어 1993년 12월 15일 원래의 협상시한을 3년이나 넘기면서 7년 이상을 끌어온 협상을 타결지었다. 그 후 1994년 4월 7일 무역협상위원회에서 각료선언과 무역과 환경에 관한 결정, WTO 준비위원회 설립에 관한 결정, WTO 설립협정 수락 및 가입에 관한 결정, 조직 및 재정에 관한 결정 등 4개 결정문을 확정, 동년 4월 12일부터 15일까지 개최된 마라케시 각료회의에서 채택함으로써 1995년 1월 1일 WTO협정이 발효되어 새롭게 국제무역을 관장할 WTO체제가 도래하였다.

살펴보기 그룹(Group)에 관한 용어정리

- G5 : 미국, 영국, 프랑스, 독일, 일본
- G6 : G5 + 캐나다
- G7 : G6 + 이탈리아
- G10 : G7 + 스웨덴, 네덜란드, 벨기에
- G11 : G10 + 스위스
- G8 : G7 + 러시아

- **G22**: G8 + 14개 신흥개발도상국(한국, 중국, 인도, 홍콩, 타이, 싱가포르, 인도네시아, 말레이시아, 폴란드, 멕시코, 브라질, 아르헨티나, 호주, 남아공)
- **G26**: G22 + 스웨덴, 네덜란드, 벨기에, 스위스

- **G77**: 개발도상국모임, 1963년 77개 개발도상국으로 출범, 현재 133개국 회원, 특정 기구는 없지만 UNCTAD총회 등 국제적 회의에 대비하여 각료회의를 열고 개발도상국의 의견조정, 선진국에 대한 종합적인 경제요구 등을 통해 개발도상국의 경제·사회발전을 지향하고 있다.
- **G24** : G7에 대응하는 개도국들만의 모임, 1971년 페루 리마에서 개최된 제2차 UNCTAD 연차총회에서 77그룹(G77) 각료회의 결의에 따라 결성된 개도국그룹모임, 국제통화문제에 관한 개발도상국의 공동입장 수립이 주목적이다. 아프리카그룹(알제리, 에티오피아, 가나, 나이지리아, 이집트, 가봉, 코트디부아르, 자이레), 아시아그룹(스리랑카, 이란, 파키스탄, 시리아, 인도, 레바논, 필리핀, 유고슬라비아), 라틴아메리카그룹(아르헨티나, 콜롬비아, 멕시코, 트리니다드토바고, 브라질, 과테말라, 페루, 베네수엘라) 각 8개국씩 모두 24개국으로 구성되어 있다.
- **G7(= Quad 4국)** : 미국, 일본, 영국, 프랑스, 독일, 이탈리아, 캐나다 등 서방 7개 선진국을 통상 G7이라고 말한다. 통화문제를 포함한 국제경제문제에 대해 주요국 간의 효과적인 협조정책을 실시하기 위한 협의의 장으로 1986년 5월에 창설이 결정되었다.
- **G8** : 미국, 일본, 영국, 프랑스, 독일, 이탈리아, 캐나다 등 서방 선진 7개국(G7)과 러시아로 이루어져 있다. 이들 국가의 재무장관과 중앙은행 총재는 1년에 2~3회 회동해 세계경제 방향과 정책협조 등을 논의한다. G8의 유래는 지난 1975년 두 번의 석유위기에 놀라 긴급히 소집된 미국, 영국, 프랑스, 독일, 이탈리아, 일본 등 6개국 정상회담(G6)으로 거슬러 올라간다. 이후 1976년 캐나다가 합류하면서 G7이 되었고 1997년 러시아가 정회원이 되면서 오늘의 G8을 갖추게 됐다.
- **G10/G11** : G7에 스웨덴, 스위스, 네덜란드, 벨기에가 추가된 경제협력개발기구(OECD) 안에 있는 또 다른 선진국 모임으로 모두 11개국이지만 통상 G10으로 불린다. OECD 안에서 국제통화와 금융정책을 협의하는 비공식 실무기구로 OECD를 실제로 움직이는 조직이라 할 수 있다.
- **G22** : 러시아를 포함한 G8에 한국, 중국, 인도, 홍콩, 타이, 싱가포르, 인도네시아, 말레이시아, 폴란드, 멕시코, 브라질, 아르헨티나, 호주, 남아공 등 14개 신흥개도국이 참여해 구성된 선진·신흥 개도국 합동경제협의체로 1998년 4월 IMF총회에서 첫 모임을 가졌다.
- **G26** : G22가 1998년 10월 5일 워싱턴에서 열린 2차 회의에서 벨기에, 네덜란드, 스위스, 스웨덴 등 서유럽 4개국을 회원국으로 추가해 확대 개편한 회의를 말한다.

국제통상환경론
International Trade Environment Theory

06 CHAPTER

WTO체제와 다자간 무역협상환경

Chapter 6 WTO체제와 다자간 무역협상환경

6.1 WTO체제의 탄생

1. WTO의 성립배경

GATT는 행동범위가 제한된 상태에서 임시적으로 존재했으나 47년 동안에 걸쳐 세계무역의 상당부분에 대한 안정성 확보와 자유화 확대에 성공적으로 기여했다는 데에는 논란의 여지가 없다. 즉 GATT는 지속적인 관세인하만으로도 1950년대 및 1960년대에 걸쳐 연평균 8%에 달하는 고도의 세계교역성장률을 실현하는 데 기여했다. 뿐만 아니라 무역자유화의 전기를 마련함으로써 전체 GATT시대에 걸쳐 세계의 생산증가율을 지속적으로 상회하는 세계교역증가율을 실현하는 동시에 교역국가 상호 간에 교역능력을 신장시키는 조치를 통해 모든 국가가 교역으로부터의 혜택을 누리도록 기여했다.

우루과이라운드 기간에 새로운 체약국의 급증은 다자간 교역체제가 경제발전의 기초가 되는 동시에 경제 및 무역제도 개혁의 수단으로 인식되고 있음을 입증한 것이었다. 그러나 시간이 흐르면서 새로운 문제가 발생했다. 도쿄라운드는 이들 문제의 일부를 해결하기 위한 시도를 했으나 그 성과는 제한적이었으며 이는 곧 고난의 시기가 도래할 것을 예고하는 것이었다.

GATT가 관세를 그와 같이 낮은 수준으로 인하하는 데에 성공한 가운데 1970년대 및 1980년대 초반에 일련의 경제침체가 발생하자 각국 정부는 외국의 경쟁압력에 직면한 분야에 대해 다른 형태의 보호조치를 고안해 내기 시작했다. 서구 및 북미의 각국 정부는 높은 실업률과 지속적인 공장폐쇄를 극복하고자 그들의 경쟁국들과 양자간 시장분할협정을 모색하고 농산물교역에서 그들의 지분을 유지하고자 보조금을 경쟁적으로 지급하기 시작했다. 그와 같은 모든 변화는 GATT의 신뢰성 및 효율성을 저해했다.

그와 같은 문제는 단순히 무역정책환경을 오염시키는 것만은 아니었다. 1980년대 초반 GATT는 분명히 1940년대의 경우와 같이 세계교역의 현실에 더 이상 적합하지 않았던 것이다. 우선 세계교역은 40년 전에 비해 훨씬 복잡하고 중요해졌다. 세계경제의 지구촌화가 전개되고 GATT규범의 관할하에 있지 않던 서비스교역이 많은 국가의 주요 관심대상이 되었으며, 국제투자도 신장되어 갔다. 서비스교역의 확산은 또한 세계상품교역의 증가와 더욱더 밀접한 연관을 갖게 되었다.

그 외에도 GATT는 또 다른 개선이 요구되고 있었는데, 예를 들어 농산물 분야에서 다자체제의 허점이 악용되어 농산물교역의 자유화 노력이 큰 성과를 보지 못했던 것이다. 섬유 및 의류 분야에서는 1960년대 및 1970년대 초반에 협상을 통해 이루어진 GATT의 보편적 규율에 대한 예외가 다자간 섬유협정(MFA)의 결과를 낳기도 했다. GATT의 제도적 구조와 그의 분쟁해결체제까지도 우려의 대상이 되었다.

이와 같은 문제점을 포함한 다수의 요소가 GATT 회원국들로 하여금 다자간 체제를 강화하고 확대하기 위한 노력을 시도해야 한다는 확신을 갖게 하였으며 그 결과로 전 세계 125개국(GATT 가입국 123개국 포함)의 대표들이 참가한 우루과이라운드(UR) 각료회의는 현재의 GATT체제의 한계를 극복하고 향후의 새로운 국제무역질서를 더욱 효과적으로 규율하기 위하여 항구적이고 강력한 WTO(World Trade Organization)를 수립하도록 합의하였다. 이에 따라 1947년 10월에 제정되어 그간 47년 동안 세계무역을 관장해 온 GATT체제는 막을 내리고 신GATT체제라고 표현할 수 있는 WTO시대가 도래하게 되었다.

(1) 국제무역기구(International Trade Organization : ITO)의 실패

제2차 세계대전 이후 미국은 국제통화기금(IMF), 세계은행(IBRD) 및 국제무역기구(ITO) 등 3개 국제기구 설립을 통해 환율안정, 부흥개발기금 제공 및 자유무역체제 확립을 추진하였다. 그러나 하바나헌장(Havana Charter)에 대한 미국 의회의 강력한 반대로 동 헌장이 발효하지 못하게 됨에 따라 ITO 설립은 무산되었다. 이에 따라 하바나헌장의 내용을 대폭 축소하여 각국의 합의가 이루어진 부분만을 발췌하여 이를 잠정적으로 수용한 것이 현재의 GATT체제이다.

(2) GATT체제의 문제점

GATT는 당초 잠정적으로 채택되었으며(제29조 제2항) 많은 예외규정을 두고 있어 국제협정으로서의 법적 구속력이 제한되었다. 이러한 현행 GATT체제는 경제강대국의 불공정행위 및 자의적 행위를 효율적으로 규제하는 데 부적절하였다.

(3) 다자간 무역기구(MTO) 설립 추진

1986년 개시된 우루과이라운드(UR)협상은 현행 GATT체제의 제반 문제점을 해결하고자 GATT체제를 다자간 무역기구로 발전시키는 작업을 UR협상의 교섭과제 중의 하나로 채택하였다. 다년간에 걸친 UR협상 참가국 간의 토의를 거친 후 1991년 12월 '던켈 초안(Dunkel Draft)'에 다자간 무역기구(Multilateral Trade Organization : MTO) 설립 협정안이 포함되어 제시되었다.

그러나 미국은 자국의 통상 분야에서의 주권 침해가능성을 우려하여 다자간 무역기구(MTO) 설립을 계속 반대하였으나 1993년 12월 초 EC와의 최종협상과정에서 다자간 무역기구(MTO) 설립에 합의를 하였다.

그 이후 1993년 12월 15일 최종 수석대표 회의 시에 미국 측은 동 기구 명칭을 다자간 무역기구(MTO)에서 세계무역기구(World Trade Organization : WTO)로 변경할 것을 수정 제안하였고 최종적으로 동일 개최된 무역협상위원회(Trade Negotiation Council : TNC)에서 채택되어 WTO가 탄생하였다.

2. WTO체제의 의미

지난 1947년 이후 세계무역질서를 규정해온 GATT(관세와 무역에 관한 일반협정)가 자유무역확대를 통한 지구촌 공동번영이란 숙제를 세계무역기구(WTO)에 맡긴 채 역사 속으로 사라졌다. WTO는 이제 세계무역에 관한 유엔으로서의 막중한 책무를 안게 되었다.

세계무역기구(WTO)는 국가 간 무역규범을 다루는 유일한 국제기구로서 그 핵심은 세계의 다수 교역 국가들이 협상을 거쳐 조인한 WTO협정문에 있다. WTO협정문은 국제상거래를 위한 법적 기본규칙을 제공하며 협정문들은 본질적으로 합의된 범위 내에서 각국 정부가 자국의 무역정책을 수행해 나가도록 구속하는 약속이라고 할 수 있다. 비록 협정문은 각국 정부가 협상하여 조인하기는 하였지만 그 목표는 상품 및 서비스의 생산자, 수출업자 및 수입업자들이 상행위를 하는 데 도움을 주는 것이다.

WTO체제의 가장 중요한 목표는 부작용이 없는 범위 내에서 가능한 한 무역을 자유롭게 하는 것이다. 이는 부분적으로는 무역장벽을 제거하는 것을 의미하며, 또 한편으로는 개인, 기업 및 정부가 세계무역규범이 무엇인지를 이해할 수 있도록 하는 동시에 그들에게 갑작스러운 정책변화가 없을 것이라는 확신을 부여하는 것을 의미한다. 즉 그와 같은 규범은 투명하고 예측가능해야 하는 것이다. 협정문들이 대부분 상당한 토론과 논란을 거쳐 교역 국가들의 공동체에 의해 제정되고 조인되기 때문에 WTO의 가장 중요한 기능 중의 하나는 무역협상을 위한 토론의 상(場)을 제공하는 것이다.

또 하나 중요한 WTO의 활동은 분쟁해결이다. 교역관계는 흔히 상충적 이해관계를 수반하기 때문에 WTO체제 내에서 협상된 약속 및 협정은 해석을 필요로 하는 경우가 많다. 국가 간의 의견 차이를 해결하는 가장 조화로운 방법은 합의된 법적 기초에 근거한 중립적 절차에 의존하는 것이다. 분쟁해결절차가 WTO협정에 설정된 목적도 여기에 있다.

WTO는 1995년 1월 1일에 출범했지만 그 무역체제는 반세기의 역사를 지니고 있다. 1948년 이래로 GATT가 그 체제를 위한 규범을 제공해 온 것이다. GATT협정은 제정된 후 오래지 않아 비공식적이긴 하지만 일반적으로 GATT로 알려진 사실상의 국제기구로 탄생했다. 시간이 흐르면서 GATT는 수차례의 다자간 협상을 통해 발전해 왔다.

최근의 다자간 무역협상은 1986년부터 1994년까지 지속되었던 우루과이라운드(UR)협상이었으며 그 결과로 WTO가 창설된 것이다. GATT가 주로 상품교역을 관장한 데 비해 WTO 및 관련 협정문들은 이제 서비스와 함께 발명, 창작, 고안 등 무역관련 지적재산권까지 관장하게 되었다.

WTO체제가 순조로운 항해를 지속할 경우 세계교역은 크게 활성화될 것으로 기대되고 있다. GATT의 평가대로라면 오는 2005년 세계상품 교역액은 우루과이라운드협정이 없을 때에 비해 1992년 가격기준으로 할 때 7,550억 달러로 증가하고 전체소득은 2,350억 달러 늘어날 것으로 예상되고 있다. 이러한 상품교역액 증가분은 1993년 전체교역액(3조5,800억 달러)의 21%에 달하고 소득증가분은 세계 각국의 국민총생산(GNP) 25조 달러의 1%에 해당하는 규모이다. 실제로 세계상품교역증가율이 경제성장률보다 높게 증가하여 WTO체제하에서의 무역자유화효과가 서서히 실체를 드러내고 있다.

그러나 이러한 WTO체제도 자국이기주의와 강대국논리를 극복하기가 쉽지 않기 때문에 밝은 것만은 아니다. WTO체제의 주축인 미국은 슈퍼 301조를 앞세워 일방적인 무역보복 위협을 서슴지 않고 있으며, 유럽연합(EU) 역시 이와 유사한 수단을 마련하려는 움직임이다. 미국은 특히 WTO가 5년 내 3번 이상 미국의 이익에 어긋나는 결정을 내릴 경우 의회의 의결을 거쳐 곧바로 탈퇴할 수 있다는 규정도 마련해 놓고 있다. 1995년 미국과 일본의 자동차분쟁에서와 같이 강대국 간 분쟁이 발생했을 경우 WTO체제의 기반은 흔들릴 수밖에 없다. 미국과 EU는 초대사무총장 선출과정에서도 심각한 갈등을 노출했다. 금융·통신·해운시장 자유화에 대한 협상도 강대국들이 자국이익을 포기하지 않는 한 난항을 거듭할 것으로 예상되고 있다.

불공정무역(unfair trade)의 대표적인 성격을 가진 덤핑(dumping)에 관한 각국의 반덤핑제도 또한 위협요인이다. 현재 세계 40여 국가가 반덤핑법을 자국산업보호를 위한 수단으로 활용하고 있다. EU가 1992년 일본산 오디오테이프에 대한 반덤핑판정을 내리면서 마진율을 자의적으로 조작한 경우에서 볼 수 있듯이 반덤핑제도의 남용은 자유무역정신을 훼손시키고 있는 것이다. WTO는 회원국들이 반덤핑 법률을 남용하지 못하도록 제한하고 있지만 완벽하지 못한 형편이다.

지역주의의 확산추세도 마찬가지다. WTO에 따르면 지난 1948년부터 WTO체제 출범 전까지 맺어졌던 109개의 지역협정 중 3분의 1은 1990년부터 4년간 집중됐다. 미주지역의 경우 범미주자유무역지대 구상이 구체화되고 있으며, 남미공동시장(MERCOSUR)도 1995년 공식 출범하였다. 아·태경제협력체(APEC)가 2020년까지를 목표로 한 역내 무역자유화 논의를 진행 중인 가운데 동남아국가연합(ASEAN) 7개 회원국들은 자유무역지대 설립에 합의했다. EU와 북미자유무역협정(NAFTA) 간 결합구상도 제기되는 등 경제블록화 움직임이 갈수록 활발해지고 있다. 이 밖에 환경 노동문제 등에 대한 다자간 협상에서 선진국과 개도국 간의 첨예한 대립이 예상되는 등 WTO체제는 앞으로 체제 내외의 도전에 적잖이 시달릴 것이다.

3. WTO체제의 원칙

WTO체제는 광범위한 교역활동을 관장하기 때문에 방대하고 복잡하다. 이는 농업, 섬유 및 의류, 금융, 통신, 정부구매, 산업표준, 식품위생규제, 지적재산권 및 기타 수많은 분야들을 관장하고 있는 데 여기에는 몇 가지의 단순하고 기본적인 원칙이 있다. 그와 같은 원칙들이 다자간 무역체제[1]의 기초를 이루고 있는 것이다.

첫째, 차별이 없어야 한다. 교역상대국 간에 차별을 해서는 안 되며, 그들은 모두 동등하게 '최혜국' 또는 최혜국 지위의 자격을 부여받아야 하며, 자국과 외국의 상품, 서비스 또는 자연인 간에도 차별을 해서는 안 된다는 '내국민대우'를 받아야 한다는 것이다. 둘째, 협상을 통하여 점진적 자유화를 추진하도록 보다 자유로운 교역이 이루어져야 한다. 셋째, 예측가능하여야 한다. 즉 외국의 기업, 투자자 및 정부에게 관세, 비관세장벽 및 기타조치 등의 무역장벽이 사의적으로 높아지지 않을 것이며, 보다 많은 관세율 약속 및 시장개방약속이 WTO에 양허될 것이라는 확신을 갖도록 한다는 것이다. 마지막으로 보다 경쟁적이어야 한다. 시장점유율을 확보하기 위해 수출보조금을 지급하거나 상품을 생산비용 이하로 덤핑수출하는 등의 '불공정한(unfair)' 관행을 억제한다는 것이다. 이와 같은 원칙들을 보다 자세히 살펴보면 다음과 같다.

(1) 차별 없는 교역

1) 최혜국대우(MFN)

WTO체제하에서는 국가들이 일반적으로 교역상대국들을 차별할 수 없다. 특정

1) WTO에 의해 운영되는 체제를 말한다. 주요 교역국을 비롯한 대부분의 국가들은 WTO 회원국(Member)이다. 그러나 일부 국가들은 WTO 회원국이 아니기 때문에 '범세계' 또는 '세계'라는 의미 대신 '다자간'이라는 용어가 사용되고 있다. WTO와 관련해서 '다자간'이라는 용어는 또한 '지역적으로' 혹은 '여타의 소단위 국가군'에 의한 행위에 대칭되는 개념으로 받아들여지고 있다. 이는 국제관계의 다른 분야에서는 다른 용도로 사용되는데, 예를 들어 '다자간 안보협정' 등의 경우에는 '다자간'이 '지역적'이라는 의미가 될 수도 있다.

국가에 대하여 특혜, 예를 들어 특정 국가의 상품에 대해 낮은 관세를 부과하는 것 등의 혜택을 부여한다면 다른 모든 WTO 회원국에게도 그와 동등하게 대우해야 하는 것이다. 이러한 원칙이 바로 최혜국대우(MFN)2)이다.

최혜국대우원칙에는 몇 가지 예외가 허용되고 있다. 예를 들어 특정 지역 내에 있는 국가들은 자유무역협정을 체결하여 그 지역 밖에서 수입되는 상품에는 최혜국대우원칙을 적용하지 않을 수도 있다. 또한 불공정하게 교역되고 있다고 판단되는 특정 국가로부터 수입상품에 대해서 무역장벽을 높일 수도 있다. 서비스 분야에서도 제한된 상황에서 차별이 허용된다. 그러나 WTO체제에서는 그와 같은 예외를 엄격한 조건하에서만 허용하고 있다. 일반적으로 최혜국대우는 어느 국가가 무역장벽을 낮추거나 시장을 개방할 때에는 부국이거나 빈국이거나 또는 약소국이거나 강대국이거나에 관계없이 항상 모든 교역상대국으로부터 수입되는 동일한 상품이나 서비스에 대해 같은 대우를 한다는 것을 의미한다.

2) 내국민대우

최소한 외국상품이 국내시장에 수입된 이상 수입품과 국내생산품은 동등하게 취급되어야 한다. 이와 같은 원칙은 외국과 국내의 서비스, 상표, 저작권 및 특허권에 대해서도 똑같이 적용된다. 이것이 외국의 것을 국내의 것과 동등하게 취급한다는 내국민대우(National Treatment)원칙이다.

내국민대우는 상품, 서비스 혹은 지적재산권 항목이 국내시장에 진입했을 경우에만 부여된다. 따라서 수입품에 대해 관세를 부과하는 것이 비록 국내생산품에 대해 동등한 조세가 적용되지 않더라도 내국민대우원칙에 위배되는 것은 아니다.

2) '최혜국'이란 특정 국가에 대해 어떠한 종류의 특별대우를 하는 것을 의미하는 것으로 그 명칭은 다소 모순적인 감이 있다. 그러나 WTO에서는 사실상 무차별을 의미하는 것으로서 모든 국가를 동등하게 대우하는 것을 뜻한다.WTO하에서 최혜국대우는 다음과 같이 적용된다. 즉 각 회원국은 모든 여타 회원국들을 가장 좋은 혜택을 받는 교역상대국(최혜국)과 동등하게 대우한다. 어느 국가가 특정 국가에게 특혜를 베풀 경우에는 다른 모든 국가에게도 똑같은 최상의 대우를 함으로써 모든 국가들이 가장 좋은 혜택을 누릴 수 있도록 하는 것이다. 최혜국대우 지위는 항상 동등한 대우만을 의미했던 것은 아니다. 다수의 초기 양자간 최혜국조약이 체결된 19세기에는 어느 국가가 최혜국 교역상대국들의 그룹에 포함된다는 것이 소속 국가만이 특혜를 누리는 것이었기 때문에 이는 마치 배타적 클럽에 가입하는 것과 같았다. 대부분의 국가가 WTO에 가입한 현재에는 MFN클럽이 더 이상 배타적이지 않다. MFN원칙은 각국이 100개국 이상의 동료 회원국들을 동등하게 대우할 것을 보장하는 것이다.

사례분석

Venezuela and Brazil versus United States
– Different Treatment for Gasolines –
(브라질 · 베네수엘라 대 미국 – 가솔린에 대한 차별대우 –)

미국이 브라질과 베네수엘라의 가솔린 수입에 대한 차별이 존재한다며 WTO 분쟁해결기구에 제소한 사건으로 WTO 출범 후 WTO 분쟁해결절차가 적용된 첫 번째 분쟁 사례이다. 사건의 발단은 미국의 대기오염에 대하여 통제와 예방에 있어서 제한하는 대기정화법(CAA)에 있었다. 대기정화법은 그 기준에 있어 개별기준과 법정기준 두 가지로 나뉘어져 있다. 미국이 국내에서 정제된 가솔린에 비해 수입된 가솔린의 화학적 특성에 대해 엄격한 규정을 적용하였다. 이에 따라 베네수엘라(이후 브라질도 동참)는 미국의 가솔린관련 규정이 동일한 기준하에 있지 않는 관계로 불공정히다고 주장하였다. 즉 베네수엘라의 주장은 미국이 주장하는 건강(GATT 20조 b항) 및 환경보호(GATT 20조 g항)를 이유로 하는 일반적인 WTO규범에 대한 예외조치로서 정당화될 수 없으며 내국민대우(National Treatment) 원칙에 위반한다는 것이었다.

분쟁의 쟁점은 미국이 가솔린에 대한 조치를 이행하기 위해 도입한 기준설정이 내국민대우조항에 부합되는지 혹은 부합되지 않는다면 20조의 예외조항에 의하여 정당화될 수 있는지의 여부로 귀결되었다. 패널(Panel)은 미국의 Gasolines Rules이 미국산 가솔린과 비교하여 외국산 가솔린에 대하여 보다 엄격한 기준을 충족하도록 요구하여 외국산에 대한 차별대우이므로 20조의 예외조항에 따라 정당화될 수 없다고 판정하였다.

이후 미국은 관련 규정을 개정하기로 베네수엘라와 합의하고 1997년 8월 26일 미국은 1997년 8월 19일자로 새로운 법률을 제정 · 공포하였음을 WTO 분쟁해결기구에 보고하였다.

(2) 보다 자유로운 무역 : 협상을 통한 점진적 자유화

무역장벽을 낮추는 것은 무역을 장려하는 가장 확실한 수단이다. 문제의 무역장벽에는 통관부과금(또는 관세) 및 선별적으로 수량을 제한하는 수입금지나 쿼터와 같은 조치가 해당된다. GATT체제 출범 이래로 8차의 다자간 협상이 있었는바 초기에는 그와 같은 협상이 수입품에 대한 관세인하에 초점이 맞추어졌다. 그와 같은 일련의 협상결과 1980년대 후반까지 공산품에 대한 선진국의 관세율은 약 6.3%까지 지속적으로 인하되었다. 그러나 1980년대에는 상품에 대한 비관세장벽뿐만 아니라 서비스 및 지적재산권 같은 새로운 분야까지 협상의 대상이 되었다.

시장개방을 통해 혜택을 입을 수도 있지만 구조조정 역시 요구된다. WTO체제는 국가들이 '점진적인 자유화'를 통해 점차적으로 변화를 수용할 수 있도록 하고 있다. 개도국들에게는 일반적으로 의무를 이행하도록 하는 데 보다 긴 시간이 주어진다.

(3) 예측가능성 : 구속력 있는 약속의 제시

무역장벽을 높이지 않겠다는 약속은 기업들이 미래의 기회에 대한 보다 명확한 전망을 할 수 있게 하기 때문에 때때로 무역장벽을 낮추는 것만큼 중요할 수 있다. 안정성과 예측가능성이 있을 경우에 투자가 장려되고 일자리가 창출되며, 소비자들은 선택폭의 확대와 저렴한 가격이라는 경쟁의 혜택을 충분히 향유할 수 있게 된다. 다자간 무역체제는 기업의 영업환경을 보다 안정되고 예측가능하도록 하기 위한 각국 정부의 시도에서 비롯된 것이라고 할 수 있다.

WTO에서는 국가들이 상품이나 서비스시장을 개방할 것에 합의할 때 그들의 약속을 제시(양허)한다. 상품의 경우 그와 같은 양허는 관세율의 상한선을 설정하는 것이다. 국가들은 수입품에 대해 양허율보다 낮은 세율을 부과하기도 하는데, 이는 개도국의 경우에 자주 있는 일이다. 선진국의 경우에는 실행세율(applied tariff rate)과 양허세율(bound tariff rate)이 동일한 것이 일반적이다. 어느 국가든 그와 같은 양허를 변경할 수는 있으나 이를 위해서는 반드시 교역상대국들과 보상협상을 해야 한다. 우루과이라운드(UR)협상 성과 중의 하나는 양허하에서의 교역량을 증대시킨 것이다.

다자간 무역체제는 다른 방식을 통해서도 예측가능성과 안정성을 제고시키기 위해 노력한다. 한 가지 방법은 수입물량에 대해 상한선을 설정하는 쿼터(Quota)나 기타 조치의 사용을 억제하는 것이다. 쿼터의 관리는 보다 많은 행정적 절차와 불공정한 운용에 대한 비난을 야기한다. 또 다른 방법은 각국의 무역규범을 가능한 한 명확하고 공개적으로 하도록 하여 투명성(transparency)을 가지는 것이다. WTO체제는 각국 정부로 하여금 그들의 정책과 관행을 국내에서 공개적으로 발표하거나 WTO에 통보하도록 요구하고 있다. WTO의 다자간 무역협정 중 무역정책검토제도(TPRM)를 통해 각국의 무역정책을 정기적으로 검토하는 것은 국내적으로나 다자차원에서 투명성을 더욱 장려하는 수단이 되고 있다.

(4) 공정경쟁의 촉진

WTO는 간혹 자유무역기구로 표현되기도 하지만 이는 전적으로 정확한 표현은 아니다. 다자간 무역체제는 관세를 허용하고 있고 제한된 상황하에서는 다른 형태의 보호를 허용하기도 한다. 더욱 정확하게 표현하자면 이는 개방되고 공정하며 비왜곡적인 경쟁을 위한 규범체제이다.

최혜국대우(MFN)와 내국민대우(NT) 같은 무차별에 관한 규정은 교역의 공정한 조건을 보장하기 위한 것이다. 시장점유율 확보를 위해 생산가격 이하로 수출하는 행위인 덤핑(dumping)과 보조금(subsidy)에 관한 규정도 마찬가지이다. 그와 같은 이슈들이 매우 복잡하므로 규범들은 무엇이 공정하고 혹은 불공정한지의 기준을 설정하고 정부가 어떻게 대응할 수 있는지 특히 불공정한 무역(unfair trade)으로부터 야기되는 피해를 보상하기 위해 신정된 추가적 수입부과금을 부과하는 등 정부의 대응조치를 설정하기 위해 노력한다.

(5) 경제개발 및 개혁의 장려

WTO체제가 개발에 공헌한다는 사실은 경제학자와 무역관련 전문가들에게도 널리 인식되어 있다. 또한 최빈개도국(LLDC)들이 협정을 이행하는 데 소요되는 시간에 융통성이 필요하다는 사실도 인식되어 있다. 뿐만 아니라 WTO협정들은 개도국들에 대한 특별지원 및 양허 등을 허용하고 있다.

WTO 회원국의 3/4 이상이 개도국과 시장경제체제로의 전환국들이다. 7년 반의 우루과이라운드 협상기간에 개도국 중 60개국 이상이 무역자유화프로그램을 자발적으로 이행했다. 동시에 개도국 및 체제전환국들은 우루과이라운드협상에서 과거의 그 어느 협상에서보다도 훨씬 적극적이었고 커다란 영향력을 행사했다.

그와 같은 경향은 다자간 교역체제가 오직 선진국을 위해서만 존재한다는 관념을 효과적으로 타파했다. 이는 또한 개도국에 대한 특정 GATT규정 및 협정으로부터의 의무면제의 혜택을 중요시했던 과거의 정책에 변화를 야기하였다.

우루과이라운드협상 종반에 개도국들은 선진국들에게 요구된 대부분의 의무를 수용할 준비가 되어 있었다. 그러나 WTO협정들은 개도국, 특히 매우 빈곤한 최빈개도국들에게 아직은 익숙하지 않거나 혹은 이행이 어려운 WTO규정의 이행을 위한 과도기간을 부여했다. 우루과이라운드협상 종반에 채택된 각료결정은 최빈개도국들에게 WTO협정을 이행하는 데에 있어서 추가적인 융통성을 부여했다. 즉 경제형편이 나은 국가들은 최빈개도국들이 수출하는 상품에 대해 시장접근약속의 이행을 가속화하고 그들에 대한 기술지원의 증대를 모색하도록 한 것이다.

4. GATT와 WTO체제의 비교

우루과이라운드협상의 결과로 탄생한 WTO는 다자간 무역체제에 의한 전 세계의 자유무역을 확대하고 국가 간의 공정무역체제를 확립하기 위하여 1995년 1월 1일 공식적으로 출범하였다. WTO의 주요 기능은 다자간 무역협정(MTA) 및 복수 간 무역협정(PTA)의 관리 및 이행, 다자간 무역협상의 주도, 회원국 간의 무역분쟁해결, 각 회원국의 감독 등을 들 수 있다.

GATT와 비교하여 WTO의 특징을 든다면 WTO는 국제무역질서를 유지하기 위하여 공식적인 기구로서 상품, 서비스, 지적재산권 등 광범위한 분야를 다루고 있으며 특히 WTO는 GATT체제와 비교하여 실질적인 분쟁해결능력을 갖춘 기구가 되기 위하여 산하에 다자간 무역협정 중의 하나인 '분쟁해결규칙과 절차에 관한 양해각서(DSU)'에 근거하여 분쟁해결기구(Dispute Settlement Body : DSB)가 설치되어 일원화된 채널을 통하여 모든 분쟁해결을 담당한다는 것이다.

또한 다자간 무역협정 중의 하나인 '무역정책검토제도(TPRM)'에 근거하여 WTO 산하에 무역정책검토기구(Trade Policy Review Boby : TPRB)를 설치하여 각 회원국들의 협정 이행 여부와 회원국들의 전반적인 무역제도의 투명성(Transparency)을 제고하기 위하여 각 회원국의 무역정책과 관련 제도 및 관행을 주기적으로 평가[3]하고 있다.

GATT와 WTO의 몇 가지 중요한 차이점을 정리하여 보면 다음과 같다.

첫째, WTO는 구성원을 회원국(Member)이라고 부르는 반면 GATT에서는 구성원을 계약체결국(체약국 : Contracting party)이라고 표현한다.

3) WTO 회원국 중 1위에서 4위 교역국, 즉 4대 교역국(Quad 4국)인 미국, EU(영국, 프랑스, 독일, 이탈리아), 캐나다, 일본 등은 2년을 주기로, 우리나라를 포함하여 5위에서 20위 교역국은 4년을 주기로 검토를 받고 나머지 국가들은 6년을 주기로 무역정책 검토를 받아야 한다.

그림 6-1 **GATT와 WTO협정의 비교**

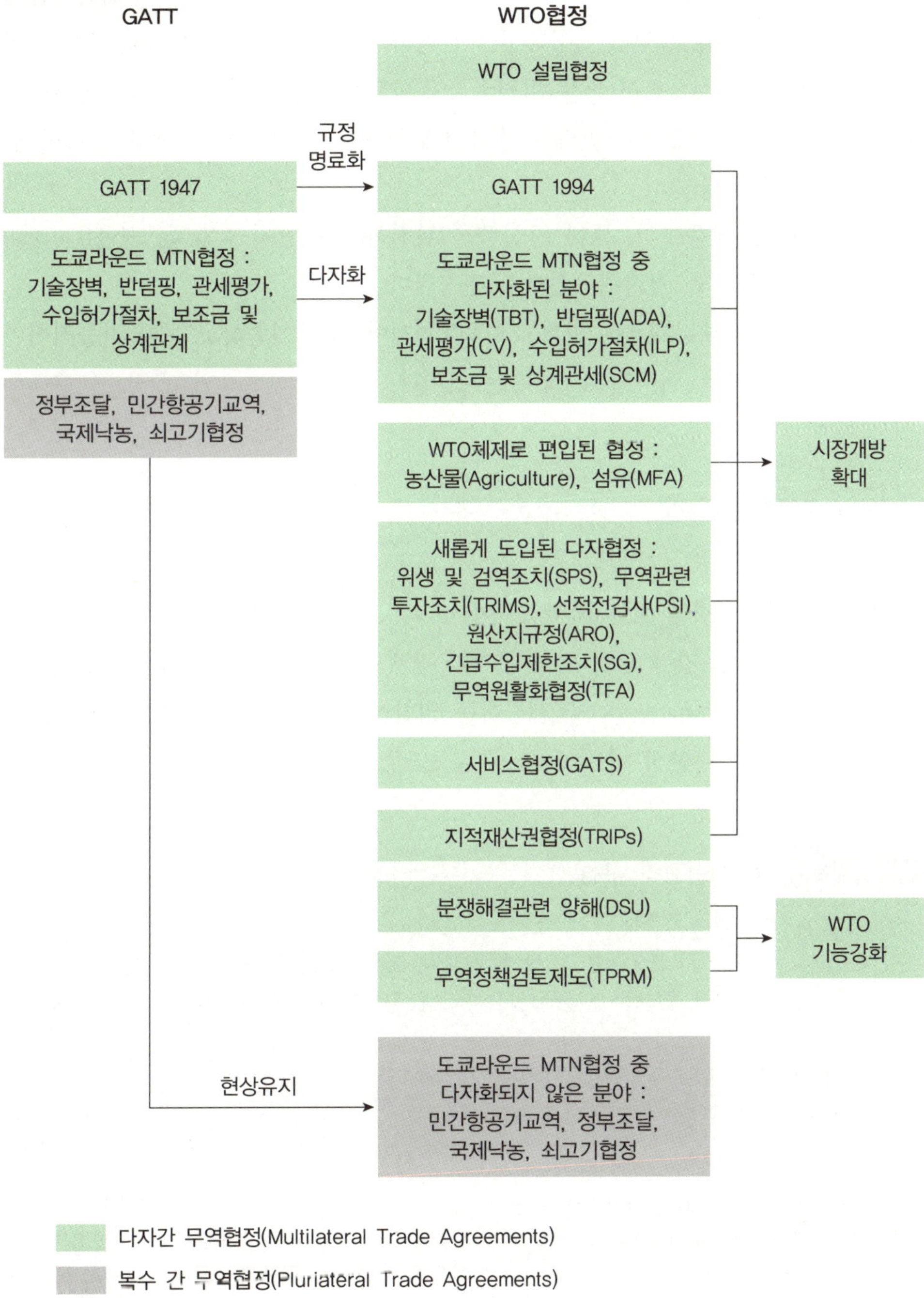

둘째, GATT는 기구가 아니라 하나의 협정에 지나지 않았고 WTO는 정식기구라는 점이다. 즉 GATT는 임시적이며 잠정적으로 존재했다. 일반협정은 회원국들의 의회에서 비준되지 않았으며, 기구창설에 관한 규정도 없다. 반면에 WTO 및 그 협정문들은 영구적인 것으로서 모든 회원국들이 WTO협정들을 비준했고 그 협정문들이 WTO의 기능을 규정하고 있다는 점에서 WTO는 국제기구로서 매우 튼튼한 법적 근거를 갖고 있다.

셋째, GATT는 상품교역, 특히 공산품을 관장하는 반면에 WTO는 상품(Goods)뿐만 아니라 서비스와 지적재산권까지 관장한다.

넷째, WTO 분쟁해결체제는 과거의 GATT체제에 비해 신속하고 보다 자동적이며 또한 그 판정 채택은 저지될 수 없다는 것이다.

5. WTO협정의 구성

WTO는 국제법인격을 갖는 국제기구이다. WTO는 WTO설립협정 부속서(Annex)에 첨부된 협정들과, 기타 관련 법적 문서와 관계되는 회원국 간 무역문제에 대하여 공통된 제도적 틀(Framework)을 제공하는 역할을 담당한다. WTO가 관할하게 되는 부속협정[4]들은 다음과 같다.

살펴보기 WTO협정의 구성

(1) Annex 1A : 상품무역에 관한 협정(13개 협정)
(GATT 1994, 농업, 위생 및 검역, 섬유, 기술장벽, 무역관련 투자조치, 반덤핑, 관세평가, 선적전검사, 원산지규정, 수입허가절차, 보조금 및 상계관세, 세이프가드)

(2) Annex 1B : 서비스무역에 관한 일반협정(GATS)

(3) Annex 1C : 무역관련 지적재산권협정(TRIPs)

4) WTO 부속협정은 모두 21개 협정으로 구성되는데 이 중 부속서 1에서 부속서 3까지의 17개 협정은 다자간 무역협정(Multilateral Trade Agreement : MTA)으로 구성되고, 부속서 4의 4개 협정은 복수간 무역협정(Plurilateral Trade Agreement : PTA)으로 구성된다. 또한 참고로 부속서 1은 다시 A, B, C로 나뉘는데 부속서 1A는 상품무역에 관한 협정으로 모두 13개의 협정으로 구성되며, 부속서 1B와 1C는 새롭게 관장하게 되는 서비스와 지적재산권에 관한 협정이다.

(4) Annex 2 : 분쟁해결규칙 및 절차에 관한 양해각서(DSU)
(5) Annex 3 : 무역정책검토제도(TPRM)
(6) Annex 4 : 복수 간 무역협정(PTA)
(민간항공기 무역협정, 정부조달협정, 국제낙농협정, 국제우육협정)

상기의 부속협정들 중 부속서 1(A, B, C), 부속서 2, 부속서 3은 다자간 무역협정(MTA)으로서 모든 WTO 회원국을 구속하게 되고, WTO협정과 일체(integral part)를 이룬다. 즉 과거에 GATT 체약국과 회원국도 서로 다르고 법률적으로도 구분되었던 9개의 도쿄라운드 다자간 무역협상(MTN) 코드(Code) 중 기술장벽, 반덤핑, 관세평가, 수입허가절차, 보조금·상계관세협정 등 5개 협정은 우루과이라운드(UR) 협상 결과의 일괄수락원칙에 따라 GATT 1994와 법률적으로 일체를 이루게 된 것이다.

그러나 부속서 4에 수록된 정부조달협정 등 4개 협정은 모든 WTO 회원국을 구속하는 것이 아니라 동 협정들을 수락한 회원국에 대해서만 WTO 설립협정의 일부로 작용하게 되며 이를 수락하지 않은 기타 WTO 회원국에 대해서는 권리와 의무에 아무런 영향을 미치지 않는다. 이들 협정들은 우루과이라운드협상과정에서도 별도의 트랙(Track)으로 기존의 회원국 간에만 협상이 이루어져 왔으며, 다른 모든 WTO 회원국에 대하여 동 협정에 가입하도록 하는 것도 사실상 어려운 점이 많았기 때문에, 도쿄라운드 경우와 같이 복수 간 무역협정(Plurilateral Trade Agreement : PTA)으로 남게 된 것이다. 따라서 이들 복수 간 협정의 수락, 가입, 발효, 탈퇴, 개정 등 동 협정의 운영도 WTO협정규정이 아닌 개별협정 자체의 규정에 따르게 된다.

읽고가기 | 안전, 건강, 환경보호 등을 명분으로 한 비관세장벽

무역협정 체결을 통한 자유무역의 실현과 상호 무역이익을 도모하고자 하는 국가 간 FTA 체결 움직임이 가속화되고 있는 가운데 자국민의 안전, 건강, 환경보호 등을 명분으로 한 비관세장벽의 조건이 날로 까다로워지고 있다. 이는 무역에서 실질적인 기술장벽(Technical Barriers to Trade : TBT)으로 작용하면서 글로벌기업들이 매우 유의해야 할 현실적인 문제가 되고 있다.

특히 특정 국가 또는 경제블록에서 기술표준의 부합성을 증명하는 인증획득 요구 또한 점차 증가하고 있다. 따라서 해외규격인증 획득은 글로벌기업이 수출을 위해 갖춰야 할 필연적인 요소가 되고 있다.

각국의 비관세 기술장벽인 해외규격인증의 유형은 제품인증은 물론 기업경영체제를 비롯해 유해물질 제조공정, 신화학물질관리 등 환경과 관련된 분야에 이르기까지 인증유형 분야가 점점 다양해지고 있다. 세계적으로 통용되는 해외규격인증 90여 개 중 가장 많이 적용되는 인증은 미국의 NRTL을 비롯한 유럽의 CE, 중국의 CCC를 들 수 있다.

NRTL(Nationnally Recognized Testing Laboratory)은 미국 노동부 산하 직업안전청에서 인증한 국가지정시험소인증으로 산업용품에 대하여 작업자의 안전을 위한 전기장비, 화재방지 및 진화장비 등 37개 분야 700여 개 품목이 해당된다.

CE(Comunaute Europeenne)는 유럽연합(EU)의 통합규격 강제인증제도로 유럽에서 유통되는 상품 중 소비자의 건강, 안전, 위생 및 환경보호의 면에서 위험성이 있다고 판단되는 제품을 21개 품목군으로 분류하여 적용한다.

CCC(China Compulsory Certification)는 중국 내 소비자와 동식물의 안전 및 환경보호를 위해 실시하는 일종의 상품검사제도로서 적용대상은 전기스위치, 가정용 전기제품, 음향 및 영상제품 등 135개 품목이며 CCC인증을 획득하지 못할 경우 중국 안에서 통관을 불허하고 있다.

6.2 WTO협정하의 분야별 무역환경

1. 상품협정

상품에 관한 국제무역을 규율하는 WTO 국제규범은 GATT 1994와 함께 상품무역과 관련된 각 분야별 협정들이다. 상품무역과 관련된 각 분야별 협정은 GATT규범에 규정되어 있으나, 구체적이고 상세히 규정되어 있지 않거나 별도의 규정으로 보완할 필요성이 있는 부분에 대하여 세부적인 규정을 설정함으로써 GATT규범을 보완하고 있다. 상품무역관련 협정을 살펴봄에 있어서 반덤핑협정과 상계관세협정, 세이프가드협정은 제7장 WTO의 무역구제제도에서 상세히 다루기로 한다.

(1) 농업협정

1) 배경

농산물은 UR협상에서 가장 난제였던 분야로서 1994년 4월 15일 마라케시 각료회의에서 GATT 체약국들은 우루과이라운드(UR) 최종협정에 서명함으로써 7년 반 동안의 UR협상이 타결되었다. 이 과정에서 농산물협상은 UR협상 타결의 가장 중요하면서도 어려운 분야였다. 이는 각국이 시장개방과 보조금 감축을 통해 세계농업을 보다 시장원리에 맞게 개혁하자는 일반원칙에 대해서는 일찍 합의가 이루어져 왔으나 농업이 지니고 있는 정치 및 사회적 민감성으로 인해 획기적인 시장개방과 농정개혁에 대해서는 선뜻 합의를 이룰 수 없었기 때문이다.

UR 농업협상은 세계농산물교역을 확대하고 국제농산물시장에서 공정경쟁이 이루어지도록 하는 데 그 목적이 있었다. 이를 위해 농업 분야에 광범위하게 주어진 무역왜곡적 지원을 줄여나가는 방법으로 크게 시장개방, 국내보조, 그리고 수출보조의 세 분야로 나뉘어 논의가 이루어졌다.

우선 시장개방 분야에서는 수입국들의 수입제한장벽을 철폐하고 관세를 대폭 삭감하여 시장을 개방하고 교역을 확대하자는 방향으로 논의가 진행되었다.[5] 국내보조 분야에서는 농업에 지원되는 각종 보조금을 허용대상과 감축대상으로 분류하여 감축대상보조는 점진적으로 감축해 나가는 한편, 수출보조금은 직접적으로 국제시장을 크게 왜곡시키므로 국제시장의 공정성 회복을 위해 대폭적으로 줄여나가는 방향으로 논의가 이루어졌다. 이에 따라 UR 농업협상 결과 수입제한 등 모든 비관세장벽은 관세로 전환되었으며, 모든 관세는 단계적으로 인하되고, 국내보조 중 생산이나 가격에 영향을 미치는 지원은 감축대상보조로 규정하여 삭감하고, 수출보조는 예외 없이 감축해 나가자는 데 합의를 보았다.

---

5) 농업협정 제4조에서는 원칙적으로 관세화를 통한 시장개방을 하여야 하며, 수량제한 등의 비관세조치들을 금지하고 있다. 그러나 관세화 예외품목, 즉 식량안보 등 비교역적 관심에 따른 특별대우품목은 관세화로부터 예외로 하되, 최소시장접근 기회를 확대해 나가야 하며, 이행기간 1차 연도(1995년)에 국내소비량의 4%에 상응하는 시장접근 기회를 설정, 잔여 이행기간 동안 매년 0.8%씩 증가하여야 함을 규정하고 있다. 또한 특별 대우품목 중 개도국의 전통적 식생활에서 가장 중요한 농산물은 이행기간 1차 연도(1995년)에 국내소비량 1%에 상응하는 시장접근 기회를 설정, 5차 연도까지 매년 0.25%씩 증가시키며, 6차 연도부터는 매년 0.5%씩 증가시켜 10차 연도에는 4%에 도달할 것을 규정하고 있다.

GATT 제7차 도쿄라운드까지의 다자간 무역협상과는 달리 우루과이라운드 농산물협상은 비관세장벽의 철폐와 관세화, 농산물의 국제교역규범의 골격마련은 물론 국내농업정책까지 규제하는 획기적인 협상이었다. 그러나 미국 및 농산물 수출국 그룹인 케언즈(Cairns)그룹 국가들은 UR협상이 농업개혁과 무역자유화에 미친 효과가 미미했다고 평가하며, 차기협상에서 실질적이고 가시적인 무역창출효과를 얻기 위해서는 수입국들의 대폭적인 시장개방이 필요하다고 주장하고 있다. 반면에 우리나라를 비롯한 일본 등 농산물 수입국들은 관세의 인하 등 시장접근의 개선과 생산보조금의 감축이행으로 수입이 증대하고 재고가 감소함에 따라 세계농산물가격이 전반적으로 상승했다고 주장하며, UR협상의 결과로 수출국의 이해가 반영되었다고 평가하고 있다. 농산물 수입국들은 차기 농업협상 추진에 있어서 신축적이고 점진적인 접근방식을 채택하자는 입장을 견지하며, 농업보호의 이론적 기초가 되는 비교역적 고려사항(Non-Trade Concern : NTC) 및 농업의 다원적 기능을 부각시키는 데 주력하고 있다.

2) 주요 내용

① 협정문의 구성

WTO 농업협정은 21개 조항과 5개 부속서로 구성되어 있다.

② 대상품목(제2조)

WTO 농업협정 제2조는 협정의 적용대상품목에 관한 내용을 규정하고 있으며, 수산물은 농업협정대상에서 제외되었다.

③ 시장접근(제4조)

농업협정에서는 원칙적으로 관세화를 통한 시장개방을 하여야 하며, 수량제한 등의 비관세조치들을 금지하고 있다. 그러나 관세화 예외품목, 즉 식량안보 등 비교역적 관심에 따른 특별대우품목은 관세화로부터 예외로 하되, 최소시장접근 기회를 확대해 나가야 하며, 이행기간 1차 연도(1995년)에 국내소비량의 4%에 상응하는 시장접근 기회를 설정, 잔여 이행기간 동안 매년 0.8%씩 증가하여야 함을 규정하고 있다. 또한 특별 대우품목 중 개도국의 전통적 식생활에서 가장 중요한 농산물은 이행기간 1차 연도(1995년)에 국내소비량 1%에 상응하는 시장접근 기회를 설정, 5차년도까지 매년 0.25%씩 증가시키며, 6차년도부터는 매년 0.5%씩 증가시켜 10차년도에는 4%에 도달할 것을 규정하고 있다.

④ 특별긴급수입제한조치(제5조)

관세화 및 관세상당치 인하의 시장개방약속을 이행함에 따라, 특정 품목의 수입가격이 기준 이하로 급격히 하락하거나 수입물량이 기준 이상으로 급증하는 경우에 사후적으로 관세를 추가적으로 인상함으로써, 수입국의 부정적 영향을 축소시킬 수 있는 SSG제도가 규정되어 있다. 이는 관세화의 보완장치로서 비관세장벽의 철폐를 통해 일반관세로 전환한 품목에 대해서는 특별긴급수입제한조치가 허용되어 수입량이 급증하거나 수입가격이 크게 하락하는 경우, 기존 관세수준의 1/3까지 추가적인 관세부과가 가능하도록 히고 있나. 다만 특정한 가격 및 물량기준하에 발동이 가능한 동 제도는 관세화대상품목에 한하며 이행기간 동안 관세인상만으로 구제조치가 이루어져야 한다. 또한 시장접근양허의 일부로 설정된 최소시장접근과 현행시장접근에 따른 수입물량은 긴급피해조치 발동을 위한 수입량 산정에는 포함되나 관세인상의 대상에서는 제외된다고 규정하여, 최소 및 현행시장접근 물량을 계속 보장토록 하고 있다. 그리고 이미 계약이 완료되어 운송 중에 있는 물량에 대해서는 이를 수입량 산정에 반영할 수 있으나 당해연도 관세인상에는 제외시켜 수출국의 이익침해를 방지하고 있다.

⑤ 국내보조(제6~7조, 부속서 3)

국내보조와 관련된 정책은 생산 및 무역에 미치는 영향 유무에 따라 허용대상과 감축대상으로 분류하되 허용대상기준을 충족시키지 못하는 모든 국내보조는 감축대상보조로 간주된다. 허용대상보조는 협상 타결 이후에도 계속 지원이 가능하나 감축대상 보조는 약속된 수준까지 매년 줄여나가야 한다. 이에 따라 농업협정문 부속서 2에서는 구체적인 허용대상정책의 유형 및 기준이 제시되었다. 우선 허용대상정책을 크게 정부서비스와 생산자에 대한 직접지불로 분류하고 세부정책들을 예시하고 있다. 또한 허용대상으로 분류된 정책들이 갖추어야 할 일반적 허용기준으로 두 가지 조건이 충족되어야 하는데, 그것은 소비자로부터의 이전이 아닌 공공재정지출에 의한 지원일 것과 생산자에 대한 가격지지효과가 없어야 한다는 것이다.

이와 같이 일반적 기준과 정책별 구체적 기준을 동시에 만족하여야만 허용대상정책으로 분류되고 나머지는 감축대상으로 간주되는 농업협정상의 분류방법에 따라 시장가격지지 및 투입재보조 등은 감축대상 국내보조로 설정되었다. 또한 미국과 EU 간의 합의에 의해 생산제한하 직접지불정책은 일정요건의 충족 아래서 감축이행이 면제되었다(Blue Box).

아울러 감축대상 국내보조에 대해서는 농업보호 총량측정액(Total AMS)을 기준으로 하여 1986~88년으로 계산된 국내보조수준을 1995~2000년의 이행기간 동안 20% 이상 감축토록 하였다. AMS(Aggregate Measurement of Support)란 보조총액측정치라고 번역하기도 하는데 감축대상보조를 모두 합친 금액을 말하며, 각국은 기준년도의 평균 AMS를 연도별로 감축해 나가야 한다. 그러나 최소허용보조 비율(de minimis)조항을 설정하여 해당 연도 특정 품목의 지원이 해당 품목 총생산액의 5%를 초과하지 않는 품목 특정적 보조와 농업생산액의 5%를 초과하지 않는 품목불특정보조의 경우에는 총량측정액 계산에서 제외함으로써 감축의무가 면제된다. 한편 개도국의 경우에는 시장개방부문에서의 특별대우와 같은 맥락에서 국내보조 감축률(선진국의 2/3수준), 이행기간(10년), 최소허용보조율(10%)을 선진국보다 유리하게 완화시켜줌과 동시에 농업에 대한 일반적 투자보조, 저소득계층에 대한 투입재보조, 그리고 마약작물의 작물전환지원 등에도 감축의무를 면제시켜주고 있다.

⑥ 수출보조(제8~11조)

UR 농산물협상 수출보조 분야에서는 우선적으로 수출보조금을 정의하고, 이를 기초로 향후 감축할 수출보조금의 범위와 감축방식 등이 구체화되어 있다. 농업협정문 제9조 1항에서는 6가지 감축대상 수출보조유형을 예시하여 포괄적으로 기술하고 있고, 특히 제8조와 제9조 3항에서 수출보조에 대한 약속이행 및 수출보조범위 확대에 대한 제한을 엄격히 규정하고 있다. 제8조는 협정문 및 해당 회원국의 이행계획서에 제시된 약속이행과 일치하지 않는 수출보조금을 지급치 아니한다고 규정하고 있고, 제9조 3항은 수출보조범위 확대에 관한 약속은 양허표에 제시된 대로 이행해야 함을 규정함으로써 신규시장이나 신규품목에 대한 수출보조나 수출보조의 재도입에 대한 제한을 명시하고 있다.

더욱이 농업협정문 제10조는 수출보조 감축약속의 우회행위에 대한 제한으로 감축대상이 아닌 수출보조가 감축이행약속을 우회하는 결과를 초래하거나 그러한 우려가 있는 방법으로 운영되어서는 안 된다고 규정하고 있다. 한편 감축대상 수출보조로 예시되지 않은 수출신용, 수출신용보증 및 수출보험에 대해서는 이를 규율하기 위한 국제적 규범 도출에 노력하고, 향후 합의될 국제규범에 따라서만 이들을 제공키로 합의하였으며, 국제식량원조도 가급적 최대한 무상원조의 형태로 제공되어야 함을 규정하여 수출보조의 수단으로 사용되는 것을 제한하고 있다. 농업협정문 제9조 1항에 규정된 6가지 감축대상 수출보조유형은 다음과 같다.

㉠ 수출수행을 조건으로 하는 정부 또는 정부대행기관의 현물을 포함한 직접보조
㉡ 비상업적 재고 수출을 위해 국내구매가격보다 낮은 가격으로 판매 및 처분
㉢ 정부의 활동으로 조성된 재원을 통한 수출보조
㉣ 수출농산물의 출하, 등급, 국제운송비 등 유통비용 절감지원
㉤ 수출농산물의 국내운송비 지원
㉥ 수출상품에 사용되는 것을 조건으로 한 원료농산물에 대한 보조

그러나 개도국의 경우 이행기간 중에 위의 감축대상 수출보조에서 ㉣과 ㉥의 수출보조에 대해서는 우회적인 방법으로 지원되지 않는 한 감축약속 이행의무에서 면제된다. 이와 같은 감축대상 수출보조의 경우는 1986~90년을 기준으로 1995년부터 6년 동안 재정지출의 36%와 보조물량의 21%를 감축하는 데 합의하였으며, 반면에 개도국은 우대조치로써 10년의 이행기간 동안 각각 수출보조지출의 24%와 물량의 14%를 감축하도록 규정하고 있다.

(2) 식품위생과 동식물검역조치협정

1) 배경

식품위생과 동식물검역조치(Sanitary and Phytosanitary Measures : SPS)란 동·식물의 해충 또는 질병, 식품·음료·사료의 첨가제, 독소, 질병원인체 등에 의해 시행되는 조치를 말한다.

WTO가 출범하기 전에는 각국의 동·식물 위생관련 규제는 GATT 제20조 (b)에

따라 GATT규범의 예외로 취급되어 왔다. GATT 제20조 (b)에는 "본 협정의 어떠한 규정도 체약국이 다음의 조치를 채택하거나 실시하는 것을 방해하는 것으로 해석되어서는 아니 된다. 단, 이러한 조치가 동일한 조건하에 있는 국가 간에 자의적이며 불공평한 차별의 수단 또는 국제무역에 대한 위장된 제한조치로 사용되지 않을 것을 조건으로 한다. … (b) 인간 및 동식물의 생명 혹은 건강의 보호를 위하여 필요한 조치"라고 규정되어 있다.

그러나 UR협상 결과 농산물 무역이 자유화되는 과정에서 각국의 동·식물위생관련 제도가 하나의 비관세 무역장벽으로 등장할 가능성이 증대됨에 따라, 위생 및 검역관련 제도에 대한 다자간 규범 마련의 필요성이 제기되었다.

위생 및 검역조치 적용에 관한 협정(SPS)은 농업협정과 밀접하게 연관되어 있다. 인간, 동물 또는 식물의 생명과 건강을 보호하기 위하여 필요할 경우에 무역을 제한하는 정부의 권리는 GATT 제20조 (b)에 의해서 항상 인정되었으며, 다만 그러한 제한조치는 동일한 상황에 있는 국가를 부당하게 차별하는 방법으로 적용하거나, 무역제한을 위장하는 수단으로 적용되어서는 안 된다. 그러나 다수 국가는 관세화의 결과로 농산물에 대한 비관세장벽이 금지됨에 따라 위생 및 검역을 이유로 하여 무역에 대한 부당한 제한의 사용은 더욱 증가할 것을 우려하였다. 이러한 위협에 대처하기 위하여 새로이 고안된 SPS협정은 1973~79년 중 도쿄라운드협상에서 채택된 무역에 대한 기술장벽협정을 모델로 하고 있으며, 협정 자체는 우루과이라운드에서 협상되었다.

SPS협정의 목적은 식품의 안전과 동식물의 건강을 보호하기 위한 정부의 조치가 무역에 미치는 효과를 최소한으로 유지하는 것이다. 이 협정은 해충과 질병으로부터 동식물의 건강을 보호하고, 식품 및 사료의 위험(가령 독소 또는 잔류 살충제)으로부터 인간과 동물의 건강을 보호하거나 동물을 통한 질병(가령 광견병)으로부터 인간을 보호하기 위하여 취하는 모든 조치에 적용된다. 협정은 이러한 목적의 조치를 취할 수 있는 정부의 권리를 인정하고 있다. 그러나 이러한 조치는 생명 또는 건강을 보호하기 위하여 필요한 범위 내에서만 적용되어야 하며, 과학적 원리에 기초하여야 하고, 과학적 증거가 없을 경우에는 유지될 수가 없다. 이는 SPS조치는 실험실내의 검사와 분석에 기초해서, 그리고 식품안전에 대한 순수한 우려와 동식물의 건강에 대한 심각한 위협이 확인된 경우에만 시행될 수 있음을 의미한다. 그러나 충분한 과학적 자료가 아직 확보되지 않았더라도 정부는 잠정적으로 예비적 제한을 부과할 수 있다. 이러한 조치는 동일하거나 유사한 상황에 있는 회원국을 자의적으로 또는 부당하게 차별할 수 없으며, 무역제한을 위장하는 수단으로 사용될 수 없다.

이러한 의무의 이행과 관련하여 SPS협정 제3조는 정부에게 본질적으로 두 가지 선택대안을 제시하고 있다. 첫 번째 대안은 관련된 국제기구가 존재할 경우 여기서 개발된 표준, 지침 및 권고에 기초하여 조치를 결정하는 것이다. 또 다른 대안으로 과학적 근거가 있거나, 제5조의 기준에 의하여 평가할 때 높은 수준의 보호를 적합한 것으로 인정하여야 할 위험이 존재하는 경우에는 높은 수준의 보호조치를 취할 수 있다. 이러한 위생 또는 검역보호의 적절한 수준은 흔히 수용가능한 위험수준이라고 지칭된다.

SPS협정의 적용에 있어서 중요한 이슈는 각국 정부가 수용가능한 위험이 무엇인지에 대하여 충분한 근거 없이 결성을 변경하고, 이를 통해 차별 또는 위장된 무역제한을 초래하지 않고 일관성 있는 결정을 내릴 것인지, 그리고 국제적 표준을 적용하지 않는 경우에는 그렇게 하지 않는 충분한 이유가 있는지의 문제이다. 관련된 국제적 표준이 존재하지 않는 경우에는 위험평가에 기초하여 조치가 이루어져야 한다. 국제적 표준, 지침 또는 권고에 기초하는 조치는 SPS협정에 합치되는 것으로 추정된다. WTO 자신은 기술적 표준을 제정하지 않을 것이나, 협정은 식량농업기구 및 세계보건기구(FAO/WHO), 국제식품규격위원회(CODEX), 국제수역사무국(OIE), 그리고 국제식물보호협약(IPPC)의 체제하에서 활동하는 기구들을 언급하고 있다.

협정은 WTO 회원국이 이들 기구의 활동에 전면적으로 참여하고, 가능한 한 광범하게 SPS조치를 조화시킬 것을 요구하고 있다. 회원국들은 동일한 수준의 건강보호를 가져오는 다른 국가의 관행을 동등한 것으로 인정하여야 한다. 이 규정은 다른, 그리고 어쩌면 기술적으로 덜 정교한 조치가 동일하게 안전한 물품을 보장할 수도 있음을 인정하고 있다. 공급국의 다른 지역에 질병이 존재하는 경우에도, 질병이 없는 지역이나 당해 해충 또는 질병의 가능성이 낮은 지역에서 수입될 경우에는 이를 고려하여야 한다.

협정 부속서(부속서 C)는 회원국이 사용할 통제·검사 및 승인절차의 요건을 구체적으로 정하고 있으며, 이에는 내국민대우·공표 그리고 수수료를 실제 발생비용에 한정하는 것 등에 관한 GATT의 규정과 유사한 요건이 포함된다. 또한 회원국이 취하는 SPS조치의 투명성을 확보하기 위하여 구체적 규범이 채택되었으며, 이에는 새로운 규제가 제안되거나 규제가 변경되었을 경우, 이것이 관련된 국제적 표준과 상이할 경우에는 이를 통보해야 하는 요건이 포함되어 있다. 각 회원국 정부는 이러한 조치에 대한 정보를 제공하기 위하여 단일 문의창구를 설치하여야 한다.

SPS위원회는 협정의 시행을 감독하고, 구체적인 양자적 무역문제에 관하여 회원국들이 협의하는 기회를 제공하며, 협정규정의 시행을 용이하게 하는 장치의 개발을 책임지고 있다. 위원회는 협정의 운영상황을 검토하여야 하며, 제1차 검토는 1998년에 이루어질 것이다. 또한 위원회는 국제적인 조화와 국제적 표준의 사용을 위하여 다른 기구와 협조하게 될 것이다.

최빈개도국은 SPS협정의 수입품 취급에 관한 규정의 적용을 5년간 유예할 수 있다. 다른 개도국은 이러한 규정의 적용을 1996년까지 연기할 수 있으나, 위험평가와 투명성에 관한 규정은 제외된다. 협정은 식품안전과 동식물을 위한 건강보호시스템의 강화를 위하여 회원국, 특히 개도국에 대하여 기술지원을 제공할 것을 규정하고 있다. 협정은 회원국이 개도국의 관심품목에 영향을 미치는 SPS조치를 도입할 때에는 가능하다면 신축성을 허용할 것을 권고하고 있다. 또한 협정은 특정한 상황에서 위원회가 개도국의 의무에 대하여 구체적이고, 시한부의 예외를 허용할 수 있도록 규정하고 있다.

2) 주요 내용

① 협정문의 구성

WTO 식품위생 및 동식물 검역조치에 관한 협정(SPS)은 14개 조항과 3개 부속서로 구성되어 있다.

② 기본적인 권리 및 의무(제2조)

회원국은 인간, 동물 또는 식물의 생명 또는 건강보호를 위하여 필요한 위생조치를 취할 권한을 보유하나 동 조치는 이 협정의 규정에 합치를 필요로 한다. 인간, 동물 또는 식물의 생명 또는 건강을 보호하는 데 필요한 범위 내에서만 적용하고, 과학적 원리에 근거하며, 충분한 과학적 근거 없이 유지되지 않도록 보장함을 규정하고 있다. 또한 동일하거나 유사한 조건하에 있는 회원국에 대한 자의적이고 부당한 차별을 금지하며, 국제무역에 대한 위장된 제한을 구성하는 방법으로 적용하는 것을 금지하고 있다.

③ 국제기준과의 조화(제3조)

국제기준, 지침 또는 권리가 있는 경우 이에 기초하여 적용하며, 관련 국제기준으로 식품에 있어서는 국제식품규격위원회(CODEX)기준으로, 동물위생에 있어서는 국제수역사무국(OIE)을 기준으로, 식물위생에 있어서는 국제식물보호협약(IPPC)을 기준으로 함을 규정하고 있다. 다만 과학적 정당성이 있거나 회원국이 관련 규정(제5조 제1항부터 제8항까지)에 따라 적절하다고 결정하는 경우, 국제기준보다 엄격한 규제유지가 가능하다.

④ 동등성(제4조)

수출회원국이 자국의 조치가 수입회원국의 위생 및 식물위생보호의 적정수준을 달성한다는 것을 동 수입회원국에게 객관적으로 증명하는 경우, 회원국은 다른 회원국 사용조치가 자국 또는 여타국 조치와 상이하더라도 동등한 것으로 수락한다.

⑤ 위험평가(제5조)

동 · 식물위생규제의 객관적 지표로서 위험평가(risk assessment)를 활용하며, 위생 또는 식물위생보호의 적정수준결정 서 회원국은 무역에 미치는 부정적 영향을 최소화하는 목표를 고려하고, 또한 필요한 정도 이상의 무역제한적인 조치가 되지 않도록 고려해야 한다.

⑥ 투명성(제7조)

투명성 확보를 위해 위생 또는 식물위생조치의 변경을 WTO 사무국에 통보해야 한다.

⑦ 분쟁해결(제11조)

WTO협정상의 분쟁해결 양해절차규정을 적용한다.

⑧ 위생 및 식물위생조치위원회 설치(제12조)

위생 및 식물위생조치위원회를 설치하여 협정규정 이행에 필요한 기능을 수행하며, 특정 위생 또는 식물위생 사안에 대하여 회원국 간의 특별협의 또는 협상을 장려하고 촉진한다.

⑨ 개도국에 대한 특별 및 차등대우(제10조, 제14조)

개도국의 경우 자국의 수출 관심품목에 대한 수출 기회 유지를 위하여 동 품목에 대한 보다 장기간의 준수기간을 부여하며, 개도국에게 협정에 따른 의무의 전체 또는 부분으로부터의 구체적이고 한시적 예외를 부여한다. 또한 개도국은 기술지식, 하부구조, 자원이 부족한 경우 협정내용을 WTO 발효일로부터 2년간 연기가 가능하며, 최빈개도국은 5년간 적용 연기가 가능하다.

(3) 섬유협정

1) 배경

섬유 및 의류에 관한 국제교역은 GATT의 자유무역체제에서 벗어나 섬유제품수입 선진국과 섬유제품수출 개발도상국가 간 사이에 체결된 다자간 섬유협정(Multi-Fibre Arrangement : MFA)에 의해 규제되고 있었다.

다자간 섬유협정은 GATT의 무차별원칙 및 수량제한 금지원칙에서 벗어나 수입국과 수출국과의 양국 간 쿼터협정을 통하여 수입국이 수출국별로 차별적인 수입수량을 설정하고 연 증가율을 제한하는 것을 허용하고 있었다. 이로 인해 섬유제품에 대해서 수입국가가 일방적으로 또는 상호 간 무역협정을 통하여 수입을 제한할 수 있게 되었다. 다자간 섬유협정이 선진국의 자국시장보호를 위해 지속적으로 운영되자 개발도상국들은 이의 철폐를 요구하여 왔다. 우루과이라운드 출범 시 섬유류 무역의 자유화를 주장하는 개도국 입장을 반영하여 MFA를 철폐하고 섬유류 무역을 GATT로 복귀시키기로 결정하였다.

WTO 섬유 및 의류협정은 다자간 섬유협정을 철폐하고 섬유류 제품의 무역을 원래의 GATT체제에 단계적으로 복귀시킴으로써 자유로운 교역이 이루어지도록 하였다. 따라서 섬유류협정은 다자간 섬유협정에 의하여 규제되고 있는 섬유류를 일정기한 내에 단계적으로 GATT에 복귀시키고, GATT에 복귀된 품목에 대해서는 차별적인 수입규제를 발동할 수 없으며, 복귀기간 중에 규제가 계속 중인 품목에 대해서는 현재보다 쿼터량을 증가시켜 나간다는 내용을 담고 있다.

2) 주요 내용

① 협정의 구성

WTO 섬유 및 의류협정(ATC)은 9개 조항 및 1개의 부속서로 구성되어 있으며, 부속서는 협정적용대상품목 목록으로서 다자간 섬유협정의 규제대상품목을 근간으로 하고 있다.

② 수량제한의 통보(제2조)

각국은 협정 발효 후 60일 이내에 현행 다자간 섬유협정 또는 양자간 협상하에서 시행 중인 모든 수량제한의 내용을 섬유감시기구(Textile Monitoring Body : TMB)에 통보하며, 섬유감시기구는 이를 모든 회원국에 통지한다.

③ 협정대상품목의 GATT 통합방법(제2조)

각국은 WTO협정 발효로부터 10년간을 과도기간으로 설정한다. 동 과도기간 중 3회에 걸쳐(협정 발효 시, 발효 3년 후, 발효 7년 후) 1990년을 기준으로 협정대상품목 총수입량의 51% 이상을 자유화하여야 하며, 매번 자유화 시에는 사, 직물, 완성섬유제품 및 의류 등 4대 제품군을 모두 포함하여야 한다. 11년째 되는 첫 날 나머지 49%를 자유화하며, 자유화조치의 구체적 내용은 시행 12개월 전까지 섬유감시기구에 통보하여야 한다.

④ 잔여 규제품목의 쿼터 증가(제2조)

통합과정에서 제한이 계속 중인 품목(미통합품목)에 대해서는 기본적으로 현 양자협정상의 제한수준(쿼터량)을 적용하되, 연도별 제한수준 증가율은 단계별로 현 양자협정상의 제한수준 증가율보다 높은 증가율을 설정하여야 한다.

⑤ 협정대상품목이 아닌 섬유류제품의 자유화(제3조)

각국은 협정대상품목이 아닌 섬유류 제품에 대한 제한조치를 협정 발효 후 60일 이내에 섬유감시기구에 통보하고, 협정 발효 후 1년 이내에 GATT에 일치시키거나 또는 협정 발효 후 6개월 이내에 점진적 철폐를 위한 계획을 섬유감시기구에 제출하고, 이를 이행해 나가야 한다. 점진적 철폐이행기간은 협정 존속기간인 10년을 초과 할 수 없다.

⑥ 우회수출에 대한 대응조치(제5조)

환적, 항로변경, 원산지 국가 또는 원산지 지역에 대한 허위신고 및 공문서 위조를 통한 우회수출행위가 있을 경우 수출국 등 관련국은 수입국의 요청에 따라 협의에 응하고 조사 등에 필요한 협조조치를 취해야 한다. 조사결과 우회 발생에 대한 충분한 증거가 있는 경우 수입국은 통관 거부 또는 관련국의 쿼터량 조정 등의 조치 실시가 가능하다.

⑦ 과도적 세이프가드제도(제6조)

1994년도 GATT에 통합된 품목을 제외한 협정부속서의 대상품목에 대하여는 대상국과의 협의를 거쳐 과도적 세이프가드 적용이 가능하며, 자유화를 통해 통합된 제품은 GATT 제19조의 세이프가드조항이 적용된다.

특정 상품의 수입증가로 인하여 동종 및 직접적인 경쟁관계에 있는 상품을 생산하는 국내산업에 심각한 피해 또는 이에 대한 현실적 우려(serious damage or actual threat hereof)가 있을 때 발동하며, 국별 수입량을 감안하여 국가별로 세이프가드조치를 적용하며, 과도적 세이프가드조치에 의해 특정 품목의 수출에 대한 규제 시 그 수준은 과거의 정상적인 무역수준 이하가 되어서는 안 된다. 과도적 세이프가드조치는 발동 후 3년 동안 또는 대상품목이 1994년도 GATT에 통합되는 시점 중 먼저 도래하는 시점까지 적용가능하다.

⑧ 섬유류 무역에 대한 GATT 일반원칙 적용(제7조)

각국은 협정대상품목의 GATT 통합과정의 일환으로서 그리고 UR 결과에 대한 약속과 관련하여 1994년도 GATT의 규칙 및 규율 준수를 위해 필요한 조치를 실시한다. 관세인하 및 양허, 비관세장벽 완화 또는 철폐, 수입통관절차 간소화 등 섬유 및 의류제품시장에의 접근 개선, 반덤핑, 보조금·상계조치 및 지적재산권보호제도의 공정한 운영, 그리고 섬유류 수입에 대한 차별적 조치를 회피한다.

⑨ 섬유감시기구(TMB) 설치(제8조)

의장과 10명의 회원으로 구성되는 상설기구인 섬유감시기구를 설치하여 협정의 이행 감독, 협정에 따른 조치의 협정과의 합치 여부 조사 및 협정상 요구되는 조치의 이행을 감독한다.

⑩ 협정 존속기간(제9조)

협정 및 협정의 모든 제한은 협정 발효 후 10년간 존속하며 연장은 불가하다.

(4) 기술장벽협정

1) 배경

무역상 기술장벽(Technical Barriers to Trade : TBT)이란 무역상대국들이 시로 상이한 표준, 기술규정, 인증절차, 검사절차 등을 채택·적용함으로써 상품 및 서비스의 자유로운 이동을 저해하는 무역에 있어서의 제반 장애요소를 의미한다.

기술규정 또는 표준이란 정책당국 또는 민간표준기구를 중심으로 상품에 대한 기술규격(technical specification)을 설정하여 동 기술규격을 근거로 제품의 적합성을 평가함으로써 상품의 생산 및 유통상의 효율성을 제고시키는 일련의 과정을 의미한다. 일반적으로 기술규정은 인간과 동·식물의 생명, 안전, 보건, 위생, 환경보호 또는 국가안보의 확보 등을 위하여 특별한 고려를 필요로 하는 제품에 적용되며, 법적인 강제성에 따라 기술규정과 표준으로 구분된다.

이와 같은 표준관련 제도는 복잡한 기술체계의 공동사용, 시장투명성의 제고, 정보비용의 절감, 부정방지 및 보건·환경관련 위험의 억제 등을 보장하기 위해 사용되며, 별도로 각국 정부는 표준관련 제도를 통하여 인간·동식물의 생명과 보건, 안전, 환경보호, 국가안보 등 특정한 공공정책 목표를 위해 법률적으로 구속력을 가지는 기술규정을 제정하여 이에 대한 이행의무와 국경조치를 취하고 있다.

그러나 표준관련 제도는 괴기 각국이 자국 상품의 표준화를 위한 기준 및 절차를 규정할 때 단지 자국의 국내시장만을 주요 관심대상으로 하여 제정한 결과로 인하여 일반적으로 국가마다 서로 다르게 되어 있다. 이에 따라 국가 간의 무역에 상당한 영향을 미치게 되며, 이러한 표준화의 차이가 수입을 억제하는 효과를 초래할 수 있다. 이와 같이 상품의 기술표준의 차이에 따라 발생할 수 있는 국가 간의 상품이동에 대한 장애를 무역에 대한 기술장벽이라고 한다.

기술장벽은 다자무역체제의 정착으로 인해 관세가 크게 인하됨에 따라 각국 정부들이 과다한 기술요건, 국제적으로 통용되지 않는 표준, 수출국과의 중복검사 등의 수단을 통하여 자국 산업의 보호를 목적으로 사용할 수 있다. 기술장벽의 일반적인 유형은 기술규정, 표준 및 적합성 평가절차와 관련하여 발생한다. 기술규정상 대표적인 기술장벽은 차별적인 기준의 적용, 과다한 기술요건, 국제표준과의 불일치, 투명성의 문제, 기술규정의 부재 등이 있다.

표준의 경우 준수가 자발적인 성격을 지니고 있음에도 불구하고 민간부문에서 설정한 표준을 준수토록 법제화하는 등 시장여건상 실질적인 강제성을 지닐 수 있다는 점에서 기술장벽으로 작용하고 있다. 적합성 평가절차와 관련하여 기술장벽의 대표적인 예로서 표준, 기술규정 또는 적합성 평가절차상에는 국가 간 차이가 없음에도 불구하고 중복적인 검사를 요구하는 경우와 검사지연, 비용과다, 불투명한 절차 등이 있다. 한편 표시부착(labelling)의 경우에도 상이한 표시부착요건과 과다한 표시요건도 기술장벽으로 작용하고 있다.

기술규정은 주권국가가 자국의 국민과 동·식물의 생명 및 건강을 보호하기 위해 취하는 조치이기 때문에 이의 장벽으로서의 기능 여부와 그 경제적 효과를 판단하기가 모호하고 어렵다.

일반적으로 기술장벽은 모든 상품에 대한 기술적 규제조치를 포함하고 있으나 WTO협정상 그 조치의 형태에 따라 기술장벽 또는 위생 및 검역(Sanitary and Phytosanitary : SPS)조치로 구분된다. 원초적으로 기술규정과 관련하여 무역에 영향을 미치는 모든 조치는 GATT 1947 제1조의 일반적 최혜국대우조항 및 제3조의 국내과세 및 규제에 관한 내국민대우조항의 적용대상이었다.

또한 1973~79년간 진행된 도쿄라운드에서 타결된 '무역에 대한 기술장벽에 관한 협정(Agreement on Technical Barriers to Trade)'의 주된 목적은 비록 위생 및 검역조치를 규율하기 위해 고안되지는 않았지만 식품안전 및 동·식물과 관련된 기술요건들도 적용대상의 범위에 포함하고 있었다. 그러나 우루과이라운드(UR)에서는 당초 농산물협상의 일환으로 논의된 위생 및 검역조치관련 규정은 동 사안의 중요성을 감안하여 별도의 '위생 및 검역조치의 적용에 관한 협정'으로 규범화되었다.

기술장벽협정은 SPS협정에서 정의하고 있는 위생 및 검역조치인 경우를 제외하고는 모든 기술규정, 자발적 표준 및 절차를 포함하고 있다. SPS협정은 조치가 기술요건의 여부를 불문하고 식품에서 유래되는 위험으로부터 인간 또는 동물의 건강, 동·식물에 의해 운반되는 병해충으로부터 인간의 건강, 병해충으로부터 동·식물 등을 보호하기 위해 목적을 두고 있는 조치들을 적용대상으로 하고 있다.

TBT조치들은 자동차안전에서부터 에너지절감장치, 식품상자의 모양에 이르기까지 어떠한 대상도 포함할 수 있다. 예를 들어 인간의 건강과 관련하여 TBT조치는 의약규제 또는 담배의 표시부착의무 등을 포함할 수 있다. 인간질병의 관리와 관련된 대부분의 조치들은 광견병 등과 같이 동·식물에 의해 보균되는 질병과 관련되어 있지 않는 한 TBT조치에 해당된다. 식품의 경우 표시(labelling)요건, 영양물 관련 사항, 품질 및 포장 등에 관한 규정들은 일반적으로 SPS조치로 간주하지 않아 TBT협정의 대상이 된다.

이에 반해 식품의 미생물학적 오염, 살충제 허용수준, 수의약품 잔류량 등을 대상으로 하는 규정 또는 허용 식품첨가물에 관한 규정들은 SPS조치에 해당된다. 또한 식품의 안전과 직접적으로 연관되어 있는 포장 및 표시요건들도 SPS조치의 대상이 된다.

TBT협정과 SPS협정은 회원국들의 비차별에 관한 기본의무와 같은 공통적인 요소와 제안된 조치의 사전 통보 및 질의처(enquiry points)의 설립 등과 같은 유사한 요건을 규정하고 있다. 그러나 다수의 규정들은 서로 상이하다. 예를 들어 양 협정은 국제표준의 사용을 권장하고 있으나 SPS협정하에서 식품안전 및 동·식물 건강보호에 있어서 국제표준을 사용하지 않는 것을 정당화시킬 수 있는 사유는 보건상 잠재적인 위험평가에 따른 과학적 근거에 기초한 것이다.

이에 반해 TBT협정은 각국 정부들이 근본적인 기술문제 또는 지역특성 등과 같은 여타 이유로 국제표준이 부적합하다고 결정할 수 있도록 하고 있다. 또한 SPS조치들은 과학적 근거에 기초하여 인간, 동물 및 식물의 건강을 보호하기 위해 필요한 만큼만 취할 수 있다. 그러나 각국 정부들은 국가안보 또는 부정방지 등과 같은 목적을 달성하기 위해 TBT규정을 도입할 수 있다.

무역에 대한 기술장벽에 관한 협정은 도쿄라운드에서 제정된 9개 다자간 무역협상(MTN)협정 중 하나로서 1980년 1월 1일 발효되었으며, 우리나라는 1980년 10월에 가입하였다. 기존의 기술장벽협정은 114개 GATT 회원국 중 38개국이 가입하여 협정 참여국들의 수가 미미하였고, 지방정부 및 비정부기관의 기술장벽협정 이행의무가 확보되지 않았으며, 기술장벽협정의 적용 및 관할범위가 모호하여 이에 대한 보완의 필요성이 대두된 것이 협정의 배경이라 할 수 있다.

읽고가기 | 기술장벽의 보편적 유형 및 주요 관련 품목

한국 상품이 외국에서 직면하고 있는 기술장벽은 다양한 형태로 이루어지고 있다. 대표적으로 인증 및 적합성 평가과정에 있어서 검사공무원의 부족으로 검사 지연, 인증마크 획득의 과다한 시간이 소요되고 있다. 또한 높은 검사비용, 과다한 표본조사 등으로 인한 비용으로 인해 상당수준의 초과비용이 드는 것도 한국 업체들이 외국시장에서 겪는 기술장벽의 전형적인 사례다. 한편 라벨링과 관련하여 자국어 표기의 요구와 표기형태 및 방식 등 라벨링문제도 또한 해외에서 우리 기업에게 빈번히 부담으로 작용하고 있다.

이 밖에도 인증제도의 이원화 및 국내 또는 국제적인 인증을 획득하였음에도 불구하고 이를 인정하지 않음에 따른 중복검사, 국제표준과 상이한 기술요건, 까다로운 규격・인증마크 취득절차 및 여타 국가보다 엄격한 기준적용 등 과다한 기술요건, 동일 국가 또는 지역 내 상이한 표준 적용과 같은 문제도 한국기업이 해외진출 시 봉착하는 기술장벽이다.

이와 같은 기술장벽은 각국이 사회적 편향, 소득수준, 법적 체계 등을 반영하는 사회적인 목적을 추진하기 위해 기술규정을 설정할 수 있는 주권을 보유하고 있기 때문에 실질적으로 정당한(legitimate) 목적을 지니고 있는지의 여부를 파악하기가 어렵다. 또한 WTO의 TBT 및 SPS협정은 이와 같은 국가의 주권을 인정하고 있기 때문에 관련 WTO규정의 위배 근거를 지목하는 것도 힘들고 주관적인 판단을 요한다. 따라서 많은 경우에 있어서 각국이 취하는 기술장벽은 WTO협정에 위배되지 않을 수도 있다.

한편 동일한 맥락에서 국가들은 각기 자국의 사회적인 목적을 달성하기 위해 상이한 부문에 있어 서로 다른 기술규정을 설정하고 있는데 그 대상은 국가에 따라 현저하게 다르다. 그러므로 한국에 대한 외국 기술장벽의 대상은 특정한 품목에 집중 또는 한정되어 있지 않고, 육류, 수산물, 농산물 등 식품에서부터 자동차, 건설자재, 타이어에 이르기까지 매우 다양하다.

2) 주요 내용

① 협정문의 구성

기술장벽협정은 15개 조항 및 3개의 부속서로 구성되어 있다.

② TBT협정의 적용 및 관할범위의 명확화(제1조, 제3조 및 제4조)

기존 TBT협정이 협정 참여국 간에만 적용되는 복수국 간 협정(PTA)인 데 비해 금번 협정은 다자간 협정(MTA)으로서 모든 WTO 회원국에게 적용된다. 농산물의 특성을 고려, 농산물관련 표준 및 기술규정은 새로이 제정된 '위생 및 식물위생조치의 적용에 관한 협정'에서 관할토록 이관하였다. '공정 및 생산방법(PPMs)' 개념을 도입하여 최종제품뿐만 아니라 생산과정도 TBT협정의 적용대상에 포함된다. '모범관행규약(Code of Good Practice)'을 제정, 지방정부기관 및 비정부기관이 이를 통하여 TBT협정을 이행토록 규정하였다.

③ 기술규정 및 표준 제정의 일반원칙 명시(제2조)

내국민대우 및 최혜국대우를 부여하며, 회원국은 국제무역에 불필요한 장애를 초래할 목적으로 또는 그러한 효과를 갖도록 기술규정을 준비, 채택 또는 적용하지 않도록 보장하고 있다. 동 목적을 위하여 기술규정은 정당한 목적수행에 필요한 이상으로 무역규제를 할 수 없으며, 정당한 목적에는 국가안보, 기만적 관행의 방지, 인간의 건강 또는 안전, 동물 또는 식물의 생명 또는 건강, 환경보호 등이 포함된다. 원칙적으로 국제표준을 기술규정의 기초로 사용하며, 국제표준과 다르고, 다른 회원국의 무역에 중대한 영향을 미칠 수 있는 기술규정 제정 시 투명성을 보장하여야 한다.

④ 지방정부기관 및 비정부기관에 의한 기술규정 및 표준 제정(제3~4조)

지방정부기관 및 비정부기관에 의한 기술규정 제정 시 상기 일반원칙을 준수토록 조치하고, 지방정부기관 및 비정부기관에 의한 표준 제정 시 '모범관행규약'을 준수토록 하였다.

⑤ 중앙정부기관에 의한 적합 판정절차(제5조)

적합 판정절차는 가능한 신속히, 그리고 다른 회원국의 영토를 원산지로 하는 상품에 대하여 국내산 동종상품보다 불리하지 않는 순서로 실시 및 완료한다. 적합 판정절차의 표준처리기간은 공표 또는 요청 시 통보하여야 하며, 적합 판정절차와 관련된 정보의 비밀을 존중한다.

⑥ 중앙정부기관에 의한 적합 판정의 인정(제6조)

다른 회원국의 적합 판정절차가 자국의 절차와 다르다 하더라도 동 절차가 자국의 기술규정 및 표준과의 적합을 보장하는 경우 다른 회원국의 적합 판정절차의 결과를 수용한다.

⑦ 지방정부기관 및 비정부기관에 의한 적합 판정절차(제7~8조)

지방정부기관 및 비정부기관도 중앙정부기관에 상응하여 상기 적합 판정절차 및 타 회원국 판정의 인정관련 규정을 준수하도록 보장한다.

⑧ 정보제공 및 기술지원규정(제10~11조)

표준화제도의 투명성 보장을 위하여 각 회원국은 문의처를 설치, 여타 회원국 내 이해당사자로부터의 문의에 응답하고 문서를 제공하며, 국가표준기관의 설립 및 국제표준기관에의 참가에 관하여 특히 개도국에게 조언 및 기술지원을 제공해야 한다.

⑨ 개도국에 대한 특별 및 차등대우(제12조)

기술규정, 표준 및 적합 판정절차의 준비 및 적용 시 개도국 수출에 장애를 초래하지 않도록 보장하기 위하여 개도국의 특별한 개발, 재정 및 무역상의 필요를 고려하여야 한다.

⑩ 무역에 대한 기술장벽위원회 설치(제13조)

각 회원국의 대표로 구성되며, 협정의 운영 또는 목적의 증진에 관계되는 제반 사항에 관한 협의를 위하여 적어도 1년에 한 번씩 회합한다.

⑪ 분쟁해결절차의 통일(제14조)

기존 TBT협정은 협정 자체 내에 분쟁해결절차를 두고 있었으나, 개선된 TBT협정은 WTO의 분쟁해결에 관한 절차를 준용하도록 규정하고 있다. 단, TBT협정이 난해한 기술규정이라는 점을 감안하여 패널조사과정에서 기술전문가단의 의견을 얻도록 명시하고 있다.

(5) 무역관련 투자조치협정

1) 배경

무역관련 투자조치(Trade Related Investment Measures : TRIMs)란 외국인 투자와 관련하여 무역흐름을 제한・왜곡시키는 투자 유치국의 규제나 인센티브를 지칭하는 것으로 대표적인 무역관련 투자조치로는 국산부품 사용의무, 외환규제, 생산제품의 국내판매의무, 외환규제를 통한 수입제한, 국내제조의무, 생산제품의 일정량 수출의무, 해외시장에 대한 독점적 공급권 부여 등을 예로 들 수 있다. 세계 최대 투자국인 미국을 비롯한 서구 선진국들은 투자조치의 무역세한・왜곡효과를 방지할 수 있는 다자간 규범제정을 주장하고 있다.

GATT 차원에서 국제투자문제가 본격적으로 거론된 것은 1980년대 중반 우루과이라운드협상부터로 1986년 푼타 델 에스테 선언에는 무역의 흐름을 제한 또는 왜곡할 수 있는 투자조치의 규제를 규율하기 위한 협상을 개시한다는 내용이 포함되었다. 물론 UR협상에서도 국제투자문제 자체가 협상의 대상이 된 것은 아니고, 무역의 자유로운 흐름을 왜곡하는 투자조치만을 일종의 비관세장벽 차원에서 다루었을 뿐이나 제한된 범위이나마 국제투자가 공식적으로 거론되었다는 데 중요한 의의가 있다. 동 선언에 따라 무역왜곡효과를 갖는 투자조치를 규제하는 규범의 제정을 위한 협상이 이루어졌고, 그 결과 무역관련 투자조치협정(TRIMs)이 체결되었다.

2) 주요 내용

① 협정의 구성

무역관련 투자조치협정은 9개 조항 및 1개의 부속서로 구성되어 있다. 적용범위,

내국민대우와 수량제한 금지, 개도국 우대, 통보 및 과도조치, 투명성, 협의 및 분쟁해결 등의 내용을 담고 있다.

② 적용범위(제1조)

상품무역에 관련된 투자조치에 한하여 적용된다.

③ 내국민대우와 수량제한(제2조)

GATT의 내국민대우원칙(GATT 제3조)과 수량제한 철폐(GATT 제11조)원칙에 위반하는 무역관련 투자조치의 운용은 불가하다.

④ 예외조치(제3조)

GATT규정상의 모든 예외조치는 본 협정에도 적절히 적용된다.

⑤ 개도국에 대한 우대 인정과 경과규정(제4~5조)

국제수지 목적을 위한 경우 GATT의 내국민대우의무 및 수량제한 철폐의무로부터 일시적 일탈을 허용하며, 각 회원국은 협정 발효 후 90일 이내 본 협정과 어긋나는 모든 무역관련 투자조치를 사무국에 통보하고, 통보된 무역관련 투자조치를 발효일로부터 선진국은 2년, 개도국 5년, 최빈개도국은 7년 이내에 철폐한다. 특별한 경제적 어려움에 따른 개도국의 철폐기한 연장 요청 시 상품무역이사회는 동 기한의 연장이 가능하다.

⑥ 협의(제6조)

각 회원국은 TRIMs관련 간행물을 사무국에 통보해야 하며, 여타 회원국으로부터의 정보 요청을 호의적으로 고려하고, 협의를 위한 적절한 기회를 제공하여야 한다.

⑦ 분쟁해결

무역관련 투자조치관련 분쟁은 WTO 분쟁해결절차를 적용한다.

⑧ 협정문의 개정 제안(제9조)

WTO협정 발효 후 5년 이내에 상품무역이사회는 협정의 운영을 검토, 적절한 경우 각료회의에 협정문의 개정을 제안한다.

(6) 관세평가협정

1) 배경

관세평가(customs valuation)란 수입상품의 과세가격을 결정하는 일련의 절차나 방법을 의미한다. 관세액을 책정하는 데 기준이 되는 것은 관세율과 과세가격(과세표준)이므로 과세가격의 적정한 평가는 관세의 적정한 부과와 직결된다. 관세의 적정한 부과를 위해서는 먼저 수입물품에 대한 과세가격이 정확하게 포착되어야 하므로 과세가격을 제2의 관세율이라고도 한다.

관세제도는 국가적으로 관세의 징수를 통한 재정수입의 확보와 함께 국내산업을 보호하는 산업정책적인 기능을 가지고 있다. 반면에 외국수출자의 입장에서는 관세는 넘어야 하는 무역장벽이기 때문에 가급적 과세가격이 낮게 책정되기를 원한다. 관세평가제도는 일부 개발도상국에서와 같이 관세수입이 국가재정수입에서 중요한 비중을 차지하는 경우에는 국가경제에 매우 큰 중요성을 가지며, 또 관세당국이 고액의 관세가 부과되도록 하는 경우는 하나의 보호무역장벽으로 이용될 수 있다.

한 국가의 수입상품의 과세가격이 저평가될 경우 국가의 관세수입이 감소하게 되며. 관세부담이 적어짐으로써 수입상품의 경쟁력을 향상시켜 국내산업에 나쁜 영향을 주게 된다. 반면에 과세가격이 고평가될 경우 수입자의 부담을 가중시켜 수입을 저지하는 효과를 주고, 관세수입이 증가할 수 있다.

이렇듯 과세가격의 평가를 달리함에 따라 당사자들의 이해관계가 달라지지만 전체적인 측면에서 보면 국제적인 차원에서뿐만 아니라, 개별국가의 차원에서도 부정적인 영향이 더 많다. 고평가든 저평가든 어느 경우에나 시장의 왜곡을 초래하고, 불공정한 무역이 되며, 수입자에 의한 국제이전가격조작을 통한 조세회피를 할 수 있는 여지를 제공할 수 있는 것이다. 따라서 각국에 의한 관세평가방법의 독자성을 존중하면서도 관세평가가 관세양허의 효과를 저해하지 않고 국제무역장벽이 되지 않도록 합리적이고, 객관적이며, 통일성 있는 관세평가제도를 위한 국제규범을 확립할 필요성이 있다.

관세평가협정은 도쿄라운드에서 체결된 9개 다자간 무역협정 중 하나로서 1981

년 1월 1일 발효되었으며, 우리나라는 1981년 1월 6일에 가입하였다. WTO 관세평가협정은 기존의 관세평가협정이 일부 GATT 회원국만이 가입하고 있던 복수국 간 협정으로서의 한계점을 지니고 있어 동 협정 적용대상을 확대시킬 필요성에 의해 우루과이라운드협상 결과로 체계화되었다.

2) 주요 내용

① 협정문의 구성

관세평가협정은 전문, 24개 조항 및 3개 부속서로 구성되어 있다.

② 관세평가규칙(제1~6조)

수입품의 관세가격은 거래가격으로 한다. 거래가격은 수입국에 수출 판매되는 상품에 대하여 실제로 지불했거나 지불할 가격을 기준으로 상품가격에는 포함되지 않으나 구매자가 부담한 금액 등으로 조정한 가격이다. 관세가격을 거래가격에 의해 결정할 수 없을 경우 아래 가격을 순차적으로 적용한다.

㉠ 동일한 수입국에 수출을 위하여 판매되며 평가대상상품과 동시 또는 거의 동시에 수출되는 동종·동질상품의 거래가격

㉡ 해당 상품과 동일 수입국에 수출을 위하여 판매되며, 평가대상상품과 동시 또는 거의 동시에 수출되는 유사상품의 거래가격

㉢ 해당 상품의 수입 시 또는 수입과 거의 동시에 상품 판매자와 관련이 없는 구매자에게 판매되는 가격

㉣ 제조원가를 기초로 한 산정가격

상기에 따라 관세가격을 결정할 수 없는 경우 이 협정 및 1994년도 GATT 제7조 관세평가의 원칙과 일반규정에 부합되는 합리적 기준에 따라 수입국 내에서 입수가능한 자료를 기초로 결정한다.

③ 특정 관세가격결정방법의 금지(제7조)

신고가격이 의심스러운 경우 신고가격자료나 서류의 진실성이나 정확성을 의심할 만한 사유가 있을 경우 세관당국은 수입자에게 추가 자료 제출을 요구가능하며,

응답이 없거나 추가 자료를 얻은 후에도 여전히 진실성이나 정확성을 의심할 만한 합리적인 이유가 있을 경우 거래가격에 의하여 관세가격을 결정하지 않고, 다른 방법으로 결정한다.

④ 분쟁해결(제19조)

WTO 분쟁해결절차를 적용한다.

⑤ 개도국우대(제20조)

현행 관세평가협정의 당사자가 아닌 개도국에 대해서는 관세평가협정의 이행을 WTO협정이 효력을 발생한 날로부터 5년간 유예한다. 또한 선진국 회원국으로 하여금 개발도상회원국에 대해 기술적 지원을 해주어야 한다.

⑥ 관세평가에 관한 기술위원회 설치(부속서 2)

협정의 해석 및 적용의 통일성 보장을 위해 관세협력이사회 후원하에 기술위원회를 설치하고, 회원국의 관세평가제도의 운영 시 발생하는 문제점조사, 해결방안에 관한 자문의견 제공, 협정 운영에 관한 연례보고서 작성 및 배포 등의 임무를 수행한다.

(7) 선적전검사협정

1) 배경

선적전검사(Pre Shipment Inspection : PSI)는 선적화물의 가격, 수량 및 품질 등 해외로부터 주문받은 상품의 세부사항을 검사하기 위해 전문민간기업(또는 독립기관)을 고용하는 관행을 말한다. 선적전검사는 개발도상국의 정부에 의해 활용되는 것으로, 그 목적은 국가의 재정적 권익, 예를 들면 자본도피, 상업적 부정행위, 탈세 등의 방지와 같은 이익을 보호하고 불충분한 행정적 하부구조를 보완하는 것이다.

선적전검사는 다국적기업이나 수출입업자들이 거래가격의 조작 등을 통해 외화도피, 탈세 등 부당이득을 취하는 경우가 빈번히 발생하여 이를 막기 위해 일부 수입개도국들이 선적 전에 수입물품의 품질, 가격 등의 적정성 여부를 검토하는 선적전검사제도를 도입하였다. 국세거래에서의 상품검사의 일종으로서 수입국의 요청으로 수출국 내에서 민간검사회사에 의해 행해지고 있는바, UR협상 이전에 국제무역상의 관행으로 발전하였으나 선진국들은 동 제도의 자의적 운영 시 심각한 무역왜곡효과가 발생할 수 있다고 보고 이를 배제하기 위해 동 제도에 대한 다자간 규범의 제정을 주장하여 논의되기에 이르렀고, 우루과이라운드협상 결과 WTO 선적전검사협정이 제정되었다.

선적전검사에 관한 협정은 정부에 의해 위임된 선적전검사기관의 활동이 GATT의 원칙 및 의무의 대상이 된다는 점을 규정하고 있다. 선적전검사를 사용하는 정부가 부담하는 의무는 비차별성, 투명성, 영업비밀정보의 보호, 부당한 지연의 기피, 가격확인조사를 위한 특정한 지침의 사용, 검사기관의 이해상충 회피 등을 포함하고 있다. 선적전검사를 사용하는 국가들에 대한 수출국의 의무는 국내법 및 규제의 적용에 있어 비차별성, 법률 및 규제의 신속한 공고 및 요청 시 기술지원의 제공 등이 포함되고 있다.

선적전검사협정은 독립적인 검토절차를 확립하고 있다. 이는 검사기관들을 대표하는 기구와 수출국을 대표하는 기구에 의해 공동으로 운영되고 있다. 이의 목적은 수출업자와 검사기관 간 분쟁을 해결하는 것이다

2) 주요 내용

① 협정문의 구성

선적전검사협정은 전문 및 본문 9개 조항으로 구성되어 있다. 적용범위 및 정의, 사용회원국의 의무, 수출회원국의 의무, 독립적 검토절차, 협정 시행을 위한 국내법령의 통보, 협정의 검토, 협의, 분쟁해결 및 협정의 이행관련 최종조항 등을 포함하고 있다.

② 사용회원국(PSI 운용 개도국) 및 수출회원국의 의무를 동시에 규정(제2조 및 제3조)

사용회원국의 의무는 제도의 무차별 적용, 투명성 유지, 객관적인 절차와 기준사용, 비밀영업정보의 보호, 부당한 선적검사 지연 방지의무, 이의제기절차 보장, 최소가치 이하의 선적에 대한 예외보장의무 등이다. 수출회원국의 의무는 무차별 적용, 투명성 보장, 기술지원 제공의무 등이다.

③ 독립적 검토절차(제4조)

선적전검사기관과 수출자 간의 분쟁을 상호해결하도록 장려한다. 그러나 각 당사자는 불만의 제출 후 2일 경과 후 분쟁을 독립적 검토에 회부가능하며, 독립적 검토절차는 선적전검사기관을 대표하는 단체와 수출자를 대표하는 단체가 공동으로 구성하는 독립기관에 의해 운영된다.

④ 통보(제5조)

협정 발효 시 선적전검사와 관련한 회원국 내 모든 법률 및 규정뿐 아니라 이 협정을 시행하는 자국의 법률과 규정의 사본을 WTO 사무국에 제출하여야 한다.

⑤ 검토(제6조)

각 WTO협정 발효로부터 2년째 되는 연도의 말, 그리고 그 이후 매 3년마다 협정의 규정, 이행 및 운영에 관하여 검토하고 각료회의는 동 검토결과에 따라 협정규정 개정이 가능하다.

⑥ 분쟁해결(제8조)

WTO 분쟁해결절차를 적용한다.

(8) 원산지규정협정

1) 배경

원산지규정(Rules of Origin : ROO)이란 국제무역에서 거래되는 물품의 생산 및 제조국을 판정하기 위한 제반 법률 및 규정 또는 판례 그리고 관련 행정적 절차를 통틀어 일컫는 것으로 일반적으로 특정 국가가 특정 제품의 원산지로 인정받기 위해 필요한 세부적인 요건과 통관과정 등에서 상기요건의 충족 여부를 밝히는 원산지 확인절차 및 여타 부대조건 등으로 구성되어 있다. 따라서 그 자체로서는 국제교역을 제한하는 효과를 가질 수 없는 중립적 성격을 띠고 있다.

그러나 원산지규정은 각국별로 상이하며, 그 자체의 불명료성, 복잡성 및 차별성으로 인하여 실질적으로는 무역장벽으로 기능하고 있다. 즉 지역경제 통합의 경우 원산지규정은 수출국의 보다 엄격한 식별을 통하여 경제적 통합이 가져오는 경제적 효과를 공고히 하고자 하는 데 사용되고 있다. 또한 반덤핑관세나 상계관세의 부과, 쿼터적용 등 원산지의 식별이 수반되는 제반 무역관련조치에 부속되어 간접적인 수입제한조치로서의 효과를 발휘하고 있다.

현재 국제적으로 사용되고 있는 원산지인정기준으로서는 세번변경기준, 부가가치기준, 주요 공정기준 등이 있으며, 그 적용목적에 따라 특혜원산지규정과 비특혜원산지규정으로 구분될 수 있다.

WTO의 원산지규정협정(Agreement on Rules of Origin : ARO)에는 특혜원산지규정에 관해서는 언급을 하고 있지 않으며 비특혜원산지에 관한 일반적 규정만이 제정되어 있다. 그 적용범위는 GATT 제1조 1항의 최혜국원칙이 적용되지 않는 특혜관세제도를 제외한 일반적인 교역에 있어서 상품의 원산지국가를 결정하는 것으로 그 범위가 한정되어 있다. 즉 GATT 제1조, 제2조, 제3조, 제11조, 제13조의 MFN원칙, 제6조의 반덤핑 및 상계관세, 제9조의 원산지표시요건, 제19조의 세이프가드 및 여타 모든 차별적인 수량규제나 할당관세 등의 적용과 같이 비특혜적인 통상정책수단의 적용 그리고 정부조달 및 무역통계의 작성에 관하여 적용될 뿐인 것이다.

원산지판정기준으로서는 완전변형기준과 실질변형기준이 있는데 특히 원산지판정기준으로서 실질적 변형(substantial transformation)의 기준의 적용에 있어 실질적 변형의 발생 여부를 판단하는 주된 기준은 세번변경기준(HS기준)이며, 보조적으로 부가가치기준과 주요 공정기준을 사용하기로 하고 있다. 한편 비특혜원산지에 관한 세계적인 통일규정을 만들기 위한 작업이 세계관세기구(WCO)와 WTO의 공동 작업으로 1995년도부터 진행되어 오고 있으나 각국의 첨예한 이해관계의 대립으로 인하여 원래 협상완료시한이었던 1998년 7월 20일에 타결되지 못하고 현재까지도 협상이 진행되고 있다.

각국의 원산지규정의 상이성, 불명료성, 복잡성 및 차별적 적용가능성으로 인해 무역장벽적 효과가 발생하고 있다. 이렇듯 원산지규정은 매우 복잡하고 각국간의 서로 다른 이해관계 때문에 국제무역에 있어서 제2차적 장벽으로 작용하고 있다.

2) 주요 내용

① 협정문의 구성

원산지규정협정은 전문, 4부 9개 조항 및 2개 부속서로 구성되어 있다.

㉠ 제1부 : 정의 및 적용범위
㉡ 제2부 : 원산지규정의 적용에 관한 규율
㉢ 제3부 : 통보, 검토, 협의 및 분쟁해결에 관한 절차규정
㉣ 제4부 : 원산지규정의 조화
㉤ 부속서 1 : 원산지규정에 관한 기술위원회
㉥ 부속서 2 : 특혜원산지규정에 관한 공동선언

② 적용범위(제1조)

1994년 이후 작성될 통일 원산지규정과 과도기간 동안 각국이 준수해야 할 원산지규정관련 규칙의 적용범위는 비특혜무역부문으로 한정하고 있다. 구체적인 적용범위는 최혜국대우원칙(GATT 제1, 2, 3, 11 및 13조), 반덤핑 및 상계관세(제6조), 긴급수입제한조치(제19조), 원산지표시요건(제9조) 및 모든 차별적인 수량제한 또는 관세쿼터 등의 적용과 같이 비특혜적인 무역정책수단에 사용되는 원산지규정 등이다. 가장 큰 쟁점 중의 하나였던 특혜무역 원산지규정은 EU 및 캐나다 등의 제안에 따라 적용대상에서 제외되었으나 부속서의 공동성명에서는 특혜원산지규정의 적용에 있어서도 본 협정상의 원칙에 입각해야 한다고 선언하였다.

③ 과도기간 중의 규율(제2조)

원산지규정의 조화작업 계획이 완료될 때까지 각 회원국은 아래 사항을 보장하여야 한다.

㉠ 원산지판정요건은 명백하게 규정
㉡ 무역상의 목적 달성을 위한 직·간접적 수단으로서의 원산지규정 사용 금지
㉢ 원산지규정의 적용을 통한 국제무역의 제한, 왜곡 또는 교란을 금지
㉣ 원산지규정은 일관적이고 통일적이며, 공정하고, 합리적인 방식으로 실시
㉤ 원산지규정은 적극적인 기준(positive standard)에 기초
㉥ 원산지규정에 관한 법령, 사법결정 및 행정판정은 공표

㈀ 원산지판정은 요청이 있은 후 가능한 조속히, 늦어도 150일 이내에 내려야 하며 제반 조건이 비교가능한 상태로 유지될 경우 동 판정은 3년간 유효
㈁ 원산지규정 도입 또는 변경 시 소급 적용 금지
㈂ 비밀보장을 조건으로 제시된 모든 정보의 비공개원칙

④ 실무기구 설치(제4조)

회원국 대표로 구성되는 원산지규정위원회(Committee on Rules of Origin)를 설치하며, 또한 관세협력이사회(Customs Cooperation Council : CCC)의 후원하에 있는 원산지규정에 관한 기술위원회(Technical Committee on Rules of Origin)를 설치한다.

⑤ 회원국의 원산지규정 제출의무(제5조)

각 회원국은 WTO협정 발효 후 90일 이내에 유효한 자국의 원산지규정, 사법결정 및 행정판정을 WTO 사무국에 제출해야 하고, 기존 규정 수정 또는 새로운 원산지규정의 도입 시 이들의 효력 발생 60일 이전에 공표하여야 한다.

⑥ 원산지규정의 조화(제3조 및 제9조)

WTO협정 발효 이후 가능한 조속히 관세협력이사회와 함께 원산지규정의 조화작업을 개시하며, 개시 후 3년 이내에 완결한다. 원산지규정위원회와 기술위원회가 구체적인 작업을 수행한다. 조화된 원산지규정 이행관련 준수원칙은 특혜무역을 제외하고 적용목적에 상관없이 동등하게 적용하며, 원산지는 완전생산국가 또는 실질적 변형이 발생한 공정이 이루어진 국가에 부여한다. 원산지규정의 객관성 및 이해·예측가능성을 제고하고, 무역왜곡효과를 배제하며, 적극적인 기준에 의한 서술 등에 의한다.

⑦ 협의 및 분쟁해결(제7~8조)

WTO 분쟁해결절차를 적용한다.

읽고가기 | 미국의 원산지규정 현황

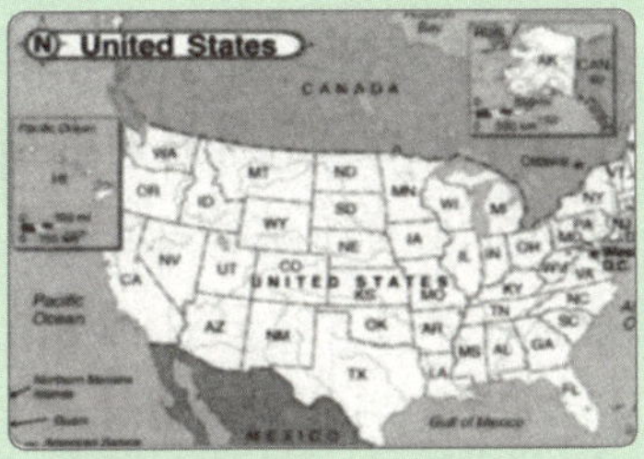

미국의 경우 원산지를 결정하는 일관된 법률은 존재하지 않으며 특정 사안에 대하여 법원의 판례나 행정당국의 행정조치로 구성되어 있으며 특혜원산지규정은 미·캐나다 자유무역협정, 미 도서지역 특혜관세제도, 일반특혜관세제도(GSP), 카리브연안 국가부흥계획, 미·이스라엘 자유무역협정 등에서 찾아볼 수 있다. 한편 비특혜원산지규정은 원산지표시제도, 반덤핑·상계관세제도, 관세환급, 수입수량제한제도, MFA(다자간 섬유협정) 등에서 나타나고 있다. 적용되는 기준은 실질적 변형(Substantial Transformation)기준이 주로 적용되지만 기타기준도 사용되고 있다.

한편 쿼터품목, 반덤핑관세 및 상계관세대상품목, 정부조달품목에 대해서는 보다 엄격한 기준이 적용되고 있으며, 개정 섬유류 원산지규정은 직물의 경우 직조국가만을 원산지로 인정하고 의류의 경우 봉제조립국가를 기준으로 인정하고 있는데 이는 쿼터를 많이 보유하고 있는 주요 수출국들이 재단가공만을 하고 저임금 노동국을 통해 봉제조립하여 수출함으로써 과잉보유쿼터를 소진하는 한편, 쿼터량이 적은 후발국도 이를 통해 쿼터부족분을 충당하고 있는 관행을 막기 위한 것이다. 그러나 WTO협정 저촉 여부와 관련된 문제점이 제기되어 1999년 8월 미국과 EU 측은 일부직물에 한하여 가공국을 원산지로 인정하는 종전의 기준을 다시 적용하기로 합의하고 법령정비를 거쳐 2000년 5월 18일부터 이를 시행하고 있다.

2. 서비스무역협정

1970년대 후반 이후 세계경제에 미치는 서비스산업과 서비스교역의 영향이 증가하자 각국은 국내서비스산업의 경쟁력 제고를 위한 투자와 정책개발에 주목하기 시작하였다. 그러나 서비스교역에 관한 국제규범의 부재가 무역분쟁의 소지로 작용할 가능성이 높다는 인식이 널리 퍼지게 되었다. 도쿄라운드가 종료된 이후 1980년대 초반부터 서비스교역에 관한 국제적 논의의 필요성이 제기되어 1982년 개최된 GATT 각료회의에서는 서비스교역에 관한 의제를 다루기로 결정하기도 하였다. 그러나 당시만 해도 개도국의 반발이 매우 심했기 때문에 이러한 노력은 단순히 서비스교역에 관한 정보교환과 작업반의 설치에 머무는 수준으로 그쳤다. 그러나 서비스산업과 서비스교역이 갖는 경제적 비중이 상품무역 못지않게 증가하면서 1986년 시작된 우루과이라운드 다자간 무역협상에서는 서비스교역을 대상으로 하는 본격적인 규범화 논의가 시작되었다.

서비스교역에 관한 논의가 본격화된 것은 UR이 시작된 2년 뒤인 몬트리올 각료회의 때부터였다. 그때까지도 서비스교역에 대한 정의와 서비스산업의 포괄범위에 대해 근본적인 문제가 해결되지 않아 답보상태에 머물렀던 서비스협상은 서비스교역에 관련된 독자적인 규범 제정, 추가규정이 필요한 서비스 분야에 대한 부속서 제정, 시장개방을 위한 약속협상 등으로 나누어 진행하기로 결정하면서 각 분야별 논의를 진행시켰다. 이 후 서비스협상은 많은 진전을 보였으며 1993년 12월 15일 종결된 UR의 결과를 담고 있는 최종의정서가 채택되고 다음해 4월 15일 마라케시에서 각국 대표가 이에 서명함으로써 서비스무역에 관한 일반협정(General Agreement on Trade in Services : GATS)이 정식으로 확정되었다.

(1) 서비스무역협정의 서비스공급형태

서비스무역협정(GATS)은 국제적으로 교역이 이루어지고 있는 모든 서비스를 다룬다. 서비스무역협정은 국제적으로 서비스가 공급되는 형태를 다음 네 가지로 정의하고 있다.

1) cross-border supply(국경 간 공급)

서비스수요자(소비자)와 서비스공급자(생산자)의 이동 없이 서비스만 이동되는 형태로 국제전화와 같이 한 국가에서 다른 국가로 공급되는 서비스를 말한다.

2) consumption abroad(해외소비)

서비스수요자의 서비스공급자로의 이동형태로 관광과 같이 소비자나 기업이 다른 국가에서 이용하는 서비스를 말한다.

3) commercial presence(상업적 주재)

서비스공급자의 서비스수요자로의 이동형태로 외국은행 영업과 같은 외국회사가 다른 국가에 자회사나 지사를 설립하여 공급하는 서비스를 말한다.

4) presence of natural persons(자연인의 이동)

서비스공급자의 서비스수요자로의 이동형태로 상업적 주재와의 구분은 주체가 법인과 자연인 간의 차이이며, 패션모델, 컨설턴트와 같이 개인이 다른 국가로 이동하여 공급하는 서비스형태를 말한다.

살펴보기 WTO 서비스무역에 관한 협정(GATS)의 서비스공급형태

서비스무역협정(GATS)은 국제적으로 교역이 이루어지고 있는 모든 서비스를 다룬다. 서비스무역협정은 국제적으로 서비스가 공급되는 형태를 다음 네 가지로 정의하고 있다.

① cross-border supply(국경 간 공급)
- 서비스수요자(소비자)와 서비스공급자(생산자)의 이동 없이 서비스만 이동되는 형태
- 한 국가에서 다른 국가로 공급되는 시비스 예 국세선화

② consumption abroad(해외소비)
- 서비스수요자의 서비스공급자로의 이동형태
- 소비자나 기업이 다른 국가에서 이용하는 서비스 예 관광

③ commercial presence(상업적 주재)
- 서비스공급자의 서비스수요자로의 이동형태
- 외국회사가 다른 국가에 자회사나 지사를 설립하여 공급하는 서비스 예 외국은행 영업

④ presence of natural persons(자연인의 이동)
- 서비스공급자의 서비스수요자로의 이동형태
- 상업적 주재와의 구분은 주체가 법인과 자연인 간의 차이
- 개인이 다른 국가로 이동하여 공급하는 서비스 예 패션모델, 컨설턴트

(2) 서비스무역협정의 주요 내용

1) 협정의 구성

GATS는 WTO 출범 당시 모두 6부, 29개 조문으로 구성된 본문과 8개의 부속서 및 8개의 각료결정, 1개의 양해 및 각국별 양허표로 구성되어 있었다. GATS는 상품무역 분야에 있어서 GATT가 차지하는 지위에 해당하는 나사산 부역협정이나 비가시적이며 측정할 수 없는 서비스의 본질적 특성 때문에 GATT규범과는 구조적으로

구별되는 특징을 가지고 있다. 그러한 특징 중 가장 대표적인 것이 내국민대우의 법적 지위라 할 수 있다. GATT에서는 양허된 품목에 대해서 동시에 적용되는 것이 원칙인 반면, GATS에서는 다자간 협상을 통해 시장접근과 내국민대우가 양허된 서비스 분야에 한해서 회원국에게 적용되는 의무를 구성하기 때문이다.

2) 협정의 주요 내용

① GATS의 정의 및 적용범위(제1조)

GATS에서는 서비스에 관해서도 적극적인 정의를 내리지 않고 있다. 다만 소극적으로 GATS가 적용되지 않는 서비스의 범위를 설정하고 있다. GATS I 제1조 3항 (b)는 정부의 권한을 행사함에 있어서 공급되는 서비스를 GATS상의 서비스 개념에서 제외하고 있다.

'정부의 권한을 행사함에 있어서 공급되는 서비스'라 함은 상업적 기초에서 공급되지 아니하며 하나 또는 그 이상의 서비스공급자와의 경쟁하에 공급되지 아니하는 모든 서비스를 뜻한다. 즉 각 회원국의 행정당국에 의해 제공되는 독점서비스에는 GATS가 적용되지 아니한다. 이와 유사하게 적용범위에서 제외되는 것으로는 GATS 제13조 1항에 규정되어 있는 정부조달의 경우가 있다. 정부의 목적으로 구매되며, 상업적인 재판매 또는 상업적 판매를 위한 서비스공급에 사용할 목적이 아닌 정부기관의 서비스조달을 규율하는 법률, 규정 또는 요건에 대해서는 최혜국대우, 시장접근 및 내국인대우에 관한 의무가 부과되지 않는다. 또한 GATS에는 서비스교역도 적극적인 정의를 내리지 않고 국경 간 서비스이동을 유형화하여 규정하는 방식을 취하고 있다. GATS 제1조 2항은 서비스교역을 네 가지 유형의 서비스공급으로 정의하고 있다.

② GATS의 적용대상(제1조)

회원국의 조치(measures)에 관하여 GATS상 적극적인 정의는 없지만 해당 범위에 '중앙, 지역 또는 지방의 정부 및 당국, 그리고 중앙, 지역 또는 지방의 정부 또는 당국에 의해 위임된 권한을 행사하는 비정부기구에 의해 취해진 조치'를 회원국의 조치에 포함시키고 있다. 조치는 법률, 규정, 규칙, 절차, 결정, 행정행위 또는 그 밖의 형태의 여부에 관계없이 회원국에 의해 취해지는 모든 형태의 조치를 의미하며, '서비스교역에 영향을 미치는 조치'는 최소한 ㉠ 서비스의 구매, 지불 또는 이용, ㉡ 서비스의 공급과 관련하여, 일반적으로 공중에게 제공되도록 회원국의 요구하는 서비스에 대한 접근과 이용, ㉢ 다른 회원국의 영토 내에서 서비스를 공급하기 위한 상업적 주재를 포함한 회원국의 자연인의 주재를 포함한다.

③ GATS의 주요 원칙

㉠ 최혜국대우원칙(제2조)

대표적인 GATS의 원칙은 GATT하에서와 같이 무조건부 최혜국대우이다. 최혜국대우를 규정한 GATS 제2조 1항에서는 "이 협정의 대상인 조치에 관하여, 각 회원국은 다른 회원국의 서비스와 서비스공급자에게 자신이 다른 국가의 동종서비스와 서비스공급자에게 부여하는 것보다 불리하지 않는 대우를 즉시 그리고 무조건적으로 부여하여야 한다."라고 규정하고 있다.

그러나 GATS에서는 GATT의 최혜국대우와는 다르게 GATS 제2조 2항에서 회원국이 '최혜국대우 면제에 관한 부속서'에 면제되는 조치를 열거하고, 또한 이 부속서의 조건을 충족시키는 경우에는 최혜국대우 면제조치를 유지하는 것을 허용하고 있다. 또한 GATS 제2조 3항에는 예외를 한 가지 더 규정하고 있는데, 현지에서 생산되고 또한 소비되는 서비스의 인접접경지대에 국한된 교환을 촉진하기 위하여 인접국에 부여되는 혜택은 최혜국대우의무로부터 면제됨을 규정하고 있다.

㉡ 투명성 보장원칙(제3조)

투명성 보장원칙은 서비스교역의 성격상 최혜국대우 못지않게 중요한 역할을 맡고 있다. 사소한 법제도의 변화에도 민감하게 영향을 받을 수 있는 서비스교역의 성격 때문에 법제도의 변경이 신속히 공개되지 않을 경우 서비스공급에 심각한 장애를 초래할 경우도 발생할 수 있다. 이러한 점을 고려하여 공정한 경쟁을 보장한다는 차원에서 요구되는 원칙이 투명성 보장원칙이다. 각 회원국은 본 협정의 운영에 관련되거나 영향을 미치는 일반적으로 적용되는 모든 관련조치를 신속히 공표하며, 긴급상황의 경우를 제외하고는 늦어도 발효 전까지 공표한다. 특정 회원국이 서명국인 서비스무역에 관련되거나 영향을 미치는 국제협정도 또한 공표되어야 한다.

ⓒ 개도국 참여증대(제4조)

GATS 제4조는 개발도상국의 세계서비스교역의 참여증대를 보장하기 위한 원칙을 규정한다. GATS 제3부와 제4부에 따라 회원국들이 교섭한 구체적 약속을 통하여 다음과 같이 개발도상회원국의 세계무역에의 참여증진이 촉진된다. 우선 상업적인 기초에서의 기술접근 등을 통하여 개발도상회원국의 국내서비스능력과 그 효율성 및 경쟁력이 강화되어야 한다. 둘째, 유통망과 정보망에 대한 개발도상회원국의 접근이 개선되어야 한다. 셋째, 개발도상회원국이 수출관심을 가지고 있는 분야 및 공급유형에서 시장접근이 자유화되어야 한다.

최빈회원국은 이행에 관하여 특별한 우선권을 부여받아야 한다. 특별한 경제상황과 개발, 무역 및 재정의 필요에 비추어 최빈개도국은 교섭된 구체적 약속을 수락함에 있어서 자신의 심각한 어려움이 특별히 고려되어야 한다.

ⓔ 구체적 약속

GATS 제3부 구체적 약속은 제16조(시장접근), 제17조(내국민대우), 제18조(추가적 자유화약속)로 구성되어 있다. 시장접근 및 내국민대우원칙은 양허표에 기재된 분야에서 그리고 명시된 조건과 제한하에서 적용된다.

㉮ 시장접근(제16조) : GATS 제1조에 명시된 서비스공급의 형태를 통한 시장접근과 관련하여, 각 회원국은 타 회원국의 서비스 및 서비스공급자에 대해 자국의 양허표상에 합의되고 명시된 제한 및 조건하에서 규정된 대우보다 불리한 대우를 하여서는 안 된다.

㉯ 내국민대우(제17조) : 자국의 양허표에 기재된 분야에 있어서, 그리고 양허표에 명시된 조건 및 제한하에서 각 회원국은 타 회원국의 서비스 및 서비스공급자에게 서비스공급에 영향을 미치는 모든 조치와 관련하여 자국의 동종서비스와 서비스공급자들에게 부여하는 대우보다 불리하지 아니한 대우를 부여해야 한다. 상품무역과는 달리 서비스무역은 국경조치보다는 국내규제조치에 의하여 통제된다. 서비스무역은 상품무역과 달리 국가 사이에서의 서비스공급만을 의미하지 않기 때문이다. 즉 관광의 경우처럼 한 국가에서 다른 국가 국민에 대한 서비스의 제공, 외국 건설회사의 경우처럼 한 국가 내에 외국 서비스 공급자의 상업적 주재를 통한 서비스의 제공 등의 경우가 중요한 의미를 갖는다.

3. 지적재산권협정

오늘날 경제활동에 있어서 무형자산의 중요성이 점점 증대되고 있다. 무형자산은 발명, 의장(design), 기술 및 예술적 창작활동의 결과 등으로 포괄적으로 지적재산(intellectual property)으로 불리고 있다. 지적재산 가운데 특별히 법적인 보호를 받도록 되어 있는 것은 발명품, 상표, 의장, 출판물, 집적회로의 배치설계 및 상거래기밀 등(TRIPs협정 제1조 2항)이며, 일반적인 재산권과 같이 양도권, 지분권 및 포괄적 지배권을 갖게 되고 지적재산권 소유자는 법적으로 배타적 지위를 부여받게 된다.

법체계에 따르면 지적재산권을 크게 나누어 산업재산권, 저작권 및 신지적재산권 분야로 분류되며 성질에 따라 창작보호 및 공정경쟁보호로 나누어진다. 산업재산권은 다시 특허권(실용신안권 포함), 의장권, 상표권 등으로 구분되며, 저작권은 저작권과 저작인접권으로 분류된다. 신지적재산권은 산업재산권과 저작권의 성격을 동시에 포함하고 있는 산업저작권, 동·식물 및 미생물관련 생명공학기술 및 반도제 집적회로의 배치설계기술에 관련한 첨단산업재산권, 영업비밀과 같은 정보재산권 등을 포괄한다.

지적재산권보호를 위한 국가 간 공통된 법적 체계들은 오래 전부터 존재해 왔다. 대표적인 것으로 파리협약(Paris Convention, 1883년 발효)은 특허, 상표 및 다른 산업재산권(industrial property rights)을 다루고 있으며, 베른협약(Berne Convention, 1886년 발효)은 저작권을 규율하고 있다. 최근에는 특히 지적재산권과 관련된 상품과 서비스의 무역이 급증함에 따라 세계경제에서 지적재산권보호의 중요성이 증대하고 있으며, 지적재산권을 적절하고 충분히 보호하지 못하면 자유무역을 왜곡할 수 있다는 면에서 많은 국가들이 무역과 관련된 지적재산권의 보호에 큰 관심을 기울이고 있다. 이에 따라 무역협상 의제에 지적재산권보호문제가 빈번히 올랐으며, 그 결과 UR협상에 있어서 새로운 분야의 하나로 무역관련 지적재산권협정(TRIPs)이 이루어져 1995년 1월 1일 발효되었다.

경제적인 측면에서 지적재산권보호제도는 두 가지 목적을 촉진하기 위한 제도직 체계를 제공하고 있다. 첫째, 특허 및 저작권법은 지적재산의 창출, 개발자에게 특정의 배타적(독점적)권리를 부여함으로써 지적창조활동을 장려하고 새로운 기술의 발전과 새로운 지식의 발견에 자원의 효과적인 활용을 촉진하고 궁극적으로 경제발전을 위한 지적기반구조를 확충하고 제고할 것을 목적으로 하고 있다. 둘째, 상표와 지리적 표시와 같은 상품의 서비스의 표시를 통하여 상행위(business)가 공공의 신뢰를 유지할 수 있도록 하고 공정경쟁을 촉진하는 것이다.

특히 국제경제활동에서 지적재산의 중요성이 증대됨에 따라 국제무역과 관련된 불충분하고 부적절한 지적재산권보호는 국제무역에 상당한 왜곡을 초래할 것이다. 즉 각국의 지적재산권보호제도가 외국의 이익을 차별하거나 또는 국제적으로 일반적으로 합의된 원칙과 절차에서 크게 벗어나는 경우에서 볼 수 있듯이 지적재산권에 대한 부적절한 보호는 지적재산권을 침해한 상품의 제조와 유통을 초래하여 새로운 상품의 개발 유인과 그러한 활동에 자원배분을 위축시키는 등 지적재산보유자의 권리의 획득과 강화에 시간과 비용이 소요되어 자유무역과 정상적인 경제활동에 직접적으로 부정적인 영향을 미칠 것이다. 한편 지적재산권은 새로운 기술과 지식의 독점적 이용을 어느 정도 허용하는 것이기 때문에 제3자에 의한 활용과 경쟁을 억제하며 따라서 선진국들에 의해 창출된 지적재산을 활용해 오던 개발도상국들로부터 선진국으로의 국제적인 소득재분배가 예상된다는 측면에서 개발도상국들은 자신들이 새로운 지적재산권제도의 부담을 지게 될 것으로 우려하고 있다.

(1) 배경

지적재산권 자체의 교역비중이 증대하고 국제교역에 있어서 지적재산권이 상품의 경쟁력을 결정하는 중요한 요소로 등장함에 따라 선진국들이 지적재산권의 보호를 자국의 무역수지 및 국제경쟁력에 직접적으로 영향을 미치는 문제로 인식하게 되었다. 이에 따라 미국 등 선진국들의 강력한 주장으로 1986년 9월 UR협상 출범시 지적재산권을 협상 분야로 채택하여 지적재산권보호가 정당한 무역에 장애가 되지 않도록 GATT규정을 명료화하고 새로운 규칙과 규율을 마련하였으며, 위조상품의 국제교역문제를 취급할 다자규범을 개발하기에 이르렀다. 그 결과 무역관련 지적재산권협정(Trade related Intellectual Property Rights : TRIPs)이 탄생하게 되었다.

TRIPs협정은 일부 문제를 남겨 놓고 있으나 무역관련 지적재산권보호의 중요한 기준을 확립한 것으로 평가되고 있다. 동 협정은 법적으로 인지되고 있는 모든 범위의 지적재산권에 관한 보호를 포괄하여 원칙적으로 파리협약, 베른협약과 같은 기존의 조약에서의 보호수준을 높였다. 특히 TRIPs는 지적재산권에 관한 MFN대우를 명시적으로 의무화한 최초의 협정으로 WTO 회원국들이 국내법에서 보장해야 하는 보호와 권리의 수준을 구체적으로 명시하고 있으며, 권리침해 시 권리의 강화절차에 관한 구체적인 규정과 분쟁해결절차를 포함하고 있다. 동 협정의 위반 시에는 관세양허의 중지 또는 다른 무역 분야에서 WTO 혜택의 중단을 통한 교차보복을 할 수 있도록 하고 있다.

(2) 협정의 주요 내용

1) 협정의 구성

무역관련 지적재산권협정(TRIPs)은 7부 73개 조항으로 구성되어 있다.

2) 일반규정 및 기본원칙

① 지적재산권관련 기존 국제협약의 규정 수용(제1~2조)

파리협약, 베른협약, 로마협약, 워싱턴조약 등 기존 국제협약의 규정을 수용한다.

② 내국민대우(제3조)

회원국은 지적재산권보호에 있어서 내국민에 대우하는 것에 비하여 불리하지 않은 대우를 다른 회원국의 국민에게 부여해야 한다. 단, 파리협약, 베른협약, 로마협약, 직접회로에 관한 협약에서 예외적으로 내국민대우를 적용하지 않는 경우는 제외된다.

③ 최혜국대우(제4조)

지적재산권의 보호와 관련하여 한 회원국이 다른 회원국에게 부여하는 모든 이익, 혜택, 특전, 또는 면책 등은 즉시 그리고 무조건적으로 모든 회원국에게도 부여해야 한다. 지적재산권에 관한 국제협약에서는 내국민대우만 있고 최혜국대우는 없다. 무역관련 협정이기 때문에 최혜국대우원칙이 인정되고 있다.

④ 권리소진(제6조)

권리소진(exhaustion)에 관한 문제는 협정상 분쟁해결절차의 대상이 되지 않음을 명시하고, 권리소진을 인정할 수 있게 함으로써 사용허가(license)를 받은 기술 및 상표를 사용하여 만든 제품을 사용허가를 준 국가에 역수출하거나 제3국에 수출하는 것이 가능하다.

3) 지적재산권의 취득, 범위 및 사용에 관한 기준

① 저작권 및 저작인접권(제9~14조)

문학, 예술창작물 외에도 컴퓨터프로그램, 데이터베이스(DB) 등 자료 편집물도 저작물로서 보호대상에 포함한다. 단, 컴퓨터프로그램은 프로그램 표현 자체만 보호하고, 프로그램을 구성하고 있는 사고, 절차, 운용방법, 수학적 개념 자체는 보호하지 않는다. 자연인의 수명기준이 아닐 경우 승인된 발행 후 50년 또는 작품 제작 후 50년을 보호기간으로 하며, 컴퓨터프로그램, 영상저작물 및 음반의 저작권자에게 대여를 허가, 금지할 수 있는 배타적 대여권을 부여한다. 음반제작자 및 실연가의 저작인접권을 50년간 보호하고, 방송기관의 저작인접권을 20년간 보호한다. 또한 음반에 대한 저작인접권은 원칙적으로 베른협약 제18조를 준용한다고 규정함으로써 소급보호를 인정한다.

② 상표(제15~21조)

상표는 식별력을 가져야 하며, 성명, 문자, 숫자, 도형 및 색채로 구성된다고 규정하여 색채상표를 인정하고 있으며, 상표에 대한 최초의 국제적으로 합의된 정의를 제공하고 있다. 상품 및 서비스에 대해 파리협약 제6조의 2를 적용토록 함으로써 등록되지 않은 상표라고 하더라도 널리 알려진 유명상표는 보호하며, 상표의 보호기간은 7년 이상으로 하되, 무한정 갱신가능하며, 정당한 사유 없이 3년 이상 사용하지 않는 경우 취소가능하다.

③ 지리적 표시(제22~24조)

상품의 특정 품질, 명성 및 기타 특성이 생산지(기후, 풍토)와 밀접한 관련이 있을 경우 동 생산지를 알리는 표시, 예를 들면 보르도 포도주를 지적재산권으로 보호한다. 상품의 원산지에 대해 대중의 오인을 유발할 수 있는 지리적 표시의 사용 또는 불공정행위를 구성하는 지리적 표시의 사용을 금지한다. 포도주와 주류(wines and spirits)의 지리적 표시에 대해서는 추가적인 보호를 규정하여 원산지를 허위로 표시하지 않고, ~종류, ~유형, ~양식, ~모조품 등으로 표현하는 행위가 대중의 오인을 초래하지 않는 경우에도 금지한다. 포도주와 주류의 지리적 표시의 보호증대를 목적으로 하는 국제협상을 개시한다. 그러나 상품, 서비스, 포도주의 일반명칭이 되었거나, 예를 들면 샴페인, 꼬냑, 또는 선의로 타국에서 장기간 사용하고 있던 지리적 표시는 보호의 예외로 인정가능하다.

④ 의장(제25~26조)

새롭거나 독창성이 있는(new or original) 독립적으로 창작된 의장은 최소한 10년간 보호하며, 직물의장에 대해서는 그 특성을 감안, 심사와 공고 절차를 가능한 간소화한다.

⑤ 특허(제27~34조)

신규성, 진보성 및 산업상 이용가능성을 가진 모든 기술 분야의 물질과 제법에 대해 특허를 인정하되 ㉠ 공공질서 또는 공서양속보호, 공중보건보호, 환경보호에 위반되는 발명, ㉡ 인간, 동물의 치료를 위한 진단방법, 요법 및 외과적 방법, ㉢ 식물변종은 특허 또는 특별법으로 보호해야 하는 것을 제외한 식물, 동물 생산을 위한 생물학적 제법 등은 특허대상에서 제외가능하다. 특허는 발명지, 기술 분야, 제품의 수입 또는 국내생산 여부에 따른 차별 없이 허용하며, 특허권은 출원일로부터 최소 20년간 존속한다.

합리적 기간 내에 합리적인 상업적 조건하에 권리자로부터 승인을 받을 수 없는 경우, 국가비상사태 또는 극도의 긴급상황, 공공의 비상업적 사용에 해당하는 경우 권리자의 승인 없이 특허대상의 다른 사용을 허용하는 강제실시권 발동이 가능하다. 단, 강제실시권을 발동하여 생산한 제품은 주로 국내시장공급에만 사용하며, 권리자에게는 적절한 보상을 필요로 한다.

⑥ 집적회로(IC) 배치설계(제35~38조)

집적회로에 대한 1989년 워싱턴조약 내용의 대부분을 수용하고, 배치설계, 배치설계가 포함된 집적회로 또는 이것이 내장된 제품도 보호대상으로 포함한다. IC 배치설계권을 침해한 줄 모르고 IC칩을 구매한 사람이 제조·유통·수출하는 행위는 불법이 아닌 것으로 간주하여 선의의 구매자에 대한 보호를 규정하고 있다. 단, 권리자가 침해사실을 선의의 구매자에게 통보한 이후에는 이러한 행위를 하는 것이 불법이나 이런 경우에도 기 주문품과 재고품은 합리적인 사용료를 지급한 후 계속 이용가능하다. 배치설계에 대해서는 특허권과 유사한 강제실시권 발동이 가능하며, 배치설계는 등록출원일 또는 최초의 상업적 이용일로부터 최소 10년간 보호한다.

⑦ 미공개 정보의 보호(제39조)

불공정 경쟁행위를 방지하는 과정에서 비밀인 것, 상업적 가치를 갖는 것, 권리자가 비밀로 유지하기 위한 합리적인 조치를 취한 요건을 갖춘 정보는 보호한다. 또한 의약품 또는 농약품 판매허가 시 제출된 미공개 실험결과를 불공정한 상업적 사용으로부터 보호한다.

⑧ 사용허가(licence)계약에 있어서 반경쟁 관행의 통제(제40조)

관련 시장의 경쟁에 부정적 영향을 주는 지적재산권의 남용을 구성하는 사용허가 계약을 방지, 통제하기 위한 조치가 가능하며, 상대국 국민이 자국의 반경쟁 관행 통제 법률을 위반하였을 경우 협의 요청이 가능하다.

4) 지적재산권의 시행(제41~61조)

각국은 효과적이고, 공정하며, 공평한 ① 침해금지명령, 손해배상, 침해상품의 처분·폐기 등 민사적·행정적 절차, ② 지적재산권의 침해 발생 방지 또는 증거보전을 위한 잠정조치, ③ 저작권 및 상표권 침해상품에 대해서는 세관당국에 의한 반출의 정지를 청구할 수 있는 국경조치, 동 국경조치는 특허, 의장, 배치설계, 미공개 정보 등 기타 지적재산권에 대해서도 적용가능하며, 기타 지적재산권에 대해 국경조치를 발동할 경우 수출입업자를 보호하기 위해 공탁금 예치 후 통관 허용, ④ 고의로 상표 또는 저작권을 상업적 규모로 침해하는 경우에 적용될 형사절차와 처벌과 같은 시행절차를 마련해야 한다. 단, 이러한 절차가 무역에 장애가 되거나 남용되어서는 안 된다.

5) 지적재산권의 취득, 유지 및 관련 당사자 간 절차(제62조)

지적재산권의 취득 또는 유지는 합리적 절차 및 형식의 준수가 필요하고, 합리적 기간 내 허용을 보장한다. 각종 이의제기, 취소 및 폐지절차는 공정하고 공평하게 규율한다.

6) 분쟁의 방지 및 해결(제63~64조)

각 회원국은 자국의 관련 법령, 사법적 판결 및 행정결정에 대한 투명성을 보장한다. 관련 법령을 자국 내에서 공표 또는 공개하고, 지적재산권위원회에 통보한다. 지적재산권에 관한 분쟁해결은 WTO의 분쟁해결절차를 적용한다.

7) 경과조치(제65~67조)

각국의 경제발전단계별로 협정 발효부터 협정내용 이행까지 선진국은 1년, 계획경제로부터 시장경제로 이행 중인 국가를 포함한 개도국은 5년, 최빈개도국은 11년의 경과기간을 부여한다.

8) 제도규정, 최종조항(제68~73조)

무역관련 지적재산권협정의 운영을 위해 무역관련 지적재산권위원회를 설치하며, 지적재산권위원회는 5년 경과기간 종료 후 협정의 이행을 검토, 그 후에는 2년마다 협정을 검토한다. 협정 발효일에 존재하는 기존 대상물에도 지적재산권협정의 규정을 적용하며, 특히 저작물 및 음반에 대하여는 베른협약에 따른 원칙적 소급보호를 부여한다. 단, 국가안보를 위한 예외조치는 허용한다.

4. 무역정책검토제도협정

(1) 배경

무역정책검토제도(Trade Policy Review Mechanism : TPRM)는 우루과이라운드 GATT 기능 강화 분야 협상에서 조기 합의됨에 따라 1989년 4월 GATT 이사회의 결정에 따라 1989년 12월부터 시행 중에 있다. 무역정책검토제도는 회원국의 무역정책에 대한 정기적인 검토를 통하여 개별국가의 무역정책 및 관행의 명료성을 높이고 이해증대를 도모하려는 데 목적이 있다. 무역정책검토제도는 개별국가의 정책방향을 제어함으로써 국제무역환경이 보호무역주의 추세로 가지 않도록 하는 데 중요한 역할을 수행하게 된다.

무역정책검토업무를 실질적으로 담당하는 기관으로서 무역정책검토기구(Trade Policy Review Body : TPRB)를 설치하여 회원국의 무역정책을 검토하고 있다. 무역정책검토기구는 검토대상 회원국이 작성하여 제출한 보고서와 WTO 사무국이 수집한 정보를 기초로 작성한 보고서를 기본검토자료로 하여 시행된다. 무역정책검토기구는 다자간 무역체계에 영향을 미치는 국제무역환경의 진전에 대한 연례적인 검토를 하게 된다.

(2) 협정의 주요 내용

1) 협정의 구성

무역정책검토제도협정은 총 7개 조로 구성되어 있다.

2) 주요 내용

① 목적(제1조)

다자간 무역협정(MTA)에 대한 준수를 확보하고, 회원국의 무역정책 및 관행에 대한 투명성 및 이에 대한 이해증진을 달성한다. 특정한 의무의 집행 또는 분쟁해결절차의 기초로 사용되거나 또는 회원국에게 새로운 정책약속을 부과하려는 의도는 아니다.

② 국내적 투명성(제2조)

각 회원국은 무역정책사항에 대한 정부 의사결정의 투명성을 제고한다.

③ 검토기관 및 검토자료(제3~4조)

WTO 산하 무역정책검토기구(Trade Policy Review Body)가 검토 실시한다. 검토대상국 정부가 작성한 보고서와 WTO 사무국이 작성한 보고서를 기본검토자료로 사용한다.

④ 검토대상국가 및 검토주기(제3조)

검토대상국의 무역규모에 따라 검토주기를 설정한다. 1~4위 교역국가인 미국, 일본, EC, 캐나다는 2년마다, 한국을 포함한 5~20위 교역국가는 4년, 기타 국가는 6년을 주기로 각국의 무역정책을 검토한다. 최빈국가는 더 긴 기간을 설정할 수 있다. 예외적으로 어떤 국가의 무역정책이나 관행의 변경이 무역상대국에 중대한 영향을 미치는 경우에는 무역정책검토기구의 요청에 따라 차기 무역정책검토를 조기에 실시할 수 있다. 검토대상은 회원국의 관련 정책 및 관행을 포함하여 무역에 영향을 미치는 정책의 모든 요소이다.

⑤ 국제무역환경의 진전에 대한 검토(제7조)

무역정책검토기구는 다자간 무역환경의 진전에 대한 전반적인 연례 검토를 실시한다.

5. 무역원활화협정

(1) 배경

무역원활화는 2003년 제5차 WTO 각료회의가 결렬된 이후 2004년 7월 기본골격에 대한 합의(July Package)가 도출되면서 뒤늦게 DDA 정식 의제로 채택되었다. DDA협상의 교착상태가 장기화되자 DDA 의제 중 논의가 가장 활발했던 무역원활화를 중심으로 농업 일부와 최빈개도국 이슈 등 타결이 가능한 의제만을 선별한 조기 수확 패키지가 2013년 12월 발리에서 개최된 제9차 WTO 각료회의에서 극적으로 타결되었다. 2014년 11월 27일 개최된 WTO 특별 일반이사회(General Council)6)는 2013년 12월 7일 발리에서 타결된 WTO 무역원활화협정(Trade Facilitation Agreement : TFA)을 WTO 설립협정 부속서 1A(상품무역에 관한 다자간 협정)에 편입시키기 위한 개정의정서를 160개국 전원 합의로 공식 채택하게 된 것이다. 무역원활화협정은 1996년 12월 제1차 WTO 각료회의를 통해 협상 이슈(싱가포르 이슈)7)로 부각된 이래 2004년 8월 1일 공식적으로 협상을 시작하였다. 2013년 12월 7일 제9차 WTO 각료회의를 통해 무역원활화협정이 공식 타결(발리패키지)됨에 따라 무역원활화 준비위원회(PCTF)가 설치되고 발효를 위한 절차가 진행되었다. 무역원활화 준비위원회는 필리핀 대사가 의장을 맡고 향후 협정 발효 시 설치될 무역원활화위원회의 전신으로서 협정문안 법률검토, 부속서 1A 편입을 위한 개정의정서 최종문안 작성, 개도국의 A의무8) 통보접수 등 주요 의무의 수행을 시작으로 무역원활화의 이행을 시작하였다.

지난 2014년 7월 31일 협정문 발효를 위해 무역원활화협정을 공식협정으로 편입하기 위한 개정의정서 채택이 시도되었으나 인도의 반대로 채택 무산된 바 있다. 인도는 발리패키지 타결내용 가운데 무역원활화협정이 신속히 진행될 경우 자국이 관심을 갖고 있는 농업보조금문제에 대한 논의가 진전되지 못할 것을 우려해 무역원활화 개정의정서 채택에 반대하여 왔다. WTO는 회원국들의 만장일치 합의제(consensus)에 기초한 의사결정구조를 유지하고 있으며 어느 한 회원국도 공식적 반대를 표명하지 않는 한 만장일치에 의한 합의로 간주하는 방식을 취하고 있다. 이에 2014년 11월 13일 미국과 인도가 식량안보를 위한 공공비축과 무역원활화협정 이행 간 연계에 대한 논의를 시작, 극적으로 합의9)하여 지난 27일 WTO 특별 일반이사회에서 개정의정서가 공식 채택되었다. 동 협정은 향후 회원국의 2/3(약 107개국)가 수락하여야 발효되기 때문에, 협정 합의 이후 협정 발효까지는 상당한 기간이 소요될 것으로 예상되었으나 마침내 2017년 2월 22일에 회원국의 2/3 이상

6) 각료회의 비회기 중 각료회의 기능을 수행하는 최고의사결정기구이다.

7) 무역원활화, 투자, 경쟁, 정부조달 등 4개 이슈를 총칭한다.

8) A의무 : 협정 발효 즉시 이행해야 할 의무, B의무 : 협정 발효 후 일정기간 후 이행, C의무 : 원조 및 지원을 통한 이행능력 획득 후 이행해야 할 의무이다.

9) 현재 인도가 지급하고 있는 식량안보 및 빈민구제 차원의 보조금을 감축대상보조에서 제외시킬지에 대한 문제를 두고 인도와 미국이 해당 문제에 대해 2017년까지 영구적 해법이 마련되지 않아도 WTO 제소를 자제한다는 내용의 평화조항은 계속 유지한다는 내용에 합의하였다.

이 의정서 수락을 위한 국내절차를 완료함에 따라 극적으로 정식 발효되었다.

무역원활화협정은 WTO 설립 및 DDA협상 개시 이후 타결된 최초의 다자무역협정으로 매우 큰 의미를 갖고 있으며, WTO로 대표되던 다자무역체제가 제 기능을 발휘하지 못하고 있는 현 시점에서 본 장에서는 무역원활화협정의 구조와 주요 내용에 대해 간략히 기술하고 WTO 회원국의 전반적인 이행 현황과 특징에 대해 설명하기로 한다.

(2) 무역원활화협정의 주요 내용

1) 무역원활화협정의 구성

무역원활화협정은 총 3개의 절로 구성되는데, 제1절은 신속한 상품의 이동, 반출 및 통관을 위한 조치이며, 제2절은 개도국 및 최빈개도국에 대한 특별 및 우대조치, 제3절은 기관협정 및 최종규정에 관한 규정이다. 제1절은 투명성 제고를 위한 출입관련 규제와 정보의 공표 및 시행, 수출입관련 설차의 간소화와 수수료의 합리화, 통과의 자유 보장, 수출입업자의 관련법 규제의 준수 여부를 판단하기 위한 세관협력 등 총 12개의 조항으로 구성되어 있다. 제2절에서는 개도국 및 최빈개도국이 자국의 상황에 따라 제1절의 조항을 발효 즉시 이행할 수 있는 의무(A의무), 발효 후 이행까지 과도기간이 필요한 의무(B의무), 과도기간 및 지원이 필요한 의무(C의무)로 분류하여 이와 함께 이행일을 통보하도록 하고, 선진국의 기술지원 및 능력배양에 관한 투명성 제고를 위해 지원에 관한 정보 제출요건 등을 명시하고 있다. 제3절은 WTO 무역원활화위원회의 설립과 운영방안, 국별 무역원활화위원회의 설립에 관한 내용이다.

2) 무역원활화협정 제1절의 주요 내용

무역원활화협정 중 제1절은 GATT 제5조(통과의 자유), 제8조(수출입관련 수수료 및 절차), 제10조(무역규제의 공표와 시행)의 명확화와 개선, 세관협력을 위한 무역원활화조치에 대해 규정하고 있다. 제1~5조는 GATT 제10조와 관련된 규정으로 수출입, 통과관련 정보의 공표 및 인터넷을 통한 공포, 시행 전 정보 및 의견 제시 기회 제공, 사전심사, 불복 또는 재심 청구절차 등 투명성 제고를 위한 규정이다. 수출입, 통과관련 정보를 신속히 공표하고 인터넷을 통해 이용가능하도록 하며, 공표되는 정보에 대한 추가적인 질의응답 및 필요한 양식 등을 제공하는 질의처를 운영하도록 한다.

이해 당사자들에게 관련법 및 규정의 도입 또는 개정 전에 이에 대한 의견 제시

표 6-1 무역원활화협정문 이행의무 주요 내용

구분	조항	주요 내용
GATT 제10조 (무역규정의 공표 및 시행) 개선 및 명확화	제1조 정보의 공표 및 이용가능성	공표, 인터넷을 통한 공포, 질의처 설치 등
	제2조 시행 전 의견제출 기회, 정보 및 협의	법령 시행 전 공표 및 의견제출 기회 제공 등
	제3조 사전심사	품목분류, 원산지 등에 대한 사전심사 결정 제공
	제4조 불복절차	세관당국의 행정적 결정에 대한 사법적·행정적 불복신청권 보장
	제5조 공정성, 비차별, 투명성 제고를 위한 기타 조치	제고된 통제 및 조사에 대한 통보, 유치, 시험절차
GATT 제8조 (수출입 수수료 및 절차) 개선 및 명확화	제6조 수출입관련 요금 및 수수료	수출입관련 요금 및 수수료, 관세법 위반 시 벌칙규정
	제7조 물품의 반출 및 통관	도착 전 처리, 전자적 납부, 반출 및 제세 분리, 위험관리, 통관 후 심사, 평균 반출시간 측정 및 공표, 인가된 영업자를 위한 무역원활화조치, 특송화물, 부패성 상품관련 무역원활화조치 등
	제8조 국경기관 간 협력	무역원활화를 위한 국경기관 간 협력
	제9조 수입을 위한 상품의 세관통제하의 이동	수입을 위한 상품의 세관통제하의 이동 허용
	제10조 수출입 및 통과관련 절차	절차 및 서류요건, 사본의 수용, 국제표준의 사용, 단일서류 접수창구, 선적전검사, 관세사의 사용, 공통 국경절차 및 통일된 서류요건, 거부된 상품, 일시 수입 및 역내의 가공
GATT 제5조 (통과의 자유) 개선 및 명확화	제11조 통과의 자유	통과의 자유보장
신규 도입	제12조 세관협력	관세법 등 위반 적발 위한 세관 간 정보 교환

기회와 적절한 기간을 제공하고 국내 관련 기관 및 이해관계자들과 정기적으로 협의할 것을 명시하고 있다. 강화된 통제 또는 검사의 통보를 통해 SPS협정의 단점을 보완하고 SPS협정에서 제시한 이유로 수입을 제한하는 경우 수입제한의 악영향을 최소화하기 위해 융통적인 제한조치와 신속한 철회를 가능하게 하고, TBT협정이나 SPS협정을 근거로 물품이 시험에서 불합격 판정을 받을 경우 재시험을 허용하여 시험이 무역장벽으로 전락하는 것을 방지하고자 하는 시험절차를 도입하였다.

제6~10조는 GATT 제8조와 관련된 내용으로 수수료 및 요금의 합리화와 수출입 절차의 간소화를 위한 무역원활화조치에 관한 규정이며, 특히 제7조 상품의 반출 및 통관, 제10조 수출입 및 통과관련 절차는 무역원활화협정의 핵심 사항이라 할 수 있다. 수출입상품관련 수수료 및 요금의 수와 종류의 축소를 위해 정기적으로 검토하고, 세관처리를 위한 수수료 및 요금은 해당 특정 수출입과 관련하여 제공된 서비스의 대략적인 비용에 상응하는 금액으로 제한된다. 관세법, 관련 규정 등을 위반하여 처벌을 부과할 경우 처벌은 정도와 심각성에 상응하며, 위반 적발 전에 미리 신고하면 이를 경감요소로 고려할 것을 권장하고 있다.

물품의 신속하고 효율적인 반출 및 통관을 위해 ① 상품의 도착 전에 수입관련 필요한 정보를 제출할 수 있도록 허용하는 절차 마련, ② 수출입관련 관세, 조세, 수수료 및 요금의 전자적 납부 허용, ③ 세금 및 수수료의 결정 이전에 상품의 반출을 허용하는 절차 마련, ④ 고위험군 물품을 집중 통제하고 저위험군 물품은 신속하게 반출하는 위험관리시스템의 마련, ⑤ 상품의 평균 반출시간 측정 및 공표, 특정 요건을 만족하는 영업자에게 수출입·통과관련 형식 및 절차에 있어 추가적인 무역원활화조치 제공, ⑥ 신청할 경우 항공화물에 대한 신속한 반출을 허용하는 절차 마련, ⑦ 부패성 상품의 신속한 반출 허용에 대해 규정하고 있다.

수출입·통과관련 형식 및 서류 요건의 간소화와 조화를 위해 ① 수출입·통과관련 형식의 횟수 및 복잡성 최소화, 서류요건의 간소화를 위한 형식 및 서류요건의 검토를 의무화, ② 수출입·통과관련 제출되는 서류의 종이 또는 전자 사본의 수용, ③ 수출입·통과관련 형식 및 절차의 근거로 국제표준의 사용을 권장, ④ 무역업자가 수출입·통과관련 서류 및 자료요건을 단일 접수 지점을 통해 참여 당국에 제출할 수 있도록 하는 싱글윈도우제도의 마련, ⑤ 품목분류 및 관세평가와 관련된 선적전검사의 금지, ⑥ 관세사의 의무적 사용 금지, ⑦ 한 국가의 영역 내에서 상품의 반출 및 통관을 위한 공통의 세관절차 및 통일된 서류요건의 적용, ⑧ 수입자가 통관이 거부된 상품을 수출자에게 반송할 수 있도록 허용, ⑨ 상품의 일시 반입과 역내 및 역외 가공 허용에 대해 규정하고 있다.

제11조는 GATT 제5조와 관련된 내용으로 통과의 자유에 관한 규정이며, 제12조는 수출입업자의 관련 규제 준수 여부를 판단하기 위한 회원국 세관 간의 협력에 관한 규정이다. 통과의 자유화를 위해 통과관련 규정 및 형식은 필요하지 않을 경우 제거되어야 하며 필요시 덜 무역제한적인 방식으로 적용되고 ① 형식 및 서류요건과 세관통제의 최소화, ② 별도의 물리적 기반 시설 마련, ③ 행정비용이나 서비스비용을 제외한 수수료 및 요금 부과 금지, ④ TBT협정 및 SPS협정의 미적용, ⑤ 필요 이상의 보증금 제한, ⑥ 종합보증과 보증의 갱신 허용 등에 관해 명시하고 있다. 세관협력에서는 무역업자들이 준수의무를 알 수 있게 보장하고, 수입자들이 벌금 없이 스스로 오류를 정정하도록 허용하는 자발적인 준수를 장려하고 비준수 무역업자들에 대해서는 보다 강력한 조치를 취할 수 있도록 허용하고 있다. 더불어 수출입신고서나 위반사항을 확인하기 위해 관련 정보를 다른 회원국의 세관으로부터 받아야 할 경우 세관의 권리와 의무에 관한 내용으로 정보교환·검증·요청절차, 기밀유지의무, 정보제공의 범위, 요청의 연기 또는 거절 사유, 검증에 의한 행정부담 고려 등을 제시하고 있다.

3) 무역원활화협정 제2절 및 제3절의 주요 내용

무역원활화협정 중 제2절에서는 여타 WTO협정과 달리 협정의 이행 정도와 시기를 개도국 및 최빈개도국의 이행능력과 연계하여, 이 회원국들의 이행능력이 부족할 경우 이행능력을 획득할 때까지 이행의무가 배제됨을 명시하고 있다. 개도국 및 최빈개도국 스스로가 자국의 상황에 따라 제1절의 무역원활화조치를 A의무, B의무, C의무로 분류하고, 각 의무와 이행일자를 WTO 무역원활화위원회에 통보하도록 하고 있다. 이 외에도 ① B/C의무의 이행일 연장 요청을 위한 절차, ② 개도국 및 최빈개도국이 B/C의무의 이행능력 부족을 통보할 경우 이에 대한 조사를 위한 전문가그룹 설치, ③ B의무 및 C의무 간 이동, ④ 분쟁해결규칙 및 절차에 관한 양해의 적용 유예기간, ⑤ 기술 및 능력배양 지원에 관한 투명성 제고를 위해 지원에 관한 정보의 제출요건 등에 대해 규정하고 있다.

무역원활화협정 중 제3절의 기관협정은 WTO 무역원활화위원회의 설립 및 운영 방안, 국별 무역원활화위원회의 설립에 관한 내용이며, 최종규정은 협정 발효에 관한 사항으로 협정의 모든 규정이 모든 회원국에 구속력이 있으며, TBT협정 및 SPS 협정과의 관계, 분쟁해결절차의 적용 등에 관한 내용이다.

(3) 무역원활화협정의 이행

무역원활화를 실제 이행하게 되는 절차는 164개 WTO 회원국 중 85% 회원국이 개정 의정서 수락을 위한 국내 비준절차를 완료한 후 각 개도국들은 A/B/C의무 및 이행일을 통보하고 각국의 이행의무를 준수하게 된다. 무역원활화협정 제1절의 12개 조항은 36개의 무역원활화조치(measure)로 구성되며 이를 다시 세분화하면 239개의 이행가능한 항목(article item)으로 나눌 수 있다. 협정에 따라 선진국은 협정 발효 즉시 무역원활화협정 제1절의 모든 조항을 이행 중이라는 것을 전제로 하고 개도국은 A/B/C의무(A의무 : 협정 발효 즉시 이행해야 할 의무, B의무 : 협정 발효 후 일정기간 후 이행, C의무 : 원조 및 지원을 통한 이행능력 획득 후 이행해야 할 의무) 및 이행일에 대한 통보문을 WTO에 보고하게 되어 있다.

그림 6-2 WTO 무역원활화협정문 주요 내용

Section Ⅰ 이행의무	Section Ⅱ 개도국・최빈개도국 특별대우	Section Ⅲ 제도규정・최종조항
GATT 제10조 (무역규정의 공표 및 시행) 개선 및 명확화	일반원칙	제도규정 무역원활화위원회 설치, 국별 무역원활화위원회 설치 또는 유지 (우리나라의 경우 신설 필요)
GATT 제8조 (수출입 수수료 및 절차) 개선 및 명확화	의무의 종류 및 이행, 이동 등 • A의무 : 즉시 이행 • B의무 : 일정기간 후 이행 • C의무 : 일정기간 후 이행+원조 및 지원제공을 통한 이행능력 획득 필요	최종조항 GATT 1994 및 SPS/TBT 협징과의 관계, 분쟁해결절차 적용 등
GATT 제5조 (통과의 자유) 개선 및 명확화	의무 이행을 위한 원조 및 원조를 위한 정보 제출	
신규 도입(세관협력)		

자료 : 산업통상자원부

앞에서 언급한 바와 같이 공식 협정문은 이행의무를 규정한 Section Ⅰ, 개도국·최빈개도국의 Section Ⅰ 이행관련 특별대우를 명시한 Section Ⅱ와 제도규정 및 최종조항을 담은 Section Ⅲ로 구성되어 있다. 무역원활화협정의 범위는 다른 WTO협정들과의 혼선을 방지하고자 WTO 상품무역이사회 관할하에 협상이 진행될 수 있도록 무역규정의 공표 및 시행(GATT 제10조), 수출입 수수료 및 절차(GATT 제8조), 통과의 자유(GATT 제5조)로 제한하고 있다. 즉 서비스에 대한 무역원활화 논의는 GATS에서 진행하고 상품무역이사회가 관할하지 않는다.

표 6-2 무역원활화협정의 이행으로 통보된 A, B, C 조치내용 (단위 : 통보건수)

A의무			B의무			C의무		
조치	부분 이행	완전 이행	조치	부분 이행	완전 이행	조치	부분 이행	완전 이행
제9조 상품의 이동	-	95	제6.1조 수수료 및 요금에 관한 일반 규율	18	9	제10.4조 싱글윈도우	1	48
제10.5조 선적전검사	5	90	제1.4조 통보	6	18	제5.3조 시험절차	-	36
제5.2조 유치	3	88	제2.1조 의견 제시 기회 및 시행 전 정보	5	18	제7.7조 인가된 영업자	1	33
제10.6 관세사의 사용	-	90	제2.2조 협의	2	21	제7.4조 위험관리	3	31
제10.9 상품의 일시반입	2	88	제10.2조 복사본의 수용	3	19	제7.6조 평균 반출시간 측정	1	29
제10.7조 공동국경절차	3	86	제1.1조 공표	2	20	제1.2조 인터넷을 통한 정보이용가능성	2	26
제10.8조 거부된 물품	4	85	제5.1조 강화된 통보 또는 검사의 통보	-	21	제8조 국경기관 협력	2	26
제6.3조 벌칙 규율	34	49	제6.3조 처벌규율	4	16	제1.3조 질의처	4	24
제7.3조 반출분리	12	64	제1.3조 질의처	1	18	제3조 사전심사	1	26
제11조 통과	6	70	제7.8조 특송화물	4	15	제7.5조 사후검사	-	24

자료 : WTO(2018), Trade Facilitation Agreement Database

개도국/최빈개도국은 Section Ⅱ에 의거, 협정 이행에 대한 의무(A, B, C의무)를 스스로 선택해 WTO에 통보하며 우리나라는 개도국으로서 모든 의무(협정문 Section Ⅰ에 해당)를 발효 즉시 이행하는 A의무를 택해 WTO에 조기 통보하였다(2014년 5월 28일).

6. 복수 간 무역협정

WTO 회원국들은 모든 WTO협정에 참여하는 것이 보통이다. 그러나 우루과이라운드 이후 일부 WTO 회원국만 참여하는 4개의 협정이 있다. 이는 모두 도쿄라운드에서 협상되었으며, 이러한 4개의 협정을 복수 간 무역협정이라고 한다. 이 4개의 협정만 제외하고 도쿄라운드에서 제정된 모든 협정은 1995년 세계무역기구가 출범할 때 모든 회원국이 의무적으로 지켜야 하는 다자간 무역협정으로 편입되었다. 이 4개의 복수가 무역협정은 민간항공기교역, 정부조달, 낙농제품, 쇠고기 분야에 관련된 협정으로 특히 쇠고기협정과 낙농제품협정은 1997년 종결되었다.

(1) 민간항공기 무역협정

민간항공기 무역협정은 1980년 1월 1일 발효되었다. 이 협정에서는 군용 비행기를 제외한 모든 비행기와 협정에 포함된 모든 물품, 즉 민간항공기 엔진과 그에 따른 부품, 민간항공기의 부분품과 여기에 관련된 부품, 항공기 모의훈련장치와 이에 관련된 부품 등에 대하여 수입관세를 면제시켜준다. 또한 정부가 민간항공기를 구입할 때 따라야 하는 절차 및 민간항공기부문에 대한 정부의 재정적 지원에 대해 규정하고 있다.

(2) 정부조달협정

대다수의 국가에서는 가장 큰 물품 구입자는 정부 및 정부관련 기구로서 이들은 기본필수품으로부터 첨단기술장비까지 다양한 범위의 물품을 구입하고 있다. 동시에 외국기업보다 국내기업에 특별한 혜택을 부과하라는 강력한 정치적 압력을 받을 수 있다.

정부조달협정은 도쿄라운드에서 처음 체결되어 1981년 1월 1일 발효되었다. 정부조달협정의 목표는 정부조달 분야를 국제경쟁에 최대한 개방하는 것이다. 따라서 정부조달에 관련되는 법령, 규제, 절차와 관행을 더욱 투명화시키고, 정부조달과정에서 국내기업이나 상품을 보호하지 않으며 외국기업이나 물품에 차별대우를 하지 않도록 되어 있다.

정부조달협정은 두 부분으로 구성되어 있는데, 첫 부분에서는 일반규정과 의무를 정하고 있으며, 둘째 부분은 각 회원국에서 협정의 적용을 받는 정부기관을 기재하고 있다. 특히 일반규정과 의무 중 상당한 부분은 입찰과정에 관한 의무를 설명하고 있다.

정부조달협정과 그에 따르는 약속은 우루과이라운드에서 협상되었다. 협상과정에서 협정에 포함되는 분야가 10배 증가되었고, 해마다 총 수천억 달러의 물품을 구입하는 지방 정부에게도 국제경쟁이 적용되었다. 또한 개정된 협정에서는 건설업을 포함한 서비스와 지방 정부, 그리고 공익사업의 조달과정까지 협정의 적용범위가 확대되었다. 이 개정된 협정은 1996년 1월 1일 발효되었다.

개정된 협정에서 국제경쟁에 대하여 공정하고 비차별적인 조건을 보장하는 규칙이 강화되었다. 일례로 각 국가의 정부는 피해를 받은 민간입찰자가 조달결정에 이의를 제기할 수 있는 국내절차를 설정하고, 결정이 협정에 위반된다고 판단되면 이에 대한 보상을 받을 수 있는 제도를 마련해야 한다.

(3) 국제낙농협정과 국제우육협정

국제낙농협정과 국제우육협정은 1997년 말 종결되었다. 협정에 가입했던 회원국들은 협정에서 다루어졌던 내용을 차라리 농업협정과 위생 및 검역협정 관할하에 취급하는 것이 더욱 바람직하다고 판단하였다. 또한 협정의 일부 사항은 회원국의 숫자가 적어 실행되기가 어려웠다. 일례로 낙농제품 주요 수출국 중 일부가 낙농제품협정에 가입하지 않아 낙농제품의 최소가격 합의 노력이 실패하였고, 따라서 낙농제품의 최소가격제도는 1995년 중지되었다.

6.3 농산물 분야의 무역환경

우루과이라운드(UR)협상에서 가장 난제였던 분야는 농산물로서 1994년 4월 15일 마라케시 각료회의에서 GATT 체약국들은 우루과이라운드(UR) 최종협정에 서명함으로써 7년 반 동안의 UR협상이 타결되었다. 이 과정에서 농산물협상은 UR협상타결의 가장 중요하면서도 어려운 분야였다. 각국이 시장개방과 보조금 감축을 통해 세계농업을 보다 시장원리에 맞게 개혁하자는 일반원칙에 대해서는 일찍 합의가 이루어져 왔으나 농업이 지니고 있는 정치 및 사회적 민감성으로 인해 획기적인 시장개방과 농정개혁에 대해서는 선뜻 합의를 이룰 수 없었기 때문이다.

UR 농업협상은 세계농산물교역을 확대하고 국제농산물시장에서 공정경쟁이 이루어지도록 하는 데 그 목적이 있었다. 이를 위해 농업 분야에 광범위하게 주어진 무역왜곡적 지원을 줄여나가는 방법으로 크게 시장개방, 국내보조, 그리고 수출보조의 세 분야로 나뉘어 논의가 이루어졌다. 우선 시장개방 분야에서는 수입국들의 수입제한장벽을 철폐하고 관세를 대폭 삭감하여 시장을 개방하고 교역을 확대하자는 방향으로 논의가 진행되었다. 국내보조 분야에서는 농업에 지원되는 각종 보조금을 허용대상과 감축대상으로 분류하여 감축대상보조는 점진적으로 감축해 나가는 한편 수출보조금은 직접적으로 국제시장을 크게 왜곡시키므로 국제시장의 공정성 회복을 위해 대폭적으로 줄여나가는 방향으로 논의가 이루어졌다. 이에 따라 UR 농업협상 결과 수입제한 등 모든 비관세장벽은 관세로 전환되었으며, 모든 관세는 단계적으로 인하되고, 국내보조 중 생산이나 가격에 영향을 미치는 지원은 감축대상보조로 규정하여 삭감하고, 수출보조는 예외 없이 감축해 나가자는 데 합의를 보았다.

읽고가기 | 케언즈그룹(Cairns group)이란?

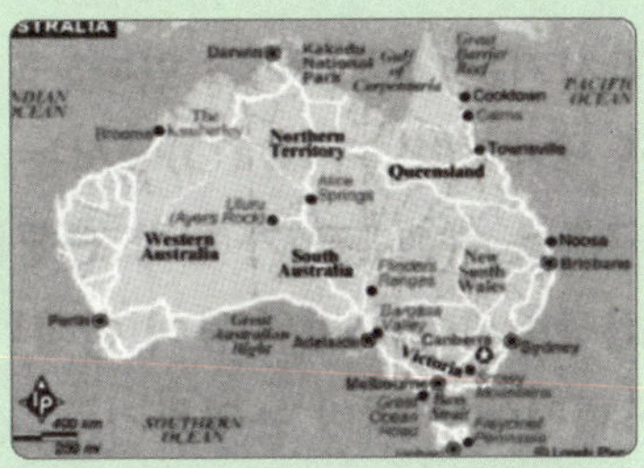

농산물 수출국 중 수출보조금을 지급하지 않는 호주·뉴질랜드·캐나다·아르헨티나·브라질·칠레·콜롬비아·우루과이·태국·필리핀·말레이시아·인도네시아·피지·남아프리카공화국 등 14개 농산물수출국들의 모임을 말한다.

우루과이라운드(UR)협상에서 농산물교역자유화를 가장 강력하게 주장한 수출국그룹으로서 1986년 호주의 케언즈시에서 결성된 이후 케언즈그룹으로 불리고 있다.

UR협상 막바지 단계에서 캐나다는 자국의 낙농생산 농가보호를 위해 '예외 없는 관세화'에 반기를 들고 떨어져 나와 호주가 중심국가로 움직이고 있다. 예외 없는 관세화란 어느 한

나라의 예외를 인정할 경우 모든 나라가 예외를 요구할 것이기 때문에 모든 나라 모든 농산물에 예외를 인정하지 않는다는 원칙을 말한다.

이들 국가는 농산물수출에 정부보조가 거의 없어 UR협상에서 EC는 물론 미국과도 다른 입장이어서 가장 완전한 형태의 농산물교역자유화 입장을 견지하고 있다.

이와 달리 NTC그룹이 있는데 이는 농산물 수출국그룹인 케언즈그룹(Cairns Group)에 대항하여 농산물 수입국을 중심으로 농업협상 시 비교역적 관심사항(Non-Trade Concern)을 강조하는 국가들의 그룹으로서 우리나라를 비롯 일본, EC 등 5개국이 활동 중에 있다. 비교역적 관심사항(NTC)이란 교역대상에서 제외되어야 하는 품목을 의미하는데 농업과 관련하여 자국농업의 적정보호와 식량 안보적 차원에서 국내 자급이 확보되어야 하며 따라서 교역대상에서 제외되어야 한다는 것이다.

GATT 제7차 도쿄라운드까지의 다자간 무역협상과는 달리 우루과이라운드 농산물협상은 비관세장벽의 철폐와 관세화, 농산물의 국제교역규범의 골격마련은 물론 국내농업정책까지 규제하는 획기적인 협상이었다. 그러나 미국 및 농산물 수출국그룹인 케언즈(Cairns)그룹 국가들은 UR협상이 농업개혁과 무역자유화에 미친 효과가 미미했다고 평가하며, 차기협상에서 실질적이고 가시적인 무역창출효과를 얻기 위해서는 수입국들의 대폭적인 시장개방이 필요하다고 주장하고 있다. 반면에 우리나라를 비롯한 일본 등 농산물 수입국들은 관세의 인하 등 시장접근의 개선과 생산보조금의 감축 이행으로 수입이 증대하고 재고가 감소함에 따라 세계농산물가격이 전반적으로 상승했다고 주장하며 UR협상의 결과로 수출국의 이해가 충분히 반영되었다고 평가하고 있다. 농산물 수입국들은 차기 농업협상 추진에 있어서 신축적이고 점진적인 접근방식을 채택하자는 입장을 견지하며, 농업보호의 이론적 기초가 되는 비교역적 고려사항(Non-trade concern) 및 농업의 다원적 기능을 부각시키는 데 주력하고 있다.

현재 세계무역기구(WTO)에서는 21세기 국제무역질서를 관장할 새로운 무역규범의 구축을 위한 논의가 한창 진행 중에 있다. 차기 다자간 무역협상은 아직 구체적인 협상방식이나 범위 등이 결정되지 않은 상태이나, 특히 농업협상은 우루과이라운드협정에서 이미 논의하기로 약속하였던 소위 기설정의제(Built in Agenda)의 하나였다.[10)]

10) UR 농업협정 제20조는 회원국이 이행기간이 끝나기 전년도에 광범위한 협상을 통해 농업보조 및 보호의 실질적이고 점진적인 감축을 지속하기로 규정하고 있다.

우리나라를 포함한 WTO 회원국들은 지난 UR 농업협상의 결과에 따라 각자 이행계획서를 작성하여 1994년 초에 WTO에 제출하였으며 회원국들의 검증을 통해 각국의 최종이행계획서가 확정되었다. 이에 우리나라는 WTO체제 출범 이후 우루과이라운드 농산물협상 결과를 이행해 오고 있으며, 더욱이 새로운 협상이 출범한 시점에서 UR 농업협정의 이행이 미친 영향 및 파급효과를 중간평가하여 향후 협상에 효율적으로 대응하는 것이 요구되고 있다.

1. 우루과이라운드(UR) 농업협상의 분야별 합의내용

(1) 시장개방

우루과이라운드 농산물협상의 시장개방 분야에서 중요한 합의는 모든 비관세장벽을 철폐하고 관세화를 통해 시장개방하며 이를 점진적으로 인하해 나갈 뿐만 아니라 모든 관세를 양허한다는 것이다.[11] 많은 국가들이 농업 분야에서 다양한 비관세조치를 보편적으로 사용하여 왔다는 사실에 비추어볼 때 근본적인 변화라 할 수 있다. 또한 UR 농업협정은 과거와 달리 규정과 규범의 제정뿐만 아니라 각 회원국들이 이행계획서를 통해 향후 약속사항을 구체적으로 제출했다는 데 큰 의미가 있다. 예외 없는 포괄적 관세화를 기본원칙으로 규정하면서 각국의 수입관리정책이 보다 시장지향적이며, 자유무역의 원리에 따르도록 한 UR농업협정의 시장접근 분야에 관련된 주요 합의사항들을 살펴보면 다음과 같다.

1) 예외 없는 관세화

WTO 농업협정은 '예외 없는 관세화'를 기본원칙으로 하고 있다. 일반관세로의 전환이 요구되는 조치에는 대표적인 비관세장벽인 수입수량규제를 비롯하여 가변

11) 시장접근에 대한 합의는 단순히 관세만의 개방이 아니었다. 모든 관세가 양허된다는 부과적인 의무는 관세를 제시된 양허 관세율 이상으로 인상하지 않겠다는 약속을 의미한다. 선진국에서의 양허 관세율은 일반적으로 실제 적용되는 관세율이다. 그러나 대부분의 개발도상국은 실제 적용되는 관세율보다 높은 수준으로 관세를 양허하므로 양허 관세율은 최고치(ceilings)로 간주된다. 개별회원국들은 관세를 양허된 세율 이상 인상할 수는 있으나 이는 용이하지 않다. 왜냐하면 관세를 양허세율 이상 인상하기 위해서는 관련국들과 협의해야 하며, 관세인상에 따른 무역상대국의 교역상 손실을 보상해야 하는 경우도 있다.

수입부과금제, 최소수입가격제, 수입허가 및 인증제, 수출자율규제 등 일반관세 이외의 비관세장벽이 모두 포함된다.

2) 관세화의 유예

관세화하기 어려운 특정 농산물에 대해서는 1995년부터 선진국은 6년 그리고 개도국은 10년간 관세화를 유예하였다. 특별히 민감한 품목에 대해 이행기간 동안 관세화를 유예받은 국가는 4개국으로 우리나라를 포함하여 일본, 필리핀은 쌀에 대하여 그리고 이스라엘은 양고기, 전지분유 및 치즈에 이를 원용하고 있다. 또한 특별취급의 연장문제에 대한 협상은 이행기간이 끝나기 전에 시작되어야 하고, 협상의 결과 특별취급의 적용을 계속하기로 한 경우에는 해당 회원국은 추가적이고 수락가능한 양허를 제공해야 한다.

이들 특별취급품목 혹은 관세화 예외품목의 경우는 최소시장접근(MMA)을 확대해 나가되 선진국의 경우는 이행 초기연도에 국내소비량의 4%에 상응하는 시장접근 기회를 설정하고 남은 이행기간 동안 매년 0.8%씩 균일하게 증가시켜 나가야 한다. 그러나 이행기간 중 해당 회원국은 특별취급품목의 적용을 중단할 수 있으며, 이 경우 해당국은 그 기간까지 실제로 이행된 최소시장접근 기회를 유지하고 잔여기간 동안 매년 0.4%씩 시장접근량을 증가시켜 나가야 한다. 개도국의 경우는 이행초기연도에 국내소비량의 1%에 상응하는 시장접근 기회를 설정하되 1999년까지는 매년 0.25%씩 증가시키고, 2000년부터 2003년까지는 매년 0.5%씩 증가시켜 2004년에 4%에 도달하도록 최소시장접근량을 증가시켜 나가야 한다. 우리나라의 쌀을 예로 들 수 있다.

살펴보기 최소시장접근(Minimum Market Access : MMA)

농산물협정상의 시장접근방식 중 하나로서 개방 초기연도에 국내소비량의 일정비율을 의무적으로 수입하도록 하는 것을 말한다. 농산물협정에 따르면 특정 품목의 수입이 국내소비량의 3% 미만일 경우 UR 이행기간 내에 시장접근 기회를 초기연도 3%에서 최종연도 5%까지 확대하는 것으로 되어 있다.

3) 관세인하

관세율인하와 관련해서는 통상적인 관세에 의해서만 보호되던 품목 중에서 양허품목의 경우는 양허세율을 기준으로 비양허품목의 경우는 1986년 9월 1일의 실행세율을 기준으로 하여 1995년부터 2000년까지 6년의 이행기간 동안 단순평균 36% 감축하되 품목별 최소 15% 이상 감축이 요구되었다. 그리고 통상관세 이외의 비관세장벽으로 보호되고 있던 관세화대상품목의 경우는 1986~88년 국내외 평균가격에 기초한 관세 상당치를 산출하여 감축토록 하고 있다. 관세 및 관세상당치(TE) 감축에 있어서는 모든 품목에 대한 일률적인 균등감축이 아닌 품목별 감축비율을 달리할 수 있도록 하였고 품질 및 품종 차가 있는 경우 관세상당치를 이해당사국과 협의하여 조정할 수 있다는 여지를 남겨 누었다. 또한 개도국의 경우는 선진국보다 낮은 24%의 감축률과 10년간의 이행기간을 허용하고 있다. 즉 개도국의 경우는 일종의 특별대우로서 1995부터 2004년까지의 이행기간 동안 선진국의 2/3수준인 단순평균 24%와 품목별 최소 10%의 관세감축이 요구된다.

4) 최소 및 현행시장접근 보장

기준기간 동안 수입이 없거나 미미한 품목에 대해서는 1986~88년 평균기준 국내소비량의 3% 이상을 최소시장접근(Minimum Market Access)으로 보장하고 이를 이행기간 중에 5%까지 확대해야 한다. 또한 기준기간의 수입량이 3% 이상인 품목은 현행시장접근(Current Market Access)을 인정하고 이를 이행기간 동안 유지 및 확대해야 한다. 또한 이들 시장접근 물량에 대해서는 높은 관세가 아닌 저세율에 의한 수입이 보장되어야 하며 이들 시장접근량의 증량은 최혜국대우원칙에 따라 이행되어야 한다.

5) 특별세이프가드(Special Safeguard : SSG)

관세화 및 관세상당치 인하의 시장개방약속을 이행함에 따라 특정 품목의 수입가격이 기준 이하로 급격히 하락하거나 수입물량이 기준 이상으로 급증하는 경우에 사후적으로 관세를 추가적으로 인상함으로써 수입국의 부정적 영향을 축소시킬 수 있는 SSG제도가 규정되어 있다. 이는 관세화의 보완장치로서 비관세장벽의 철폐를 통해 일반관세로 전환한 품목에 대해서는 특별긴급수입제한조치가 허용되어 수입량이 급증하거나 수입가격이 크게 하락하는 경우 기존관세수준의 1/3까지 추가적인 관세부과가 가능하도록 하고 있다. 다만 특정한 가격 및 물량기준하에 발동이 가능한 동 제도는 관세화대상품목에 한하며 이행기간 동안 관세인상만으로 구제조치가 이루어져야 한다. 또한 시장접근양허의 일부로 설정된 최소시장접근과 현행시장접근에 따른 수입물량은 긴급피해조치 발동을 위한 수입량 산정에는 포함되나 관세인상의 대상에서는 제외된다고 규정하여 최소 및 현행 시장접근 물량을 계속 보장토록 하고 있다. 그리고 이미 계약이 완료되어 운송 중에 있는 물량에 대해서는 이를 수입량 산정에 반영할 수 있으나 당해 연도 관세인상에는 제외시켜 수출국의 이익 침해를 방지하고 있다.

표 6-3 UR 농업협상의 시장개방 분야 주요 합의사항

주요 항목	합의내용
비관세조치	• 모든 비관세장벽의 관세화 • 기준년도 1986~1988년 평균 국내외 가격차를 이용한 관세상당치 계산 후 전품목의 관세양허
관세인하 • 모든 농산물 평균감축률 • 개별농산물 최소감축률	선진국 / 개도국 36% / 24% 15% / 10%
시장접근량 보장 • 최소시장접근 • 현행시장접근	• 기준년도 1986~1988년 평균소비량의 3%부터 5%까지 매년 균등 증량 • 기준년도의 현행시장접근량 보장 및 확대 유지
특별긴급수입제한조치	• 관세화대상품목 • 발동기준 : 물량기준 혹은 가격기준 충족 요구 • 기존 관세수준의 1/3까지 추가 관세부과 • 최소 및 현행시장접근량은 추가 관세부과 불능
관세화 유예	• 특별조건 충족하 관세화 유예 • 선진국 : 일본(쌀), 이스라엘(양고기, 전지분유, 치즈) • 개도국 : 한국, 필리핀(쌀) • 유예기간 동안 시장접근량 보장 및 증량
기준년도	1986~1988년
이행기간	• 선진국 : 1995~2000년(6년간) • 개도국 : 1995~2004년(10년간)

(2) 보조금

UR 농산물협상에서는 비관세장벽의 예외 없는 관세화 및 관세인하 등 시장접근 개선 이외에도 회원국의 무역 및 생산왜곡적 농업보조에 관한 감축방안이 논의되었다. UR 농산물협상에서 논의된 보조란 각 회원국 정부의 농업지원을 위한 직접적인 재정지출뿐만 아니라 조세감면이나 우대금융 등을 포함하는 포괄적인 개념이다.

WTO 농업협정상 보조금은 그 성격에 따라 국내보조와 수출보조로 구분하여 기준년도, 감축률 등 감축방식에 차등을 두는 방법으로 합의를 이루었다. 정부의 지원이 일반적인 농업, 농촌개발을 위한 것이거나 농민을 대상으로 한 지원의 경우는 국내보조로 규정되고, 농산물 수출을 촉진할 목적으로 또는 농산물 수출을 조건으로 지원되는 경우는 수출보조로 구별된다.

1) 국내보조

국내보조와 관련된 정책은 생산 및 무역에 미치는 영향 유무에 따라 허용대상과 감축대상으로 분류하되 허용대상기준을 충족시키지 못하는 모든 국내보조는 감축대상보조로 간주된다. 허용대상보조는 협상 타결 이후에도 계속 지원이 가능하나 감축대상보조는 약속된 수준까지 매년 줄여나가야 한다. 이에 따라 농업협정문 부속서 2에서는 구체적인 허용대상정책의 유형 및 기준이 제시되었다. 우선 허용대상정책을 크게 정부서비스와 생산자에 대한 직접지불로 분류하고 세부정책들을 예시하고 있다. 또한 허용대상으로 분류된 정책들이 갖추어야 할 일반적 허용기준으로 두 가지 조건이 충족되어야 하는데, 그것은 소비자로부터의 이전이 아닌 공공 재정지출에 의한 지원일 것과 생산자에 대한 가격지지효과가 없어야 한다는 것이다. 이와 같이 일반적 기준과 정책별 구체적 기준을 동시에 만족하여야만 허용대상정책으로 분류되고 나머지는 감축대상으로 간주되는 농업협정상의 분류방법에 따라 시장가격지지 및 투입재보조 등은 감축대상 국내보조로 설정되었다. 또한 미국과 EU 간의 합의에 의해 생산제한하 직접지불정책은 일정요건의 충족 아래서 감축이행이 면제되었다(Blue Box).[12)]

12) 생산제한하 직접지불정책의 감축면제는 농업협정문 제6조 5항에 규정되어 있으며 EU 공동농업정책(CAP) 개혁안의 주요 골격인 농산물 지지가격인하로 인한 농가피해보상을 위해 EU 측이 협상에서 지속적으로 허용화를 요구하였던 정책으로 미국과 EU 간 타협의 산물이다. 그러나 어떠한 정책

아울러 감축대상 국내보조에 대해서는 농업보호 총량측정액(Total AMS)13)을 기준으로 하여 1986~88년으로 계산된 국내보조수준을 1995~2000년의 이행기간 동안 20% 이상 감축토록 하였다. 그러나 최소허용보조비율(de minimis)조항을 설정하여 해당 연도 특정 품목의 지원이 해당 품목 총생산액의 5%를 초과하지 않는 품목 특정적 보조와 농업생산액의 5%를 초과하지 않는 품목 불특정보조의 경우에는 총량측정액 계산에서 제외함으로써 감축의무가 면제된다. 한편 개도국의 경우에는 시장개방부문에서의 특별대우와 같은 맥락에서 국내보조 감축률(선진국의 2/3수준), 이행기간(10년), 최소허용보조율(10%)을 선진국보다 유리하게 완화시켜줌과 동시에 농업에 대한 일반적 투자보조, 저소득계층에 대한 투입재보조, 그리고 마약작물의 작물전환지원 등에도 감축의무를 면제시켜주고 있다.

2) 수출보조

UR 농산물협상 수출보조 분야에서는 우선적으로 수출보조금을 정의하고, 이를 기초로 향후 감축할 수출보조금의 범위와 감축방식 등이 구체화되어 있다. 농업협정문 제9조 1항에서는 6가지 감축대상 수출보조유형을 예시하여 포괄적으로 기술하고 있고, 특히 제8조와 제9조 3항에서 수출보조에 대한 약속이행 및 수출보조범위 확대에 대한 제한을 엄격히 규정하고 있다.14) 더욱이 농업협정문 제10조는 수출보조 감축약속의 우회행위에 대한 제한으로 감축대상이 아닌 수출보조가 감축이행약속을 우회하는 결과를 초래하거나 그러한 우려가 있는 방법으로 운영되어서는 안 된다고 규정하고 있다. 한편 감축대상 수출보조로 예시되지 않은 수출신용, 수출신용보증 및 수출보험에 대해서는 이를 규율하기 위한 국제적 규범 도출에 노력하고, 향후 합의될 국제규범에 따라서만 이들을 제공키로 합의하였으며, 국제식량원조도 가급적 최대한 무상원조의 형태로 제공되어야 함을 규정하여 수출보조의 수단으로

이 허용대상정책인지 혹은 감축대상정책인지의 판단은 각국 농업정책의 다양성, 지원효과의 복잡성 등으로 인해 농업협정상의 분류기준하에서도 주관적인 판단이 작용할 여지가 있었다.

13) AMS(Aggregate Measurement of Support)는 보조총액측정치라고 번역하기도 하는데 감축대상보조를 모두 합친 금액을 말한다. 각국은 기준년도의 평균 AMS를 연도별로 감축해 나가야 한다.

14) 제8조는 협정문 및 해당 회원국의 이행계획서에 제시된 약속이행과 일치하지 않는 수출보조금을 지급치 아니한다고 규정하고 있고, 제9조 3항은 수출보조범위 확대에 관한 약속은 양허표에 제시된 대로 이행해야 함을 규정함으로써 신규시장이나 신규품목에 대한 수출보조나 수출보조의 재도입에 대한 제한을 명시하고 있다.

사용되는 것을 제한하고 있다. 농업협정 제9조 1항에 규정된 6가지 감축대상 수출보조유형은 다음과 같다.

① 수출수행을 조건으로 하는 정부 또는 정부대행기관의 현물을 포함한 직접보조
② 비상업적 재고 수출을 위해 국내구매가격보다 낮은 가격으로 판매 및 처분
③ 정부의 활동으로 조성된 재원을 통한 수출보조
④ 수출농산물의 출하, 등급, 국제운송비 등 유통비용 절감지원
⑤ 수출농산물의 국내운송비 지원
⑥ 수출상품에 사용되는 것을 조건으로 한 원료농산물에 대한 보조

그러나 개도국의 경우 이행기간 중에 위의 감축대상 수출보조에서 ④와 ⑥의 수출보조에 대해서는 우회적인 방법으로 지원되지 않는 한 감축약속 이행의무에서 면제된다. 이와 같은 감축대상 수출보조의 경우는 1986~90년을 기준으로 1995년부터 6년 동안 재정지출의 36%와 보조물량의 21%를 감축하는 데 합의하였으며, 반면에 개도국은 우대조치로써 10년의 이행기간 동안 각각 수출보조 지출의 24%와 물량의 14%를 감축하도록 하였다

2. WTO 농산물협상의 주요 쟁점

WTO 농산물협상의 주요 쟁점은 간단히 말하자면 관세와 보조금을 얼마나 더 낮출 것인가 하는 점이다. 이러한 쟁점에 대해서는 이미 1997년부터 WTO농업위원회에서 논의해 왔고 2000년부터 농산물협상이 시작된 이후로 몇몇 국가가 구체적인 제안을 내놓음으로써 본격적으로 논의되기 시작되었다. 협상내용은 크게 시장개방, 국내보조, 수출보조의 세 분야로 나눌 수 있고 기타 평화조항, 개도국우대문제, 유전자변형농산물 및 농업의 비교역적 문제를 포함한 분야별 주요 쟁점은 다음과 같다.

(1) 시장개방

시장개방 분야에서 가장 중요한 것은 관세감축이고 시장접근물량 확대 및 관리방

법 개선, 특별긴급관세의 폐지 여부 등도 쟁점이 되고 있다.

1) 관세

우루과이라운드(UR)협상 결과 낮추기는 했지만 농산물 수출국들은 아직도 관세가 너무 높다고 보고 이번 협상에서 대폭적으로 낮추어야 한다는 것이다. 지금까지 관세감축에 관해서는 주로 미국, 캐나다 등 농산물 수출국들이 구체적인 감축방안을 제시하였는데 캐나다는 관세가 높은 품목을 집중감축하여 품목 간 관세차이를 줄이고 국내수급상 필요하여 낮은 관세로 수입되는 시장접근물량에 대해서는 관세를 아예 없앨 것을 주장하고 미국은 관세를 상당수준 감축하여 국가 간 관세차이를 줄여야 한다는 견해이다.

2) 시장접근물량

수출국들은 다른 나라의 농산물시장에 접근할 수 있는 기회를 확대하기 위해 낮은 관세로 수입되는 시장접근물량을 늘려야 하고, 국영무역 등 수입관리제도가 무역을 제한하거나 왜곡시키는 경우가 많으므로 철폐하거나 개선할 것을 요구하고 있다. 미국은 모든 시장접근물량을 상당수준 증가시킬 뿐 아니라 시장접근물량 수입이 어느 수준 이하일 경우 수입을 촉진하기 위한 장치를 마련해야 할 것이고, 캐나다는 투명하지 않은 수입관리방법으로 인해 시장접근 기회가 저해되지 않도록 시장접근물량 수입관리에 대한 규범을 강화하여야 한다는 입장이다.

3) 특별세이프가드

특별세이프가드(Special Safeguard : SSG)는 UR협상 당시 만들어진 제도로서 관세화한 농산물의 수입량이 급증하거나 수입가격이 급락하여 국내농축산물에 피해를 줄 우려가 있는 경우에 일정기간 동안 관세를 올릴 수 있도록 한 제도이다. 그런데 수출국들은 이 제도를 사용하는 국가가 적고 운용상 결함이 많으므로 철폐하여야 한다는 입장이다. 실제로 미국은 제안서에서 특별긴급관제제도를 철폐할 것을 제안하였다. 반면에 수입국들은 수입수량제한이 완전히 없어진 상황에서 수입이 갑자기 증가하여 국내에 미치는 충격을 완화하기 위해서는 이 제도가 계속 유지되어야 한다는 입장을 고수하고 있다.

(2) 국내보조

국내보조 분야에서는 허용보조(Green Box)기준의 재검토, 감축대상보조(Amber Box)의 감축폭 및 감축방식, 그리고 생산제한직접지불(Blue Box)의 폐지 여부 등이 쟁점이 되고 있다.

1) 허용보조금

허용보조는 무역왜곡효과가 없거나 미미하므로 정부가 자유롭게 지급할 수 있는 보조금을 말하는데 우리나라의 경우 농업관련 하부구조건설, 구조조정투자지원, 친환경 농업직접지불제 등의 정책이 여기에 해당된다.

수출국들은 현행 허용보조기준이 구체적이지 못하고 느슨하게 규정되어 있어 각국이 무역왜곡효과가 있는데도 불구하고 많은 정책을 허용보조로 분류하여 감축의무를 회피하고 있다고 보고 허용보조금의 기준을 강화해야 한다는 입장이다. 반면에 수입국들은 오히려 현행 허용보조금만으로는 농업의 비교역적 기능(Non-Trade Concerns)을 살려 나가기 어려우므로 그 기준을 완화하고 범위를 더욱 확대해야 한다며 맞서고 있다.

미국은 비교역적 기능을 반영하고 개도국의 농업발전에 도움이 될 수 있도록 농가소득안정화 및 농업위기관리수단 확보, 환경 및 자연자원의 보호, 농촌개발, 신기술개발 및 구조조정 촉진 등을 위한 보조조치를 추가적으로 개발할 것을 주장하고 있다. 쿠바 등 개도국은 현재 WTO농업협정의 허용보조는 선진국인 OECD 국가들이 많은 보조금을 줄 수 있도록 허용한 것에 불과하며 제도 운영이 투명하지 않고 본래 목적과 달리 남용되고 있음을 지적하면서 국내보조를 감축보조, 허용보조, 생산제한직접지불로 복잡하게 구분하지 말고 모두 하나로 통합하여 여기에 상한을 설정해야 한다는 입장이다.

2) 감축보조금

감축보조금은 생산이나 가격에 영향을 주는 등 무역왜곡효과가 있기 때문에 사전에 정해진 계획에 따라 매년 줄여나가야 하는 보조금을 말하는데 우리나라의 경우 대표적인 것으로 쌀 수매가 있다. 감축은 품목별로 하는 것이 아니고 품목별로 지급된 감축대상 보조금의 합을 기준으로 하기 때문에, 어느 한 품목에 대한 보조를 줄일 경우 다른 품목에 대한 보조를 늘릴 여지가 있다.

수출국들은 지금과 같은 총액 감축방식으로는 특정 품목에 보조금을 집중시켜 늘릴 수도 있어 당초 보조금을 줄인다는 취지와 상반되는 결과를 가져올 수 있으므로 감축보조금을 총액 개념이 아니라 품목별로 나누어 각각 감축하고 감축폭도 확대해 나가야 한다는 입장이다. 이와 관련하여 미국은 각국 농업총생산액의 일정한 비율까지 감축보조금을 줄 수 있도록 하여 국가 간 보조수준의 불균형을 없애자고 제안하고 있고, 케언즈그룹은 감축보조금을 아예 없애자고 하고 있으나 수입국들은 감축보조금의 대폭 감축에는 반대하고 있다.

3) 생산제한직접지불(Blue Box)

생산제한직접지불(Blue Box)은 무역왜곡효과가 있지만 생산을 제한하는 조건으로 주기 때문에 감축의무가 없는 보조금인데 우리나라는 현재 이 정책을 시행하고 있지 않다. 현재 생산제한직접지불(Blue Box)을 실시하는 국가는 EU, 노르웨이밖에 없기 때문에 수출국들은 이 제도가 과도기적 조치이며 무역을 왜곡하고 사용국가도 소수이므로 폐지해야 한다는 견해이다.

그러나 생산제한직접지불을 가장 많이 사용하는 EU는 이 제도가 국내보조정책의 개혁에 매우 유용한 수단이고 감축대상보조에 비해 무역왜곡효과가 적으며 앞으로도 농업개혁의 중요한 수단이 될 것이므로 계속 유지되어야 한다는 의견이며 다른 수입국들도 비록 이 제도를 사용하지는 않고 있지만 함부로 폐지해서는 안 된다는 것이다.

(3) 수출보조

수출보조는 시장왜곡효과가 가장 크고 직접적이다. 국내보조는 그것이 생산이라는 단계를 거치므로 무역왜곡효과가 간접적이지만 수출보조는 그대로 시장에 영향을 미치게 된다. 따라서 수출보조로 가장 많이 피해를 입고 있는 케언즈그룹 국가들은 수출보조는 감축하는 정도가 아니라 아예 없애야 한다는 견해이다.

케언즈그룹은 수출보조에 관한 제안서를 가장 먼저 제출하였는데 역시 수출보조를 완전히 철폐해야 한다는 내용을 골자로 하고 있고, 미국도 제안서에서 같은 논리를 펼치고 있다.

그러나 전 세계 총수출보조의 90% 정도를 지급하는 EU는 수출보조 철폐에 강력히 반대하면서 협상에서 수출보조뿐 아니라 수입국에게 장기저리융자를 제공하는 수출신용 등 수출보조와 유사한 성격을 가지는 모든 조치들을 다루어야 한다고 주장하고 있어 이 문제는 이번 협상에서 가장 큰 쟁점이 될 것으로 보인다.

(4) 기타 이슈

1) 평화조항(Peace Clause)의 연장

우루과이라운드협상에서 양허한 범위 내의 국내보조와 수출보조에 대해서는 보조금 및 상계조치협정상의 상계조치를 자제하도록 하고 있다.[15] 이 조항이 의미하는 것은 설사 농업협정에서 허용된 보조금, 감축대상보조금 또는 수출보조금이 보조금 및 상계조치협정에 따라서 상계조치가 가능하다 할지라도 상계조치를 하지 말라는 의미이다. 이는 농산물이 우루과이라운드협상에서 처음 다루어진 의제로서 농산물은 GATT체제 규범 밖에서 규율되고 있었넌 것이다. GATT 규범들의 적용대상이 아니었던 것이다. 따라서 보조금 분야에서도 공산품의 경우에는 당연히 금지보조금이나 상계조치가 가능했을 보조금도 농산물에 대해서는 문제없이 지원되었고 이것을 아무도 문제 삼지 않았다.

그러나 우루과이라운드협상을 계기로 농산물도 GATT의 규범 속으로 들어오게 되었으며 그 결과 시장개방, 보조금 삭감이 이루어졌다. 그런데 농산물은 오랜 세월 동안 GATT 밖에 있었기 때문에 GATT체제에 적응하기 어려운 일이었고 특히 그동안 온갖 형태로 주어지던 보조금이 보조금 및 상계조치협정의 적용을 받는다면 당장 보조금을 없애거나 엄청나게 줄여야 하는 문제가 있기 때문에 당분간 보조금을 줄여가며 GATT체제에 맞추어 갈 때까지 보조금 및 상계조치협정의 적용을 배제하자는 것이 평화조항의 정신이다. 이 평화조항은 2003년까지 유효하도록 되어 있는데 쟁점이 되고 있는 것은 2003년 이후에도 평화조항을 계속 유지시킬 것인가 하는 것이다.

역시 수출국들은 없애야 한다고 주장하고 있고, 이러한 수출국들의 주장에 대해 유럽연합이 가장 강하게 반대하고 있다. 각국이 사용하고 있는 보조금을 볼 때 수

15) WTO농업협정 제13조에 규정되어 있다.

출보조금은 보조금 및 상계조치협정의 금지보조금에 해당하므로 평화조항이 없으면 당장 없애야 하는 문제가 있고 국내보조 중에서도 감축대상보조금은 물론이고 허용대상보조금도 일부분은 상계가능한 보조금으로 분류될 것이다. 따라서 보조금을 많이 쓰는 국가, 특히 수출보조를 많이 하는 국가에게는 평화조항의 존속이 필수적이다.

이 문제에 대한 수입국들의 입장은 농업 분야는 자연조건에 절대적인 영향을 받고 다른 분야로의 생산요소 이동이 쉽지 않아 농업개혁 추진에는 상당한 기간이 소요되기 때문에 이 조항의 정신은 어떤 형태로든 유지되는 것이 바람직하다는 것이다. 아무런 보완장치 없이 이 조항이 실효될 경우 WTO 회원국들은 보조금 및 상계관세협정에 따른 상계조치의 소용돌이에 휩싸여 원만한 농업개혁은 생각하기 어려워질 것이다.

2) 개도국우대

GATT가 출범할 당시만 해도 체약국은 20여 개국으로 주로 선진국들로 구성되었으나 세월이 흐르면서 가입국이 늘어나고 선진국 중심으로 이루어지던 국제교역도 교통과 정보가 발달하면서 교역량이 늘어남은 물론이고 개도국들도 적지 않은 물량을 교역하게 되고 GATT에도 체약국으로 가입하게 되었다. 경제발전이 뒤떨어진 개도국들은 선진국과 똑같이 모든 의무를 부담하기는 어려우므로 개도국들에게 부담을 줄여줄 것을 요구하게 되었다.

우루과이라운드협상에서도 여러 분야에서 개도국들에게는 관세 감축폭을 줄이거나 이행기간을 길게 해주었고 협정의 적용을 연기해주기도 했다. 농업협정에서도 관세와 보조금 감축폭, 이행기간, 최소허용기준(de minimis) 등에 있어서 개도국에게는 상당한 혜택을 주었다. 그러나 이러한 부담 경감에도 불구하고 개도국들은 UR 협상이 끝난 이후 개도국의 경제적 어려움은 가중되었고 선진국시장의 장벽은 더 높아져 개도국상품이 선진국시장에 진출할 수 있는 길은 더 좁아졌다고 불평을 터뜨리고 있다. 더구나 선진국들은 지금까지 보조금도 많이 주고 생산기반을 정비한다든가 농촌지역의 인프라를 위해서 많은 투자를 했는데 개도국에게는 새로운 농업지원을 못하도록 막는 것은 형평에 어긋나며 선진국들의 관세는 엄청나게 높아 어느 정도 깎아도 개도국보다는 훨씬 높은 수준이라는 것이다. 이처럼 개도국들은 자유무역이 오히려 개도국에게 어려움을 더 주고 있으며 선진국들이 개도국들의 어려움을 도와주어야 한다고 역설하고 있는데 선진국들은 원칙적으로 이해를 표시하면서도 구체적 방안 마련에는 소극적이고 개도국우대조치 무용론을 주장하는 국가까지 있다. 그러나 개도국 우대조치의 확대와 실천을 요구하는 개도국의 목소리가 워낙 높고, WTO 회원국 중에 이러한 요구를 무시할 수 있는 입장에 있는 나라가 거의 없는 상황이어서 이 문제가 어떻게 구체적으로 반영될 것인지 귀추가 주목된다.

3) 유전자변형(GMO)농산물 교역문제

식품위생에 관한 관심이 고조되면서 유전자변형(Genetically Modified Organism : GMO)문제가 최근 급속히 쟁점으로 떠오르고 있다. 유전자변형이라는 새로운 생명공학기술로 만들어낸 이 제품의 안전성을 두고 대서양 양쪽에서 지금 불꽃튀는 싸움이 벌어지고 있다. GMO농산물 개발에 가장 앞선 나라는 미국이며 미국에서는 이미 수년 전부터 GMO농산물이 유통, 소비되고 있다.

미국은 나름대로 GMO농산물의 안전성에 대해 충분한 과학적 검증을 거쳤으므로 안전성에 아무 문제가 없으며 또 GMO농산물이라고 해서 일반농산물과 일부 유전자가 다를 뿐 상품으로서는 구별이 되지 않는 완전히 같은 상품이므로 이를 특별히 구별할 이유가 전혀 없다는 주장을 펴고 있다. 이에 반해 EU는 아직까지 과학적으로 인체에 위해하다는 사실이 입증된 바는 없지만 유전자변형이라는 방법이 가져올지 모르는 여러 가지 부작용을 아직 완전히 파악했다고 장담하기는 이르며 앞으로 생태계 파괴라든지 예측하지 못할 현상이 나타날 가능성을 배제할 수 없고 또 소비자들의 관심도 고려해야 할 것이므로 어떤 방법으로든지 규제가 되어야 한다는 입장이다. 그래서 국가에 따라 차이가 있지만 GMO농산물을 부분적으로 승인하되 표시는 해야 한다는 쪽으로 방향이 잡혀가고 있는데 그렇게 될 경우 미국 농산물 수출은 큰 타격을 입을 수 있다. 이 문제는 차기협상에서 논의될 가장 뜨거운 쟁점 중의 하나가 될 것으로 보인다.

읽고가기 | 유전자변형(GMO)농산물에 대한 논쟁

GMO식품의 위해성이 계속 세계적인 논쟁거리가 되고 있다. 또한 쥐를 이용한 실험에서 GMO식품의 주기적 섭취는 신장을 줄어들게 한다는 실험결과가 발표되기도 함에 따라 근본적으로 GMO식품의 안전성이 확인되기 전에는 이의 광범위한 유통이나 사용을 억제하는 것이 좋다는 논리에 의견이 분분하다.

EU와 대만, 중국 등에서는 GMO표시가 법제화되어 엄격한 기준에서 관리되고 있어 한층 더 유전자변형(GM)농산물·식품에 대한 논쟁과 이에 따른 규제 움직임이 강화되고 있다. 일본의 경우 국내외에서 생산된 유전자변형식품에 대한 사전 안전검사를 요구하고 있는데 이는 2001년 4월부터 시행된 유전자변형식품 안전기준에 따른 것으로 시판 전에 이들 식품들은 사전 검사를 받아야 하기 때문이며, 안전검사를 하지 않은 식품은 전량 수거·폐기된다. 일본의 농산물 수입은 전체 농산물의 60%를 차지하고 있으며 콩 76%, 사료용·가공용 옥수수 96% 등 대부분이 미국산이기 때문에 유전자변형식품에 대해 소비자들이 알 수 있게 표시하도록 하고 있다.

유전자변형농산물의 종주국이라 할 수 있는 미국에서도 자국 환경단체들의 연합체인 자연자원보호협의회(NRDC)가 연방 정부에 규제 강화 청원서를 낸 바 있는데, NRDC는 미 농무부가 환경 유해 여부를 확인하지 않고 새로운 유전자변형작물들을 승인하고 있다고 지적하면서 해충과 바이러스에 강한 유전자변형작물들이 기존 작물들의 유전적 다양성을 감소시키거나 변종 잡초를 만들어낼 위험이 있다는 주장이다. 또한 미국 과학학회도 연구보고서에서도 농무부가 1994년과 1996년 변종 호박 두 품종을 승인하면서 그 유전자가 잡초류에 이식될 가능성을 제대로 검토하지 않았다고 밝힌 바 있다.

경제협력개발기구(OECD)도 소비자들의 불안과 법적·도덕적 문제들로 인해 유전자변형농산물·식품의 미래가 불투명하다는 의견을 제시하고 있다. OECD는 연례 세계농업현황 보고서에서 옥수수와 콩, 면화 생산량 가운데 유전자변형 비율이 2001년 기준으로 볼 때 미국 75%, 아르헨티나 17%, 캐나다 10% 등에 이르고 있지만, 불투명한 수익성과 특허인정 여부 및 식량독과점에 대한 비판 등 수많은 문제가 남아있다고 밝힌 바 있다. 그러나 황무지에서 고단백 쌀의 생산을 가능하게 하는 등 획기적인 농업발전으로 세계의 식량난을 해결할 수 있는 가능성을 유전자변형기술이 열어놓고 있다는 점은 인정하고 있다.

한편 국내에서 개발되어 상업화된 GM농산물은 없으나 우리나라에서 수입, 유통되는 GM농산물은 콩과 옥수수이며, 실례로 콩 수입량은 1998년 약 141만 톤으로 이 중 96%인 미국산 가운데 30% GM콩이며, 옥수수 수입량은 1998년 약 712만 톤으로 이 중 59%를 차지하는 미국산 가운데 25%가 GM옥수수로 추정되었다.

이에 따라 우리나라에서도 2001년 3월부터 유전자조작농산물, 그리고 2001년 7월부터 유전자조작식품에 대하여 의무표시제(labelling)가 시행되었다. 대상은 콩, 콩나물, 옥수수이며, 감자는 2002년 3월부터 시행되고 있다. 또한 GMO가 3% 이상 섞여 있으면 수입업자 및 가공업자는 반드시 '유전자조작농산물(식품)'이라고 겉면에 표기하도록 하고 있다.

4) 농업의 다원적 기능 반영문제

다원적 기능문제도 최근 들어 수출국과 수입국 간에 가장 뜨거운 논쟁거리가 되고 있다. 한국을 비롯한 농산물 수입국들은 농업이 식량과 섬유의 생산이라는 1차적인 기능 외에도 식량안보, 환경보전, 농촌지역 사회의 활력 유지, 지역 간 균형발전, 전통문화의 계승 등 시장기능을 통해서는 제대로 공급되지 않는 다양한 긍정적 외부효과 혹은 공공재를 산출하고 있으며, 다원적 기능의 유지를 위해 적절한 정부개입이 필요하다는 입장을 보이고 있다. 이런 맥락에서 현행 농업협정에는 선언적으로 비교역적 관심(Non-trade concerns)을 고려하도록 명시되어 있지만 구체적인 조항에서는 다원적 기능에 대한 고려가 충분히 되어 있지 않으므로 차기협상에서는 이를 반영할 수 있는 구체적인 조치가 마련되어야 한다는 입장이다.

반면에 케언즈그룹과 다른 농산물 수출국들은 농업뿐 아니라 다른 산업 분야도 다원적 기능을 하고 있으므로 농업 분야만 특별한 배려를 할 필요가 없으며, 다원적 기능은 농업에 대한 보호와 보조를 감추기 위한 구실에 불과하다고 하면서 비록 다원적 기능이라는 정책목표가 중요하더라도 이를 달성하기 위한 수단은 무역을 왜곡해서는 안 된다는 주장을 펼치고 있다. 이와 관련하여 수출국들은 현행 농업협정, 특히 허용보조조치를 이용하여 다원적 기능과 관련된 정책목표를 충분히 달성할 수 있다는 입장을 보이고 있다.

모든 회원국들이 받아들일 수 있는 건전하고 지속가능한 농업개혁을 위해서는 기존 농업협정의 중요한 요소들을 유지하는 가운데 일관성 있는 개혁을 도모해야 한다. 또한 현행 농업협정에 각국의 다양한 농업여건 등 농업의 특성이 충분히 고려되지 않아 협정 이행과정에서 일부 국가들이 많은 어려움을 겪었다는 점이 고려되어야 한다. 농업개혁의 원만한 수행을 위해서는 모든 국가의 동참이 필수적이며, 개혁의 일관성이 유지되는 범위 내에서 농업의 특성이 고려될 수 있는 신축적이고 점진적인 접근이 이루어져야 한다. 아울러 현행 협정이 농업의 비교역적인 기능과 소규모 생존농업사회의 여건을 충분히 반영하지 못함으로써 농산물 수출국과 수입국 간, 선진국과 개도국 간 이익의 균형을 잃고 있어 수입국과 개도국의 어려움을 가중시키고 있다는 점을 인식하면서 협상에 접근해야 한다.

개도국과 수입국의 어려움을 완화하기 위해 농업의 다원적 기능 및 식량안보를 비롯한 비교역적 관심사항이 농업개혁과정에서 충분히 고려되어야 하고, 개도국우대조치의 보다 효과적인 이행방안을 강구해야 하며, 이러한 목적을 달성하기 위한 정부역할의 중요성이 인정되어야 할 것이다.

읽고가기 | 농업의 다원적 기능에 대한 새로운 패러다임

공산품과 달리 농산물은 약간의 공급감소에도 가격이 폭등한다. 세계는 바야흐로 곡물가격인상이 주도하는 애그플레이션(agflation)에 빠져있다. 세계 곡물 재고율을 살펴볼 때에도 2000년도 30%에서 2007년에는 15%로 하락하였다. 가히 세계적 식량위기상황이 발생하고 있다고 해도 무리는 아닐 것이다. 식량문제가 날로 심각해지자 유엔식량농업기구(FAO)는 식량안보를 위해 농업투자를 확대해야 한다는 전제하에 지난 2006년 세계 식량의 날 행사의 주제를 '농업투자와 식량안보'로 결정한 바 있으며, 또한 2007년도에는 '식량권(The Right of Food)'을 주제로 하였다.

식량안보 개념을 능가하는 식량권으로의 개념 확대는 위기적 식량상황을 반영한 것이라 할 수 있다. 식량권이란 식량에 대해 사람들이 가지는 기본권으로 식량이 필요한 사람이면 누구든지 돈의 유무와 상관없이 안정적으로 식량을 공급받을 수 있는 권리를 말한다.

식량권은 자선에서 권리로의 패러다임 전환이다. 그런 점에서 식량권은 식량주권(Food Sovereignty)의 개념에 근접한 것으로 식량주권은 소비자가 자신의 식량을 선택할 권리(식량권)와 각 나라가 자국의 식량정책을 주권국가로서 추진할 수 있는 권리를 뜻한다. 따라서 정부가 식량주권을 인정한다는 것은 이 권리를 실행할 의무를 가진다는 점에서 의의가 있다. 일정한 자급률을 유지해야 하고, 이를 위한 생산기반을 갖추어야 하며, 그래도 부족한 식량은 해외에서 안정적으로 공급할 수 있는 기반을 갖추는 것 등이 국가가 해야 할 의무사항이 되기 때문이다.

식량주권은 국내외의 농업인은 물론 시민사회단체에서도 이미 오래전부터 주장해 왔다. 중요한 사실은 자유무역의 주창자인 세계무역기구(WTO), 경제협력개발기구(OECD)에서 유엔식량농업기구(FAO)와 함께 무역으로는 해결하기 어려운 '농업의 다원적 기능(multi-functionality)'에 대한 논의를 진행하고 있다는 점이다. 농업에는 시장기능이 아닌 '비교역적 관심사항(Non Trade Concerns)'이 존재하므로 자유무역이 불가하다는 것이 농업의 다원적 기능이다. 자유무역의 신봉자인 국제기구에서 농업의 다원적 기능을 검토하고 있다는 사실은 새로운 전환의 국면을 맞이한 것이라 할 수 있다.

국제통상환경론
International Trade Environment Theory

07 CHAPTER

불공정무역과 산업피해구제의 제도적 환경

7 Chapter 불공정무역과 산업피해구제의 제도적 환경

WTO체제로 대표되는 경제활동의 범세계화는 세계 각국 경제의 대외개방을 가속화시켜 국내시장도 국내외기업들의 치열한 경쟁의 장이 되고 있다. 즉 우루과이라운드(UR)협상의 타결과 그로 인한 WTO체제의 출범은 이제 지구상의 어느 나라도 국제무역환경으로부터 분리되어 존재할 수 없는 상황을 창출하게 되었다. 이러한 세계무역환경의 변화에 부응하여 우리나라 역시 WTO의 창립회원국으로 참여하였으며, 이러한 시장개방과 무한경쟁시대는 우리에게 발전의 기회가 될 수 있지만 국내산업에 피해를 주어 우리 경제에 부담으로 작용할 수도 있는 것이다.

산업피해구제제도는 국가 간의 보호무역장벽을 철폐하고 자유무역주의를 지향하는 WTO체제하에서도 국제규범상 허용되는 거의 유일한 국내산업보호제도로서 그 중요성이 갈수록 높아지고 있다. 이렇게 볼 때 UR협상의 결과로 다시 태어난 반덤핑(AD)협정, 보조금 및 상계관세(SCM)협정, 세이프가드(Safeguards)협정 등의 산업피해구제제도는 국제교역질서의 확립에 중요한 역할을 하게 되었을 뿐만 아니라 수입으로 인한 국내산업의 피해구제에도 가장 확실한 수단으로서 그 역할이 커질 것으로 보인다.[1)]

7.1 산업피해구제제도와 국제규범

WTO체제로 대표되는 경제활동의 범세계화는 세계 각국 경제의 대외개방을 가속화시켜 이제는 국내시장도 국내외기업들의 치열한 경쟁의 장이 되고 있다. 이로 인해 외국상품이 수출국 국내시장보다 낮은 가격으로 수입되거나 수입이 급증하여 또

1) 이 장은 지식경제부 한국무역위원회에서 발간한 '무역위원회 10년사 – 산업피해구제제도의 운용성과와 발전방향'을 참조하였다.

는 외국정부로부터 보조금을 지급받은 상품의 수입으로 국내기업들이 많은 피해를 입을 수 있는데, 이러한 덤핑 또는 보조금을 지급받은 물품의 수입이나 수입급증으로 인해 국내산업이 받는 피해를 구제하기 위한 제도가 산업피해구제제도이다.

즉 산업피해구제제도란 특정한 물품의 수입으로 인하여 국내산업이 피해를 입거나 입을 우려가 있을 경우, 이해관계인의 신청에 의하여 정부가 수입과 그로 인한 국내산업의 피해사실을 조사하여 수입수량을 제한하거나 관세를 부과하는 등 적절한 구제조치를 취하는 제도를 말한다.

이러한 산업피해구제제도는 국가 간의 보호무역장벽을 철폐하고 자유무역주의를 지향하는 WTO체제하에서도 국제규범상 허용되는 거의 유일한 국내산업보호제도로서 그 중요성이 갈수록 높아지고 있는 실정이다.

산업피해구제제도의 유형에는 크게 상품교역 분야와 서비스교역 분야로 대별할 수 있는데, 상품교역 분야에는 반덤핑관세(Anti-dumping duty)와 상계관세(Countervailing duty) 및 세이프가드제도가 있으며 서비스교역 분야에는 서비스세이프가드제도가 있다.

이 중에서 반덤핑관세와 상계관세는 불공정한 교역행위(unfair trade)에 대한 당연한 제재조치인 반면에, 세이프가드는 공정한 교역행위(fair trade)에 대한 수입제한제도라는 점에서 서로 구별되며 따라서 정부가 세이프가드를 발동할 때에는 수출당사국과 협의하여 적절한 보상을 해주어야 한다.

표 7-1 산업피해구제제도의 유형

목적	산업피해구제제도	
국내산업보호	상품 분야	반덤핑관세 상계관세 Safeguards(긴급수입제한조치)
	서비스 분야	서비스 세이프가드

표 7-2 산업피해구제제도의 개요

구제유형	의의	WTO관련 규범	우리나라 관련 법규
반덤핑관세	외국물품이 정상가격보다 싼 가격으로 수입되어 국내산업이 실질적인 피해를 받거나 우려가 있을 때 또는 국내산업의 확립을 지연시킬 때 관세를 추가 부과하여 공정경쟁을 확보하는 제도	GATT 제6조 및 WTO 반덤핑협정	관세법 제51~56조 불공정무역행위조사 및 산업피해구제에 관한 법률 제23조
상계관세	수출국 정부로부터 보조금을 받아 수출경쟁력이 높아진 물품이 수입되어 국내산업이 실질적인 피해를 받거나 우려가 있을 때 또는 국내산업이 지연될 때 관세를 추가 부과하여 공정경쟁을 확보하는 제도	GATT 제6조, 제16조 및 WTO 보조금·상계조치협정	관세법 제57~62조 불공정무역행위조사 및 산업피해구제에 관한 법률 제24조
세이프가드	수출국의 공정한 수출행위에 의한 수입이지만 특정 물품의 수입증가로 인하여 국내산업이 심각한 피해를 받거나 받을 우려가 있을 때 관세 인상 혹은 수량을 제한하여 국내산업을 보호하는 제도	GATT 제19조 및 WTO 세이프가드협정	관세법 제65~67조 불공정 무역행위조사 및 산업피해구제에 관한 법률 제15~26조

표 7-3 산업피해구제제도 내용

유형	사유	구제조치
반덤핑관세	덤핑수입	관세인상(tariff increase)
상계관세	보조금지급	관세인상(tariff increase)
세이프가드	수입급증	수입수량제한(quota)
		관세인상(tariff increase)

1. 산업피해구제제도와 국제규범

산업피해구제제도는 특정한 물품의 수입으로 인하여 국내산업이 피해를 입거나 입을 우려가 있을 경우, 당해 국내산업에 이해관계가 있는 자 및 관계행정기관의 장의 신청에 의하여 정부가 수입과 그로 인한 국내산업의 피해사실을 조사하고, 그 결과에 따라 수입품에 대하여 수량제한이나 관세부과 등 적절한 구제조치를 취하는 제도이다. 이러한 산업피해구제제도에는 반덤핑관세(Anti-Dumping Duty)제도, 상계관세(Countervailing Duty)제도, 긴급수입제한조치(Safeguards)제도 등이 있으며, 1900년대를 전후하여 미국, 호주, 캐나다 등 선진국들은 반덤핑관세 및 상계관세를 국내법에 도입하였으며, 세이프가드제도는 1942년 미·멕시코 무역협정에 도입된 후 사용되기 시작하였다.

각국의 산업피해구제제도는 국제규범인 '관세와 무역에 관한 일반협정(The General Agreement of Tariff and Trade : GATT)'의 관련 규정과 이들 규정을 구체적으로 해석하고 집행하기 위한 별도의 협정에 근거하여 운영되고 있다. 별도의 협정으로는 반덤핑관세와 관련하여서는 반덤핑협정으로 불리고 있는 'GATT 제6조 이행에 관한 협정(Agreement on Implementation of Article Vl of the GATT)'이 케네디라운드(Kennedy Round, 1964~67년)협상 결과로 1967년에 처음 제정되었으며, 도쿄라운드협상에 따라 1979년에 1차 개정되고 우루과이라운드협상 결과로 1994년에 다시 현재의 협정으로 개정되었다.

상계관세와 관련하여서는 보조금 및 상계관세협정인 'GATT 제6조, 16조 및 제23조의 해석과 이행에 관한 협정(Agreement on Interpretation and Application of Article Vl, XVI and XXIII of the GATT)'이 도쿄라운드협상 결과로 1979년에 제정되었으며 우루과이라운드협상에 따라 1994년에 현재의 협정으로 대폭 개정되었다. 그리고 '세이프가드협정(Agreement on Safeguards)'은 우루과이라운드협상의 결과로 1994년에 새로이 제정되었다.

1947년 GATT가 설립되기 전에도 미국, 캐나다, 호주 등의 국가에서는 외국의 덤핑행위와 보조금이 지급된 수입품에 대하여 관세를 부과하는 등 반덤핑관세제도와 상계관세제도를 운용하고 있었다. GATT는 설립 당시 각국이 운용하고 있었던 반덤핑법과 상계관세법을 모델로 하여 GATT 제6조의 반덤핑관세와 상계관세규정을 도입하였으며, 세이프가드조치는 미국과 멕시코 간 무역협정에 규정되었던 면책조항(escape clause)이 모델이 되어 GATT 제19조로 도입됨으로써 국제규범으로 자리잡게 되었다.

GATT 반덤핑규정, 보조금 및 상계관세규정, 세이프가드조치규정과 이들 규정에 근거한 반덤핑협정 및 보조금 및 상계관세협정은 1947년 GATT 설립 이후 1994년까지 GATT체제에서 회원국의 반덤핑관세 및 상계관세와 세이프가드제도의 운용과 관련하여 국제적 규범으로서 각국의 산업피해구제법과 그 운용을 규율하여 왔다. 우루과이라운드(UR)협상의 결과로 출범한 세계무역기구체제에서는 GATT와 GATT에 근거하여 제정된 협정들이 '세계무역기구설립을 위한 마라케시협정'에 부속됨으로써 WTO체제의 협정으로 대체되었다. 따라서 WTO체제하에서 반덤핑관세, 상계관세, 세이프가드조치를 규율할 국제규범은 GATT 1994협정과 이 협정에 근거한 협정들로서 일반적으로는 WTO 반덤핑에 관한 협정, WTO 보조금 및 상계조치에 관한 협정, WTO 세이프가드에 관한 협정으로 불리고 있다.

WTO협정들과 각국의 산업피해구제법과의 관계를 살펴보면 협정가입국(Member)은 협정에서 규정하고 있는 세이프가드조치, 반덤핑관세, 상계관세를 부과하기 위해서는 협정에서 정한 발동 또는 부과요건 및 절차 등과 관련된 의무를 준수하여야 하므로 WTO협정이 가입국의 산업피해구제법보다 상위의 규범성을 지니고 있다고 볼 수 있다. 따라서 WTO협정은 각국의 산업피해구제제도의 운영에 통일적 기준을 제공해줌과 아울러 각국의 산업피해구제조치사항이 WTO협정에 일치하는지 여부를 판단하는 기준이 되고 있다.

2. WTO체제하의 산업피해구제제도

WTO체제는 GATT와 그에 부속되는 협정을 수용하면서 이를 완전 대체하는 것으로서 새로운 체제의 출범을 의미하는 것인데 그 중요한 차이점을 살펴보면 다음과 같이 요약할 수 있다.

첫째, GATT는 하나의 다자간 협정에 지나지 아니하였으므로 기관으로서의 기초를 가지지 못했다. WTO는 그 자체가 영속적인 기관으로서 존재하며, 업무추진을 위한 조직과 사무요원을 갖고 있다. 따라서 WTO협정과 협정에 부속된 관련 업무를 집행함과 아울러 회원국들이 협정에서 규정하고 있는 의무를 준수하고 있는지 여부를 감시하는 강력한 역할을 한다.

둘째, GATT규정은 상품의 교역에 한정하여 적용되었으나 WTO규정은 상품의 교역뿐 아니라 서비스의 교역과 무역관련 지적재산권도 협정에 포함하였다. 또한 상품교역에 있어서는 수량제한을 완전 철폐하고 모든 상품에 대해 예외 없는 관세화를 추구하여 잔존수량제한조치를 단계적으로 철폐함과 아울러 최소시장접근을 허용하면서 이를 점진적으로 확대해 나가도록 하였다.

셋째, WTO의 분쟁해결절차를 신속하고 공정하게 처리하기 위하여 분쟁해결기구(Dispute Settlement Body : DSB)을 상설기관으로 설치함과 아울러 패널보고서가 총의에 따라 거부되지 않는 한 사실상 자동적으로 채택되게 하고, DSB의 권고와 결정에 대해 이행을 감독하도록 하는 등 공정하고 실효성 있는 강력한 분쟁해결절차를 도입하였다.

넷째, 비관세 분야와 관련하여 특히 반덤핑협정 및 상계관세협정의 개정과 세이프가드협정의 제정을 통하여 이들 협정규정의 적용과 관련하여 조치국가와 피조치국가 간에 야기되었던 문제점들을 개선하기 위하여 적용 및 해석기준을 명확히 하고 절차의 투명성을 보다 더 제고하였다. 따라서 GATT체제에서보다는 각국의 반덤핑관세, 상계관세, 세이프가드조치에 관한 제도와 그 운용을 WTO협정에서 규정하고 있는 기준에 일치시켜야 함과 아울러 분쟁해결절차에 의하여 재심사를 받게 됨으로써 공정성과 투명성이 한층 강화되었다.

(1) WTO반덤핑협정

WTO체제하에서 회원국의 반덤핑관세 관련법과 반덤핑제도 운영을 규율할 국제규범은 1994년 GATT 제6조 제1항 및 제2항과 이 규정을 구체적으로 적용하기 위하여 1994년에 개정된 'WTO 반덤핑협정(Agreement on Implementation of Article Vl of the GATT 1994)'이다. 이 WTO 반덤핑협정은 종전 1979년 반덤핑협정이 조사 개시의 요건, 덤핑마진의 산출, 피해 및 인과관계의 판정 등에 있어서 용어 및 적용기준이 불명확하고 재량의 여지가 넓어 보호무역의 수단 내지는 국제무역의 새로운 장벽이 될 수 있다는 인식에서 개정된 것인데 종전 반덤핑협정에 대한 근본적인 개선이라기보다는 종전에 논의되어 온 개별적인 문제점을 해결하는 데 그친 것으로 평가된다. WTO 반덤핑협정의 주요 개정내용을 살펴보면 다음과 같다.

1) 덤핑마진 결정기준의 개선

정상가격의 산출 시 원가 이하의 판매가 상당기간 계속되고 합리적인 기간 내에 총비용을 회수하지 못할 경우 정상가격 산출대상에서 제외할 수 있도록 하였는데, 이는 덤핑마진이 크게 산출될 수 있어 보호주의 측면이 강화된 기준이라고 보여 진다.

구성가격 산정 시 판매 및 관리비와 이윤을 실제 자료 또는 동일 부류 생산자가 실현한 실제 금액 등에 근거하여 산출토록 구체화하여 판매관리비 및 이윤의 적용과 관련한 마찰의 소지를 축소하였다.

덤핑마진 산정이 정상가격과 수출가격 비교를 가중평균 대 가중평균 또는 개별거래가격 대 개별거래가격별로 비교토록 하여 종전 정상가격은 가중평균으로, 수출가격은 개별가격으로 비교하여 자의적으로 덤핑마진을 크게 산출할 수 있는 여지를 축소하였다.

2) 피해판정관련

피해판정 시 덤핑마진의 크기를 고려할 수 있도록 하였다. 덤핑수입물품이 2개국 이상인 경우 피해를 누적적으로 평가할 수 있도록 하였다. 실질적 피해우려판정 시 판단기준을 구체적으로 규정하여 우려의 규정을 남용하지 못하도록 하였다.

3) 신청요건 및 조사개시절차의 구체화

제소는 지지도조사를 거쳐 신청인의 생산량이 찬·반 의사표시를 한 생산자들의 생산량의 50% 이상일 것과 국내생산자 전체 생산량의 25% 이상 지지가 있어야 하고, 조사 당국은 조사개시를 정당화하기에 충분한 증거가 있는지를 검토하도록 하여 종전보다 엄격한 제한을 하였다. 덤핑마진이 2% 미만으로 미소하거나 덤핑수입량이 개별국가의 수입량이 전체 수입량의 3% 미만이고, 3% 미만 국가의 수입량 합계가 전체 수입량의 7% 미만일 정도로 무시할 만한 수준인 경우 조사를 종결토록 하였다.

4) 환급

덤핑방지관세를 미국과 같이 초급적 기준에서 부과하는 경우 관세평가는 12개월 이내에 하여야 하고 환급은 즉시 하여야 하며, EU와 같이 전반적 기초에서 부과하는 경우는 덤핑마진을 초과하여 납부된 반덤핑관세는 요청에 의해 환급하도록 하여 관세환급이 지연되지 않도록 하였다.

5) 존속기간 및 재심사

반덤핑관세는 부과 후 5년이 경과하면 자동 소멸하는 조항을 신설하였다. 5년의 존속기간이 경과되기 이전에도 반덤핑관세부과 후 합리적인 기간이 경과하고 명확한 정보를 제시하는 이해관계인의 요청이나 직권으로 계속적인 적용 여부를 재심사할 수 있도록 하였다.

6) 협의 및 분쟁해결

반덤핑분쟁에 관한 회원국 사이의 분쟁은 원칙적으로 '분쟁해결에 관한 양해(DSU)'가 적용된다. WTO반덤핑협정은 종전 협정보다는 각국의 반덤핑제도 운영을 보호무역수단으로 운영하는 것을 규제하는 장치를 상당부분 도입하였다는 면에서 진일보한 것이기는 하지만 한편으로는 수입물량의 누적평가의 인정, 원가 이하의 판매를 정상가격 산출대상에서 제외시키는 등 보호무역주의적 색채를 띤 제도를 합법화하는 부정적 측면이 있다. 앞으로도 우회덤핑방지, 영업상 비밀자료의 공개범위 등 조사절차의 투명성, 정상가격과 수출가격의 비교, 피해 및 인과관계의 판난문제 등에 관하여 반덤핑관세조치 국가와 수출국 간 마찰의 소지를 줄일 수 있는 개선안이 마련되어야 할 것이다.

(2) WTO 보조금 및 상계관세협정

WTO체제하에서 각국의 보조금 및 상계관세법과 상계관세제도 운영을 규율한 국제규범은 GATT 1994 제6조 제3항 상계관세규정과 제16조 보조금규정 그리고 이 규정을 구체적으로 적용하기 위하여 UR협상결과 1994년에 개정된 WTO '보조금 및 상계관세협정(Agreement on Subsidies and Countervailing Measures)'이다. 이 협정은 종전 1979년 보조금 및 상계관세협정이 보조금 정의, 상계조치대상, 보조금액의 계산 등과 관련하여 해석기준이 애매하고 재량의 여지가 넓어 수출국 간 의견대립이 야기되었는데, WTO 보조금 및 상계관세협정은 이러한 문제점들을 상당부분 해결하였다. WTO 보조금 및 상계관세협정의 주요 내용을 살펴보면 다음과 같다.

첫째, 종전협정에서는 정부의 어떤 행위가 보조금에 해당되는가에 대하여 논란이 많았는데 신협정은 보조금에 대한 정의를 "수혜자에게 혜택을 부여하는 정부 또는 공공기관의 재정적 기여"라고 규정하여 이에 대한 논란을 상당부분 불식시켰다.

둘째, 미국의 상계관세법에 규정되어 있던 특정성기준이 도입됨으로써 국제무역의 왜곡효과가 없는 국내보조금에 대한 수입국의 자의적인 규제를 억제할 수 있도록 하였다.

셋째, 금지보조금의 대상으로 수출보조금 외에 수입대체 국내보조금을 새로이 포함시키고 수출보조금도 1차 산품을 포함하여 모든 상품으로 확대하였다.

넷째, '심각한 손상(serious prejudice)'이라는 개념을 도입하여 종래 상계관세법으로 다루기 힘든 영역에 대한 효율적인 규제기준을 정립하였다.

다섯째, 허용보조금의 개념을 도입하여 연구개발보조금, 지역개발보조금, 환경보조금 등을 허용보조금으로 규정함에 따라 종래 선언적으로 규정되어 있던 보조금의 긍정적인 기능을 구체화시켰다.

여섯째, 보조금 분쟁해결절차에 대한 특례규정 및 상설전문가단(Permanent Group of Expert : PGE)을 두어 보조금 분야에 대한 전문성을 제고시켰으며, 종래 상계관세법으로 규율하기 힘든 보조금 관행에 대한 효율적인 구제수단을 두었다. 또한 분쟁해결 양해각서(Dispute Settlement Understanding : DSU)절차에서도 도입된 바 있는 DSB의 만장일치제를 보조금협정에도 반복하여 규정하였고, 일정한 경우에는 대응조치를 취할 권한을 자동적으로 부여하도록 함으로써 매우 강력한 집행체제를 구비하였다.

WTO 보조금 및 상계관세협정은 1979년 보조금 및 상계관세협정보다는 보조금에 대한 구분을 금지보조금, 조치가능보조금, 허용보조금으로 분류하고, 보조금에 대한 피해구제방법을 보조금의 특성에 따라 구분하여 구제의 효율성을 제고하는 등 많은 부분에서 개선되었다. 그러나 새로운 협정은 보조금의 범위가 광범위하고 특정성, 허용보조금의 대상에 대한 해석상 논란의 여지가 있으며, 보조금의 계상(計上)과 관련된 문제 등에 대하여는 앞으로 더 논의를 거쳐 개선해야 할 사항이다.

(3) WTO 세이프가드협정

WTO체제하에서 회원국의 세이프가드조치를 규율할 국제규범은 GATT 1994 제19조와 UR협상결과에 따라 1994년 제정된 WTO 세이프가드협정(Agreement on Safeguards GATT 1994)이다. WTO 세이프가드협정은 GATT 제19조를 적용함에 있어 종래 문제점으로 제기되었던 선별적 적용가능성 여부, 세이프가드조치와 유사한 회색지대 철폐, 심각한 피해에 관한 개념, 조사개시 통보 및 협의, 조사절차의 투명성 제고, 조치기간의 장기화문제 등에 관하여 UR협상에서 집중적인 논의를 거쳐 세이프가드협정을 제정하였다. WTO 세이프가드협정의 주요 내용을 살펴보면 다음과 같다.

첫째, 세이프가드조치는 미리 제정된 조사절차에 따라 조사당국이 조사절차를 거쳐 특정 물품의 수입이 국내생산에 비해 절대적 또는 상대적으로 증가함으로써 동종물품 또는 직접 경쟁관계에 있는 국내산업에 심각한 피해 또는 피해 우려가 있다고 판정하는 경우 원산국에 관계없이 무차별적으로 적용하도록 발동요건과 적용원칙을 정하였다(제2조 및 제3조).

둘째, '심각한 피해(serious injury)'란 국내산업에 대한 중대하고 전반적인 손상으로, '심각한 피해우려'는 명백히 임박한 심각한 피해로 정의하고 검토기준을 제시하였다(제4조).

셋째, 세이프가드조치 적용방식을 심각한 피해방지 또는 구조조정을 하는 데 필요한 범위 내에서만 하여야 하고 수량제한은 최근 3년 평균수입량 이상으로 하도록 규정하였다(제5조). 또한 규제조치가 1년 이상인 경우 적용기간 동안 점진적으로 완화하도록 규정하였다(제9조 제4항).

넷째, 세이프가드조치가 지연됨으로써 회복하기 어려운 손해를 초래할 수 있는 긴급상황의 경우 200일을 한도로 잠정조치를 할 수 있도록 하였다(제6조).

다섯째, 세이프가드조치의 적용기간은 원칙적으로 4년을 넘지 않도록 하였다.

여섯째, 세이프가드조치를 발동 또는 연장하는 국가는 관련국과 보상수단에 대하여 협의할 수 있으며, 협의 개시일로부터 90일 이내에 합의에 도달하지 못할 경우 영향을 받는 수출국은 일정기간 경과 후 발동국에 동등한 양허와 기타 의무의 적용을 정지할 수 있도록 하였다(제8조).

일곱째, 개도국 물품에 대해서는 최소시장접근 물량(개별국가의 수입량이 전체수입량의 3% 미만이거나 3% 미만 국가들의 수입량 합계가 전체 수입량의 9% 미만)은 수입을 허용하고 개도국이 발동하는 경우에는 최대 기간 8년보다 2년을 초과할 수 있으며, 재발동시 경과기간을 절반으로 축소하여 개도국우대조항을 두었다(제9조).

여덟째, 회원국은 수출자율규제 등 회색조치를 앞으로 할 수 없으며, WTO협정의 발효일 당시에 시행 중인 회색조치는 이 협정에 일치시키거나 철폐시켜야 한다. 회원국은 WTO협정 발효일로부터 180일 이내에 세이프가드위원회에 철폐에 관한 일정표를 제출하고 그에 따라 철폐하도록 하였다(제11조).

아홉째, 회원국은 조사개시결정, 피해판정, 세이프가드조치 적용 및 연장결정 시에는 세이프가드위원회에 통고함과 아울러 적절한 정보를 제공하여야 한다. 또한 회원국은 관련 수출국가에 정보제공, 의견교환, 양국 간 협의를 할 수 있는 기회를 제공하도록 하였다(제12조).

열 번째, 세이프가드조치관련 분쟁은 분쟁해결양해(DSU)절차에 따라 해결한다.

이와 같이 WTO세이프가드협정은 조치와 관련된 수입의 증가 및 국내산업의 피해판정 등 실체적 요건과 조사개시 및 조사절차, 수출국과의 협의 및 WTO 통고 등 절차적 요건을 규정함으로써 WTO회원국들의 산업피해구제법을 규율하고 세이프가드조치 발동과 관련하여 통일적 기준을 마련하게 되었다.

7.2 주요국의 산업피해구제제도

1. 미국

미국에 있어 산업피해구제제도의 운영은 상무부와 국제무역위원회(ITC)에 의해 이루어지고 있다. 상무부는 반덤핑제도와 상계관세제도의 운영에 참여하고 ITC (International Trade Commission)는 반덤핑제도·상계관세제도 및 세이프가드의 운영에 참여하고 있다. 여기서 우리나라의 '무역위원회'에 비견되는 ITC는 대통령 직속의 준사법기관으로서의 지위를 갖는 독립규제위원회로서 통상법 제201조 도피조항(Escape Clause)의 운영, 관세법 제337조에 의한 지적재산권침해 등 불공정무역관행에 대한 조사, 관세법 제7편에서 규정하는 반덤핑과 상계관세제도의 운영, 농업조정법 제22조에 의한 농무성의 농업프로그램의 진행을 방해하는 수입에 대한 규제, 관세법 제332조에 의한 산업경쟁력조사 등 일반적인 사실조사 등의 기능을 수행한다.

(1) 반덤핑제도[2)]

미국 반덤핑법의 기본적인 구조는 '1930년 관세법'과 이에 대한 일부 개정이 이루어진 '1979년 통상법'에 의한다. 도쿄라운드 이전까지 미국 반덤핑법은 국내생산자로 하여금 '실질적 피해'가 아니라 단지 '피해'만을 입증하도록 하고 있었다는 점에서 GATT 제6조에 완전히 부합되는 것은 아니었다. 또한 당시에는 관리당국에 상당한 재량권이 인정되고 있어서 실제로 반덤핑관세가 소극적으로 운용되었고 이는 의회의 상당한 불만의 원인이 되었다. 도쿄라운드 이후 미국 반덤핑법에는 상당한 변화가 있었는데 그 예로 상무부와 ITC 간의 역할분담의 구조가 확립된 점, 관리당국의 재량의 범위를 가능한 한 축소하려는 법률상의 노력이 가하여진 점 등을 들 수 있다.

현재 미국의 반덤핑절차는 동시에 두 개의 기관, 즉 상무부와 ITC라는 서로 다른 연방기관에 의하여 진행된다. 상무부는 대상수입품이 미국에서 공정가격(fair value) 이하로 판매되고 있는지 여부(덤핑 여부)를 결정한다. ITC는 덤핑수입품에 의하여 국내산업이 실질적인 피해를 입고 있거나 입을 우려가 있거나 또는 국내산업의 확립이 실질적으로 지연되고 있는지(실질적인 피해 등) 여부와 덤핑과 피해 간의 인과관계를 결정한다. 원칙적으로 반덤핑관세명령은 두 기관의 긍정 예비・최종결정이 있어야 가능하며 소급적으로 부과되지 않는다.

1) 담당기관

상무부는 비록 연방행정기관이기는 하지만 반덤핑조사절차는 상대적으로 정식화된 절차와 법령상의 기준에 따른다. 또한 이해당사자들은 이 절차에 참여할 수 있는 기회를 보유한다. 상무부의 결정은 연방관보에 공고되며 사법심사의 대상이 된다. ITC는 의회의 인준을 거쳐 대통령이 임명하는 6인의 상임위원으로 구성된다. ITC는 대통령 직속의 독립적인 기관이며 4명 이상의 의원이 동일한 정당의 구성원이어서는 안 된다. 산업피해 유무의 결정은 공개투표에 의하며 반덤핑절차에 있어서 가부동수인 경우에는 예비단계에서나 최종단계에서나 국내산업의 이익을 위하여 긍정결정으로 본다.

2) 여택동・전정기・장동식의 "미국과 EU의 반덤핑관세 부과절차 비교연구"에서 인용하였다.

2) 조사신청

미국의 반덤핑관세 부과절차는 이는 외국물품의 덤핑으로 인하여 피해를 입었다고 주장하는 신청인이 상무성과 국제무역위원회(ITC)에 신청서를 접수함으로써 시작된다. 여기서 신청인이 될 수 있는 조건은 미국의 제조업자, 도매업자, 해당 산업의 노동조합 대표 또는 해당산업의 기업 간 동업조합 등이 될 수 있다. 이러한 신청인은 신청서에 반드시 자신이 신청인으로서 '당사자 적격(standing)'임을 입증하여야 한다. 따라서 신청인은 미국 국내총생산의 과반수 이상을 생산하는 기업 또는 근로자를 대표해야 당사자 적격이 있다. 그렇지 않으면 최소한 미국 내 생산의 상당한 부분을 차지하는 생산자 또는 노동자 대표의 지지를 받고 있다는 것을 청원서에 입증하여야 한다. 신청과는 별도로 상무성이 스스로 조사를 개시할 수도 있지만 이러한 예는 흔하지 않다.

신청서에 포함되어야 할 내용은 첫째, 외국기업이 '공정가격 이하(less than fair value)'로 판매하는 행위에 대한 내용이 반드시 포함되어야 하며, 둘째, 미국의 국내산업에 대한 '실질적 피해(material injury)' 또는 실질적 피해의 우려가 있음이 주장되어야 한다. 이렇게 제출된 신청은 제일 먼저 국제무역위원회와 상무부 소속 국제무역관리국(International Trade Administration : ITA)이 검토한다.

3) 신청에 대한 1차 판정

상무성은 신청을 접수한 후 20일 이내에 청원이 법적 요건을 충족시키는지를 판단해야 한다. 즉 신청이 형식적 요건을 구비하였는지와 신청인의 '당사자 적격' 등에 관하여 판단한다. 이때 상무성은 간단한 설문지의 배포를 통해 당사자 적격 유무에 대한 추가 자료를 얻기 위해 이 기간을 20일까지 연장할 수 있다. 만약 상무성이 이 기간을 연장하는 경우 국제무역위원회도 똑같이 이 기간을 연장한다. 이 시기에 상무성이 하는 일은 신청의 형식적·법적 요건만을 검토하는 것이므로, 덤핑혐의가 있는 기업 대표들의 의견은 듣지 않으며 서류를 제출받는 일도 없다.

개정된 UR협정 이행법은 UR 반덤핑협약의 내용을 반영하여 기존의 불합리한 점을 수정하여 설문 응답자의 50% 찬성요건 및 국내총생산의 25% 지지요건을 명문화하였다. 물론 지지도를 조사하는 방법으로는 통계적으로 타당한 표본추출방법을 사용할 수 있으며, 표본추출의 방법은 신청서상의 정보 또는 국내이해관계자에 의하여 제출된 기록에 의하여 판정될 수 있다.

이렇게 해서 상무성이 신청요건에 대한 불충족판정을 내리면 이 사건은 기각되는 것이지만 대개의 경우에는 신청에 필요한 요건을 구비한 것으로 간주된다. 따라서 상무성이 긍정적 판정을 내리면 이 사건은 국제무역위원회로 넘어가게 된다.

4) 국제무역위원회의 예비판정

신청이 제출된 후 국제무역위원회는 일반적으로 45일 내에 미국 산업에 대한 실질적 피해가 있었는지, 아니면 실질적 피해의 우려가 있는지 또는 미국의 어떤 산업이 그 발전에 '실질적 장애'를 입었다는 '합리적 징후(reasonable indication)'가 있는지에 대해 예비판정을 내려야 한다. 만약 국제무역위원회가 실질적 장애가 있다고 판단하면 그 원인이 무시할 수 없을 정도로 많은 양의 수입인지에 대한 판단을 내려야만 한다. 정보탐색방법은 당사자들이 제출한 자료나 자체조사를 통한 자료수집, 미국 업체들을 대상으로 한 설문조사와 회의(conference)를 통해 이루어지는 것이 보통이다.

이 과정에서 국제무역위원회가 실질적 피해가 있거나 합리적 징후가 있다는 예비판정을 내리면 즉, 피해긍정의 예비판정을 내리면 이 사건은 다시 상무성으로 넘어간다. 하지만 국제무역위원회가 부정적 판정을 내리면 사건은 종결되지만 이러한 경우가 흔하지 않으므로 상무성은 보통 국제무역위원회가 판정을 내리기도 전에 미리 조사에 착수하는 것이 일반적이다. 따라서 청원이 제출된 직후부터 사건은 독립된 두 개의 기관에서 동시에 진행되는 것이다.

5) 상무성의 예비판정

국제무역위원회가 피해긍정의 판정을 내리면 상무성은 신청의 법적 요건 충족 여부에 대한 최초의 긍정판정 후 115일 내에 수입품이 '공정가격 이하로' 판매되었다고 '믿거나 또는 의심할 만한 상당한 근거'가 있는지에 대한 판정을 내려야 한다.

이러한 조사과정에서 상무성은 관련 산업들의 가격패턴에 관한 가능한 많은 자료를 수집하는데 보통 국내산업에 관한 자료는 신청인이 제공하고 외국산업에 관한 자료는 설문지를 통해 상무성이 외국기업으로부터 직접 얻는다. 이러한 과정을 통하여 얻은 자료를 컴퓨터를 사용하여 국가 간 비교를 정확하게 할 수 있도록 상무성은 정보를 처리하는 일을 하는 것이다.

한편 상무성이 "해당 상품이 미국 시장에서 공정가격보다 낮은 가격에 판매되고 있다고 믿거나 의심할 만한 상당한 근거가 있다"는 예비판정을 내리는 경우 이와 함께 얼마나 싸게 판매되고 있는지에 대한 판정, 즉 '덤핑마진'에 대한 판정을 내려야 한다. 이렇게 해서 긍정적 예비판정이 내려지면 상무성은 미국 세관에게 덤핑관련 물품에 대한 모든 수입에 대하여 '청산중지(suspend liquidation)'를 명령하게 되는 것이다. 청산중지조치는 수입업자에게 모든 수입품에 대해 기존의 통상적인 관세 및 반덤핑관세를 모두 납부할 수 있을 만큼 충분한 금액의 채권을 공탁하도록 요구하는 조치이다. 결국 이는 세관으로 하여금 수입 시 납부해야 하는 관세의 최종금액을 이 시점에 판정하지 않으므로 수입품이 미국으로 계속 반입되는 것을 가능케 한 것이다. 이후 상무성은 긍정적이라는 예비판정에 대한 최종판정을 내리게 되는 것이다. 하지만 상무성의 예비판정이 부정적인 경우에도 상무성은 그에 따른 최종판정을 내려야 한다.

6) 상무성의 최종판정

일단 상무성에서 예비판정이 내려진 다음에는 최종판정을 내리기 위해 수집되었던 자료를 확인하는 작업을 한다. 이때 상무성은 피제소자 측이 이러한 확인을 포기하거나 또는 협조를 거부하지 않는 이상 현지시찰 및 정보수집을 위해 직원을 해외에 파견하거나 또는 사건관계 당사자들이 제시한 추가적인 법적 쟁점 및 해석을 검토하는 작업을 한다. 이렇게 하여 상무성은 예비판정이 있은 후 75일 이내에 최종판정을 내리게 되는 것이다.

상무성의 최종판정이 부정적이면 조사는 종료되고 세관에 대한 청산중지명령도 종료되며, 모든 공탁금과 채권은 상환된다. 하지만 상무성의 최종판정이 긍정적이면 절차는 계속되게 된다.

7) 국제무역위원회(ITC)의 최종판정

상무성의 예비 및 최종판정이 모두 긍정적으로 내려지면 이후 45일 이내(또는 상무성의 예비판정이 있은 후 120일 이내)에 국제무역위원회는 피해최종판정을 내려야 한다. 그러나 만약 상무성의 예비판정이 부정적으로 난 후 최종판정이 긍정적이라면 국제무역위원회가 최종판정을 내려야 하는 시한은 상무성의 최종판정일로부터 75일이 된다. 이는 상무성이 예비판정을 부정적으로 내리면 국제무역위원회가 사실상 조사활동을 중단하기 때문에 이러한 시간을 감안한 것이다.

국제무역위원회는 동 단계에서 공식 청문회를 자주 개최한다. 청문회에서 각 이해당사자들은 국내산업의 현황, 피해원인에 관한 증거 및 증인과 함께 각각 주장을 전개한다. 피제소자 측이 그 입장을 가장 효과적으로 전달할 수 있는 것은 이러한 청문회를 통해서이다.

국제무역위원회가 최종판정을 내리기 위하여 적용하는 기준은 제201조 면책조항의 경우보다 훨씬 덜 엄격하다. 따라서 수입이 피해의 주요한 또는 상당한 원인이라는 부분에 대해 판정을 내릴 필요가 없다. 단지 외국으로부터의 수입품이 하찮은(inconsequential) 또는 사소한(insignificant) 정도보다는 큰 정도의 원인으로 작용했는지 여부에 대해서만 판정하면 되는 것이다. 따라서 국제무역위원회는 수입품의 수입량, 절대적 또는 상대적 수입량의 증가와 수입품의 가격 및 수입품이 국내피해에 미친 영향 등을 검토하게 되는 것이다. 그리고 만약 수입이 '무시할 만한 수준'인 경우 조사절차는 종료된다.

8) 반덤핑관세의 부과

상무성과 국제무역위원회가 최종판정으로 긍정적인 판정을 하게 되면 상무성은 반덤핑관세의 부과명령을 발동하고 세관에서는 이 명령에 관련된 모든 물품의 미국수출에 대하여 관세를 부과하게 되는 것이다. 즉 만약 국제무역위원회의 최종판정이 긍정적이면 반덤핑 부과명령이 내려지고 수입업자들은 상무성의 최종판정에 나타나 있는 덤핑마진을 납부하여야 하는 것이다.

만약 상무성의 최종덤핑마진이 예비판정에서 확정되었던 것보다 적을 경우에는 그 차액이 수입업자에게 전액 환불조치된다. 하지만 최종마진이 앞서 판정된 금액보다 높으면 본 조치가 시작된 후 최종판정이 내려지기까지 수입된 상품에 대해서는 그 차액이 무시되고 최종덤핑판정이 내려진 이후 수입된 상품들에 대해서 높아진 금액을 부과하는 것이다

사례분석

한 · 미 자동차용 납축전지 반덤핑 제소분쟁

1989년 5월 17일 미국의 Yuasa-Exida사는 우리나라의 자동차용 납축전지에 대하여 반덤핑제소를 하였다. 제소업체인 미국의 Yuasa-Exida사는 일본의 배터리 제조업체인 Yuasa사의 미국 현지법인으로 1981년 이미 두 차례에 걸쳐 대만을 대상으로 반덤핑제소를 하였으며 우리나라에 대해서도 1985년 5월 자동차용 배터리에 대해 반덤핑제소를 한 적이 있는 상습적인 반덤핑제소 업체로 알려져 있었다. 1989년 6월 6일 상무성의 조사가 개시되었고 6월 30일에 ITC의 예비판정이 있었는데 ITC가 우리나라 제품에 대하여 무피해판정을 내림으로써 조사는 종결되었다.

제소품목	자동차용 납축전지
제소일자	1989년 5월 17일
제소자	미국의 Yuasa-Exida Battery(일본의 Yuasa사의 미국 합작법인)
피제소국	한국
국내피제소업체	세방전지, 한국전지 등 6개 업체
제소근거 및 내용	1930년 관세법에 근거한 반덤핑관세 부과 청원
결과	산업무피해
주요 일지	1989년 5월 17일 제소 1989년 6월 30일 ITC, 무피해판정(조사 종결)

(2) 상계관세제도

정부 또는 일국 내의 어떠한 공공기관이 직접적으로 또는 간접적으로 어떠한 종류의 수입상품의 제조 · 생산 또는 수출에 관하여 상계가능보조금(countervailable subsidy)을 지급하고 있으며 그로 인하여 국내산업이 실질적인 피해 등을 입고 있는 경우에는 상계관세가 부과될 수 있다. 미국의 상계관세제도는 반덤핑관세제도와 매우 유사하다. 미국은 UR보조금협정의 제정에 따라 이에 관한 국내법을 손질하는 한편 동 협정하에서 주어진 권한을 보다 활발하게 사용하기 위한 의도로서 UR협정이행법 제281조 이하를 제정하였다. 동조는 UR보조금협정이 규정하고 있는 3가지의 보조금의 종류별로 서로 조금씩 상이한 취급을 하면서 이에 관하여 사인의 제소를 허용하는 한편 이를 상무부 및 USTR과의 긴밀한 협조하에 국제적으로 문제 삼을 수 있는 절차를 규정하고 있다 이에 의하면 타국의 국제규범위반사실이 긍정적으로 나타나는 경우에는 USTR 등을 통하여 국제적인 압력을 가하도록 하고 있다.

1) 담당기관

상계관세부과 여부에 관한 조사담당기관은 반덤핑의 경우와 동일하여 상무부는 상계관세 보조금률을 산정하고 ITC는 국내산업피해 유무를 판정한다.

2) 조사의 개시

상계관세의 부과에 관한 조사절차는 ① 국내산업을 대표하는 '국내이해당사자'의 상무부와 ITC에의 동시 신청 또는 드물게, ② 상무부의 직권에 의해 개시된다. 신청서 접수일로부터 20일 내에 상무부는 신청서상의 증거가 조사절차의 개시를 정당화하기에 충분한지를 결정하기 위하여 신청서 안에 포함된 증거의 정확성과 적절성 그리고 필요한 국내산업의 지지를 얻고 있는지를 검토하여야 한다. 조사개시를 위해서는 신청이 국내산업의 최소한의 지지, 즉 ① 국내 동종물품 생산의 최소한 25%를 차지하는 노동자 또는 생산자의 지지를 받고 있고, ② 지지자가 반대자보다 많을 것을 요한다. 동 신청이 국내산업 다수의 지지 또는 법령상의 최소요건을 갖추었다고 판단되면 상무부는 절차의 개시사실을 연방관보(Federal Register)에 공고하고 신청서 사본을 알려진 모든 수출자에게 보낸다.

3) 상계관세보조금률 조사절차(상무부)

보조금이란 정부 또는 일국내의 어떠한 공공기관이 ① 재정지원을 하거나 ② 1994년 GATT 제16조의 의미에서의 어떠한 형태의 수입 또는 가격지지를 하거나 ③ 재정지원을 목적으로 자금공여기관에 대하여 지급을 하거나 또는 재정적 지원이 대개는 정부에 의하여 수행되고 그 관행이 정상적으로 정부에 의하여 수행되는 관행과 실질적으로 다르지 아니한 경우에는 그러한 재정지원을 하도록 민간기관에 대하여 위탁 또는 지시를 하고 그로써 이익이 부여되는 것을 말한다.

상계가능보조금은 보조금 가운데 특정적인 것을 말한다. 보조금은 수출보조금이나 수입대체보조금이거나 국내보조금인 경우에 특정적이라고 본다. 수출보조금이란 법률상 또는 사실상 수출수행을 조건으로 하는 보조금을 말하며 수입대체보조금이란 수입품에 대하여 국내상품을 사용하는 것을 조건으로 하는 보조금을 말한다.

보조금이 특정적인 것이더라도 보조금협정의 서명국으로부터 수입되는 상품의 경우에 연구개발보조금 · 낙후지역에 대한 보조금 · 새로운 환경기준에 대한 적응을 위한 보조금 등은 상계불가능보조금으로 분류된다.

원칙적으로 상무부는 각각의 알려진 생산자 또는 수출자에 대하여 개별적으로 조사를 하여 개별적인 상계가능보조금비율을 산정하여야 한다.

보조금의 존재와 그 액수에 관한 상무부의 예비결정은 신청일로부터 85일 이내에 이루어져야 하며 상무부의 최종결정은 예비결정일로부터 75일 이내에 이루어져야 한다. 또한 조사대상물품의 순보조금이 최소허용수준(de minimis)에 해당하는 경우, 즉 종가세기준 1% 이하인 경우에는 절차에서 이를 무시한다.[3)]

4) 국내산업피해 조사절차(ITC)

보조금을 지급한 물품의 미국 내 수입으로 인한 실질적인 피해 등의 결정은 ITC가 담당하며 그 절차는 반덤핑절차의 경우와 같다. 즉 신청일로부터 45일 이내에 ITC는 국내산업이 실질적인 피해를 입거나 입을 우려가 있는 '합리적 징후'가 있는지의 여부를 결정하여야 한다. 상무부의 긍정예비판정이 있으면 ITC는 그로부터 ITC의 최종조사가 시작되어 원칙적으로 그로부터 120일째 되는 날 또는 긍정최종판정으로부터 45일째 되는 날 중 늦은 날 이내에 최종판정을 하여야 한다.

5) 조사절차의 종결 또는 정지

상계관세 조사절차는 다음의 경우에는 상계관세를 부과하지 아니 하고도 종결 · 정지될 수 있다.

① **수출정지의 합의** : 조사대상수입의 실질적으로 모든 부분을 차지하는 수출자가 ㉠ 동합의의 공고일로부터 180일 이내에 미국으로의 모든 수출을 중지하는 데에 동의하거나 ㉡ 보조금의 효과를 완전히 제거하기 위하여 상품가격을 신속히 조정하는 데에 동의하거나 또는 ㉢ 수입품의 국내산업에의 부정적 영향을 완전히 제거한다는 데에 합의를 하는 경우에 상무부는 자신의 상계관세부과 최종판정 이전의 어느 때라도 조사를 정지할 수 있다.

② **신청의 철회** : 상무부 또는 ITC는 상계관세명령의 발동 이전에는 신청인이 철

3) 미무역대표부(USTR)가 지명한 개도국인 경우에는 2%, 최빈개도국인 경우에는 3%이다.

회하면 어느 때라도 절차를 종결할 수 있다. 일단 절차가 종결되고 나면 이는 다시 재개될 수 없으며 이를 위해서는 새로운 신청이 있어야 한다.

6) 상계관세명령

상무부의 긍정최종판정에 이어서 ITC가 긍정최종판정을 내리면 상무부는 7일 이내에 상계관세명령을 발한다. 이 시점으로부터 모든 장래의 수입품은 평가된 마진에 상응하는 현금을 예치하여야 한다.

7) 재심사

상계관세의 부과에 관한 재심사는 반덤핑의 경우와 같이 연례행정 재심사·상황변경에 기한 재심사·자동실효 재심사가 있으며 그 심사방법도 반덤핑과 동일하다.

8) 상소(사법심사)

상무부와 ITC의 결정은 국제무역법원(Court of International Trade)과 항소법원(Court of Appeals for the Federal Circuit) 그리고 궁극적으로는 최고법원(Supreme Court)의 사법심사를 받는다.

사례분석

미·중 인쇄용지 상계관세 제소분쟁

2006년 10월 31일, 미국의 최대 인쇄용지업체인 (New Page)회사는 미국 상무부에 청원서를 제출하여 중국, 한국, 인도네시아산 인쇄용지(Coated Free Sheet Paper)에 반덤핑 및 반보조금 조사를 개시할 것을 요구하였다. 2006년 11월 20일, 미국 상무부는 중국에서 수입되는 중국산 인쇄용지에 대하여 반보조금조사를 개시한다고 공표하고, 12월 1일에 중국의 최대 인쇄용지제조 및 수출업체인 강소성금동제지유한회사(Jiangsu Gold East Paper Co., Ltd)와 산동성천밍제지그룹 (Shandong Chenm ing Paper Holdings, Ltd)을 조사대상으로 선정하고 이 두 업체와 중국 정부에 대하여 조사질의서를 발송하였다.

2006년 12월 15일, 미국 ITC는 중국, 인도네시아, 한국산 인쇄용지에 대한 보조금 및 덤핑행위가 미국의 국내산업에 대하여 실질적 피해를 조성하였다고 예비판정을 내렸다.

그 후 2007년 3월 30일, 미국 상무부는 중국산 인쇄용지에 대하여 10.90~20.35%의 상계관세율을 부과한다고 예비판정을 내렸다.

2007년 9월 14일, 중국 정부는 중국산 인쇄용지에 대하여 상계관세를 부과한 미국의 예비판정조치에 대하여 WTO분쟁해결절차상의 협의를 요청하여, 2007년 10월 17일에 스위스 제네바에서 미국 대표와 협상을 하였다. 하지만 2007년 10월 17일, 미국 상무부는 중국산 인쇄용지에 대하여 다음과 같은 상계관세율을 부과한다고 최종판정을 내렸다. 즉 미국 상무부는 강소성금동제지유한회사에 7.4%의 상계관세율을 부과하고, 산동성천밍제지그룹에는 44.25%의 상계관세율을 최종적으로 부과한다고 공표하였다.

2007년 11월 20일, 미국 ITC는 중국산 인쇄용지에 대하여 계속하여 상계관세를 부과할 것인지의 여부와 관련하여 투표를 진행하였는데, 중국산 인쇄용지는 미국의 관련 산업에 실질적인 피해 또는 예측가능적인 위협을 미치지 않았다고 판단을 내렸다. 비록 미국 ITC의 판정에 따라 중국산 인쇄용지에 대하여 상계관세를 부과하지 않았지만, 이는 미국이 23년 동안 '비시장경제체제'의 국가에 상계관세조치를 적용하지 않았던 관례를 변경한 것이다.

자료 : 노광, 무역구제 봄호(2008. 4) 참조

(3) 세이프가드(Safeguards)제도

미국의 세이프가드제도는 미통상법 제201조 면책조항(escape clause)에 근거를 두고 있으며 ITC가 미국으로부터의 수입이 증가되어 동종 또는 직접 경쟁적인 상품을 생산하는 국내생산업자에게 심각한 피해 또는 피해우려의 원인이 된다고 결정하는 경우 대통령은 국내산업의 수입경쟁에 대한 적극적 구조조정 노력을 용이하게 하고 비용보다 더 큰 경제·사회적 이익을 제공할 것으로 생각되는 그의 권한 내의 모든 적절하고 실행가능한 조치를 취하도록 하고 있다. 다만 구제조치는 국내산업의 심각한 피해를 방지하거나 치유하기 위하여 필요한 정도로만 취하여져야 한다.

1) 담당기관

세이프가드의 담당기관은 반덤핑과 상계관세의 경우와는 달리 상무부를 제외한 ITC가 단독으로 조사절차를 진행한다.

2) 조사의 신청과 ITC의 결정

세이프가드에 대한 조사는 무역협회, 상사회사, 공인되거나 승인된 조합 또는 노동자단체 등의 미국 산업의 대표로서의 신청 또는 대통령, 하원 세입세출위원회, 상원 재무위원회, USTR의 요청 또는 ITC의 직권에 의자여 개시될 수 있다. 신청이 있으면 ITC는 즉시 조사를 개시하여 120일 이내에 피해판정을 하여야 한다. ITC는 신청일로부터 180일 이내에 피해 여부를 조사하여 그 결과를 보고하여야 한다.

3) 조사활동

피해조사를 함에 있어 ITC는 일반적으로 다음과 같은 방법을 사용하여 정보를 수집한다.

① **질의서** : 국내생산자·수입자·구매자와 기타 당사자들에게 질의서가 보내진다.

② **다른 정부기관의 정보** : ITC는 다른 정부기관, 즉 상무부 통계와 노동부에서 수집된 무역조정지원 자료로부터 부가적인 정보를 얻는다.

③ **공청회 및 자체 정보의 수집** : ITC는 이해관계인들이 출석하여 피해문제에 관한 증거를 제출하고 제안된 조정계획과 개별적 약속에 대하여 언급할 기회를 갖는 공청회를 개최하여야 하며 국내소비자 및 영향을 받는 국내생산시설과 선별된 수입자 등 기타 관련 정보원과 접촉한다.

4) 피해판정 시의 고려요소

동 제도상의 '국내산업'이란 검토대상 수입품과 동종 또는 직접 경쟁적인 상품의 국내생산자를 말한다. '수입증가'요건은 수입이 절대적 또는 국내생산에 대하여 상대적으로 증가한 경우에 충족된다.

세이프가드에서는 반덤핑관세나 상계관세와는 달리 '실질적인 피해(material injury)'가 아니라 '심각한 피해(serious injury)'를 요건으로 한다. 심각한 피해는 국내산업의 지위에 대한 중대하고 전반적인 손상을 말하며 심각한 피해의 우려란 심각한 피해가 명백히 임박한 것을 말한다. 그리고 수입증가는 국내산업에 대한 피해 또는 그 위협의 실질적 원인이어야 한다. 여기에서 실실석 원인이란 중요하고 다른 어떠한 원인에 못지않은 원인을 말한다.

5) ITC의 구제조치권고와 대통령의 조치

피해긍정판정이 있으면 ITC는 보고서와 함께 대통령에게 구제조치를 권고하여야 한다. 권고가능한 구제조치에는 관세인상, 관세율 쿼터, 쿼터의 설정 또는 변경, 적절한 조정조치, 위 조치들의 혼합, 국제협상의 개시, 기타 법령상 수권된 다른 조치의 시행 등이 있다. 대통령은 긍정판정과 그에 따른 권고를 받은 후 60일 이내에 조치를 취하여야 한다. 대통령이 조치를 취하기로 판정한 경우에는 조치의 형태와 그 조치를 취하는 목적을 기술한 보고서를 의회에 제출하여야 하며 만약 ① 그 조치가 ITC가 권고한 것과 다르거나 ② 실행가능한 조치가 없는 경우에는 그 이유를 상세히 기술한 보고서를 의회에 제출하여야 한다. 위 ①, ②의 경우에 의회가 보고서 제출일로부터 90일 이내에 양원합동회의의 결의를 하면 ITC가 권고한 조치가 효력을 발생한다.

구제조치의 기간은 8년을 넘을 수 없으며 신청인에게 긴급한 상황이 존재하는 경우 또는 부패하기 쉬운 농산품을 생산하는 국내산업의 신청의 경우에는 잠정적 수입규제조치가 취하여질 수 있다.

6) 조치의 모니터 · 변경 · 종결

세이프가드가 취하여지고 있는 동안 ITC는 영향받는 국내산업에 관한 새로운 상황의 진전을 모니터하여야 한다. 그리고 구제조치는 대통령이 ITC의 권고나 보고서를 참작하여 ① 국내산업이 적절한 구조조정노력을 하고 있지 않거나 ② 조치의 유효성이 경제상황의 변경으로 인하여 손상받고 있다고 판정하거나 ③ 국내산업의 다수가 이를 요구하는 신청을 대통령에게 제출하는 경우에는 감축 · 변경 · 종결될 수 있다. 또한 ITC는 대통령의 요청 또는 국내산업의 신청에 의하여 조치의 계속 필요성을 판단하여 이를 대통령에게 보고한다.

사례분석

미국의 주물제품에 대한 긴급수입제한조치

1985년 미국의 주물금속협회는 주물제품에 대해 긴급수입제한조치를 청원하였다. 그러나 본 사안은 ITC가 산업피해가 없다고 판정함에 따라 조사개시 3개월 만에 종결되었다.

제소품목	주물제품
제소일자	1985년 12월 2일
제소자	미국 The Cast Metals Federation(주물금속협회)
피제소국	전 수출국
국내피제소업체	1974년 통상법 제201조에 근거한 긴급수입제한조치청원
제소근거 및 내용	1930년 관세법에 근거한 상계관세부과명령
결과	산업무피해판정(1986년 5월)
주요 일지	1985년 12월 2일 업계, 제201조 제소 1985년 3월 18일 ITC 공청회 1986년 5월 9일 ITC 무피해판정으로 조사 종결

사례분석

미국의 구리제품에 대한 긴급수입제한조치

1984년 1월 26일 Anaconda Mineral사 등 미국 내 11개 구리 생산업체는 미 통상법 제201조에 의거한 긴급수입제한조치 청원을 통해 구리제품의 수입물량을 향후 5년간 연 35만 5,000톤으로 규제해줄 것을 요청하였다. 대상품목은 Unalloyed & Unwrought Refined Copper와 Black, Bliste & Anode Copper였다. 우리나라는 당시 소량의 구리제품을 미국에 수출하고 있었는데 규제대상품목 중 Refined Copper 440만 달러어치를 1983년에 수출하였다. 미국의 구리 생산업계는 1978년에도 제201조 제소를 행하여 ITC가 수입규제를 대통령에게 건의하였으나 대통령이 이를 거부한 바 있다.

제소품목	구리제품(Unwrought Copper, not alloyed(銅地金))
제소일자	1984년 1월 26일
제소자	미국 Anaconda Mineral 등 11개 구리 생산업체
피제소자	전 수출국
국내피소업체	한국광업제련(주)
제소근거 및 내용	1974년 통상법 제201조에 근거한 긴급수입제한조지 청원
결과	미 대통령, 수입구제조치 실시 거부(1984년 9월)

주요 일지	1984년 1월 26일 업계, 제201조에 제소 1984년 6월 14일 ITC, 피해긍정판정 1984년 6월 27일 ITC, 대통령에게 구제책 건의 1984년 9월 6일 대통령, 수입제한조치 실시 거부로 사안 종결

1984년 6월 27일 ITC는 만장일치로 피해판정을 내리고 대통령에게 수입규제안을 건의하였다. 그러나 미국 내 구리 수요업체들이 이를 강력하게 반대하고 나섰으며 ITC도 구리제품에 대해 쿼터(Quota)를 실시할 경우 소비자가 부담해야 할 추가 비용이 2억 6,300만 달러에 달할 것이고 효율성 측면에서도 미국 경제에 3,700만 달러의 손실이 발생할 것이라고 분석하면서 구리제품에 대한 수입규제조치를 반대하였다. 이에 따라 미 대통령은 1984년 9월 6일 ITC의 수입규제안의 거부를 결정하였다. 대신 상무부에 구리제품의 수입 모니터링을 강화하도록 지시하였고 미 노동부에게는 관련 실직자에 대한 재취업훈련계획을 작성하도록 지시하였다.

자료 : 포스코경영연구소, 한국의 산업별 무역분쟁 사례 참조

7.3 우리나라의 산업피해구제제도

1. 반덤핑제도

우리나라는 1963년에 관세법에 관련 규정을 도입함으로써 반덤핑제도운영의 기초를 마련하였고 1967년에 GATT의 당사국이 된 이래 1986년 도쿄라운드 반덤핑협정에 가입, WTO 가입 등을 거치면서 수차례의 개정을 거쳐 국제협정의 내용을 국내법적으로 수용해 왔다.

현행 우리나라의 반덤핑제도는 관세법 제51조 내지 제56조, 동법시행령 제58조 내지 제71조, 불공정무역행위조사 및 산업피해구제에 관한 법률 제23조 등에 법적 근거를 두고 운용되고 있다. 반덤핑조치의 요건이 충족되는 경우[4]에 정상가격과 덤핑 가격과의 차액의 범위 내에서 덤핑방지관세를 부과함으로써 불공정한 무역행위

4) 외국에서 정상가격 이하로 판매되는 물품의 수입으로 인하여 국내산업이 실질적인 피해를 받거나, 받을 우려가 있거나 또는 국내산업의 확립이 실질적으로 지연되었을 경우를 말한다.

인 덤핑 수입으로부터 국내산업을 보호하고 있으며 그 조치건수는 WTO체제 출범 이후 관세 및 비관세장벽이 제거됨에 따라 계속 증가하고 있고, 특히 1996년 이후로 현저한 증가추세에 있다.

조사 및 판정을 하는 산업피해구제기관은 무역위원회이며 반덤핑관세부과는 기획재정부 장관이 하고 있다. 특히 1996년 1월 1일 이후 덤핑률 조사업무가 관세청에서 무역위원회로 이관됨에 따라 덤핑조사기능은 무역위원회로 일원화되었으며 반덤핑관세 부과에 관한 사항도 무역위원회의 잠정조치 및 확정조치건의를 기획재정부 장관이 대부분 그대로 수용함으로써 실질적으로는 무역위원회가 중요한 기능을 담당하고 있다.

읽고가기 | 한국 상품 반덤핑규제 현황

반덤핑과 상계관세 등을 통해 한국 상품의 진입을 가장 많이 막고 있는 나라는 중국과 미국, 인도로서 우리나라가 세계 각국에서 당한 수입규제의 절반 이상을 이들 3개국이 차지하고 있다. 특히 자유무역협정(FTA)협상을 타결한 미국의 한국에 대한 수입규제는 핵심 수출품목인 반도체와 철강재에 집중되어 있다.

한국무역위원회(KTC)의 통계자료를 보면 2007년 3월 말 기준으로 한국 상품에 대해 반덤핑과 상계관세 등 수입규제를 하고 있는 나라는 모두 19개국이고, 이들 나라에서 조사 중인 9건을 포함하여 111건의 규제가 이뤄지고 있다. 수입규제건수가 가장 많은 나라는 중국으로 22건이며, 이어 인도 19건, 미국 18건 등 순으로 이들 3개국이 전체의 53.1%를 차지하고 있고, 호주 9건, 유럽연합 6건, 터키 6건, 남아프리카공화국 4건 등이었다. 품목별 규제건수로는 화학 및 철강제품이 전체의 63.1%를 차지해 가장 많고, 화학은 중국과 인도가 65.1%, 철강은 미국이 44.4%로 주도하고 있다.

그러나 미국의 경우 단순건수로는 인도보다 1건이 적지만 실제 영향은 훨씬 심각하다고 할 수 있는데, 2006년도 기준 대인도 수출이 55억 달러선인 데 비하여 대미 수출액은 406억 달러에 이르는데다 규제품목이 우리나라 주력 수출품인 철강재와 반도체 등이기 때문이다. 즉 미국은 한국산 철근과 스테인리스 선재, 봉강, 강관, 금속 주방용품 등 13개 철강 및 금속 관련 품목에 대해 반덤핑규제조치를 시행하고 있으며, 핵심 수출품목인 반도체D램에도 상계관세를 부과하고 있다.

한편 1995년부터 2006년 6월까지 세계 각국에서 이뤄진 반덤핑조사 개시건수는 2,938건이었으며, 이 중에서 한국은 피소건수에서 최대 피소국인 중국의 500건에 이어 두 번째로 많은 223건을 기록하고 있다. 가장 많이 제소를 한 나라는 인도가 448건이었고, 그 다음이 미국으로 366건으로 과거 선진국 중심의 반덤핑규제조치가 개발도상국에서도 빈번히 이루어지고 있다는 점은 시사하는 바가 크다.

(1) 반덤핑관세의 부과 신청자격과 신청방법

반덤핑관세의 부과를 신청할 수 있는 자는 관세법시행령 제59조에 규정되어 있는데 덤핑수입으로 인해 실질적인 피해 등을 받은 국내산업에 이해관계가 있는 자 또는 당해 산업을 관장하는 주무부 장관이다.

여기서 '국내산업'이라 함은 동종물품을 생산하는 국내생산자 전체 또는 그러한 국내생산자 중 당해 물품의 생산량의 합계가 당해 물품의 국내총생산량의 상당부분을 점유하고 있는 국내생산자들을 말하며,[5] '국내산업의 이해관계자'라 함은 실질적인 피해 등을 받은 국내산업에 속하는 국내생산자와 이들을 구성원으로 하거나 이익을 대변하는 법인·단체·개인을 의미한다.

이러한 신청자격이 있는 자는 수입으로 인한 실질적인 피해 등의 사실에 관한 충분한 증거를 포함한 신청서 3부[6]를 작성하여 무역위원회에 제출함으로써 조사신청을 갈음할 수 있다.

(2) 반덤핑관세의 부과신청 후 진행절차와 소요기간

무역위원회(KTC)는 업계의 신청을 접수하면 ① 조사개시 여부결정,[7] ② 예비조사 및 판정, ③ 본 조사 및 판정 등의 절차를 거쳐 구제조치를 취하고 있다. 신청접수에서 구제조치까지는 통상 8개월 정도가 소요되나 일반적으로 예비판정 이후 1개월 이내에 잠정반덤핑관세가 부과되기 때문에 실질적인 구제조치는 약 5개월 정도가 소요된다고 볼 수 있겠다.

진행절차와 내용을 간단히 살펴보면 먼저 신청이 접수되면 무역위원회는 신청서에 제시된 증거가 정확하고 적절한지의 여부와 신청자가 제소적격을 갖추고 있는지의 여부를 검토하여 조사개시 여부를 결정하게 된다.

그러나 덤핑수입 사실 또는 실질적인 피해 등의 사실에 관한 충분한 증빙자료를 제출하지 아니한 경우, 덤핑차액, 수입실적, 산업피해 등이 경미하여 덤핑방지관세

5) WTO 반덤핑협정 및 관세법시행규칙에서도 반덤핑관세부과요청에 대하여 찬성 또는 반대의사를 표시한 국내생산자들의 동종물품 국내생산량 합계 중 찬성의사를 표시한 국내생산자들의 생산량 합계가 100분의 50 이하인 경우와 찬성의사를 표시한 국내생산자들의 생산량 합계가 동종물품 국내총생산량의 100분의 25 미만인 경우는 조사개시를 하지 않는 것으로 규정하고 있다.

6) 신청서에 기재할 사항은 관세법시행령 제59조에 규정되어 있다.

7) 무역위원회는 조사신청을 받은 때로부터 1개월 이내에 조사개시 여부를 결정하여야 한다.

부과요건에 미달되는 경우, 조사신청서를 제출한 자가 신청자격이 없는 자일 경우, 조사개시 전에 국내산업에 미치는 유해한 영향을 제거하기 위한 조치를 취하는 등 조사개시가 불필요한 경우, 조사신청자가 국내산업을 대표할 자격에 미달될 경우에는 조사기각 사유가 된다.

또한 덤핑차액이 덤핑가격의 100분의 2 미만이거나 덤핑수입물량이 동종물품 국내수입물량의 100분의 3 미만의 점유율을 보이는 공급국들로부터의 수입량의 합계가 국내수입량의 100분의 7 이하인 경우에는 무역위원회가 당해 신청을 기각할 수 있다

조사개시가 결정되면 바로 예비조사[8]에 착수하는데 통상 이 단계에서는 답변서 분석, 현지조사 및 이해관계인의 의견청취 등의 방법으로 조사를 진행하여 그 결과를 토대로 예비판정을 하며 예비조사결과 덤핑혐의가 없다고 인정되는 경우에는 조사는 종결된다.

예비조사결과 긍정판정이 나온 사건에 대해서는 잠정반덤핑관세를 부과할 수 있으며, 수출국 현지실사와 공청회 등을 통하여 예비조사에서 조사되지 않았거나 보완이 필요한 사항을 구체적이고도 상세하게 조사하여 덤핑과 산업피해 여부에 대한 최종판정을 내린다.[9]

마지막으로 덤핑과 산업피해에 대한 최종긍정판정 시 기획재정부 장관이 무역위원회의 본 조사 결과보고서가 제출된 날로부터 1월 이내에 반덤핑관세를 부과함으로써 덤핑으로 인한 산업피해는 구제될 수 있다.[10]

(3) 잠정조치(확정관세 부과 전에 덤핑을 방지하기 위한 방법)

최종판정에 따른 확정관세 부과 전이라도 조사기간 중 계속되는 덤핑의 피해를 방지하기 위한 장치가 마련되어 있다.

무역위원회는 조사기간 중에도 덤핑수입이 계속되어 긴급히 조치를 하지 아니하

8) 예비조사와 예비판정은 조사개시일로부터 3개월 이내이다.

9) 산업피해 유무 판정 시 ① 생산고, 판매액, 시장점유율, 이익, 생산성, 투자이익률 또는 조업도에 있어서 현실적이고 잠재적인 저하, 국내가격에 영향을 주는 요인과 ② 자금순환, 재고, 고용, 임금, 성장, 자본조달, 투자능력 또는 기술개발에 대한 실재적 또는 잠재적인 부정적 영향 등과 같은 당해 산업의 상태에 관계가 있는 적절한 요인과 지표에 대한 평가를 검토하여야 한다.

10) 최종조사와 최종판정은 본 조사 개시 후 3개월 이내이다.

면 당해 산업이 회복될 수 없을 정도로 피해를 받거나 받을 우려가 있다고 인정되는 때에는 직권 또는 이해관계인의 신청에 의하여 최종판정 전이라도 당해 물품과 기간을 정하여 잠정적으로 추계된 덤핑차액에 상당하는 금액 이하의 잠정반덤핑관세를 부과하거나 또는 관세액에 상당하는 담보의 제공을 명하는 등 잠정조치를 할 수 있다.

이와 같은 잠정조치는 예비조사결과 덤핑과 산업피해에 대한 긍정예비판정이 있는 경우로서 예비조사결과를 기획재정부 장관에게 제출하면서 잠정조치를 건의하는 형식으로 이루어진다. 이 경우 기획재정부 장관은 1월 이내에 잠정반덤핑관세부과에 관한 사항을 결정하게 되는데 통상적으로 무역위원회의 건의가 그대로 받아들여지고 있다.

잠정조치는 당해 조사개시 후 최소한 60일이 경과된 날 이후부터 적용할 수 있으며 그 적용기간은 4개월 이하이나 당해 물품의 주요 공급자가 요청하는 경우에는 그 적용기간을 6개월까지 연장하여 적용할 수 있다.

잠정조치의 기간은 국제규범상 조치일로부터 200일을 초과할 수 없으며, 최종판정 시 산업피해가 없다고 판정되거나 최종판정에 의한 구제조치가 시행될 경우 잠정조치의 효력은 자동적으로 소멸된다.

(4) 약속

약속(undertakings)이란 "덤핑으로 인한 피해를 제거시키기 위한 당사자와 조사당국 간의 합의"라 할 수 있으며, 이러한 약속에는 가격을 인상시키겠다는 가격인상약속과 수출을 중지하겠다는 수출중지약속이 있다. 약속을 제의하고자 하는 조사대상물품의 수출자는 덤핑과 산업피해에 관한 예비판정 이후부터 최종판정 이전까지 제의하여야 한다.

조사대상물품의 수출자는 조사가 개시되어 덤핑과 그로 인한 산업피해에 대한 예비조사결과 긍정판정이 내려질 경우 덤핑으로 인한 피해가 제거될 정도의 가격수정이나 덤핑수출의 중지에 관한 약속을 서면으로 무역위원회에 제의할 수 있다. 이렇게 제의된 약속의 내용이 즉시 가격을 수정하거나 약속일로부터 6개월 이내에 덤핑수출을 중지하는 것인 때에는 기획재정부 장관이 그 약속을 수락할 수 있다. 약속이 수락된 경우 기획재정부 장관은 잠정조치 또는 반덤핑관세의 부과 없이 조사를 중지 또는 종결하며, 잠정조치가 이미 취해진 경우에는 당해 조치를 철회한다.

그림 7-1 반덤핑관세 부과절차

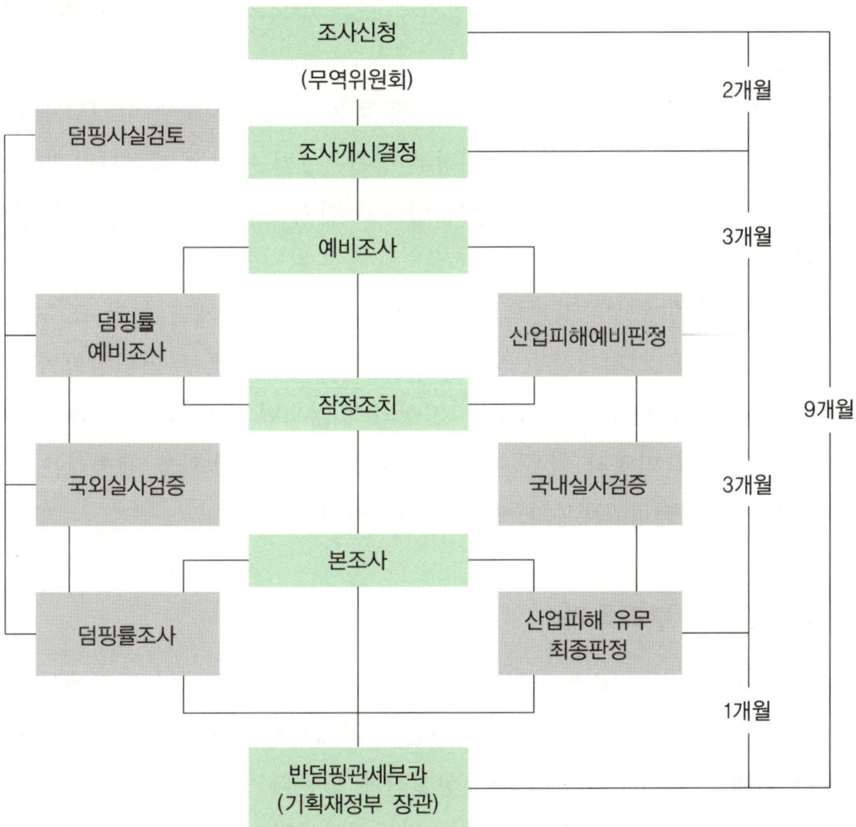

(5) 재심사

반덤핑관세는 피해를 야기하는 덤핑의 효과를 없애는 데 필요한 기간 및 한도까지만 그 효력이 지속되어야 한다는 것이 WTO 반덤핑협정의 기본원칙이다.[11] 따라서 합리적인 기간이 지난 이후 이해관계인이 검토의 필요성에 관한 실증적 증거를 제시하여 요청하는 경우에는 덤핑방지관세를 계속 부과할 필요성이 있는지를 검토해야 하는데 이를 재심사라고 한다.

11) WTO 반덤핑협정에는 소위 일몰조항(Sunset Clause)이 있는데 "반덤핑관세의 부과는 5년 이내에 소멸한다"라고 규정되었다.

이러한 재심사를 요청할 수 있는 자는 ① 동종물품의 생산자 또는 그 단체, ② 당해 반덤핑조치대상 물품의 공급자·수입자 또는 그 단체, ③ 기타 이해관계가 있다고 기획재정부 장관이 인정하는 자이며, 반덤핑관세 또는 약속의 시행일부터 1년이 경과된 날 이후에 할 수 있으며, 반덤핑관세 또는 약속의 효력이 상실되는 날 6월 이전에 요청하여야 한다.

재심사의 진행절차는 이해관계인이나 당해 물품의 주무부 장관이 기획재정부 장관에게 재심사를 요청하게 되면 기획재정부 장관은 1월 이내에 재심사의 필요 여부를 결정하여야 하며, 재심사의 필요성이 있다고 결정한 때에는 무역위원회에서 조사를 하게 된다.

무역위원회는 기획재정부 장관의 재심사개시결정 이후 6개월 동안 조사를 진행하게 되며, 그 결과를 기획재정부 장관에게 제출하여야 한다. 무역위원회의 조사결과 반덤핑관세부과를 연장할 필요성이 인정되지 않으면 반덤핑관세부과는 종결되며, 반대로 필요성이 인정될 경우 기획재정부 장관은 조사결과를 제출받은 날로부터 1개월 이내에 반덤핑관세부과 연장조치를 하게 된다.

(6) 반덤핑관세의 부과효과

덤핑(Dumping)을 방치하면 값싼 외국 상품이 수입되어 수요자 입장에서는 이익이 될 수도 있으나, 장기적으로는 외국 상품이 국내시장을 독점하여 결국 국내산업의 기반이 위태롭게 되고 고용기회도 상실하게 만든다.

이러한 덤핑을 방지하기 위해 부과하는 반덤핑관세의 주된 효과는 덤핑 수입으로 인한 국내산업의 피해를 구제함으로써 불공정무역행위로부터 우리 산업을 보호한다는 데 있다.

반덤핑관세가 부과되면 부과대상품목의 수입이 감소하고 수입이 감소된 만큼 국내생산량이 늘어남으로써 당해 기업의 시장점유율과 매출액이 증대되어 경영정상화에 크게 도움이 되는 한편 교역상의 공정거래질서를 확립하는 효과를 낳게 된다. 반면 이러한 구제조치는 해당 품목의 국내가격 상승으로 물가를 인상시키거나 피제소국과의 통상마찰을 초래할 우려가 있으므로 조사와 판정은 객관성·공정성·투명성이 확보되는 가운데 매우 신중하게 이루어질 필요가 있다.

사례분석

한 · 중 도자기질 타일 반덤핑 제소분쟁

중국의 '순도', '아세아', '신중원' 및 '금백도' 등은 도자기질 타일의 중국 내 생산업자로서 중국 내에 생산공장을 두고 도자기질 타일을 한국에 수출하고 있었다. 그러나 중국 타일 업체의 대 한국 수출물량은 2001년 대비 2005년도에 약 380% 증가하여 2005년 국내 시장점유율은 39.5%에 이르고, 반면 국내생산품의 시장점유율은 하락하고 영업이익도 감소하는 등 국내산업에 실질적인 피해가 있다고 판단에 의해 구제신청을 하게 된 분쟁 사례이다.

한국무역위원회(KTC)는 2005년 4월 29일 도자기질 타일을 생산하는 국내업체인 ㈜대동산업, ㈜대보세라믹, ㈜한보요업, 성일요업㈜ 등이 중국산 도자기질 타일에 대한 덤핑방지관세부과에 필요한 조사신청을 해온 것에 대하여 2006년 6월 22일 반덤핑조사 개시를 결정하였다.

2005년 11월 23일 예비판정을 통하여 중국산 도자기질 타일(HSK : 6907.90.1000, 6907.90.9000, 6908.90.1000, 6908.90.9000)에 대하여 7.25%에서 37.4%의 잠정덤핑방지관세가 결정되었다. 2006년 4월 17일 제231차 무역위원회를 개최하여 중국산 도자기질 타일의 중국 공급업체에 대해서 향후 5년간 2.76~29.41%의 덤핑방지관세를 부과할 것을 재정경제부 장관에게 건의하기로 결정하였고, 최종판정을 통하여 최대 29.41%의 확정반덤핑관세가 부과되었으며, 중국산 도자기질 타일과 관련한 절차는 종결되었다.

자료 : 김창훈, 무역구제 봄호(2007. 4) 참조

사례분석

싱가포르 · 중국 · 일본 및 미국산 알칼리망간건전지의 덤핑수입으로 인한 산업피해구제 사례

1. 개관

1999년 8월 30일 (주)서통 및 (주)로케트전기는 싱가포르 · 중국 · 일본 및 미국산 덤핑수입물품으로 인하여 동종물품을 생산하는 국내산업이 실질적인 피해를 받고 있으므로 덤핑수입물품에 대하여 86.6~286.9%의 덤핑방지관세를 부과해줄 것을 신청하였다. 무역위원회(KTC)는 1999년 11월 10일 싱가포르 · 중국 · 일본 및 미국산 알칼리망간건전지의 덤핑수입으로 인한 국내산업피해 조사개시결정을 하고, 2000년 3월 15일 덤핑수입으로 인한 국내산업피해 예비긍정판정을 하였다. 이에 따라 재정경제부 장관은 4월 15일 싱가포르 · 중국 및 일본산 알칼리망간건전지에 대하여 잠정덤핑방지관세(23.33~128.84%)를 부과하였다. 그리고 무역위원회는 5월 17일 공청회를 개최하였고, 8월 30일 싱가포르에너자이저싱가포르사의 가격약속(price undertaking) 제의를 수락건의하기로 결정하였고, 9월 15일 덤핑수입으로 인한 국내산업피해 최종긍정판정을 하였다. 재정경제부 장관은 9월 15일 싱가포르 에너자이저싱가포르사의 가격약속을 수락하였고, 10월 12일 중국의 중은영파전지유한공사 및 그 자회사인 영파전지수출입공사의 가격약속을 수락하고, 중국(가격약속 수락업체 제외) 및 일본에 대하여 26.7%의 덤핑방지관세부과를 결정하였다. 미국산은 수입량이 미소(1.36%)하여 덤핑방지관세부과대상에서 제외되었다(KTC, 무역구제지 참조).

2. 주요 경과

- 1999년 8월 30일 (주)서통 및 (주)로케트전기가 덤핑방지관세부과신청
- 1999년 11월 10일 무역위원회가 덤핑수입으로 인한 국내산업피해 조사개시결정
- 2000년 3월 15일 무역위원회가 국내산업피해 예비긍정판정
- 2000년 4월 15일 재정경제부 장관이 싱가포르·중국 및 일본산 알칼리망간건전지에 대하여 잠정반덤핑관세(23.33~128.84%)부과
- 2000년 5월 17일 무역위원회가 공청회 개최
- 2000년 8월 30일 무역위원회가 싱가포르 '에너자이저싱가포르사'의 가격약속제의에 대한 수락건의결정
- 2000년 9월 15일 무역위원회가 국내산업피해 최종긍정판정
  재정경제부 장관이 싱가포르 '에너자이저싱가포르사'의 가격약속 수락
- 2000년 10월 12일 재정경제부 장관이 중국의 중은영파전지유한공사 및 영파전지수출입공사의 가격약속 수락
  중국(가격약속 수락업체는 제외) 및 일본산 알칼리망간건전지에 대한 덤핑방지관세(26.7%)부과

2. 상계관세제도

WTO 보조금 및 상계조치협정은 보조금의 '정의'와 '특정성'에 관한 개념을 새로이 도입하고 보조금을 재분류하면서 구제절차도 보조금별로 상이하게 적용하고 있다. 우리나라는 관세법 제57조 내지 제62조와 동법 시행령 제72조 내지 제85조 및 불공정무역행위조사 및 산업피해구제에 관한 법률 제24조 등에 상계관세에 관한 규정을 두어 외국에서 제조·생산 또는 수출과 관련하여 직접·간접으로 보조금 또는 장려금을 받은 물품의 수입으로 국내산업이 실질적인 피해를 받거나 받을 우려가 있거나 또는 국내산업개발이 실질적으로 지연되었음이 조사를 통하여 확인되고, 당

해 국내산업을 보호할 필요가 있다고 인정될 때에는 그 물품과 수출업자 또는 수출국을 지정하여 당해 물품에 대하여 관세법 제50조의 규정에 의한 기본관세 외에 당해 보조금 등의 금액 이하의 관세를 추가하여 부과할 수 있도록 하고 있다.

(1) 보조금의 정의

WTO 보조금상계조치협정상 보조금은 금지보조금, 상계가능보조금, 허용보조금으로 분류되는데 금지보조금은 수출성과 또는 수입대체성과에 따라 공여되는 보조금을 말하며, 상계가능보조금은 특정성이 있는 보조금을 말한다. 그리고 특정성이 없는 보조금과 특정성이 있는 보조금 중 연구개발, 지역개발, 환경보조금의 경우에는 허용보조금으로 분류된다.

금지보조금이 공여되는 경우에는 국내산업에 끼친 피해를 입증하지 않고도 수입국은 수출국과 협의를 거친 이후 WTO 분쟁해결기구(Dispute Settlement Body : DSB)에 문제를 제기할 수 있고 수출국은 분쟁해결기구의 결정에 따라 보조금을 철회해야 하며 피해국은 수출국의 불이행 시 적절한 대응조치를 취할 수 있는 권리를 갖게 된다.

WTO 보조금상계조치협정에서는 보조금의 수혜자격 및 금액에 객관적인 기준과 조건을 사전에 설정하고 자동적으로 부여하는 경우에는 특정성이 없으나 특정 기업이나 산업에만 수혜자격을 한정하거나 불공평하게 금액을 할당하는 경우, 특정 지역 내의 특정 기업이나 산업에만 수혜자격이 제한되는 경우 및 금지보조금에 해당하는 경우에는 특정성이 있다고 본다.

우리나라 관세법상으로는 '보조금 등'이라 함은 정부 또는 공공기관의 재정지원 등에 의한 혜택 중 특정성이 있는 것을 말하는데, 특정성은 있으나 연구·지역개발 및 환경관련 보조금 등으로서 국제협약에서 인정하고 있는 보조금 등은 제외한다. 여기서 '특정성'이라 함은 보조금 등이 일부 기업이나 기업군 또는 특정한 지역에 한정되어 지급되거나 기타 국제협약에서 인정하고 있는 특정성의 기준에 부합되는 경우를 말한다.

(2) 상계관세부과절차

1) 상계관세부과신청

보조금 등을 받은 물품의 수입으로 실질적인 피해 등을 받은 국내산업에 이해관계가 있는 자가 상계관세의 부과를 요청하고자 할 때에는 다음 사항을 기재한 신청서에 관계증빙자료를 첨부하여 무역위원회에 제출하여야 한다.

① 당해 물품의 품명·규격·특성·용도·생산자 및 생산량
② 당해 물품의 수출국·수출자·수출실적 및 수출가능성과 우리나라의 수입자·수입실적 및 수입가능성
③ 당해 물품의 수출국에서의 공장도가격 및 시장가격과 우리나라에서의 수출가격 및 제3국에의 수출가격
④ 국내의 동종·동질물품 또는 유사물품의 품명·규격·특성·용도·생산자·생산량·공장도가격·시장가격 및 원가계산
⑤ 보조금 등을 받은 물품의 수입으로 인한 관련 국내산업의 실질적인 피해 등에 관한 사항
⑥ 수출국에서 당해 물품의 제조·생산 또는 수출에 관하여 지급한 보조금 등의 내용과 이로 인한 당해 물품의 수출가격 인하효과
⑦ 국내의 동종·동질물품 또는 유사물품 생산자들의 당해 조사신청에 대한 지지정도
⑧ 첨부한 자료를 비밀로 취급할 필요가 있는 경우에는 그 사유
⑨ 기타 기획재정부 장관이 필요하다고 인정하는 사항

2) 실질적인 피해 등의 조사 및 판정

보조금 등의 금액 및 실질적인 피해 등의 조사 및 판정에 대해서는 덤핑방지관세에 관한 규정 시 준용되는데 보조금 등의 금액은 수혜자가 실제로 받는 혜택을 기준으로 하여 다음의 기준에 따라 계산한다.

① **지분참여형태의 경우** : 당해 지분참여와 통상적인 투자형태와 차이에 의하여 발생하는 금액 상당액
② **대출의 경우** : 당해 대출금리에 의하여 지불하는 금액과 시장금리에 의하여 지

불하는 금액과의 차액 상당액

③ **대출보증의 경우** : 당해 대출에 대하여 지불하는 금액과 대출보증이 없었을 경우 비교가능한 상업적 차입에 대하여 지불하여야 할 금액과의 차액 상당액

④ 재화·용역의 공급 또는 구매의 경우 : 당해 가격과 시장가격과의 차이에 의하여 발생하는 금액 상당액

⑤ 기타 국제협약에서 인정하고 있는 기준에 의한 금액

기획재정부 장관은 상계관세의 부과 여부를 결정하기 위하여 조사가 개시된 물품이 보조금 등을 받아 수입되어 국내산업에 실질적인 피해 등이 발생된 사실이 있다고 추정되는 충분한 증거(약속을 철회하거나 위반한 경우와 당해 약속의 이행에 관한 자료를 제출하지 아니한 경우에는 이용가능한 최선의 정보)가 있음이 확인되는 경우로서 국내산업을 보호하기 위하여 필요하다고 인정될 경우 조사가 종결되기 전이라도 그 물품의 수출업자 또는 수출국 및 기간을 정하여 보조금 등의 추정액에 상당하는 금액 이하의 잠정상계관세를 부과하거나 담보의 제공을 명하는 조치를 할 수 있다.

상계관세의 부과 여부를 결정하기 위한 조사가 개시되어 보조금 등의 지급사실과 보조금 등을 받은 물품의 수입으로 인한 국내산업피해에 대한 예비조사결과 긍정판정이 내려진 경우에 기획재정부 장관 또는 당해 물품 수출국정부는 당해 물품에 대한 보조금 등을 철폐 또는 삭감하거나 국내산업에 대한 피해효과를 제거하기 위한 적절한 조치에 관한 약속을 제의할 수 있으며, 당해 물품의 수출자는 수출국 정부의 동의를 얻어 보조금 등의 국내산업에 대한 피해효과가 제거될 수 있을 정도로 가격을 수정하겠다는 약속을 제의할 수 있다.

약속이 수락될 경우 기획재정부 장관은 잠정조치 또는 상계관세의 부과 없이 조사를 중지 또는 종결되게 하여야 하며, 잠정조치가 취하여진 때에는 당해 조치를 철회하여야 한다. 다만, 기획재정부 장관이 필요하다고 인정하거나 수출국 정부가 피해조사를 계속하여줄 것을 요청한 때에는 그 조사를 계속할 수 있다. 잠정조치, 약속에 관한 사항, 재심사, 상계관세·잠정조치의 적용시한 및 부과방법 등에 관한 사항은 반덤핑관세에 관한 규정이 준용된다.

3) 세계무역기구통보 및 심사

WTO보조금상계조치협정 제25조와 GATT 1994 제16조 제1항에 따라 회원국들은 매년 6월 30일 이전에 자국 영역 내에서 부여되거나 유지되고 있는 특정성 있는 모든 보조금을 보조금상계조치위원회에 통보하여야 한다. 통보내용은 타 회원국이 무역효과를 평가할 수 있고 보조금제도의 운용을 이해할 수 있을 만큼 충분히 상세해야 하며 이에 따라 기본적으로 보조금의 형태와 목적, 단위당 보조금, 보조금의 지속기간과 무역효과 측정용 통계자료가 포함되어야 한다.

한편 WTO보조금상계조치협정은 매 3년마다 보조금심사특별회의를 개최하여 각국이 제출한 신규 및 완전통보서(new and full notification)내용을 심사하고 특별회의 개최년도의 중간년도에 제출된 보완통보(updating notification)는 보조금상계조치위원회의 정기회의에서 심사하도록 규정하고 있다. 기본적으로 보조금 통보는 회원국의 보조금 운영에 있어 투명성을 확보하고 협정의 이행을 간접적으로 확보하기 위한 것으로 보조금 미통보, 통보지연, 통보누락에 대한 명시적인 규제규정은 없으나 미통보 보조금에 대하여 타회원국이 보조금상계조치위원회에 주의를 환기시키거나 직접 통보할 수 있도록 하고 있다.

읽고가기 | 하이닉스반도체 한국산 D램 상계관세조치 일몰재심(Sunset Review)

미국 상무부 및 국제무역위원회는 2008년 7월 1일 하이닉스반도체의 한국산 D램에 부과된 상계관세조치 철폐 여부를 결정하기 위한 일몰재심(Sunset Review)을 개시한다는 내용을 연방관보에 게재하였다. 일몰재심의 최종판정은 특별한 사항이 없는 한 보조금 지속 및 산업피해 재발가능성을 1년간 조사한 뒤 2009년에 이루어지게 된다.

미국 정부는 지난 2003년 8월부터 하이닉스의 한국산 D램에 상계관세를 부과해 왔다.

2008년 3월 미국 정부는 하이닉스 D램 제품에 대한 상계관세율을 종전 31.86%에서 23.78%로 낮췄으나 하이닉스 측은 한국산 D램 제품의 미국 수출 시 막대한 상계관세액을 우선 예치해야 하는 부담 때문에 중국 공장에서 생산된 D램 제품을 수출해 왔었다.

하이닉스의 한국산 D램에 대한 상계관세조치상의 보조금 산정기간이 2001~2002년 2년간으로 되어 있고, 하이닉스의 한국산 D램에 대한 보조금 효력은 5년간이어서 2008년 현재 보조금 효력이 모두 소멸된 데에 따른 것이다.

미국 정부의 상계관세조치가 종료될 경우 2007년 말 일본 정부의 상계관세조치에 대한

WTO에서의 승소 및 2008년 3월 유럽연합(EU)의 상계관세조치 철폐에 이어 세계 최대 시장인 미국에서도 하이닉스에 대한 상계관세가 사라져 통상 측면의 장애요소가 완전히 없어지게 된다는 의미를 함축하고 있다.

3. 세이프가드(Safeguards)제도

우리나라의 세이프가드제도는 그동안 대외무역법에서 관리하였으나 2001년 2월 3일 새로이 제정한 불공정무역행위조사 및 산업피해구제에 관한 법률상의 산업피해구제제도와 관세법상의 긴급관세 및 특별긴급관세제도에 그 법적 근거를 두고 있는데, 불공정무역행위조사 및 산업피해구제에 관한 법률 제15조 내지 제26조에 산업피해구제의 운영 등의 절차규정으로 구체화되고 있다.

국제규범상 일반적으로 통용되는 세이프가드의 개념은 "특정 상품의 수입급증이 수입국의 전반적인 경제여건이나 국내경쟁산업에 심각한 피해를 주거나 또는 피해를 줄 우려가 있을 경우 GATT 제19조에 근거하여 취하는 긴급수입제한조치"를 의미한다.

세이프가드는 무역상대국의 공정한 무역관행으로부터 발생한 국내신업의 피해를 구제하기 위한 조치라는 점에서 여타 산업피해구제제도에 비해 그 적용이 매우 까다롭다는 특징이 있다. 이를 반영해서 WTO 세이프가드협정에서는 세이프가드는 심각한 피해를 방지하거나 치유하고 구조조정을 용이하게 하는데 필요한 정도로만 취해져야 하며, 수입국은 세이프가드조치를 취할 경우 원산지에 관계없이 해당 물품의 수출국에게 협의할 기회를 제공하고 적절한 보상을 해줄 것을 권고하고 있다. 그리고 협의결과가 만족스럽지 못할 경우 당해 물품의 수출국이 수입국에 대해 보복조치를 취할 수 있도록 허용하고 있다.

우리나라의 세이프가드제도는 불공정무역행위조사 및 산업피해구제에 관한 법률에 근거하고 있는데, 불공정무역행위조사 및 산업피해구제에 관한 법률 제15조 제1항은 특정한 물품의 수입증가, 외국인에 의한 무역·유통서비스의 공급증가, 그리고 지적재산권 침해 물품의 수입으로 인해 국내산업이 심각한 피해를 받거나 받을 우려가 있을 때, 국내산업의 이해관계인의 신청에 의해 조사 후 피해를 구제받을 수 있다고 규정하고 있다.

(1) 세이프가드의 신청자격과 신청방법

세이프가드의 신청자격은 불공정무역행위조사 및 산업피해구제에 관한 법률 제15조 제1, 2항 및 제21조와 제22조에서 규정하고 있는데 ① 특정한 물품의 수입증가, ② 외국인에 의한 무역・유통서비스의 공급증가, ③ 지적재산권 침해 물품의 수입 등으로 인하여 동종물품 또는 당해 물품과 직접적인 경쟁관계에 있는 물품을 생산하는 국내산업이 심각한 피해를 받거나 받을 우려가 있을 때, 당해 국내산업에 이해관계가 있는 자 및 당해 국내산업을 관장하는 관계행정기관의 장이 피해를 조사하여줄 것을 신청할 수 있으며, 무역위원회도 직권으로 조사할 수 있다.

여기서 "당해 국내산업에 이해관계가 있는 자"라 함은 ① 당해 물품의 국내생산량의 100분의 20 이상을 생산하는 자 또는 국내생산업자수의 100분의 20 이상인 생산자, ② 당해 서비스의 국내공급액의 100분의 20 이상을 공급하는 자 또는 국내공급업자수의 비중이 100분의 20 이상인 공급자, ③ 당해 물품 또는 서비스의 국내생산자 또는 공급자로 구성된 협회・조합 또는 산업별 노동조합 등을 말한다.

국내산업의 이해관계인은 특정한 물품의 수입 등이 국내산업에 미치는 피해에 대하여 조사하여줄 것을 신청하고자 할 때에는 불공정무역행위조사 및 산업피해구제에 관한 법률 제15조와 대통령령에서 규정하고 있는 사항을 기재한 신청서 3부를 무역위원회에 제출하면 된다.

(2) 세이프가드의 진행절차

무역위원회는 업계의 신청을 접수하면 ① 조사개시 여부결정, ② 산업피해조사, ③ 산업피해 유무판정, ④ 구제조치건의 등의 절차를 거쳐 구제조치를 취하며, 신청접수에서 구제조치 시행까지는 덤핑방지관세와 마찬가지로 통상 8개월 정도가 소요된다.

먼저 신청이 접수되면 무역위원회는 산업피해조사 개시의 필요성과 신청서에 제시된 증거의 타당성은 물론 조사개시결정과 관련한 의견에 대하여 관계행정기관의 장과 협의하여 신청일로부터 30일 이내에 조사개시 여부를 결정한다.

조사개시가 결정되면 무역위원회는 조사단을 구성하여 질문서, 공청회, 현지조사 등의 방법을 통하여 조사를 실시하고, 조사개시일로부터 120일 이내에 당해 산업에 미치는 피해의 유무를 판정한다. 다만 조사의 내용이 복잡하거나 신청인이 정당한 사유로 요청하는 경우에는 120일의 범위 내에서 조사기간을 연장할 수 있다.

그리고 조사결과 국내산업에 피해가 있다고 판정한 때에는 그 판정일로부터 45일 이내에 당해 산업을 관장하는 관계행정기관의 장과 협회·조합 등의 의견을 종합적으로 검토한 후 관계행정기관의 장에게 관세율의 조정 등 구제조치를 건의할 수 있다.

구제조치의 건의를 받은 관계행정기관의 장은 그 건의를 받은 날로부터 45일 이내에 국제통상관계는 물론 국민경제에 미치는 영향 등을 고려하여 구제조치의 여부를 결정하여 피해를 구제하게 된다.

(3) 세이프가드의 유형

무역위원회는 특정 상품의 수입증가로 인한 국내산업의 피해를 조사한 결과 국내산업에 피해가 있다고 판정한 때에는 그 판정일로부터 45일 이내에 관계행정기관의 장에게 구제조치를 건의하게 되는데 이와 같은 구제조치의 유형에는 대외무역법 불공정무역행위조사 및 산업피해구제에 관한 법률 제15조(특정 물품), 제21조(섬유 및 의류), 제25조(서비스)에 의하여 다음과 같은 것들이 있다.

첫째, 수입물품의 수량제한이다. 이는 교역량에 일정한 제한을 가하는 수량위주의 수입제한조치로서 대표적인 수단으로는 쿼터설정 등의 조치가 있을 수 있다.

둘째, 관세율의 조정이다. 이는 국내시장에 접근하는 공급자의 영업행위에 금전적 과세를 함으로써 수입을 감소시키는 가격위주의 수입제한조치라고 할 수 있다.

셋째, 국내산업의 구조조정을 촉진시키기 위한 지원이 있다. 이는 국제무역을 위축시키는 수입제한조치보다 산업에 대한 금융 등의 지원을 통해 구조조정을 지원해주기 위한 것이다. 이런 지원으로는 조사대상인 산업에 대해 공업발전법에 의거 합리화 업종으로 지정해주거나 관계법령의 규정에 의거 공업·농림수산업·광업·중소기업 및 기술에 대해 지원해주는 것이다.

관계행정기관의 장은 이와 같은 구제조치를 취할 때는 국제통상관계 및 국민경제에 대한 영향 등을 고려하여 가장 적절한 구제조치의 유형을 결정하여 시행하게 된다.

그림 7-2 **세이프가드 부과절차**

기간	절차	내용
0일	조사신청 (직권 또는 이해관계인 · 관계행정기관의 장)	• 수입수량의 절대적 · 상대적 증가 • 국내산업의 피해 우려 • 수입증가와 산업피해 간의 인과관계
30일	조사개시 여부 결정 (무역위원회)	
	산업피해조사 (무역위원회)	• 질문서, 현지조사 • 공청회 등
120일	산업피해 유무 판정	
45일	구제조치건의 (무역위원회)	• 수입수량제한 • 관세율 조정 • 기타 필요한 조치
45일	구제조치시행 (관계기관행정의 장)	• 수량규제 · 양허관세 철회 시 WTO 통보 • 이해당사국과 사전 · 사후 협의

사례분석

한 · 중 마늘 긴급수입제한조치

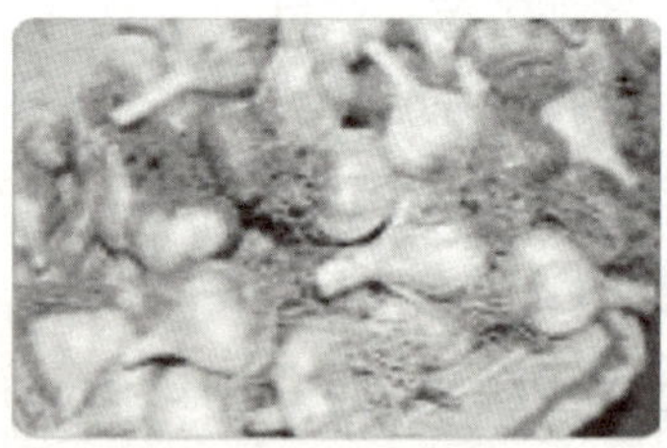

한국과 중국의 마늘에 대한 긴급수입제한조치(Safeguard)의 배경은 우루과이라운드협상으로 거슬러 올라가게 된다. 1993년 UR협상 종결 시 신선 · 냉장마늘, 일시저장마늘, 건조마늘의 경우 최소시장접근물량(MMA)에 대해서는 기본관세 50%로 하고 초과하는 물량에 대해서는 고율관세, 즉 1995년 396%부터 2004년까지 10년간 매년 4%씩 감소하여 부과하는 것으로 양허하였다. 다만 당시 수입이 이루어지지 않았고 국내소비도 거의 없었던 냉동마늘과 초산조제마늘에 대해서는 기본관세 30%를 유지하는 수입마늘에 대한 이중관세구조를 가지고 있었다. 그러나 1995년까지 수입이 미미하던 냉동마늘, 초산조제마늘의 수입이 상대적 저율관세를 이용하여 1996년

2,900톤, 1997년 5,400톤, 1998년 9,900톤, 1999년 22,200톤으로 급속히 증가하였다. 이에 농협중앙회는 1996년 이래로 냉동 및 초산조제마늘의 수입증가로 인한 국내 마늘가격 폭락 및 관련 농가의 피해를 초래하고 있다고 주장하며 1999년 9월 30일 한국무역위원회(KTC)에 산업피해구제신청을 하였고 1999년 11월 18일에 잠정긴급수입제한조치가 발동되어 현행의 30%에서 315%의 잠정긴급관세를 부과하였다. 이 문제에 대해 2000년 4월(서울) 및 5월(북경)에서 두 차례 한·중 양자협의를 개최하였으나 합의에 도달하지 못하였고 2000년 6월 1일, 재정경제부는 깐마늘(시장접근물량 초과분에 한함), 냉동마늘, 초산조제마늘에 대하여 긴급관세를 3년간 부과하는 것을 내용으로 최종 긴급수입제한조치를 시행하였다. 이에 중국은 2000년 6월 7일 우리 수출상품인 폴리에틸렌 및 휴대전화기에 대한 잠정수입중단조치를 발표하고 시행하였다.

〈한·중 마늘 분쟁일지〉

- 1999년 9월 30일 농협, 중국산 마늘에 대한 피해조사신청
- 1999년 10월 11일 무역위원회, 중국산 마늘에 대한 피해조사 착수
- 1999년 10월 27일 무역위원회, 중국산 마늘 잠정관세부과조치 건의
- 1999년 11월 18일 재정경제부, 중국산 마늘에 대한 관세율 30%에서 315%로 잠정인상조치
- 2000년 1월 12일 무역위원회, 농민 대표 등 일반 상대 공청회 개최
- 2000년 2월 2일 무역위원회, 마늘에 대한 관세부과 긍정판정
- 2000년 3월 17일 재정경제부, 관세부과 공식결정
- 2000년 4월 5일 관세부과관련 한·중 두 차례 실무협상
- 2000년 6월 1일 중국산 마늘에 대한 관세율 315% 부과 3년간 시행 결정
- 2000년 6월 7일 중국, 한국산 휴대폰과 폴리에틸렌 수입 중단조치
- 2000년 6월 29일 베이징서 한·중 마늘협상 시작
- 2000년 7월 7일 한·중 마늘협상 문안 합의
- 2000년 7월 15일 한·중 마늘협상 문안 가서명
- 2000년 7월 31일 한·중 마늘협상 합의서 정식 서명(북경)
- 2000년 8월 2일 합의서 정식 발효

읽고가기 | 한·중 마늘분쟁의 교훈

한국이 지난 2000년 6월 초에 중국산 마늘에 대해 취한 긴급수입제한조치로 인해 발생한 한·중 통상분쟁이 장기화되지 않고 마무리되어 다행이다. 정부는 이번 분쟁을 계기로 농산물관련 통상정책결정에 있어 쿼터제 등의 대안을 활용하고 동시에 당사국과의 사전 협의를 활성화하여 유사한 사태가 재발하지 않도록 다각적인 방안을 모색해야 할 것이다.

마늘분쟁은 중국산 냉동마늘의 수입이 1996년부터 1999년까지 매년 2배씩 늘어나 1998년과 1999년에 각각 9,923톤, 2만2,216톤을 기록하였고, 수입증가와 더불어 국내생산도 늘어나 마늘값이 폭락하자 피해를 입은 마늘농가들이 피해구제를 요청하게 되어 결국 세이프가드를 발동, 고관세부과를 통한 세이프가드조치를 취하기에 이르렀다.

한국의 긴급조치에 대해 중국은 잠정적이라는 단서를 달기는 했지만 휴대용 전화기, 폴리에틸렌 등 연간 수출액 18억 달러에 달하는 우리 상품에 대한 수입금지조치를 취했다. 이런 보복조치는 예상 밖이었다. 중국이 세계무역기구(WTO) 정신을 위배한 힘의 논리이고 억지 대응이라 하지 않을 수 없을 것이다.

그러나 우리 정부의 대응도 문제가 없지 않다. 무엇보다도 냉동마늘의 관세를 30%에서 315%로 급격하게 올리는 긴급수입제한조치가 과연 최선의 대안이었는가 하는 점이다. 쿼터제 등의 방법을 통해 사전 타협을 모색하는 것이 바람직했다. 중국과의 협상에서 저관세 마늘수입 쿼터를 3만2,000톤 내외로 제한하는 선에서 결론이 내려져 우리에게는 실익이 없는 결과가 된 셈이라 할 수 있다.

피해농가구제를 위해서는 쿼터제 활용과 함께 작물전환 지원 등의 방법 등을 고려해볼 수 있었다. 따라서 이번 긴급조치는 총선과 관련해 성급한 대응이었다는 지적도 없지 않다.

이번 마찰은 중국의 농업정책에 대한 이해를 높이는 계기가 됐다. 중국도 WTO 가입과 함께 자국의 농산물시장을 개방하지 않을 수 없게 된다. 이에 따라 중국도 농업의 활로를 해외시장 진출에서 찾고 있다는 점이다. 마늘이 대표적인 예일 것이다.

정부가 통상정책의 결정에 있어 앞으로 부처 간 협의를 좀 더 긴밀하게 유지해야 한다. 이번처럼 불가피하게 긴급조치를 취하게 되는 경우에는 더욱 그러하다. 중국도 산업화가 활발히 진척되고 있다. 따라서 앞으로 농산물뿐만 아니라 공산품에서도 통상마찰을 빚을 가능성은 얼마든지 있다. 양국의 산업에 피해가 가지 않도록 호혜의 원칙 아래 협조하는 기회로 활용해야 할 것이다.

국제통상환경론
International Trade Environment Theory

08 CHAPTER

WTO 무역분쟁해결의 제도적 환경

8 Chapter WTO 무역분쟁해결의 제도적 환경

WTO체제가 GATT 1947체제와 비교하여 WTO의 가장 큰 장점은 분쟁해결제도의 강화이다. WTO체제가 종래의 상품무역에 관한 다자규범에 더하여 서비스무역과 무역관련 지적재산권에 관한 다자규범을 포괄함으로써 다자무역체제의 실체적 근간을 마련하였지만 무역에 있어서 회원국의 권리와 의무에 관한 분쟁이 공정하고 효과적으로 해결되지 않으면 WTO의 다자무역체제는 약화될 수밖에 없게 된다. 이러한 점에서 공정하고 효과적인 분쟁해결은 WTO체제의 원활한 발전에 중심적인 요소라 할 것이다.

분쟁해결절차는 WTO 각 회원국 사이에서 발생하는 무역분쟁에 대하여 다자간 규범의 적용을 보장함으로써 WTO 각종 협정의 권위를 강화하고 효율성을 확보하는 수단이라고 할 수 있다. 즉 어느 일방의 회원국(member)이 타 회원국의 조치로 인하여 WTO협정하에서 자국에게 직·간접적으로 연관되는 이익의 침해를 받았을 경우에 해당 사안을 신속히 해결함으로써 WTO협정의 효과적 능력수행뿐만 아니라 회원국들의 권리와 의무 간의 적절한 균형을 유지해주는 제도라 할 수 있다.

분쟁해결절차는 다자간 무역체제에 안정성과 예측가능성을 제공하는 핵심 요소로서 WTO협정하의 권리와 의무를 보존하고 기존의 제반 GATT규범을 명확히 하고자 하는 데 그 의의가 있다고 하겠다.

WTO협정의 적용을 받는 분야에 있어서 협정상의 의무위반이 있는 경우에 대해서는 물론이고 협정을 위반하지 않는 조치라고 하더라도 그로 인하여 일방 회원국의 이익이 침해를 받은 경우에는 분쟁해결절차를 그의 광범위한 적용이 가능하다는 점이 특징이다. 따라서 WTO협정에 대한 신뢰도는 궁극적으로 분쟁해결절차의 효과적인 운영에 좌우된다고 할 수 있으므로 다자간 무역체제에 대한 신뢰회복을 위해서도 분쟁해결절차의 중요성이 대단히 크다고 할 수 있다.

8.1 WTO의 분쟁해결협정

1. 개요

분쟁을 해결할 수 있는 수단 없이 규범에 기초한 체제는 그 규범을 집행할 수 없기 때문에 무용지물이라 할 수 있다. 이러한 의미에서 WTO 분쟁해결절차는 법의 규칙을 강조하고 더욱 안정적이고 예측가능한 교역체제를 제공해준다.

WTO의 분쟁해결절차를 규정하는 협정은 '분쟁해결 규칙과 절차에 관한 양해각서(Understanding on Rules and Procedures Governing the Settlement of Disputes : DSU)'이다. 이 양해각서는 총 27개 조항 및 4개의 부속서로 구성되어 있다. 제1조는 적용범위, 제2조는 시행기구인 분쟁해결기구(Dispute Settlement Body : DSB)의 설립, 제3조는 일반규정을 규정하고, 제4조부터는 해결절차에 관하여 규정하고 있다. 부속서 1은 이 규정이 적용되는 협정의 목록을 마련하였고, 부속서 2는 협정대상에 포함되는 특별 또는 추가 규칙 및 절차에 관하여, 부속서 3은 작업절차, 부속서4는 전문가검토그룹에 관하여 규정하고 있다.

DSU에 나타난 WTO의 분쟁해결 특성은 과거 GATT체제에서는 분쟁해결에 관하여 GATT 규범 제22조와 제23조의 2개 조항만 있었으나 DSU에서는 분쟁해결 및 절차에 관하여 상세히 규정하고 있다.

DSB는 WTO의 분쟁해결을 시행하기 위하여 DSU에 의하여 새로이 설치된 기구로서 DSB는 WTO의 모든 회원국으로 구성되기 때문에 WTO의 일반이사회의 구성원들이 DSB를 구성하게 된다. 기존의 GATT 분쟁해결은 여러 개의 위원회와 이사회가 관련 분쟁을 단편적으로 다루어 왔는데 WTO의 분쟁해결은 모든 분쟁을 취급할 뿐만 아니라 패널(Panel)의 설치, 보고서 채택, 권고와 판정의 이행에 관한 감시, 보복조치의 허가 등 모든 기능을 수행하는 일관된 체계를 갖추고 있다.

또한 WTO는 분쟁해결기구와 별도로 상소기구(Appellate Body)를 설치하여 상소를 심의하게 된다. 상소기구는 7명으로 구성되며 이 중 3명이 구체적인 분쟁사건의 심리를 진행한다.

분쟁해결기구는 분쟁해결과 관련하여 매우 광범위한 기능을 수행한다. 대상협정은 상품무역뿐만 아니라 서비스, 지적재산권 등 모든 다자간 무역협정이 포함된다. 그리고 분쟁해결과 관련하여 패널의 설치, 구성, 보고서 채택, 결정 및 권고의 이행 감시, 허가 및 기타 의무정지 허가 등 분쟁해결기구의 설치, 구성에서 분쟁해결의 진행, 그 결과의 이행 등 모든 것을 담당하고 있다.

2. DSU의 구성

분쟁해결협정(DSU)은 총 27개 조항 및 4개의 부속서로 구성되어 있다.

(1) 적용범위(제1조 및 부속서1, 2)

WTO 설립협정 및 이에 부속된 다자간 무역협정상의 모든 분쟁해결에 적용한다. 반덤핑(AD)협정, 기술장벽(TBT)협정, 보조금 및 상계조치(SCM)협정 등에 별도로 규정된 분쟁해결절차는 본 분쟁해결 양해에 의한 분쟁해결절차의 특별 또는 추가적인 규칙과 절차에 따를 것을 조건으로 적용된다. 복수국 간 무역협정의 경우 동 협정회원국들이 분쟁해결절차를 결정하며, 동 결정에 의하여 WTO 분쟁해결절차의 적용이 가능하다.

(2) 분쟁해결기구(Dispute Settlement Body)의 설치(제2조)

DSB는 패널 설치, 패널 및 상소기구 보고서의 채택, 판정 및 권고의 이행상황 감독, 보복조치에 대한 허가 등의 권한을 보유하며 실질적으로는 WTO 일반이사회가 DSB로 기능을 담당하고 의사결정은 컨센서스(전원합의)에 의한다. DSB에 의한 분쟁해결절차는 협의단계, 제소단계, 상소단계, 집행단계의 4단계로 나누어진다.

(3) 일반규정(제3조)

분쟁해결제도의 목표는 분쟁에 대한 긍정적 해결책의 확보에 있다. 따라서 상호수락할 수 있는 해결책이 선호되어야 한다. 상호합의된 해결책이 없을 경우 협정에 부합하지 않는 조치의 철회가 분쟁해결제도의 첫 번째 목표이며, 그러한 조치의 즉

각적인 철회가 어려울 경우 잠정조치로서 보상을 제공하고 관련 협정상의 양허나 기타 의무의 정지는 최후의 구제수단이다.

본 양해는 세계무역기구의 발효일 이후에 이루어진 새로운 협의요청에 대해서만 적용하며 세계무역기구 발효일 이전에 협의요청이 이루어진 분쟁의 경우 과거의 분쟁해결절차를 적용한다.

(4) 협의(제4조)

협의요청이 있을 때는 10일 이내에 동 요청에 답변하고 30일 이내에 협의개시하여야 한다. 타방의 협의거부 또는 60일 이내 분쟁해결 실패 시 패널 설치 요구가 가능하다. 제3국이 협의 참여 희망 시 10일 이내에 동 의사를 협의당사국 및 DSB에 통고하여야 한다.

(5) 주선, 조정 및 중개(good offices, conciliation and mediation)(제5조)

주선, 조정 및 중개는 분쟁당사국이 합의할 경우 시간에 구애됨이 없이 분쟁해결절차의 전 기간에 걸쳐 자발적으로 개시 및 종료가 가능하다.

(6) 패널(제6~16조)

1) 패널의 설치

DSB에 패널(Panel) 설치요청이 상정되면 패널설치가 컨센서스(consensus)에 의해 부결되지 않는 한 패널이 설치된다. 패널은 5인으로 구성키로 합의되지 않는 한 3인으로 구성된다. 사무국이 패널위원의 지명을 제안하며, 분쟁당사국은 불가피한 사유(compelling reasons)가 없는 한 동 지명 수락할 의무가 있으며 선진국과 개도국 간 분쟁 시 개도국이 요청하는 경우 패널위원 중 적어도 1인은 개도국 인사를 포함하여야 한다.

패널 설치 후 20일 이내에 패널 위임사항(terms of reference)을 설정하고, 이해관계가 있는 제3국은 패널에 참여, 의견을 제시할 기회를 보유할 수 있으며 제소국이 다수일 경우에도 단일패널 설치가 가능하다.

2) 패널절차

분쟁당사자가 상호 만족할만한 해결책을 강구하는 데 실패하는 경우 패널은 조사결과를 서면보고서로 분쟁해결기구에 제출한다. 패널조사는 패널 구성 및 위임사항 등에 관한 합의시점으로부터 최종보고서가 분쟁당사국에 제시되는 시점까지 원칙적으로 6개월 초과가 불가하다. 긴급한 경우 3개월 내에 완료되어야 하며, 불가피하게 연기되는 경우에도 9개월 초과가 불가하다.

패널조사과정에서 과학적·기술적 사안에 관한 검토를 위해 전문가검토그룹의 보고를 청취하며 패널심의는 비공개로 한다. 패널은 최종보고서 제출 이전 분쟁당사국에 잠정보고서를 제시하여 일정기간 내에 견해 표명 기회를 부여받는다(잠정검토단계 설정).

3) 패널보고서의 채택

DSB는 회원국에 패널 최종보고서를 배부하고 20일 이상 검토기간을 부여한다. 일방 당사국이 DBS에 공식적으로 상소의사를 통보하거나 DSB가 컨센서스에 의해 패널보고서를 채택하지 않기로 결정하지 않는 한 동 보고서는 배부일로부터 60일 이내에 자동 채택된다.

(7) 상소심의(제17~19조)

상소업무를 관장하는 상설 상소기구(Appellate Body)를 설치하고, 위원은 7인으로 구성하며, 그 중 3인이 특정 사안을 심의한다. 제3국이 아닌 분쟁당사국 일방만이 패널의 결정에 대해 상소가 가능하며 상소는 패널보고서상의 법률문제 및 패널에서 제기된 법률해석에만 국한된다.

일반당사국에 의한 상소의사의 공식 통보일로부터 상소기구에 의한 판정일까지는 원칙적으로 60일을 초과할 수 없으며, 어떠한 경우에도 90일 초과가 불가하다. 상소기구보고서는 DSB가 채택하지 않을 것을 컨센서스에 의해 결정하지 않는 한 회원국들에게 배포된 후 30일 이내에 자동 채택되며 분쟁당사국은 동 보고서를 무조건 수락해야 한다.

(8) 분쟁해결기구의 결정시한(제20조)

원칙적으로 패널 설치일로부터 패널 또는 상소보고서의 채택을 심의하기까지는 상소하지 않는 경우 9개월, 상소하는 경우에는 12개월 초과가 불가하다.

(9) 권고 및 판정의 이행(제21조)

DSB의 패널·상소기구보고서 채택 후 30일 이내에 분쟁당사국은 권고 및 결정의 이행의사를 통보해야 한다. 필요 시 합리적 이행기간의 제시는 가능하나 패널 설치일로부터 이행기간 종결까지 원칙적으로 15개월 초과가 불가하다. DSB는 채택된 권고나 결정의 이행을 계속해서 감시할 의무 부담을 갖는다.

(10) 보복조치(보상 및 양허의 정지)(제22조)

보상 및 양허나 기타 의무의 정지는 권고 및 결정사항이 이행되지 않을 경우 DSB의 승인을 받아 임시조치를 취할 수 있으며 DSB는 제소국의 요청을 기각할 것을 컨센서스에 의해 결정하지 않는 한 합리적 이행기간의 종료 후 30일 이내에 이를 승인하여야 한다.

보복은 동일한 분야에 우선적으로 적용하고 침해수준과 동등한 수준으로 적용하며 교차보복(cross retaliation)이 허용된다. 즉 동일 분야 적용이 비현실적이거나 효과적이지 못한 경우 여타 분야에도 적용이 가능하다.

(11) 다자간 체제의 강화(제23조)

회원국이 관련 협정상의 의무위반이나 이익침해 등의 행위를 시정하고자 할 때 본 양해상의 분쟁해결규칙과 절차를 따를 것을 의무화하여 회원국의 일방적 조치를 억제한다.

(12) 중재(Arbitration)(제25조)

분쟁당사국의 상호합의하에 중재의뢰를 허용한다.

(13) 협정상의 규정을 위반하지 않은 사안에 대한 분쟁(제26조)

협정상의 규정을 위배하지 않은 특정 조치로 인한 분쟁의 경우 패널이나 상소기구는 관련 회원국에게 상호 만족할만한 조정(mutually satisfactory adjustment)을 하도록 권고한다.

(14) 최빈개도국에 대한 특별절차(제24조)

분쟁해결절차의 모든 단계에서 최빈개도국의 특수상황을 특별히 고려하고 제소국은 보상, 양허의 정지, 기타 의무적용의 정지요청을 자제하여야 한다.

8.2 WTO체제하의 무역분쟁 동향과 추이

WTO체제가 GATT체제에 비해 분쟁해결절차의 제도화 및 판정결과에 대한 구속력이 강화됨에 따라 선진국뿐만 아니라 개도국들도 쌍무적 분쟁해결방식보다는 WTO 분쟁해결제도를 적극 활용하는 추세를 보이고 있다.[1)]

이에 따라 WTO체제가 출범한 이후부터 2008년 6월까지의 통상마찰 총건수는 378건으로 1947년부터 1994년까지 과거 GATT체제 47년간의 통상마찰건수 303건보다 훨씬 넘는 기록을 보이고 있는 실정이다.

표 8-1 GATT체제와 WTO체제하의 통상마찰건수 비교(2008년 6월 기준)

구분	GATT체제(1947~1994년)	WTO체제(1995~2008년 6월)
총분쟁건수	303건	378건
연간 평균건수	6.3건	28건

1) WTO 출범 이후 2008년 6월까지 분쟁해결기구(DSB)에 제소된 무역분쟁은 총 378건으로 미국(90), 캐나다(30), EU(78), 일본(13) 등이 211건을 제소하는 등 무역분쟁의 주류를 이루고 있는 가운데 개발도상국들의 WTO 제소건수와 비율이 지속적으로 증가하고 있으며, 분야별로는 위생 및 검역·농산물·지적재산권관련 분쟁이 급증하는 추세이다.

WTO 분쟁해결기구(DSB)가 발표한 자료에 의하면, 총제소대상조치 중 선진국에 의한 제소는 전체 제소의 약 70%, 개도국에 의한 제소는 30%를 차지하고 있다. 최근 발생하고 있는 무역분쟁의 특징은 우선 종전의 보조금 혹은 수입수량제한 등 직접적인 무역장벽 분야에 대한 이해당사국 간 무역마찰보다는 위생, 검역, 지적재산권, 투자제한조치 등 제도 및 규범에 대한 분쟁이 급속히 확대되고 있다.

또한 WTO 출범 이후 개도국의 WTO 분쟁해결제도 활용비율이 증가하고 있는 추세인데, 개도국들의 제소비율이 GATT체제에서는 전체 제소 건수의 10% 정도에 불과했으나 WTO체제에서는 총 제소건수의 약 30%에 달하고 있다.

표 8-2 미국이 관련된 WTO 통상마찰건수

구분	미국이 타국 제소	타국이 미국 제소
미국관련 분쟁건수(A)	90건	99건
총무역분쟁건수(B)	378건	378건
비율(A/B)	22.2%	26.2%

WTO 회원국 중에서 다자간 무역규범을 적극적으로 이용하는 국가는 미국, EU, 캐나다, 일본 등 선진국들로 지금까지 전체 분쟁의 약 56%를 이들 4개국(Quad 4국)이 주도하고 있다. 특히 미국은 WTO 분쟁해결기구(DSB)에 제소된 378건 중 90건을 제소함으로써 152개 회원국[2] 중 1위를 기록하고 있으며, 그 뒤를 이어 EU(78건), 캐나다(30건), 브라질(23건), 인도(17건), 멕시코(17건) 등의 순이다.

한편 다른 나라가 미국을 WTO에 제소한 경우도 99건에 달함으로써 피소 측면에서도 미국이 1위를 기록하고 있으며 EU(62건), 인도(19건), 아르헨티나(16건), 일본(15건), 캐나다(15건), 브라질(14건), 멕시코(14건), 한국(13건), 칠레(12건), 중국(11건), 호주(10건) 등의 순이다.

현재까지 발생한 무역분쟁의 분야별 특징을 살펴보면, 우선 최근 들어 식품위생 및 동물과 식물검역(SPS)에 관련한 분쟁, 그리고 무역에 대한 기술장벽(TBT)분쟁이 증가하고 있다는 점이다.

또한 WTO 출범으로 사실상 최초로 다자간 무역규범의 규율하에 놓이게 된 농산

2) 현재 WTO 회원국(Member)은 2008년 5월 기준으로 152개국이다.

물 분야가 26건의 분쟁건수를 보임으로써 국제무역의 새로운 현안으로 떠올랐으며, 이는 농산물 분야가 수출입국을 막론하고 정치 및 사회적으로 매우 민감한 분야로서 상호 양보하기 어려운 분야라는 사실을 입증하고 있다.

이와 함께 지적재산권 분야에 대한 분쟁이 2008년 6월까지 26건을 기록하고 있는데, 특히 그동안 개도국에게 유예되어 온 지적재산권협정(TRIPs)이 개도국에 적용됨으로써 증가세를 나타낸 것으로 보이며, 향후 지적재산권과 관련된 무역분쟁이 증가할 것으로 예측되어진다. 그 외에도 무역관련 투자조치(9건), WTO 출범 후 10년 유예기간을 거쳐 편입된 섬유(19건)관련 무역분쟁이 자주 발생하고 있다.

8.3 분쟁해결절차 및 방식

다자간 무역체제의 중심축으로서 세계경제 안정을 위해 WTO가 공헌한 다양한 측면을 논함에 있어서 분쟁해결제도를 언급하지 않고서는 완전한 평가가 이루어질 수 없을 것이다. 새로운 WTO체제는 과거 GATT체제보다 더욱 강력하고, 의사결정이 더욱 자동적(automatic)이며, 더욱 신뢰할 수 있게 되었다. 이는 분쟁해결절차를 이용하는 다양한 국가들이 최종판정에 이르기 전에 법정 밖에서(out of court), 즉 협의과정에서 분쟁사안을 해결하려는 경향에서 잘 알 수 있다. WTO 분쟁해결절차는 단순히 판정을 끌어내기 위한 것이라기보다는 무엇보다도 당초에 의도된 바와 같이 분쟁의 해결을 촉진하고 조정(conciliation)하기 위한 수단으로서 운영되고 있다. 이는 또한 일방적 조치(unilateral actions)를 취할 수 있는 여지를 감소시킴으로써 약소국들(less powerful countries)에게 공정한 무역을 보장해주는 하나의 수단이 되고 있다.

분쟁해결은 일반이사회의 또 다른 모습의 하나인 분쟁해결기구(Dispute Settlement Body : DSB)의 책임하에 있다. 다만 분쟁해결기구는 분쟁을 심의하기 위하여 전문가들로 구성된 패널을 설치하고 패널의 평결내용 또는 상소의 결과를 채택하거나 거부할 수 있는 권한만을 가지고 있다. 또한 분쟁해결기구는 패널의 판정결과 및 권고사항의 이행 여부를 감시하고, 분쟁에서 패소한 국가가 패널의 결정에 따르지 않을 때 보복조치를 승인할 수 있는 권한을 가지고 있다.

1. 제1단계(협의단계)

분쟁당사국들이 어떠한 다른 조치를 취하기 이전에 그들 스스로 분쟁을 해결할 수 있도록 상호 간에 협의를 해야 한다. 협의요청을 받은 당사국은 상호 간에 다른 합의가 없는 한 협의요청을 받은 후 10일 이내에 입장표명을 하여야 한다. 또한 분쟁당사국 간의 만족스러운 해결에 이르기 위하여 30일 이내에 성실하게 협의를 개시하여야 한다. 그러나 협의요청 후 10일 이내에 답변이 없거나 30일 이내에 협의가 개시되지 않을 경우 그리고 협의요청 후 60일이 지나도록 협의에 의한 분쟁이 해결되지 않을 경우 협의요청국은 패널의 설치를 요구할 수 있게 된다.

2. 제2단계(제소단계 : 패널)

분쟁당사국 간의 협의에 실패한 경우 제소국은 패널[3]의 설치를 요구할 수 있다. 패널의 구성은 협의가 실패한 후 제소국의 패널 설치요청에 의하여 패널이 설치되어 45일 이내에 패널이 구성된다. 이때 중요한 것은 패널 설치 시 분쟁당사국 중 피제소국이 패널설치를 거부할 때에는 패널이 설치되지 않는다는 점이다. 즉 피제소국은 패널 설치를 한 차례 저지할 수 있다. 그러나 두 번째 패널 설치요청 시 피제소국이 설치를 반대하더라도 패널은 설치된다. 즉 패널 설치를 더 이상 저지할 수 없다는 것이다.

패널(Panels)의 구성에 있어 패널은 재판소와 비슷하기도 하지만 좀 특수한 면을

3) 패널은 일반법정과 같으나 통상적인 법정과 다른 점은 패널리스트들이 분쟁당사국들 간의 협의에 의해 선정된다는 점이다. 분쟁당사국 간의 합의 도출에 실패했을 경우 WTO 사무총장이 패널리스트를 지정할 수 있으나 이것은 아주 드문 일이다. 패널은 각국이 제시한 증거를 검토하여 누가 옳고 그른지를 판단할 각각 다른 국가의 3인(경우에 따라 5인)의 전문가로 구성된다. 패널보고서는 분쟁해결기구에 제출되며, 만장일치에 의해서만 동 보고서를 거부할 수 있다. 각각의 분쟁에 대해 패널리스트들은 자격을 갖춘 후보자들의 등록명부에서 또는 다른 방법으로 선정될 수 있다. 패널리스트들은 각각 개인적인 자격으로 역할을 담당하며, 어느 정부로부터도 명령을 받을 수 없다.

지니고 있다. 패널리스트들은 대개 분쟁당사국들과 협의를 통해 선출된다. 단 양측이 패널리스트의 선출에 합의하지 못하는 경우에만 예외적으로 WTO 사무총장이 임명하게 되어 있다.

패널은 서로 다른 국가의 3명 또는 5명의 전문가로 구성되며, 증거를 조사하여 누가 옳고 그른지를 결정한다. 패널의 구성과 관련하여 선진국과 개도국 사이의 분쟁 시 개도국이 요청하는 경우 패널리스트 중 적어도 1인은 개도국의 인사를 포함하여야 하며, 또한 개도국이 취한 조치와 관련된 협의에 있어서 분쟁당사국들은 협의기간을 연장하도록 합의할 수 있다. 개도국을 상대로 하는 제소에 있어서 패널은 개도국이 자국의 주장을 정리하고 제시하는 데 필요한 충분한 기간을 부여하여야 하지만, 전체적인 분쟁해결기한을 초과하여서는 안 된다. 그리고 개도국이 분쟁당사국인 경우 패널은 대상협정에 명시되어 있는 개도국 우대에 관한 관련 규정이 분쟁해결절차에 어떠한 형태로 고려되었는지를 패널보고서에 명시하여야 한다.

각 사례를 취급하기 위한 패널리스트들은 상설명단(permanent list)에 등재된 적격자들 중에서 선출하거나 또는 그 밖의 다른 곳에서 선출된다. 패널리스트들은 독립된 자격으로 근무하며, 그 어떤 정부로부터도 명령이나 지시를 받을 수 없다.

공식적으로 패널은 분쟁해결기구가 판정이나 권고를 하는 데에 도움을 준다. 다만 패널보고서가 분쟁해결기구에서 합의에 의해 거부될 수는 있으나, 그 결과가 번복되기는 대단히 어렵다. 또한 패널의 판결내용은 관련 협정에 기초해야 한다. 그리고 패널의 최종보고서는 규정상 6개월 이내에 분쟁당사국들에게 제출되어야 한다. 다만 부패성 물품 등을 포함한 긴급 사안에 대해서는 최종시한이 3개월로 단축된다.

패널보고서는 총의에 의해서만 동 보고서의 채택을 거부할 수 있는 분쟁해결기구(Disputes Settlement Body : DSB)에 제출된다.

패널의 운영에 있어 주요 절차를 간단하게 살펴보면 다음과 같다.

(1) 제1차 구두심리(Oral Hearing) 이전

패널이 설치되면 패널은 위임사항을 설정하게 되고, 분쟁당사국들은 패널에 서면으로 자국의 입장을 제출한다.

(2) 제1차 구두심리(공격과 방어)

제소국, 피제소국 및 당해 분쟁과 이해관계가 있다고 주장하는 제3자 참여국들은 패널의 제1차 구두심리에서 자국의 주장을 제출한다.

(3) 제2차 구두심리와 반론

분쟁 참여국들은 패널의 제2차 회의에 반론을 서면으로 제출하고 구두주장을 할 수 있다.

(4) 전문가검토그룹

일방당사국이 과학적 또는 기술적인 문제를 제기하였을 경우 패널은 전문가에게 의견을 묻거나 자문보고서를 작성하기 위한 전문가검토그룹을 선정할 수 있다.

(5) 1차 초안

패널은 분쟁당사국들에게 패널보고서의 기술적 부분(사실 및 논거)을 제출하게 되며, 분쟁당사국들은 2주일 동안의 검토기간이 주어진다. 그러나 이 보고서는 패널의 평결 및 결론부문을 포함하지 않는다.

(6) 잠정보고서

1차 초안의 검토 이후 패널은 분쟁당사국들에게 패널의 평결 및 결론을 포함한 잠정보고서를 제출하게 되며, 분쟁당사국들은 재검토를 요청할 수 있는 1주일간의 기간이 주어진다.

(7) 재검토

재검토기간은 2주일을 초과하지 않아야 하며, 재검토기간 중 패널은 분쟁당사국들과 추가 회의를 개최할 수 있다.

그림 8-1 WTO 분쟁해결절차

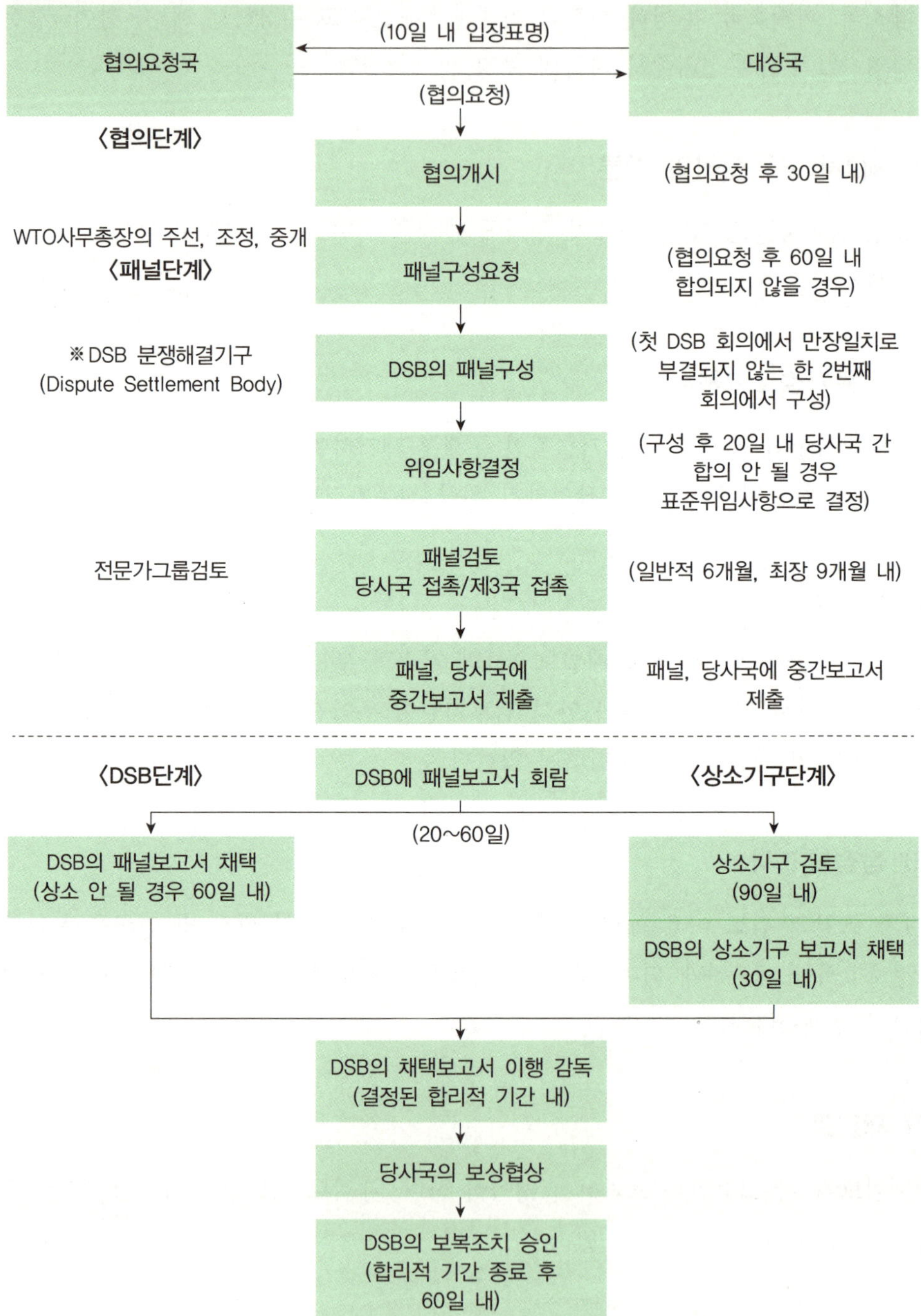

(8) 최종보고서

패널의 최종보고서는 분쟁당사국들에게 제출되며, 3주 후에 WTO의 모든 회원국에게 회람된다. 분쟁을 야기한 무역조치가 WTO협정 또는 그 의무를 위반하였다고 패널이 결정할 경우, 패널은 패소국의 무역조치가 WTO규범을 따르도록 개정할 것을 권고한다. 패널은 이러한 권고사항을 이행할 수 있는 방안을 제시할 수 있다.

(9) 판정결과로서의 패널보고서

만장일치에 의하여 패널보고서를 거부하지 않는 한 패널보고서는 60일 이내에 분쟁해결기구의 판정결과 또는 권고사항이 된다. 모든 분쟁당사국들은 패널의 결정(패널보고서 전체 또는 일부 사안)에 대해 상소할 수 있다.

3. 제3단계(상소단계)

분쟁당사국 중 일방 당사국은 패널의 결정에 대해 상소할 수 있으며, 가끔 양측 모두가 상소하기도 한다. 상소는 법률해석과 같이 법적 측면에 기초해야 한다. 즉 상소기구는 기존의 증거들을 재검토하거나 새로운 증거를 검토할 수 없다.

각각의 상소는 분쟁해결기구에 의해 설립되고 WTO 회원국을 골고루 대표하는 상소기구(Appellate Body)의 상임위원 7인 중 3인의 위원에 의해 심리가 진행된다. 상소기구 위원들은 4년 임기로 종사하며, 법률 및 국제무역 분야에서 권위를 인정받는 인물이어야 하며 어떠한 정부와도 특별한 관계를 갖지 않아야 한다.

상소는 패널의 법적인 평결(findings) 및 결론(conclusions)을 지지, 수정, 철회(reverse)할 수 있다. 통상적으로 상소는 60일을 초과할 수 없으며, 60일 이내에 상소보고서를 제출할 수 없다고 판단될 경우 최대 90일까지 가능하다.

상소기구의 검토 이후 분쟁해결기구는 30일 이내에 상소보고서를 채택하거나 기각해야 하며, 상소보고서의 기각은 컨센서스에 의해서만 가능하다.

4. 제4단계(집행단계 : 사안의 결정 및 이후 절차)

분쟁해결 사안이 결정되었다 하더라도 반드시 곧바로 이행을 하거나 보상 및 보복을 할 수 있는 것은 아니지만 그와 같은 취지는 적용된다. 즉 어느 국가가 잘못된 조치를 취했을 경우 당해 국가는 잘못된 조치를 신속히 바로잡아야 한다. 그리고 만일 해당 조치가 협정을 계속 위반할 경우 당해 국가는 보상을 제공하거나 일부 피해가 예상되는 적절한 벌칙을 감내해야 한다.

분쟁에 대한 판정이 내려지더라도 무역보복조치가 부과되기 이전에 많은 절차가 남아 있다. 이 단계에서의 우선적인 과제는 패소국(the losing defendant)이 자국의 정책을 판정결과 또는 권고사항에 일치시키는 일이다. 분쟁해결절차에 관한 양해는 "분쟁해결기구의 권고사항 또는 결정을 신속히 따르는 것이 모든 회원국들의 이익을 위한 분쟁의 효과적인 해결 보장에 필수적"이라고 강조하고 있다.

피제소국이 패소한 경우 패소국은 패널보고서 또는 상소보고서의 권고사항을 따라야 한다. 패소국은 이 보고서의 채택을 위해 30일 이내에 개최되는 분쟁해결기구 회의에서 판정결과에 따르겠다는 의사를 밝혀야 한다. 만일 바로 권고사항을 따르는 것이 불가능하다고 판명될 경우, 패소국이 권고사항을 이행할 수 있도록 '합리적 기간'이 주어진다. 그러나 합리적 기간 내의 이행에 실패할 경우 패소국은 상호 수용가능한 보상, 예를 들어 제소국 관심 분야에서의 관세인하 등의 결정을 위해 제소국과 협상을 해야 한다.

합리적 기간 만료 후 20일이 경과하였으나 만족스러운 보상에 합의하지 못한 경우 제소국은 피소국에 대해 양허 또는 대상협정상의 다른 의무를 일시 정지하는 등의 제한된 무역보복조치를 부과할 수 있도록 허용해줄 것을 분쟁해결기구에 요청할 수 있다. 분쟁해결기구는 이 요청이 만장일치로 기각되지 않는 한 합리적 기간의 만료 이후 30일 이내에 보복조치를 허가해야 한다.

원칙적으로 무역보복조치는 해당 분쟁과 동일한 분야에 대해 취해져야 한다. 만일 동일 분야에 대한 보복조치가 비현실적이거나 효과적이지 않다면 동일한 협정상의 다른 분야에 대해 보복조치를 부과할 수 있다. 또한 동일 협정상의 다른 분야에 대한 보복조치가 비현실적 또는 효과적이지 않으며 그 상황이 충분히 심각하다고 판단될 경우에는 다른 대상협정하에서 보복조치를 취할 수 있다. 이는 효과적인 보복조치를 허용하는 동시에 무관한 분야까지 보복조치가 확대되는 것을 최소화하는데 그 목적이 있다. 모든 분쟁에 있어서 분쟁해결기구(DSB)는 채택된 판정결과가 어떻게 이행되는가를 감시하여야 하며 미해결된 분쟁은 그 사안이 해결될 때까지 의제로 존속시킨다.

표 8-3 베네수엘라 · 미국 간의 분쟁 사례(Gasoline Case)로 본 분쟁해결절차

기간	목표/ 실제기간	일자	조치
5년 전		1990년	미국, 대기오염법 개정
4년 전		1994년 9월	미국, 대기오염법하에서 가솔린 수입제한
0(첫 번째 분쟁발생)	60일	1995년 1월 23일	베네수엘라, DSB에 미국 제소 및 협의 요청
1개월 후		1995년 2월 24일	협의 진행 → 실패
2개월 후		1995년 3월 25일	베네수엘라, DSB에 패널 설치요청
2개월 15일 후	30일	1995년 4월 10일	DSB, 패널 설치결정(브라질, 동일 사안으로 미국제소 및 협의요청)
3개월 후		1995년 4월 28일	패널리스트 선정(5월 31일, 브라질 제소사안에 대해서도 패널리스트 선정)
6개월 후	9개월 (목표기간 6~9월)	1995년 7월 10~12일 1995년 7월 13~15일	패널 회의
11개월 후		1995년 12월 21일	패널은 잠정보고서를 미국, 베네수엘라, 브라질에게 제출하여 검토하게 함
1년 후		1996년 1월 29일	패널은 DSB에 최종보고서를 제출하고 이를 회람시킴
1년 1개월 후		1996년 2월 21일	미국 상소
1년 3개월 후	60일	1996년 4월 29일	상소기구, 보고서 제출
1년 4개월 후	30일	1996년 5월 20일	DSB, 패널 및 상소보고서 채택
1년 10개월 15일 후		1996년 12월 3일	미 · 베네수엘라, 미국의 이행에 합의(이행기간은 1996년 5월 20일로부터 15개월)
1년 11개월 15일 후		1997년 1월 9일	미국, 이행상황에 대해 DSB에 제1차 월간보고서 제출
2년 7개월 후		1997년 8월 19~20일	미국, 새로운 법률제정(제19차) 및 합의된 이행기간 종료(제20차)

8.4 WTO 분쟁해결의 형평성에 관한 논쟁

사실 GATT체제에서 개발도상국들의 형평성에 관한 불만의 핵심은 분쟁해결에 있어서 힘의 논리가 작용한다는 것이었다. 즉 전통적으로 GATT에서는 외교적인 협상에 의한 분쟁해결방식이 선호되어왔다. 아마도 23개 회원국으로 GATT가 출범할 1948년 당시만 해도 제2차 세계대전 직후 세계경제를 함께 재건한다는 협조적인 분위기가 충만하여 이와 같은 외교적 해결방식에는 큰 문제가 없었을 것이다. 그러나 시간이 지나면서 회원국의 수가 늘어나고 서로의 이해관계가 상충되기 시작하면서 그와 같은 협조의 분위기는 점차 퇴색하게 된다. 정해진 절차가 명확하지 않은 상황에서의 외교적 해결은 결국 국력이 큰 선진국들에게만 유리한 결과를 낳는다는 것이 개발도상국의 불만이었다.

또한 GATT에서는 분쟁에 대한 결론이 내려진다고 하여도 그를 강제할 수단이 없었기 때문에 GATT의 결정은 상징적인 것 이상의 가치가 없는 사실상 유명무실한 것이었다. 사정이 이렇다 보니 대부분의 회원국들은 실리도 없는 GATT의 분쟁해결절차에 점점 더 무관심해질 수밖에 없었으며 심지어는 GATT의 무용론까지 제기되는 형편을 맞게 된다.[4] 1979년 종결된 도쿄라운드에서는 이러한 문제를 고쳐보고자 시도하였으나 근본적인 해결책을 제시하지는 못하였다. 이러한 가운데 1988년 제정된 미국의 종합무역 및 경쟁법[5]은 소위 슈퍼 301조를 포함하는 등 GATT체제의 존속에 심각한 우려를 낳기도 했다.

1986년부터 진행되어 이와 같은 분위기를 맞은 우루과이라운드에서는 실질적인 분쟁해결절차의 마련이 GATT체제 존폐의 기로로 받아들여졌다. 그 결과로 탄생한 것이 앞서 설명한 DSU이며 그것은 전통적 외교적 해결보다 사법적 해결을 선호하는 방식으로 바뀌게 된다. 이러한 사법성의 강화는 분쟁해결에 있어 힘의 논리가 작용할 수 있는 여지를 차단하자는 의도를 가지고 있다. 앞서서 강조한 DSU의 자동성, 투명성, 형평성도 모두 분쟁해결절차의 사법성 강화를 통해서 이루어진다. 즉

4) 1950년대에 53건에 이르렀던 GATT에서의 분쟁은 1960년대와 1970년대를 합쳐 39건에 불과할 정도로 회원국들의 신뢰를 잃어가고 있었다.

5) Omnibus Trade and Competitiveness Act of 1988.

일단 분쟁이 발생하면 절차가 자동적으로 진행된다는 것도 결국은 강대국의 의도에 따라 분쟁해결절차의 진행이 좌지우지되는 것을 방지하자는 취지를 가지고 있다. 또한 분쟁해결절차와 시한을 미리 투명하게 정해놓은 것도 사후에 강대국에게 유리한 방향으로 절차가 진행되거나 지연되는 방지하기 위한 것이다. 즉 DSU에 의한 분쟁해결이 일단 시작되면 강대국이나 개발도상국이나 기존에 합의된 절차와 방식을 똑같이 준수하여야 한다. 그러나 그럼에도 불구하고 개발도상국은 여러 가지 능력 면에서 선진국에 비해 불리하기 때문에 DSU의 마지막 특징으로 설명한 형평성을 다시 한 번 더 보장한 것이라 볼 수 있다.

표 8-4 GATT와 WTO체제에서의 분쟁참여

체제	피소국 / 제소국	선진국	개발도상국	소계
GATT	선진국	174(73.73%)	24(10.17%)	198(83.90%)
	개발도상국	35(14.83%)	3(1.27%)	38(16.10%)
WTO	선진국	115(36.98%)	81(26.05%)	196(63.03%)
	개발도상국	71(22.83%)	50(16.08%)	121(38.91%)

주 : GATT체제, 1980~1994년 기준, Kuruvila, *Journal of World Trade*, 1997.
WTO체제, 1995~2006년, 9월 기준, WTO 통계

이상에서 설명한 것과 같이 분쟁해결에 있어서의 형평성을 강화하기 위한 노력에 대해 많은 기대가 있었던 것은 사실이며 위의 [표 8-4]에서 보는 바와 같이 GATT체제에 비해서 WTO체제에서의 개발도상국의 제소비중은 두 배 이상 증가한 것으로 나타난다. 즉 GATT체제에서는 상대회원국을 제소한 선진국과 개발도상국의 비중차이가 8 : 2 이상이었으나 WTO체제에서는 그 비중이 6 : 4에 가까워지면서 그만큼 개발도상국의 참여가 많이 증가한 모습을 볼 수 있다. 그러나 이러한 외형적인 개선에도 불구하고 초기의 기대와는 달리 최근에 들어서는 WTO체제에서도 개발도상국이 여전히 불리한 조건에 놓여있다는 주장들이 자주 제기되고 있다. 그 논리를 간략하게 소개하면 대체로 다음과 같다. 즉 DSU에서의 사법성의 강화는 오히려 개발도상국에 대한 분쟁해결의 사법적 비용을 증가시켜 사법적 능력이 미비한 개발도상국들의 참여를 저하시킨다는 주장이 있다. 특히 이와 같은 분쟁해결비용의 증가는 가뜩이나 분쟁해결에 따른 경제적 이득이 미약한 개발도상국들에게 불리한 요건

으로 작용한다.

또한 DSU의 사법성 강화는 DSB의 결정에 최종성을 부여하여 권고조치를 이행하지 않으면 보복조치를 허용하게 되는데 개발도상국의 입장에서는 보복조치의 수단에 한계가 있다는 것이다. 사정이 이렇다 보니 정치·외교·경제적인 측면에서 이미 선진국들에 의존적인 개발도상국들은 아예 초기부터 DSU에 따른 분쟁을 제기할 엄두를 내지 못한다는 지적이다.[6)]

6) 권영민(2008)의 "WTO 분쟁해결의 형평성"을 참조하였다.

09

CHAPTER

뉴라운드 국제무역환경의 현안과 이슈

9 Chapter 뉴라운드 국제무역환경의 현안과 이슈

9.1 뉴라운드(New Round)

1. 뉴라운드의 의의

GATT는 국제협정이기 때문에 참가국들 간의 협상을 통해 국제무역규범을 정해 왔는데 이러한 다자간의 주기적 일괄협상을 라운드(Round)라고 부르고 있다. 선진국들은 우루과이라운드(UR)협정으로 이제 자유무역질서는 어느 정도 구축되었다고 보고 그 여세를 몰아 공정한 무역 질서를 마련하기 위한 공세를 펴기 시작하였다. 미국은 유럽연합과 함께 마라케시 회담 마지막 날 무역과 환경에 관한 각료결정을 발표하는 데 성공하였다. 이는 환경과 무역의 연계문제를 다루는 일명 '그린라운드(GR)'의 출범선언이나 다름없었다. 뿐만 아니라 선진국들은 노동조건을 무역에 연계시키는 문제도 WTO에서 다루자고 강하게 주장하고 나왔는데 이는 부당노동행위로 생산된 제품의 국제교역을 규제하겠다는 것이다. 이 밖에도 각국의 불공정거래관행과 정부의 기술정책을 무역에 연계시키는 문제를 WTO에서 다루겠다는 뜻도 확고히 하고 있다.

우루과이라운드(UR) 종결 이후 전개되는 선진국들의 이러한 공세를 통칭하여 뉴라운드(New Round)라고 한다. 뉴라운드는 각국의 경제주체들이 공통된 조건과 게임의 법칙 아래에서 보다 자유롭고, 보다 공정한 무역을 할 수 있도록 하자는 논의이다. 한마디로 탈냉전 후의 경제우선주의를 반영한 통합 세계시장규범을 마련하자는 것이다.

UR의 종결로 세계무역규범은 마련되었지만 이것으로 생산 및 시장의 급속한 세계화를 규율하기에는 부족하다는 것이다. WTO를 발판으로 세계사회규범과 세계산업규범도 통합되어야 한다고 주장된다. 즉 어느 기업이 세계 어느 곳에 가든지 국경을 불문하고 공정한 조건과 동등한 게임규칙 속에서 활동할 수 있도록 각종 여건이 개선되어야 함을 의미한다. 그러나 뉴라운드의 또 다른 의미는 이것이 강대국의 주도로 이루어지면 선·후진국 간의 경제력격차를 지속시키는 데 이바지할 수 있다는 것이다. 다시 말해 통합 세계시장규범으로부터 발생하는 이익의 대부분이 선진국 차지가 되어버릴 수 있다는 것인데 이것이 많은 약소국들을 불안하게 하는 이유이다.

2. WTO 뉴라운드 논의의 대두와 각료회의[1)]

WTO체제의 출범에 따라 상품뿐만 아니라 자본, 기술, 서비스 및 인력이동 등으로 무역자유화의 범위가 확대됨으로써 경제의 세계화(Globalization)가 급속히 진전되어 왔다. 이에 따라 통상현안도 과거에는 시장접근에 중점을 두었으나 최근 들어 각종 국내제도 및 관행에까지 국제기준을 적용시키기 위한 논의로 진전됨으로써 그 범위가 한층 확대되고 있다.

이러한 대표적인 현안으로서는 환경, 노동, 직·간접투자, 경쟁정책, 부패방지, 전자상거래 등을 들 수 있는데 이들은 주로 국내문제를 다룬다는 측면에서 향후 관련 분야에 대한 국제규범이 만들어질 경우 세계경제에 큰 변화를 가져올 것으로 예상되고 있다.

이와 같이 WTO체제 출범 이후 교통, 통신, 과학기술의 발달로 국제무역환경이 크게 변화함에 따라 이전과는 전혀 다른 새로운 통상문제가 등장하고 이에 대한 효과적인 대응책이 요구되면서 새로운 다자간 무역협상, 즉 뉴라운드 논의가 대두되었던 것이다.

최근 뉴라운드(New Round)는 이와 같은 맥락에서 세계 각국의 관심을 얻고 있는데 다음과 같은 몇 가지 점에서 뉴라운드 추진의 의의를 찾을 수 있다.

첫째, 과거 우루과이라운드협상에서 완전히 타결되지 못했거나 타결된 분야 중에서 이행이 미진한 분야에 대해 추가적으로 협상을 함으로써 기존 통상현안에 대한 자유화를 실질적으로 달성함과 동시에 다자간 규범으로서 확고한 위상을 정립하는

1) 외교통상부의 각료회의 결과 보도자료를 정리하였다.

데 기여할 수 있다.

둘째, 국가 간 상호의존도가 높아지면서 무역에 지대한 영향을 미치고 있는 새로운 통상현안들에 대한 국제규범을 만들어냄으로써 교역자유화를 실질적으로 확대하는 계기를 마련할 수 있다.

셋째, WTO 규범의 확대, 감독 및 규율기능과 분쟁해결기능을 향상시킴으로써 다자무역체제를 더욱 공고히 할 수 있다는 것 등에서 찾을 수 있다.

그림 9-1 WTO 각료회담

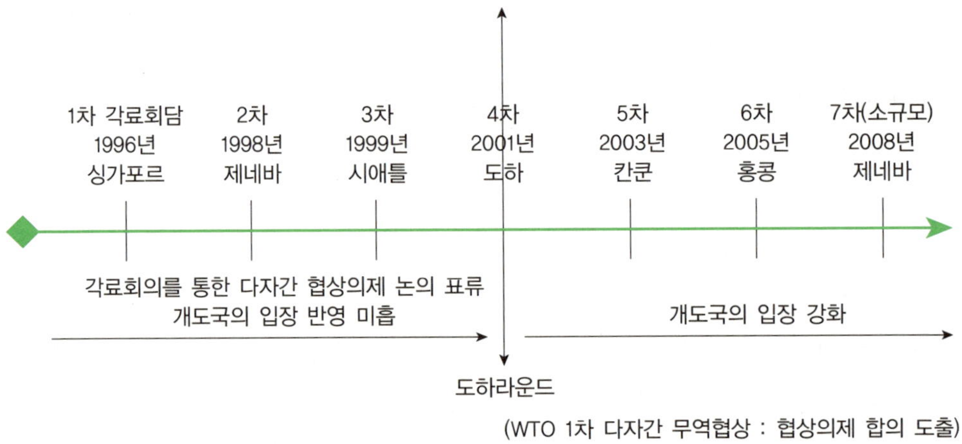

(1) 제4차 도하 각료회의 이전까지의 뉴라운드 논의 동향

1) 제1차 싱가포르 각료회의

뉴라운드(New Round)에 대한 구체적인 논의는 1996년 제1차 WTO 각료회의를 준비하는 과정에서 호주가 현안사항인 농업·서비스 분야의 후속협상[2)]을 별도로 전개하지 말고 공산품에 대한 관세인하와 함께 뉴라운드협상으로 발전시킬 것을 제안함으로써 시작되었다.

뉴라운드 논의가 제기됨에 따라 EU, 일본을 비롯한 다수의 회원국들도 농업, 서

2) 1994년 UR협상 종료 당시 각국은 농업 및 서비스 분야의 개방 정도가 미흡하다고 판단하여 협정 발효 후 5년이 경과한 2000년부터 추가 개방협상을 추진하기로 약속하였다. 이를 기설정의제(Built-In Agenda : BIA)라 한다.

비스 분야의 개방 확대문제 외에 공산품 관세인하, 다자간 투자규범 등 새로운 규범의 제정, 반덤핑협정 등 기존 협정의 개정문제를 포함하여 포괄적 협상을 추진할 것을 제안하였다.

싱가포르 각료회의는 1996년 12월 9일부터 13일까지 개최되었는데, 동 회의에는 127개 WTO 회원국의 통상장관, 34개 미가입국의 고위관료 및 IMF, UNCTAD, OECD 등 49개 국제기구대표들이 참석하였다.

WTO 회원국들은 싱가포르 각료회의에 대비하여 1996년 3월부터 제네바에서의 수석대표전체회의를 통한 의견교환과 함께 Quad 4국회의, G7, APEC 등 지역별 또는 이익그룹별 접촉, Quad-plus(중진국)회의 등 비공식 접촉들을 통한 의제협의와 의견조율을 계속해 왔다. 또한 밴쿠버, 스톡홀름, 로잔 등에서도 주요국들의 통상장관회담이 열려 싱가포르 각료회의 의제와 논의방향을 검토하였다.

싱가포르 각료회의의 주요 쟁점은 우루과이라운드(UR) 기설정의제, 소위 Built-in Agenda 중 특히 농업부문의 작업계획과 투자, 경쟁정책, 정부조달의 투명성, 노동기준, 환경 등이 뉴 이슈의 논의방향이었다. 우리나라는 농업부문을 각료선언 독립문안에 포함시키는 데는 절대불가 입장을 표명하였고, 뉴 이슈에 대해서는 '중간자적', '조정자적' 입장을 견지하였다.

2) 제2차 제네바 각료회의

1998년 5월 18일부터 20일까지 스위스 제네바에서 제2차 세계무역기구(WTO) 각료회의가 개최되었다. 회의는 1996년 12월 싱가포르에서 개최된 제1차 각료회의에 이어 WTO 출범 후 두 번째로 개최된 회의로서, 132개 회원국 대표들은 싱가포르 각료회의 이후 지금까지의 WTO의 전반적 활동과 WTO협정의 이행상황을 평가하고, WTO가 차기 각료회의 시까지 추진해 나갈 작업계획에 관해 의견을 교환하였다.

각료회의 주요 결과 WTO협정의 이행상황을 점검하고, 각료회의에 참석한 WTO 회원국 각료들은 WTO규범에 기초한 다자무역체제에 대한 국제사회의 신뢰를 제고하기 위해서 WTO협정의 성실한 이행이 무엇보다 중요하다는 것을 한 목소리로 강조하였다.

한편, 선진국들은 계속적인 무역자유화를 추진하여 세계경제의 지속적 발전을 이룩해 나가자고 강조하였으며, 개도국들은 개도국들이 비교우위를 가지고 있는 농산물 및 섬유 등에 대한 선진국의 적극적인 시장접근 기회 부여와 WTO협정 이행을 위한 기술 지원 등을 통해 WTO체제 내에서 개도국이 소외되지 않도록 할 것을 촉구하였다. 우리나라는 규범에 기초한 국제무역질서의 정착을 위해서는 WTO협정의 성실한 이행을 보장하는 것이 필수적이며, 이를 위해서는 분쟁해결절차가 더욱 효과적으로 운용되어야 한다고 강조하였다.

또한 다자주의에 기초한 세계무역질서의 지속적인 발전을 위해서는 지역협정이 다자무역체제에 대해 보완적 기능을 할 수 있도록 유의해야 함을 지적하는 한편, 농업협정의 이행과 관련해서는 식량안보와 농업의 다기능적 측면에 대해서 주의를 기울여야 함을 촉구하고, 중국 및 러시아를 포함한 가입 신청국들의 조기가입 실현을 통하여 WTO의 보편성이 증진되기를 희망하였다.

또한 제네바 각료회의에서는 차기 다자무역자유화협상의 준비작업일정을 수립하였는데, 2000년 초에 뉴라운드를 개최하자는 제안이 보다 본격적으로 논의되고 있는 상황에서 개최된 만큼 회원국들의 관심은 향후 추가 자유화협상의 범위와 방식, 즉 포괄적 다자무역협상(뉴라운드)의 출범문제에 집중되었다.

뉴라운드 출범 제안은 1997년 중반부터 WTO, OECD, APEC등 주요 국제 통상회의에서 지속적으로 제기되어 왔던 문제로서 현행 WTO협정상 2000년을 전후하여 개시 예정인 서비스 및 농산물에 대한 추가협상에 더하여 공산품 분야 및 투자, 환경, 경쟁정책 등을 포함한 포괄적인 협상을 2000년에 출범시키자는 것이다.

각료회의에서 2000년 초 차기 다자무역협상의 협상의 진행방식에 대해서는 여러가지 다양한 의견이 개진되었으나 협상의 범위에 대해서는 농산물 및 서비스 분야 이외에도 WTO 출범 이후 새로이 대두된 무역관련 이슈들을 비롯하여 공산품 분야 등을 포함한 포괄적인 협상이 될 것이라는 데 대해서는 인식을 같이 하게 된 것으로 보인다.

미국은 차기 다자협상은 우루과이라운드와 같이 오랜 기간이 소요되어서는 안 된다는 것을 특히 강조하였으며, 캐나다는 몇 개 분야씩 묶어서 단기, 중기, 장기로 나누어 단계별로 협상을 진행하는 방안을 제의하였다. 일본은 금번 WTO 각료회의에서 포괄적 자유화협상에 대한 지지를 더욱 명백히 표명하였다.

그간 우루과이라운드협상 결과이행에도 어려움을 겪고 있음을 들어 뉴라운드 개시가 시기상조라는 입장을 취해 오던 개도국들도 이번 각료회의에서는 무조건적인 반대보다는 차기 협상 시 이해관계의 균형을 강조하는 자세로 전환된 입장을 보였다. 우리나라는 WTO협정에 이미 규정되어 있는 농산물 및 서비스 분야에 더하여 새로운 무역관련 의제 등을 포함한 보다 광범위한 분야를 향후 추가 협상의 대상으로 삼는 것이 협상참가국 간의 이해의 균형을 확보하기가 용이하다는 이점이 있어 더욱 바람직하다는 입장을 표명하였다.

WTO 회원국들은 이번 회의 각료선언 채택을 통하여 2000년 전후로 예정되어 있는 농산물 및 서비스 분야의 후속협상 준비작업을 비롯하여, 공산품 분야 및 투자, 환경, 경쟁정책 등 새로운 의제를 향후 자유화협상에 포함하는 문제 등을 1998년 9월부터 WTO 일반이사회에서 협의해 나가기로 합의하였다.

한편 각료회의에서는 미국의 주도로 전자상거래에 대한 각료선언을 채택하였다. WTO 회원국들은 1998년 9월부터 전자상거래에 관한 무역관련 문제를 포괄적으로 검토해 나가기로 하였으며, 1999년 하반기에 개최될 제3차 각료회의에서의 재검토를 조건으로 전사상거래에 대한 현재의 무관세 관행을 지속하기로 합의하였다. 제3차 각료회의 개최지 결정 회원국들은 미국 정부의 제3차 각료회의 개최 희망 의사를 받아들여, 제3차 각료회의를 1999년 미국에서 개최하기로 결정하였다.

3) 제3차 시애틀 각료회의

① 시애틀 각료회의 경과

21세기의 새로운 다자무역질서를 구축할 뉴라운드의 출범 여부와 협상원칙 및 범위 등을 결정할 제3차 WTO 각료회의가 1999년 11월 30일부터 12월 3일까지 미국 시애틀에서 개최되었다. 이 각료회의에는 136개 WTO 회원국 외에 중국, 러시아 등 43개 비회원국과 UN, IMF, 세계은행, OECD 등 62개 국제기구가 옵서버로 참가하였다.

각료선언문 작성을 위한 회의진행은 전체회의와 함께 6개 의제별로 구성된 작업반[3]회의를 통하여 실질문제를 토론하는 형식으로 진행되었다. 그러나 시애틀 각료회의에서 뉴라운드 출범을 공식 선언할 것이라는 당초 기대와는 달리 농업과 관련

3) 당초 농업, 시장접근, WTO협정 이행, 신통상의제, WTO제도 개선문제 등 5개 작업반으로 출발하였으나 미국의 요구로 노동과 무역삭업반이 추가로 구성되었다.

한 수출보조금문제, 반덤핑의제 채택 여부, 노동과 무역의 연계문제 등과 관련하여 회원국 간에 이견이 많아 뉴라운드 출범에 대한 합의를 이루지 못하고 각료회의가 폐막되었다.

시애틀 각료회의에서 합의 도출 실패로 인하여 뉴라운드 논의가 중단된 것은 "모든 의제에서 합의가 이루어지기 전까지는 합의가 없는 것으로 간주"키로 한 원칙에 따른 것이다. 그러나 분야별로는 구체적 내용에서 상당한 진전이 있었던 것으로 평가되고 있어 각료회의 기간 중 합의에 도달했던 부분은 향후 협상의 기초가 될 것으로 예상되고 있다.

② 시애틀 각료회의의 결렬 배경

시애틀 각료회의가 성공하지 못한 것은 의제가 광범위한 분야에 걸쳐 있었으므로 채택 여부에 관하여 회원국 간에 심한 견해차이가 노출되었고 이를 해소하기에 시간이 불충분하였기 때문이었다. 농업, 반덤핑, 노동, 투자 및 경쟁정책 등을 둘러싼 미국, EU, 일본 등 주요 회원국 간의 의견대립 그리고 노동문제와 관련한 선진국과 개도국 간의 견해차이를 해소하기에는 4일간의 각료회의 일정이 크게 부족하였다.

의사결정방식에 있어서 투명성이 결여되었고 개도국이 이에 반발한 것도 합의 도출에 걸림돌로 작용하였다. WTO의 의사결정은 각료회의 또는 일반이사회에서 전원합의로 이루어지는 것이 원칙이나 실제로는 주요 20여 개국이 참여하는 비공식회의(green-room meeting) 또는 소규모 회의(quad meeting)를 통해 이루어져 대다수 개도국들은 의사결정과정에서 소외되었다. 아울러 미국이 회의를 중재하고자 적극적으로 노력하지 않았던 점과 EU, 일본, 개도국 및 비정부기구(Non-Government Organization : NGO)들의 영향력이 크게 증대된 점도 합의 도출을 어렵게 하였다.

미국의 경우 농업 및 서비스 분야에 대한 협상이 각료선언문 채택 여부와 무관하게 2000년 1월부터 개시될 예정인 상태에서 자국의 이해와 합치되지 않는 반덤핑, WTO협정 이행문제, 신통상의제 등에 대하여 합의를 서두를 이유가 없었다. 또한 개도국들은 노동문제, WTO 의사결정방식 등과 관련하여 반대 입장을 분명히 하였으며, 비정부기구(NGO)들의 활동이 강화되어 각국이 협상태도를 유연하게 가져가지 못함으로 인하여 협상이 결렬되고 말았다.

(2) 제4차 도하 각료회의 이후의 뉴라운드 논의 동향

1) 제4차 도하 각료회의

1999년 시애틀에서 개최된 제3차 WTO 각료회의를 계기로 뉴라운드를 출범시키기로 합의하였으나 시애틀 각료회의는 협상의제를 둘러싼 WTO 회원국 간의 복잡한 이해관계로 말미암아 합의 도출에 실패한 채 각료회의가 중단되는 사태를 초래하였고, 그 결과 새로운 무역규범으로 다자무역체제를 관리하고자 한 뉴라운드의 출범이 무산되었다. 제3차 시애틀 각료회의 이후 각국은 협상 의제에 대한 합의 도출을 위한 노력을 지속하였고, 이와 함께 당시 세계경제의 침체 및 무역 위축에 따른 위기의식으로 무역자유화를 위한 WTO의 역할이 더욱 절실하게 요구되는 상황에서 WTO 각 회원국이 보다 신축적인 자세를 취하게 되어 2001년 11월 카타르 도하에서 제4차 WTO 도하 각료회의가 개최되었다.

WTO 제4차 각료회의는 뉴라운드 출범 합의에 실패한 제3차 시애틀 각료회의 이후 뉴밀레니엄시대의 새로운 무역질서의 틀을 만들기 위해 2001년 11월 9일부터 14일까지 카타르 도하에서 WTO 142개 회원국 통상담당 장관 등이 모인 가운데 개최된 각료회의로 시애틀 각료회의에서 무산된 뉴라운드 출범선언문 합의 도출을 목표로 하였다.

제4차 각료회의의 주요 결과에 있어서 가장 중요한 것이 바로 도하개발어젠다(DDA)에 관한 각료선언문이 채택되었다는 것이다. WTO의 제1차 다자간 무역협상의 개시를 선언한 것이고, 뉴라운드협상을 도하개발어젠다협상으로 명명하였다.

농업, 서비스, 공산품, 반덤핑협정과 수산보조금을 포함한 보조금협정 개정, 투자, 경쟁정책, 무역원활화, 정부조달투명성, 일부 환경문제에 대한 협상을 일괄타결방식(single undertaking)으로 진행하기로 하였고, 협상 개시를 위한 제1차 무역협상위원회(Trade Negotiations Committee : TNC)를 2002년 1월 중에 개최하며, DDA협상시한에 있어서는 2005년 1월1일 이전에 협상을 종료하는 것을 목표로 하였다.

또한 WTO협정 이행에 관한 개도국 요구사항 약 100개 중 약 절반에 대한 해결방안이 제시되었고, 나머지 문제는 DDA에서 처리하기로 WTO협정 이행과 관련된 결정이 채택되었다.

각료회의에서는 지적재산권과 공중보건에 관한 별도의 각료선언문이 채택되었는데, AIDS 치료제 확보 등 공중보건보호를 위해서는 WTO 지적재산권협정(TRIPs)이 제약이 되지 않도록 한다는 원칙이 천명되었다.

2) 제5차 칸쿤 각료회의

2003년 9월 WTO 제5차 각료회의가 멕시코 칸쿤에서 개최되었다. 5차 각료회의는 DDA협상의 중간평가 성격을 띠고 있다. DDA의 3년 협상기간, 즉 2002년부터 2004년까지의 중간시점에서 개최된 각료회의로서 그동안의 협상진행을 중간평가하는 성격을 지니고 있다.

칸쿤 각료회의에서는 각료회의의 실질적인 목표라 할 수 있는 싱가포르 이슈협상 개시를 위한 세부원칙(Modalities) 수립과 협상 세부원칙 수립시한을 놓친 농업 분야와 비농산물 분야에 대한 세부원칙결정이 중요하였다. 그러나 실질적으로는 각료회의를 준비하는 과정에서 농업과 비농산물에 대한 세부원칙 협의가 어렵다는 공통의 인식하에 세부원칙의 기본골격(framework)에 대한 합의를 목표로 하였다.

농업, 비농산물, 싱가포르 이슈, 개발, 기타 등 5개의 협상 분야별로 개별 및 그룹별, 그리고 전체회의를 통해 입장을 조율하고, 회의 중간중간에 주요국 비공식회의를 개최하여 쟁점 분야에 대한 의견 조율을 시도하였다.

2003년 9월 14일 회의 최종일에 싱가포르 이슈에 대한 합의를 시도하였으나 ACP 국가를 중심으로 한 개도국들의 협상개시 반대로 합의 도출에 실패하였다. 각료회의 합의의 실패 원인은 농업, 비농산물, 싱가포르 이슈 등 주요 협상 분야에 대한 선·개도국 간 대립 때문이었다. 선진국은 개도국에 대해서 시장개방 및 싱가포르 이슈 추진을 강력하게 요구하면서 농업보조 감축과 같은 자국의 제도 개혁에는 소극적인 태도를 보였기 때문에 반발을 살 수밖에 없었다. 또한 개도국은 WTO에서 경제원조에 가까운 특별대우를 받기 위해 선진국이 수용할 수 없도록 면화보조금 철폐와 같은 무리한 요구를 하였기 때문이라 할 수 있다.

그러나 각료회의 합의 도출 실패의 직접적인 이유는 싱가포르 이슈에 대한 선·개도국 간의 의견대립에 기인하였다고 할 수 있으며, 절차적 투명성 때문에 대부분의 회의에 모든 회원국이 참여하여 논의를 진행하여 효율성이 저하된 것 또한 하나의 이유라 할 수 있다.

칸쿤 각료회의 결과가 별 다른 성과를 보이지 못하여 각국의 보호주의적 조치 중대가능성과 다자무역체제에 대한 신뢰 상실 우려를 낳게 되었다.

3) 제6차 홍콩 각료회의

WTO 제6차 각료회의는 WTO 149개 회원국, 42개 옵서버 국가, 76개 옵서버 국제기구 등이 참가한 가운데 2005년 12월 13일부터 18일까지 홍콩에서 개최되었다. 홍콩 각료회의는 당초 2002년 공식 출범한 도하개발어젠다의 농업, 비농산물 분야 협상의 세부원칙 수립을 목표로 하였으나 2006년 말 협상 종료를 위해 농업, 비농산물, 서비스, 개발 등 주요 협상 분야에서의 점검과 함께 향후 협상 진행을 위한 정치적 지침을 제공하는 회의로 목표수준을 조절하였다.

홍콩 각료회의에서는 농업, 비농산물, 서비스, 개발, 환경, 이행 등 6개 분야를 설정, 개별, 그룹별 그리고 전체 회의를 통해 입장을 조율하고자 하였다. 수석대표회의를 회의 기간 중 매일 개최하여 분야별 협상의 진전상황을 협의하고 수석대표회의와 병행하여 주요국 비공식 회의, 소위 그린룸 회의를 수시로 개최, 쟁점 분야에 대한 최종의견 조율을 시도하였다.

홍콩 각료회의는 주요 협상 분야별 합의내용 및 향후 진행될 협상지침을 포함하는 본문 및 농업, 비농산물, 서비스, 규범, 무역원활화, 개도국 특별대우 등 6개 부속서로 구성된 각료선언문을 채택하였다. 각료 선언문의 주요 합의내용을 살펴보면, 첫째, 농산물 수출보조금 철폐시한을 2013년, 면화 수출보조금 철폐시한을 2006년으로 합의하였다. 둘째, 농업과 비농산물협상 세부원칙 중 일부요소에 합의하였는데, 농업의 경우 국내보조감축 구간수(3개), 관세감축 구간수(4개), 개도국 특별품목 선정 등에 합의하였고, 비농산물의 경우 복수계수의 스위스 관세감축 공식을 채택하기로 합의하였다. 셋째, 최빈개도국 상품에 대한 무관세 및 무쿼터 수입원칙에 합의하였다. 선진국 및 동참을 선언한 개도국은 모든 최빈개도국으로부터 수입되는 모든 품목에 대하여 2008년까지 무관세 및 무쿼터 시장접근을 제공키로 하였다. 단 동 의무를 당장 이행하기 어려운 선진국은 2008년까지 우선 최소한 97%에 해당하는 품목에 대해 시장접근을 제공하고 여타 품목은 점진적으로 확대하기로 하였다. 넷째, 서비스협상의 주요 목표를 설정하고 기존의 양자 양허협상에 추가하여 복수적 양허협상방식을 도입하기로 하였다.

홍콩 각료회의는 개발 분야의 의미 있는 협상 패키지를 마련함으로써 개도국들이 다자협상에 적극적으로 참여하도록 유도하였다는 것과 농업, 비농산물 등 주요 협상 분야의 협상 세부원칙 수립시한 및 최종양허안 제출시한에 합의함으로써 협상의 모멘텀을 유지하고 협상을 가속화하는 토대를 마련하였다는 데 그 의의를 찾을 수 있겠으나 실상은 그러하질 못하였다고 평가할 수 있다.

4) 제7차 제네바 소규모 각료회의

2001년 11월 카타르의 도하에서 개발을 주된 목표로 삼아 시작됐던 세계무역기구의 DDA 무역협상은 7년 가까이 우여곡절을 겪은 끝에 이제 성패의 중대한 갈림길에 놓였다. 2008년 7월 21일부터 엿새 동안 30여 개 주요국들이 참석한 가운데 제네바에서 진행된 WTO 주요국 통상각료회의에서 핵심 쟁점인 농업과 비농산물 분야의 자유화 세부원칙들에 관한 협의를 도출해낼 수 있느냐가 전체 DDA협상 연내 타결의 관건이었다. 그러나 핵심 이슈에 대한 잠정 타협안이 도출되어 협상이 급진전되기도 하였으나 개도국 특별긴급관세(SSM), 면화 등 쟁점 이슈들에 대한 합의를 도출하지 못함으로써 결국 동 세부원칙에 대한 최종합의에는 이르지 못하였다. 여기서는 쟁점이 되었던 핵심 의제에 대해 간략히 소개하기로 한다.

① 개도국긴급수입관세(SSM) 발동조건 완화 의제

SSM이란 수입량이 급증하거나 가격이 급락할 때 개도국이 관세를 올려 자국 농업을 보호할 수 있도록 하는 제도이다. 제7차 소규모 각료회의에서 발표된 잠정 타협안에 따르면 SSM은 수입량이 기준물량의 140%를 초과할 때 발동가능하도록 규정되어 있다. 이에 대해 영세농민이 많은 인도는 자국 농민보호를 위해 수입량이 110%만 최과해도 SSM이 발동되도록 해야 한다고 주장하고 있다. 그러나 우루과이나 아르헨티나 등의 농산물 수출개도국들은 SSM이 농산물시장접근을 방해한다며 이에 반대의 입장이다.

② 저율관세쿼터물량(TRQ) 의제

국가별로 보호가 필요한 자국 농산물품목은 일정 수에 한해 낮은 관세감축률을 적용받을 수 있다. 이에 대한 대가로 저율의 관세하에 의무적으로 일정 물량을 수입해야 하는데 이를 TRQ라 한다. 지난 잠정 타협안에서는 TRQ 증량수준을 선진국은 국내소비량의 4%, 개도국은 2.7%로 지정한 상태이다. 그러나 이를 놓고 농산물 수입국은 TRQ 감량을, 수출국은 증량을 주장하며 대립하는 입장이다.

③ 면화보조금감축의 의제

면화를 주로 생산하고 있는 서아프리카의 최빈국들은 미국이 면화보조금을 80% 이상 감축해야 한다고 주장하고 있다. 그러나 미국 측은 세계최대 면화수입국인 중국이 면화를 관세감축면제품목으로 지정한다면 면화보조금을 감축하지 않겠다며 중국의 면화 수입관세와 자국의 면화보조금 삭감을 연계시켰다.

④ 개도국들 공산품 관세장벽 제거 의제

거대 신흥개도국의 공산품시장을 노리는 미국과 EU는 NAMA 분야별 자유화협상에 개도국들이 자발적으로 참여해 관세장벽을 제거하길 바라고 있다. 그 대신 관세감축률을 상대적으로 완화해주겠다고 제안하는 입장이다. 그러나 중국과 인도는 자발적 참여를 거부하고 있다. 미국과 EU가 각각 농업보조금과 농산물 수입관세를 잠정 타협안보다 더 낮은 수준으로 감축하지 않으면 분야별 자유화협상에도 참여하지 않겠다는 입장이다.

⑤ 중국의 최근 가입국대우 이슈

WTO는 신규 가입국에 대해 일정기간 관세감축을 면제해주는 혜택을 부여하고 있다. 지난 2001년 WTO에 가입한 중국은 공산품 분야에서 3, 4년간의 관세감축면제 혜택을 누리고 있다. 이에 미국과 EU는 NAMA 분야별 자유화협상 참여를 촉구하며 중국 측을 비난하는 입장을 취하고 있다.

상기와 같은 협상의제와 세부원칙에 있어 의견차이가 줄어들어 협상타결이 기대되었지만 협상은 결렬되었다. 앞서 주요국 각료들은 2008년 7월 25일 농업과 비농산물 분야의 자유화 세부원칙들에 관한 잠정 타협안에 합의했음에도 불구하고 농업분야의 개도국 긴급수입관세조치(Special Safeguard Mechanism : SSM) 발동요건 완화 등 핵심 쟁점에 대해 미국과 인도, 중국이 대립하면서 합의에 이르지 못하였다. SSM이란 수입량이 급증하거나 가격이 급락할 때 개도국이 관세를 올려 자국 농업을 보호할 수 있도록 하는 제도이다. 잠정 타협안에 따르면 SSM은 우루과이라운드(UR) 양허관세를 초과해서 추가 관세를 부과할 수 있도록 했으며, 수입물량과 증가분이 기준물량(과거 3년 평균)의 140% 이상일 경우 개도국이 발동할 수 있도록 했다. 이에 인도가 발동기준을 110%로 완화해야 한다고 주장하여 협상이 결렬되었다.

살펴보기 **농업부문 세부원칙(modalities) 잠정 타협안내용**

(협상결렬 직전 DDA 제네바 소규모 각료회의(2008.7.25.)안)

- **최상위 구간 관세감축률** : (선진국) 70%
  ※의장 3차 수정안에 개도국은 선진국의 2/3
- **특별품목(Special Product : SP)**
  - 전체 SP개수 : 세번수의 12% 지정가능, 관세감축면제 SP : 세번수의 5% 지정가능, 평균감축률 : 11%

  ※최근 가입국은 전체 세번의 13% 지정가능, 평균감축률은 10%
- **관세상한관련, 민감품목은 보상 전제로 관세 100% 이상 가능(선진국기준)**
  - 일부 선진국의 비민감품목에 대해서는 전체 세번의 1%까지 보상 전제로 관세 100% 이상 가능

  ※의장 3차 수정안에 개도국의 경우는 민감품목은 보상을 전제로 150% 이상 가능하고, 특별품목은 적용 배제
- **개도국 긴급수입관세(Special Safeguard Mechanism : SSM)**
  - 연간 2.5% 세번에 한하여 UR 양허관세 초과가능
  - UR 양허관세 초과가능한 SSM의 발동기준은 기준물량(과거 3년 평균)의 140%, 추가 관세는 UR 양허세율의 15% 또는 15%를 넘지 않도록 제한
  - 가격이 실제로 하락하지 않는 경우 물량증가로 인한 SSM 원칙적 미발동
- **민감품목(선진국기준)**
  - 개수 : 전체 세번의 4% 지정가능, TRQ증량 : 국내소비량의 4%

  ※의장 3차 수정안에 따르면, 개도국의 민감품목 개수는 선진국의 1/3 추가, TRQ 증량은 선진국의 2/3수준
- **SSG(특별긴급관세 : 선진국기준)**
  - 발동가능품목을 이행 첫 날 최대 1%로 감축, 최대 7년간 철폐 이행
  - 이행기간 중 UR 최종양허관세 초과 금지

  ※의장 3차 수정안에 개도국의 경우에는 현행 UR 농협협상의 SSG 운용조건을 그대로 유지하거나 또는 적용품목을 전체 세번의 3%로 축소
- **무역왜곡보조총액(OTDS, 선진국기준)**
  - EU는 80% 감축, 미국은 70% 감축(144.7억 달러로 감축)

살펴보기 **NAMA부문 세부원칙(modalities) 잠정 타협안내용**

비농산물 시장접근(Non-Agricultural Market Access : NAMA)
(협상결렬 직전 DDA 제네바 소규모 각료회의(2008.7.25.)안)

- 선진국 관세감축 공식 계수 : 8
- 개도국 관세감축 공식 계수 및 신축성

개도국 계수	신축성			
	(i) 일반감축률의 50% 적용		(ii) 감축 면제	
	세번수(%)	해당 세번수의 수입액 제한(%)	세번수(%)	해당 세번수의 수입액 제한(%)
(a) 20	14	16	6.5	7.5
(b) 22	10	10	5	5
(c) 25	0	0	0	0

- 개도국의 신축성 집중사용 방지조항(anti-concentration clause)
  - HS 2단위(Chapter, 류)별로 최소 20% 세번수(national tariff lines) 또는 최소 9% 수입액에 해당하는 품목에 대해서는 일반감축률 적용을 의무화
- 분야별 자유화(sectoral liberalization)
  - 주요 WTO 회원국(명단은 추후 합의)의 경우, 최소 2개 분야별 자유화에 참여
  - 분야별 자유화에 참여하는 개도국에 대하여는 관세감축 공식 계수 상향조정(즉, 감축률 완화)

3. 뉴라운드 논의 의제의 공통점

각 라운드의 논의 배경과 진행과정 및 전망에는 몇 가지 공통점이 있다.[4] 첫째는 선진국에 의하여 제기되고 있다는 점이다. 그 이유는 선진국의 경우에 뉴라운드와 관련된 제도와 관행이 어느 정도 자리를 잡고 있으며 이를 배경으로 자신들의 경쟁력 상실에 대응하자는 전략적인 의도가 숨어있기 때문이다. 심지어 노동과 관련한 의제는 미국과 영국 등 일부 선진국들이 그 1차적인 적용대상으로 중국을 정해놓고 있는 실정이다.

4) 박광서 외 4인, 세계화와 현대경제, 두남, 1999. 2, pp.66~67.

둘째는 개도국들이 뉴라운드의 논의에 대하여 대체로 냉담하거나 반발하고 있다는 점이다. 개도국들의 주된 논점은 선진국들이 자신들의 과거를 문제 삼지 않고 현재 개도국의 문제만 대상으로 한다는 것이다. 즉 선진국들이 과거 개발과정에서 발생시켰던 각종 환경파괴, 열악한 노동조건, 정부지원 등은 논외로 접어들 수 있느냐는 것이다. 특히 환경문제는 일시적인 것이 아니고 누적적으로 나타나는 것이므로 선진국들도 이에 대한 책임을 져야 한다는 문제제기를 하고 있다.

셋째는 각 규범이 새로운 무역장벽으로 작용하는 경우 그 제재조치가 개별기업을 대상으로 행하여질 수 있다는 것이다. WTO체제 이전에는 무역과 관련된 제재조치는 주로 국가 내지는 품목을 대상으로 이루어졌었다. 그러나 뉴라운드의 논의 동향은 국가의 정책적인 측면만을 다루는 것이 아니라 기업들의 행동양식을 조정하자는 의도가 강하다. 더구나 각국은 이미 뉴라운드와 관련된 제도를 어느 정도 갖추고 있으며 지속적으로 개선하고 있는 실정이므로 결국 규범을 어기는 책임은 제도적인 측면보다는 개별기업의 경영적·행태적인 요인에 있다는 것이다. 또한 WTO체제에서 국가 간 전면적 마찰가능성은 제재조치를 취하는 국가에서도 불필요한 비용을 초래하기 때문이다.

마지막으로 뉴라운드의 논의 의제가 국제기구에서의 논의, 다자간 및 쌍무적 논의, 선진국의 일방적인 규범 적용 등 다양한 차원으로 전개된다는 점이다. 뉴라운드의 의제들은 이미 국가 간 쌍무적인 차원, 지역 경제권 내부 및 지역 간에서 어느 정도 논의되어 왔다. 이제 쌍무적인 협상은 다소 줄어들 것이지만 경제적인 통합을 위해서는 규범의 정립이 필수적이라는 점을 감안할 때 지역적인 논의는 더욱 활발해질 것이다.

4. 뉴라운드의 대응

새롭게 맞이한 21세기에는 글로벌화 및 정보화가 더욱 심화될 것이며, 20세기의 국제질서와는 질적인 측면에서 상당한 변화가 예상되고 있다. 무엇보다 국가 간에 모든 상품과 생산요소가 자유롭게 이동되며, 경제활동의 효율성도 크게 높아지게 될 것이다. 또한 우리 기업과 외국기업, 우리 제품과 외국제품 간 구분은 큰 의미가 없어지게 될 것이다.

추후에 시작될 뉴라운드협상은 21세기의 도전에 대응하여 WTO 회원국들이 합의를 통해 새로운 무역질서를 구축하는 과정이며, 선진국들이 일방적으로 밀어부치기식의 논리나 개도국들이 이익을 챙기기 위한 수단이 아닌 것이다. 우리나라와 같이 무역의존도가 높고 대외지향적 국가는 뉴라운드협상을 통해 무역질서가 안정되고 보호주의가 억제되면 전반적으로 많은 혜택을 볼 수 있을 것이다. 그러므로 우리나라는 우리와 교역하고 있는 국가들이 무역장벽을 억제하고 세계적으로 자유무역체제가 강화될 수 있도록 새로운 협상에 적극적이고 능동적으로 참여해야 할 것이다. 뿐만 아니라 뉴라운드협상을 통해 우리 기업들이 해외시장에 진출할 수 있는 기회를 활용할 수 있도록 최대한 지원해 나가야 할 것이다.

또한 농업 분야는 물론 일부 서비스업, 수산보조금문제 등 국내적으로 어려움이 예상되는 분야에 대해서는 자유화의 폭과 속도에 우리나라의 입장이 반영되도록 최대한의 협상력을 발휘해야 할 것이며 시장개방협상뿐 아니라 투자규범의 제정, 반덤핑협정의 개선 등 WTO규범 분야의 협의를 통해 규범에 의한 세계자유무역체제가 더욱 강화될 수 있도록 노력해야 할 것이다.

9.2 뉴라운드의 주요 국제무역환경 이슈

1. 전자상거래

전 세계적으로 전자상거래에 대한 논의가 활발하게 진행되고 있는 상황에서 세계 각국은 인터넷 상거래시장의 성장가능성을 높이 평가하고, 이 분야에서의 주도권 확보를 위해 노력을 경주하고 있다. WTO는 전자상거래가 21세기에는 경제성장을 주도하며, 세계경제의 생산성 증가에 대한 가능성을 제공할 것으로 기대된다. 이러한 범세계적인 전자상거래는 근로의 성격, 우리의 일상생활 및 정부의 역할 등에 대하여 경제적 및 사회적으로 막대한 영향을 주고 있다. 그러나 한 사회가 이러한 전자상거래에 의하여 이익을 충분히 얻기 위해서는 기업 및 소비자, 정부가 전자상거래의 발전과 성장을 이끌 수 있는 공통적인 틀을 구축하는 것이 필요하다.

더불어 세계 각국은 전자상거래의 등장으로 국가 간 무역이 촉진되고 기업들이 생산과 시장 모든 면에서 글로벌화의 기회를 얻게 됨에 따라 전자상거래를 자국의 주요 정책 현안으로 대두시켰다. 전자상거래와 관련하여 자국의 이익을 확보하기 위해 전자상거래 주요 이슈에 대하여 자국의 입장을 정리한 보고서를 국제기구에 제출하는 등의 노력을 기울이면서 전자상거래 논의에 적극적으로 참여하고 있다. 세계무역기구(WTO), 경제협력개발기구(OECD), UN국제상거래법위원회(UNCITRAL), 아・태경제협력기구(APEC), 세계지적소유권기구(WIPO) 등 국제기구들도 전자상거래에 법적 질서를 부여할 새로운 국제규범을 제정하기 위해 매우 빠른 속도로 논의를 진행하고 있다.

WTO는 전자상거래가 전 세계적으로 증가하고 새로운 교역기회를 제공한다는 점을 인식하여 1998년 5월 20일 제네바에서의 제2차 각료회의에서 '세계 전자상거래에 관한 각료회의 선언'을 하였다. 각료회의의 선언에 따라 1998년 9월 25일 일반이사회는 전자상거래에 관한 작업프로그램을 실시하였다. 전자상거래를 유형화하는 것은 매우 어렵기 때문에 일반이사회는 이 작업프로그램에서 중심적인 역할을 하고 있으며, 또한 작업프로그램을 계속 검토하게 된다. WTO 산하 TRIPs 이사회는 지적재산에 관한 정보를 일반인이 이용하는 것을 용이하게 하기 위하여 전 세계적인 네트워크와 지적재산정보서비스에 관한 WIPO의 작업을 인지하고 있다. WIPO는 국경 밖에서의 지적재산권에 관한 프로그램에서 여러 쟁점들에 대하여 작업 중이다. 따라서 WIPO의 작업과 함께 WTO가 이 분야의 발전을 계속 검토할 것이 요구된다.

전자상거래에 관한 국제기구에서의 논의는 OECD에서 처음으로 이루어진 이후에 현재 UN 산하 국제기구인 UNCITRAL이 전자상거래에 관하여 수도적인 역할을 하고 있다. UNCITRAL은 1996년 5월 제29차 위원회에서 '전자상거래모델법'을 채택한 이후 현재 전자상거래의 핵심 주제인 전자서명 및 인증기관에 관하여 '전자서명통일규칙'을 마련 중에 있다. 전자상거래관련 법제화문제와 관련하여 미국과 뉴질랜드, 호주 등이 APEC 차원에서 UNCITRAL 모델법을 채택하자는 제안을 거듭하고 있다. 한편 OECD에서는 주제별 전문위원회를 구성하여 전자상거래에 관련된 가이드라인을 발표한 바 있으며, 캐나다 오타와에서 전자상거래 각료회의를 개최하여 전자상거래의 범세계적인 기준을 논의하였다.[5)]

읽고가기 | 급격히 증가하는 국제전자상거래

미국의 한 유통업체에서 폴로 티셔츠를 살 경우 미 쇼핑 사이트 이베이나 옥션을 통해서 구입할 수 있다. 보통 한국에서 11만 원대까지 팔리는 제품이지만 미국의 인터넷 판매사이트에서 구입하게 되면 관세가 붙지 않은 데다 할인까지 받아 30달러(약 2만 8,000원)에 살 수 있다. 주문 뒤 배송까지는 열흘쯤의 시간이 소요된다. 1만 원 내외의 배송비를 감안해도 해외인터넷 사이트에서 물건을 싸게 살 수 있는 가능성이 항상 열려져 있다고 할 수 있다.

사이버 공간을 통해 국경을 넘나들며 쇼핑을 즐기는 국제전자상거래 이용자 덕분에 국제특송 물량은 모두 600만 건이 넘었다. 2004년 286만여 건이던 것이 2년여 만에 2.5배 이상으로 시장이 커졌다. 특히 전자상거래업체가 해외에서 파는 제품을 대신 사 국내로 부쳐주는 구매대행업이 국제특송시장의 주요 부분을 차지하고 있다. 2001년 위즈워드가 해외 구매대행을 처음 소개한 뒤 2007년 상반기까지 해외 구매대행업체는 관세청에 등록된 곳만 430여 곳으로 늘었으며, 2007년 들어 GS홈쇼핑, 롯데닷컴 같은 대기업까지 여기에 가세했다. 이러한 현상은 더 싸고 다양한 제품을 찾아 소비자들이 해외로 눈을 돌리면서 구매대행시장이 급성장하게 된 데 기인한 것이다.

국제특송이 황금알을 낳는 사업 분야로 생각되자 특송업체들의 경쟁도 치열해졌다. 국내 메이저 택배업체들은 1~2년 새 인천공항에 자체 통관장을 설치하고, 해외택배대리점을 늘리는 등의 경쟁력 강화에 주력하고 있다. 한진, 대한통운, 현대택배가 2006년부터, CJ, GLS, 동부익스프레스가 2007년 통관장을 설치하였다. 특히 반입 특송물량의 50% 정도를 점하는 외국계 특송사와 경쟁하기 위해 운송비를 절반수준으로 내리거나, 미국 화물을 이틀 만에 배송하는 서비스 제공업체도 등장하고 있다. 전문가에 의하면 전자상거래가 활성화하면서 국제특송 물량은 2009년까지 현재의 3배수준으로 늘 것으로 예측하고 있다.

(1) OECD와 전자상거래

OECD는 전자상거래의 개별논점에 대하여 1980년부터 산하의 각종위원회에서 포괄적인 논의를 계속하여 왔다. 현재까지 4개의 지침과 1개의 선언문이 채택되었는데, 1980년 '사생활보호와 개인자료의 국경 간 흐름에 관한 지침', 1992년 '정보보

5) 박유영의 "전자상거래의 국제기구별 논의"에서 참조하였다.

안체계에 관한 지침', 1997년 '암호화정책에 관한 지침'과 1985년 '국경 간 자료흐름에 관한 선언'이 있다.

1997년 11월에는 핀란드 투르크에서 핀란드 정부와 OECD 산하기업 및 산업자문위원회 등과 공동으로 '범세계 전자상거래 확산을 위한 장애물 제거'라는 주제로 국제회의를 개최하여 전자상거래 확산을 위한 10대 원칙을 제정하였다.

이어 1998년 10월에는 캐나다 오타와에서 '국경 없는 세계 : 국제전자상거래의 실현 가시화'를 주제로 각료회의를 개최하여 OECD가 지금까지 달성한 업적과 오타와회의의 결과를 바탕으로 전자상거래에 관련하여 OECD가 향후에 추진해야 할 작업의 우선순위를 도출하고 OECD가 수행해야 할 활동들을 제안하는 의미에서 실행계획서를 공표했다. 실행계획서는 소비자와의 신뢰구축, 전자상거래시장 조성을 위한 기본규칙 확립, 정보인프라의 구축, 전자상거래효과의 극대화 등 4가지 주제를 중심으로 다루고 있으며, 기타 국제기구의 작업계획과 민간부분에서 지속적으로 추진하고 있는 노력을 보완하려는 목적에서 작성되었다.

1999년 10월에는 오타와 각료회의 이후 1년간의 추진실적을 점검하고 향후 과제를 도출하기 위해 실무급 회의로서 OECD에서 전자상거래 파리포럼이 개최되었다. 이 회의에서는 새로운 결정사항은 없었으나 오타와 행동계획에 따른 지속적인 추진의 필요성이 재확인되었다. OECD 산하의 소관위원회별 논의 동향을 살펴보면 다음과 같다.

1) 정보통신위원회

과학기술산업국의 정보통신위원회는 산하에 전문가위원회에서 전체적인 전자상거래정책의 틀을 마련하고 정보경제구축, 내용물(contents), 보안, 사생활보호, 암호화, 전자서명, 인증, 정보통신 인프라 및 통신정책수립, 지적재산권보호 등의 문제를 논의하고 있다.

2) 소비자정책위원회

금융재정기업국의 소비자정책위원회에서는 전자상거래상 소비자보호지침을 제정하였으며, '소비자와 전자상거래 국제포럼'을 개최하여 정부의 역할, 국제 간 거래발전을 위한 기업환경 조성, 소비자 개인비밀보호, 전자화폐 등 지급수단의 발전상황 등을 검토한 바 있다.

3) 재정위원회

금융재정기업국의 재정위원회에서는 인터넷환경에서의 조세행정, 조세 가이드라인을 논의하고 있다. 현재 논의되는 관세 및 내국세문제는 공동보조의 필요성, 조세행정에서의 전자상거래기술 활용, 미국의 무관세지역화 제안 검토, 과세지 결정기준에 대한 재검토 등이 핵심적인 사안으로 다루어지고 있다.

4) 무역위원회

무역위원회는 기술표준은 시험 및 형식승인 등의 적합성 판정절차로 인한 수출입 장애 등을 전자상거래와 관련하여 검토한다.

5) 기타

농수산위원회에서는 농산물교역상 인터넷 사용문제를 검토한다. 고용·노동·사회위원회에서는 전자상거래가 교육, 구직 및 고용안전에 미치는 영향을 검토한다. 공공관리위원회는 공공부문의 전자상거래를, 관광위원회는 정보화기술 발전이 관광산업 및 정책에 미치는 영향을 각각 검토한다.

최근 OECD에서 전자상거래와 관련하여 논의를 집중시키고 있는 분야는 소비자보호를 비롯하여 조세, 개인정보보호, 인증 등으로 정리할 수 있다. 이들 사안은 전자상거래의 핵심 과제라 해도 과언이 아닐 만큼 각국의 입장 차이가 뚜렷한 분야로 우리나라의 입장 정립 및 대응책 마련이 시급하다. 소비자보호와 관련하여 우리나라 공정거래위원회는 OECD 소비자보호지침을 토대로 하여 '전자거래 소비자보호지침' 및 '인터넷 사이버몰 이용표준약관'을 제정한 바 있다. 재판관할 및 준거법의 중요성을 모든 국가가 인식을 같이하고 있음에도 불구하고 그 이해관계의 대립으로 인해 빠른 시일 안에 그 합의가 도출되기 어려운 실정임을 고려할 때 우리 정부는 이와 관련하여 외국의 사업자들로부터 국내소비자를 보호하기 위한 대안을 적극 강구해야 할 것이다.

(2) WTO와 전자상거래

전자상거래와 WTO에 있어서 가장 주된 쟁점은 현재의 WTO규범이 새로이 등장한 전자상거래의 분야에 적용될 수 있는가의 여부이다. 전자상거래에 영향을 줄 수 있는 WTO규범은 서비스, 지적재산권, 상품, 정부조달, 기술장벽 등 광범위하다. 이에 대해서는 현재의 규범이 전자상거래에 적용된다는 것이 회원국들 간에 전반적으로 합의된 것이라고 할 수 있다.

여타 현안들은 WTO 출범 직후인 1996년부터 이미 그 논의를 시작했음에 비해 전자상거래관련 논의는 1998년 2월 19일 WTO 일반이사회에서 미국이 전자상거래 무관세화 국제규범화(codification)를 제안하면서부터 시작됐다. 이로써 전자상거래 쟁점이 WTO 차원에서 처음 공식 제기되었으나 당초 대부분의 국가들은 이러한 미국의 제안에 적극적인 지지의사를 표명하지 않았으며 특히 개도국들은 이견을 제시하면서 개도국에 대한 배려가 함께 논의되어야 한다는 주장을 제기하였다. 이어 WTO 사무국은 1998년 3월에 '전자상거래와 WTO의 역할'이라는 보고서를 발간하여 전자상거래를 향후의 새로운 연구과제로서 WTO 차원에서 중요한 의제로 계속해서 논의할 것임을 밝혔다.

이에 캐나다가 1999년 제3차 각료회의까지 관세부과효과가 있는 신규조치를 하지 않도록 시한부 동결조치를 선언하자고 수정 제의하였고, 이를 다른 회원국들이 수용함으로써 1998년 5월 20일 제네바 제2차 각료회의에서 '범세계 전자상거래에 관한 각료회의 선언'을 채택하여 전자상거래 전반에 관한 포괄적인 작업프로그램을 수립하여 제3차 각료회의에서 논의결과를 보고토록 하였다. 이 선언에 따라 1998년 9월 25일 일반이사회는 전자상거래에 관한 작업프로그램을 실시하였고 이에 따라 서비스무역이사회, 상품무역이사회, 지적재산권이사회, 무역 및 발전이사회가 전자상거래에 관한 쟁점을 검토하게 되었다. 1999년 7월 이들 산하 위원회는 그 동안의 논의결과를 담은 작업결과보고서를 일반이사회에 제출하였는데 그 내용은 일반이사회의 권고와 함께 1999년 11월 제3차 WTO 시애틀 각료회의에 보고되었다.

이렇게 WTO 산하 위원회별로 논의된 전자상거래관련 주요 쟁점사항에 대한 논의결과는 각 산하기구의 보고서로 제3차 WTO 각료회의에 제출되었으나 1999년 12월 미국 시애틀 제3차 각료회의는 결렬되고 말았다. 그럼에도 불구하고 전자상거래에 대해서는 두 가지 사항에 대해 컨센서스를 이루었다. 그 하나는 전자적 전송물

(electronic transmission)에 대한 현재의 무관세조치를 차기 각료회의까지 연장하되 추후 영구 무관세화에 대해 논의한다는 것이고 다른 하나는 WTO에서의 논의를 계속함에 있어 그 형태를 별도의 작업반을 구성하지 않고 지금까지처럼 각 이사회별로 논의를 진행해 나가기로 합의한 것이다.

WTO에서의 전자상거래관련 논의는 상품무역이사회와 서비스무역이사회, 그 가운데에서도 특히 서비스무역이사회에서 가장 심도 있는 논의가 이루어졌다. 이에 비해 지적재산권무역이사회에서는 그 논의를 세계지적재산권기구(WIPO)에서의 논의결과를 지켜보자는 쪽으로 의견을 모음으로써 그 역할을 다하지 못했고, 무역개발위원회는 개발도상국들의 전자상거래 발전방안에 그 논의를 집중했다. WTO 산하의 소관위원회별 논의 동향을 살펴보면 다음과 같다.

1) 지적재산권이사회

지적재산권이사회는 전자상거래와 관련된 지적재산권상의 이슈들을 조사하여 보고하여야 한다. 조사되어야 할 이슈로는 저작권 및 저작인접권의 보호 및 집행, 상표의 보호 및 권리의 집행, 새로운 기술과 기술에의 접근을 제시하였다. 지적재산권협정(TRIPs)은 지적재산권에 대한 실체 규정이라기보다는 베른협약, 파리협약 등 세계지적재산권기구(WIPO)가 주관하는 여타 지적재산권관련 국제협약상의 규정을 최소기준(minimum standards)으로 하여 각국별로 갖추어야 할 이행의무를 두는 방식으로 규정되어 있다. 그러므로 전자상거래의 발전에 따라 WTO 차원에서 새로운 규율이 필요하다면 적어도 지적재산권과 관련하여서는 먼저 관련 협약의 개정 또는 새로운 협약의 제정이 선행되어야 하는 것이 원칙일 것이다.

2) 상품무역이사회

상품무역이사회는 공인된 작업프로그램과 관련된 전자상거래에 관한 사항을 조사·보고해야 한다. 조사해야 할 사항으로는 전자상거래와 관련된 상품의 시장접근과 이 상품에 대한 시장의 접근, GATT 1994 제7조의 이행에 관한 협정의 적용으로 발생하는 평가에 대한 이슈, 수입허가절차에 관한 협정의 적용으로 발생하는 이슈, GATT 1994 제2조에서 정의된 관세 및 기타 조세, 전자상거래에 관한 표준, 원산지 규정에 대한 이슈, 분류에 관한 이슈가 있다.

3) 서비스무역이사회(Council for Trade in Services)

서비스무역이사회는 무역에 관한 일반협정(GATS)의 법적 구조틀 내에서 전자상거래의 처우방법에 대해 조사·보고해야 한다. 그 내용으로는 GATS 제1조의 적용범위, 제2조의 최혜국대우(MFN), 제3조의 투명성(transparency), 제4조의 개도국 참여의 증진, 제6·7조의 국내적 규제, 표준, 인식, 제8·9조의 경쟁, 제14조의 프라이버시와 공중도덕의 보호 및 사기 방지, 제16조의 서비스의 전자식 공급에 관한 시장접근 공약, 제17조의 내국민대우, 통신에 관한 부속서의 공공통신전송 네트워크와 서비스의 이용과 이에 대한 접근, 관세, 분류에 대한 이슈가 있다.

우리나라의 경우 전문직 서비스시장과 관련법률, 의료, 회계 등 분야에 대해 아직까지 개방을 하고 있지 않고 있다. 따라서 예컨대 미국 변호사가 우리나라에 들어와 변호사 업무를 하는 것은 엄연한 변호사법 위반이다. 그런데 문제는 인터넷의 발달로 우리나라가 양허하지 않은 전문직 서비스가 얼마든지 '합법적'으로 가능할 수 있다는 데 있다. 결국 이러한 문제를 해결하는 일은 GATS의 모드별 양허를 폐지하고 양허 및 비양허 두 가지 형태로 협상을 진행하는 방법 외에 그 해법이 없다. 향후 전자상거래가 더욱 빠른 속도로 활성화될 것이 분명하다면 이러한 해법을 시도하는 일에 더욱 큰 무게가 실릴 수밖에 없다. 적어도 서비스시장에 관한 한 시장을 지키는 노력보다 완전시장개방을 전제로 무한경쟁체제에서 살아남기 위한 준비와 노력을 배가하는 일을 서둘러야 할 것이다.

2. 국제투자

(1) 다자간 투자규범의 의의와 제정협상 동향

상품, 서비스, 지적재산권관련 교역의 질서를 규율하는 WTO체제가 구축되면서 외국인직접투자의 경우에서도 이에 상응하는 다자규범을 제정하는 문제가 우루과이라운드협상 타결 이후 본격적으로 논의되기 시작하였다.

외국인직접투자에 대한 국제규범은 외국인직접투자와 관련된 주체, 즉 외국인 투자자, 투자유치국 정부, 투자국 정부 등의 권리와 의무관계를 규정하는 국제규범이다. 예컨대 투자유치국 정부가 외국인 투자기업의 부당한 행위, 조세회피목적의 이전가격설정, 반경쟁, 반고용, 환경침해 등의 행위 등을 규제할 수 있는 권리 및 이들 기업을 적절한 이유 없이 차별적으로 대우해서는 안 되며 이들의 재산을 보호해야 하는 의무, 그리고 투자기업이 자국과 투자유치국의 법규를 준수해야 하는 의무, 투자유치국 정부에 정당한 대우를 요구할 수 있는 권리 등을 규정하게 된다.

이미 세계에는 1,700여 개가 넘는 양자간 투자협정(BIT)이 존재하고 있고, APEC, NAFTA, ASEAN 등의 지역체들도 회원국에 적용되는 투자준칙을 갖고 있으며 WTO 협정 중 투자와 관련된 규범이 부분적으로 포함되어 있으나 이들 규범들은 투자자에게 안정되고, 투명하고, 예측가능한 투자환경을 제공하여 세계의 투자활성화에 기여한다는 목적을 부분적으로밖에 만족시키지 못하고 있다. 이러한 목적의 충족을 위해서는 참여국의 범위가 넓고, 내용이 포괄적이며, 구속력이 있는 다자간 투자규범이 필요하다.

OECD에서 추진된 다자간 투자협정(MAI)협상이 원래의 목표달성에 실패하고 1998년 12월 사실상 종결되면서 WTO에서의 다자간 투자규범 제정에 관한 논의가 주목을 받게 되었으며, WTO에서의 투자문제 논의가 본격화되기 시작한 것은 1996년 12월 제1차 싱가포르 WTO 각료회의 이후부터이다. 동 회의의 각료선언문에는 무역과 투자 간의 관계를 검토하는 작업반을 설치하고, 작업반의 작업은 향후 협상 여부를 예단하지 않는다는 기초 위에 진행하며, 일반이사회는 2년간의 작업반 논의 결과를 검토하여 향후 진행방향을 결정한다는 내용을 담고 있다.

그러나 WTO 투자협정 교섭상의 어려움이 따르고 있다. 세계경제에서 직접투자가 차지하는 중요성과 각국의 외국인투자유치 노력에도 불구하고, 세계투자의 지속적인 활성화를 위한 제도적 장치인 다자간 투자규범의 추진이 난항을 겪고 있는데 이는 개도국의 다자간 투자규범 형성 반대, WTO에서의 투자협정 추진에 대한 미국의 미온적 태도, 시민단체를 중심으로 한 투자협정에 대한 비판적 분위기, 그리고 투자협정 자체의 난해성 등이 WTO 투자협정 논의의 답보 원인이라 할 수 있다.

첫째, 개도국의 입장을 살펴보면 개도국은 현재 WTO 다자간 투자협정의 추진에 가장 반대하고 있다. 특히 인도, 파키스탄, 말레이시아, 인도네시아 등의 아시아권 개도국들은 매우 부정적인 입장을 보이고 있다. 개도국들이 WTO에서의 다자간 투자규범 제정을 반대하는 것은 이들이 외국인투자를 정책적으로 최대한 이용하려는

읽고가기 | 투자협정체결 입장의 아이러니

투자를 유치하려는 사람과 투자하려는 사람의 입장이 합치해야만 투자거래가 이루어질 수 있다. 이러한 합치는 양자간 투자의 안정성을 보장하는 투자협정의 성사로 구체화될 수 있다. 투자유치가 절실히 필요한 사람은 투자자의 자유로운 투자와 원리금 환수에 대한 담보를 확인해야 하며 이것이 싫으면 투자거래는 이루어지지 않을 것이다. 1998년 6월 9일 미국을 국빈 방문한 김대중 대통령은 클린턴 대통령과의 정상회담에서 양자간 투자협정(Bilateral Investment Treaty)의 체결을 제안하였다. 이는 IMF 사태라는 국가적 외환위기를 해결하기 위한 절박한 노력의 일환이었으며, 양국 정상은 연내에 투자협정을 체결한다는 원칙에 쉽게 합의하였다. 그러나 신속히 협상이 타결되리라는 당초 기대와는 달리 양국 간 협의과정은 순조롭지 않았다. 그 해 12월까지 단 세 차례의 실무협의만 개최되었을 뿐 협상은 곧 교착상태에 빠져버렸다. 거듭되는 한·미 재계의 요구와 정부 당국의 낙관적 전망에도 불구하고 김대중 행정부는 끝내 한·미 투자협정을 성사시키지 못하였다.

그로부터 10년 후, 2007년부터 시작된 서브프라임 모기지 사건으로 미국의 여러 금융기관은 부도의 위기에 직면하였으며, 이를 해결하기 위해 외국의 투자유치가 다급한 문제로 부상하였다. 한편 2008년 3월 미국이 싱가포르 및 아부다비 정부와 국부펀드의 대미 투자에 대한 상호협정을 체결했다. 미국 정부가 국부펀드의 투자지침을 둘러싸고 해당 국가와 상호협정을 맺기는 이번이 처음이다. 이번 협정은 국부펀드와 미국이 투자를 촉진하기 위해 취해야 할 9가지 원칙을 명시했다. 우선 싱가포르투자청(GIC)과 아부다비투자청(ADIA)은 투자 내용과 같은 정보 공개를 확대하고 위험관리를 강화하기로 했다. 또한 민간업체들과 공정하게 경쟁하고 투자대상국의 규정을 준수한다는 내용도 담겨 있다. 반대로 국부펀드로부터 투자를 받는 미국 쪽은 국부펀드를 다른 투자자와 차별하지 않고 국가안전보장과 관련된 문제가 없는 이상 투자규제를 하지 않기로 했다. 안전보장과 직결되는 기술이나 시설을 보유하고 있는 기업에 대한 출자나 매수를 제외한 모든 투자는 원칙적으로 인정하겠다는 것이다. 미국이 이처럼 상호협정에 합의한 배경에는 국부펀드의 자금력을 빌리지 않고는 최근 발행한 미국의 금융 불안을 잠재울 수 없다는 위기의식이 깔려 있다. 금융전문가들은 2007년 11월 씨티그룹이 ADIA에서 75억 달러를 수혈받은 데 이어 모건스탠리, 메릴린치 등도 국부펀드의 도움을 받는 등 미국 내 자본만으로는 위기를 헤쳐 나갈 수 없다는 판단에 따른 미국의 어려운 결정으로 평가하고 있다. 목마른 사람이 우물을 파는 것이다. 투자가 절실히 필요한 사람 입장에서 투자협정이 투자자의 입장만을 대변한다고 강변한다면 투자유치를 포기하고 고통스럽게 살면 되지 않겠는가? 투자자는 자신의 투자에 대한 안전한 보장 없이 왜 투자하겠는가? 콧대 높은 미국이 왜 외국 국부펀드의 미국 내 투자에 대해 파격적인 자유를 보장해주는 것인가? 그것은 미국이 목마른 자의 입장에 있기 때문 아닌가?

의도가 숨겨져 있다. 즉 개도국들은 자국의 경제개발을 위해 외국자본이나 선진기술의 도입경로로 외국인투자를 유치하려고 적극 나서고 있는바, 외국인투자를 유치하되, 자국의 경제·사회적 목적을 위해서 규제할 수 있는 권리를 최대한 유지하고자 하는 것이다.

둘째, 미국의 반대이다. 미국도 투자의제를 뉴라운드 협상의제로 포함하는 것에 반대하여 왔다. 미국은 WTO에서 투자협정이 체결되더라도 그 수준이 매우 낮을 것이라는 점에서 회의적 입장을 보여 왔고 또 한편으로 미국은 다자투자규범이 미국에게도 상당한 부담을 줄 수 있다고 생각하고 있다. 다자간 투자협정(MAI)협상과정에서 미국의 헬름즈-버튼법과 같은 역외적용조치는 세계투자의 활성화를 지향하는 MAI의 정신에 어긋났기 때문에 EU가 이 문제를 MAI협상에서 공식적인 의제로 다룰 것을 주장했었다.

또한 미국 내의 환경단체 등은 투자로 인한 환경규제의 제한에 우려를 강하게 표명하였고 미국이 주정부 차원의 투자규제조치 등을 제외하려던 시도도 회원국과의 마찰을 초래하기도 했었다. 그러나 미국이 다자간 투자규범의 논의 자체를 부정하는 것은 아니며, WTO 투자협정이 출현할 경우 미국 기업들이 가장 큰 혜택을 볼 것이라는 점에서 WTO 투자협정이 뉴라운드 의제로 포함될 가능성을 완전 배제할 수는 없다.

셋째, 시민단체의 영향력 강화를 들 수 있다. 다자간 투자협정(MAI)협상에서와 같이 WTO에서의 다자간 투자협정 논의에 대해서도 시민단체들은 반대하는 입장을 보였다. 정도의 차이는 있지만 대부분의 시민단체들은 MAI협상과정부터 범세계화가 세계환경의 희생과 노동자 및 소비자의 권익이 침해되는 과정에서 거대 다국적 기업의 이익이 추구되는 과정이라고 주장하여 왔다. WTO에서 다자간 투자협정에 대한 논의가 성공적으로 진행되도록 추진하기 위해서는 시민단체들이 파괴자가 아니라 건설적인 참여자로서의 역할을 수행해야 한다.

넷째, 투자협정과 정책주권 간 대립문제이다. 무엇보다도 다자간 투자협정 체결상의 핵심 과제는 투자유치국 정부의 정책주권과의 조화문제이다. 예를 들어 개도국들의 관심사인 경제개발문제, 일부 선진국들이 주장하는 자국의 문화보호문제, 시민단체들이 제기하는 환경권과 노동권의 보호 등 다자간 투자협정에서 이슈화되는 문제들의 배경에는 투자유치국 정부의 관련 정책주권이 다자간 투자협정과 같은 구속적인 협정에 의해서 침해되는 것에 대한 우려라고 할 수 있다.

다자간 투자협정은 외국인투자에 대한 투자유치국 정부의 정책적 자의성을 제약함으로써 투자자가 보다 안정된 환경 속에서 장기적인 투자계획을 수립하고 집행하도록 하는 데 의의가 있으므로 이로부터의 이익을 극대화하면서 불필요한 또는 의도하지 않은 정책주권의 침해부분을 극소화할 수 있는 협정체계의 설계가 과제라 할 수 있다.

(2) WTO규범과 OECD 다자간 투자협정(MAI)

GATT 차원에서 국제투자문제가 본격적으로 거론된 것은 1980년대 중반 우루과이라운드(UR)협상부터로 1986년 푼타 델 에스테 선언에는 무역의 흐름을 제한 또는 왜곡할 수 있는 투자조치의 규제를 규율하기 위한 협상을 개시한다는 내용이 포함되었다. 물론 UR협상에서도 국제투자문제 자체가 협상의 대상이 된 것은 아니고, 무역의 자유로운 흐름을 왜곡하는 투자조치만을 일종의 비관세장벽 차원에서 다루었을 뿐이나 제한된 범위이나마 국제투자가 공식적으로 거론되었다는 데 중요한 의의가 있겠다. 동 선언에 따라 무역왜곡효과를 갖는 투자조치를 규제하는 규범의 제정을 위한 협상이 이루어졌고 그 결과 무역관련 투자조치협정(TRIMs)이 체결되었다.

우루과이라운드협상은 국제투자문제와 관련하여 또 다른 중요한 의의를 갖고 있는데 협상대상이 되었던 교역의 범주가 상품뿐만 아니라 서비스교역까지 확대되었다는 점이다. 서비스교역은 사실상 국제투자와 매우 밀접하게 관련된 분야로 서비스교역의 상당부분은 국제투자의 성격을 띠고 있다. 우루과이라운드협상 결과 체결된 서비스무역에 관한 일반협정(GATS)은 투자를 직접적인 규율대상으로 한 것은 아니지만 국제투자와 관련된 내용을 상당부분 담고 있다.

1) OECD 다자간 투자협정의 특징

다자간 투자협정(MAI)의 특징은 다음과 같이 요약할 수 있겠다. 첫째, 이 협정은 국제투자에 관한 포괄적인 규범의 제정을 지향하고 있다. 즉 투자자유화 및 투자보호, 분쟁해결, 조세 등 국제투자와 관련된 모든 분야를 망라하여 세세한 규정을 명시한 포괄적인 규범을 제정하고자 한다.

둘째, 이 협정은 최고수준의 투자보호 및 투자자유화규범을 지향하고 있다. 즉 현 OECD규범을 포함하여 기존의 어떤 국제투자규범보다도 투자자유화 및 보호에 있어 높은 수준의 규범제정을 목표로 하고 있다. 이 협정이 지향하는 투자자유화는 한 마디로 외국기업의 직접투자에 대한 정부의 간섭을 최소화하고 궁극적으로는 규제를 철폐하는 데 있다고 할 수 있다. 그러므로 MAI에서는 기존의 어떠한 투자규범보다도 포괄범위가 넓게 투자를 정의하고 있으며, MAI는 체약국의 투자자 및 투자에 대하여 내국민대우와 최혜국대우를 구속적인 의무로서 규정하고 있다. 더욱이 핵심 인력의 자유로운 이동 보장, 민영화 시 외국인 투자자의 참여보장, 외국인 투자자 및 그 투자에 대한 이행의무부과 금지, 독점기업의 외국인 투자자 및 그 투자에 대한 차별금지의무 등의 추가적 규범까지 도입하고 있다.

셋째, 기본적 의무에서 살펴본 것처럼 내국민대우, 최혜국대우원칙이 투자의 모든 단계에 적용된다. 그러나 이 원칙을 투자자유화와 투자보호의 양 측면에서 동등한 수준으로 적용하는 것은 실제적으로 어려운 일이다. 투자보호의 경우 이 원칙은 비교적 엄격히 적용될 수 있으나 투자자유화에 이 원칙을 엄격히 적용하기에는 현실적으로 너무 많은 규제조치들이 각국에 존재한다. 따라서 MAI는 이러한 현실성을 감안하여 사실상 투자자유화와 투자보호에 이 원칙을 상이한 수준으로 적용하려고 하고 있다. 즉 투자보호의 측면에서 이 원칙에 대한 예외는 인정하지 않는다는 방침이나 투자자유화의 측면에서는 이 원칙에 대한 일반적 예외와 국별 유보를 인정하되 이러한 예외 및 유보를 가능한 엄격히 규제한다는 것이다. 즉 투자의 운영, 관리, 유지, 사용, 매매 및 기타 청산 등과 같은 투자의 설립 후 단계뿐 아니라 투자의 설립, 취득, 확대와 같은 설립 전 단계에서도 이들 원칙이 적용된다. 대부분의 국제투자규범이 설립 후 단계에 적용되고 있다는 점에서 MAI의 포괄범위는 매우 넓다고 할 수 있다.

넷째, 세계무역의 자유화를 위해 WTO가 분쟁해결절차를 마련한 것처럼 MAI도 투자자유화 및 투자보호를 위해 이를 뒷받침할 수 있는 강력한 구속절차를 마련하고 있다. 다시 말하면 설립 후 단계 및 설립 전 단계 모두에 적용되는 구속적인 분쟁해결절차를 두고 있다. 특기할 만한 것은 MAI는 WTO가 규정하는 국가 간 분쟁해결절차뿐만 아니라 투자자와 국가 간 분쟁해결절차도 두고 있다는 점이다. 이는 MAI의 자유화의무가 여타의 투자규범에 비하여 광범위한 만큼 분쟁해결절차의 범위도 그만큼 넓으며 강력한 것을 의미한다.

다섯째, 이 협정은 궁극적으로 OECD와 독립된 조약을 지향하고 있다. 즉 현재 협상이 OECD 차원에서 진행되고 있지만 협정의 제정 후에는 이를 OECD와 형식적으로 독립된 별개의 국제조약으로 만들려고 한다. 다시 말하면 OECD 양대 자유화 규약의 자유화수준을 넘는 독립협정이며, 법률적 구속력을 갖는 협정으로 가입을 위해 해당국 의회의 비준이 필요하다. 따라서 협정체결 후 비회원국들의 협정참여가 가능하며 협정 안에서 비회원국들은 회원국들과 동등한 위치를 차지한다. 또한 이 협정의 독립성은 회원국의 의무적 참여도 배제하고 있어서 OECD 가입과 MAI의 수용 여부는 형식상 별개의 문제이나 OECD 회원국의 경우 가입이 불가피하다고 보고 있다.

여섯째, 투자자유화나 투자보호라는 미명하에 MAI규정 곳곳에서 선진국의 입장을 관철시키고 있다. 예를 들면 자신들이 경쟁력을 갖고 있는 핵심 인력만의 이동규정, 내국민대우나 최혜국대우의 관철, 국별 유보사항의 강화, 금융 및 노동·환경문제의 거론 등을 통해 자신들의 입지를 강화시키고 있다. 이러한 점에서 OECD가 OECD 차원에서 MAI를 종결할 것임을 분명히 하고 있음에도 불구하고, MAI가 결국 WTO에서 다시 논의되는 것은 아닌가 하는 우려를 낳고 있다고 할 수 있다.

국제투자에서 투자보호가 차지하는 중요한 역할에도 불구하고 현재 OECD 투자규범이 투자보호에 관한 부문을 사실상 결여하고 있는 것은 OECD 회원국들 간에 있어서는 투자보호가 문제시될 소지가 사실상 없었기 때문이라는 점을 지적하면서 투자보호는 사실상 선진국의 대개도국 투자 측면의 문제임을 강조하고 있다. 즉 MAI상의 투자보호규정은 현재 OECD 회원국들보다는 향후 개도국들의 MAI에의 참여를 겨냥한 것이며 개도국들의 참여하에서 이 규정의 실질적 중요성이 부각될 수 있다는 점은 MAI가 단지 OECD 국가만을 포괄하는 국지적 투자협정이 아니라는 것을 의미한다고 할 수 있다.

2) WTO규범에서의 다자간 투자협정

WTO규범은 2008년 5월 현재 세계 152여 개국이 참여하고 있는 범세계적 규범이며 비교적 강력한 분쟁해결절차의 뒷받침을 받는 구속적 규범이다. 그러나 내용적 측면에서는 투자의 정의, 투자보호, 투자 자체를 대상으로 한 자유화규범 등이 미비된 비포괄적 규범이라 고 할 수 있다. UR협정문에서 투자관련 조항들이 여러 곳에 산재되어 있을 뿐 아니라 아직까지 미결과제로 남겨두고 있는 부분이 많기 때문이다. WTO에서 투자와 관련되는 규정은 서비스교역의 자유화를 다루고 있는 서비스무역에 관한 일반협정(GATS)과 무역관련 투자조치협정(TRIMs) 등이다.

GATS는 서비스무역에 영향을 미치는 제반조치에 적용되는 것으로 서비스산업의 특수성, 분야 간 이질성 등에도 불구하고 서비스무역에 대한 자유화의 근간을 마련한규범이다. 주요 내용으로는 내국민대우, 최혜국대우, 투명성, 설립권 등 투자자유화 규정과 송금 등 투자보호규정을 포함하고 있다. 그러나 WTO시스템은 네거티브 시스템을 기본골격으로 하고 있으나 GATS에서는 서비스교역의 자유화를 위한 각국의 양허협상이 WTO규범 중 유일하게 기본적으로 개방업종 열거방식(positive list system)을 채택하고 있다. 그러므로 네거티브리스트방식을 취하는 MAI보다는 자유화대상의 포괄범위가 넓지 않을 뿐 아니라 투자보호규정도 미비되어 있으며 더욱이 그 대상이 서비스투자에 국한되어 있다는 점에서 포괄성을 결여하고 있다.

TRIMs는 상품무역에 한정하여 내국민대우, 수량제한금지원칙, 투명성 등을 통해 투자조치의 무역왜곡 및 무역제한효과를 방지하는 법적 구속력을 가진 다자간 규범이라는 의미가 있다. 그러나 무역관련 투자조치의 정의 및 대상에 있어서 선진국과 개도국 사이의 의견차이로 기술이전, 외국인 지분제한, 다국적기업의 경쟁제한행위 규제 등이 협정에서 제외되어 있는 문제점이 있다. 더욱이 TRIMs는 직접투자의 실질적 자유화를 도모하기보다는 상품무역을 왜곡할 우려가 있는 직접투자에 대해서만 일정한 규범을 설정하고 있어 포괄적인 직접투자의 자유화문제를 다룰 수 있는 규범을 제시하지 못하고 있다

3) WTO 무역투자작업반의 논의 경과

싱가포르 제1차 각료회의선언에 따라 무역과 투자 간 연계작업반(Working Group on the Relationship between Trade and Investment : 이하 WTO 투자작업반)이 설치되었고, 1997년 6월 제1차 회의에서 작업반의 논의 이슈로 ① 무역과 투자의 관계가 개발 및 경제성장에 미치는 영향, ② 무역과 투자 간의 경제적 관계, ③ 무역과 투자와 관련된 현존 국제규범과 활동에 대한 실태조사 및 분석, ④ 이상의 논의를 기초로 하여 국제투자규범과 관련된 주요 문제의 논의 등 4가지 항목을

설정하였다.

처음 두 항목은 투자협정 제정을 위한 배경적 검토이며 다음 두 항목은 투자협정 제정을 위한 구체적인 준비작업의 성격이 들어있다고 볼 수 있다.

WTO 무역투자작업반은 1997년 6월의 1차 회의를 시작으로 2000년까지 모두 13차례의 회의를 진행하였으며, 초기에는 주로 무역과 투자의 관계 및 외국인투자가 경제성장에 미치는 영향 등에 대한 논의가 이루어지다가 1998년부터는 양자간 투자협정과 다자간 투자규범과의 차이, 다자간 투자규범의 필요성, 구성요소 및 협상을 위한 접근방식 등에 대한 논의가 이루어지고 있다.

표 9-1 논의 이슈

구분	세부항목
Ⅰ. 무역과 투자의 관계가 개발 및 경제성장에 미치는 영향	• 국내저축, 재정, 국제수지 등 거시경제 안정과 관련된 변수에 미치는 영향 • 산업화, 민영화, 고용, 소득 및 부의 분배, 경쟁력, 기술 및 경영기법의 이전에 미치는 영향 • 국내경쟁조건 및 시장구조에 미치는 영향
Ⅱ. 무역과 투자의 경제적 관계	• 무역과 투자흐름의 상호연관도 • 무역과 투자관계의 결정요소 • 기업의 전략, 관행, 의사결정이 무역과 투자에 미치는 영향 • 자본이동과 노동이동 간의 관계 • 무역정책과 투자조치의 효과 • 투자정책과 무역조치의 효과 • 투자정책에 관한 국별 경험 • 투자와 경쟁정책 간의 관계
Ⅲ. 무역과 투자와 관련된 현존 국제규범과 활동에 대한 실태조사 및 분석작업	• 현 WTO규정 – 양자간・지역별・복수국가 간・다자간 협정 – 현존 국제규범이 무역 및 투자흐름에 미치는 영향
Ⅳ. 상기 작업결과를 토대로 한 분석작업	• 현존 투자규범들 간의 공통점, 차이점, 중첩성, 상충성의 확인 • 양자간・지역 간・다자간 투자협정(MAI)의 긍정적・부정적 효과 • 투자국과 투자유치국 간, 투자자와 투자유치국 간 권리와 의무 • 국제적 투자정책협력과 경쟁정책협력 간의 관계

3. 무역과 경쟁정책

1996년 12월 싱가포르에서 개최된 제1차 WTO각료회의는 1995년 1월에 출범한 WTO체제에서 제기된 다자간 협정관련 문제점의 개선방안뿐만 아니라 향후 국제통상에서 제기될 것으로 예상되는 이슈들에 대하여 논의하였다. 이 각료회의에서 WTO체제의 실효성을 제고하기 위하여 각국 무역자유화계획의 이행 정도를 평가하고 향후 추진계획을 논의하였다.6)

이 같은 기존협정의 이행 정도 점검과 더불어 환경정책, 노동정책 그리고 경쟁환경을 유지하는 것을 목적으로 하는 경쟁정책은 미국에서는 독과점금지법과 정책으로 유럽에서는 경쟁법과 경쟁정책으로 불리운다. 우리나라에서는 '독점규제 및 공정거래에 관한 법률(이하 '공정거래법')'을 비롯한 법들이 제정되어 있다.

우루과이라운드협정의 최종서명 이후 '무역과 환경위원회'를 설치하여 무역과 환경 연계눈제에 대하여 깊이 있는 연구를 수행해 오고 있으며, 노동과 무역문제는 전부터 국제노동기구(ILO) 등의 국제기구에서 논의되어 왔다. 한편 공정한 경쟁질의 확립을 주목적으로 하는 경쟁정책을 무역과 연계시키는 이슈는 OECD에서 오랜 기간 동안 논의되어 왔으나 전 세계의 교역국을 대상으로 하는 논의는 거의 이루어지지 않았다. 다만 미국을 비롯한 일부 국가들이 공정거래법의 집행과 관련된 업무차원의 쌍무협정을 체결하였을 뿐이었다.

그러나 최근 수년간 국제교역이 크게 증가하고 다국적기업들의 비중이 증대함에 따라 국제적 경제행위와 관련된 경쟁제한적인 활동들이 주요 교역국가 간의 무역분쟁을 야기하고 있다. 특히 지난 1989년부터 미국과 일본 사이에 진행된 '구조적 무역장벽협상'에서 미국이 일본 유통시장의 경쟁제한적인 요소를 주요 무역장벽으로 지목하여 이의 시정을 요구하고 이에 대한 일본의 반론이 제기되면서 본격적으로 경쟁정책이 국제통상 차원에서 논의되기 시작하였다. 그리고 다국적기업들 사이의 전략적 제휴 및 다국적기업에 의한 국제적 인수·합병이 급증하면서 이 같은 경제활동이 초래하는 경쟁제한적인 효과들이 무역분쟁의 원인을 제공하고 있다. 더욱이 우리 기업이 외국과 체결한 국제계약과 관련하여 외국기업의 우월적인 지위가 남용

6) 구체적으로는 반덤핑과 보조금협정, 서비스협정 그리고 무역관련 지적재산권협정 등의 이행상황을 평가하는 것이다.

되어 경쟁제한적인 요소를 내포한 경우가 적지 않아서 공정거래위원회의 규제를 받고 있다.

우리나라의 공정거래위원회는 1996년 한 해 동안 45건의 국제계약을 심사하였는데 이 중에서 38%인 17건을 외국기업이 우월적인 지위를 남용한 것으로 판명하여 시정권고 하였다. 심사대상 국제계약을 구체적으로 살펴보면 41건이 특허·상표·의장 등 기술관련 계약으로 이 가운데 14건이 시정권고를 받았으며, 나머지 4건은 수입대리점계약으로 이 중 3건이 시정권고를 받았다

이에 따라 경쟁정책을 국제무역과 결부 지어서 다자간 체제에서 논의할 필요성이 증대하였고 이 문제가 주요 의제 중의 하나로 상정되었다. 경쟁정책의 다자간 접근방향에 대하여 각국의 입장이 크게 대립한 상태이어서 각료회의에서는 구체적으로 논의되지 않고 장래에 보다 깊이 있는 논의를 위하여 무역과 경쟁정책의 상호작용에 관한 이슈들을 연구하는 작업반을 구성하기로 합의하였다.

읽고가기 | 시장원리와 경쟁의 관점에서 본 경제위기

만약 앞으로 한국경제에 새로운 위기가 온다면 또 다시 유동성 위기의 형태로 오지는 않을 것이다. 현재 전개되고 있는 WTO 가입 이후 중국의 경제적 부상과 국제사회에서의 역할증대, 신흥경제권의 부상, 미국 등 기존 선진경제의 지속적으로 향상되는 경영기술수준과 우리의 그것과의 격차 등에서 현실적인 문제로 인식되는 바와 같이 가열되는 세계경쟁구조 속에서 드러날 우리 경제의 경쟁력의 문제가 그 위기의 실체가 될 것으로 본다.

우리 경제의 어두운 측면, 즉 우리 경제가 가지고 있는 구조적 문제에 대한 해결책을 찾지 못하는 경우 우리 경제는 많은 가능성에도 불구하고 전체적으로 경쟁력을 상실해감으로써 기업과 금융의 전반적 침하가 이어지고 세계경제와의 통합에 실패하면서 국제경제사회에서 그 역할과 위치가 축소되고 궁극적으로 도태되어가는 형태의 위기가 될 것이다. 경제를 비롯한 주요한 국가운영의 틀을 '시장의 원리'를 기본으로 철저히 바꾸고 이렇게 하여 이루어지는 경쟁구조를 바탕으로 우리 경제의 경쟁력의 원천을 보강하면서 한편으로는 소위 '글로벌 스탠다드'를 충실히 적용함으로써 세계경제와의 통합을 성공적으로 이루어 어떤 위기에도 대응할 수 있는 강인성과 유연성을 미리미리 길러 가는 것이 유일한 방안이다.

(1) 경쟁정책의 다자간 및 쌍무적 접근

경쟁정책이 국제무역과 연계되어 다자간 차원에서 논의된 것은 1947년의 하바나 헌장이라고 할 수 있다. 하바나헌장의 제5장에는 국제무역을 저해하는 경쟁제한적인 기업행위를 금지하는 조항뿐만 아니라 경쟁제한적인 행위에 대한 제소를 조사하거나 시정조치를 취하기 위한 조항도 포함하고 있었다. 이 헌장에서 경쟁제한적인 행위는 특정 기업을 특정국의 시장에서 제외시키는 것을 의미한다. 그러나 이 같은 내용의 하바나헌장은 미국의 거부로 인하여 실제로 적용되지 못하였다.

한편 UN 차원에서도 경쟁제한적인 행위가 국제통상에 미치는 부정적인 효과를 인식하여 이에 대한 대책을 간헐적으로 시도하여 왔다. 1953년에 '경쟁제한행위에 관한 UN협약'이 마련되었다. 이 협약의 목적은 다수국이 관여된 경쟁정책을 상호 인정할 수 있는 수준에서 마련하고자 하는 것이었다. 본 협약은 경쟁을 제약하거나 시장접근을 제한하거나 또는 독점적 지위를 조장하면서 국제통상에 영향을 미치는 행위들을 규제하는 체제를 제안하고 있다. 7개국이 본 협약을 지지하였으나 미국이 자국 기업들의 강한 반대로 인하여 현실화되지 못하였다. 또한 UN은 1950년대에 유엔경제사회위원회(UNESCO)에서 국제협정을 통하여 경쟁을 제한하려는 행위를 규제하려는 대책을 논의하였으나 역시 결실을 거두지 못하였다. 그러나 1980년 UN 총회에서 경쟁제한적인 영업행위에 대한 기본원칙을 채택하기도 하였다.

UN에서의 논의가 별다른 성과를 거두지 못한 것과는 달리 OECD에서는 적극적으로 경쟁정책과 국제무역정책을 연계하여 논의해 오고 있는데 이와 관련된 OECD의 발전과정을 살펴보기로 하자. 1967년에는 한 국가의 공정거래법을 집행하면서 다른 국가의 이해에 영향을 미칠 경우 거쳐야 할 과정들을 명시하였다. 구체적으로는 정보의 교환과 집행의 조화 그리고 상대국에 대한 통지에 관한 규정들을 포함하고 있다.

1976년에는 다국적기업에 관한 선언문인 '국제투자와 다국적기업에 관한 선언'에 경쟁정책조항을 삽입하였고, 1986년에는 공정거래법 집행과 관련된 '정보교환에 관한 권고안'을 마련하였으며, 1996년 각료회의에서는 '무역과 경쟁합동그룹'을 설치하기로 합의하였다. OECD는 위에서 서술한 제도들을 구체화시키기 위하여 경쟁법과 정책위원회와 무역위원회에서 경쟁정책과 무역정책의 조화를 위한 방안을 깊이 있게 연구해 오고 있다.

앞에서 다자간 접근을 살펴보았으나 국가 간의 경쟁정책관련 분쟁이 점증함에도 불구하고 구체적인 다자간 협정이 존재하기 않기 때문에 일부 국가들 사이에서는 자국 공정거래법의 효과적인 집행을 위하여 쌍무협정을 체결하고 있다. 미국이 어느 나라보다도 쌍무협정에 적극적인 자세를 보이고 있는데, 1976년에는 구서독, 1982년에는 오스트리아, 1984년에는 캐나다, 1991년에는 유럽공동체(EC)와 협정을 체결하였다. 그리고 프랑스와 독일이 1987년, 오스트레일리아와 뉴질랜드가 1990년에 각각 협정을 맺었다. 쌍무협정은 대체로 자국 또는 상대국의 공정거래법 집행 시에 관련 정보를 교환해주는 것을 주된 내용으로 하고 있다.

쌍무협정 중에서 미국과 EC 사이에 체결된 협정이 어느 협정보다 실질적으로 운영되고 있기 때문에 이 협정의 주요 내용을 살펴보면 미국·EC협정은 크게 세 가지의 내용을 담고 있다. 첫째는 한 나라의 공정거래법 집행이 다른 나라의 이익에 영향을 미칠 경우에는 집행사실을 상대국에게 통지하여야 한다는 것이다. 둘째는 경쟁정책 및 특정한 집행조치에 관한 정보를 교환하는 것이며, 마지막으로 상대국의 공정거래법 집행 시에 협조해야 한다는 것이다.

미국·EC협정의 주요 목적은 각국의 공정거래법 집행과 관련하여 양국 간의 협조와 조정을 증진하기 위한 것이나 구체적인 내용에도 불구하고 구속력이 없기(non-binding) 때문에 체약국의 이해가 상충될 경우에는 효력에 한계가 있을 수 있다. 그러나 1994년에 미 법무부가 마이크로사의 독과점금지법 위반행위를 조사할 때에 유럽 측에서 협조한 경우가 있으므로 적극적으로 활용될 경우 양국의 경쟁정책을 효과적으로 수행하는 데에 긍정적인 효과가 있을 것이다.

(2) 우루과이라운드의 경쟁정책과 국제무역의 연계 이슈

우루과이라운드(UR)의 타결에 따라 점증적으로 부상되고 있는 경쟁정책과 국제무역의 연계성은 크게 네 가지 이슈를 제시하고 있다.

첫째는 민간기업들의 경쟁제한적인 영업활동이 외국기업의 효과적인 시장접근을 제한할 뿐만 아니라 경쟁과정을 저해하고 있다는 점이다. 예로 들면 외국제품을 판매하거나 유통하는 것을 사전에 봉쇄하는 결과를 유발하는 배타적인 유통협정을 국내생산자가 국내유통업자와 체결하는 경우를 들 수 있다. 이 같은 문제점은 미국과 일본 사이에 1989년부터 진행된 '구조적 무역장벽협상'에서 본격적으로 제기되었다. 특히 일본의 대규모 기업군인 계열 내의 기업들이 유통망을 장악하고 있어서 미국을 비롯한 외국기업의 제품을 일본 국내시장에서 판매하는 것이 실질적으로 어렵기 때문에 미국은 이 같은 영업행위를 반경쟁적인 행위로 규정하여 시정을 요구하였다.

둘째, 반덤핑관세를 비롯한 무역규제조치가 경쟁을 제약한다는 점이다. 덤핑판정을 받은 수입품에 대하여 부과하는 반덤핑관세뿐만 아니라 자율수출규제협정(VER) 등의 수량제한조치 그리고 기술표준과 인·허가 등의 비관세장벽들이 외국제품의 국내시장접근을 제약하며 또한 국내시장의 경쟁을 제한하는 효과를 유발하고 있다.

셋째, 각국이 시행하고 있는 공정거래법의 규제 정도가 상이하여 이것이 불공정한 무역(unfair trade)을 유발하는 요인의 하나가 되고 있다는 점이다. 다시 말하면 동일한 경쟁제한적인 영업행위에 대하여 각국이 취하는 규제 정도가 일반적으로 상이하므로 상대적으로 엄격한 규제를 시행하는 국가에 위치한 기업들의 생산비용이 상대적으로 느슨한 규제를 도입한 국가의 기업들에 비하여 부담이 크기 때문에 이 같은 내재적인 생산비용 차이를 해소하려는 조치가 필요하다는 것이다. 이와 관련하여 일부 국가들은 상이한 규제조치가 국제경쟁력에 미치는 효과를 감안하여 기존의 규제수준을 완화하려는 일명 하향경주(race to the bottom)에 참여하려는 움직임을 보이고 있다. 그러므로 상이한 수준의 공정거래법을 다자간 차원에서 조화시키는 작업의 필요성이 제기되고 있다.

넷째, 무역자유화와 병행하여 급증하고 있는 다국적기업의 영업활동 등과 관련하여 발생하는 경쟁제한적인 행위를 규제하는 범위와 방법에 관한 것이다. 다국적기업의 해외직접투자와 관련하여 국제적인 인수·합병(M&A)을 심사할 때에 적용할 시장의 개념을 어떻게 규정할 것인지 그리고 국제기업 간의 전략적 제휴 및 외국기업과의 지적재산권관련 계약 등이 지니는 경쟁제한적인 요소들을 어떻게 처리해야 하는지 등이 주요 이슈이다. 이와 관련하여 제기되는 문제는 '역외적용'문제이다. 즉 한 국가의 공정거래법을 역외에서 발생한 경쟁제한적인 행위 또는 타국 소재의 기업이 개입된 경쟁제한 행위를 규제하는 데에 적용할 수 있는지 여부이다.

이와 관련하여 미국은 오래 전부터 자국의 독과점금지법을 역외적용할 수 있는 규정을 마련하여 제한적으로 실시해 오고 있으나 교역상대국에서의 반발이 적지 않아서 무역분쟁의 원인이 되고 있다.

국제무역분쟁의 원인이 되는 경쟁정책관련 이슈에 덧붙여서 제기되는 문제는 과연 공정거래법과 무역규제조치가 대체관계인지 아니면 상호보완관계에 있는지 여부이다. 이 같은 근본적인 문제가 제기되는 이유는 만일 이 정책들이 대체관계라고 정책결정자들이 인식할 경우 무역규제수준을 강화했을 때에 공정거래법의 규제수준을 낮추게 될 것이다. 반대로 무역규제조치와 공정거래법이 상호보완관계에 있다고 판단할 경우 최근 들어 진행되고 있는 무역자유화와 병행하여 공정거래법의 규제수준을 완화하여야 할 것이다. 따라서 두 가지 경제정책의 관계는 정책결정자의 정책방향을 결정하는 데에 있어서 아주 중요한 역할을 할 것이다.[7)]

(3) WTO협정과 경쟁정책

상품과 서비스뿐만 아니라 지적재산권 등 광범위한 분야의 교역을 관할대상으로 하고 있는 WTO협정들은 부분적이지만 여러 가지 개별협정이 경쟁정책관련 조항들을 포함하고 있다. 그 중에서도 구체적으로 경쟁정책관련 조항을 삽입한 협정으로서 무역관련 투자조치협정(TRIMs)과 무역관련 지적재산권협정(TRIPs) 그리고 서비스협정(GATS)을 들 수 있다.

다국적기업의 경제활동영역이 확대됨에 따라 이들의 해외투자 기회를 제약하는 조치들로 인한 무역분쟁도 점증하고 있다. 따라서 무역관련 투자조치협정은 이 같은 경쟁제한적인 투자규제조치를 제거하거나 완화하기 위한 노력을 원칙론적인 차원에서 권장하고 있다.

반면 무역관련 지적재산권협정은 경쟁정책과 관련하여 TRIMs협정보다는 구체적인 조항을 두고 있는데 국제무역에 부정적인 영향을 미치거나 기술이전 그리고 기술전파를 저해하는 경쟁제한적인 라이선스계약들을 정부가 규제할 수 있도록 허용하고 있다.

7) 두 가지 규제조치의 관계에 대하여 이론적인 분석이 아직까지는 미미할 뿐만 아니라 상반된 결론을 보이고 있다. 한편 실제 정책동향뿐만 아니라 실증분석들은 무역규제조치와 공정거래법이 보완관계에 있음을 보여주고 있다. 미국의 경우 연방 차원에서 최초의 독과점금지법인 셔만법(Sherman Act)이 1890년에 제정되었다. 그런데 이 강력한 독과점금지법이 제정되는 과정에서 주요 기업들의 이해가 침해될 우려가 있어서 결론을 짓기에 어려움이 적지 않았다. 이 같은 기업의 우려를 완화시키기 위하여 강력한 독과점금지법을 제정하는 것과 더불어 높은 수준의 수입관세를 부과하는 조치를 취하였다. 셔만법이 효력을 발생한 지 단 3개월 뒤에 높은 수준의 관세를 부과하는 무역법안이 제출되었다.

그리고 서비스무역에 관한 일반협정에서는 서비스 공급자가 경쟁을 제한하는 행위를 할 수 있음을 인정하는 반면에 이의 시정을 위하여 회원국들이 취할 수 있는 경쟁정책의 범위나 집행규모에 대해서는 의무조항을 두지 않고 있다. 이와 관련하여 회원국들은 단지 요청에 의하여 관계국들과 협의를 할 수 있을 뿐이다. 더욱이 GATS는 규제대상인 경쟁제한행위의 개념뿐만 아니라 이 같은 행위들을 어떻게 제거할 수 있는지에 대해서는 구체적으로 서술하지 않고 있다.

다음은 경쟁정책과 관련한 WTO의 개별협정들이 부분적으로 경쟁정책관련 조항들을 포함하고 있으나 이들을 실질적으로 활용하는 데에는 제약이 따르고 있는데 크게 네 가지를 들 수 있다.

첫째, WTO체제의 규제대상이 정부가 관련된 정책이기 때문에 정부가 개입되지 않은 순수한 민간기업의 경쟁제한적인 행위들을 규제하는 데에 한계가 있다는 점이다.

둘째, 회원국들이 경쟁정책과 관련하여 준수해야 할 공통된 기준이 없다는 점이다. 따라서 대부분의 회원국들이 개별적으로 경쟁법을 제정하고 있기 때문에 법의 내용과 집행 정도에 상당한 차이가 존재하여 무역분쟁의 원인이 될 수 있다.

셋째, WTO협정의 적용대상은 각국의 국내정책에 한정한다는 점이다. 전 세계에 걸쳐서 시장지배력을 가진 기업의 경우 어떤 특정 국가가 이들 기업의 경쟁제한적인 행위를 효과적으로 규제하는 것이 어려울 것이다. 그러므로 주요 교역국 간에 경쟁정책의 집행을 조화시키는 협정을 체결할 필요가 있다.

넷째, WTO의 규제대상은 자국 내의 경쟁조건에 영향을 미치는 정부조치들이기 때문에 수출시장에 영향을 미치는 정부정책 또는 정부의 지원을 받은 자국기업들의 수출시장에서의 경쟁제한적인 행위에 대해서 WTO가 언급하지 않고 있다는 점이다. 더욱이 현행 GATT규정은 수출독점의 형성을 허용하고 있다.

앞에서 경쟁정책과 관련하여 현행 WTO체제의 문제점을 서술하였는데 향후 본격적으로 진행될 논의에서 WTO체제와 관련하여 근본적으로 고려해야 할 두 가지 이슈를 언급하고자 한다. 첫째는 상이한 경쟁정책을 채택하고 있는 회원국들이 조화를 시도하거나 상호인정의 원칙을 받아들일 경우 불가피하게 겪어야 할 주권의 상실을 어느 정도 인정할 것인지에 관한 것이다. 둘째는 경쟁정책뿐만 아니라 환경 및 노동정책 등의 국내정책들에 대한 WTO의 통제력에 관한 것이다. WTO체제는 정부, 특히 중앙정부의 정책을 규제대상으로 하고 있는 반면에 최근 들어 규제완화 또는 권력분권화가 증대하고 있기 때문에 이 같은 국내정책에 대한 WTO협정의 구속력이 감소할 것이라는 점이다.

4. 무역과 노동정책

국제적인 노동기준문제는 1994년 WTO 출범 이후 관세·비관세장벽이 철폐 내지 완화됨에 따라 무역장벽의 개념이 공정한 거래를 권장하는 공통된 경쟁기반을 보장해야 한다는 보다 적극적인 무역자유화 개념으로 확대되었고 1990년대에 들어와서 환경투자, 경쟁정책과 함께 노동기준문제가 공정한 무역과 연관되는 1990년대의 새로운 무역 이슈로 논의되기 시작하였다.

특히 무역과 노동기준 연계문제는 다른 나라와 비교해서 월등히 낮은 임금과 열악한 근로조건을 이용해서 상품을 수출하는 것은 일종의 불공정거래로서, 국제교역질서를 교란시키고 선진국의 실업을 더욱 악화시키게 할 것이라는 일부 선진국의 우려에서 논의가 출발하였다.

그러나 역사적으로 볼 때 무역과 노동기준을 연계하려는 시도 자체는 새로운 것이 아니며, 19세기부터 오랜 역사를 가진 것이다. 초기의 논의에서는 경제적·경쟁적 측면보다는 도덕적·인도적인 고려에 따른 근로자의 후생증진을 목적으로 하는 성격이었다. 일례로 1880년 미국에서는 죄수의 노동을 이용한 상품의 수입을 금지하는 법을 제정한 바 있는데 이것은 인간으로서의 기본권이 제한된 상황 아래 노동을 강요하여 물건을 만드는 것은 도덕적으로 바람직하지 못하다는 인식에서 출발한 것이다.

20세기에 들어와서 무역 및 노동기준 연계에 대한 논의는 다자체제 내에서 이루어지게 되었다. 1919년 창설된 국제노동기구(ILO)는 헌장 또는 권고형식을 통하여 국제노동기준을 설정하고, 이를 각국 국내정책의 지침으로 삼도록 권고하였으나 실효성 있는 지침으로까지 발전하지는 못하였다. 그 후 1948년의 국제무역기구(ITO) 창설을 위한 하바나헌장에도 노동권조항이 포함되었으나 헌장 자체가 발효되지 못함으로써 실행되지 못하였다.

그 이후로 GATT 및 ILO를 중심으로 노동기준에 관한 조항(사회조항 : social clause)의 채택을 위한 시도가 있었으나 별 성과가 없었으며 단지 지역협정, 예를 들면 NAFTA 노동기준에 관한 부속서나 미국의 무역관련 법령(1988년 개정 제301조)에 부분적으로 나타나고 있을 뿐이다.

이와 같은 역사적으로 오랜 논의의 출발을 지닌 무역 및 노동기준 연계논의가 최근 새로운 국가 간 무역 이슈로 부상하게 된 이유는 우루과이라운드 타결에 따른 국경 없는 시장(borderless market)의 형성과 1980년대 들어 급격히 악화된 선진국의 실업문제와 관련이 있다. 미국, 프랑스 등 주요 선진국들은 개도국으로부터 수입되는 값싼 상품이 자국 노동자의 일자리를 빼앗으며, 결국 실업률 증가의 원인이 된다는 생각을 갖게 되었다.

1994년 현재 경제협력개발기구(OECD) 국가의 전체 실업자 수는 평균 8.5%수준인 약 3,500만 명으로 이는 지난 1960년대에 비하여 3배 이상 증가한 것이다. 이러한 상황에서 OECD 각국은 실업률을 감소시키기 위하여 모든 정책수단을 강구할 수밖에 없는 국내 정치·경제적 상황에 직면하게 되었다.

노동기준의 국제규범화문제가 노동계에서 본격적으로 다루어지기 전에 무역의제로 제기됨으로써 미국 등 선진국의 국내실업문제에 대한 대응 등 국내정치적 요소가 다분히 내포되어 있다는 개도국의 의구심과 반발을 초래한 측면이 있다.

결국 이 문제가 본격적으로 거론되기도 전에 국제적으로 찬·반 양론이 극단적으로 대립하게 되는 문제점을 안게 되고 무역과 노동의 연계문제는 경제적인 요소뿐만 아니라 정치·사회적인 요소를 내포하고 있기 때문에 더 신중한 접근이 필요하다고 할 수 있다.

그러나 세계화의 심화로 국가 간 국경이 무너지고 전통적 비교우위의 창출요인이 점점 사라짐에 따라 이른바 제도와 관행의 차이가 새로운 경쟁우위의 창출요인으로 인식되고 있으며, 특히 선진국에서는 후진국에서 아동노동, 강제노동 등 열악한 노동환경에 따른 비교우위를 근거로 생산되는 상품의 수입으로 인해 일자리가 잠식된다는 인식이 일반화되었다.

아울러 선진국의 경우 비정부기구(NGO)를 비롯한 시민사회의 목소리가 커지면서 세계화에 대한 요구사항이 높아지고 있고 인간복지의 향상으로 귀결되지 않는 세계무역의 증대는 의미가 없다는 자각이 커지면서 무역과 노동무제를 연계하려는

읽고가기 | 중국의 신노동계약법의 의의

2008년 1월 1일 발효된 새로운 노동계약법의 핵심은 2회 이상의 노동계약 혹은 10년 이상 근무자는 종신계약을 한다는 것이다. 이는 중국 임금이 약 20~30% 정도 상승한 것을 의미한다. 중국은 2005년 무역수지 1,000억 달러 흑자를 거둔 데 이어, 2006년에는 1,400억 달러, 2007년에도 2,000억 달러에 육박할 것으로 전망하고 있다. 달러를 쌓아두고 있지만, 가치는 날이 갈수록 줄고 있다. 국내엔 물가상승이, 국외엔 수지 불균형에 대한 외국 언론 및 정부의 압박이 중국정부의 목을 죄고 있다. 어느 정도 손해를 보더라도 무역수지의 균형을 맞출 필요가 있다.

무역수지 흑자폭을 줄이기 위해서는 중국에서 수출되는 상품의 단가를 높여야 한다. 시스템적으로 ① 환율, ② 금리를 조정하여 효과를 거둘 수도 있고, 제품의 생산원가를 높이는 방법이 있다. 생산원가 중 조정가능한 부분은 ③ 세금과 ④ 임금 정도가 될 수 있다. 후진타오 정부의 목표는 임금이었다. 이유는 산업구조의 업그레이드 그리고 내수진작 등 두 가지에 기인한다. 일반적인 국내기업의 중국투자형태는 다음 두 가지와 같다. 모 자동차회사는 중국 내 시장판매를 위해 베이징에 자동차공장을 세웠고, 모 부품회사는 한국 내 제품공급을 위해 칭다오에 공장을 세웠다. 후자와 같이 제품의 비용구조 중에서 임금의 비중이 높은 노동집약적인 제품생산회사는 큰 타격을 입을 수밖에 없다. 노동집약산업은 ① 지역경제에 파급되는 효과가 낮고, ② 환경오염 등 외부효과를 발생시키는 경우가 많으며, ③ 베트남, 인도 등 국가의 추격을 받고 있는 산업이다. 중국 정부는 더 이상 싼 임금에 의존하는 산업을 용납하기 어려웠고, 임금인상을 통해 산업 고도화를 이루려고 했다.

후진타오의 가장 큰 고민은 빈부격차였다. 동・서 간의 격차는 해외자본투자를 통한 인프라구축, 자원개발 등을 통해 극복할 수 있는 가능성이 보였지만, 도시 내부의 극심한 빈부격차는 세금만으로 해결하기 어려웠다. 중국 정부는 노동계약법의 강화를 통해 중산층 형성의 가능성을 열었을 뿐만 아니라 법과 관련된 인민들의 의식형성까지 이루려고 했다. 그들은 더 이상 세계공장의 부품이 아니라, 주체적으로 소비할 수 있는 자리에 오를 수 있게 될 것이다. 기업 입장에서의 '악법'임에도 불구하고, 대다수의 기업들이 떠나지 못하는 이유가 바로 '내수'에 있다. 중국 내수시장의 성장은 분명 전 세계에서 중국의 목소리를 더 크게 낼 수 있는 큰 힘이 될 것은 분명하다.

움직임이 커지고 있다.

이러한 배경에 따라 EU 통합과 NAFTA의 출범은 지역주의 차원에서 노동규범의 조화를 추구하는 하나의 모형이 되었고, 선진국의 입장에서 노동권의 보호를 위한 조치가 지역주의 통합과정에서 성공적으로 포함됨에 따라 다자간 차원에서 그 논의를 확대하고자 하는 시도를 하게 되었다.

(1) 무역과 관련된 노동기준의 개념

노동기준의 개념은 낮은 근로조건을 이용해서 생산된 상품을 수출하는 행위를 사회적 덤핑(social dumping)으로 간주하여 이러한 불공정한 행위를 무역제재 등의 수단을 통해 시정해야 한다는 것이 무역과 관련된 노동기준을 설정해야 한다는 논리의 핵심이다.

이러한 주장에 대해서는 개도국들은 물론 일부 선진국들도 유보적인 반응을 보이고 있어서 아직은 논의방향에 관한 통일적인 견해가 성립되지는 않고 있다. 다만 초보적인 논의단계에서 노동기준(labour standards)이 무엇을 의미하는가 하는 개념 설정문제가 논의의 출발점이 되고 있다.

일반적으로 노동기준이라 함은 근로시간, 최저임금, 작업장의 위생, 안전 등 근로조건(working conditions)에 직접 영향을 미치는 규율이다. 노동기준의 구체적인 내용에 대해서는 크게 보아 강제유아노동금지, 결사의 자유(freedom of association)와 같은 기본인권에 관한 사항과 최저임금제, 최대근무시간 제한 및 작업장의 위생 및 안전과 같은 경제적 후생수준과 관련 있는 근무여건에 관한 것이나 초기 논의과정에서 우선 기본적인 인권관련 요소만을 추출하여 논의과제로 삼자는 의견이 주류가 되었는데 이때 주로 거론되는 핵심 조항은 강제노동금지, 유아노동금지, 결사의 자유 등이다.

한편 무역과 노동기준의 연계에 대한 찬·반론이 대립하고 있다. 무역과 노동기준간의 연관성문제에 있어 무역수단을 노동기준 향상을 위해 사용해야 한다는 논의는 어떤 나라가 최소한의 노동기준을 준수하지 않고, 저임금 등 낮은 노동기준을 이용하여 생산된 제품을 수출하는 것이 국제교역의 공공거래질서와 투자의 흐름을 왜곡시키고, 결국 국제무역 고용경쟁정책에 교란을 가져온다는 판단에 근거하고 있다.

그러나 개도국들의 입장에서 보면 일반적인 노동기준 준수문제는 인권보호의 문제이며, 경제적 후생개념으로서의 노동조건도 대체로 각국의 경제수준에 따라 정해지는 것이지 무역과 관련되는 문제가 아니라는 것이다. 따라서 노동기준 미준수 국가에 대한 무역제재의 타당성을 입증하기 위해서는 우선 지임금, 근로권 세한의 상태에서 생산된 제품이 실제 각국의 무역 고용경쟁에 어떠한 영향을 끼쳤는가, 즉 실제로 두 요소가 상호연관을 입증해야 하는 것이 선결과제로 간주되고 있다. 그러나 이러한 작업은 장기적 분석적 경험적인 연구를 요하게 되므로 구체적인 결과를 얻게 되기까지에는 상당한 기간이 소요될 것으로 예상된다.

1) 찬성론(선진국)

노동기준을 무역에 연계시키는 것은 국가 간 공정경쟁에 관한 기본토대를 제공하고, 고기술, 고임금 근로자에 의한 기술혁신을 통하여 고품질, 대량생산을 가져오게 할 것이나 사회조항(social clause)이 없으면 국제경쟁이 심화될수록 각국의 노동자들의 삶의 조건과 노동조건은 더욱 황폐해진다는 것이다.

따라서 만일 사회조항이 채택되지 않는다면 저임금에 바탕을 둔 개도국들의 수출을 견제하기 위해 각국의 보호주의는 더욱 기승을 부리게 될 것이며 그에 따른 피해는 개발도상 수출국들이 더 입게 될 것이라고 주장이다.

만일 노동기준이 국제적으로 어느 일정수준까지 향상되면 개도국은 경쟁적으로 노동기준을 저하시켜 비교우위를 강구하지 않아도 되며, 외국의 투자를 유치하기 위해 노동기준을 저하시킬 필요도 없게 된다는 것이다.

2) 반대론(개도국)

경제발전의 단계를 무시하고 현 단계에서 노동기준을 무역에 연계시키는 것은 개도국의 가격경쟁력을 상실케 하려는 선진국의 위장된 보호주의 의도가 숨어 있다는 것이다. 기술, 자본 등 상품생산요소 가운데 개도국들이 가장 경쟁력 있는 노동에 관한 비용을 인상함으로써 경쟁력을 확보하겠다는 선진국의 '경제이기주의(economic self-interest)'의 발로이며, 논리적으로 볼 때 노동자 착취현상이 이루어지는 부문은 제조업부문보다는 건설, 광산, 소규모 서비스업종 등에서 심각한데 이 부문에 대한 언급은 없이 무역이 이루어지는 부문에 대해서만 사회조항을 적용시키려는 것은 선진국들이 계산된 의도가 들어 있는 것이다.

또한 선진국이 개도국에 대하여 노동기준을 강요하는 것은 개도국의 입장에서는 내정간섭이며, 국가 주권침해행위라는 것이다. 최저임금, 근로시간 등 근로조건을 정하는 것은 국내경제·사회상황에 따라서 정치적으로 결정해야 할 사항이며, 이를 일방적으로 외부에서 강요하는 것은 불합리하다는 것이다.

미국의 노동장관을 지낸 라이히(Reich) 박사는 이에 대하여 다음과 같은 입장을 밝히고 있다. 즉 선·후진국 간의 근로조건이 차이를 인정하지만 빈곤국이라 할지라고 아동고용이나 강제근로는 인간의 존엄성을 해치는 것이며, 결사의 자유나 단체교섭권과 같은 기본적 권리는 반드시 준수되어야 할 절대적 노동기준(absolute standards)이라 할 수 있다. 다만 근로시간, 최저임금수준, 산업안전과 같은 근로복지수준은 각국의 경제발전 정도에 따라 차이가 있을 수 있으나 이러한 노동조건(conditional standards)도 무역의 증가와 경제성장에 따라 점차 개선되는 것이 중요하다. 라이히 박사는 국제노동기준 준수 여부의 판단기준으로서 민주주의원칙을 제시하였다. 경험적 사례를 통하여 볼 때 비(非)민주주의, 권위적 국가일수록 집권층의 상업적 이익을 얻기 위하여 근로기준을 더욱 악화시킬 가능성이 많으며, 정치체제가 민주주의형태를 보일수록 근로조건이 개선되리라는 것이다. 소득향상이 이루어짐에도 불구하고 노동조건이 개선되는 추세가 안보일 경우 이를 비민주체제로 간주한다는 것이 라이히 박사의 주장이다.

노동기준 적용의 강제문제에 대해 라이히 박사는 개도국의 근로기준을 선진국과 동일수준으로 규정하라는 주장은 불공정하고 비현실적이라는 생각을 가지고 있다. 그러나 다음의 경우는 노동기준에 관한 국제적인 행동이 정당화될 수 있을 것이라 생각한다. 특히 ① 문명국가를 규정할 수 있는 핵심적인 근로기준이 침해(violated)된 경우, ② 경제발전에도 불구하고 근로기준이 향상되지 않을 경우, ③ 민주정치제도가 실시되지 않은 사회에서 생활조건이 가난 자체가 아니라 정책결정자의 자의에 의해 강요되는 경우에는 노동기준 향상을 위한 국제적인 압력이 필요하다고 주장하였다.

(2) WTO에서의 논의 동향

1994년 1월 미국 클린턴 대통령은 브뤼셀에서 들로르 EC 집행위원장 및 파펜드레우 EU 의장과 가진 공동기자회견에서 세계무역협상의 의제로 노동기준과 환경을 포함시킬 것을 제안하였다. 또한 1994년 4월 마라케시 각료회의를 전후하여 미국, 프랑스 등 일부 선진국들이 무역과 노동기준을 우루과이라운드 이후의 새로운 무역협상의제로 채택할 것을 주장하였다.

그러나 아직까지는 WTO 차원에서 무역과 노동을 직접적으로 연계하는 데 대해서는 개도국을 중심으로 반대의 목소리가 높으나 미국을 비롯한 선진국의 경우 이 문제가 WTO를 주축으로 한 세계자유무역체제에 대한 국내의 정치적 지지 확보와 밀접한 연관을 갖는 문제이기 때문에 이 문제는 뉴라운드협상을 비롯하여 향후 WTO에서 주요 논의대상이 될 것으로 전망하고 있다.

논의의 주요 쟁점을 살펴보면 미국 및 북구 제국 등의 선진국의 경우 무역과 핵심 노동기준의 연계를 적극 주장하는 입장이다. 저임금과 열악한 노동기준을 바탕으로 한 신흥개도국의 수출증가와 선진국의 실업률증가 사이에 인과관계를 설정함으로써 노동력의 착취 혹은 불공정한 노동조건을 이용한 개도국의 사회적 덤핑행위로부터 선진국경제가 마땅히 보호되어야 한다는 사고방식이 기조에 있다.

WTO에서의 무역과 노동의 연계에 대한 회원국들의 강한 반대 때문에 선진국 정부들은 이러한 사고방식을 그대로 정부 입장화해서 전면에 내세우고 있지는 않으나 노동자단체를 비롯한 비정부기구(NGO)들은 무역과 노동기준의 연계가 무역제재에까지 고려대상에 포함되어야 한다고 주장하고 있다. 실제로 1999년 10월 20일

표 9-2 ILO 8개 핵심 노동기준

분야	협약명	우리나라 비준 여부
차별금지	제100호 남녀동등보수협약	비준
	제111호 고용직업상 차별금지협약	비준
아동노동	제138호 취업상 최저연령협약	비준
	제182호 가혹한 형태의 아동노동협약	비준
강제노동	제29호 강제노동에 관한 협약	미비준
	제105호 강제노동 철폐에 관한 협약	미비준
결사의 자유	제87호 결사의 자유 및 단결권보호협약	미비준
	제98호 단결권 및 단체교섭권협약	미비준

* 우리나라는 1990년 12월 9일 ILO에 152번째 회원국으로 정식가입

** 2008년 9월 11개의 ILO협약을 비준(핵심 협약 중에서는 4개 비준)

*** 군복무의무를 강제노동으로 보는 시각이 있으나 ILO는 정규군에 대한 의무복무는 대체로 강제노동으로 보지 않는 입장이다. 공익근무, 대체근무 등과 같은 사안은 ILO기준에 위반되는 것으로 해석될 여지가 있어 한국 입장으로는 동 강제노동에 관한 협약을 비준하기 어려운 점이 있다. 한편 결자의 자유협약에 있어서도 한국은 5급 이상의 공무원 및 소방관, 교도관 등의 파업 및 단결권을 인정하고 있지 않은데, 이는 공무원의 범위를 보다 넓게 해석하는 ILO의 기준과 배치되므로 한국은 동 조항을 비준하기 어려운 입장에 있다.

WTO 시애틀 각료회의 직전 미국 노총(AFL-CIO)의 기자회견에서 미 노동운동의 목표는 노동권과 환경보호를 모든 경제규범에 포함시키는 것이라고 설명하며 미 노총은 WTO에 무역과 노동에 관한 작업반을 설치하는 것을 지지한다고 표명한 바 있다.

또한 핵심 노동권을 위반하는 국가에서 생산된 물품이 국제무역체제 내에서 다른 국가의 물품과 동일한 대우를 받아서는 아니 되며, 이들 국가에서 생산된 물품의 수입을 금지시킬 수 있도록 해야 한다고 주장하였다. 한편으로는 이들 선진국들은 개도국 근로자의 인권을 보호하고 노동조건을 향상시키고자 한다는 인도적 차원의 고려도 내세우고 있다.

개도국의 경우 WTO에서의 무역과 노동기준의 연계에 대해 논의하는 데 반대하며 무역노동기준 연계 논의는 결국 위장된 보호주의로서 결국 핵심 노동기준 위반을 이유로 한 경제제재로 연결된 가능성을 우려하고 있다. 개도국들은 선진국의 무역과 노동의 연계 논의 주장은 경세발선단계와 개도국의 상대적으로 풍부한 미숙련 노동력의 공급조건을 무시한 발상에서 나온 것으로서 선진국의 문제를 개도국으로 전가하려는 것이라고 주장하고 있다.

선진국 실업문제의 근본원인은 개도국의 대 선진국 수출증가에 기인한 것이 아니라 선진국 경제의 기술진보에 따른 미숙련 노동력의 수요감소와 산업구조조정의 지연에 기인하는 것이라는 주장이다. 즉 이러한 논의 주장은 경쟁력을 상실한 산업과 고용을 유지하기 위한 보호주의적 동기에서 비롯된 것이며 선진국의 사양산업 노동자들의 요구와 압력에 의한 것으로 인식하고 있다.

주요 논의 경과를 살펴보면 1996년 12월 싱가포르 제1차 WTO 각료회의에서는 미국 및 북구 일부 국가들의 강한 주장에 따라 다음과 같은 원칙적 선언을 채택하였다. 그 내용은 국제적으로 인정되는 핵심 노동기준의 준수에 대한 약속을 재확인, 국제노동기준을 설정하고 취급하는 적절한 기구는 ILO임을 인정, 핵심 노동기준을 보호주의목적에 사용하는 것에 반대하며, 저임금 개도국이 가진 노동집약적 상품의 비교우위가 문제시되어서는 안 된다는 데 동의하고, WTO와 ILO 사무국 간의 협력관계는 지속한다는 것이었다.

그 이후 1999년 12월 시애틀 제3차 각료회의에서 미국과 EU는 노동문제를 뉴라운드협상에서 논의하기를 희망하여 WTO 내에 노동문제를 논의하는 작업반(Working

Group) 설치를 제안하였으며 EU는 개도국의 반발을 고려하여 WTO 밖에 ILO·WTO 합동 포럼(joint forum) 설치를 제안하였다. 미국은 각료회의기간 중 아동노동금지에 대한 UN협약에 가입하고 클리턴 대통령이 노동기준을 위반한 국가에 대한 무역제재를 언급하는 등 매우 적극적인 태도를 보였다. 그러나 인도, 파키스탄, 이집트 등 강경 개도국을 비롯한 대부분의 개도국들은 이를 노동에 의한 개도국들의 비교우위를 없애려는 선진국들의 시도로 보고 강력히 반대하였다. 1996년 제1차 싱가포르 각료회의에서 노동문제를 국제노동기구(ILO)에서 다루기로 한 점을 강조하면서 WTO에서는 노동문제를 다룰 수 없다고 주장하였다. 그러나 각료회의에서는 주요 5개 분야별 작업반 이외에 노동에 관한 작업반이 구성되어 노동에 관한 각료선언문 초안을 놓고 협의를 진행하였으나 합의 도출에 이르지 못하고 각료회의가 중단되었다.

우리나라는 특정 국가의 노동기준은 당해 국가의 정치, 경제, 사회, 문화 등의 제 요소에 의해 결정되는 것이며, 노동기준의 향상은 무역상의 제재보다는 이들 국가의 경제성장, 교육, 훈련 등을 통해 이룩하는 것이 효과적이라는 점을 강조하고, 원칙적으로 노동문제는 국제노동기구(ILO)에서 다룰 사안이라고 하였다. 다만 WTO 내에서의 노동 논의가 협상이 아닌 연구검토수준이라면 뉴라운드협상의 다른 의제들과의 종합적인 관계에서 전향적으로 검토가능하다는 입장이며 이 경우에도 작업반이 WTO 밖에서 ILO·WTO 합동의 대화체 형식으로 설치하는 것이 바람직하며 작업반 설치가 개도국에 대한 무역제재조치를 위한 전 단계라는 인식을 불식시키는 노력이 선행되어야 한다는 입장이다.

9.3 도하개발어젠다(DDA)

1. 도하개발어젠다의 의의와 필요성

카타르 도하에서 개최된 제4차 WTO 각료회의에서의 합의를 토대로 출범한 도하개발어젠다(DDA)는 국제무역질서에 적지 않은 변화를 가져올 수 있는 WTO의 제1차 다자간 무역협상을 말한다.

WTO 회원국들은 UR협상을 타결하면서 미진했던 분야인 농산물과 서비스 추가협상에 대한 합의를 토대로 새로운 다자간 무역협상의 필요성에 대한 논의를 꾸준히 제기해 왔다. 더욱이 이러한 논의는 WTO의 출범 이후 국제무역환경의 급속한 변화과정에서 대두된 새로운 무역이슈와 기존 WTO 국제규범의 보완문제 등이 함께 거론되면서 이들 쟁점들을 논의하는 새로운 대규모의 무역협상 출범문제로 확대되었다. 그리하여 1998년 제네바에서 개최된 제2차 WTO 각료회의에서는 이러한 요구를 반영하여 무역자유화를 위한 뉴라운드협상의 출범 필요성에 합의하였다.

1999년 시애틀에서 개최된 제3차 WTO 각료회의를 계기로 뉴라운드를 출범시키기로 합의하였으나 시애틀 각료회의는 협상의제를 둘러싼 WTO 회원국 간의 복잡한 이해관계로 말미암아 합의 도출에 실패한 채 각료회의가 중단되는 사태를 초래하였고, 그 결과 새로운 무역규범으로 다자무역체제를 관리하고자 한 뉴라운드의 출범이 무산되었다.

시애틀 각료회의 이후 각국은 협상 의제에 대한 합의 도출을 위한 노력을 지속하였고, 이와 함께 당시 세계경제의 침체 및 무역 위축에 따른 위기의식으로 무역자유화를 위한 WTO의 역할이 더욱 절실하게 요구되는 상황에서 WTO 각 회원국이 보다 신축적인 자세를 취하게 되어 결국 2001년 11월 카타르 도하에서 개최된 제4차 WTO 도하 각료회의에서 도하개발어젠다협상의 역사적 출범을 선언하게 되었다.

DDA협상이 과거의 GATT체제하의 다자간 무역협상과 구분되는 특징은 그동안 WTO 안에서 개도국의 입장이 크게 강화되어 개발문제 및 이행문제 등을 둘러싼 DDA협상과정에서 선진국과 개도국 간의 협력 여부가 과거 그 어느 때보다 성공적인 협상의 타결에 중요한 역할을 할 것이라는 데 있다. UR협상에서도 개도국의 영향력이 과거에 비해 상대적으로 커졌으나 협상 타결의 관건은 여전히 미국과 EU 간의 농산물문제에 있었던 것이 사실이다. 그러나 WTO 출범 이후 회원국의 구성에 있어서는 물론 다자간 무역협상에 임하는 개도국의 입장이 적극적으로 변하면서 WTO 내의 개도국의 목소리는 점점 강화되고 있는 현실이며, 특히 제4차 도하 각료회의에서 개도국 지위를 부여받은 중국의 WTO 가입이 이루어지면서 이러한 추세는 더욱 심화될 것이다.

그럼에도 불구하고 WTO의 제1차 다자간 무역협상인 DDA는 국제무역환경을 개선함으로써 침체에 빠진 세계경제의 회복에 도움이 될 뿐 아니라 세계무역을 관장하는 기구로서 WTO의 위상 확립에도 기여할 것이다. 나아가 다양한 형태로 심화되고 있는 지역협력 추세를 다자간 체제와 보완적인 방향으로 유도하는 데도 중요한 역할을 하게 될 것이다.

살펴보기 **라운드(Round)와 개발어젠다(Development Agenda)**

다자간 무역협상에서 라운드(Round)라는 명칭이 붙는 이유에 대해서는 해석이 엇갈린다. 초기의 무역협상이 원탁 테이블에서 이루어진 데서 기인한다는 해석도 있으나 권투시합과 같이 회를 거듭하면서 무역자유화협상을 벌이기 때문이라는 해석이 유력하다. DDA협상은 WTO가 출범한 1995년 이후 첫 번째 다자간 무역협상인데 WTO회원국들은 과거 GATT체제하에서 명명하였던 라운드(Round)들이 주로 선진국의 이익을 반영했다고 보는 개도국들의 입장을 반영하여 WTO 다자간 무역협상에서는 라운드라는 명칭을 사용하지 않고 대신에 개발어젠다(Development Agenda)라고 명명하기로 양해하였다.

2. 제4차 카타르 도하 각료회의의 의미

WTO 각료회의는 WTO의 최고의사결정기구로서 최소한 2년마다 개최하도록 되어 있다. 카타르 도하에서 개최된 WTO 제4차 각료회의는 뉴라운드 출범 합의에 실패한 제3차 시애틀 각료회의 이후 뉴밀레니엄시대의 새로운 무역질서의 틀을 만들기 위해 2001년 11월 9일부터 원래 일정보다 하루 늦춘 14일까지 카타르 도하에서 WTO 142개 회원국 통상담당 장관 등이 모인 가운데 개최된 각료회의로 시애틀 각료회의에서 무산된 뉴라운드 출범선언문 합의 도출을 목표로 한 회의이다.

(1) 도하개발어젠다(DDA)협상의 출범

도하 각료회의의 가장 큰 성과는 협상의제 합의를 통한 DDA협상의 출범이다. DDA협상의 출범은 세계적 경기침체와 테러사태로 인한 세계경제의 불확실성을 감소시킴으로써 경기회복의 전망을 밝게 하는 한편, 세계무역환경을 크게 개선하게 될 것이다. 첨예한 회원국 간 이해관계의 상충에도 불구하고 도하 각료회의를 통해 DDA협상 출범이 가능했던 배경을 살펴보면, 첫째 세계적인 경기침체와 국제무역의 위축 속에서 WTO에 의한 무역자유화의 절실한 필요성에 회원국의 공감대가 형성되었고, 둘째 미국 9·11 테러사태 이후 국제협력의 분위기가 성숙되었으며, 셋째 미국의 부시행정부가 무역자유화에 보다 적극적 입장을 견지함으로써 반덤핑문제를 의제에 포함시키는 데 다소의 양보를 했다는 사실 등이 작용한 것으로 보이고 있다.

(2) 개도국 입지 강화

제3차 시애틀 각료회의에서도 나타나기 시작하였지만 DDA협상 출범을 위한 제4차 도하 각료회의에서도 그 협상과정에서 개도국의 발언권이 강화되고 있음을 인식할 수 있다. 예컨대 반덤핑문제가 의제에 포함된 것은 개도국의 입장이 폭넓게 반영된 대표적인 예이며 그 밖에도 개발 이슈 등 개도국의 입장을 배려하는 의제 혹은 특혜가 논의된 것도 WTO 내에서 개도국의 비중이 커지고 있음을 반영하고 있다.

DDA협상 출범과 함께 각료회의에서 채택된 이행관련 특별선언과 공중보건 강화를 위한 지적재산권관련 특별선언도 개도국의 입장이 반영된 것이다. 또한 도하 각료회의에서는 다자간 무역협상에서 통용되었던 뉴라운드(New Round)라는 용어 사용에 대한 개도국의 반감을 감안하여 개발어젠다(Development Agenda)로 부르기로 한 것도 같은 맥락에서 이해할 수 있다. 이와 같이 이행문제의 중요성을 인정하고 기술이전, 기술협력, 능력개발, 개도국 우대조항 강화문제 등에 초점을 두어 논의하기로 한 것은 DDA협상이 과거의 다자간 무역협상과 구분되는 중요한 특징 중의 하나라고 볼 수 있다.

개도국의 입지 강화와 관련하여 간과할 수 없는 중요한 사실은 중국, 대만의 신규 가입이 이루어졌다는 것이다. DDA협상 출범과 더불어 도하 각료회의는 중국과 대만의 WTO 가입을 승인하는 결정을 채택하여 WTO 회원국은 144개국으로 증가하였다. 중국과 대만의 가입은 마지막 남은 주요 교역국을 WTO 중심의 질서에 편입시킴으로써 국제무역질서의 중심축으로서 WTO의 위상 강화에 기여하는 측면이 있음은 물론 WTO 내 개도국의 입김이 강화되는 중요한 계기가 될 것으로 보인다.

(3) 국제무역환경의 개선

DDA협상의 성공적 출범은 그 자체로서 국제무역환경의 개선에 기여할 것으로 보여진다. 우선 협상 출범은 세계무역에 있어 새로운 자유화의 동기부여를 마련함으로써 무역활성화를 통해 침체된 세계경기의 조기 회복에 기여할 것이며, WTO의 위상 강화를 통해 장기적으로 다자적 자유무역을 기반으로 하는 세계무역질서의 확립에도 도움이 될 것이다.

1) WTO의 위상 강화

WTO는 당초 목표했던 제3차 시애틀 각료회의에서 뉴라운드협상 출범에 실패함으로 말미암아 보호주의적 조치의 확산에 의한 세계무역환경의 변화에 대한 우려가 증대되는 한편 WTO체제의 신뢰성에도 타격을 입은 바 있다. 그러나 지역주의 확산과 경제침체라는 도전이 심화되는 상황에서 도하 각료회의에서 DDA협상을 성공적으로 출범시킴으로써 신뢰성을 회복하는 계기를 마련하였다고 볼 수 있다.

제4차 도하 각료회의에서 합의된 의제에 대한 협상이 성공적으로 종결되는 경우 WTO는 전통적인 무역 분야를 망라함은 물론 환경, 투자, 경쟁정책 등의 무역관련 분야들까지 포함하게 되어 실질적인 국제무역질서의 중심축으로서의 위상을 재정립하게 될 것이다. DDA협상은 이 밖에도 반덤핑 및 보조금협정의 개선, 지역무역협정관련 조항의 개선 및 강화 그리고 지적재산권규범의 보완 등을 협상대상으로 하게 되어 빠르게 진행되고 있는 국제무역환경의 변화에 보다 효과적으로 적응해 나갈 수 있는 체제를 갖추게 된다.

한편 도하 각료회의에서는 중국과 대만의 가입이 이루어져 WTO 회원국은 144개국으로 확대되었으며, 러시아 등 28개국의 가입협상이 진행 중에 있어 다자무역기구로서의 WTO 위상이 더욱 강화될 것으로 보인다.

2) 세계경제의 회복

DDA협상의 순조로운 진전은 침체에 빠져있는 세계경제의 조기 회복에 기여할 것이다. DDA협상은 세계경제 둔화의 심화, 국가 간 통상마찰의 증대, 세계무역의 위축 등의 도전요인에 대해 WTO가 시장개방 확대와 새로운 무역규범 제정 및 강화를 통해 다자무역질서를 안정적으로 정착시키고 침체된 세계경제의 회복을 도모하겠다는 각국의 의지를 재확인했다는 점에 그 중요한 의미가 있다.

비록 최근 무역이 위축되고 있기는 하지만 1990년대에 오면서 세계 주요국의 경우 무역이 GDP에서 차지하는 비중이 꾸준히 증가되어 왔으며, 이에 따라 무역의 성장 기여도는 제고되어 왔다. 따라서 침체된 세계경제하에서 DDA협상에 의한 세계무역의 활성화는 과거 어느 때보다 세계경제의 회복에 중요한 역할을 할 것으로 기대되고 있다.

또한 미국 테러사태 이후 항공기 등을 이용한 인적자원의 이동 제약과 경제심리 위축으로 인한 무역감소 등 전반적인 물류 흐름의 감소뿐만 아니라 테러사태의 수습 차원에서 각국 정부의 시장개입 및 규제가 강화되는 등 세계화 흐름에 대한 제약이 심화되는 추세 속에서 DDA협상 출범에 따르는 WTO 무역질서는 시장질서를 유지하고 세계경제의 성장을 지탱하는 중심축이 될 것이다.

3) 무역자유화의 모멘텀 강화

DDA협상의 성공적 출범은 무역자유화의 모멘텀을 유지·강화하는 계기가 될 것이다. 국제무역이 위축세를 보이고 있는 상황으로 2001년 세계 상품무역량은 2000년에 비해 1~2%의 성장에 머무는 등 그 성장세가 크게 둔화되고 있는데, 이는 IT산업의 위축, 미국 및 EU에서의 경기둔화로 인한 수입수요 감소 그리고 미국 테러사태로 인한 물류의 위축 등에 기인하는 것이다. 이러한 상황에서 DDA협상의 출범은 무역의 확대를 가져올 수 있는 중요한 동인으로서 그 자체로서 무역자유화의 모멘텀 유지·강화에 기여할 것이다.

또한 반덤핑협정 개정이 협상의제에 포함됨으로써 최근 선진국은 물론 다수의 개도국에 의해 남용되고 있는 반덤핑조치의 발동이 제약을 받을 것이다. 오늘날 반덤핑조치는 자유로운 무역환경을 저해하는 대표적인 보호주의적 조치로서 규범의 명확화와 그 발동요건의 강화는 무역자유화를 위한 환경 조성에 기여할 것이다.

뿐만 아니라 UR에서 미진했던 농산물 및 서비스무역 자유화 분야에서 지금까지 농산물교역을 왜곡시켜 온 수출보조금과 각종 국내보조금이 감축되고 시장접근이 개선됨으로써 농산물교역이 확대됨은 물론 세계무역의 20% 이상을 점하고 있고 세계화의 진전에 따라 미래의 무역 분야로 주목받고 있는 서비스무역이 확대됨으로써 침체되어 있는 교역의 활성화에 기여할 것이다.

4) 개방적 지역협력 유도

DDA의 출범은 심화되고 있는 지역협력 추세를 개방적 성격으로 유도하는 데 기여할 것이다. 다양한 형태로 진행되고 있는 현재의 지역협력 추세는 DDA협상 출범과 WTO의 위상 강화로 WTO를 중심으로 하는 다자무역체제와 보완적인 입장에서 발전해 나갈 가능성이 높아질 것으로 보여진다. 즉 WTO체제가 세계무역질서의 중심축으로서 그 위상이 강화되면서 배타적 지역주의의 효용성이 상대적으로 감소될 것이며, WTO 내에서도 DDA협상과정에서 지역주의와의 보완적 관계를 유도하기 위한 규범 강화가 예상됨에 따라 향후 지역협력은 다자체제를 보완하는 방향으로 발전하지 않을 수 없을 것이다.

5) 일시적 통상분쟁의 증가가능성

국제무역이 활성화되는 과정에서 이를 관할하는 규범이 구비되지 못하는 경우 과도기적으로 WTO 내에서 통상분쟁이 증가할 가능성이 있다. 농산물, 서비스 분야는 물론이고 환경, 투자, 경쟁정책 등으로 WTO 규범이 관할하는 통상영역이 지속적으로 확대되고 통상문제의 성격이 복잡성을 띠면서 단기적으로 국가 간의 통상마찰은 더욱 증대될 수 있을 것이다. 통상분쟁의 빈도가 증가하고 그 내용이 복잡해지면서 이를 적절히 중재·해결할 수 있는 WTO 분쟁해결절차에 대한 개선 요구가 높아질 것이며, DDA협상을 계기로 이를 위한 논의가 활성화될 것이다.

3. 도하 각료회의의 주요 합의사항

도하 각료회의의 주요 합의사항은 크게 농산물, 비농산물, 서비스 분야에서의 무역자유화문제와 반덤핑, 보조금협정 등 기존 협정의 개정문제 및 무역원활화, 정부조달투명성, 투자, 경쟁정책 등 싱가포르 이슈의 향후 협상계획 그리고 환경문제에 대한 협상 및 기타 소규모 경제와 극빈개도국문제 등으로 구분될 수 있다. 이 밖에도 각료회의는 개도국에 의해 뉴라운드 출범 반대의 근거로 제기된 이행문제 중 일부의 해결방안에 대한 특별선언과 함께 AIDS, 말라리아, 결핵의 치료 등 공중보건 보호를 위한 개도국의 의약품 접근 강화에 관한 특별선언을 채택하였다.[8)]

(1) 무역자유화

무역자유화는 지금까지 GATT·WTO하의 여덟 차례에 걸친 다자간 무역협상에서 예외 없이 가장 중요한 의제로 제기되고 논의되었던 문제이다. 이번 협상의 경우 무역자유화의 대상 분야는 크게 농산물, 비농산물 및 서비스 분야로 대별될 수 있다.

먼저 농업협상과 관련해서는 시장접근의 실질적 개선, 수출보조의 단계적 폐지 및 무역왜곡적인 국내보조의 실질적 감축을 목표로 진행되어야 한다는 데 합의하였다. 그러나 한국 등 농산물 수입국들의 입장을 반영하여 비교역적 관심사(non-trade concerns)가 협상의 고려요인이 되어야 한다는 것과 협상결과를 예단하지 않는다는 문구가 삽입되었다. 협상일정과 관련하여 협상방식(modalities)의 수립은 2003년 3월 31일까지 이루어져야 하며 이러한 협상방식에 입각하여 각국은 포괄적 양허안을 제5차 각료회의 시까지 제출하고 협상의 종결은 도하개발어젠다협상의 종결시한과 같이 하기로 하였다.

서비스협상에 대해서는 2000년부터 진행되어 온 협상의 진전내용을 긍정적으로 평가하면서 협상을 계속함에 있어 서비스 양허안에 대한 각 회원국의 요청은 2002년 6월 30일까지 이에 대한 양허안은 2003년 3월 31일까지 제출하도록 합의하였다.

비농산물, 즉 공산품의 시장접근에 대해서는 고관세 및 경사관세문제를 포함하는

---

8) WTO 제4차 도하 각료회의 종료 시에 발표된 각료신언문에 명시되어 있다.

관세 및 비관세장벽의 철폐·완화를 위한 협상을 개시하되, 협상대상은 포괄적이어야 하며 선험적 제외가 있어서는 안 된다는 원칙에 합의하였다.

(2) WTO규범의 개정

WTO규범 개정의 최대 쟁점은 반덤핑협정 개정의 의제 포함 여부로서 WTO 제3차 시애틀 각료회의에서도 미국과 여타 국가들 간의 첨예한 입장대립이 있었던 분야이다. 이번 각료회의에서도 미국의 강한 반대가 있었음에도 불구하고 반덤핑과 보조금협정의 규율을 명확히 하고 개선하는 협상을 하되, 다만 미국의 입장을 고려하여 협정의 기본개념, 원칙, 유효성과 그 수단 및 목적은 유지한다는 데 합의하였다.

또한 규범협상과 관련하여 수산보조금에 관한 WTO규율을 명확히 하고 개선하기로 하는 한편, 지역무역협정에 적용되는 기존의 WTO규정하의 규율과 절차를 명확히 하고 개선하기 위한 협상도 DDA협상 의제에 포함하기로 하였다.

(3) 분쟁해결양해와 지적재산권

세계화와 국제화 추세에 따라 무역과 투자가 증대되면서 국가 간 분쟁이 증가하고 그 내용이 복잡다단해지고 있다. 따라서 이를 해결할 WTO 분쟁해결절차의 개선의 필요성이 강조되고 있다. 도하 각료회의에서는 분쟁해결양해를 개선하기 위한 협상을 개시하되 2003년 5월까지 합의를 도출하고 이를 조속히 시행하기 위한 조치를 취하기로 하였다. 이 밖에도 포도주와 증류주의 지리적 표시에 대한 통보 및 등록과 관련한 다자체제 설립을 위한 협상을 제5차 각료회의까지 마무리하도록 하였다.

(4) 싱가포르 이슈

무역과 투자, 무역과 경쟁정책, 정부조달투명성 및 무역원활화문제에 대한 다자간 무역협정의 필요성은 이미 UR협상이 타결된 시점부터 끊임없이 강조되어 왔다. 이를 인정하여 제5차 각료회의에서 결정되는 협상방식에 따라 제5차 각료회의 이후 협상을 시작하되 각료회의까지 각종 요소의 명확화를 위한 작업을 진행하기로 합의하였다.

무역과 환경의 상호보완성을 높이기 위해 WTO 기존규범과 다자간 환경협약(MEA)에서 무역관련 의무와의 관계, MEA 사무국들과 WTO위원회 간 정기적 정보교환 및 옵서버 자격부여기준, 환경관련 상품 및 서비스에 대한 관세, 비관세장벽의 완화, 철폐문제에 대한 협상을 시작하되 결과를 예단하지 않기로 하였다. 또한 무역환경위원회(CTE)는 현재 소관범위 내의 모든 의제에 대한 작업을 계속하기로 하였다.

전자상거래와 관련하여서는 일반이사회로 하여금 전자상거래 작업계획을 다룰 가장 적합한 제도적 장치를 고려하여 이를 제5차 각료회의에 보고하고 각료회의 시까지 전자상거래에 대해 관세부과를 유예키로 한 현재의 관행을 유지하기로 합의하였다.

(5) 작업계획의 조직 및 운영

DDA협상의 타결시한은 2005년 1월 1일 이전으로 하며, 제5차 각료회의는 협상 진전상황을 점검하고 필요한 지침 및 결정을 채택하기로 하였다. 또한 모든 분야의 협상 타결 시 특별 각료회의를 개최하여 협상결과의 채택 및 이행을 위한 결정을 내리기로 한 바 있다.

모든 협상은 일반이사회 산하에 무역협상위원회(TNC)를 설치하여 감독하며, TNC는 그 첫 회의를 2002년 1월 31일 이전에 개최하도록 하였다. 특히 분쟁해결양해를 제외하고 모든 협상의 타결 및 발효는 일괄타결방식(single undertaking)으로 하되 조기 합의사항에 대해서는 조기 이행이 가능하도록 하였다.

4. 도하개발어젠다의 협상의제와 방식

(1) 협상의제

DDA협상을 위해 합의된 의제는 비교적 균형을 이룬 것으로 평가되고 있다. DDA 협상에 포함되는 의제로는 농산물, 서비스와 같은 기설정의제(Built in Agenda)는 물론 공산품 무역자유화와 반덤핑 등 WTO규범 분야 그리고 일부 환경 분야까지 포함되었고 투자・경쟁정책과 같은 새로운 의제들도 제5차 각료회의 이후 협상을 개시하기로 함으로써 당초 목표했던 대로 광범위한 의제를 다루게 되었다.

이는 무역자유화의 혜택이 WTO 회원국 간에 균형 있게 배분될 수 있도록 하는 데 기여할 것이다. 농업과 서비스 분야는 UR 이전에는 GATT의 예외 분야이었고 WTO의 출범 이후에도 자유화규범이 매우 미진하고 불완전한 분야였으나 DDA협상을 통해 보완이 이루어지게 되면 WTO규범의 영역 확대와 효율성 제고를 통해 보다 효과적인 무역자유화가 추진될 수 있는 계기가 마련된 것으로 볼 수 있다.

또한 최대 쟁점 중의 하나였던 반덤핑규범 개정의 의제 포함은 최근 선진국은 물론 개도국들에 의해서도 더욱 빈번히 사용되고 있는 반덤핑조치의 관련 규정을 명확히 하고 발동요건을 보다 엄격히 함으로써 국제무역의 보호주의적 환경을 개선하는 데 기여할 것으로 기대되고 있다.

(2) 협상방식

DDA협상은 UR협상과 마찬가지로 모든 의제에 대한 논의를 동시에 진행하고 동시에 종결할 뿐 아니라 모든 참가국이 각 의제에 대한 협상결과를 모두 수용하는 일괄타결방식(single undertaking)을 채택하고 있다. 특정 분야의 협상을 미리 끝낼 수 있도록 하거나 일부 분야의 협상결과만을 선별적으로 받아들일 수 있게 한다면 협상 타결에 필수 불가결한 주고받기가 어렵기 때문이다. 다만 특정 사안에 대해 조기에 합의가 이루어질 경우 모든 회원국들이 동의한다는 전제하에 합의된 결과를 조기에 시행하는 것은 가능하도록 되어 있다.

DDA협상은 2005년 1월 1일까지 마무리하도록 되어 있다. 즉 협상시한이 3년이라는 짧은 시간에 WTO 회원국들의 의견을 반영하여 조율한 후 협상을 마쳐야 한다는 것이다. 이는 WTO 회원국들이 GATT체제하의 제8차 다자간 무역협상인 UR 협상이 7년 이상 걸렸던 전철을 밟지 않고 가능한 한 빠른 기간 내에 협상을 종결시켜야 한다는 데 인식을 같이 했기 때문이다. 그러나 DDA협상 의제 자체가 광범위하고, WTO 회원국들 간의 이해관계가 복잡하게 엇갈려 있기 때문에 실제로 협상을 종결하기에는 다소 무리가 있을 수 있다.

5. 도하개발어젠다의 주요 쟁점

(1) 농업협상

DDA협상 전반에서 빗장과 같은 위상을 점하고 있는 최대의 격전장이며, 시장접근과 국내보조, 수출경쟁 등 3개 분야로 이루어져 있다. 시장접근 분야에서는 관세상한의 설정, 최상위구간 관세감축률, 민감품목수, 특별품목수 등이 국내보조 분야에서는 미국 농업보조금 감축폭이 주요 쟁점이다. 농산물협상 내용에 대해서는 제6장의 DDA농업협상 분야에서 자세히 언급하였으므로 여기서는 제7차 제네바 소규모 각료회의의 농산물협상에 임하는 각국의 입장에 논의의 초점을 맞추어 간략히 살표보기로 한다.

1) 자유화 분야

① 시장접근 분야

시장접근 분야에서는 미국과 케언즈그룹은 고관세품목에 대해 무조건 일정 관세율 이하로 감축해야 한다는 관세 상한을 반드시 도입해야 하며, 그렇지 않으면 그에 걸맞은 대가를 지불해야 한다는 입장이다. 협상진행의 원활화를 위해 협상기간 중 크로퍼드 팔코너 농업협상그룹 의장이 공개했던 자유화 세부원칙에 관한 수정안에 따르면, 관세 상한의 설정 대신에 TRQ를 늘리는 타협안을 제시한 바 있다. 동 협상에서는 관세 상한의 도입 여부와 의장 타협안을 놓고 농산물 수출국과 수입국이 대립하고 있다.

이와 관련하여 G10은 타협안 제시 직후 각료회의를 열어 관세 상한 도입 반대 의지를 재확인했으며, 우리나라는 특히 관세 상한이 명시적으로는 도입되지 않도록 G10의 적극적인 대응이 필요하다고 강조했다. 일반품목에 대한 농산물관세 최상위구간 감축률과 관련해 팔코너 의장은 50~75%를 제시한 가운데, 미국은 그 수준을 더 높여야 한다는 입장인 반면, EU와 G10은 더 낮춰야 한다는 입장을 보이고 있다. 이와 함께 의장 수정안은 민감품목의 수를 전체 품목의 4~6%수준에서 낮은 감축률을 적용할 수 있도록 하고, 그 대신에 TRQ 증량의 수준과 민감품목의 수를 놓고 농산물 수출국과 수입국 간에 논란 중이다.

의장 수정안은 특히 개도국에 대해서는 추가로 전체 품목의 10~18%를 특별품목으로 지정해 관세감축 완전면제를 포함한 낮은 감축률을 적용할 수 있도록 했다. 하지만 특별품목의 수와 함께, 관세감축 완전면제 허용 여부를 비롯한 관세감축률 수준을 둘러싸고 선진국 농산물 수출국들과 G33와 팽팽한 줄다리기를 벌이고 있는 상황이다. 우리나라 등 G33는 제네바협상기간 중 각료회의를 열어 개도국 특별품목 중 관세감축 면제품목수 확대와 함께, 개도국 긴급수입제한조치와 관련해 우루과이라운드 양허관세를 초과할 수 있는 품목수의 확대에 적극 대응해 나가기로 했다.

② 국내보조 분야

국내보조 분야에서는 미국의 농업보조금 감축수준과 면화보조금 폐지문제가 쟁점이다. 의장 수정안은 미국의 농업보조금을 130~164억 달러수준으로 감축하도록 했다.

그러나 2008년 5월 미 의회를 통과한 농업법안은 그 허용규모를 190억 달러로 잡고 있어 제네바 각료회의의 최대 걸림돌로 작용하고 있다. 미국 측이 어느 수준까지 양보안을 내놓을지 주목된다. 브라질은 미국의 농업보조금으로 인해 개도국 농민들이 막대한 피해를 보고 있다면서, 미국이 농업보조금을 대폭적으로 삭감하지 않을 경우 이번 협상에서 진전은 없을 것이라고 경고하고 있다. 미국과 EU 모두에게 걸려 있는 면화보조금도 그 액수는 얼마 되지 않지만 민감한 사안이다. 특히 스페인과 그리스 면화산업에 대한 EU의 보조금 지급은 EU헌장에 명시되어 있어 이를 폐지할 경우 EU헌장을 개정해야 하는 어려움이 발생하나, 면화수출국이 주로 가난한 아프리카 국가들을 지원한다는 차원에서 개도국들은 면화보조금의 폐지를 강하게 주장하고 있다.

③ 수출경쟁 분야

수출경쟁 분야에서는 수출보조, 수출신용, 수출국영무역, 식량원조 등 일부 미해결 사안이 남아 있기는 하지만, 상대적으로 의견 접근이 많이 이루어지는 등 진도가 많이 나가 있는 상태이다. 무엇보다 관세 상한의 도입 여부는 우리나라와 일본, 스위스, 노르웨이와 같은 농산물 관세가 매우 높은 농산물 수입국그룹에게는 가장 예민한 사안이라고 해도 지나치지 않다. 우리나라의 경우 농산물 평균관세가 64%수준이고, 100%가 넘는 고관세도 농산물 1,400여 종으로 전체에서 10분의 1에 이르고 있다. 곡류와 고추, 마늘 등 양념, 채소, 인삼 등의 관세는 200%가 넘고 있다.

2) 자유화방식

농업 분야는 우루과이라운드(UR)협상 이전에는 국제무역협상의 논의대상이 아니었다. UR협상에서 처음으로 예외 없는 시장개방의 원칙이 적용됨에 따라 농업도 협상대상에 포함되었다. 2000년부터 UR협상에 이은 새로운 농업협상이 시작되었다. 이는 UR협상 결과 합의된 농산물시장개방 및 자유화약속의 수준이 상품 분야에 비하여 미흡하다는 판단하에 이를 시정하기 위하여 UR협상 타결 시 후속협상을 2000년부터 개시하도록 합의한 것에 따른 것이며(소위 Built in Agenda라고 한다), 2001년 11월 카타르 도하 각료회의 결과로 DDA협상이 출범하면서 농업협상도 DDA협상의 일부로 편입되었다.

농업협상에서는 관세와 같은 보호장벽의 실실적 감축, 농업 분야에 대한 국내보조의 실질적 감축 및 수출보조의 단계적 철폐를 위한 방안을 주로 논의하고 있다. WTO 회원국들은 관세와 보조금의 감축 등 시장개방의 폭과 속도에 대한 세부원칙을 2003년 3월 말까지 수립하도록 되어 있었으나 미국과 케언즈그룹, 그리고 한국, EU, 일본 등의 입장이 팽팽히 맞서고 있어 합의점을 찾지 못하였다.

① 농업협상의 진행과정

국제무역질서를 다루는 GATT체제가 출범한 이후 공산품 분야는 8차례의 다자간 무역협상을 통해 무역장벽이 많이 낮아졌으나 농업 분야는 거의 예외로 취급되어 왔다. 그러나 1993년 12월에 타결된 UR협상에서 농산물의 수입금지나 허가제도 등 비관세 수입제한조치를 폐지하고 관세화하는 한편, 생산이나 수출을 촉진하기 위해 지급하던 보조금도 줄여나가기로 합의하였고, 그 협상결과에 따라 각국은 관세와 보조금을 매년 감축하고 있다.

또한 2000년부터는 추가적인 농산물 무역자유화를 위해 협상을 다시 하기로 하여 이 합의에 따라 2000년 1월부터 농업협상이 시작되었다. 이후 2001년 11월 카타르 도하에서 개최된 제4차 WTO 각료회의에서 새로운 다자간 무역협상(DDA)이 출범되었고, 농업협상의 기본방향과 일정이 확정되었다.

살펴보기 DDA 농업협상의 기본방향

- 공정하고 시장지향적 무역체제 수립이라는 농업협상의 장기목표 재확인
- 시장접근의 실질적 개선, 수출보조의 점진적 폐지를 목표로 하는 감축, 무역왜곡적인 국내보조의 실질적 감축을 목표로 하는 협상을 추진
- 회원국의 제안서에 나타난 비교역적 관심사항(Non-Trade Concerns : NTC)을 유념하고, 농업협상과정에서 NTC를 고려
- 개발도상국에 대한 우대조치가 협상의 모든 요소에서 본질적인 부분임을 인정

DDA 농업협상의 당초일정을 살펴보면, 2001년 11월 협상을 개시하여 2003년 3월 농업협상의 세부원칙(modality)을 마련하기로 하였다. 또한 2003년 9월 이행계획서의 작성 및 제출, 2003년 9월 이후 이행계획서를 검증을 거쳐 2004년 12월 31일 DDA 농업협상을 종료하기로 하였으나 교착상태에 빠지게 되었고, 결국 2007년 7월 세계무역기구(WTO)가 농업 분야 협상이 더 이상 진척되지 않음을 전제로 DDA협상의 잠정 중단을 선언하기까지 이르게 되었다. 이는 농업 분야에서의 간극 때문이었으며 이에 협상의 난관을 타개하고자 하는 여러 차례의 노력에 끝에 2008년 7월 세부원칙안이 제시되어 농산물 및 공산품, 수산물, 임산물 등 비농산물에 대한 자유화 세부원칙(modalities) 3차 수정안이 전회원국에게 배포되었다.[9)]

그러나 농산물 수출국들은 UR협상이 농업 분야를 다자무역체제로 끌어들이는 데는 성공했지만 UR협상의 이행결과 농산물 교역확대가 기대에 미치지 못하는 것으로 평가하고, 관세와 보조금감축 등 급진적인 개혁을 요구하고 있는 반면 우리나라를 비롯한 농산물 수입국들은 UR협상과 일관성을 유지하고, 농업의 비교역적 관심사항을 적절히 반영하기 위해 점진적이고 신축적인 개혁이 이루어져야 한다고 주장하고 있어 여전히 첨예하게 대립하고 있다. DDA 농업협상의 주요 쟁점은 관세감축폭과 감축방식, 시장접근물량 증량 및 관리방법, 감축대상국내보조(AMS)의 감축 정

9) 세부원칙 3차 수정안에서 농업의 경우 관세 상한 산입대상에서 특별품목을 배제하고, 민감품목은 TRQ(Tariff Rate Quotas) 추가 증량을 전제로 배제하고 있다. 특별품목은 10~18%의 세번에 10~14% 평균감축률을 적용하되, 세번의 0~6%까지 관세감축을 면제키로 하고 있다.

도와 방식, 허용보조의 범위 및 요건에 관한 것이다.

② 관세감축폭과 관세감축방식

DDA 농업협상에서 가장 큰 쟁점 중의 하나는 관세감축이다. 특히 UR협상에서 관세화를 통해 새로 시장을 개방한 농산물의 경우 국내외 가격차만큼의 관세부과가 허용되었기 때문에 품목에 따라서는 수백 %에 달하는 높은 관세가 출현하였으며, 이와 같은 높은 관세를 어떻게 처리하느냐가 쟁점인 것이다.

농산물 수출국들은 높은 관세로 인해 무역자유화의 효과가 거의 없고 UR협상 결과 전체가 퇴색되었다며 관세를 대폭 감축할 것을 주장하고 있다.

표 9-3 주요 국가의 관세율 현황 (%, 2004년 양허세율기준, OECD자료)

구 분	농산물 평균관세율	공산품 평균관세율	전품목 평균관세율
한국	64.3	11.4	18.3
일본	11.7	3.6	5.1
EU	19.5	4.1	7.4
노르웨이	123.7	3.4	26
스위스	51.1	1.9	8.9
미국	5.5	3.8	4.1
캐나다	4.6	5.3	5.2
호주	3.3	10.6	9.7
인도	124.3	59	67.4

주 : 단, OECD 분석자료로서 농산물범위 등의 차이로 WTO협정상의 세율과 차이가 있음.

국가 간·품목 간 관세격차를 줄이기 위해서는 고율관세를 더 큰 폭으로 감축하는 스위스공식[10])을 도입하여 관세를 감축할 것을 요구하고 있다. 특히 미국은 관세율 25%를 상한으로 하는 스위스공식을 주장하고 있어 농산물 수입국의 요구와 첨예하게 대립하고 있다.

10) 스위스공식은 T=t×a/(t+a), T : 공식적용 후 세율, t : 공식적용 전 세율, a : 관세율 상한을 말하며, 특히 관세 상한선을 25%로 제한하자는 관세감축방식을 말한다. 미국, 케언즈그룹 등 농산물 수출국들은 이러한 스위스공식을 도입하고, 관세율도 상한을 설정하여 높은 관세를 대폭 규제해야 한다는 입장이다.

반면 우리나라, EU, 일본 등 농산물 수입국들은 대폭적이고 급격한 관세감축에 반대하고, UR협상방식에 의한 점진적이고 신축적인 감축을 주장하고 있다. 각국의 다양한 농업의 공존을 보장하고 식량안보 등 농업의 비교역적 기능을 반영하기 위해 관세감축에 있어 신축성이 필요하다는 것이다. 많은 국가들이 UR협상에서 합의된 틀을 바탕으로 농업개혁을 추진해 나가고 있는 상황이므로 각국이 추진 중인 농업개혁의 지속성을 보장하기 위해 UR협상과의 일관성 유지가 중요하다는 것이다.

③ 시장접근물량 증량 및 관리방법

시장접근물량은 UR협상 이전 수입제한품목을 관세화하면서 높은 관세가 부과됨에 따라 수출국의 시장접근이 어려워질 수도 있기 때문에 품목별로 일정 물량에 대해서는 낮은 관세로 수입이 이루어질 수 있도록 제도화한 것이다.

그 결과로 농산물이 높은 관세와 낮은 관세로 각각 수입되어 가격이 이중으로 형성되기 때문에 시장질서의 유지 등을 위해 낮은 관세로 수입되는 물량에 대해 각국 정부가 개입하여 적절히 배분을 하게 되는데, 이것이 시장접근물량의 관리방법에 관한 쟁점사항이다. 이러한 시장접근물량을 얼마나 늘려야 할지와 관리방법에 대해 어떤 규범을 적용할 것인지가 문제되고 있다.

케언즈그룹 등 주요 수출국과 개도국들은 시장접근물량을 대폭 늘릴 것을 주장하고 있는데, 시장접근물량을 대폭적으로 확대하는 것이 시장접근의 실질적 개선이라는 도하 각료선언문의 취지에 부합한다는 것이다.

이에 대해 우리나라, EU, 일본 등은 대폭 증량에 반대하고 있는데, 시장접근물량을 대폭 확대할 경우 수입국의 농업이 큰 피해를 입어 식량안보나 환경보호 같은 비교역적 기능(NTC)을 제대로 추구할 수 없다는 것이다.

대다수 WTO 회원국들은 시장접근물량 관리방법이 보다 투명하고 공정하며 예측가능하게 운영되어야 한다는 데 의견을 같이 하면서, 각국이 사용하고 있는 관리방법에 대해 엄격한 규범을 마련해야 한다고 주장하고 있다.

④ 감축대상 국내보조의 폭과 감축방식

감축대상 국내보조금은 농산물의 생산이나 가격에 영향을 주어 무역을 왜곡하는 효과가 있기 때문에 매년 줄어나가야 하는 보조금을 말하며, 우리나라의 경우에 있어 대표적인 것은 쌀수매제도(추곡수매)를 들 수 있다.

감축대상 국내보조는 농산물의 국내외가격차 등을 이용해 측정한 보조총액측정치(AMS)를 줄여나가는 방식으로 감축의무를 적용받는데, 보조총액측정치를 어떻게 그리고 얼마만큼 감축할 것인가를 놓고 각국의 입장이 첨예하게 대립하고 있다.

살펴보기 **감축대상 국내보조**

■ 감축대상 국내보조 감축폭

미국은 보조총액측정치를 각 나라의 1996~1998년도 농업총생산액의 5%까지로 제한하자고 주장을 하고 있다. 이는 국가 간 보조수준의 차이를 없애자는 의미를 가지고 있으나 농업총생산액 대비 보조 비중이 높은 EU, 일본 등이 이에 반대하고 있다.

케언즈그룹은 현재 지급하고 있는 감축대상보조금을 5년간, 개도국은 9년간 균등감축해서 마지막 해에는 철폐하는 방안을 제안하고 있는데, 선진국에 대해서는 이행 첫째 년도에 50%를 감축토록 함으로써 개도국에 비해 강화된 의무를 부과하는 것이 된다.

우리나라는 각국의 농정개혁 진척상황에 맞게 현실적인 수준으로 감축하여야 한다고 주장하고 있다. UR 감축방식 및 폭은 1986~1988년을 기준년도로 하여 보조총액측정치를 선진국은 6년간 20%, 개도국은 10년간 13.3% 균등감축하자는 제안을 하고 있다.

■ 감축대상 국내보조 감축방식

케언즈그룹과 일부 농산물 수출 개도국들은 국내보조금을 품목별로 감축해야 한다고 주장하고 있다. 총액감축방식으로 하면 민감품목에 대해서는 보조를 감축하지 않거나 오히려 증가시킬 수도 있으므로 실질적인 감축효과를 기대할 수 없다는 것이다. 이에 반해 우리나라, 일본 등 수입국은 총액감축방식이 보조금감축에 있어 신축성을 부여할 수 있으므로 계속 유지되어야 함을 주장하고 있다. 정해진 상한선 내에서는 품목 간 지원수준을 조정할 수 있는 신축성이 보장되고, 각국의 다양한 농업현실과 농산물의 예측 불가능한 수급상황 등을 감안할 수 있다는 것이다.

⑤ 허용보조의 범위 및 요건

허용보조는 무역왜곡효과가 없거나 미미하므로 정부가 자유롭게 지급할 수 있는 보조금을 말한다. 우리나라의 경우 경지정리사업·수리시설 개발 등 하부구조 건설과 농촌가공산업 육성 등 구조조정 투자지원, 부채경감지원·논농업 직접지불을 비롯한 생산중립적 소득지원 등 많은 사업이 해당된다.

농업협상관련 논의가 시작된 이래 허용보조의 범위와 요건을 둘러싸고 보조금감축약속 우회 방지를 위한 규율 강화를 주장하는 케언즈그룹과 비교역적 관심사항(NTC)을 반영하기 위한 신축적 개선을 주장하는 농산물 수입국그룹 간에 대립 구도가 지속되어 왔다.

현행 허용보조의 유형과 각 유형별 요건이 느슨하게 정해져 있어 실제로는 농산물 생산이나 무역을 왜곡하는 효과가 있는 정책도 허용보조로 분류하는 등 남용의 여지가 많다는 점을 들어 케언즈그룹 등 농산물 수출국과 개도국들은 허용보조로 인정되는 정책의 범위를 축소하고 허용보조로 분류되기 위한 요건을 강화하자는 것이다.

반면 현행 허용보조조항에는 농업의 비교역적 관심사항에 대한 고려가 충분하지 않아 정책 수행에 어려움이 발생하므로 우리나라, 일본, EU, 스위스 등의 NTC 국가들은 허용보조의 범위와 요건이 보다 신축적인 방향으로 조정되어야 한다는 입장이다. 이러한 대립구도는 국내보조 분야 세부원칙협상에서 양측이 상반된 내용을 담은 구체적인 제안서를 제출함으로써 더욱 가시화되었다.

우리나라는 핵심 주곡의 생산 유지를 위한 조치 및 영세소농의 지원을 위한 조치를 허용보조에 포함시킬 것과 현행 허용보조조치 중 소득안전망지원, 자연재해지원, 탈농지원, 환경보전지원 등의 요건완화를 제안하고 있으며, EU는 동물복지를 위한 지원을, 스위스는 생산에 있어 국제수준 이상의 기준을 적용함으로써 발생하는 추가비용에 대한 지원을 허용보조에 포함시킬 것을 주장하고 있고, 일본은 소득안전망지원 및 자연재해지원에 대한 요건완화를 제안하고 있다. 그러나 케언즈그룹은 현행 허용보조조치 중 생산자에 대한 직불, 비연계 소득 지불, 소득안전망지원, 구조조정투자지원 등을 감축대상보조로 분류하여 허용보조의 범위를 축소할 것을 제안하고 있으며, 더불어 허용보조에 대한 요건강화와 지원액에 대한 한도를 설정하자는 입장을 표명하고 있다.

(2) 비농산물시장접근협상(Non-Agricultural Market Access : NAMA)

비농산물협상은 농산물[11]이 아닌 공산품과 수산품, 임산품의 관세와 비관세장벽의 감축을 목적으로 하고 있다. 세계시장의 차원에서 국제화・세계화가 심화되면서 경쟁이 치열하게 전개되고 있기 때문에 1%의 가격차이가 성패를 결정할 수도 있는

11) 농업협상에 관한 주요 쟁점은 제6장의 DDA 농산물협상에서 이미 서술하였으므로 참고하기 바란다.

상황이 되었다. 이에 따라 주요국의 관세율이 크게 낮아진 상황에서도 상대국의 관세수준에 대한 관심은 중요할 수밖에 없으며, DDA협상에서도 관세협상은 중요한 분야로 인식되고 있다.

공산품 관세인하가 핵심인 비농산물 분야에서는 관세를 어떻게, 어느 정도로 감축할 것인지에 대하여 집중적으로 논의되고 있으며, 개방의 분야, 범위, 속도를 놓고 선진국과 개도국 간의 입장 차이를 조율하는 것이 중요한 과제라 할 수 있다.

공산품에 대한 관세협상방식으로는 모든 품목에 대해 일괄적으로 일정비율의 관세를 인하하는 방식, 공식(formula)을 적용하여 품목별 관세를 결정하는 방식, 국가별로 각각의 품목에 대한 요청과 제안을 통해 하는 방식 및 특정 부문에 대한 관세만 인하하는 방식 등이 사용되고 있으나 다수 국가들이 공식 적용방식을 중심으로 UR에서와 같은 다양한 방식을 적용하는 것을 선호하고 있어 공식에 의한 인하를 원칙으로 하되 일부 분야에 대해서는 무세화, 관세조화 등 다양한 방식을 도입하는 방향으로 이루어질 가능성이 크다고 할 수 있다.

선진국의 경우 평균관세율은 낮지만 섬유, 의류, 신발 등의 분야는 관세율이 높으며, 개도국의 경우에는 아직도 평균관세율이 20%수준을 상회하고 있다. 우리나라를 포함한 선진국은 전반적으로 높은 수준을 유지하고 있는 개도국의 관세인하를 촉구하고 있는 반면, 개도국은 섬유 등 개도국이 경쟁력을 갖고 있는 분야에서 선진국의 높은 무역장벽 철폐를 요구하면서 관세인하의 폭 및 이행기간 등에서 개도국 우대조치를 강조하고 있다.

(3) 서비스협상

UR협상에서 서비스무역에 관한 일반협정(GATS)이 서비스 분야의 국제무역을 다루는 최초의 구속적 다자간 무역규범으로서 탄생하였다.

서비스협상은 농업협상과 더불어 기설정의제의 하나로 합의되어 이미 2000년 2월 이후 후속협상이 개시되어 오다가 DDA협상의 출범과 함께 DDA협상의 일부로 편입되었다. 협상의 주요 이슈로는 시장개방문제와 세이프가드, 보조금 등 관련 규범 수립을 위한 협상으로 나눌 수 있다. 서비스협상의 제1단계 작업은 2001년 3월에 완료되어 협상범위와 방식, 일정에 대한 가이드라인을 채택하였다. 또한 이후 2002년 6월까지 각국이 시장개방 요청서를 제출하였으며, 이를 바탕으로 현재 양자

협의를 진행하고 있다. 그리하여 2003년 3월까지 각국이 서비스시장을 얼마나, 그리고 어떻게 개방할 것인지에 대한 1차 시장개방계획서(양허안)가 제출되어 이에 입각한 시장개방협상이 집중적으로 이루어지고 있다.

서비스협상에서의 최대 목적은 회원국 서비스시장의 개방 확대와 개방한 서비스 분야에 있어 외국의 서비스공급자에게 부과되는 각종 시장접근 및 내국민대우에 대한 제한을 가능한 줄이는 데 있다. 따라서 각국의 무역상대국으로부터 접수한 시장개방 요청을 모두 수용하지 않겠지만 상당한 정도의 추가적인 시장개방이 이루어질 것이다.

서비스협상은 비교적 순조롭게 협상이 이루어지고 있는 분야이지만 협상의 과정에서 대상 분야의 범위와 개방의 폭 등을 놓고 집중적으로 논의되고 있다. 서비스 분야에서 비교우위를 가지고 있는 미국, EU 등 선진국은 금융, 통신, 전문직 서비스 등 폭넓은 분야의 개방을 추진하나 개도국은 이에 대해 소극적 입장을 표명하면서 특히 인력이동 분야의 자유화를 요구하고 있다. 반면 서비스 세이프가드규범의 수립에 대해서는 개도국이 적극적 입장을 취하고 있는 반면, 선진국은 소극적으로 대응하고 있다.

(4) WTO협정 개정협상

농산물, 서비스, 비농산물에 관한 협상은 기본적으로 시장개방에 관한 협상이다. 이러한 시장개방과 함께 DDA협상의 또 다른 축을 형성하고 있는 것이 국제무역규범에 관한 협상이다. 이러한 국제무역규범에 관한 협상은 현행의 WTO협정을 개정하는 협상과 새로운 무역규범을 수립하는 협상으로 구분되어진다. 현행 WTO협정을 개정하는 협상의 대표적인 분야는 반덤핑 분야이다. DDA협상에서는 반덤핑협정(AD)뿐만 아니라 보조금협정(SCM), 분쟁해결에 관한 협정(DSU), 그리고 자유무역지역, 관세동맹과 같은 지역무역협정에 적용되는 WTO규정의 개선방안도 논의하고 있으며, 보조금협정 개선작업의 일환으로는 수산보조금에 대한 별도의 규제를 도입할 것인지에 대해서도 논의하고 있다.

특히 반덤핑과 관련하여 덤핑행위는 불공정무역이지만 이를 금지하기 위한 반덤핑조치가 오히려 보호무역조치의 수단으로 활용되고 있는 현실에 입각하여 반덤핑조사의 발동요건과 절차를 강화하기 위해 의제로 채택되었다. 지금까지 한국과 일본이 중심이 되어 반덤핑 제소요건, 마진 산정 및 피해판정방식, 재심절차 등 반덤핑조치의 남용을 억제하기 위한 제안서를 수차에 걸쳐 제출하였으나 미국이 소극적 입장을 취하고 있다. 반덤핑조치를 가장 빈번하게 발동하는 미국은 이러한 조치의 원인이 되는 무역왜곡적 관행의 억제가 더욱 중요하며, 규범 개정은 조사절차의 투명성 제고에 두어져야 한다는 입장을 취하고 있다.

보조금 분야는 반덤핑에 비해 논의가 활발하게 이루어지고 있지 않으나 다만 수산보조금과 관련해서는 수산물 수출국들과 기타 국가들 간의 의견이 대립되고 있다. 즉 미국, 뉴질랜드, 아이슬란드 등 수출국들은 수산물 무역왜곡과 어족자원 고갈 등을 이유로 보조금에 대한 규제를 강화해야 한다고 주장하고 있다. 그러나 한국과 일본 등은 수산보조금이 환경에 유해하다고만 볼 수 없으며 따라서 여타 보조금과 구분해야 할 이유가 없음을 들어 별도의 규제 도입에 반대하고 있다.

(5) 환경

환경 분야 협상에서는 환경보호를 위한 무역규제조치의 허용 여부와 환경서비스 시장개방문제에 대해 집중적으로 논의해 왔다. 환경보호수준이 높은 EU 국가들은 다자간 환경협약(MEA)상의 무역규제조치를 WTO규범에 합치하는 것으로 보아야 한다는 입장인 데 비해 미국과 같은 GMO 농산물 수출국과 개도국은 이것이 보호주의조치의 구실로 이용될 것을 우려하여 이에 반대하고 있어 합의가 어려운 상황이다. 또한 환경서비스 시장개방은 서비스협상에서 다루기로 하였으나 환경상품에 관해서는 그 정의에서부터 합의가 이루어지지 않고 있는 상황이다. 유럽 국가를 제외한 다수 회원국의 관심이 높지 않고 회원국 간 인식의 차이도 크기 때문에 실질적 논의는 진전되지 않고 있는 상황이다.

(6) 기타 쟁점

경제활동이 세계화됨에 따라 각국의 국내경제정책이나 제도가 무역에 미치는 영향도 커지고 있다. 예컨대 외국인투자가 자유화되면 외국기업이 국내에 들어와 물품을 생산하여 외국으로 수출하고, 또 원자재를 수입함으로써 무역이 증가하게 되는 것이다. DDA협상에서는 이와 같은 무역환경의 변화를 수용하기 위하여 무역에 영향을 미치는 외국인투자제도, 경쟁정책, 정부조달제도의 투명성, 그리고 통관절차 등에 관한 새로운 규범을 수립하는 문제에 대해서도 논의되고 있다. 각각 외국인투자 자유화의 확대, 경쟁정책에 대한 국제적 기준의 수립, 정부조달절차의 투명성 확보, 통관절차의 간소화가 핵심 내용이다.

선진국들은 이런 분야들에 있어서도 WTO규범을 빨리 수립해야 한다는 논리를 펼치고 있으나 다수 개도국들은 이를 위한 관련 국내제도가 갖추어지지 않았고, 국내경제정책 수행에 있어 제약이 가해질 것을 우려하여 소극적인 태도를 보이고 있다.

DDA협상은 21세기의 도전에 대응하여 WTO 회원국들이 합의를 통해 새로운 국제무역질서를 구축하는 과정이라 할 수 있다. DDA협상이 타결되면 상품과 서비스뿐만 아니라 기술, 노동 등 생산요소 이동이 더욱 자유로워질 것이고, 정책 간의 상호연계성이 크게 강화될 것이다. 무역의존도가 높은 대외지향적 경제구조를 가진 우리나라는 DDA협상에 적극적이고 능동적으로 참여하여 우리나라의 국익을 최대한 반영할 수 있도록 노력해야 할 것이다.

6. DDA협상의 난제

WTO체제하에서 세계자유무역체제가 선진국에는 유리하고 개도국에게는 더 불리하게 되었다는 반성이 일면서 DDA는 전 세계 차원에서 무역과 투자 자유화를 추진하는 동시에 '개발어젠다'라는 이름 자체가 암시하듯이 개도국에 대한 특별대우와 경제발전을 지원하는 내용도 담게 되었다.

DDA협상의 의제를 보면, 공산품·농산물·서비스 등 시장 전반의 추가적인 개방, 반덤핑, 지역협정 등 기존의 WTO 국제규범의 개정, 지적재산권의 분야, 분쟁해결절차, 전자상거래 등 광범위한 의제를 포괄하고 있다. 특히, 종전 협상에서는 다루지 않았던 새로운 이슈들(투자, 경쟁정책, 정부조달의 투명성, 무역원활화 등 싱가포르 이슈)에 대한 규범 제정이 포함되었다. DDA협상에는 어느 협상 때보다도 많은 148개 회원국(UR에서는 117개국)이 참여하였다. 의욕적으로 출범한 DDA는 멕시코 칸쿤 제5차 각료회의(2003년 9월)에서 중간평가를 통해 싱가포르 이슈협상 개시를 위한 세부원칙을 수립하고, 이미 시한을 넘긴 농업(2003년 3월 시한) 및 비농산물, 싱가포르 이슈 등 주요 협상 분야에 대한 선진국과 개도국 간의 대립으로 칸쿤 각료회의는 실패로 끝나고 협상은 중단되었다.

미국의 주도로 협상이 재개되고 홍콩 제6차 각료회의(2005년 12월) 합의에 따라 2006년 말까지 DDA를 종료시키기 위한 노력이 가속화되었으나 2006년 7월 23~23일까지 개최된 G6(미국, EC, 인도, 브라질, 일본, 호주) 각료회의에서 농업국내보조금 감축 등 주요 쟁점에 대해 의견대립이 지속됨에 따라, 라미(Lamy) WTO 사무총장은 2006년 7월 24일 비공식 무역협상위원회를 소집하고 DDA협상의 일시적 중단을 선언하였다. 라미 총장의 협상 중단선언은 2006년 7월 말로 예상되었던 세부원칙 도출이 사실상 불가능한 상황에서 또다시 협상시한을 연기하기보다는 중단을 선언함으로써 협상시한의 반복적인 미준수로 인한 협상동력의 상실을 막고, 회원국들 간에 WTO체제의 위기감을 공유하게 함으로써 향후 협상 재개 시 상호양보를 얻어내기 위한 목적이 있었다.

도하개발어젠다(DDA)협상은 부유국가와 빈곤국가의 의견 불일치로 계속 난항을 겪어 온 어려운 협상이었다. 이러한 어려움 속에서도 2006년 7월 이후 냉각기간 동안 물밑 협의를 거쳤다. 그 결과 보다 원활한 협상진행을 위해 소규모 각료회의 형식으로 협상을 개최하여 우리나라를 포함한 30여 개 WTO 주요 회원국 각료들이 참석한 가운데 2008년 7월 21일부터 제네바 소재 WTO 본부에서 개최되었다. 이 각료회의는 의제에 있어서도 우선 농업 및 비농산물 시장접근의 세부원칙(modalities)에 대한 합의를 목표로 하고 이 협상결과를 TNC 전체회의에서 의결하는 형식을 취하기로 했다. 일부 개도국들이 타협안에 대하여 유보적 입장이 있었으나, 소규모 각료회의 참가국 간에는 이미 주요 이슈에 대한 의견조정이 이루어져 협의가능성이 기대되었다. 이에 따라, 농업 및 비농산물 분야의 잔여 쟁점에 대한 협의를 계속하는 한편, 이와 함께, 서비스, 규범, 지식재산권 등 여타 협상 분야에 관한 작업도 함께 진행될 예정이었다. 특히, 협상기간 중 서비스 분야에서 각국의 개방의지를 확인하는 회의(Signaling Conference)의 개최와 함께 농업 및 비농산물 자유화 세부원칙에 대한 합의가 이루어지게 되면, 각국은 동 원칙을 기초로 농업 및 비농산물 이행계획서(양허안)를 작성하게 되며, 서비스, 규범, 지식재산권 등 여타 분야도 2008년 말까지 협상완료를 목표로 협상을 가속화하게 예정되었다.

그러나 농업과 비농산물 분야의 자유화 세부원칙들에 관한 잠정 타협안에 합의했음에도 불구하고, 농업 분야의 개도국 긴급수입관세조치(Special Safeguard Measure : SSM) 발동요건 완화, 면화 등 핵심 쟁점에 대해 미국과 인도, 중국이 대립하면서 합의에 이르지 못하였다. SSM이란 수입량이 급증하거나 가격이 급락할 때 개도국이 관세를 올려 자국 농업을 보호할 수 있도록 하는 제도이다. 잠정 타협안에 따르면 SSM은 우루과이라운드(UR) 양허관세를 초과해서 추가관세를 부과할 수 있도록 했으며, 수입물량 증가분이 기준물량(과거 3년 평균)의 40% 이상일 경우 개도국이 발동할 수 있도록 했다. 이에 인도가 발동기준을 10%로 완화해야 한다고 주장하여 협상이 결렬되었다.

DDA협상이 다시 성과를 내지 못함에 따라 DDA협상은 1~2년간 중단될 것으로 예측된다. 또한 다자협상인 DDA가 결렬되면서 앞으로의 통상협상은 자유무역협정(FTA)과 같은 양자 무역협상 쪽으로 국제통상질서가 이동할 가능성이 더욱 증대되었다.

7. DDA협상의 난항과 WTO의 미래

2006년 7월 DDA협상의 일시적 중단이 선언된 이래 물밑으로는 소규모 각료회의 형태의 협상이 진행되어 왔다. 그 결과 세계무역기구(WTO)는 2015년 12월 케냐 나이로비에서 개최된 제10차 각료회의에서 도하개발어젠다(DDA)) 일부 이슈에 대해 소규모 패키지형태로 각료결정을 채택하였다. WTO체제의 첫 다자라운드로 2001년 출범한 DDA협상이 2008년 농업 및 비농산물 시장접근(NAMA) 모델리티 합의 실패 이후 그간 협상 돌파구를 마련하지 못하고 정체를 거듭해 왔으나, 2013년 발리 패키지에 이어 2017년의 나이로비 패키지에 합의하면서 WTO협상기능이 아직 작동하고 있음을 보여주었다. 하지만 나이로비 각료회의는 향후 WTO협상 방향에 대해 많은 과제를 남겼다. 마이클 프로먼 미국 통상대표는 나이로비 각료회의 직전에 기고문을 통해 지난 14년간의 협상에도 불구하고 협상 타결의 실마리가 보이지 않는다면서 DDA협상을 종결하고 새로운 실용적 접근을 채택해야 한다고 주장하였다. 나이로비 각료선언도 DDA협상 지속 여부에 대해 회원국 간 이견이 있음을 그대로 기재하면서, 협상 지속 여부를 합의하지 않기로 합의한 결과로 해석되고 있으며 각국은 DDA협상의 진전이 난망한 것으로 평가하였다.

그렇다면 최근협상에서 어떤 일이 벌어졌으며, 나이로비 이후 협상방향은 어떻게 되는 것인가? 통상 분야에서 'DDA협상'이라는 단어가 너무나도 익숙하지만 14년이 넘게 질적인 진전을 보이지 않으면서 정부나 업계의 관심이 크게 낮아지고 그간 다자협상에서의 논의가 구체적인 진전 성과가 보이지 않는다고 해서 DDA협상이 진전이 되지 않는 것은 아니다. 설령 DDA협상이 실패하고 새로운 협상이 출범한다해도 그간 논의된 이슈는 후속협상에서 계속 다루어질 것이기 때문에, 기존 논의경과에 대한 충분한 이해를 바탕으로 DDA협상의 새로운 진전이 물밑으로 진행되어왔다. 지금 WTO협상은 변화의 소용돌이에 서있고 앞으로의 전망도 불투명하다. 그렇지만 발리 각료회의 이후 2년간의 DDA 논의과정은 WTO협상이 현재 어떠한 난관에 직면했는지 그리고 무엇을 할 수 있는지를 보여주고 있으며, 지난 논의를 면밀히 들여다보면 앞으로의 전망도 어렴풋이 예측가능한 면이 있다. 이에 본 장에서는 지난 2년간 협상 경과에 발리 각료회의 이후 DDA 작업계획 및 나이로비 성과달성 논의과정을 전반적이고 구체적으로 조망한 후, 포스트-나이로비 WTO협상 전개방향에 대해 살펴보도록 한다.[12)]

(1) 발리 패키지 내용(9차 WTO각료회의)

2013년 12월 7일 발리 각료회의는 DDA협상이 시작된 지 12년 만에 '발리 패키지'를 채택하기로 합의하였다. 동 회의에서 채택된 DDA 소규모 패키지에는 무역원활화, 농업, 면화, 개발·최빈개도국(LDC)의 4개 분야에 걸쳐 9개의 각료결정과 1개의 각료선언이 포함되었다. 우선 ① 무역원활화협정(TFA)협상을 최종 타결하고, 무역원활화협정을 WTO협정 부속서 1가에 부속하기 위한 개정의정서를 2014년 7월 31일까지 일반이사회에서 채택하기로 하였다.

다음으로 농업 분야에서 ② 농업협정 부속서 2의 일반서비스 허용보조 목록범위를 확대하였고, ③ 식량안보목적 공공비축에 대해 잠정적 해법으로 평화조항을 도입하고 영구적 해법을 마련해 나가기로 하였으며, ④ 농산물 관세율할당(TRQ) 소진율 제고를 위한 관리규정양해를 채택하였고, ⑤ 수출경쟁관련 홍콩 각료선언의 약

12) 본 내용은 김호철(2016)의 "WTO DDA 최근 협상동향과 전망"을 참조하였다.

속을 재확인하였다. ⑥ 면화에 대해서는 홍콩 각료선언과 농업 모델리티 수정안(Rev.4)에 기초하여 협상을 진전시키기로 하였다. 개발·최빈개도국(LDC) 분야에서는 ⑦ LDC 상품의 무관세·무쿼터 시장접근을 원활하게 하기 위한 투명하고 단순한 원산지규정을 목적으로 특혜원산지요소, 서류요건, 투명성에 관한 비구속적 가이드라인을 채택하였고, ⑧ LDC서비스와 서비스 공급자에 대한 특별대우 웨이버의 신속하고 효과적인 실행 촉진을 위해 고위급 개최 등의 절차를 합의하였으며, ⑨ LDC 상품에 대한 무관세·무쿼터(DFQF) 시장접근을 선진국의 경우 97%까지 확대되도록 노력하기로 하고, ⑩ 개도국 우대조항검토를 위한 모니터링 메커니즘 도입을 결정하였다. 한편 각료선언은 포스트-발리 작업방향과 관련하여, 도하 각료선언과 그 이후 결정 및 선언에 대한 약속을 재확인하고, 잔여 DDA 이슈에 대하여 명확히 정의된 작업계획을 향후 12개월 이내(2014년 12월까지)에 마련하도록 무역협상위원회(TNC)에 지시하였다. 발리 패키지에서 법적 구속력이 없는 성과를 거둔 이슈들에 우선순위를 두고, 미해결 이슈들에 대한 작업을 관련 위원회 및 협상그룹에서 재개하기로 하였다. 또한 작업계획은 근본적인 장애요인을 극복할 방법 모색의 필요성을 포함하여 제8차 각료회의에서 제시한 지침과 일치하는 방식으로 수립될 것이라고 하였다.

(2) 발리 패키지협상 이후 논의 경과

1) 분야별 쟁점

발리 각료회의 이후 제네바 차원에서 DDA 작업계획 수립을 위한 각종 협상회의가 진행되었다. 이에 대한 진행과정은 다음과 같다. 아제베도 사무총장은 2014년 2월 6일 무역협상위원회(TNC)를 소집하여, 발리 각료회의에서 합의된 10개 결정사항(무역원활화, 농업, 개발 및 LDC 이슈, 면화 등)에 대한 회원국의 이행 노력을 촉구하는 한편, 2014년 말까지 DDA 작업계획 수립을 목표로 각 협상그룹 의장들에게 분야별 협의를 진전시켜줄 것을 요청하였다. 결국 2014년 상반기 논의에서 협상 기초, 협상 타결방식, 신의제 포함 등에 대해 선진국과 개도국 간에 의견이 대립되면서 별다른 진전을 거두지 못하였다. 첫째, 협상 기초와 관련하여 개도국 진영은 기존협상결과인 2008년 모델리티 텍스트를 협상의 기초로 해야 한다는 입장이었던 반면, 미국 등은 글로벌 경제지형이 크게 변화한 시점에서 중국 등의 실질적인 양허를 확보하지 못하는 기존 텍스트는 수용하기 어렵다는 입장이었다. 둘째, 협상방식과 관련하여 선진국 진영은 협상 현실을 감안하여 소규모 패키지 타결방식도 고려하는 입장인 반면, 인도, 최빈개도국(LDC) 등은 개발 이해를 최우선으로 하여 전체 이슈 일괄타결원칙을 지속적으로 주장하였다. 셋째, 신의제와 관련하여 일부 선농업협상은 시장접근, 국내보조, 수출경쟁의 3개 분야에 걸쳐 John Adank 의장 주재 협상그룹회의를 진행하였다.

2) 농업 분야 시장접근 분야

기존 텍스트(Rev.4)의 구간별 감축에 대한 대안적 접근이 본격적으로 논의되었다. Rev.4 구간별 감축방식은 관세상한, 민감품목, 개도국 특별품목 등으로 복잡한 구조로 얽혀있으며 양허세율과 실행세율 차이를 감안하면 개도국의 실제 시장개방 수준은 미미하다는 평가를 받고 있다. 미국은 쇠고기, 닭고기, 돼지고기, 밀, 옥수수 등 구체적 품목을 열거하면서 신흥개도국의 실질적인 시장접근 확대를 요구하였고, 일부 회원국은 평균관세감축(average cut)과 양자 협상방식(R/O) 결합방식, 순수 양자협상방식(R/O)을 제안하기도 하였다. 그러나 중국, 인도 등 개도국 진영은 UR 불균형 시정 차원에서 Rev.4가 협상의 기초가 되어야 한다고 입장을 견지하였고, 농업개도국 그룹인 G-33은 목표수준이 재조정되더라도 핵심 요소인 특별품목(SP) 및 특별세이프가드(SSM)는 반드시 반영되어야 한다고 주장하였다. 의장은 기존 구간별 감축의 대안으로 3가지 감축방식(① Rev.4수정안, ② 전체 평균관세의 감축(cut of average), ③ 세번별 감축률의 평균(average of cut))을 제시하였으나, 회원국 간 대립이 지속되어 감축방식에 대한 세부적인 논의가 이루어지지 못하였다.

3) 농업국내보조 분야

미국과 중국 간의 대립이 격화되면서 협상 전반의 걸림돌로 작용하였다. 기존 텍스트(Rev.4)는 감축대상보조(AMS), 최소허용보조(de minimis), 블루박스(blue box)를 합산한 무역왜곡총액보조(OTDS) 개념을 신설하고 이를 기준으로 감축의무를 부과하고 있는데, Rev.4에 따르면 미국은 무역왜곡총액보조(OTDS)[13]를 70% 감축해

13) 무역왜곡보조총액(Overall Trade Distorting Support : OTDS)은 감축대상보조와 생산제한하의 직

야 하고 최소허용보조(de minimis)의 감축(총생산액의 5% → 2.5%)으로 인한 부담이 감축대상보조(AMS)로 전가되어 정책 여력이 부족할 것으로 예상되는 데 반해, 중국과 인도는 총액감축보조(AMS)가 없는 개도국이기 때문에 OTDS 감축의무가 면제되고, 중국의 경우 최근 가입국 신축성규정으로 총생산액의 8.5%까지 국내보조 최소허용보조가 그대로 유지되어 국내보조가 오히려 확대되는 결과가 되었다

4) 비농산물 시장접근(NAMA)협상 분야

NAMA에서는 관세감축공식의 현실적인 대안 모색에 초점을 맞추어 Remigi Winzap 의장 주재로 공식적용국가 중심의 협의가 진행되었다. 2008년 NAMA 모델리티 텍스트(Rev.3)의 경우 스위스공식과 개도국 신축성을 골격으로 하는데, 각국의 양허관세와 실행관세 간 차이(water) 및 개도국에 대한 과도한 신축성 부여로 인해 실질적인 시장접근 확보에 미흡하다는 평가를 받고 있다.

5) 규범협상 분야

여기에서는 농업, NAMA, 서비스 등의 예상성과가 불명확한 상황에서 규범 분야 작업계획 포함요소를 논의하기는 시기상조라는 인식이 일반적이었지만, 일부 지지그룹을 중심으로 규범 분야 목표수준을 현실적으로 재조정하여 일부라도 작업계획에 포함시켜야 한다는 요구가 지속적으로 제기되면서, 5월 4일 브리핑 세션을 시작으로 Wayne McCook 의장 주재 협상회의가 이루어졌다. 지지그룹은 목표수준을 현실화하여 2011년 의장 텍스트에서 합의가 비교적 용이한 사안을 중심으로 논의를 촉구하였다. 우선 반덤핑 프렌즈(FANs)[14]는 3차례 제안서를 제출하여, 투명성 이슈로서 핵심 사실 공개, 조사개시 공고, 덤핑산정방법론 공개, 이해관계자 참여, 공개

접지불금인 블루박스, 최소허용보조를 모두 더한 개념이다. DDA협상에서는 이들을 각각 감축하는 동시에 이를 합친 OTDS도 감축하도록 하고 있다. UR협상에서 국내보조는 허용보조(green box), 생산제한하의 직접지불(blue box), 감축대상보조(amber box)로 구분되었다

14) 우리나라, 일본, 대만, 싱가포르, 홍콩, 노르웨이, 코스타리카, 멕시코, 콜롬비아, 이스라엘, 칠레 등 반덤핑 프렌즈 회원국(Friends of Anti-dumping Negotiations : FANs)을 비롯한 다수 회원국은 의장 텍스트가 제로잉(미국 보호무역주의 관행의 하나로 덤핑 마진을 계산할 때 수출가격이 수출국 내수가격보다 낮으면 그 차이를 그대로 인정하지만, 수출가격이 수출국 내수가격보다 높으면 마이너스로 하지 않고 제로로 계산해 덤핑 마진을 늘리는 방식) 관행을 허용하는 등 특정 국가의 입장을 편파적으로 반영해 균형을 상실했다고 지적하며 의장에게 수정 텍스트를 제출할 것을 촉구했다.

자료 접근, 현지실사, 이용가능한 자료 등 12개 이슈를, 그리고 실질적 이슈로서 필요한 기간 이상의 반덤핑조치 부과 금지(일몰재심), 이해관계자 참여 기회 명확화(공익), 반덤핑조치 부과수준 관련 공통기준 마련(최소부과원칙), 경미한 수입물량에 대한 공통기준 마련(미소마진)을 요청하였다.

6) 개발 분야

여기서는 CTD-정례회의,[15] CTD-SS[16] 및 LDC 소위원회 등이 통해 협상이 진행되었다. 우선 개도국 특별대우(S&D) 강화와 관련하여, 아프리카·ACP그룹[17]이 14개 조항 리스트를 제시하였으나 구체적인 제안서회람이 늦어져서 상반기 중에 논의 진전은 없었고, 7월 30일 G90그룹(아프리카·ACP 및 LDC)은 GATT, GATS, TRIPS, TRIMS, SPS 등에 걸쳐 총 25개 조항 문안을 제시하면서 하반기에 논의하기로 하였다. 또한 무관세·무쿼터(DFQF) 등 LDC 이슈에 대해서도 일부 논의가 진행되었으나 별다른 진전은 없었다.

(3) 발리 각료회의 이후의 협상의제 선정 실패 원인

발리 각료회의 이후 DDA 작업계획이 실패한 원인은 무엇인가? 이에 대해서는 다양한 해석과 견해가 있겠지만, 지난 제네바협상과정을 토대로 몇 가지 정리해보면 아래와 같다.

1) 농업 국내보조 감축 부담

작업계획 실패의 가장 직접적인 원인은 농업 국내보조 감축부담에 대한 회원국

15) WTO의 무역개발위원회 : The Committee on Trade and Development(CTD)

16) WTO의 무역개발위원회 특별세션 : WTO Committee on Trade and Development Special Session (CTD-SS)

17) African, Caribbean and Pacific countries. Group of countries with preferential trading relations with the EU under the former Lomé Treaty now called the Cotonou Agreement. ACP그룹의 국가들은 수십년 동안 코토누협정서에 기술된 제국의 유산인 EU의 부유하며 보호받는 시장진입에 특권을 누려왔는데 이러한 유착관계가 국제통상 측면에서 볼 때 무차별의 원칙에 위배된다는 많은 비판을 받아왔다. 그리하여 12월 31일 코토누협정은 WTO의 규제하에서 합법적으로 중지되었다. WTO는 그러한 편애에 비판적 입장이었으며 EU는 이러한 무역 편애를 의존이 아닌 상호협력에 근거한 새로운 경제파트너십협정(EPAs)으로 대체하는 데 힘을 쏟고 있다.

간 상이한 이해관계에 있다. 앞에서 서술하였듯이 2008년 텍스트에 따르면 미국은 자국 농업법에 따른 국내보조 지급을 감축해야 하는 상황이었기 때문에, 이러한 국내법 개정사항을 그에 상응하는 다른 대가 없이는 지불하기 어려웠다. 이에 반해 중국은 가입협상에서 충분히 지불하였음을 강조하면서 2008년 텍스트에서 인정받은 예외를 수성하는 데 집중하였다. 또한 인도는 UR협상 결과의 불균형 시정을 요구하면서 자국 관심사안인 식량안보목적의 공공비축에 대한 허용보조를 확보하고자 하였다.

2) 시장접근협상의 교착 지속

DDA협상의 핵심 이슈는 농업, NAMA, 서비스 3대 분야의 시장접근에 있다. 특히 농업 시장접근협상의 진전은 농업 국내보조와의 균형뿐만 아니라, 비농산물 및 서비스 분야 시장접근과의 균형 차원에서 중요하다. 미국은 협상 타결을 위해서는 신흥개도국의 실질적인 시장접근 개선이 확보되어야 한다는 점을 분명히 하고 있으나, 기존 텍스트의 농업 구간별 감축과 NAMA 스위스공식은 개도국에 대한 광범위한 신축성 부여로 실질적인 개선효과가 불확실하기 때문에 현실적으로 합의가 어렵다. 이에 기존 접근의 대안으로 평균관세감축이 제시되었으나 개도국 진영의 기존 텍스트 고수로 본격적으로 논의되지 못하고 있는 실정이다.

3) 양허균형에 대한 주요국 간 이견

선진국의 경우 2008년 텍스트의 목표수준이 UR 결과에 비해 전반적으로 높다. 일례로 농업관세감축의 경우 UR 결과는 선진국 34% 감축수준이었지만 2008년 모델리티 텍스트는 70% 내외 감축을 목표로 하고 있으며, 국내보조에서도 70% 내외 감축을 제시하고 있다. 이에 반해 개도국의 경우 UR협상에서는 선진국에 비해 2/3 수준을 부담했지만 DDA협상에서는 개발 측면이 강조되면서 추가적인 신축성과 예외를 다수 확보하였다. DDA협상 출범의 저변에는 2001년 9·11 테러 직후 개도국 경제발전을 촉진하여 글로벌경제의 불균형을 완화하는 것이 세계평화에 기여한다는 기대가 있었으나, 그 이후 중국, 인도 등이 신흥개도국으로 급속한 경제성장을 이루면서 글로벌경제에서 상당한 영향력을 행사하고 있으며, 이들 경제대국이 다자협상의 경제위상에 걸맞는 기여를 해야 한다는 요구가 제기되고 있다. 그러나 중국,

인도로서는 그러한 균형 재조정을 받아들일 이유가 없는 상황이다.

4) 다자협상 주도국의 부재

협상 정체의 근본적인 문제는 다자협상에 기여하면서 진전을 주도하는 회원국이 보이지 않는다는 점이다. 과거 UR협상 시에는 미국, EU, 일본, 캐나다가 Quad 4로 불리며 협상 타결을 주도하였다. DDA협상에서는 협상 역학구도 변화로 미국, EU, 중국, 인도, 브라질이 G-5로 불리며 협상 돌파구 마련의 임무를 맡고 있다. 그런데 UR협상과는 달리 G-5가 무역자유화라는 공통가치 아래 타협안을 선도하기보다는 자국 입장만을 반복하는 형국이다.

미국은 TPP, TTIP 등 메가 FTA로 글로벌시장을 확보하면서, 다자에서는 ITA,[18] EGA,[19] TISA[20] 등 복수국협상방식으로 자국 관심 분야를 집중적으로 진전시키고 있기 때문에, DDA협상을 충분한 이익 확보 없이 진전시킬 이유가 없다. 중국은 다자적인 무역자유화의 최대 수혜국이 될 것으로 예상되지만, 다자적 개방으로 선진국으로부터 얻을만한 혜택이 상대적으로 적기 때문에 협상을 조기 진전시킬 유인이 없다. EU는 협상 진전을 위해 나름대로 노력하고 있지만 내부적인 의사결정이 복잡하고 다자협상에서의 영향력이 예전만 못하다. 인도는 식량안보 공공비축, SSM 등에 집착하면서 다자협상의 걸림돌로 인식되고 있다. 더구나 중국, 인도, 브라질은

18) ITA란 정보기술협정(Information Technology Agreement)으로서 컴퓨터, 반도체 등 첨단산업 교역자유화를 위해 이런 정보기술제품을 생산·판매하고 있는 주요 국가들이 2000년까지 교역을 완전무관세화하는 정보기술협정을 뜻한다. WTO체제 도입 이래 별다른 무역자유화조항이 없었던 컴퓨터, 소프트웨어, 통신장비, 반도체 등 정보기술관련 분야에 대해 관세장벽을 없애고 무역자유화를 이룩하자는 취지에서 추진되어 온 통상현안이다. ITA대상품목은 컴퓨터, 반도체, 통신기기 등 정보기술제품을 총망라한 202개이며 주요 참가국의 세계시장점유율이 90% 이상을 차지해 사실상 정보기술제품에 국경이 없어지게 되었다.

19) EGA란 환경협정(Environmental Goods Agreement)을 말한다. 복수국 간 환경상품 자유화협정(EGA)의 경우 1915년 말 제10차 WTO 각료회의와 유엔기후변화협약(UNFCCC) 기후변화 당사국회의에서 EGA의 성과를 거두는 것을 목표로 5월부터 매달 세 차례에 걸쳐 집중적인 협상회의가 진행되며, 2015년 6월 중순에 7차 협상이 있었다.

20) ISA란 복수 간 서비스협정(The Trade in Services Agreement)으로서 우리나라와 미국, 일본, 유럽연합(EU) 등 23개국이 추진 중인 다자간 자유무역협정을 뜻한다. 건설, 문화, 유통 등 서비스시장 무역장벽을 없애는 것이 주목적이다. 때문에 '서비스 분야의 자유무역협정(FTA)'으로도 불린다. 2012년 초부터 미국과 호주의 주도로 논의되고 있는 TISA 추진은 세계무역기구(WTO)의 도하개발어젠다(DDA)협상이 지지부지한 데 따른 것이다. 하지만 2017년 12월 초 1차 타결을 목표로 했던 TISA는 트럼프 대통령 취임 이후 미국 정부의 갑작스러운 협의 보류 통보로 협상이 중지된 상태이다.

DDA협상에서 개발이 중심이 되어야 한다는 주장만 되풀이하는 상황이다.

5) 컨센서스 의사결정의 한계

WTO 의사결정은 컨센서스방식으로 이루어진다. 이는 특정 국가가 반대 입장을 지속적으로 제기할 경우 합의가 불가능하다는 의미이다. 특히 2014년 인도가 식량안보 공공비축 영구해법 마련을 요구하며 무역원활화협정 의정서 채택을 지연한 사례는 컨센서스방식의 심각한 문제점을 드러낸 것이다.

(4) 나이로비 패키지 합의(10차 WTO 각료회의)

작업계획 수립 실패 이후, WTO 회원국은 각료회의 성과물을 중심으로 집중적인 협상을 행하여, 12월 나이로비 각료회의에서 DDA 소규모 패키지를 조기 수확하는 성과를 거두었다. 나이로비 성과물 협상과정은 9월부터 12월 각료회의 직전까지의 제네바 사전 협상과 12월 각료회의기간에 진행된 나이로비 현지에서의 각료급 협상으로 구분된다.

1) 농업협상부문

시장접근회의에서는 EU 등은 목표수준을 재조정한 관세감축공식 합의가 필요하다는 입장이었고, 중국, 인도 등은 목표수준 재조정이라는 명목으로 기존 협상결과를 무시해서는 안 된다는 기존 입장을 반복하였다. 국내보조회의에서는 미국이 현실적 대안으로 시장가격지지 및 투입재 보조에 대해 현상유지수준의 합의를 제시하였으나, 중국, 인도 등 개도국은 기존 위임사항에서 벗어나고 UR 불균형을 시정하지 못한다면서 반대하였다. 수출경쟁회의에서는 Rev.4에 기초하여 수출경쟁 합의를 각료회의 성과로 도출하자는 데 공감대가 있었지만, G-33은 수출경쟁만 수확하는 데 반대하면서 개도국 특별긴급관세(SSM), 식량안보 공공비축(PSH)도 나이로비 성과의 균형 차원에서 논의를 요구하였다. 또한 LDC 이슈인 면화도 우선 관심 이슈로 포함되었다. 이에 기초하여 의장은 수출경쟁, 면화, SSM, PSH관련 텍스트를 중심으로 성과 도출을 목표로 각료회의 직전까지 협상을 진행하였다.

수출경쟁의 경우, Rev.4 문안(수출보조, 수출신용·신용보증·보험, 수출국영무역기업, 국제식량원조)에 기초하여 회원국의 민감성을 완화하고 철폐시한을 조정하는 형태로 논의가 진행되었다. 수출보조(export subsidy)는 무역왜곡적인 보조라는 인식하에 단계적인 철폐에 공감대가 형성되었지만, 선진국 수출보조, 개도국 수출보조, 개도국 수출물류보조의 차등적인 철폐시한 설정문제에 대해서는 의견대립이 있었다.

수출신용·신용보증·보험(export credit, export credit guarantee or insurance program)은 우회적인 수출보조로 이용되지 않도록 하기 위해 수출신용 최대상환기간 및 정부지원 없이 보험요율만으로 손실보전이 가능한 자생기간의 설정이 쟁점이었으며, 미국은 Rev.4 최대상환기간 180일 규정은 수용 불가능하다는 입장이었다.

수출국영무역기업(Export State Trade Enterprise)의 경우 STE의 수출독점력 철폐시한 설정이 핵심 쟁점이었으며, 미국은 독점력 철폐를 강하게 요구하는 반면, 중국은 국영무역의 식량안보 및 빈민구제 역할을 강조하면서 개도국 예외를 주장하였다.

국제식량원조(International Food Aid)의 경우, 식량원조가 농업 생산 및 수출경쟁에 부정적인 영향을 미치지 않도록 무상공여, 수출 비연계, 재수출 금지, 현금화 금지 등의 원칙을 도입하는 내용으로, 특히 현금화 제한 여부에 대해 엄격한 규율을 선호하는 EU, 브라질 등과 폭넓게 예외를 인정하자는 미국 등이 이견을 보였다. 각료회의 직전까지도 분야별로 다수 쟁점이 해결되지 않은 채, 농업 의장은 미해결 쟁점을 브라켓(breket : 미합의로 표시된 부분)형태로 포함한 통합문안을 회람하였다.

면화의 경우, C4(베냉, 부르키나파소, 차드, 말리) 중심으로 최빈개도국 면화 수출에 대한 시장접근, 국내보조, 수출경쟁 개선 요구가 지속적으로 제기되었으며 2005년 홍콩 각료선언에서 선진국 면화 수출보조의 조기 철폐, LDC DFQF(Duty Free Quota Free : 최빈개도국 무관세·무쿼터) 제공, 국내보조의 높은 수준감축 등에 이미 합의한 바 있다. 주요국은 나이로비 성과에 면화가 포함되어야 한다고 공감하면서도 전체 농업협상 진전과 맞물려 신중한 태도를 보였다. 면화에 대한 LDC DFQF 제공에 대해서는 의견이 좁혀졌으나, 국내보조감축 여부와 수출보조 철폐시한은 여전히 이견사항으로 남았다.

개도국 특별긴급관세(SSM)의 경우 G-33은 개도국의 영세농 보호를 위해 Rev.4에 기초한 SSM 도입을 주장하였으나 미국을 비롯한 선진국과의 이견을 좁히지 못했다.

2) 서비스 투명성부문

서비스협상그룹은 하반기에 각료회의 성과를 목표로 서비스 국내규제의 투명성 분야에서 각료결정방안이 논의되었다. 호주 등 국내규제 프렌즈는 기존 국내규제 의장텍스트의 투명성부분(제13~15조)에 기초한 문안 협의를 제안하였으나, 인도, 남아공, ACP 등은 자연인 일시입국 등을 포함해야 한다고 주장하였고, 미국도 문안 합의가 쉽지 않을 것이라는 소극적인 입장을 유지하였다. EU의 서비스 국내규제 투명성 제안서, 호주·캐나다의 서비스 국내규제 투명성 제안서, 인도의 자연인 일시입국 투명성 제안서가 제출되었으나, 회원국 간 이견으로 성과 도출은 불가능하였다.

3) 규범 투명성부문

규범협상그룹에서는 각료회의 성과로서 논란이 많은 실질 이슈는 제외하고 투명성 이슈만 논의하기로 함에 따라, 각국은 투명성에 초점을 맞추어 제안서를 수정 제출하였다. 반덤핑 투명성의 경우, 일본이 기존 FANs 제안서를 수정하여, 10개 투명성 이슈를 내용으로 단독 제안서를 제출하였고, 러시아는 7개 투명성 이슈에 대해 12개월 이내에 이행방안을 마련하여 일반이사회에 보고하는 내용의 각료결정을 제안하였다. 이에 대해, 중국, 인도 등은 개도국에게 불필요한 부담을 야기하는 의무 도입에 반대 입장을 견지하였다.

수산보조금의 경우, UN 지속가능 개발목표와 Rio+20 약속에 근거하여 과잉어획·과잉능력보조금 규율이 주로 논의되었다. 페루는 과잉어획 및 IUU보조금 금지규율 합의시한 설정, 유류보조 정보제공 등을 제안하였고, 호주는 목표수준을 현실화하여 과잉어획보조금 통보의무만을 제안하였으며, ACP는 IUU 및 과잉어획보조금 금지, 주요 수산국 통보의무, 개발 측면 고려 등을 제안하였다.

4) 개도국 특별대우(S&D)부문

개발협상그룹에서는 G90그룹(아프리카·ACP·LDC그룹)이 제출한 25개 개도국 특별대우(S&D) 제안사항이 집중적으로 논의되었다. TAN Yee Woan 의장은 9월 22일부터 5주에 걸쳐 매주 협상회의를 개최하여 25개 제안사항을 검토하였다. G90 측은 기존 개도국 S&D조항들이 절차가 복잡하고 명확하지 못하여 충분히 활용되지 못하였다고 평가하면서 2003년 칸쿤 각료회의 이후 변화된 상황을 반영하여 패키지를 제안하였다고 설명하였고, 미국 등은 개도국의 다자무역체제 참여가 중요하지만 S&D 논의는 투명성, 거버넌스, 예측가능성 등의 WTO 기본원칙을 준수하면서 이루어져야 하며, 개도국에게 광범위한 예외를 적용할 경우 다자무역체제에서 개도국 경제의 고립을 오히려 심화시킨다고 지적하였다.

5) 최빈개도국(LDC) 이슈부문

LDC 특혜원산지와 관련, 발리 각료회의에서 LDC상품에 대해 단순하고 완화된 원산지규정을 적용하기로 구속력 없는 가이드라인을 채택한 바 있으나, LDC 측은 이를 구속력 있는 각료결정으로 채택할 것을 요구하였다. Steffen Smidt 대사 주도로 방글라데시의 LDC 제안서에 기초하여 기술적인 협의가 진행되었으며, 부가가치 기준 적용 시 역외 재료가치 75%, 원산지 누적기준 허용 확대, 서류요건 완화 등이 쟁점이었다. 의장은 각국 입장을 절충한 텍스트를 회람하고, 각료회의 전까지 상당 부분 쟁점을 해소하였다.

(5) WTO DDA협상 틀의 근본적 변화

기존방식의 DDA협상은 더 이상 지속되는 것이 어려운 상황이므로 WTO 회원국들은 당분간 새로운 협상방식을 준비하는 충분한 검토의 시간을 통해 미래 WTO의 협상체제 정립이 필요하다. 이는 협상 틀, 접근방식, 협상의제, 협상구도 측면에서 상당한 변화를 수반할 것으로 예상된다. WTO협상은 지금 전환기에 있다. 'DDA협상'이라는 낡은 틀은 사실상 해체되고, 회원국들은 각료회의 성과 도출에 초점을 맞춘 새로운 협상방식에 대한 숙고를 시작한 것이다. 2001년 이후 글로벌 경제구조 변화와 TPP 등 메가 FTA의 규범적 발전을 반영하려는 노력이 예상된다. 현재의 상황에서 새로운 협상방식을 예단하기는 어렵지만, 기존 협상방식과는 확연히 다른 모습이 될 것이며, 잔여 DDA 이슈뿐만 아니라 21세기 신이슈까지 광범위하게 펼쳐놓고 이슈별 논의 진전을 도모해 가다가 각료회의를 앞두고 성과 패키지를 구성하는 방식이 될 것으로 보인다. 그간의 국제통상환경협상 논의결과를 토대로 미래의 변화는 다음과 같이 정리될 수 있다.

1) 협상 틀의 변화

'DDA협상'이라는 기존 방식이 나이로비 이후 사실상 종결되었으며, 다소 논란은 있겠지만 도하 및 그간의 각료결정도 향후 협상의 기초가 아니라 단순한 참고가 될 가능성이 높다. 협상 타결방식도 모든 분야에서 협상을 진전시키되, 이미 두 차례 소규모 패키지 타결에서 보았듯이 일괄타결방식이 아니라 협상 진전 정도에 따라 단계적으로 타결해 나갈 것이다. 또한 회원국 간 의견대립으로 진전이 어려운 분야에서는 우선 관심 국가 간 문안을 합의하고 이를 다자화하는 복수국 간 협상방식이 활용될 것으로 보인다.

2) DDA 이슈의 대안적 접근

나이로비 각료선언에서 잔여 DDA 이슈의 진전 의지를 재확인한바, 농업, NAMA, 서비스, 규범 등에서 협상 노력이 계속될 것이다. 그러나 2008년 모델리티 텍스트의 관세감축공식으로는 농업 및 NAMA 시장접근협상의 진전이 어려움이 명확해진 만큼, 평균관세감축방식, 양자 협의(R/O)방식 등 대안적 접근에 대해 본격적인 논의가 불가피하다. 특히 농업 및 NAMA 의장이 제시한 대안 시나리오가 출발점이 될 수 있을 것이다. 핵심 쟁점인 농업 국내보조의 경우 협상 돌파구 마련을 위해 일반보조금 및 수산보조금과 함께 패키지형태로 제안될 가능성이 있다. 특히 수산보조금의 경우 선진국과 개도국에 걸쳐 광범위한 지지 기반이 있으며 UN 지속가능개발목표에서도 2020년까지 과잉능력·과잉어획보조금 및 불법어업보조금의 철폐를 제시한 만큼 어떠한 형태로든 후속 논의가 예상된다.

3) 신흥개도국 기여

미국은 중국, 인도 등 신흥개도국의 실질적인 시장접근 개선이 전제되어야 협상 타결이 가능하다는 확고한 입장이며, 여타국도 공산품 관세인하에 따른 중국의 글로벌 수출시장 잠식가능성에 대해 내심 우려를 보이고 있다. 따라서 향후 시장접근 협상이 재개될 경우에는 LDC, SVE 등에 대한 개도국우대를 그대로 인정하면서 신흥개도국의 합리적인 기여를 확보하는 방안이 모색될 가능성이 높다.

4) 신규 의제 논의

글로벌 경제여건이 2001년 DDA 출범 당시에 비해 크게 변화하였으며, 메가 FTA를 통해 디지털무역, 전자상거래, GVC, 기후변화, 투자, 경쟁 등 21세기 무역이슈에 대한 규범적 논의가 진전되고 있다. 이제 WTO 차원에서 이러한 신규 의제가 다양한 방식으로 모색될 여건이 조성된 것이다. 금번 다보스 통상장관회의에서도 신규 의제 논의에 대한 공감대가 확인된 바 있다.

국제통상환경론
International Trade Environment Theory

10 CHAPTER

무역규제와 다자간 국제환경협약

10 Chapter 무역규제와 다자간 국제환경협약

10.1 국제환경문제의 의의

1980년대 중반 이후 환경문제에 대한 관심이 높아지면서 국제환경보전과 무역규제 간의 관계가 논의 배경으로 등장하였다. 동서냉전의 와해로 인하여 인류의 생존이 걸린 환경문제와 지속가능한 개발에 대한 국제적인 관심이 높아지고 산업화의 가속으로 인한 대형 환경문제 발생 및 오존층 파괴, 생물종의 멸종, 기후변화 등의 환경문제가 대두된 것이다. 더욱이 이러한 환경문제가 월경성[1] 및 지구전체의 환경파괴를 유발하며, 나아가 개별국가의 대응으로는 효과적인 대응이 곤란하다는 인식이 확산되어 무역과 환경문제의 연계에까지 이르게 되었다.

환경보전을 위하여 무역규제를 포함하는 각종 환경협약이 체결되고, 환경목적의 달성을 위한 다양한 무역정책적인 수단이 광범위하게 활용되면서 환경과 무역 간의 마찰 발생 및 이에 따른 양자간 조화의 필요성이 제기되기에까지 이르렀다.

국제환경문제 해결을 위한 국제적 노력도 이어졌다. 1972년 UN인간환경회의가 개최된 이래 범세계적인 차원에서 지구환경문제를 해결하기 위한 노력이 유엔(UN), 국제협약 및 WTO체제 등에서 다각도로 전개되어 왔다. 특히 1992년도 리우에서 개최된 유엔환경개발회의에서는 그간의 논의를 종합하여 리우선언 및 의제 21이라는 지구환경보전을 위한 포괄적인 원칙과 전략을 마련하고, 구체적인 실천계획을 작성함으로써 지구환경보전을 위한 국제적 체계를 확립한 것으로 평가되고 있다.

1992년 리우회의 이후 유엔(UN)을 중심으로 한 국제회의에서는 의제 21의 구체적 시행을 위한 정책지침이 논의되는 한편 해양·대기·생태계 등 각 분야별로 구속력 있는 법률이 채택됨으로써 지구환경보호를 위한 전 세계적 차원의 제도형성이

1) 월경성은 국경을 초월한다는 성질로서 한 나라에서의 요염이 자국에만 영향을 미치는 것이 아니라 타국에까지 영향을 주는 것을 말하는데 이를 월경오염이라고도 한다. 즉 월경오염(spill over pollution)은 국경을 초월하는 오염으로서 대표적인 것으로 황사현상을 들 수 있다.

가속화되고 있다.

1. 국제환경문제의 대두

환경문제는 냉전종식 후 주요 국제관계 의제로 부각되었다. 동서 간의 정치적인 이념적 대립이 완화되면서 제한적 지구환경용량에 대한 위기의식이 부각되어 오존층 파괴, 지구온난화, 해수면 상승, 생물다양성의 멸종위기 등에 관한 과학적 연구가 증가됨에 따라 지구환경문제는 냉전종식 이후 새로운 국제질서 형성을 위한 주요한 의제로 다루어지기 시작하였다.

또한 환경문제는 그 사안 자체가 갖는 민감성으로 인하여 공공의 관심대상이 되어 옴으로써 중요한 국내정치적 이슈(issue)로 등장하고, 지구환경문제의 발생과 그 파급효과가 특정 국가에 한정되지 않고 여러 나라와 관련됨에 따라 관련 국가 간 외교문제로 비화되는 사례가 발생하였다.

환경문제의 발생원인 및 그 해결방안이 모두 경제활동과 밀접한 관계를 가짐에 따라 지구환경문제의 해결을 위한 국제적인 노력은 환경문제의 발생원인이 되는 경제·통상활동을 제약하거나 금지시키는 방향으로 이루어지고 있다. 따라서 환경문제는 자연히 경제·통상 이슈화되었으며, 소위 그린라운드협상(green round)이라고 불리는 무역과 환경문제도 결국은 환경보호를 위하여 무역활동을 얼마나 또 어떻게 제한하여야 하는가에 초점이 모아지고 있다.

그러나 환경문제가 유엔 등 중요 국제외교무대에서 다자외교의 대상이 됨에 따라 환경문제의 발생 원인과 해결방식을 두고, 선진국·개도국 간에 대립양상이 심화되고 있다. 즉 선진국은 개도국이 지구 차원의 환경보호 노력을 강화해줄 것을 요구하고 있는 반면, 개도국은 지구환경문제 발생에 대한 선진국의 역사적인 책임을 강조하고, 개도국에 대한 재정지원 강화를 요구함으로써 대부분의 국제환경회의는 선진국·개도국 간의 강한 입장 대립으로 난항을 겪고 있다.

반면에 환경문제의 국제규범화 추세가 확산되어 가고 있는데, 이는 지구 차원의 환경문제를 해결하기 위해서는 국제사회의 공동노력이 없이는 어려운 상황임을 인식하고 이를 위한 국제환경협약의 교섭과 체결이 가속화되고 있다. 현재 환경관련 국제협약은 약 221개가 체결되어 발효 중에 있는데 이 중 몬트리올의정서, 기후변화협약, 생물다양성협약, 바젤협약 등 20여 개의 협약이 무역규제조항을 포함하고 있다.

읽고가기 | 환경문제 해결을 위한 선·후진국 간의 갈등

유엔에서는 문제해결을 위해 지속가능한 개발이라는 공통된 이념의 추구와 이를 해결하기 위한 다자간 교섭이 진행되고 있다. 이 교섭과정에서 환경문제의 발생과 해결방법을 두고 선진국과 개도국의 의견 차이가 심화되었다. 특히 환경오염을 방지하기 위한 비용분담 측면에서 갈등이 노정되고 있다.

선진국은 오염자부담원칙에 따라 모든 당사국이 동일한 비율로 오염을 감소시키고 비용도 분담해야 하며, 환경보호를 위한 국제협약의 이행을 위해 어느 정도의 무역규제는 필요하다고 주장한다.

후진국은 선진국이 더 많은 비용을 분담해야 한다는 주장이다. 왜냐하면 지금의 지구환경오염은 과거 선진국이 산업화과정에서 저지른 공해 배출의 결과이라는 것이다. 그러므로 현재의 지구환경 정화 노력을 이제 막 산업화를 이루려는 후진국에게 떠맡기고자 하는 논리는 무리라는 입장을 견지하고 있다.

한편 환경문제의 발생과 해결은 경제활동과 관련이 깊다. 국제적인 해결노력은 자연히 경제 및 무역활동을 제한하거나 금지하는 방향으로 움직여 경제, 통상의 이슈로 등장하고 있다. 유엔은 '지속가능한 개발'의 이념으로 선·후진국 간의 갈등 혹은 개별국가 간의 이해관계를 넘어 환경보전과 경제개발의 조화를 이루려고 노력하고 있다.

읽고가기 | 환경관련한 수입규제 논란

미국은 1996년부터 바다거북을 보호하는 조치 없이 조업하는 국가에서 잡은 새우의 수입을 금지하고 있다. EU는 덫으로 잡은 동물가죽으로 만든 제품의 수입을 금지하고 있다. 환경·자연보호 측면에서 수긍이 가나 수출국 입장에선 새 무역장벽이 생긴 셈이다. 미국의 바다거북 보호프로그램으로 타격을 입은 인도·파키스탄 등은 1998년 세계무역기구(WTO)에 제소해 승소했지만 미국은 이들과 개별협의를 벌이고 있을 뿐 이 프로그램을 포기하지 않고 있다.

EU도 피혁 수출국들로부터 일방적 무역제재라는 반발을 사고 있으나 동물보호라는 명분 아래 물러서지 않고 있다. 싱가포르는 환경오염을 방지로 껌 수입을 금지하고 있다. 중국은 최근 폐기물 수입 때 사전신고는 물론 검사 후 합격증명서까지 받도록 의무화하는 등 규제를 강화했다. 이 때문에 한국에서 수출하던 폐타이어가 중국 현지에서 통관이 불허되기도 하였다.

일본은 '김치'라는 상품 이름의 자국 내 사용을 금지하고 있다. 이 때문에 김치를 수출할 때에는 '시즈오케(염장식품)' 등으로 분류된 품질표시기준에 따라 품명을 기재하여야 한다. 또 일본은 폐타이어를 타이어 판매점에서 수거해 수집업자들에게 넘기는 유통경로를 가지고 있는데 타이어 판매점들이 수입품 수거를 기피하는 경향이 있어 외국산 타이어 판매를 알게 모르게 영향을 주고 있다.

2. 주요 환경문제

산업혁명이후 세계적 차원의 산업화와 개발위주의 경제성장은 자연자원의 무절제한 이용을 유발하고 공해물질의 배출을 초래하였다. 그 결과로 지구의 자정능력이 저하되어 지구 전체의 환경이 급속히 악화됨으로써 범지구적 차원의 대응을 요하는 지구환경문제가 발생하게 되었다. 지구 차원의 환경문제는 대기 분야, 해양 분야, 육상 및 해양생태계, 독성 및 유해물질 분야 등 광범위한 분야에 걸쳐 있으며, 일국의 환경문제가 타국에도 심각한 피해를 미칠 수 있음에 따라 지구환경보전은 국경을 초월한 전 지구적 차원의 공동노력 필요성을 제기하고 있다. 지구 차원의 주요 환경문제를 살펴보면 다음과 같다.

(1) 오존층의 파괴

1930년대부터 에어콘 및 냉장고의 냉매, 반도체 등 전자제품의 세척제로 사용하기 시작한 프레온가스(CFCs : 염화불화탄소)와 소화제로 사용된 할론(halon)은 대기에 방출되어 유해 자외선을 흡수하는 오존층을 파괴하게 되었다. 특히 1980년 후반의 관찰에 의하면 남극지역의 오존층은 정상 오존층의 5% 정도밖에 없다는 것이 밝혀지게 되었다.

오존층파괴는 대기 중으로 투과되는 자외선의 양을 현저히 증가시켜 피부암, 백내장 및 면역저하를 유발할 뿐만 아니라 식물 및 해양 플랑크톤의 엽록소 파괴를 촉진시켜 식물의 수확 및 성장을 저해하고, 생태계의 먹이사슬을 파괴한다는 것이 밝혀졌다.

(2) 지구온난화(Global Warming)[2)]

이산화탄소, 메탄, 프레온가스 등은 지구표면의 복사에너지가 대기의 바깥으로 방출되는 것을 차단함으로써 대기의 온도 상승을 야기하게 된다. 지구온난화의 가장 큰 원인은 석탄, 석유 및 천연가스를 연소시킬 때 부수적으로 방출되는 이산화탄소이므로 산업혁명 이후 이산화탄소의 대기중 농도가 연평균 0.5%씩 증가함에 따라 지구의 평균온도는 지난 100년간 지역에 따라 0.3~0.6도 상승하였다.

지구온난화가 진행되면 양극지대의 얼음이 녹아 해수면의 상승이 초래되고, 육지의 면적이 감소되어 경작지 및 주거지의 상실이 초래하게 된다. 또한 대기 중의 기후체계에 혼란을 초래하여 홍수, 가뭄 등 기상이변이 심화되고 이에 따른 피해가 확대되고 있다.

(3) 산성비

중화학공장, 화력발전소 및 자동차 등에서 발생되는 아황산가스 등 황산화물과 질소산화물은 대기오염뿐 아니라 대기 중의 습기와 화학반응을 일으켜 산성비를 내리게 하는 주요 원인이 되고 있다. PH5.6 이하의 산성비는 건축물의 부식을 촉진하는 한편 토양, 하천 및 호수의 산성화를 촉진하고 산림 및 농작물의 황폐화를 촉진시켜 생태계에 심각한 악영향을 초래한다.

2) 지구온난화(Global Warming)란 산업활동에 사용되는 석탄, 석유 및 천연가스 등의 화석연료가 연소될 때 발생하는 이산화탄소(CO_2), 메탄(CH_4), 아산화질소(N_2O), 과불화탄소(PFCs), 수소불화탄소(HFCs), 육불화황(SF_6) 등 온실가스가 대기 중으로 방출되는 복사에너지를 흡수하여 지표면으로 다시 배출함으로써 대기 온도를 상승시키는 현상을 말한다. '기후변화에 관한 정부간 협의회(IPCC : Intergovernmental Panel on Climate Change)'는 1995년 제2차 보고서에서 "현재(1992년)와 같은 추세로 온실가스를 배출할 경우 2100년에는 대기 중의 CO_2 농도가 산업혁명 이전보다 2배 이상 증가하여 지구의 평균기온이 1990년 대비 2℃ 상승하고 해수면도 50㎝ 이상 상승하여 마샬군도 등 군소도서국이 침수되고 농경지 및 주거지역이 침수되는 등 심각한 결과가 초래될 것"이라고 하였다.

사례분석

미국 대 캐나다의 산성비 분쟁

1970년대 이후 캐나다 동부와 미국 동북부지역의 산성비에 대한 책임소재를 둘러싸고 논쟁이 시작되었다. 미국과 캐나다 간에는 SO_2 등 오염물질 배출시설이 미국 동북부지역을 중심으로 밀집되어 있으며, 피해의 방향도 일방적인 것이 아니나 캐나다에 내리는 산성비의 50%가 미국에서 발생하는 것이며, 미국에 내리는 산성비의 15%도 캐나다로부터 발생하는 것으로 알려져 있다. 특히 캐나다는 지질학상 산성비에 대한 토양 생태계가 취약하고, 캐나다경제의 산림에 대한 의존도가 높은 사정 등으로 미국에 대해 강경한 입장을 취하였다.

양국 정부는 '장거리 대기오염에 관한 연구협의그룹'을 구성하고 산성비에 관한 공동연구를 수행하였으며, 1980년에는 산성물질 침전문제에 대한 '의향각서(Memorandum of Intent)'를 체결하였다. 레이건 행정부의 소극적 자세로 양국 간 입장차이를 좁히지 못하다가 부시 행정부에 들어와서 1991년 3월, SO_2 등 산성비 유발물질의 대폭 삭감을 권고하고 양국 간 '대기협정(Air Quality Agreement)'을 체결하였다.

그간 캐나다 측의 강경한 주장으로 미국은 SO_2 배출량의 감축을 위한 많은 조치를 취했으나 캐나다 측의 요구에는 부족하였다. 지금까지의 논의를 보면 북미의 산성비 논쟁은 아직도 산성비의 인과관계, 산성비 대책방향 등에 대하여 뚜렷한 결론을 내리지 못한 상태이나 1990년 개정된 미국의 대기정화법에 SO_2 배출량을 제한하는 규정이 1995년 이후에 효력이 발생됨에 따라 미국의 SO_2 배출량이 대폭 감축될 것으로 기대되고 있으며, 클린턴 행정부의 등장 이후 SO_2 배출량의 삭감은 더욱 가시화 될 것으로 예상된 바 있다.

(4) 생물종의 감소 및 멸종

인간의 생산 및 소비활동으로 인한 환경오염과 생태계 파괴는 생물종의 서식환경을 극도로 악화시켜 궁극적으로는 멸종에 이르게 한다. 관련 학계의 연구결과에 의하면 연간 25,000~50,000개의 종이 멸종되어 가고 있는 현실이다.

생물종이 멸종되면 유용한 생물자원으로부터 얻을 수 있는 식량, 약품 등의 이익을 기대하기 어렵고, 생태계의 먹이사슬이 파괴됨으로써 환경파괴가 가속화된다.

사례분석

코뿔소 분쟁(Rhino-Case)

코뿔소는 전 세계적으로 대형동물 중 가장 멸종위기에 처해 있는 동물로서 최근 조사에 따르면 1970년대 이후 85%가 감소한 것으로 나타났다. 코뿔소 분쟁은 세계적으로 두 가지 문화적 전통에 의한 것으로 하나는 북예멘의 단검(dagger)전통에 사용되어지기 때문이며, 다른 하나는 동아시아지역에서 전통의약품의 재료로 사용되기 때문이다.

북예멘은 1980년도 초까지만 해도 전 세계 코뿔소 뿔의 절반을 소비해 왔는데, 이는 이 나라에서 코뿔소 뿔로 만든 단검이 성공과 권위의 상징으로 인식되어 왔기 때문이었다. 북예멘 정부도 이 문제를 해결하기 위하여 물소 뼈를 대신 사용케 하는 조치를 시행하고 있으나 근본적으로 문화적 전통이 바뀌지 않는 한 근절되기 힘든 상황이었다.

또한 동아시아에서는 코뿔소 뿔이 전통의약품의 재료로 사용되어 왔는데 이들 국가에서 1980년대 초반까지만 하더라도 코뿔소 뿔의 수입은 합법적이었으나 지금은 대부분의 나라들이 이를 불법화시켰다.

코뿔소 뿔의 주요 수출국은 부룬디(Burundi)로서 1988년 서방국가들의 압력에 의해 멸종위기에 처한 야생 동·식물종의 국제거래에 관한 협약(CITES)에 회원국으로 가입하였다. 코뿔소 뿔의 주요 재수출국은 CITES 회원국이었던 아랍에미리트인데 1988년에 탈퇴하였다. 코뿔소 뿔은 희귀하고 작은 크기에 비하여 고가이므로 수요가 요구되는 한 밀수출 거래는 막기가 매우 곤란한 점이 있다.

(5) 산림파괴

산업활동으로부터 배출되는 공해물질의 증가, 산성비의 증가 및 무차별적인 벌목활동은 지구표면의 산림, 특히 열대림의 대량파괴를 유발시키고 있다. 산업혁명 이전에 지구표면의 16%를 차지하던 열대림은 현재 약 7% 정도로 축소되었다.

산림의 파괴는 생물종의 서식지를 감소시킴으로써 결과적으로 생물종의 멸종을 야기하고, 지구 전체적인 차원에서 이산화탄소의 흡수능력을 저하시킴으로써 지구온난화를 촉발시키게 된다.

(6) 토양유실 등 사막화현상

화학비료의 남용, 살충제의 과다사용 등으로 인한 무절제한 경작방식과 산림의 남벌로 인한 토양의 생산성 감소 및 황폐화는 토양유실을 가중시키고 급기야는 사막화현상을 초래하게 된다. 토양유실이 증가되고 사막화가 진행되면 생물다양성이 감소되고, 생태계의 파괴가 기하급수적으로 진행된다.

(7) 해양오염

핵폐기물, 산업용 폐기물 등 각종 폐기물의 해양투기 및 산업폐수, 생활폐수 등 육상에서 발생한 오염물질의 해양유입은 적조현상을 유발시켜 해양생태계를 파괴할 뿐 아니라 어류 체내에 중금속의 농축을 가져와 궁극적으로 인간건강에 위협을 초래한다.

(8) 독성화학물질 및 유해폐기물

화공약품, 살충제, 비료 등 독성을 가진 화학물질과 산업화의 결과로서 발생하는 각종 유해 산업폐기물이 불법 또는 재활용의 명분으로 처리시설을 제대로 갖추지 못한 개발도상국에 수출·방출됨으로써 환경 및 인간건깅에 심각한 영향을 미치게 된다.

사례분석

북한의 폐기물 반입문제

북한당국은 지난 1997년 1월 대만으로부터 6만 배럴에 달하는 핵폐기물을 도입하기로 했었는데, 한국을 비롯한 주변국과 세계환경단체 등으로부터 거센 비난여론에 밀려서 결국 취소되었다. 북한은 이전에도 외화벌이를 위해서 수 차례 비밀리에 일본·유럽·대만 등으로부터 재활용이 곤란한 폐기물, 유독물질 등 국제 산업쓰레기를 수입하여 함북·함남·양강도 등 산간오지에 매립한 적이 있다. 아사히신문 보도에 의하면 북한은 지난 1991년 이래 일본으로부터 143만 개의 폐타이어를 반입하였고, 1997년부터는 폐플라스틱 수지와 폐전자제품을 대량으로 반입하였다는 점을 지적하였다. 이러한 산업 핵폐기물 반입은 고의적이면서도 회복불능의 항구적인 국토오염이란 점에서 매우 심각한 문제라고 할 수 있다. 북한이 이번에는 외화벌이를 위해 중국에서 산업쓰레기를 들여와 처리하고 있다고 미국의 자유아시아방송(RFA)이 2008년 7월 3일 보도했다. 북한은 중국어 웹사이트에 올린 광고에서, 플라스틱과 전자제품 등의 산업쓰레기를 북한에 보낼 업체를 찾는 광고를 하고 있다고 방송은 보도했다. 북한은 또 폐기된 자동차 배터리와 선박, 폐지를 팔 업자를 찾고 있으며, 원하는 수량은 200t 이상이고 도착항은 남포항이 될 것이라고 광고에서 밝혔다. 광고는 중국 랴오닝(遼寧)성 단둥(丹東)에 소재한 한 업체를 대리상으로 한다고 아울러 밝혔다. 이 광고는 2008년 2월 13일 처음 웹사이트에 올린 것으로 되어 있다. 이와 관련, RFA는 환경단체 그린피스 관계자를 인용해 대부분의 전자제품 쓰레기들은 독극물과 오염 화학물질들을 함유하고 있기 때문에 제대로 처리과정을 거치지 않으면 환경오염에 치명적인 영향을 미친다고 우려했다.

10.2 무역에 영향을 미치는 다자간 환경협약(MEA)

산업혁명 이후 인류는 경제적인 풍요의 시대를 구가해 왔지만 과도한 에너지사용과 자원소비, 무분별한 개발 등으로 자원고갈과 환경오염이라는 부작용을 경험하게 되었다. 또한 석탄·석유 등 화석연료 연소과정에서 발생하는 이산화탄소(CO_2)로 인해 발생하는 지구온난화가 기후변화와 생태계를 파괴시킨다는 인식이 확산되면서 이에 대한 규제 논의가 활발히 전개되었다. 그 결과 1992년 6월 브라질 리우환경회의에서는 석탄, 석유, 가스 등 경제활동에 필수적 요소인 화석연료의 사용을 제한하기 위한 유엔기후변화협약(United Nations Framework Convention on Climate Change : UNFCCC)을 채택하였고, 이 협약에 따라 1997년 12월 개최된 교토회의에서는 선진국과 동구권 38개국을 대상으로 2008년에서 2012년까지 1990년 온실가스 배출수준에서 5.2% 감축한다는 내용을 담은 '기후변화협약에 관한 교토의정서(Kyoto Protocol to the Convention on Climate Change)'를 채택하였다. 이러한 교토의정서의 채택은 전 세계의 경제체제가 환경과의 조화, 환경 중심의 체제로 전환되어 가고 있음을 나타내는 획기적인 사건이었다.

현재 범세계적인 환경문제를 국제적인 차원에서 해결하기 위한 국제환경협약 또는 다자간 환경협약(Multilateral Environmental Agreements : MEA)은 1999년 10월 현재 216개에 이르고 있으며, 이 중 약 20여 개는 환경보호를 목적으로 한 무역규제조항을 포함하고 있다.

무역규제조항을 포함하고 있는 국제환경협약 중 가장 성공적이고 대표적인 것은 1987년에 채택된 몬트리올의정서(Montreal Protocol on Substances that Deplete the Ozone Layer)이다. 몬트리올의정서는 오존층[3] 파괴물질의 생산과 소비의 감축을 주요 내용으로 하며, 1985년 3월에 채택된 '오존층 보호를 위한 비엔나협약(Vienna Convention for the Protection of the Ozone Layer)'의 후속작업의 결과로 1987년 9월에 채택되었다. 이러한 다자간 환경협약들은 전 세계 경제와 산업에 지대한 영향을 미치고 국가 간 무역거래에도 중요한 무역규제수단으로 작용할 것이다.

표 10-1 국제환경규제의 산업별 영향[4]

항목	환경조치	내용	관련산업
원료 조달 애로	• 몬트리올의정서 • 기후변화협약 • 바젤협약 • 열대산 목재인증제도 • 생물성다양성제도	• CFC 등 특정 물질사용규제 • 에너지사용량 억제 • 유해폐기물의 국경 간 이동규제 • 열대산 목재채취규제, 추가조성의 무화 • 생태계보전	• 전자 · 정밀기기 · 화학 • 전 산업 • 재생산업 · 철강 · 제지 • 목재가구 · 펄프 · 제지 • 유전공학관련 산업
원가 상승	• 공정 · 생산방식규제 • 환경경영국제규격 • 기술규제 • 에너지세 • 연비 · 배기가스규제 • 폐차 · 폐가전제품 • 용기규제	• 환경친화적 생산방식 채택 • 환경친화적 경영체제 구축 • 환경보전을 위한 기술규제 허용 • 에너지가격 상승 • 지동차 이산화탄소 배출억제 • 수거체체수립 및 재활용 의무화 • 재이용가능한 용기의 사용	• 전 산업 • 전 산업 • 전 산업 • 철강 · 석유화학 • 자동차 및 부품 • 자동차 · 전자 • 음식료품
수요 감퇴	• 환경마크제도 • 경고라벨부착 • 에너지효율등급	• 환경친화적 상품의 소비 장려 • CFC 사용 및 함유제품 소비억제 • 효율등급표시 및 최저효율제 실시	• 전 산업 • 전자 · 생활용품 · 자동차

3) 오존층은 지구를 태양의 자외선으로부터 보호하는 대기권의 보호막으로 오존층이 파괴되거나 훼손되면 인간과 자연계에 위협을 주게 된다. 오존층에 대한 연구는 1924년 영국 옥스퍼드대학의 Dobson 교수가 대기 중의 오존량을 관측하기 시작한 이래 1957년 세계기상기구(WMO)의 주관하에 지구 차원으로 체계적인 관측을 하였다. 1977년부터는 유엔환경계획(UNEP)이 세계기상기구 등과 협조하여 오존층의 변화 동향 및 그 영향에 대하여 연구하여 왔다.

4) 김준한, 그린라운드의 진전과 산업계의 대응실태, 상공회의소, 1994.

1. 오존층 파괴물질에 관한 몬트리올의정서

1974년 캘리포니아대학 모리나(Molina)와 로우랜드(Rowland) 박사가 염화불화탄소(CFC, 일명 프레온가스)가 오존층을 파괴한다는 내용의 논문을 과학잡지 'Nature'에 처음 발표한 이후 1985년에 1957년 이래 남극오존층을 정기적으로 관측해 오던 영국 조사팀에 의해 남극의 오존층 파괴현상이 발견됨으로써 오존층 파괴물질의 배출규제 필요성이 대두되었고, 이어서 1985년 3월 오존층 보호를 위한 비엔나협약이 채택되었다.

비엔나협약은 오존층 파괴를 유발하는 활동을 규제하기 위한 입법 또는 행정조치를 취하도록 하는 원칙만 있었을 뿐 협약 이행을 위한 의무사항이 없어 실효를 거둘 수 없다는 비판에 의해 이를 보완하는 몬트리올의정서가 1987년 9월에 채택됨으로써 1989년 1월부터 시행되었다. 채택 당시 규제대상물질과 규제원칙은 5종류의 CFC와 3종류의 할론이 지정되어 1989년 헬싱키선언에서 늦어도 2000년까지 CFC를 전면폐지하기로 하였다.[5] 1990년 6월 제1차 개정서가 채택되어 1992년 8월에 발효되었는데[6] 규제물질이 초기의 8종(CFCs 5종, Halon 3종)에서 20종(CFCS 15종, Halon 3종, 사염화탄소, 메틸클로로포름)으로 확대되었고, 1992년 11월 제2차 개정서 채택 시에는 규제물질이 CFCs 등 20종에서 95종으로 확대되었다.

우리나라는 1994년에 개도국 특례조항 적용국가[7]로 분류되어 CFC 감축의무를 유예받고 있는 상태이나 몬트리올의정서[8]의 능동적인 이행을 위해 '오존층 보호를 위한 특정 물질의 제조규제 등에 관한 법률'을 제정하여 규제물질의 제조, 수입, 판매 등을 억제하고 대체물질의 개발을 위한 기금을 조성하여 대체물질을 개발하고

5) 몬트리올의정서 3차 개정 시 CFC의 생산 및 소비의 전면중지 시기를 당초의 2000년에서 1996년으로 4년 단축하기로 하였다.

6) 우리나라는 1992년 2월에 몬트리올의정서에 가입하였고, 1992년 12월 제1차 개정서 가입, 1994년 12월 제2차 개정서에 가입하였다.

7) 우리나라가 포함되어 있는 개발도상국의 의무규정을 보면 1995~1997년 평균소비량이나 1인당 소비량 0.3kg 중 낮은 수치를 기준으로 1999년 7월부터는 동결하고, 순차적으로 감축하여 2010년부터는 완전히 사용할 수 없도록 하고 있다.

8) 몬트리올의정서에 의한 CFC 등 특정 물질에 대한 규제조치로 직접적인 영향을 받게 되는 산업은 특정 물질 산업 및 대체물질관련 산업(화학, 가스, 산업기계), 특정 물질 사용산업(전기, 정밀기계, 화학, 의약품, 자동차), 특정 물질 회수 재생장치관련 산업(석유, 화학, 산업기계, 철강) 등으로 광범위할 것으로 보인다.

있다. 현재 우리나라는 CFC의 1차 대체물질을 개발하여 몬트리올의정서 이행에 관한 여유가 있으나 OECD에 가입한 지금은 국제사회로부터 보다 큰 역할을 담당하도록 요구될 것이 확실시되므로 또 다른 대체물질의 개발에도 노력을 하고 있다.

살펴보기 오존층과 오존층 파괴의 영향

오존층이란 지표 면에서 약 11km 고도에 걸친 부분을 대류권이라 하고 대류권 상층부에서 약 50km 고도까지를 성층권이라 하는데 성층권 내의 25km 부근에 오존이 밀집되어 있는 부분을 말한다. 오존층에서는 태양으로부터 방출된 자외선이 산소와 반응하여 오존을 형성하고 형성된 오존은 다시 산소로 분해되는 화학반응과정이 일어나며 이를 통해 자외선이 지표면에 도달하는 것을 차단하는 역할을 한다.

이러한 오존층파괴 원인물질로서는 발포제, 냉방기 냉매, 분사제 등으로 이용되는 염화불화탄소(CFCs), 소화기 용도로 쓰이는 할론, 기기세정제, 드라이크리닝 용제로 쓰이는 사염화탄소 및 메틸클로로포름 등이 있다. CFC는 매우 안정적인 화학물질로서 낮은 대기권에서는 분해되지 않으며 성층권까지 도달된 후 자외선에 의해 분해되어 오존층 파괴의 촉매제로 작용하는 염소분자를 방출하며 할론(Halon)은 염소보다 약 10배 가까이 오존을 파괴하며 남극 오존층 파괴에 약 20%는 할론에 의한 것이다.

오존층 파괴의 영향으로는 오존층 파괴현상에 의해 태양으로부터 지구에 도달하는 자외선(약 280~320nm의 파장)은 인체의 피부와 눈에 피해를 주는데 일반적으로 성층권의 오존농도가 1% 감소하면 자외선의 양은 2% 증가하고 피부암이 발생률은 약 4% 증가하며, 백내장은 0.6% 증가하여 시력을 잃는 사람이 전 세계적으로 매년 약 10만 명 이상 증가될 것으로 예상하고 있다. 또한 과도한 자외선 노출은 인체의 면역기능을 저하시켜 폐결핵 등 전염병의 예방이 곤란하며 이 밖에 해양 플랑크톤의 체질을 변화시켜 생산량 감소에 따른 해양의 먹이사슬이 파괴되며, 육상식물의 개화감소, 잎 크기 감소 등으로 돌연변이 발생과 농수산물 수확 감소를 초래한다.

살펴보기 환경을 교역과 동급으로 격상 - 몬트리올 생물안전의정서 채택 의미

국제사회가 몬트리올에서 채택한 '생물안전의정서'는 유전자 조작을 거친 모든 동식물을 비롯해 미생물과 생산품과 같은 유전자변형물질(GMOs)의 교역을 식품안전 및 환경보호 차원에서 규제할 목적으로 마련됐다. 생물안전의정서는 1992년 브라질 리우데자네이루에서 176개국이 가입한 '생물다양성협약'의 정신에 따라 채택된 최초의 협정으로 환경과 교역상 이익을 조화시키기 위한 다른 국제협정들과는 달리 문제가 실제로 발생하기 전에 관심사를 다룬 최초의 협정으로 평가되고 있다.

과거의 협정들은 위험이 노출된 뒤에야 위기에 처한 동식물과 지구온난화, 독성 화학물질, 유해 폐기물문제들을 논의했으며 그나마 농업이나 생물공학 등 거대 산업문제들은 다루지 않았다. 마이르 콜롬비아 환경장관은 "의정서 채택은 환경보호를 위한 승리라면서 그러나 이제 시작에 불과하다는 점을 잊어서는 안 된다"고 말했다. 데이비드 앤더슨 캐나다 환경장관도 "이번 의정서는 매우 성공적이며 실행가능한 내용만을 담고 있다"며 "의정서는 환경과 교역을 동등한 위치에 올려놓았다"고 평가했다. 관계자들은 이날 타결된 생물안전의정서가 개별국가에 자체 안전기준을 마련할 여유를 주면서 환경파괴를 막는 데 목적이 있다고 설명했다.

생물안전의정서는 GMOs의 교역이 이뤄지기 전 수출입자 간에 분명한 사전 합의를 요구하고 있다. 우선 각국에 제품의 안전성에 대한 과학적 증거가 미흡할 경우 제품수입을 금지할 수 있도록 하고 있다. 의정서는 제품 선적 및 표시에 관한 규정도 담고 있다. 수출업자들이 씨앗, 동물, 미생물에 이르기까지 유전자변형제품 선적 시 어느 유전자변형성분이 포함됐는지는 명시하지 않더라도 유전자변형성분이 포함됐을 수 있다는 문구를 기입하도록 했다.

과거 멸종위기에 처한 동식물과 지구온난화, 유독성 화학물질, 위험폐기물과 같은 것들을 다룬 국제조약들은 위험이 현실화된 후에야 제정된 데다 농업이나 생명공학기술 같은 거대 산업들은 다루지 않았다. 이에 비해 이번 의정서는 사전 예방에 무게를 두었다. 전반적으로 환경파괴를 예방하는 데 초점을 맞추면서도 각국이 자체 안전규정을 마련할 수 있는 재량권을 어느 정도 부여했다는 분석이다.

단 의정서와 WTO 간의 관계를 단지 "교역과 환경적 요소는 상호보완적이어야 한다"고만 밝힌 채 애매하게 설정하고 있어 아쉬움을 남겼다. 의정서는 이와 관련해 생명공학기술을 둘러싼 무역분쟁이 WTO 패널에 제소될 경우 사태가 어떻게 발전할지 확신할 수 없기 때문에 좀 더 시간을 두고 보자는 입장이다. 그린피스를 비롯한 환경보호단체들은 미국, 캐나다 등 주요 곡물생산 4개국 모임인 '마이애미그룹'이 이번 회담에서도 소비자들이 유전자변형식품을 피할 수 있도록 충분한 안전 예방조치나 문서화조치를 취하지 않았다고 비판했다. 반면에 농업생명기술 이익단체들은 실행에 옮길 만한 것이라면서 만족감을 표시했다.

2. 기후변화협약

기후변화협약이란 대기 중에 CO_2, 메탄, 질소산화물 등이 누적되어 복사열의 방출을 차단함으로써 지구온난화에 따른 세계적인 기상이변, 사막화의 진전, 극지방의 해빙, 해수면의 상승 및 생태계의 파괴 등을 방지하기 위하여 1992년 6월 리우데

자이네루에서 개최된 유엔환경개발회의에서 156개 국가가 서명하여 채택된 후 1994년 3월 21일부터 발효된 협약이다. 1998년 11월 현재 175개국이 동 협약에 가입되어 있으며 우리나라는 1993년 12월에 가입하였다.

기후변화협약은 온실가스로 인한 기후시스템의 위험한 변화를 방지할 수 있는 수준으로 온실가스 농도를 안정화시키는 것을 목표로 하고 있다. 따라서 궁극적으로 협약에 가입한 모든 나라는 온실가스를 감축해야 한다는 의무규정을 두고 있다. 그러나 현재는 일부 선진국만 의무규정을 적용받고 있다.

이 협약의 주요 내용을 보면 ① 모든 당사국의 공동이행사항, ② 선진국의 의무사항으로 온실가스 배출은 2008~2010년까지 1990년 수준에서 평균 5.2% 감축,[9) ③ 기후변화 완화조치를 포함한 국가계획의 수립・시행, ④ 온실가스 저감기술 및 공정의 개발, ⑤ 배출권거래제도(Emission Trading)[10)]와 청정개발체제(Clean Development Mechanism : CDM) 및 공동이행제도(Joint Implementation)[11)]의 도입 등이다.

동 협약은 수차례의 회의를 거쳐 1997년 12월 일본 교토에서 개최된 기후변화협약 제3차 당사국 총회에서 '기후변화협약에 관한 교토의정서'를 채택하였으며, 현재 60여 개국이 서명을 한 상태이다

우리나라는 멕시코와 함께 OECD 국가로서 선진국의 의무를 이행해야 한다는 것이 선진국의 기본적인 입장이다. 그러나 우리나라는 에너지 다소비산업의 비중이 높은 산업구조를 지니고 있어 선진국과 동일한 감축의무를 수락하기는 매우 어려운 입장이다. 따라서 향후 선진국의 거센 압력에 대비하여 국내적으로 에너지 소비절약, 에너지 효율증진 등의 국내대책이 필요한 실정이다.

9) 부속서 I그룹 국가의 온실가스 2008~2012년 기간 중 합의한 해당국의 감축목표는 다음과 같다. 유럽연합・스위스・동유럽은 8%, 미국은 7%, 캐나다・헝가리・일본・폴란드는 6%, 뉴질랜드・러시아・우크라이나는 0%로 38개국의 총평균 삭감목표는 5.2%이다.

10) 배출권거래제도란 의정서상 설정된 할당량을 부속서 I국가 간에 거래할 수 있도록 한 조치로 할당량을 초과 배출한 국가는 타국의 잉여분을 배출권으로 구입하여 자국의 할당목표를 달성할 수 있도록 하는 제도이다.

11) 공동이행은 본격적인 배출권 거래의 전단계로 A국이 B국의 온실가스 배출 저감 노력을 지원한 후 저감된 B국 배출량의 일부를 A국의 배출 저감량(Credit)으로 인정하는 제도이다.

살펴보기 **이산화탄소 거래시장(Cap & Trade System)**

이산화탄소 배출권시장규모는 현재 기하급수적으로 증가하고 있다. 2004년 전 세계 배출권시장 거래규모는 5억 4,900억 달러였다. 그러던 것이 2005년 10억 907억 달러로 두 배로 커졌고, 2006년에는 30억 98억 달러로 세 배로 커졌다. 유엔은 오는 2012년 이 시장규모가 2조 달러에 도달할 것으로 추정하고 있다. 이러한 이산화탄소 거래시장은 크게 둘로 나뉠 수 있다.

첫째, 배출량 할당시장이다. EU 국가들은 교토의정서에 의거해 감축의무를 갖는다. 오는 2012년까지 EU 전체적으로 지난 1990년의 이산화탄소 배출량 대비 평균 5.2%를 줄여야 한다. 이는 EU 전체 평균적으로 각 나라마다 다시 의무감축량을 부과한다. 또 이 같은 의무감축량을 받은 국가는 기업별로 다시 감축량을 나눠준다. 그러면 기업 또는 국가들은 배출량 한도(즉 cap)를 갖게 되는데, 이 한도보다 많이 배출하는 기업이나 국가가 있고 적게 배출하는 곳도 있게 된다. 그래서 한도를 초과하는 국가나 기업이 아직 이산화탄소 배출량 한도에 여유가 있는 국가나 기업에서 이산화탄소 배출권을 사오는 것이다. 즉 한도를 두고 거래(trade)한다고 해서 'Cap & Trade'라고 한다. 그래서 이를 할당량시장(allowances market)이라고 하고, 여기서 나온 배출권은 AAUs(Assigned Amount Units)이라고 한다. 2008년 1월 기준으로 가격은 이산화탄소 1톤(metric ton)당 약 17유로(24달러)이다.

둘째, 배출권 인정시장이다. 이것은 배출한도와 무관하게 어떤 기업이나 시설이 이산화탄소를 줄이면 이를 배출권으로 인정해주는 시장이다. 교토의정서에는 주로 EU 국가들만 참여해 중국, 인도, 브라질 등 다른 개도국은 이산화탄소 배출량을 줄여도 이익이 없다. 하지만 이들 개도국은 현재 한창 경제개발 중이어서 이산화탄소 배출량이 많다. 그래서 이들 개도국에 배출량 감소에 따른 이익을 주기 위해 교토의정서에 참여한 국가(주로 EU 국가)들이 이들에 자금과 시설을 투자, 배출량을 줄이면 이를 투자한 국가나 기업의 배출권으로 인정해주는 제도이다. 교토의정서체제 아래 이 같은 사업방식을 청정개발체제(Clean Development Mechanism : CDM)라고 부르고, 이 CDM사업을 통해 나오는 배출권을 CERs(Certified Emission Reduction)이라고 부른다. 이는 프로젝트별로 진행해 프로젝트시장(Project-based market)이라고도 부른다. 또 두 나라 이상이 참여하는 CDM사업이라고 해서 'Bilateral-CDM'이라고도 한다. CDM사업은 더 나아가 선진국에서 자금과 시설을 투자한 것이 아니라 교토의정서체제에 참여하지 않고 있는 국가들이 시설과 자금을 투자, 이산화탄소 배출량을 줄이면 이도 배출권으로 인정해주기로 사업영역을 확대했다. 개도국의 이산화탄소 배출량 감축을 독려하기 위한 것이다. 이는 한 나라 스스로 하는 CDM사업이라는 의미에서 'Unilateral CDM'이라고 한다. 현재 우리나라의 CDM 사업들은 대부분 'Unilateral CDM'이다.

자료 : 한국아이닷컴

읽고가기 | 교토의정서 2012년 이후의 온실가스 감축협상 쟁점

첫째, 교토의정서상 의무감축대상인 선진국(부속서 I 국가)의 2012년 이후 새로운 감축의무 설정문제이다. 여기에는 2011년 교토의정서를 탈퇴한 미국의 참여 여부도 함께 포함된다. 또한 감축의무를 갖지 않았던 개도국(비부속서 I 국가)의 감축의무 부담이 어떤 식으로 결정될지도 '포스트 2012'협상의 가장 중요한 문제 중의 하나이다. 우리나라의 감축의무방식이 결정된다는 것뿐만 아니라 비부속서 I 국가군을 어떤 식으로 분류하느냐에 따라 우리나라의 경제 전반에 미치는 영향의 폭도 결정되기 때문이다.

둘째, 온실가스 규제대상국의 그룹 분류문제이다. 우리나라는 '포스트 2012'협상에서 감축의무를 지게 될 가능성이 100%다. 결국 어떤 국가군과 묶이고, 어느 정도 감축하느냐에 따라 경제·산업 전반에 미치는 영향이 큰 차이를 나타내게 된다. 개도국은 현재 3개 그룹으로 나뉘어 있고 우리나라는 그룹 I (멕시코·아르헨티나·인도네시아·브라질·콜롬비아·아세안국가)로 분류돼 있다. 중국·인도 등은 그룹 II, 남·북아프리카 등은 그룹 III으로 나누어져 있다. 우리나라의 경우 감축방식도 중요하지만 중국·인도 등과 묶여서 동일규제를 받는지 여부도 상당히 중요하며 만일 중국·인도 등과 묶이지 않고 우리만 규제를 받는 최악의 경우 GNP에 미치는 부정적인 영향이 이들 국가에 비해 두 배나 될 가능성이 있다. 선진국은 어떤 식이 됐든 미국과 개도국의 참여범위를 확대하려는 입장이다. 개도국 등의 온실가스 감축 정도가 클수록 선진국 전체가 지불하는 경제적 비용이 줄어들기 때문이다.

우리나라는 미국이 교토의정서체제에 참여하느냐, 그리고 중국·인도 등의 국가와 묶여서 함께 참여하느냐의 여부에 따라 경제·산업에 미치는 영향이 극과 극이다. 최악의 상황은 미국·중국·인도가 모두 빠지고 우리가 포함된 개도국 I 그룹만 강제감축대상에 끼는 경우다. 이 경우 한 경제연구소분석에 따르면 2015년 우리의 실질 국민총생산(GNP)은 약 20% 하락하는 것으로 나타나고 있다. 2013년부터 2017년까지 우리가 1995년 온실가스배출량 대비 약 5% 감축하는 것을 전제한 결과다. 그러나 미국·중국·인도가 모두 참여하고 개도국 그룹 I과 그룹 II의 감축 정도가 낮다면 선진국은 소폭(-0.14%포인트), 개도국은 중폭(-0.40%포인트) 실질 GNP가 하락하는 대신 우리는 GNP 성장률이 줄지 않는 것으로 나타나고 있다. 중국·인도와 반드시 함께 가야 하는 이유도 바로 이 때문이다.

셋째, 온실가스 감축의무 참여방식의 문제이다. 현재 논의되고 있는 감축의무방식은 40여 개가 넘는다. 각국은 자국의 이해관계에 따라 다양한 방식을 제기하고 있다. 일단 크게 EU 중심의 '절대적 감축방식,' 온실가스 배출관련 지표와 연동해 감축방식을 정하는 '상대적 감축방식,' 미국과 개도국들이 내세우는 '자율적 감축방식' 등이 있다. 중국은 '강제감축 절대 반대'이다. 선진국들은 이제까지 온실가스를 엄청나게 배출하면서 경제성장을 해놓고 이제 와서 경제발전을 하려는 중국·인도 등을 '어떻게 규제할 수 있느냐'는 것이다. 소위 '역사적 책임론'이다. 따라서 중국의 입장은 '자율감축', '경제성장과 연계한 감축'을 내세우고 있다.

살펴보기 **cap and trade 방식하의 배기가스 감축방식**

600톤과 400톤의 배기가스 배출공장 A와 B가 있다고 할 때, 이들 공장들이 각각 30%의 배기가스 감축을 할당받았다면 전통적인 제도하에서는 각자 180톤과 120톤을 감축해야 했다. 그러나 신축적인 cap and trade 제도하에서는 공장 A가 만약 자신의 배기가스를 100톤밖에 줄일 수 없는 형편이라면 공장 B에게서 80톤의 배출권을 사고 이에 대한 대금을 지불하면 공장 B는 200톤의 배기가스를 감축하여 세계 전체 배기가스 감축총량은 항상 일정하게 유지된다. 기업의 배기가스 감축량을 신축적으로 허용하되 의무감축배기가스의 증감분은 시장거래 메커니즘에 의해 조정되게 하는 방식이다.

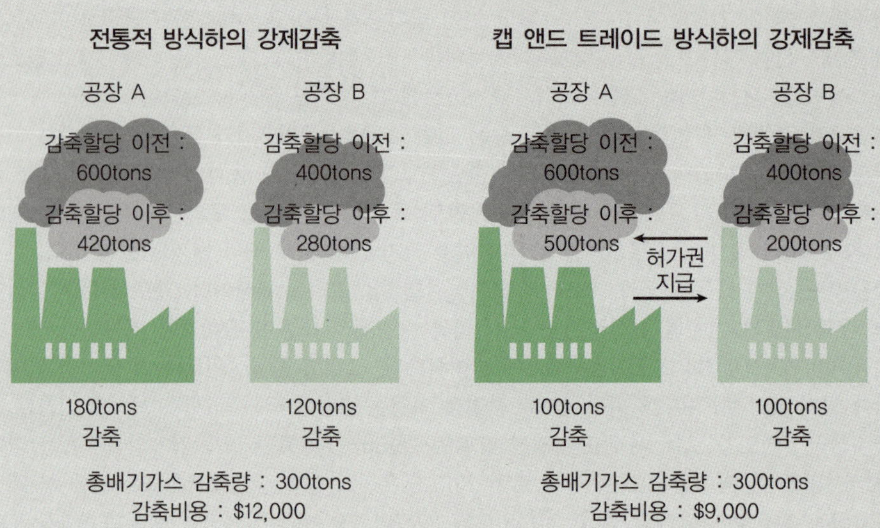

3. 바젤협약(Bagel Convention)

유해폐기물의 교역통제에 관한 국제협약으로 1989년 스위스 바젤에서 채택되었다. 병원성 폐기물을 포함한 유해폐기물의 국가 간 이동 시 교역국은 물론 경유국에까지 사전통보 등의 조치를 취함으로써 유해폐기물 불법이동을 줄이자는 데 그 기본취지가 있다. 대부분의 환경관련 국제협약이 미국, EU 등 선진국 주도로 이루어진 데 반하여, 이것은 아프리카 등 77그룹이 주도적인 역할을 하고 있다. 후진국이 선진국의 폐기물처리장화되어서는 안 되겠다는 위기의식에서 출발하였으며, 우리나라도 1992년 국내법까지 제정하였다이 협약의 정식명칭은 유해폐기물의 국가 간 이동 및 처분규제에 관한 바젤협약으로 인간의 건강과 환경에 대한 유해폐기물의 피해를 방지하기 위한 목적에서 체결되었다. 이 협약은 유해폐기물이 국가 간에 이동함으로써 이로 인한 환경적 위협이 확산되지 않도록 각 국가에 대해 일정한 의무를 부과하고, 국경이동 시 사전통고를 하며, 불법거래를 제한하는 것 등을 내용으로 하고 있다.

바젤협약에 따라 규정된 유해폐기물에 대해 수출 또는 수입을 금지하도록 하고 있다. 즉 유해폐기물의 수입을 금지하는 회원국, 수입금지를 하고 있는 국제기관에 속한 회원국, 비회원국과 남위 60도 이남의 지역으로의 이동, 관계국이 동의하지 않는 이동, 그리고 회원국 회의에서 정한 기준에 적합하지 않은 이동에 대해서는 수출 또는 수입을 금지한다. 다만 예외적으로 수출이 허용되는 경우는 수출국이 처분능력을 갖지 않거나, 수입국에서 재생을 위해 필요로 하는 폐기물, 그리고 기타 회원국에서 정한 기준에 합치하는 경우에는 수출이 허용된다.

이동이 허용되는 경우에 회원국은 관계국가에 이동계획을 사선통고할 의무가 있으며, 이에 대해 상대국은 회답을 해야 한다. 이때 수입국은 서면에 의한 동의를 요하며, 환경상 건전한 처리를 명시하는 계약서에 의한 서면확인을 하는 등 수출허가요건을 충족시켜야 한다. 또한 관계국가는 유해폐기물 등의 발생을 최소화하거나 적정한 이동·치리를 하도록 확보해야 하며, 이 협약에 위반하는 행위의 방지·처벌 등의 조치를 포함한 법적·행정적 조치를 취하도록 해야 한다.

또한 이동에 관한 정보를 제공해야 하며, 운반처분의 허가제도, 운반에 관한 국제협정 등의 준수, 이동서류의 첨부 및 회부, 환경상 건전한 처리의 추진 등의 의무를 준수해야 한다. 적정한 이동허가를 얻은 경우라도 계약대로 완료되지 않고, 정해진 기간 내에 다른 대체조치에 의한 적정처분도 행하여질 수 없는 경우에는 수출업자에게 그 폐기물을 재수입할 의무를 부과한다. 폐기물의 불법거래는 금지되며, 무통보, 무동의, 위조 등에 의한 동의, 서류와의 중대한 불일치 등에 의해 불법적인 이동이 있는 경우 관련자에 대해서 일정한 의무를 부과한다. 즉 수출자 또는 발생자에 책임이 있는 경우 이들에게 재인수의무 또는 적정처분의무를 부과하며, 수입자 또는 처분자에게 책임이 있는 경우 적정처분의무를 부과한다.

또한 아무에게도 책임을 부담시킬 수 없는 경우에는 회원국의 협력에 의해 적정처분을 하도록 의무를 부과하고 있다. 뿐만 아니라 관련 국가는 폐기물 발생량을 최소화하고, 국내에서 처분시설을 확보해야 하며, 폐기물 운반선박에 대해서는 영해에서 무해 통항권을 허용한다. 그 밖에도 이 협약에는 국제협력, 국가 간 협정, 배상책임에 관한 협의, 분쟁해결 등이 협약에 명시되어 있다.

재생가능 폐기물도 유해폐기물과 마찬가지로 바젤협약에 의해 규율되며, 이 협약에 의해 규율되는 폐기물의 절반 이상을 차지한다. 바젤협약은 유해폐기물을 자원회수, 재생이용, 회수이용, 직접 재이용 또는 대체적 이용의 가능성이 없는 폐기물과 이러한 가능성이 있는 폐기물로 나누어 전자에 대해서는 최종처분작업을 거치도록 규정하고, 후자에 대해서는 재생가능 폐기물로서 재생작업을 거쳐 자원화하도록 규정하고 있다.

재생이용을 하는 작업은 구체적으로 에너지 생산을 위한 연료 또는 기타 수단으로의 사용, 용제의 회수이용 또는 재생, 용제로서 사용하지 않는 유기물의 재생이용 또는 회수이용, 금속 또는 금속화합물의 재생이용 또는 회수이용, 기타 무기화합물의 재생이용 또는 회수이용, 산 또는 염기의 재생, 오염제거를 위해 사용한 성분의 회수, 촉매로부터 성분의 회수, 오일의 정제 또는 재이용, 농업 또는 생태학적 개선을 위한 토양처리, 위의 재생방법으로부터 얻어진 물질의 이용, 위의 재생방법에 이용하기 위한 폐기물의 교환, 이러한 작업을 위한 물체의 집적 등이 여기에 해당된다.

바젤협약은 재생이용을 위해 유상으로 거래되는 폐기물의 이동에 대해 규제하고 있다. 이 협약은 수출국가가 처분할 능력이 없거나 수입국에서 재생을 위해 도입하는 재생가능 폐기물의 수출을 허용하고 있다. 그러나 재생가능 폐기물을 거래하는 당사국은 유해폐기물의 경우와 마찬가지로 일정한 의무를 부담하도록 되어 있다. 즉 당사국은 재생가능 폐기물을 협약규정에 따라 안전하게 이동·처리해야 하며, 협약에 위반하는 행위를 예방하고 통제하기 위해 필요한 조치를 취하여야 한다.

국경이동을 할 때에는 수입국 내지 경유국에 사전통고를 해야 하며, 수입국의 서면동의 등 수출허가요건을 충족시키도록 되어 있다. 허가를 얻은 이동이라도 계약내용에 따라 이행되지 않는 경우에는 수출자가 이를 재수입해야 하며, 불법 거래 시에는 책임 있는 당사자가 재인수 또는 적절한 처분을 할 의무가 있다. 그 밖에 국제협력이나 양자 및 다자협정, 배상책임과 분쟁해결에 관한 협약규정도 모두 재생가능 폐기물에 적용된다.

살펴보기

바젤협약에 의한 유해폐기물의 분류

협약의 규제대상이 되는 유해폐기물은 크게 4가지로 나누어 분류하고 있으며, 여기에는 각 국가의 국내법에 따라 규제되는 유해폐기물도 그 대상으로 포함시키고 있다. 유해폐기물의 종류는 부속서 Ⅰ, Ⅱ, Ⅲ, Ⅳ에 각각 열거되어 있다.

부속서 Ⅰ에는 일정한 경로로 배출된 물질 또는 일정한 위험물을 포함한 물질의 리스트가 열거되어 있다. 폐기경로에 따라 볼 때 규제폐기물은 병원, 보건소, 의원 등의 의료행위로부터 발생되는 병원폐기물, 약품제조 및 조제로부터 발생되는 폐기물, 폐의약품, 생물 파괴제와 식물약품의 제조, 조재 및 사용으로부터 발생된 폐기물, 목재보존약품의 제조, 조제 및 사용으로부터 발생된 폐기물, 유기용제의 제조, 조제 및 사용으로부터 발생된 폐기물, 열처리와 담금질과정에서 배출되는 시안화합물 및 함유 폐기물, 원래 용도에 부적합한 폐광물유 등 광범위하게 적용되고 있으며, 이 밖에도 각종 폐화학물질과 폭발성 폐기물 등이 포함된다.

또한 폐기물성분에 따라 금속카보닐, 베릴륨 및 화합물, 6가크롬, 구리 및 아연의 화합물, 비소, 셀레늄, 카드뮴, 안티몬, 텔루륨, 수은, 탈륨, 납 및 그 화합물들, 불화칼륨을 제외한 무기불소 화합물, 무기시안 화합물, 산류, 염기류, 석면, 유기인 화합물, 유기시안 화합물, 페놀 및 그 화합물, 에테르, 유기할로겐 용제류, 유기할로겐 화합물 등이 포함되고 있다.

부속서 Ⅱ에는 특별고려를 필요로 하는 폐기물로서 생활폐기물과 생활폐기물을 소각하고 남은 잔재가 규정되어 있다. 부속서 Ⅲ에는 유해폐기물이 갖는 유해특성이 열거되어 있으며, 구체적으로 폭발성, 인화성 액체, 가연성 고체, 지연발화하기 쉬운 물질 또는 폐기물, 물과 작용하여 인화성가스를 발생하는 물질 또는 폐기물, 산화성, 유기 과산화물, 독성, 병독을 옮기기 쉬운 물질, 부식성, 공기 또는 물과 작용하여 독성가스를 발생시키는 물질, 생태독성 등을 들고 있다.

부속서 Ⅳ에는 최종처분되거나 재생된 폐기물이 규정되어 있다. 최종처분작업은 자원회수, 재생이용, 회수이용, 직접 재이용 또는 대체적 이용의 가능성이 없는 폐기물을 최종적으로 처분하는 작업을 말하며, 여기에 해당되는 폐기물에 대해 반드시 모든 처분작업을 하도록 되어 있다. 구체적인 처분작업으로는 지상 또는 지중에 처분, 토양처리, 지중투입, 표면적재, 위생매립, 육상 수계 내에 투입, 대륙붕 내 주입 등 해양투기, 기타 생물학, 물리학적 처리, 육상소각, 해상소각, 영구저장, 혼합, 재포장, 임시보관 등이 해당된다.

표 10-2 바젤협약에 관한 무역규제조치

규제유형	규제조치
수출금지	• 남위60도 이남지역인 남극지역 • 협약에 가입하지 않은 국가 • 국내법으로 모든 폐기물의 수입을 금지한 국가 • 수출국의 입장에서 폐기물을 환경적으로 건전하게 처리하지 못할 것으로 여겨지는 국가
규제하의 수출허용	• 수출국의 수입국에 대한 사전통보(수출이유, 수출자, 생산자, 문제의 폐기물 발생장소 및 과정, 폐기물의 성질과 포장, 국가 간 이동경로, 처리장소, 처리자, 처리방법) • 상기 정보에 대한 수입국의 입장을 서면으로 회신 • 통과국도 수입국과 동일한 정보수령의무 • 통과국이 정보수령 후 60일 이내 통과 가부 통보
비회원국과 교역금지	• 협약의 적용을 받는 폐기물을 비회원국으로부터 수입이나 수출금지 • 회원국과 비회원국 간의 교역이 양자적, 다자적 또는 지역적 협정에 이해 이루어지는 것을 허용 – 협정이 바젤협약 전에 체결된 경우 – 협정이 바젤협약 이후에 체결되었더라도 바젤협약보다 더욱 엄격한 경우

4. 생물다양성협약

생물다양성협약(Convention on Biological Diversity)은 생물종의 감소를 방지하고, 생물자원의 합리적 이용을 위해 1992년 6월 리우 유엔환경개발회의(UNCED)에서 채택되었다. 이 협약에는 1998년 3월 현재 171개국이 가입했으며, 우리나라는 1994년 10월에 가입하였다.

이 협약이 추진하고 있는 생명공학안전성의정서(Biosafety Protocol)에는 ① 생명공학을 이용한 유전적으로 변형된 생물체(Living Modified Organisms : LMOs)의 국가 간 이동 시 사전통보절차, ② LMOs의 환경에 미치는 영향 및 위험성평가, ③ 유전자원 제공국에 대한 이익배분 등의 내용을 담고 있다. 동 의정서는 장기적으로 유전공학적 안정성 등을 이유로 무역거래를 제약하는 규제조항을 포함할 가능성이 높다.

생물종 다양성에 관련하여 멸종위기에 처한 야생 동·식물종의 국제거래에 관한 협약(Convention on International Trade in Endangered Species of Wild Fauna and Flora : CITES)이 1973년 3월에 채택되어 1975년 7월부터 발효되었다.

이 협약은 무제한적인 상업거래가 야생 생물종의 보존에 큰 위협으로 되고 있다는 인식하에 멸종의 우려가 있는 야생 동·식물과 그 제품의 국제거래를 규제하는 것을 목적으로 하고 있다. 협약에는 1998년 11월 현재 144개국이 가입되어 있으며, 우리나라는 1993년 7월에 가입하였다. 우리나라는 이 협약에 근거하여 '자연환경보전법', '조수보호 및 수렵에 관한 법률', '약사법' 등 관련법을 개정하여 이행 중에 있다.

살펴보기 **생명공학안전성의정서 논의에 따른 각국의 입장**

안전한 생명공학기술의 사용에 관해서는 전문가그룹회의에 참여한 모든 국가 및 단체들이 동의하지만 생명공학안전성을 추구하는 방법에 대해서는 서로의 입장이 다르다.

아프리카 국가, 말레이시아 등 개도국들은 자국이 생명공학제품의 실험장 및 시장화가 되는 것을 우려하면서 강력한 메커니즘의 마련과 구속력 있는 의정서 제정을 요구하고 있다. 반면 생명공학기술이 우수한 미국, 호수, 일본 등의 선진국은 생명공학관련 산업의 발전을 저해하지 않는 범위 내에서의 안전확보조치와, 기술이전을 하지 않고 생명공학제품을 수출하려는 입장이다

10.3 WTO와 환경관련 규정

1. WTO체제와 환경규정

현재 WTO체제에서는 직접적인 환경조항 혹은 협정이라고 정확히 명시된 것은 없는 실정이나 환경과 관련한 규범으로서 GATT규범과 기술장벽협정(TBT), 위생 및 검역조치에 관한 협정(SPS), 보조금 및 상계조치에 관한 협정(SCM), 무역관련 지적재산권협정(TRIPs), 서비스 무역에 관한 협정(GATS) 등이 관계가 있다.[12]

12) 이신규, "환경보호를 위한 국제통상규제의 적합성", 무역상무연구, 제12권, 1999. 2.

(1) GATT조항

GATT규정에서 환경과 연계시킬 수 있는 조항은 GATT 제20조인 일반적인 예외조항을 들 수 있다. 제20조 (b)항은 인간, 동·식물의 보호를 위한 필요조치,[13] (g)항은 소진가능한 자원의 보존을 위한 필요조치[14]규정으로서 이러한 경우에 해당될 때에는 무역규제를 예외적으로 인정하고 있다. 그러나 예외조항이 적용되기 위해서는 규제조치가 동일한 조건하에 있는 국가 간에 자의적(arbitrary)이며, 부당한 차별수단(unjustifiable discrimination)으로 부과되지 않아야 하며, 이 조치가 국제무역에 대한 위장된 제한(disguised restriction)을 가하지 않을 조건이 충족되어야 한다. 또한 이러한 예외적인 무역규제조치는 GATT 제1조 최혜국대우원칙(MFN)과 GATT 제3조 내국민대우원칙(NT), GATT 제11조의 수량제한이 일반적인 제거원칙에 부합되게 취해져야 한다.

GATT 제20조 (b)항이 정당화되기 위해서는 무역규제조치가 비차별적인 방식으로 행해지고 현실적으로 적용이 불가능하고 다른 대체방법이 존재하지 않는 '필요성(necessary)'을 충족해야 하며, 적용범위는 법관할권 내에 국한되어야 한다. 또한 GATT 제20조 (g)항이 정당화되기 위해서는 규제조치가 무차별적으로 행해져야 하고, 자원보전에 우선적인 목적이 주어져야 하며, 규제조치 시행국의 법관할권 내의 자원보전에만 적용되어야 한다.

(2) 기술장벽협정(TBT)

기술장벽협정은 국가 간 기술표준의 차이가 비관세장벽(NTB)으로 작용할 우려가 있다는 점을 인지하고 회원국으로 하여금 가능한 한 국제기준을 사용하도록 의무화하고 있다. TBT협정 제2조 2항에 의하면 인간의 건강 또는 안전, 동·식물의 생명 또는 건강이나 환경의 보호를 위한 정당한 목적수행에 필요한 경우에는 규제가 인정되나 필요 이상의 규제는 피해야 한다고 규정하고 있다. 국제표준이 존재하거나 완성이 임박한 경우 기후적·지리적 요소나 근본적인 기술문제 때문에 그러한 국제표준이나 국제표준의 관련부분이 정당한 목적을 달성하는 데 비효과적이거나 부적

13) necessary to protect human, animal or plant life or health …

14) relating to the conservation of exhaustible natural recourses …

절한 수단일 경우를 제외하고 이를 자국의 기술규정의 기초로 사용할 수 있으며, 이 경우 문제의 긴급성과 합리적 이유를 다른 회원국에게 통보하고 상대국의 의견을 논의할 수 있다. 공산품과 농산물을 포함한 모든 상품이 협정의 규정에 따르도록 하고 있다.

(3) 위생 및 검역조치에 관한 협정(SPS)

SPS협정은 인간, 동식물의 생명 또는 건강을 보호하기 위하여 필요한 위생 및 식물위생조치를 취할 수 있다고 규정하고, 이러한 조치는 목적에 필요한 범위 내에서만 적용되며, 충분한 과학적 근거(sufficient scientific evidence)가 필요하다고 규정하고 있다. SPS협정은 국제기준에 기초하여 적용하도록 하고 있는데, 식품의 경우 국제식품규격위원회(CODEX), 동물위생의 경우 국제수역사무국(OIE), 식물위생의 경우는 국제식물보호협약(IPPC)의 기준을 따르도록 하고 있다.

SPS협정의 조치가 동일하거나 유사한 조건하에 있는 회원국들을 자의적이고 부당하게 차별하지 않으며, 국제무역에 위장된 제한이 되지 않아야 한다. 동 조치는 GATT 제20조 (b)항의 규정에 따른 회원국의 의무에 합치되며, 위생 또는 식물위생 보호의 목적상 기술적·경제적인 타당성을 고려하여 합리적으로 이용가능하고 위생 또는 식물위생 보호의 적정수준을 달성하면서 무역에 대한 제한이 현저히 적은 다른 조치가 없는 경우 동 조치는 필요한 정도 이상의 무역조치가 아님을 SPS협정 제5조에서 규정하고 있다.

(4) 보조금 및 상계조치에 관한 협정(SCM)

WTO 보조금 및 상계조치협정은 '신호등체계 접근방식(traffic lights approach)'을 채택하여 보조금체계를 금지보조금(Prohibited subsidy : 빨간불), 조치가능보조금(Actionable subsidy : 노란불), 조치불능보조금(Non-actionable subsidy : 파란불)으로 분류하였다.

금지보조금은 원천적으로 사용할 수 없고, 조치가능보조금은 사용은 할 수 있으나 타 회원국에 부정적인 효과를 주면 상계조치의 대상이 되며, 조치불능보조금은 상계조치에 구애됨이 없이 사용할 수 있다. 즉 상계관세를 부과할 수 없도록 규정하고 있다.

이러한 조치불능보조금에는 연구개발, 지역개발 및 환경보호를 목적으로 하는 보조금 등이 해당된다. 협정 제8조에 의하여 환경보조금은 기업에 대한 보다 많은 제약과 재정적 부담을 초래하는 새로운 법률상 환경요건에 기존시설을 적응시키는 것을 촉진하기 위하여 지급되는 보조금으로 최소한 2년 이상 운영되고 있는 공장이나 건물 같은 기존 설비를 새로운 환경관련법이나 규정에 적응시키기 위한 비반복적인 1회의 지원으로서, 개선비용의 20%까지 무상지원할 수 있다고 규정하고 있다.

(5) 무역관련 지적재산권협정(TRIPs)

TRIPs협정에서는 인간, 동·식물의 생명 혹은 건강에 위협을 주거나 환경에 심각한 피해를 줄 위험이 있는 특허출원에 관하여 규제할 수 있다고 규정하고 있다. TRIPs협정 제27조 1항에 의하면 "특허의 대상으로 모든 기술 분야에서 물질 및 제법에 관한 어떤 발명도 신규성, 진보성 및 산업상의 이용가능성이 있으면 특허획득이 가능하고 발명지, 기술 분야, 제품의 수입 또는 국내생산 여부에 따른 차별 없이 특허가 허용되고 특허권이 향유된다"고 규정되어 있다.

그러나 제27조 2항은 특허대상에서 제외하는 예외적인 문제를 제시하고 있는데, 회원국의 영토 내에서 상업적 이용의 금지가 인간, 동물 또는 식물의 생명 또는 건강의 보호를 포함하여 필요한 경우 공공질서 또는 공서양속을 보호하거나 환경에의 심각한 피해를 회피하기 위해 발명을 특허대상에서 제외할 수 있으며, 이러한 제외는 자국의 법에 의해 금지되어 있다는 이유만으로 취해서는 안 된다라고 규정하고 있다. 그러나 TRIPs협정 제27조 3항에 의하면 환경보호와 관련하여서는 특허대상에서 제외할 수 있다고 규정하고 있는데, 회원국은 ① 인간 또는 동물의 치료를 위한 진단방법, 요법 및 외과적 방법, ② 미생물 이외의 동물과 식물, 비생물학적 및 미생물학적 제법과는 다른 본질적으로 생물학적 식물 또는 동물의 생산을 위한 제법 등에 대한 특허를 인정하지 않음으로써 환경보호를 위한 국제무역규제에 따른 분쟁 시에 원용될 수 있도록 하고 있다.

▌표 10-3 ▌WTO 무역환경위원회의 10개 의제 및 논의 이슈

구분	의제(item)	논의 이슈(issue)
1	환경목적의 무역조치와 다자간 무역체제(MTS)규정과의 관계	• MEA상 무역조치와 WTO규정과의 조화문제 • 사전적 방식(GATT 제20조), 사후적 방식(WTO 제9조) 및 절충적 방식에 대한 논의
2	국내환경정책과 MTS와의 관계	국내환경정책과의 조화
3	MTS규정과 아래 사항과의 관계 (a) 환경목적의 부과금 세금 (b) 기술규정 및 표준, 포장, 환경마크, 재활용 등 환경관련 요건	• 국경세 조정대상(투입물의 해석, 동종상품의 개념) • 제품 무관련 PPMs(공정 및 생산방법)에 근거한 Eco-labelling에 대한 TBT협정의 적용여부
4	환경관련 무역조치의 투명성	• 환경조회처 설치 여부 • 환경목적의 무역조치에 대한 투명성 증진
5	MTS와 MEA의 분쟁해결체제	• 무역분쟁에 있어 환경전문가 참여문제 • 환경분쟁에 있어 무역전문가 참여문제
6	환경조치와 시장접근, 무역왜곡조치 제거를 통한 환경이익	• 환경조치가 시장접근에 미치는 영향(환경기준 등) • 무역왜곡 제거(경사관세 및 보조금 철폐문제)
7	국내 판매금지품(DPG) 수출문제	• 관련 검토사항(투명성증진, 능력형성 등) • DPG협정의 필요 여부 검토
8	지적재산권(TRIPs)협정과 환경	• 기술의 개발 및 이전과 TRIPs협정과의 관계
9	서비스와 환경	• GATS 제14조가 환경보호에 충분한지 여부
10	기타 기구와의 관계증진	• IGO 및 NGO와의 정보 및 자료 교류문제

(6) 서비스무역에 관한 협정(GATS)

서비스무역에 관한 일반협정 제14조 b항에 의하면 GATT 제20조 (b)항에서 규정하고 있는 것처럼 인간, 동물 또는 식물의 생명 또는 건강을 보호하기 위하여 필요한 조치일 경우 유사한 상황에 있는 국가 간에 자의적 또는 정당화될 수 없는 차별의 수단이 되거나 혹은 서비스무역에 대한 위장된 제한을 구성하는 방식으로 적용되지 아니한다는 요건을 조건으로 이러한 조치를 채택하거나 시행하는 것을 방해하는 것으로 해석되지 않도록 규정하고 있다.

2. 환경관련 무역규제의 주요 내용

WTO규범과 환경문제와 관련된 주요 쟁점을 살펴보면 다음과 같다.

첫째, 무역자유화를 추구하는 GATT의 기본원칙과 환경규범과 이유로 한 무역규제조치의 조화문제인데 GATT의 기본입장은 자유무역의 증진에 있고 환경정책이나 환경기준을 설정하는 데 있지 않으며, 무역규제조치는 불가피한 경우에만 사용되어야 하고 환경정책의 대안으로 이용되어서는 안 된다는 입장이나 지구환경보전을 명목으로 시작될 그린라운드는 어떤 형태로든 무역을 규제하는 방향으로 전개될 전망이다.

둘째, 무역규제의 방법으로서 EU, 개도국, GATT에서는 환경을 이유로 한 무역규제를 실시할 경우에도 국제환경협약 등 다자간 협상에 의하여야 한다고 주장한다. 그러나 차기 라운드에서 주도할 것으로 예상되는 미국은 경우에 따라서는 개별국가에 의한 일방적 무역규제도 필요하다는 입장을 보이고 있다. 예를 들어, CITES 이행과 관련하여 1994년 대만에 대한 무역규제를 결정한 바 있다.

셋째, 남・북 간 입장의 대립으로서 미국이 주도하는 선진국들은 지구환경문제의 심각성을 감안할 때 무역규제가 가장 현실적이고 유효한 환경보호수단임을 확인하였고, 국가 간 공정경쟁의 보장과 지구환경보존을 위해 환경파괴를 수반하는 개도국의 무역확대는 규제되어야 한다고 주장한다. 그러나 개도국의 입장에서는 환경파괴에 대한 선진국의 역사적 책임을 고려할 때 개도국에 대한 무역규제보다는 재정 및 기술지원이 긴요하며, 환경파괴의 근본원인은 빈곤이므로 무역자유화를 통해 지속가능한 발전을 촉진하는 것이 우선 과제라고 주장하고 있다.

(1) 상계관세부과

환경관세장벽, 즉 상계관세의 부과는 환경기준이 느슨한 국가에서 수입된 제품은 엄격한 환경기준을 적용하고 있는 국가의 제품에 비하여 일종의 부당한 숨겨진 보조금을 받는 것으로 간주하여 환경기준의 차이만큼 상계관세를 부과함으로써 자국제품의 국제경쟁력을 확보하기 위한 것이다. 또한 각 국가에 대한 환경기준의 강화를 유도하여 지구환경보호에도 기여하고자 하는 것이다.

환경관세장벽에 대한 주요 논의동향을 보면 먼저 '의제 21'에서는 무역규제조치의 사용 및 환경기준의 적용에 있어, 개도국의 환경과 무역정책에 영향을 미치는 특수한 요소가 고려되어야 한다고 했기 때문에, GATT는 비교우위에 근거를 둔 자유무역을 표방하고 있다. 선진국에 비해 상대적으로 환경에 대한 부담이 적은 개도국이, 환경이라는 비교우위에 근거한 국제경쟁력을 박탈하려는 환경기준의 차이에 따른 생산비 격차를 상쇄하기 위한 무역규제조치는 개도국에게 적절하지 못하다 할 것이다.

1993년 11월 OECD 산하 무역·환경 합동위원회 전문가회의에서는 환경기준의 차이에서 비롯되는 환경비용의 차이가 산업경쟁력에 영향을 미칠 정도는 아니므로 환경상계관세 부과는 바람직하지 않고 한 바 있다.

따라서 각국의 환경용량을 무시하고 규제기준의 차이에 의해서만 상계관세를 부과하는 것은 논리적으로 불합리하며, 환경상계관세의 적용은 객관적 타당성, 과학적 근거, 각국의 특수성, 환경개선에의 기여도 등에서 많은 논란의 소지가 있을 것으로 보인다.

(2) 기술장벽

기술장벽이란 어떤 상품의 기술명세(표준, 기술규정)와 기술명세에 적합한지의 여부를 판단하는 인증에 의하여 발생할 수 있는 무역상의 장벽을 말한다. 기술장벽의 유형으로는 다음과 같다.

첫째, 기술규정에 의한 무역장벽으로서 어떤 특정 상품에 대하여 법률적으로 구속력을 가지는 요건이나 기준을 설정하고 수출국에도 동일하게 적용하는 것이다. 예를 들어 미국의 자동차 배기가스기준 강화라든지 가전제품의 기술기준 강화를 들 수 있다.

둘째, 표준규격제도에 의한 무역장벽이다. 표준규격제도는 준수의 강제성은 없으나 자국의 표준규격 획득제품에 대한 신뢰성이 상품수요에 영향을 미치게 되므로 제품 수출 시 수입국 규격획득을 위한 추가적인 부담이 발생하게 된다.

셋째, 인증제도에 의한 무역장벽이다. 이는 수입국과 수출국의 기술명세가 동일한 경우에도 중복적인 검사를 요구하거나 인증기관의 절차지연 및 자국 시험기관에 의한 검사를 강요하는 것 등이 있다. 기술장벽에 대한 국제적인 논의로 미국의 기술규정은 인간 및 동식물의 보건, 안전, 위생 등에 대해서 정부가 강제적 기준을 설정하고 준수의무를 부과하며, 주정부에 따라 기술규정이 상이한 경우도 있어 외국 수출업자에게는 커다란 무역장벽으로 작용하고 있다.

이처럼 선진국은 앞으로 환경보호 명목과 함께 기술우위를 바탕으로 자국기업의 경쟁력 확보를 위하여 표준규격, 기술규정 및 인정제도와 같은 기술장벽을 확대할 전망이며, 기술장벽을 극복하기 위한 추가비용부담이 발생하여 공정무역에 대한 왜곡현상도 우려된다.

(3) 공정 및 생산방법의 규제

공정 및 생산방법의 규제는 지구환경을 위한 무역규제의 대상을 제품의 소비부문에 한정할 것이 아니라 제품의 제조방법, 즉 생산부문까지도 포함해야 한다는 것과 수출국이 최적기준에 미달되는 공정 및 생산방법에 관한 기준을 갖고 있다면 환경비용이 수출품가격에 내재화되어 있지 않아, 일종의 Eco-dumping으로 볼 수 있어 이에 대한 규제논의를 제기한 것이다.

이에 대한 사례로서는 미국의 바다거북 보호법은 멸종위기에 처한 바다거북 보호에 부정적인 영향을 주는 어획기술에 의해 어획된 새우 및 새우제품의 수입을 금지한다고 한 것을 들 수 있다.

(4) 특정 제품 및 성분의 사용규제

환경피해의 가능성이 있는 특정 제품과 물질의 생산, 사용 및 유통을 사전에 방지하고자 국내생산품과 더불어 수입품에 대해서도 규제하려는 것이다. 이는 환경을 위해 제품 및 물질이나 희귀자원 및 멸종위기에 처한 종 등의 사용과 판매를 제한 또는 금지하고, 유해물질을 사용하여 제조된 제품의 교역을 금지하는 것을 포함한다.

이 사례로서 미국은 CFCs를 이용하여 제조한 발포플라스틱 제품의 수입을 금지하였고, 독일은 알레르기성 피부질환을 유발하는 니켈이 함유된 안경테 등 금속제품의 수입을 금지한 바 있다.

(5) ISO(International Standard organization)의 환경경영 표준화

ISO가 현재 국가별로 시행되고 있는 환경관련 규격을 통일하여 향후 제품, 용역, 기업조직 및 경영 전반에 대하여 환경경영체제, 감사 등 주제별로 인증을 주는 제도이다.

이 제도의 배경으로서는 환경보호에 대한 국제적 관심이 고조됨에 따라 국가별로 상이한 환경관련 규격들이 제정되면서 향후 무역분쟁의 소지가 될 우려가 높아지자 이들 규격의 국제적 조화를 도모하고 산업계의 낭비적인 비용지출을 최소화하고 환경보전을 위한 산업계의 자발적 노력을 유도하기 위해서이다.

살펴보기 **ISO 14000 규격 시리즈(환경경영)는 무엇인가?**

ISO 14000은 국제표준화기구에 의해 개발된 일반적인 표준의 발전된 시리즈로서 기업경영자들에게 환경에 미치는 영향을 관리하기 위한 표준을 제공한다. 이 표준은 조직의 환경관리 측면에서는 기본적인 경영시스템, 감시, 성과평가를 그리고 상품의 환경관리 측면에서는 환경라벨링, 전과정평가, 제품표준의 환경관점에 이르기까지 광범위한 환경원칙들을 포함하고 있다. 국제표준화기구는 ISO 14000 규격안 개발에 관한 책임을 SCs(SubCommittees)와 WGs(Working Groups)로 구성되어 있는 TC 207에 부여하였으며 SCs와 WGs은 각기 맡은 환경표준에 대한 연구를 담당하고 있다. 규격안은 기본적으로 가이드와 세부규격 두 타입으로 구분될 수 있는데 ISO 14001을 제외한 모든 규격안들은 가이드 타입이다. 이러한 분류는 단지 설명을 위한 것이지 명료화된 것은 아니다. 그러므로 기업들은 ISO 14000을 인정받는 것이 아니라 각기 세부규격에 해당되는 번호, 예컨대 환경경영체제의 경우는 ISO 14001을 인증받는 것이다.

그러면 ISO 9000과 ISO 14000은 어떤 관계가 있는가? 원칙적으로 ISO 9000과 ISO 14000은 초기에는 별개로 발전되었다. 그러나 그 내용에 있어서는 유사한 점이 매우 많다. 비록 ISO 9000은 제품의 품질개선에 관한 내용을 기본으로 하고 있고, ISO 14000은 제품과 제조공정의 환경에의 충격에 관한 내용을 기본으로 하고 있으나 환경에의 충격을 제품의 광의의 품질개념으로 인식하기 때문에, 궁극적으로는 ISO 14000도 품질개선의 일환으로 볼 수 있다. 특히 ISO 14000 시리즈 중에서 환경경영체제의 구축(EMS)와 환경감사(EA)는 ISO 9000을 참고로 하여 기업의 경영 차원에서 적용될 국제적인 환경경영기준을 설정하려는 것이므로 ISO 9000과는 매우 연계가 깊다. 실제로 TC 207 총회에서도 환경경영체제에 관한 규격의 제정 시 ISO 9000 시리즈 중 품질관리체계와의 연계에 대해 논의가 활발하게 진행되었다

(6) 포장폐기물관리제도

자국 내 폐기물 발생억제를 위하여 국가별로 제품포장의 재질 및 방법 등을 규격화하는 것으로서 자국의 규정에 적합하지 않을 경우 무역규제수단으로 작용하는 것을 말한다. 폐기물의 회수와 재활용제도는 국내제품과 수입제품에 동등하게 적용된다 하여도 사실상 수입업자에게 불리하게 작용되며, 수출대상국에 따라 포장설계를 바꾸어야 하는 등 부담의 발생이 불가피한 실정이다.

(7) 환경마크제

환경마크제란 환경보호 측면에서 바람직한 상품의 제조 및 구매유도로 환경상 부담을 경감하고 동상품의 생산업체에 대한 인센티브를 제공하며, 기업체의 환경보전성 기술개발 촉진과 소비자의 환경보전형 소비생활 정착으로 실질적인 환경개선을 유도하는 제도이다. 이의 사례로서는 독일의 푸른천사마크 및 한국의 환경마크제도 등이다. 환경마크제도에 대한 국제적 동향으로서 범세계적인 환경문제 해결 차원에서 단일 라벨을 제정하려고 하고, PPMs를 포함한 Life-Cycle기준에 근거해서 추진하려 하고 있다.

살펴보기 EU의 자동차 배기가스

자동차 분야에서의 이산화탄소 배출량규제는 유럽 지역에서는 매우 강력하게 운용되고 있다. 이미 지난 1998년 12월 EU집행위원회(European Commission : EC)는 EU자동차공업협회와의 '자발적 협약'이라는 형식을 빌려 오는 2008년까지 신차의 이산화탄소 배출량을 1km당 140g, 2012년까지는 120g으로 낮추겠다는 규제를 시작했다. 유럽에 승용차를 수출하는 한국과 일본에도 같은 규제가 적용됐나. 그러나 유럽연합(EU) 자동차업계가 2008년 140g이라는 목표달성이 현실적으로 어렵다고 고백하자 EC는 올해 2월 '자발적 협약'의 실패를 선언하고 승용차 이산화탄소규제 법제화에 나섰다. 2012년까지 130g으로 배출량을 낮추겠다는 내용이다. 현재 EU 승용차(신차)들의 평균 이산화탄소 배출량은 160g, 일본은 161g, 한국차는 165g이다.

3. 주요 국가별 환경규제

유럽연합(EU), 미국 등 주요 국가들이 환경규제를 강화하고 있어 우리나라와 같이 대외무역의존도가 높은 국가들은 대응책 마련이 시급하다. 현재 221개의 국제환경협약 가운데 20여 개가 무역규제관련 규정을 포함하고 있으며, 이 중 몬트리올의정서와 바젤협약, 교토의정서, 바이오안정성의정서가 국제무역 거래에 직·간접적으로 영향을 미치고 있다.

또한 전 세계적으로 40여 개의 환경마크제도가 운영되고 있으며, 특히 유럽연합의 '에코라벨(Eco-label)'의 경우 적용대상품목을 확대하는 방안을 추진하고 있어 무역기업의 수출 부대비용에 적지 않은 영향을 줄 것이다. EU의 '전기전자장비 폐기물 처리지침 및 폐차 처리지침'은 적용범위가 각종 가정용 전자제품뿐만 아니라 휴대폰과 자동차 등에 이르기까지 광범위하여 앞으로 많은 품목들의 경우 수출업체들이 판매된 제품의 재활용과 폐기의무까지 부담해야 한다.

이와 관련하여 EU를 비롯해 미국, 일본, 캐나다, 호주 등 주요 선진국들은 국제적인 환경규제를 주도하고, 환경관련 산업구조의 패러다임 변화에 적극 대비하고 있다. 미국의 경우 환경청에 중소기업 옴부즈맨을 설치하여 운영하고 있으며, 덴마크는 각 업계의 품목별 전문가들을 환경청 내에 배치하고, 환경관련 조치나 정책 입안 때 자문을 의무화하는 등 시장과 기업의 상황을 환경정책에 적극 반영하고 있다. 독일의 경우 중소기업의 환경기술개발 및 환경문제 대처에 최대의 장애로 작용하는 자금 부족난을 지원하기 위하여 다양한 자금지원과 기술지원, 그리고 공공기관의 환경친화상품 구매를 통하여 실질적인 문제해결을 하고 있다.

우리나라는 중요한 수출국가들인 주요 선진국들의 환경규제에 대해 실질적이고 구체적인 대응책을 시급히 마련해야 할 것이며, 기업들은 환경보호에 대한 인식을 높이고, 환경경영 및 환경친화적인 기술로 경쟁력을 높여 환경규제를 극복해야 할 것이다.

표 10-4 EU의 환경규제 현황

구분	환경규제	품목
EU	• 폐차처리지침(리사이클, 무료수거)	• 운송기기 전반
	• 배기가스감축	• 승용차, 디젤버스, 로리, 모터사이클, 산업용 및 비도로용 운송장비, 건설 중장비 등
	• 소음기준	• 모터사이틀, 건설 중장비, 옥외 장비(55개), 가정용 기기
	• 온실가스 배출규제(2003년부터 실시한 냉장고에 대한 HCFCs, CFCs 사용금지)	• 에어컨디셔너, 컨테이너, 소화기, 에어로솔 발생기
	• 에코디자인 의무	• 냉장고
	• 전자기파 규제(전자기파지침)	• 전기・전자제품 전반 • 전자파를 외부로 발신하거나 외부 전자기파 영향을 받는 가전제품, 조명기구, PC, 통신기기 등 60개 품목
	• 에너지소비량 규제	• TV, VCR, 수신디코더, 충전기, 오디오, 정보통신기기
	• 에너지라벨제도	• 세탁기, 냉장고, 램프
	• 수은 함유량 제한	• 배터리, 축전지 및 그 내장기기
	• 니켈, 카드뮴 등 유해물질 시용금지	• 니켈카드뮴 전지
	• 전자파 강도 라벨링	• 휴대폰
	• 납 함유금지	• 가정용 전기 공구
	• 판매허가등록제도, 유독성물질 마케팅금지	• 화학제품 전반
	• 살충제, 비료 판매금지	• 살충제, 비료
	• 인산 사용금지	• 세제
	• 유전자변형식품 라벨링	• 유전자변형 옥수수 등 식품
	• 포장 및 포장폐기물관련 지침(포장폐기물 수거 및 재활용)	• 상품 포장재
	• PVC규제	• PVC 및 PVC 함유 제품
	• 프탈레이트 함유 완구규제	• 완구
	• 환경세	• 살충제 등 화학물질, 플라스틱백 등
	• 폐처리 공정제한	• PCB 및 PCB 함유 제품

표 10-5 주요 국가별 환경규제 현황

구분	환경규제	품목
미국	• 오존층 파괴물질규제-경고라벨 부착 의무화 • 에너지 효율규제-에너지 효율기준 설정/에너지 효율 라벨링 • 전자파규제 • 유해물질규제	• 에어컨, 냉장고, 에어졸 등 • 냉장고, 에어컨, TV, 수도꼭지, 식기세척기 등 • 휴대폰, TV 등 전자파 방출제품 • TV, PCB 등
독일	• 에너지 라벨링제도 • 배터리 폐기규제 • 아조 염료 사용 금지 • 자동차 이산화탄소 배출량규제 • 폐차규제 • 연비 라벨링 • CFC 사용금지	• 냉장고, 세탁기, 건조기 등 • 배터리, 축전지 • 섬유·의류제품, 신변 잡제품 • 자동차 • 자동차 • 자동차 • 냉각제, 소방재료
일본	• 대기오염방지법에 따른 자동차 배기가스규제 • 순환형 사회형성 추진 기본법에 따른 폐기물규제 • 화학물질관리촉진법 • 가전 리사이클조치 • 포장용기 리사이클조치 • 에너지관리 차원에서의 규제	• 자동차, 오토바이 등 • 특정 업종, 제1종 지정제품, 제2종 지정제품, 지정 부산물 등 • 섬유제품 등 • TV, 냉장고, 세탁기, 에어컨 등 • 병, 캔, 종이의 상품 용기 포장 • 진자계산기, TV수상기, VTR 등
캐나다	• 자동차 배기가스 내 벤젠 함유량규제 • 유해폐기물 수출입규제 • 오존 파괴물질규제 • 에너지 효율성 라벨링제도	• 자동차 • 규제대상 유해물질 등 • 냉각제, 에어로졸 등 • 냉·난방기기, 백색가전 및 가전제품

국제통상환경론
International Trade Environment Theory

11

CHAPTER

지역무역협정하의 국제무역환경

Chapter 11 지역무역협정하의 국제무역환경

11.1 지역무역협정의 개념과 유형

우루과이라운드의 결과로 출범한 WTO는 GATT의 기본정신을 그대로 유지하면서 국제무역질서를 규정할 국제기구라고 할 수 있다. 새롭고 강화된 틀을 가지고 출범한 WTO는 자유로운 국제무역을 통하여 세계경제의 안정적 성장과 고용확대에 기여할 것으로 기대되고 있으며, GATT를 계승한 WTO는 다자주의(multilateralism) 원칙을 추구하고 있다. 즉 무역자유화를 위한 협상이나 협정에서 관련 국가들 모두가 참가하여 모든 국가들의 이해관계가 반영된 국제무역의 규칙을 마련하고 이를 실행하고자 하고 있다. 그러나 WTO가 출범한 지금도 세계에는 유럽연합(EU), 북미자유무역협정(NAFTA) 등 일부 국가들로 구성된 다양한 경제적 지역주의와 무역협정들이 존재하고 있다. 이러한 경제적 지역주의들의 전개과정은 WTO와 함께 세계경제에 커다란 영향을 미치고 있다.

지역경제블록의 형성은 지리적 근접성으로부터 발생하는 자연스러운 현상으로 볼 수 있다. 지리적으로 근접하다는 사실은 상호교역하는 데 있어서 수송비와 통신비용이 상대적으로 낮아 기업들이 역내에서 생산활동을 넓히는 것이 용이하며, 경제·사회·문화적으로 유사한 환경을 가지고 있을 가능성이 높기 때문에 생산된 상품이나 서비스가 역내의 국가들의 수요를 잘 반영할 수 있다는 장점이 있다.

1950년대 이후에 경제적 지역주의가 활발히 형성된 다른 하나의 이유로 GATT체제가 가지고 있었던 문제점을 들 수 있다. GATT체제 출범 당시와 비교하여 회원국의 수가 대폭 증가하였을 뿐만 아니라 국제무역환경도 크게 변화하였다. 변화된 국제무역환경에서 발생되는 각종 문제들을 다자주의적으로 해결하기 위하여 관련된 모든 국가들이 합의할 수 있는 규칙을 마련하는 데는 많은 시간과 노력이 들어갈 뿐만 아니라, 개별국가들의 입장에서 이렇게 마련된 국제무역에 관한 합의가 국내정책 및 규제와 일치하지 않을 위험성도 있는 것이다.

다자주의적 체제는 모든 국가들이 여러 가지 복잡한 문제들을 다루기 때문에 개별국가들의 경제·문화·정치적 필요가 반영되기 힘들다. 따라서 다자주의적 기본원칙에 위배되지 않는 한 소수의 국가들이 모여 그들 나름의 경제·문화·정치적 환경을 반영하는 경제통합을 이룩하는 것은 다자주의적 국제무역체제가 가지고 있는 일종의 획일성을 보완하여 다양성을 보충하는 것으로 볼 수 있다.

1. 지역무역협정의 개념

지역무역협정이란 지역적으로 차별적인 무역정책을 말한다. 즉 여러 국가들이 협정을 체결하거나 동맹을 결성하여 이러한 협정이나 동맹에 가입한 회원국(Member)들 간의 교역에 대해서는 관세 및 기타 무역규제를 완화 내지 철폐를 하지만 비회원국(Non-Member)과의 교역에 대해서는 차별적인 무역규제를 유지하는 것을 의미한다. 다시 말하면 여러 국가들이 공동의 이익을 증대시키기 위하여 국가보다 큰 경제단위를 형성하여 대외적으로 차별적인 무역자유화를 추진하고 내부적으로는 산업 및 경제정책의 조화를 도모하는 등 특별한 관계를 유지하는 것을 말한다.[1] 이러한 지역무역협정은 특혜무역협정, 자유무역지역, 관세동맹, 공동시장, 경제동맹 등의 다양한 형태로 존재하고 있다.

WTO자료에 의하면 2007년 9월 기준으로 197개의 지역무역협정이 발효되어 있으나 지역무역협정에 관한 논쟁이 끊이질 않고 있다.

읽고가기 | 지역무역협정에 관한 논쟁

1990년대 이후 지역무역협정이 그 수나 적용범위에 있어 확산 또는 심화되고 있고, 각국의 무역의존도가 높아짐에 따라 지역무역협정이 세계경제에서 차지하는 의미가 점점 더 커지고 있다. 따라서 이러한 지역무역협정의 중요성 증대와 무역의 역할증대에 따라 지역무역협정이 세계무역체제, 즉 WTO체제에 어떤 의미를 가지는가에 대한 문제가 제기되고 있다.

한편에서는 지역무역협정들이 WTO 기본원칙인 '보다 자유로운 무역'에 기여를 한다고

1) 김완순·한복연, 국제경제기구론, 1998, 박영사, p.329.

주장하고, 다른 한편에서는 지역무역협정 또는 지역경제통합으로 인하여 협정당사국이 아닌 국가들의 희생으로 협정당사국들이 후생증가를 얻게 되며, 시장지배력 남용에 따른 비회원국이 피해를 입을 수 있으며, 이는 WTO 기본원칙인 '최혜국대우'원칙에 위반된다고 주장하고 있다.

전자는 지역무역협정은 비교우위를 통한 생산비절감 및 소비증가로 인하여 언제나 좋은 것이며(Harberler, 1936), 무역창출(trade creation)에 의한 협정당사국의 후생증대가 무역전환(trade diversion)에 따른 협정당사국 이외의 국가들의 후생감소를 상회한다면 전 세계적으로 효용증가를 가져올 수 있다는 견해(Viner, 1950)이다. 그리고 후자는 차별적인 관세, 특혜원산지규정, 역내산 부품 사용의무규정 등에 의한 무역전환효과(trade diversion effect)의 무역창출효과(trade creation effect)의 초과, 지역주의에 의존하는 관심의 전환효과로 인한 다자간 무역체제에 대한 관심의 감소, 지역주의의 지정학적인 영향(geopolitical impact)에 따른 국제관계에 있어서 갈등의 증대 등을 이유로 지역주의를 반대하고 있다.

한편, WTO에서는 이러한 지역무역협정들에 대한 일관되고 효율적인 검토 및 규율의 필요성에 따라 새로운 '지역무역협정위원회(Committee on Regional Trade Agreement)'가 1996년 설치되었으며, 개별지역무역협정의 검토와 지역무역협정이 갖고 있는 근본적인 문제에 관하여 활발한 논의를 하고 있다.

2. 지역무역협정의 유형

지역무역협정의 유형은 회원국들 간의 경제적 결합 정도에 따라 크게 부문별 특혜무역협정(sectoral preferential trade arrangement), 자유무역지역(Free Trade Area : FTA), 관세동맹(customs union), 공동시장(common market), 경제동맹(economic union)으로 분류될 수 있으나 같은 유형의 지역무역협정이라도 회원국들 간의 구체적인 협정내용과 지역적 특징 등에 따라 상이한 구성내용을 가질 수 있다. 또한 일반적으로 지역경제블록은 지리적으로 근접한 인근 국가들로 구성되어 있는 것이 대체적인 현실이지만 경제블록의 형성이 반드시 지리적으로 근접한 국가들로 구성되는 것은 아니라는 점이다.

(1) 부문별 특혜무역협정(sectoral preferential trade arrangement)[2]

협정국가들 사이에 이루어지는 무역거래에 대하여 완전한 자유무역은 아니더라

2) 협정체결국 간에 특정 상품의 교역에 대해서만 제한적으로 특혜를 부여하는 것으로서 경제통합의 초기단계에 나타나는 형태라고도 할 수 있다.

도 협정당사국들 간에 상호 일정한 특혜를 줌으로써 역외 비협정국들에 대하여 차별하는 경우를 말한다. 특혜을 주는 상품들의 범위가 제한적일 수 있으며 이렇게 제한된 범위의 상품들에 대하여 협정국들에 대하여 낮은 관세나 비관세장벽 특혜를 주는 경우가 이에 해당한다. 가장 느슨한 형태의 경제통합유형이라고 할 수 있다.

(2) 자유무역지역(Free Trade Area : FTA)

자유무역지역은 협정을 맺은 회원국들 상호 간에 관세를 포함한 모든 무역장벽을 철폐하고 자유무역을 실시하지만, 회원국들이 역외 비회원국들에 대하여는 회원국들 나름의 무역보호수준(독자적인 무역정책)을 유지하는 경우를 말한다. 따라서 회원국들이 비회원국들에 대하여 동일한 무역보호수준을 유지할 필요가 없으며, 자국의 실정에 맞는 무역보호수준을 유지할 수 있다. 북미자유무역지역(NAFTA)이나 유럽자유무역지역(EFTA), 아세안자유무역지대(AFTA) 등을 예로 들 수 있다. 자유무역지역의 결성으로 회원국들 사이에 자유무역이 이루어지므로 각 회원국들의 무역유형, 즉 수출입구조가 변화할 수도 있으며, 수입선이 비회원국에서 회원국으로 전환되는 등 회원국뿐만 아니라 자유무역지역에 속한 국가들과 무역거래를 하고 있는 비회원국들의 무역구조 및 무역규모가 변동하게 되는 등 자유무역지대가 형성되는 국가들과 밀접한 대외거래관계가 있는 국가들에 심각한 영향을 줄 수 있다.

(3) 관세동맹(customs union)

관세동맹은 자유무역지역에서 한 걸음 더 나아가 관세동맹 회원국들 사이에 자유무역을 유지할 뿐만 아니라, 역외의 비회원국들에 대하여 회원국들이 공통의 무역보호수준(공동의 무역정책)을 부과하는 것이다. 현실적으로 무역보호수단은 관세뿐만 아니라 수입수량할당제와 같은 비관세장벽도 있으며, 관세동맹으로 불리는 것은 과거에 무역보호의 주된 수단이 관세였으며 비회원국들에 대하여 회원국들이 공통의 관세체계를 적용하였기 때문이다. 자유무역지역과 비교하여 관세동맹은 회원국들의 경제적 결합 정도에서 보다 강한 지역경제블록유형이라고 할 수 있다. 그러나 국제무역정책을 제외한 회원국들 나름의 경제정책과 화폐를 보유하며, 국가 간 노동, 자본과 같은 본원적 생산요소의 이동이 불가능하거나 크게 제약되어 있는 상황이다. 즉 관세동맹은 무역정책 측면에서의 경제통합이며, 완전한 형태의 경제통합이라고 볼 수 없다. 현재 관세동맹형태를 유지하는 경제적 지역주의는 존재하지 않으나 초기의 EC가 관세동맹의 형태를 가졌으며, 20세기 이전에 관세동맹과 유사한 형태의 경제적 지역주의가 존재한 바 있다.

(4) 공동시장(common market)

관세동맹은 상품의 수출입에 관한 역외 비회원국에 대한 무역정책을 공동으로 유지하고 회원국들 사이에는 자유무역이 이루어지지만 노동, 자본 등 생산요소의 역내 이동이 자유롭지 못한 지역경제블록의 유형이다. 관세동맹에서 생산요소의 자유로운 역내 이동이 이루어지는 형태까지 포함하는 것이 바로 공동시장이다. 이러한 공동시장형태의 지역경제블록 예로 완전한 형태는 아니지만 EC를 들 수 있다.

1986년에 EC가 단일유럽의정서(Single European Act)을 만듦으로써 상품뿐만 아니라 노동, 자본 등 생산요소를 포함하여 유럽공동시장 내 총 282개의 교역장벽을 폐지함으로써 1993년에 공동시장으로 출범하였다.

(5) 경제동맹(economic union)

공동시장형태의 지역경제블록은 상품과 생산요소의 역내 국가 간 교역이 자유롭지만 각 회원국 나름의 경제정책을 사용하게 된다. 즉 각 회원국들은 상품과 생산요소의 자유무역을 실현하고 역외의 비회원국들에 대하여 공통의 무역보호체계를 적용하지만 무역정책을 제외한 다른 경제정책에는 독자성을 갖고 있으며, 공동시장의 회원국들은 자국의 정치 및 경제적 상황에 적합하다고 생각하는 통화정책이나 재정정책을 다른 회원국들과는 독립적으로 독자성을 가지고 사용하게 된다. 그러나 경제동맹에서는 이러한 경제정책들을 상호협조하에 실시하게 되며, 더 나아가 화폐까지 단일화한다면 완전한 형태의 경제동맹체제를 갖추게 되는 것이다. 이러한 의미에서 경제동맹 내의 회원국들은 정치적으로는 독립국가이지만 경제적으로는 하나의 단일 경제권을 형성하는 명실상부한 경제적 통합을 이룩하게 된다. 경제동맹의 형태로는 EURO화라는 단일통화를 사용하고 있는 EU를 들 수 있다.

읽고가기 | 가장 선호되고 있는 자유무역협정(FTA)

전 세계에서 발효된 지역무역협정(RTA) 가운데 자유무역협정(FTA)이 50% 이상을 차지하고 있다. 2007년 7월까지 세계무역기구(WTO)에 통보되어 발효된 지역무역협정은 194건이고, 이 가운데 FTA가 121건으로 가장 큰 비중을 차지하고 있다. 서비스협정은 52건, 개도국 간 특혜협정은 13건, 관세동맹은 19건이었다. 이는 대부분 국가들이 양자간 무역협정 체결 시 서비스협정 등 일부분에 국한하지 않고 포괄적으로 무역장벽을 허무는 FTA를 통해 성장의 돌파구를 찾고 있기 때문이라 할 수 있다.

우리나라의 경우도 칠레, 싱가포르, 유럽자유무역연합(EFTA), ASEAN, 미국 등 5개국·지역과 FTA를 발효시켰거나 체결되어 있는 상황이다.

지역무역협정은 1990년대 이후 급증하기 시작하였으며, 발효된 194건의 협정 가운데 1990년 이후에만 무려 전체의 87%인 169건이 발효되었다. 지역무역협정 194건을 지역별로 살펴보면 대륙 간 협정이 83건으로 가장 많고, 유럽지역 40건, 미주지역 36건, 아시아지역 32건 등이다.

3. 지역무역협정의 현황[3)]

세계경제가 다자체제인 WTO를 중심으로 통합되어 가는 추세에도 불구하고 신규 지역무역협정[4)]의 체결과 기존 지역무역협정의 확대·심화 추세가 강화되고 있다. WTO 자료에 의하면 2007년 9월 기준으로 194개의 지역무역협정이 발효되어 있다. 이 중 25개의 지역무역협정은 1990년 이전에 발효된 반면, 1990년 이후의 지역무역협정 발효건수는 무려 169개에 달한다. 2005년 이전에 발효된 지역블록의 수가 WTO 회원국수를 이미 초과하였고, WTO의 지역무역협정위원회도 지역무역협정의 체결 및 발효 추세가 향후에도 지속될 것으로 전망하고 있다.

1960년대까지의 지역무역협정 체결은 완만한 증가세를 보였으나 1970년대에는 급증세를 보였다. 이후 1980년대에는 주춤하였다가 1990년대 이후 다시 급증세를 보이고 있다. 즉 1980년대 10년 동안 총 9개의 지역무역협정이 발효된 반면에 우루

3) 정인교, "지역무역협정의 확산과 한국의 대응방안," 대외경제정책연구원, 1998. 12.

4) 여기서 말하는 지역무역협정은 GATT/WTO에 통보의무를 지니는 모든 양자간, 지역 간, 복수 간 특혜무역블록으로서 지역블록의 통보의무는 GATT 제24조에 명시되어 있으며 GATT의 무차별원칙의 예외로 허용되고 있다.

표 11-1 지역무역협정의 발효 현황(2007년 7월 기준)

구분	1955~1960년	1961~1970년	1971~1980년	1981~1990년	1991~1995년	1996~2000년	2001~2005년	2006~2007년 7월
신규	3건	3건	10건	9건	28건	38건	87건	16건
누계	3건	6건	16건	25건	53건	91건	178건	194건

과이라운드협상이 진행되고 WTO가 출범한 1991~95년의 5년간 28개의 협정이 발효되었다. 또한 WTO체제가 출범한 1995년 이후에도 141개의 지역무역협정이 발효된 것으로 보아 지역무역협정의 체결은 단순히 다자체제의 실패에 대비한 것이라기보다는 각국이 통상정책 차원에서 전략적으로 추구되어 온 것으로 이해될 수 있다. 한편 그동안 지역무역협정에 참여한 경험이 없는 국가들도 지역주의에 적절히 대응하는 동시에 하나의 지구촌 경제로의 통합이라는 세계화에 대한 준비작업의 일환으로 지역주의 경험을 축적하고자 소지역 자유무역협정에 적극 참여한 것으로 판단된다.

통보된 지역무역협정으로 볼 때 1990년대에 지역무역협정에 가장 활발하게 참여하고 있는 지역은 미주지역과 아태지역을 들 수 있다. 기존의 지역무역협정이 확대·심화되고 있는데, NAFTA의 남미로의 확대(FTAA), EU와 북미지역의 연계(TAFTA), EU와 MERCOSUR 간 FTA(EU-MERCOSUR FTA) 등을 대표적인 예로 들 수 있다.

EU의 경우 1993년 11월에 유럽연합조약이 발효됨에 따라 유럽지역의 12개국으로 출범하였으며, 1995년에는 오스트리아, 스웨덴 및 핀란드를 추가 회원국으로 받아들여 15개국으로 확대되었다. EU는 2005년까지 유럽지역과 남미지역경제협력체(MERCOSUR) 간 통합으로 EU의 대륙 간 확대(EU-MERCOSUR FTA)를 꾀하고, 2010년까지 유럽지역과 지중해연안 12개국 간 자유무역지대 설립을 추진할 것으로 알려져 있다. 뿐만 아니라 EU와 북미지역의 연계(TAFTA)도 거론되고 있어 우리와 같은 역외국은 관심을 가지지 않을 수 없다.

읽고가기 | 세계교역환경 바꾼 FTA

다자협상 정체가 장기화되면서 FTA 체결이 증가하고 있을 뿐 아니라 FTA의 핵심적 성격까지 바뀌고 있다. 주요 국가들은 FTA 체결에 박차를 가하고 있는 한편, 협정의 배타적 이익확보, 협정대상의 포괄화, 개방폭 확대에 초점을 맞추고 있다.

2000년대 초까지만 하여도 FTA는 다자협정을 보완한다는 측면에서 주로 정치 및 외교적 목적이 강조되었다. 즉 FTA를 통해 인접국과의 관계를 강화하고 이를 통해 자국의 안정과 영향력 확대를 꾀한다는 전략이었다.

그러나 최근 다자협상 정체가 장기화되면서 FTA 성격 자체가 변하고 있다. 각국은 더 이상 FTA를 다자협정의 보조수단으로 여기지 않고 FTA 등 지역무역협정을 통해 신속한 자유화의 혜택을 누리고, 지역협정 확산을 통해 다자협정과 동등한 효과를 노린다는 전략으로 전화되었다.

특히 EU와 중국의 변화는 주목할 만한데, EU는 2006년 10월 신통상정책을 도입하면서 향후 EU 통상정책의 최우선 목표를 EU 역내 산업경쟁력 강화에 두겠다고 선언하였는데, 이는 그동안 인접국 중심으로 체결해 온 외교·안보적 목적의 무역협정에서 탈피하여 상업적 이익을 우선시하겠다는 의미를 함축하고 있는 것이다. 이를 반영해 FTA 우선 추진대상국으로 한국, 인도, 러시아, ASEAN, GCC, MERCOSUR를 명시하고 이미 한국과는 협상 진행 중에 있다.

중국도 2006년 ASEAN, 파키스탄과 FTA를 발효시킨 데 이어 중동, 오세아니아, 유럽 국가와 협상을 체결하거나 진행 중에 있다. 내용 면에서도 EU와 중국은 상품협정만 체결하거나 상품협정을 먼저 발효시킨 후 서비스협정을 체결하는 단계를 밟았으나 최근에는 상품, 서비스협정을 동시에 추진하며 개방폭도 커지고 있다. 소극적 개방정책에서 탈피, 적극적 개방화를 통해 경제적 이익을 극대화하겠다는 것이다.

EU, 중국의 이 같은 변화는 미국의 FTA전략에 영향받은 바가 크다. 미국은 2004년 이후에만 싱가포르, 칠레, 호주, 중미 5개국과 FTA를 잇따라 발효시킨 데 이어 중동, 아시아, 미주 국가들과 협상을 벌이고 있다. 부시행정부는 양자 및 지역 간 FTA를 병행함으로써 여기서 배제된 국가들이 시장개방을 서둘도록 한다는 경쟁적 자유화(competitive liberalization) 전략을 채택하고 있다. 내용 면에서도 상품협정과 서비스협정의 동시 추진, 관세철폐, 경쟁, 노동, 환경 등 전 분야에 걸친 높은 수준의 자유화를 추구하고 있다.

일본도 지금까지 아시아 중심의 소극적 FTA 추진에서 탈피해 2009년까지 FTA 체결국 수를 12개로 늘리고 2010년까지 역내 교역 비중을 25%까지 높인다는 구체적 목표를 제시하여 강도 높게 추진하고 있다. 또한 캐나다, 멕시코, 싱가포르 등 FTA 선발국들은 초기단계를 넘어 외국인투자유치, 해외진출 자국기업 보호, 시장다변화, 전략산업 육성 등 다양한 목적의 FTA전략을 구사하고 있다.

1994년 1월에 출범한 NAFTA는 2005년까지 북남미 34개국으로 구성된 미주자유무역협정(FTAA)의 설립을 추진하였으나 아직 그 성과를 거두지 못하고 있는 실정이지만 꾸준히 이를 추진하고 있다. 동남아지역에서는 1992년 제4차 ASEAN 정상회의의 결과 말레이시아, 인도네시아, 태국, 필리핀, 싱가포르, 브루나이의 6개 회원국으로 구성된 AFTA가 창설되었다. AFTA는 1995년에 베트남을 신규 회원국으로 받아들였고, 1997년에는 미얀마 및 라오스를 추가로 영입하여 실질적으로 동남아 전지역을 관할하는 지역무역협력체로 성장하고 있다.

표 11-2 지역무역협정의 심화·확대 추이

지역무역협정	동향	출범
유럽연합 (EU)	**• EU의 확대** – 1995년 : 12개국 + 오스트리아, 스웨덴, 핀란드 – 2000년 : 15개국 + 동구권 6개국 **• 새로운 협정 추진 및 협정 간의 연계 노력** – 2005년 : EU + 남미공동시장 자유무역지대 – 2010년 : EU + 지중해연안 12개국 자유무역지대 – 북미·유럽 간 범대서양 자유무역지대(TAFTA) 구상 **• 아시아지역과의 협력 확대 노력** – 아시아·유럽정상회의(ASEM) 출범	1993년 11월 1일 유럽연합조약이 발효됨에 따라 명칭이 종전 EC에서 EU로 변경됨 : 1958년 6개 회원국으로 출범하였으며 1995년까지 4차례의 확대를 통하여 현재 15개국에 이름
북미자유무역 협정 (NAFTA)	**• NAFTA의 확대 노력** – 칠레의 NAFTA 가입협상 진행 **• 새로운 협정 추진** – 2005년 : 북남미 34개국의 미주자유무역지대(FTAA) 설립협상 진행 **• 협정 간의 연계 노력** – 북미·유럽 간 자유무역지대(TAFTA) 구상 – NAFTA·AFTA 간의 대화채널 가동 **• 아시아지역과 협력 확대 지속** – 아시아·태평양경제협력체(APEC)의 무역투자 및 자유화의 가속화	1994년 1월 1일 정식발효
아세안 자유무역지대 (AFTA)	**• AFTA의 확대 및 연계 노력** – 1995년 : 6개국 + 베트남 – 1997년 : 미얀마, 캄보니아, 라오스 추가 영입 – AFTA와 오스트레일리아·뉴질랜드 자유무역지대(CER)와 연계 논의 진행	1992년 제4차 ASEAN 정상회의에서 1993년을 시작으로 FTA 창설을 합의
남미공동시장 (MERCOSUR)	**• MERCOSUR의 확대 및 협정 간의 연계 노력** – EU + MERCOSUR 자유무역지대 2005년 체결합의 – 북미·남미 간 자유무역지대(FTAA) 구상 – MERCOSUR과 CER의 연계 논의 진행	1995년 1월 1일 정식발효

현재 진행 중인 지역무역협정들에 의한 경제통합이 실현되면 이들 주요 지역무역블록에 참여하지 않은 국가들의 교역상의 피해는 더욱 커질 것으로 보이며, 현재 WTO 회원국 중 지역무역협정에 가입하고 있지 않은 주요 교역국가는 한국, 일본 등에 불과한 실정이다

지역무역협정은 GATT 제24조에서 인정하고 있는 특혜무역협정의 성격을 띠고 있어 현실적으로 폐지가 곤란한 실체라는 점에서 이들 역외국들은 다른 WTO 회원국이 누리는 호혜적 혜택을 이용하지 못하고 있다고 볼 수 있다. 통신 및 운송수단의 획기적 발전, 기업활동의 범세계적 확산 등으로 지역 간 상호의존성이 급속히 심화되는 가운데, 역외국에 차별적인 지역주의의 빠른 확대·심화는 다자체제에 부정적 영향을 줄 것으로 우려되고 있다.

4. 지역무역협정과 관련된 GATT/WTO규정

WTO 회원국 간에 체결되는 지역무역협정 또는 특혜무역협정들은 이들 협정에 참여한 국가들에게는 상호혜택을 공여하지만 비참여 국가에게는 혜택을 제공하지 않는 차별적인 입장을 취하고 있다. 이러한 지역 또는 특혜무역협정이 과연 WTO가 원칙으로 삼고 있는 회원국 간 무역차별적이고 상호호혜적인 자유무역을 실천하는 이념과는 합치하는 것인가에 대한 논란이 제기되어 왔다. 본 절에서는 이러한 논란에 대한 GATT나 WTO의 규정을 살펴보기로 한다.

GATT 1994(1994년 우루과이라운드협상이 종결된 당시의 GATT규정)의 제24조는 관세동맹이나 자유무역지역에 관한 조건을 담고 있다. 이 조건은 (ⅰ) 특혜무역협정을 맺고 있는 회원국 간의 무역을 촉진하기 위하여 "실질적으로 거의 모든 무역(substantially all trade)"에 대해서 관세를 비롯하여 "기타 상업상 제한적 규정(other restrictive regulations of trade)"을 제거하여 완벽한 자유무역상태를 이룩하고, (ⅱ) 제3국에 대한 무역규제는 PTAs를 맺기 이전보다 "전체적으로 보아 더 높거나 제약적이지 않아야(not on the whole higher or more restrictive)"하며, (ⅲ) 잠정적 협정을 맺을 경우 "적절한 기간 내(within a reasonable length of time)"에 이를 완결할 계획 및 일정표를 갖고 있어야 한다는 것이다.

물론 이러한 조건들은 PTAs(Preferential Trade Arrangements)의 회원국 간의 무역을 촉진하는 동시에 제3국에 대한 피해와 그에 따른 후생손실을 방지하자는 데 그 목적을 두고 있다. 그러나 GATT 제24조는 이러한 목적을 달성하기에는 크게 미흡한 것이다. 우선 GATT의 출범 당시만 해도 PTAs에 관한 이론적 발전이 나오기 이전이었기 때문에, PTAs에 의해서 역내 무역이 자유화되는 동시에 역외 국가에 대한 무역장벽이 높아지지 않는 한 역내 국가는 물론 역외 국가에 대한 후생감소의 가능성도 없을 것으로 본 듯하다. 그러나 Viner(1950)는 비록 역외 국가에 대한 무역장벽이 PTAs를 맺기 이전보다 높아지지 않더라도 무역전환(trade diversion)효과에 의해서 역외 국가는 물론 역내 국가까지도 후생손실을 볼 수 있다는 것을 보여주고 있다. 그리고 Kemp와 Wan(1976)은 PTAs가 모두에게 이익을 가져다주기 위해서는 PTAs의 결과로 모든 상품의 교역에 있어서 PTAs와 역외 국가 사이에 무역감소를 초래하지 않아야 한다는 것을 보여주고 있다.

또한 GATT 제24조는 많은 불명확한 표현들을 담고 있기 때문에 이 규정을 현실적으로 적용하는 데는 많은 문제가 따른다. 예컨대, '실질적으로 거의 모든 무역'의 범위가 무엇인지, '기타 상업상의 제한적 규정'이 무엇을 의미하는지, 그리고 '적절한 기간'이란 얼마나 긴 시간을 의미하는지 확실한 해석상의 가이드가 없는 것이다. 이러한 이유로 WTO는 1996년 현재 80개에 달하는 PTAs에 대해서 이들이 과연 GATT/WTO규정에 부합하는지의 여부에 대해서 검토에 들어갔으나, 단지 한 개(Czech/Slovak)의 경우에만 그것이 GATT/WTO규정에 위배된다는 판정을 내린 적도 없다.

이러한 관점에서 지난 UR협상이 진행되는 동안 PTAs에 관한 GATT규정에 대하여 많은 논란이 있었고, 그 결과로 얻어진 'GATT 제24조에 대한 양해각서'에서는 '적절한 기간'을 10년으로 명확히 하는 등 부분적 개선은 있었으나 별로 큰 진전은 없었다. 그 밖에 진전이 있었다면 그동안 PTAs가 GATT에 보고될 때마다 케이스별로 그때그때 검토작업반(Working Party)을 설치하여 운영하였던 것을 WTO가 출범한 이후에는 지역적 무역협정만을 전문적으로 다루는 위원회를 WTO 내에 설치하여 WTO에 보고되는 모든 PTAs에 대해서 일관성 있는 검토가 가능해졌다는 것이다. 또 UR협상의 양해각서에 따라 현존하는 모든 PTAs는 매 2년마다 WTO에 그 활동사항을 보고하기로 되어 있는바, 이 위원회에서는 그것을 평가하여 개별PTAs가

WTO체제에 미치는 효과와 의미를 밝혀나가고 또 WTO 차원에서의 개선책도 제시할 수 있을 것으로 기대된다.5)

11.2 지역무역협정의 효과

지역경제통합의 형성에 따르는 경제적 효과는 역내 회원국들과 역외 비회원국들에 대한 효과 및 세계경제 전체에 미치는 효과로 나누어 분석할 수 있다. 그러나 지역경제블록의 통합 정도에 따라 역내외 국가들에 미치는 효과가 다를 뿐만 아니라 동일한 유형의 지역경제통합이라고 하더라도 회원국들의 경제환경의 차이나 구체적인 통합협정내용에 따라 회원국들과 비회원국들의 경제적 후생에 미치는 효과는 상이하다. 따라서 지역경제블록 형성에 따른 경제적 효과를 이론적으로 분석하기 위해서는 구체적인 가정이 필요하며 실증적인 효과분석을 하기 위해서도 경제통합을 이룩한 국가들의 구체적인 경제환경을 고려하여야 한다.

지역경제통합에 따른 경제적 효과에 관하여 가장 잘 알려진 내용은 '무역전환효과(trade diversion effects)'와 '무역창출효과(trade creation effects)'에 관한 것으로서 관세동맹과 관련하여 역내 국가 간의 자유무역과 역외 국가들에 대한 무역정책의 공동보조가 역내 국가들의 경제적 후생에 미치는 효과를 분석하고 있다.

무역창출효과는 경제통합에 따라 회원국들 사이에 자유무역이 이루어지고 역외의 비회원국들에 대하여 공동의 관세체계가 부과되면, 회원국들 사이의 무역규모가 증가하게 된다. 이때 상품을 수출하는 역내 회원국이 역외 비회원국들에 비하여 낮은 비용으로 그 상품을 생산하는 국가인 경우, 무역창출효과가 발생하여 역내 국가의 경제적 후생이 증대하게 된다.

반면에 무역전환효과는 경제통합으로 인하여 낮은 비용으로 생산할 수 있는 역외 비회원국으로부터의 수입이 높은 비용으로 생산하는 역내 회원국으로 전환되는 경우에 발생되며, 무역전환효과가 발생하면 상품을 수입하는 회원국의 경제적 후생이

5) 남종현, "지역주의와 WTO," 세계경제와 국제통상, 무역경영사, pp.36~37 참조.

증가할 수도 있고 감소할 수도 있다.

지역경제통합은 국제무역을 왜곡시키는 동시에 자유화하기도 한다. 무역거래는 경제통합 이전보다 낮아진 무역장벽으로 자유화되는 반면에 동일한 상품에 대하여 상품의 원산지가 어디냐에 따라 국내의 상품가격이 달라지기 때문에 왜곡되기도 한다. 지역경제통합으로 인하여 역내 회원국들이 이득을 볼 것인가 아니면 손해를 보게 되는가는 경제통합으로 인하여 발생하는 무역창출효과와 무역전환효과 중 어느 것이 더 우세하게 나타나느냐에 의하여 결정된다 할 수 있을 것이다.

지역경제통합으로 인하여 교역조건이 변화하는 경우를 고려하는 경우에는 상황이 더욱 복잡하다. 세계경제에서 큰 비중을 차지하는 국가들의 경제통합이나 규모가 작더라도 많은 국가들의 경제블록으로 형성된 지역경제가 세계경제에서 차지하는 비중이 큰 경우 회원국들 사이의 교역조건도 변화하지만 비회원국들과의 교역조건도 변화하게 된다. 지역경제통합을 통하여 자국의 교역조건을 개선시킬 수 있는 국가와 통합을 하거나 비회원국들과의 무역거래를 유리하게 변화시킬 수 있는 국가들끼리 경제블록을 형성하면 경제적 이득을 확보할 수 있을 것이다. 그러나 현실에 있어서는 이러한 경제적 이득의 고려와 함께 정치적 혹은 단지 지역적으로 근접한 이유도 고려하기 때문에 경제블록의 형성이 반드시 경제적 이득을 확보한다는 보장은 없다.

지역경제통합이 가져오는 자원배분상의 효율성 증대나 교역조건의 개선을 통한 경제적 이득의 증가와 함께 고려하여야 할 점은 경제통합의 결과 회원국들 상호 간의 자유무역의 확대로 보호무역에 길들여져 있는 국내시장을 부분적으로 해외경쟁에 직면케 함으로써 완전한 시장개방에 앞서서 국내시장을 해외경쟁에 노출시켜 세계적 무역자유화에 대한 적응력을 향상시킨다는 점이다. 이와 함께 확장된 시장으로 규모의 경제(economies of scale)를 향유할 수 있기 때문에 생산비용의 확장과 보다 다양화된 상품을 소비할 수 있다는 장점이 있다.

요약하자면 새로운 지역무역협정의 체결 또는 기존의 지역무역협정에의 참여의 궁극적인 목적은 회원국 상호 간의 무역장벽의 철폐를 통하여 역내 무역자유화를 실현함으로써 상호 간의 지속적인 경제성장을 도모하고 후생을 극대화하는 데 있다 할 것이다. 지역무역협정의 체결은 회원국 간 무관세교역을 가능하게 함으로써 수입단가를 낮추고, 소비자후생을 증진시킬 뿐만 아니라 회원국들은 상대적으로 비교우위가 있는 산업에 생산과 수출을 특화함으로써 경제적 이익을 누릴 수 있게 된다. 적어도 이론적으로 볼 때 무역장벽의 철폐가 시장기능에 의한 역내 자원배분의 효율성 제고를 통해 비교우위산업의 경쟁력을 강화시킴으로써 경제성장의 촉진에 기여한다는 전통적인 자유무역이론에 입각한 논리는 지역무역협정 체결의 경제적 타당성에 중요한 근거가 되고 있다.

무역장벽의 철폐로 예상되는 경제적 효과는 단기적 효과와 중장기적 효과로 나누어 살펴볼 수 있다. 단기적 효과로는 무역창출과 무역전환의 효과, 중장기적 효과로는 규모의 경제, 경쟁촉진 및 해외직접투자 확대를 들 수 있다.[6)]

1. 단기적 효과

지역경제통합으로 가장 단기에 가시적으로 나타나는 효과는 교역으로 인한 효과라고 할 수 있는데, 이에 관한 이론을 처음으로 제시한 바이너(Viner)에 따르면 교역에 대한 효과는 무역창출효과(trade creation effect)와 무역전환효과(trade diversion effect)로 구분될 수 있다.

무역창출효과(trade creation effect)는 비교우위론에 입각한 효과로 역내 관세의 철폐로 인하여 회원국들이 높은 가격의 국산재화를 낮은 가격의 블록 내의 외국재화로 대체하는 것을 말한다. 역내국들이 관세인하로 비교우위를 갖게 되는 재화를 중심으로 상호교역을 하게 되고, 역내국들은 비싼 국산재화를 값싼 역내 상품으로 대체하게 된다. 관세로 인해 야기되었던 교역구조의 왜곡이 시정됨으로써 각국의 비교우위산업에 대한 교역기회가 새로이 만들어지는 것이며, 무역창출을 통한 각 역내국의 비교우위상품의 시장확대는 동 상품의 수출 증대를 의미한다. 그것은 곧 동 산업의 생산량 증대를 요구하게 된다. 따라서 각 경제 내의 생산요소들이 자연스럽게 비교우위산업으로 이동하게 됨으로써 자원배분의 효율성이 증가하게 되는 것이다.

무역전환효과(trade diversion effect)는 역내 관세 철폐로 인하여 저가의 지역블록 외의 재화가 높은 가격의 역내 상품으로 대체되는 것을 말한다. 무역협정 이전

6) 정인교, "지역무역협정의 확산과 한국의 대응방안," 대외경제정책연구원, 1998. 12.

에는 역외국의 재화가 비교우위에 있었으나 협정체결 이후 역내국 간의 교역에 관세가 제거됨으로써 역내국의 재화가 비교우위를 갖게 되는 것을 의미한다. 이는 관세부과 이전의 가격을 비교해 볼 때 역외국 재화가 더 싸다는 것이므로 싼 역외 상품을 비싼 역내 상품으로 대체하게 되는 비효율적인 결과를 초래하게 되는 것이다. 바이너의 연구는 최종재화에 대한 관세철폐로 인한 생산활동의 효율성 변화에 초점을 두고, 무역창출효과를 후생향상요인(정(+)의 효과), 무역전환효과를 후생악화요인(부(−)의 효과)으로 구분하여 무역창출의 이익이 무역전환의 불이익을 능가할 경우에 지역무역협정의 체결이 타당성을 지니는 것으로 파악한다.

그러나 이러한 분석은 협정의 체결에 따른 장기·동태적인 효과를 고려하지 않은 정태적이고 부분적 분석이라는 단점이 있는 반면, 지역경제통합으로 예상할 수 있는 무역효과를 효율성 측면에서 쉽고 명료하게 설명하고 있다는 장점이 있다. 무역창출 및 무역전환의 효과를 정태적 효과 또는 단기적 효과라고 부르는데, 그 이유는 무역장벽의 철폐와 동시에 그 경제적 효과가 마치 순간적으로 발생하는 것처럼 가정하기 때문이다. 예를 들면 관세가 인하될 경우 경제 내 생산요소들이 매우 빠른 시간 내에 생산성이 높은 산업으로 아무런 비용 없이 이동할 수 있다고 가정하는 것이다. 비교우위에 입각한 자원배분의 효율성 증대는 경제 내의 자본, 노동 등의 생산요소들이 제약 없이 비교우위산업으로 이동하여 고용된다는 가정하에서 성립하는 것이다.

2. 중·장기적 효과

중·장기적 효과라 함은 지역경제통합으로 인한 효과가 단기간 내에는 가시화되지 않더라도 어느 정도의 시간이 지남에 따라 서서히 나타날 수 있는 동태적인 효과를 말하는 것으로서 규모의 경제 및 경쟁촉진 그리고 해외직접투자 증가 등으로 역내 경제활동의 효율성 증대에 기여하는 중요한 요인으로 지적된다. 지역경제통합으로 인한 시장의 확대로 역내에서 규모의 경제가 작용할 수 있는 여건이 마련되고, 그러한 가운데 시장점유율을 높이기 위한 기업 간 경쟁이 촉진됨으로써 효율적인 자원배분을 요구하는 힘이 역내 경제에 동태적으로 작용하게 된다.

단기적으로 무역전환효과가 큰 것으로 나타나고 있다 하더라도 규모의 경제로 인한 역내 생산활동의 평균비용 하락폭이 크게 나타난다면 역내 재화가 역외 재화에 대해 비교우위를 가질 수도 있어 중장기적으로 보면 무역전환의 불이익을 능가하는 이익이 생길 수도 있다. 또한 시장의 확대는 기업들 간의 경쟁을 촉진시키게 되는데, 경쟁촉진은 여러 가지 측면에서 긍정적인 효과를 유발한다. 기업들 간의 가격경쟁으로 재화가격의 인하는 물론 재화공급과 각종 서비스 측면에서의 질적 향상이 촉진된다. 또한 경쟁의 격화, 새로운 제품, 양질의 제품, 효율적인 생산기법 등을 개발하려는 기업들 간의 R&D 경쟁이 유발되고, 그로 인한 신기술의 개발, 기술의 축적 및 파급 등은 산업기술의 발달을 촉진시키고, 이는 생산성의 증대, 실질소득의 증대, 소비자 후생의 향상 등으로 이어져 궁극적으로 경제성장에 기여하게 된다. 이러한 일련의 긍정적 효과들은 역내 상품교역과 기술교류 등을 통하여 역내 경제 전반에 걸쳐 파급되고, 따라서 역내 경제의 성장은 더욱 가속화될 수 있다.

블록 내 재화에 대한 무역장벽 철폐는 무역효과뿐만 아니라 역내 외국을 막론하고 세계 각국기업의 생산활동을 역내로 유인하는 효과를 유발시킬 수 있다. 즉 역내 해외직접투자를 활성화 또는 촉진시키는 요인으로 작용할 수 있다. 관세 및 비관세장벽 등 역내 무역장벽의 철폐는 기업의 역내 경제활동비용이 낮아짐을 의미하며, 그 자체로서 기업의 이윤창출 기회가 확대됨을 의미하기 때문이다. 또한 기업의 역내 시장에 대한 예측가능성을 제고시키고, 이에 따른 역내 경제활동에 대한 안정성 제공 등은 역외 기업들이 역내에 생산거점을 마련하도록 하는 유인을 제공하게 된다.

예를 들면, 기업의 입장에서 볼 때 주요 원자재 및 중간재 등을 역내에서 조달하고자 할 경우 이를 다른 역외 기업보다는 유리한 조건으로 조달할 수 있다. 또한 역내 판매활동에 있어서도 운송·정보비용 절감 및 무관세혜택 등으로 기업의 제반비용을 절감할 수 있고, 시장에 보다 용이하게 접근할 수 있기 때문에 자유무역협정은 역외 기업의 역내로의 투자를 증가시키게 된다. 특히 역외 국가에게는 역내에 생산거점을 확보할 경우 지역무역협정에 참여하지 않으면서도 실질적인 역내 무관세혜택을 누릴 수 있다는 점에서 역내 해외직접투자 추진에 강한 매력을 줄 수 있다. 만약 역내에서 양질의 노동력을 확보할 수 있을 경우, 풍부한 자본과 기술을 보유하고 있는 역외 선진국들은 이러한 유인을 보다 적극적으로 이용하려 할 것이다.

역내 개도국의 입장에서 볼 때 선진국의 자본과 기술을 유치할 수 있다면 이는 긍정적인 기술이전효과를 동반할 뿐만 아니라, 역내 유휴자원의 활용도를 높임으로써 새로운 고용을 창출하고 경제 전반의 효율성을 증대시키는 효과가 있을 것이다. 이를 NAFTA의 경우를 예를 들어 설명하면 NAFTA 회원국 중 경제발전 정도가 가장 낮은 멕시코가 가장 큰 혜택을 누릴 것으로 예상되었다. 그 이유는 NAFTA의 투자 및 투자자에 대한 무차별대우, 투자의무 이행요건[7] 폐지, 투자와 관련된 자금의 자유로운 이동, 국제법절차에 따른 투자 몰수, 투자협정 위반 시 국제중재원에 중재를 요청할 수 있는 권리 등 투자에 대한 규정 설치로 대 멕시코 투자의 위험성을 한층 낮춰줌으로써 미국과 캐나다의 기업들이 멕시코에 대한 투자를 확대할 가능성을 높였기 때문이다.

3. 기타 효과

소수국가 간 지역무역협정의 체결은 관련 국가들의 경제적 공동번영 외에 정치적 안정 및 민주적 제도의 정착 등 정치·외교적 연대감을 강화시킬 수 있다. NAFTA의 체결 이후 멕시코 국민의 민주화에 대한 정치의식을 고양시켜 1997년 7월 6일 총선에서 멕시코제도혁명당(PRI)의 69년간의 장기집권에 대한 야당의 정치적 입지 확보(야당이 하원에서의 다수당이 되었고 멕시코시티 시장직을 차지)에 공헌했다.

또한 지역무역협정 회원국 간에는 비상사태나 자연재해 발생 시 공식적인 협력체제를 통해 신속한 지원을 받을 수 있고, 국제적인 지원 및 협력 도출에도 도움이 된다. 예를 들어, 1994년 12월 멕시코의 제2차 금융위기가 발생하자 클린턴 미국 대통령은 동년 1월부터 발효 중이던 NAFTA의 성공적인 정착과 멕시코 페소화 폭락 9일 전에 열렸던 마이애미 미주정상회의에서 결의한 2005년까지 FTAA 창설 목표에 미칠 부정적인 영향을 우려하여 의회의 반대에도 불구하고 멕시코의 외환위기 극복을 위해 외환안정기금 200억 달러를 멕시코에 지원한 바 있다.

지역무역협정의 행정적인 절차나 분쟁해결관련 조항에 의해 회원국 간에 설치되

7) 수출의무, 국내부품조달의무, 국내생산품 구매의무, 수입물량의 외화획득과 연계 등을 투자의무 이행요건의 예로 들 수 있겠다.

는 위원회 및 패널 등은 회원국들 간의 관계개선 및 협력 강화를 도모할 수 있다. 대부분의 지역무역협정은 회원국 간에 적용되는 특수한 분쟁해결절차를 구비함으로써 분쟁이 발생하였을 경우 신속하고 합리적인 분쟁해결이 가능하다. 우리나라의 경우 남북 대치상황에서 미국, 일본 등 주요 우방국가들과의 자유무역협정 체결을 통해 이들 국가로부터의 직접투자가 증가하면, 자국의 경제적 이익을 보호하기 위하여 이들 국가의 업계와 의회가 한반도의 안보에 더 많은 관심을 기울일 것이다.

11.3 주요 지역무역협정

1. 유럽연합(EU)

유럽의 경제통합노력은 1957년에 EEC 창설조약인 로마조약으로 유럽공동체가 프랑스, 독일, 이탈리아, 네덜란드, 벨기에, 룩셈부르크에 의하여 결성됨으로써 시작되었다. 1968년의 관세동맹을 거쳐 1986년 단일유럽의정서(SEA)가 조인됨으로써 유럽의 단일시장 구성과 경제적으로 하나의 유럽을 만드는 것을 목표로 추진되어 왔으며, 상품뿐만 아니라 노동, 자본과 같은 본원적 생산요소와 서비스가 회원국들 간에 자유롭게 이동할 수 있도록 하는 공동시장형태로 발전하였다. 유럽연합은 창설 이후에 회원국의 수를 점차 늘리면서 유럽 단일시장을 형성하기 위하여 282개의 입법사항 중 262개 사항에 대한 입법조치를 통하여 1993년부터 상품, 생산요소 및 서비스의 단일시장을 출범시키게 되었다.

그러나 진정한 경제적 단일시장의 형성은 상품과 생산요소의 자유로운 이동뿐만 아니라, 금융정책과 재정정책을 포함한 회원 국가들의 국내경제정책들을 조율할 필요가 있었으며, 환율과 이자율 등 각국의 통화문제와 관련된 회원국 간의 경제적 이해관계를 해결할 필요가 있었기 때문에 유럽연합은 화폐의 통합까지 추진하게 되었다. 상품 및 생산요소의 자유로운 역내 이동과 단일화폐의 추진으로 유럽연합의 경제적 단일화가 완성되기 위해서는 경제에 영향을 주는 정치적인 단일화가 요구되었다.

유럽연합에 속한 국가들의 정치적 결정이 독자적으로 이루어지는 경우, 그러한 정치적 결정이 유럽연합의 경제적 단일화와 일관되지 않을 수 있으며, 실제로 각국의 정치적 독립성은 회원국들 간에 합의된 경제적 단일시장을 위한 조건들을 제약하는 경우도 있었다. 유럽연합에 속한 회원국들의 정치적 결정이 유럽연합의 경제적 단일시장이라고 하는 목표와 일관되도록 하기 위해서는 경제적 동맹뿐 아니라 정치적 동맹도 필요하게 되었다. 이러한 필요에 따라 유럽연합국들은 1991년 네덜란드의 마스트리히트에서 경제 및 통화동맹과 정치동맹을 내용으로 하는 유럽연합조약(이른바 마스트리히트조약)을 체결하기로 합의하였다.

따라서 1991년 마스트리히트(Maastricht)에서 합의되고 1993년 효력이 발생한 유럽연합조약(마스트리히트조약)은 경제통합을 위한 정치통합의 획기적인 발전이라고 할 수 있다. 더 구체적으로 이 조약은 외교안보협력을 강화하고 1987년 SEA에 따라 각료회의에 가중다수결제도를 도입하였으며, 유럽의회의 기능을 강화하였다. 외연적 확대도 눈에 띠게 진척되어 1986년에 스페인과 포르투갈이, 그리고 1995년에는 오스트리아, 핀란드, 스웨덴이 가입했다. 이후 유럽통합의 과정은 한층 순조롭게 진행되었다. 1997년 암스테르담을 통해 마스트리히트조약의 미비점을 보완하여 민주성을 제고하고 사회적 형평성을 고려하는 정책이 취해졌다.

마스트리히트조약에서 규정된 유럽공동체(마스트리히트조약 이후 EEC를 의미)와 공동외교안보정책 및 공동치안사법정책이라는 유럽연합의 세 기둥이 제도적으로 확립된 것이다. 곧, 유럽통합의 제 측면이 성장한 시기였다. 또한 이 시기는 2002년 10월 결정되어 중·동유럽 10개국을 통합한다는 결정을 통해 유럽연합 외연의 가일층 확대로 이어졌으며, 2004년 초에 실제 유럽연합은 총 25개국 4억 5천만 명을 포괄하는 초거대 단일시장으로 자리매김되었다. 또한 같은 해 10월에는 이를 공고히 하기 위해 유럽헌법에 회원국 정부들이 동의하고 이후 2007년 루마니아, 불가리아의 가입을 통해 27개국으로 구성된 거대 공동체 통합을 이룩함으로써 정치적 통합이 더욱 촉진되었다.

살펴보기 EU 회원국 확대과정

유럽연합(European Union) : 회원국 – 27개국, 창립일자 – 1993년 11월 1일

- 1952년 ECSC 창설국(6개국) : 독일, 프랑스, 벨기에, 네덜란드, 이탈리아, 룩셈부르크
- 1973년 제1차 확대(3개국) : 영국, 덴마크, 아일랜드
- 1981년 제2차 확대(1개국) : 그리스
- 1986년 제3차 확대(2개국) : 스페인, 포르투갈
- 1995년 제4차 확대(3개국) : 스웨덴, 핀란드, 오스트리아
- 2004년 제5차 확대(10개국) : 폴란드, 헝가리, 체크, 슬로베니아, 에스토니아, 사이프러스, 라트비아, 라투아니아, 몰타, 슬로바키아
- 2007년 제6차 확대(2개국) : 루마니아, 불가리아

읽고가기 | EU는 왜 팽창하려 하는가?

EU는 왜 계속해서 확대되는가? 유럽 선진국은 계속된 경기침체로 사회적인 활력을 잃고 있다. 그래서 기업들은 동유럽으로 공장을 옮기고 있다. 폭스바겐도 슬로바키아에 공장을 건설했고, 다른 기업의 이전계획도 줄을 잇고 있다. 세금과 임금이 낮기 때문이다. 동유럽도 자신들의 경제성장을 위해 서유럽의 기업을 유치한다. 동유럽에서 일자리를 찾아 서유럽으로 많이 넘어오고 있는 실정이다. 선진국은 젊은 인력들이 필요하다. 그래서 인력을 가진 나라를 EU 안으로 끌어들이고 있다. 거기에 유럽 선진국의 정치적 영향력 확대를 노리고 있다. 벨기에 브뤼셀은 EU가 확대됨에 따라 점점 커지고 있다. 외교관과 컨설팅회사가 특히 늘고 있다. EU 집행위원회와 이사회, 의회가 몰려있기 때문이다. EU는 독자적인 군대를 가지기 위해 노력하고 있다. 1,500여 명으로 구성된 신속 대응군을 구성해 분쟁지역에 즉각적으로 투입하려 한다. 이것은 EU가 NATO로부터 독립하겠다는 의지이다. 과학기술과 산업부문에서 유럽의 추격도 주목할 만하다. 유럽항공우주방위산업(EADS)은 지난 2000년 유럽 국가들이 공동 투자해 만든 항공산업체이다. EU는 위성항법시스템시장의 최고인 미국에 갈릴레오 프로젝트로 도전하고 나선 것이다. 미국과 EU의 경쟁은 여객기에서도 계속되고 있다. 최근 2년간은 미국의 보잉보다 EU의 에어버스가 항공기를 더 많이 팔았다. EU의 성장은 유로화로 나타난다. 달러가 지배하던 세계경제질서는 바뀌어가고 있다. 세계외환보유액에서 달러는 낮아지고 유로화의 보유액은 높아지고 있다.

이와 달리 한편으로는 극복해야할 과제도 있다. 영국 녹색당에서는 EU의 세계패권주의의 도래를 두려워하고 있다. EU가 평화를 이루는 기구가 아닌 군사블록이 되어가고 있음을

역설하고 있다. 영국 서민들은 아직도 파운드를 사용하고 있다. 영국은 유로화 사용을 국민의 여론을 끌어 천천히 진행하려 한다. 작은 나라들의 소외감을 줄이는 것도 EU가 해결해야 될 과제이다. 라트비아는 지난 50년간 구 소련에 속해 있었기 때문에 EU의 연방주의적인 헌법에 적응하지 못할 거라는 것이다. EU는 공식언어가 스무 개나 되어 회의할 때 어려움이 뒤따른다. 그러나 이러한 어려움 속에서도 EU 집행위원회는 모든 직원을 대상으로 언어교육을 시행하며 공동의 가치를 창출하기 위한 다양한 노력을 하고 있다. 이러한 모든 노력들이 거대 EU를 형성하여 미국이나 여타 대국을 압도하려는 정치・경제적인 의도하에 진행되어 왔으며 벨기에의 초콜릿처럼 다른 여러 나라의 의견을 하나로 녹여 내면서 확대되고 있는 것이다. 미국은 EU가 하나하나 법으로 정리되어 가는 것을 두려워하고 있다.

(1) EU의 경제적 효과

EC형성에 따른 경제적 효과는 무역창출과 무역전환효과의 발생과 생산 및 무역구조의 변화와 같은 역내 경제들의 구조적 변화를 생각할 수 있다. 우선 1958년에 발족한 EC는 역내 관세율의 인하와 공동의 대외관세정책(common external tariffs)을 통하여 EC 역내의 관세가 인하되어 무역자유화가 촉진됨에 따라 무역창출과 무역전환효과가 나타난 것으로 파악되고 있다.

경제통합의 효과는 일차적으로 역내 무역의 증가추세나 역내 무역 중에서도 산업내 무역증가와 역내 무역이 회원국들의 국내총생산에서 차지하는 비율의 변화를 분석해봄으로써 알 수 있다. 경제통합으로 역내 무역의 규모가 커진다는 것은 역내국가 간의 상호보완성이 높아져 자원배분의 효율성이 높아진다는 것으로 볼 수 있으며, 더욱이 역내 무역의 증가가 산업 간 무역보다는 산업 내 무역에 의해서 이루어진 것이라면 회원국들의 산업에 피해를 주지 않으면서 다양한 재화들의 교역이 증가한 것으로 볼 수 있다.

유럽의 경제통합으로 인한 역내 무역의 변화추세를 살펴보면 1955~69년 중 최초의 6개 EC회원국들 간의 역내 무역은 EC가 존재하지 않았을 경우에 비해 약 2배 이상 증가된 것으로 나타났으며, 영국의 대 EC 역내 무역은 EC 가입으로 50% 정도 늘어났으며, 스페인의 경우는 상대적으로 낮은 역내 관세의 폐지로 5~10% 정도 증가한 것으로 나타났다. 1958년 EC의 출범 이후 EC 역내 수입이 전체 수입에서 차지하는 비율이 30%수준에서 60% 이상으로 증가하였다. 물론 이와 같은 EC 역내 수입의 증가는 시장통합에 따른 회원국 간의 무역창출효과에 의한 것이기도 하지만 새로운 회원국들의 가입으로 인한 역내 시장이 확대되었기 때문이라 할 수 있다. 다시 말해 EC의 출범 당시 6개의 회원국에서 1973년 영국, 아일랜드, 덴마크, 1982년 그리스, 1986년 스페인 및 포르투갈의 가입으로 회원국들의 수가 증가되면서 역내 수입비중이 늘어나게 되었다.

이와 같은 역내 수입비중의 증가는 역외 비회원국들로부터의 수입비중이 감소되었다는 것을 의미하며, 이는 블록 형성에 따른 무역전환효과에 기인한 것이라고 할 수 있다. 그러나 역외 국가에 따라 EC 전체수입에 대한 점유율의 변화는 어느 정도 차이를 보여 왔다. 예를 들어서 1969년부터 1990년까지 미국의 대 EC 시장점유율은 10.5%에서 7.5%로 감소하였으나, 1973년 EC와 자유무역협정을 맺은 스웨덴, 스위스, 오스트리아 등 7개 EFTA의 경우 8.7%에서 9.8%로 점진적인 증가추세를 보여 왔다. 또한 우리나라의 경우에는 대 EC 시장점유율이 0.1%에서 0.6%로 증가하였으며, 일본의 경우에는 1.3%에서 4.3%로 급속히 증가하였다.

경제통합으로 인한 EC 회원국들 간의 상호의존성 증가는 역내 수입이 전체 GDP에서 차지하는 비율의 변화를 살펴봄으로써 더욱 분명해진다. EC의 역내 수입이 전체 GDP에서 차지하는 비율은 1960년의 6.0%에서 1992년의 13%수준으로 계속 증가해 왔다. 이에 반해서 EC의 역외 수입이 전체 GDP에서 차지하는 비율은 1960년 약 9%수준에서 점차 감소추세를 보이다 1985년까지 11.4%로 증가추세를 보여 왔다. 그러나 1992년 시장통합의 추진으로 인하여 역내 무역이 상승추세를 보이게 되면서 역외 무역이 EC의 전체 GDP에서 차지하는 비중은 다시 감소추세를 보이기 시작하여 1992년까지 약 8%를 기록함으로써 제1차 석유파동 이전수준으로 떨어지게 되었다. 결국 이와 같은 사실로 보았을 때 EC의 경제통합은 역내 무역을 증가시킴으로써 회원국들의 경제에 커다란 영향을 미쳤다는 사실은 부인할 수 없다.

보다 중요한 사실은 이와 같은 EC의 역내 무역 증대는 산업 간 무역보다는 산업 내 무역의 확대에 의해서 이루어진 것이므로 EC시장의 통합은 회원국들의 국내산업에 큰 피해를 주지 않으면서 역내 무역을 증가시켜 왔다는 사실이다.

Grubel and Lloyd(1975)의 연구결과에 의하면 1958~67년 중 전체 EC 역내 무역 중에서 산업 내 무역이 차지하는 비중이 30% 정도 증가하였으며 이와 같이 경제통합에 따라 EC 회원국들 간의 산업 내 무역이 계속 증가하였다는 사실은 여러 학자들에 의해서 증명된 바 있다. 또한 이들의 연구결과에 따르면 경제통합으로 EC 내

읽고가기 | 美-EU 힘겨루기 - 미국과 EU 바나나 분쟁이야기

미국-EU 간 바나나 분쟁은 1999년 EU의 바나나 수입제도가 과거 유럽식민지였던 카리브해 연안국과 남미국가들에게 특혜를 부여함으로써 미국에 막대한 피해를 주고 있다며 미국이 무역제재를 공언한 데서 비롯된 무역분쟁이다.

1993년 7월 도입된 유럽연합의 바나나 수입제도는 유럽연합의 총수입량을 한정하고 수입량 가운데 영국, 프랑스가 과거에 식민지로 지배했던 ACP 국가, 즉 아프리카, 카리브해, 태평양지역 국가의 바나나를 우선 수입하기로 한 것이다.

중남미지역 등에 진출한 '치키타(Chiquita)'나 '돌(Dole)' 등 미국의 대규모 플랜테이션 기업들에겐 차별적인 제도인 것이다. 미국은 바나나를 생산하거나 수출하지 않지만 '치키타' 등 미국기업이 바나나 생산지역에 진출에 바나나 수출과 배급망을 거의 장악하고 있다.

EU 측이 수입차별 관행을 시정하지 않을 경우 미국은 EU 수출품에 보복관세를 매기겠다고 해왔다. 미국은 지난 1997년 5월 EU의 바나나 수입정책이 차별적이고 WTO규정에 어긋나는 것이라며 WTO에 제소를 하였고, 패널판정결과 지난 1999년 승소 판결을 받았다.

그러나 EU가 WTO의 결정에 승복하지 않자 미국은 핸드백, 지갑, 건전지, 커피 메이커, 목욕용품 등 EU의 수출품 일부에 대해 100%의 보복관세를 부과하여 해당 상품의 미국 수출 길을 사실상 봉쇄하기에 이르게 되었다. 그러다가 2001년 4월 미국과 EU는 바나나 무역분쟁 해소에 전격 합의하고, EU가 미국 및 남미의 바나나 수출에 대한 차별을 시정하는 대신 미국은 보복관세를 철회하기로 약속했으며, 2001년 7월 1일 미국이 보복관세를 철회함으로써 8년 동안을 끌어온 미국과 EU 간의 바나나 전쟁이 비로소 막을 내리게 되었다.

의 모든 산업 분야에서의 산업 내 무역이 증가하였으며, EC 회원국들 간의 산업 내 무역은 EC와 비 EC국가들 사이의 산업 내 무역에 비하여 빠르게 증가되었다.

이와 같은 EC의 역내 무역 중 산업 내 무역의 비중이 늘어나게 된 것은 역내 시장의 무역자유화로 인한 규모의 경제 확대로 상품의 다양성, 연구 및 개발활동이 활발해짐에 따라 각 회원국들의 특화산업이 증대하였으며, 다국적기업의 활동이 확대되었다는 점에서 찾아볼 수 있다. 또한 경제통합에 따른 EC 내의 산업 내 무역의 증가로 산업 전반에 걸쳐 상대적으로 높은 경쟁력을 가지고 있던 회원국들의 독점적 위치는 점차 약화되면서 회원국들 사이의 균형있는 발전을 가져왔다 할 수 있다.

정확하지는 않지만 무역창출효과는 각 EC 회원국들의 상품소비 중에서 국내기업이 공급한 상품의 비중이 감소하였다는 것에서 측정될 수 있고, 무역전환효과는 EC

회원국들의 총수입 중에서 EC 회원국들로부터의 수입이 차지하는 비중이 증가한 것으로 파악할 수 있다.

Kreinin(1974)에 의하여 계산된 바에 의하면 유럽공동체의 형성으로 1969과 1970년 사이에 11억 달러의 무역전환효과와 84억 달러의 무역창출효과가 발생하여 무역창출효과가 무역전환효과의 8배 정도인 것으로 평가되어, 경제적 측면에서만 본다면 경제통합으로 경제적 후생이 증가한 것으로 평가되었다. 또한 Mayes(1978)는 1960~70년대의 EC의 역내 시장 자유화가 확대됨에 따른 무역창출효과로 인한 역내 무역 역시 계속 증가하였다는 사실을 여러 연구결과를 종합하여 평가하였으며, 이에 따르면 무역창출로 인한 제조업 분야의 EC 역내 수입은 약 10~30% 정도 증가한 것으로 보고 있다. Marques Mendes(1987)에 따르면 1969년도 EC의 무역창출효과는 약 190억 달러인 데 비하여 전환효과는 96억 달러에 지나지 않았으며, Swann (1985)에 의하면 EC의 관세동맹에 따른 무역창출효과는 약 100억 달러인데 비하여 전환효과는 10억 달러 정도인 것으로 나타났다.

이러한 EC통합에 따른 경제적 효과는 회원국들에 따라 어느 정도 차이가 있기는 하나 일반적으로 각 회원국들의 무역창출효과는 무역전환효과를 상회하고 있는 것으로 나타났다.

읽고가기 | EU 집행위, 우리나라 화장품 교역관행에 관한 조사 중지 발표

2001년 1월 9일 EU 집행위는 1998년 5월 개시된 한국 화장품 교역관행에 대한 TBR(Trade Barrier Regulation : 무역장벽규정)조사를 중지한다고 발표했다. EU집행위는 1998년 5월 당시 우리의 수입화장품 검사제도 등 화장품관련 제도가 EU산 화장품 수입에 대해 부당한 무역장벽을 형성하고 있다며 동 무역장벽을 제거해줄 것을 요청하는 EU 화장품협회(COLIPA)의 청원을 수용하여 TBR 조사를 개시한 바 있다.

EU집행위 측은 동 조사중지 결정을 발표하면서 최초 수입 시 자가검사면제 도입 등 수입화장품 검사제도의 개선과 기능성화장품관련 사항이 포함된 화장품법 도입 등 우리의 화장품 수입 및 관리제도에 상당한 개선이 이루어진 것을 긍정적으로 평가하였으며, 향후 한국 내 동 개선조치의 이행상황을 평가하여 6개월 후 조사종료를 결정할 계획이다. EU 측은 2000년 11월 7일에 1999년 7월 조사 개시된 한국의약품 교역관행에 대한 TBR 조사중지를 발표한 바 있다.

살펴보기 **EC의 무역장벽규정(TBR)(Regulation No. 3286/94, Trade Barriers Regulation)**

1. **명칭**: 무역장벽규정(EC Council Regulation 3286/94)
   * 일명 TBR(Trade Barrier Regulation)이라고 함(발효일 : 1995년 1월 1일)
2. **목적**: EC의 통상이익에 영향을 주는 제3국 무역장벽 제거
   - 제3국이나 EU 내에서 활동하는 EU기업들이 직면한 각종 무역장벽에 대응하기 위한 수단
   - TBR은 기존의 역내 시장보호수단(반덤핑, 보조금, 긴급수입제한조치)과는 달리 역내 시장뿐만 아니라 제3국 시장에서의 공동체이익 확보를 위한 수단도 포함하고 있음.
3. **적용범위**: 상품(조선 포함), 지적재산권 및 서비스 등
4. **주요 특징 및 문제점**
   (1) 역내 시장뿐만 아니라 제3국 시장에서 공동체 이익 확보
   (2) 역내 기업에 제소권 부여 – 제소 용이성 제공(부적격 제소 우려)
   (3) 국제분쟁해결절차(WTO)를 통한 보복조치가 가능
   (4) TBR 조사가 제3국 무역장벽을 제거하는 압력수단이 된다는 점에서 미국의 슈퍼 301조와 유사한 점이 있으나, 무역장벽 미제거 시 WTO규정에 합치하여 제재조치를 시행
5. **TBR의 의미**

TBR은 반덤핑, 상계관세, 세이프가드 등과 더불어 EC의 주요한 통상정책수단 중의 하나이나 EC기업이 제3국 시장에 진출하는 데 장애요인이 되는 장벽을 제거한다는 점에서는 역외 상품 수입에 따른 국내산업 보호를 주목적으로 하는 반덤핑, 상계관세 및 세이프가드조치와는 구별된다. 따라서 TBR이 미국의 통상법 제301조와 마찬가지로 하나의 무역압력수단이 될 수 있어 TBR 존재 자체가 관련 국가로 하여금 될 수 있으면 TBR에 의한 조사가 개시되지 않고 설사 조사가 개시되더라도 문제되는 사안을 EC와 협상을 통해서 해결하도록 하는 통상압력수단 및 협상의 지렛대 역할을 할 수 있다.

(2) 유럽연합(EU)의 통상정책

유럽연합은 1970년 1월부터 공동체로 통상정책을 일원화하여 공동통상정책을 추진하였다. 1990년대 초까지는 주로 역내 산업보호를 위한 방어적 통상정책을 구사하여 역내 산업의 피해방지조치로서 반덤핑, 세이프가드 등 전통적 통상보호조치를 활용하였으나 1995년 WTO 출범 이후 공격적 통상정책으로 강화하였다.

1) 전통적 통상정책

유럽연합의 전통적 통상정책은 다음과 같다.

첫째, 반덤핑조치를 주된 산업보호수단으로서 활용하였다. 1970년 이후 현재까지 약 700여 건의 반덤핑조사가 개시되었고, 1994년 이후 각종 반덤핑조치를 강화하여 조사기간 단축 등 반덤핑절차의 신속화와 반덤핑 담당부서를 1국 3과에서 2국 6과로 확대하였다.

둘째, 역내 산업보호조치(safeguard)로서의 활용이었다. 1993년 1월 단일시장 완성에 따라 종전 각 회원국별로 운용하던 수입쿼터를 철폐하여 공동체 차원으로 통합 운용하였고, 1991년부터 1999년까지 대일 자동차 수입쿼터제 실시, 중국산 신발, 주방용품 등 3개 품목에 대한 공동쿼터제 및 완구 등 28개 품목에 대한 수입감시제 실시, 철강제품에 대한 수입감시제 및 사회주의(비시장경제) 국가에 대한 일방적 섬유쿼터제 등을 실시하였다. 또한 품목별 민감도를 반영하여 일반특혜관세제도(GSP)의 혜택 축소 및 선발 개도국에 대한 국별 졸업개념을 노입하였다.

셋째, 역외국에 대한 기술장벽 강화였다. 주요 공산품에 대한 품질인증마크(CE)제도를 1993년 1월에 실시하였고, 1999년 11월에 건설기자재, 압력용기, 통신단말기, 위성수신기기, 기계류, 의료장비 등 20개 제품군에 대해 CE마크 부착의무화 및 포장 및 포장폐기물 재사용 복원 수거제도를 실시하였다.

EU는 포장 및 포장폐기물 수거지침을 채택하고, 1996년 12월 동 지침 적합제품 마크를 제정, 1997년 1월부터 시행하여 요건 미달 시 1998년 1월부터 EU 내 유통을 금지시키고 있다. 또한 종전 각 회원국별로 시행되어온 환경라벨(Eco-label)제도를 공동체 차원으로 통합 시행, 세탁기, 식기세척기, 화장지, 세탁제, 페인트, 복사지, 냉장고 등 15개 품목군에 대해 실시 중에 있고 주요 가전제품에 대한 에너지라벨제도도 실시 중이다.

2) EU의 신통상정책

EU의 신통상정책을 공격적 통상정책의 강화, 세계통상질서의 이니셔티브 확보노력 강화의 두 부분으로 나누어 살펴보면 다음과 같다.

① 공격적 통상정책의 강화

공격적 통상정책의 강화는 역외국 무역장벽 해소, 기술장벽 제거전략 측면에서 살펴볼 수 있겠다.

첫째, 역외국 무역장벽 해소 측면이다. 제3국의 무역장벽으로 역내 기업의 무역이 부정적 영향을 받거나 역내 산업이 피해를 입은 경우 조사 후 보복조치를 취하기 위한 신통상법(Trade Barriers Regulation : TBR)이 1995년 1월부터 시행 중이다. 미국의 슈퍼 301조는 일방적 보복조치를 취하는 데 비해, EU는 양자 협의 및 WTO/분쟁 해결절차를 거쳐 보복조치 시행하며, 조사 보복대상을 불법적 무역관행에 한정하지 않고, 국제무역규범상 EU가 권리를 행사할 수 있는 모든 정책제도로 대상을 확대하며, 보복조치의 수단으로 해당국에 부여한 통상양허의 중단·철회, 관세인상, 수입과징금부과, 수입쿼터제 등을 활용한다는 것이다. 동 규정에 의거 유럽연합은 1996년 11월 이후 미국의 음반지적재산권 침해, 일본의 피혁제품 수입관행, 브라질의 꼬냑 명칭사용 등 15건에 대해 조사 진행 중에 있다. 우리나라에 대해서도 화장품 검사 및 광고(1998년 5월) 및 의약품관련 제도(1999년 7월)에 대한 TBR조사를 개시하였다.

둘째, 기술장벽 제거전략 측면이다. WTO의 TBT협정에 대하여 광범위한 재검토를 추진하고 다자간·양자간 통상관계에 있어서 표준(Standards)과 기술장벽(TBT) 문제에 중점을 두며, 상호인정협정(MRA) 체결 촉진, 기준인증제도의 국제적 통일 추진 및 개도국 및 시장경제전환국과의 기준인증 분야의 협력을 확대한다는 것이다.

② 세계통상질서의 이니셔티브 확보노력 강화

세계무역의 추가자유화 추진을 위해 21세기를 향한 새로운 다자무역협상의 조속한 개시 입장이다. 예측가능하고 투명한 방법에 의한 시장접근 확대, 여건변화 추세에 부응한 WTO규정의 개선 및 보완, 능력양성·기술지원·시장확대 등을 통한 개도국들의 WTO체제 편입지원, 시민사회에 대한 고려 등 4개 요소에 입각한 포괄적인 뉴라운드협상의 조기 개시를 추진한다는 것이다. 다자무역체제 강화는 일방주의(unilateralism)에 대한 최선의 대응이며, 이를 위해 회원국들의 우루과이라운드의 이행이 중요하다는 입장을 보이고 있다.

또한 양자 및 지역통상관계 강화전략으로 이러한 양자, 지역무역자유화가 다자무역체제와 양립가능하고 다자무역체제를 지원하는 것이라는 입장을 견지하고 있다. 또한 최빈국의 무역지원전략 추진으로 48개 최빈개도국(LLDC)의 무역지원을 위한 전략 확정이다. 내용을 보면 1997년 1월 싱가포르 각료회의 시 합의된 최빈국 무역지원을 추진하며, 로메협약과 GSP제도를 활용, 모든 최빈국에 대한 특혜무역조치의 추진 및 GSP제도 개편 및 로메협약 갱신 시 모든 최빈국 제품에 대한 무관세적용을 추진한다는 것이다. 이와 함께 2000년 9월 최빈개도국(LLDC) 상품에 대한 원칙인 무관세·무쿼터제 도입 방침을 표명하여 기타 선진국 및 선발 개도국에 대해 EU와 동등수준의 조치를 요청하고 있다.

(3) EU의 주요 기구

1) 유럽이사회(The European Council)

유럽이사회는 EU 정상들 간의 정기적 영수회담을 말한다. 파리 정상회담에서 9개국 정상들은 연간 3회, 그리고 공동체의 정치상황에 따라 필요하다고 판단될 경우 유럽이사회를 개최하기로 결정했다. 그러나 유럽이사회는 EU 정상들의 결의사항에 따를 것일 뿐 하나의 공동체기구는 아니었다. 1986년 단일유럽법(SEA)과 더불어 유럽이사회는 공식적인 공동체기구가 되었다. 단일유럽법에 따르면 유럽이사회는 회원국들의 국가 원수 혹은 정부 수반 및 EU 집행위원회 위원장이 참석하게 된다.

단일유럽법이 유럽이사회를 공동체의 공식기구로 설정하고 그 구성조직도 분명히 밝히고 있지만 유럽이사회는 공동체기구로서 갖는 모호성으로 인해 그 권한이 분명하지가 않다. 그럼에도 유럽이사회는 공동체 회원국들의 최고 정치책임자들에 의한 국가 간 정치협력을 도모하는 기구라는 점에서 공동체의 정책 방향을 설정하고, 유럽통합에 새로운 활력을 불어넣는 역할을 수행하고 있다.

2) 각료이사회(The Council of Ministers)

유럽연합의 핵심적인 결정기구인 각료이사회는 회원국들의 각료들로 구성된 집단체로, 그 구성은 다루는 주제(외무, 농무, 재무 등)에 따라 달라진다.

각료이사회의 의장직은 각국의 영어식 머릿글 알파벳순서에 따라 6개월마다 순번제로 수행된다. 각료이사회는 공동체 조약에 입각한 회원국들의 경제정책 조정의 책임을 진다.

EEC조약 실행의 처음 두 단계(1958~1967년) 동안 각료이사회의 결의방식은 만장일치제였으며, 세 번째이자 마지막 단계에 진입하는 1966년부터 특별다수제원칙을 적용하기로 되어 있었지만 프랑스의 공석 정치로 인한 공동체의 심각한 제도상의 위기와 이를 극복하기 위한 룩셈부르크 타협안의 결과 그 실시가 불가능해졌다. 단일유럽법 작성자들은 특별다수결(가중다수결)[8] 투표를 보편화함으로써 다수결원칙을 재활성화시키려고 온갖 노력을 다 기울였다. 회원국은 그 나라의 국력이나 인구 등에 따라 각기 일정한 수의 표를 부여받는다.

공식적으로는 간헐적인 기구인 각료이사회이지만 실제로 각료이사회는 아주 빈번히 개최되고 있으며, EU 위원회의 위원들도 각료이사회에 참석할 권리가 있다.

그림 11-1 EU의 조직도

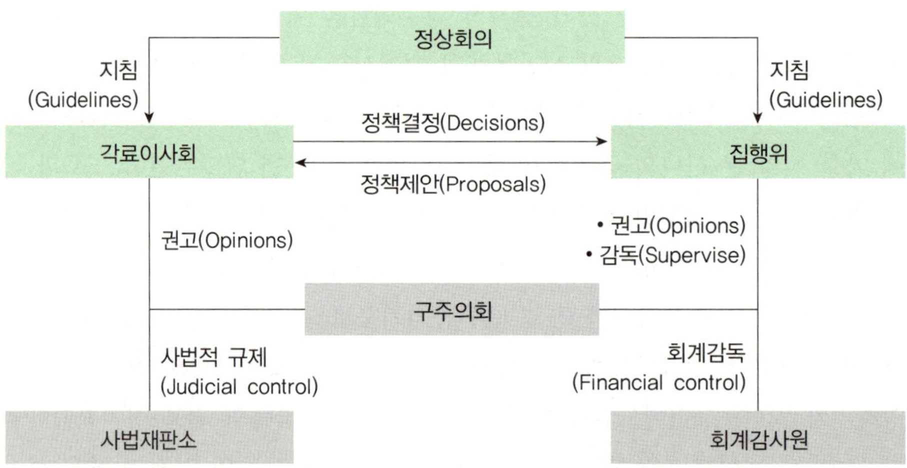

8) 가중다수결이란 각 회원국이 인구비례에 따라 부여된 투표권을 행사하는 방식을 말한다. 현재의 전체 투표수는 87표인데 영국·프랑스·독일·이탈리아가 각각 10표, 스페인 8표, 그리스·벨기에·네덜란드·포르투갈이 각각 5표, 오스트리아·스웨덴이 각각 4표, 덴마크, 아일랜드·핀란드가 각각 3표, 룩셈부르크가 2표를 행사할 수 있다. 의안의 가결은 전체투표수 87표 중 62표 이상 찬성하게 되면 가결된다.

3) EU위원회(The European Commission)

유럽집행위원회라고도 하는데, 회원국 정부의 상호동의에 의해 4년 임기로 임명되는 20명의 위원들로 구성된 독립기구인 위원회는 유럽연합의 보편적 이익을 대변한다. 유럽연합의 집행기관으로서 심장 역할을 하고 있는 위원회는 유럽연합의 법령 작성에 참가한다.

이 같은 위원회의 권한은 회원국 정부의 대표들로 구성된 각료이사회의 권한에 대해 연합적 균형을 형성한다. 현실적으로 각료이사회의 법령은 위원회의 선행 제안을 바탕으로 제정되도록 되어 있다. 그 밖에도 회원국들의 조약 이행을 감시하는 역할을 맡고 있다. 유럽연합의 집행기관인 위원회는 각료이사회로부터 법령의 실행 그리고 특히 공동정책과 통합단일시장의 실현을 위한 중대한 임무를 위임받고 있다. 유럽연합 예산의 전안을 작성하며, 공동체의 공적 개입에 따른 재정 부담을 충당하는 데 배당된 구조기금을 관리한다.

단일유럽법에 의해 위원회의 집행권이 강화되었다. 그럼에도 위원회의 행동은 회원국들의 대표로 구성되는 위원회들의 심의를 거쳐야 한다. EU위원회는 UN 산하 기구들과 전문기구들 그리고 모든 국제기구들과의 관계에서 유럽연합을 대표한다.

EU위원회의 본부는 브뤼셀에 위치하고 있으며, 산하에 2만여 명에 이르는 유럽 공무원들과 23개의 전문국을 두고 있다. 유럽통합이 연방식으로 발전해 간다면 장래 유럽 정부의 모태가 될 유일한 기구이다.

4) 유럽의회(The European Parliament)

파리조약과 로마조약에 의해 창설된 의회기관으로 1962년부터 유럽의회로 명명했다. 1976년 9월 20일 각료이사회의 유럽의회 직선결정에 따라 첫 번째 직접선거가 실시된 1979년 6월까지 유럽의회는 일반에 거의 알려지지 않은 기구였다. 직선과 더불어 유럽의회는 유럽인의 선거에 의해 선출되는 유일한 기구가 되었다.

유럽의회는 EU 회원국의 국민대표기구로서 예산심의권과 위원회통제권을 갖고 있으며, 규범제정에 따른 자문 역할을 하고 있다. 즉 EU의 제반사항을 심의하고, 집행위원회의 집행위원에 대한 불신임권, 예산의결권 등을 가지고 있다.

유럽의회의 구성은 각 회원국별로 직접선거를 통하여 선출된 5년의 임기의 의원으로 구성되는데, 현재 총의원수는 626명으로 독일 99석, 프랑스·영국·이탈리아가 각각 87석, 스페인이 64석 그리고 기타 국가들이 202석을 갖고 있다.

5) 유럽사법법원(The European Court of Justice)

EU의 최고사법기관으로서 룩셈부르크에 소재하고 있다. 16명의 판사로 구성되어 있는데 현재 각 회원국에서 1명을 선임하고 독일, 프랑스, 영국 등이 교대로 1명을 추가하여 구성되는 유럽연합법의 준수를 보장하는 사법기구이다. 유럽사법법원은 협의자문관(Consultative Competence)을 실행하고 있으며, 무엇보다도 계쟁권(Contentious Competence)을 가지고 있다. 계쟁권 덕분에 회원국 및 기관 그리고 심지어는 개인이나 기업도 유럽사법법원에 제소가 가능하다. EU법과 국내법이 상치할 시에는 EU법이 우선하여 국내법이 무효가 된다.

유럽사법법원은 기구의 결의에 대한 무효소송, 기구의 결정유보에 따른 유예기간 초과 제소, 공동체법을 준수하지 않는 회원국을 상대로 한 제소 등에 판결을 내린다. 그 밖에도 유럽사법법원은 회원국 법원으로 이송 후 연합법의 해석과 유효성에 관한 유권해석을 한다. 판결사례가 풍부한 유럽사법법원은 일상 생활속의 유럽건설과 유럽통합에 기여하고 있다.

(4) EU 의사결정의 비민주성에 대한 논쟁

유럽통합의 최초 목적과 이념은 전쟁의 주요 근원으로 작동한 민족주의의 극복, 안보구조의 확립, 독일문제의 해결, 경제력 제고를 위한 대규모 경제구역 확립, 세계정치에서 유럽의 영향력 확대, 국경문제와 소수자문제의 해결이었다(Woyke, 1993, pp.208~209). 평화와 번영 및 사회적 형평성과 문화적 다양성을 동시에 추구하는 이념이었다고 할 수 있다. 특히 사회적 형평성과 경제적 효율성의 조화 그리고 문화적 다양성과 통합의 단일화의 조화는 유럽연합의 회원국들 사이에서뿐만 아니라 유럽시민 개인에게도 중요한 문제였다.

유럽연합 차원에서도 이러한 조화의 문제를 두고 여러 조치들을 취해 온 것이 사실이다. 그러나 최근 논의에서 부각되고 있는 것처럼 유럽통합의 과정은 사회적 형평성보다는 경제적 효율성을, 그리고 문화적 다양성보다는 통합의 단일화를 더 강조해 온 것이 사실이다. 더욱이 단일시장으로 전환해가는 과정은 정치통합을 경제통합의 제도적 장치로 기능토록 함으로써 문화적 다양성과 사회적 형평성 모두가 경제적 효율성을 위한 볼모로 작용하게 만들었다. 이러한 측면들은 유럽연합의 비민주성과 긴밀하게 연결되어 있다. 집행위원회 구성원들은 유럽의회의 승인을 필요로 하고 각 회원국들의 만장일치에 의해 입명되지만, 이 과정은 민주적 선출에 의하지 않으며, 위원들은 업무수행결과에 대해서도 책임지지 않는다. 정책결정은 신자유주의적 경제개혁에 매달린 각국의 정치적 고려에 따른 우선적 사안에 치우칠 뿐만 아니라 회원국들 간의 이익배분에 맡겨지는 경우가 많으며, 관료주의적이고 기술주의적인 기준에 의해 이루어져 왔다(Peterson, 1997, p.562). 유럽 내 경제 강국들의 영향력이 크게 작용할 수밖에 없는 구조라고 할 수 있다.

또한 유럽의회는 1979년에 직선제로 전환되기는 했지만 나라마다 선출방식 세계화와 유럽통합방식이 다를 뿐 아니라 회원국 정당들은 여전히 은퇴한 국내정치인이나 사회집단의 상징적 지도자들을 유럽의원으로 공천하고 있는 실정이다. 그리고 유럽의회 내에서는 이른바 '반대파'가 없다. 중도좌파 유럽사회주의당과 중도우파 유럽국민당이 최대 정파이지만, 어느 정파도 절대다수를 장악하지 못해 항상적인 제휴가 필요하기 때문에 정치적 노선대립이 존재하지 않으며, 유럽선거에서는 정강정책의 차별성이 작용하지 않는다. 재촉진과 성장기에 지속적으로 유럽의회의 기능이 강화되기는 했지만, 집행위원회에 대한 견제기능이나 유럽차원의 입법기능 등에서도 유럽시민의 대의기구로 작동하기에는 여전히 한계가 적지 않다.

이와 같은 상황에서 유럽연합 차원의 주요 정책결정 행위자들은 민주적 고려를 따르는 유럽의회 의원이나 비중 있는 유럽정치인들이 아니라 이익집단과 전문가들로 형성된다. 이들은 다양하고 복잡한 사회변화에 대해 민주적 절차보다는 효율성과 합리성의 논리로 대처한다. 실제 1970년 300여 개였던 유럽 차원의 압력단체는 1980년에 439개가 증가하였으며, SEA(Single European Act, 단일유럽의정서)가 집행위원회에 대한 사기업, 지역결사체, 전문로비스트, 국가 및 유럽 규모 이익결사체의 접근을 허용하면서 유럽 차원의 압력단체는 더욱 급격히 팽창한 것으로 나타났다(홍익표, 1998, pp.136~138). 게다가 1986년에 조인된 SEA가 경제적 효율성을 우선시하는 신자유주의적 전망을 구체화함으로써 1980년대 중반 이후 '사회적 유럽(A Social Europe)'의 전망은 '경쟁적 유럽(A Competitive Europe)'의 전망으로 대체되었다. 유럽연합 출범 이후에도 유럽통화제도(European Monetary System : EMU)의 가입조건[9]과 맞물린 경제통합정책은 유럽연합의 비민주적 관행을 더욱 정당화시켰다. 물론 유럽연합 차원의 노력이 중단된 것은 아니다. 유럽통합의 진자유주의적 전환과 함께 국가들 간의 분배적 갈등의 문제를 다루기 위해 1988년 결속정책(cohesion policy)에 따라 이듬해 유럽사회헌장이 제정되었고, 1993년에는 유럽집행위원회의 백서(the White Paper)를 통해 경제적 효율성과 사회적 형평성의 균형적 추구가 언급되기도 하였다(장훙, 1998, pp.270~279 참조). 마스트리히트조약에 대한 2년 여의 검토를 위한 정부 간 회의의 결과로 조인된 1997년의 암스테르담조약[10]도 유럽시민권 개념을 발전시키고 유럽의회를 강화시켰다는 의의를 갖고 있다. 암스테르담조약은 특히 유럽의회의 기능과 관련해 입법절차를 간소화하고 수를 축소하면서 기존의 협력절차를 실질적으로 폐지하고 관세협력 및 환경보호, 공공위생 등의 영역으로 권한을 확대함으로써 유럽연합 정책결정과정의 민주성과 책임성을 제고하였다.[11]

그러나 직업선택을 위한 이주의 권리, 직업선택과 공평한 임금을 받을 권리, 삶과 작업조건 개선의 권리, 사회보장혜택의 권리, 결사와 협상의 권리, 직업훈련에 대한 권리, 남녀동등대우의 권리, 피고용자의 정보와 협상과 참여의 권리, 작업장에서의 안전과 건강의 권리, 어린이와 청소년의 보호권, 노인의 최소수입보장권, 장애자들의 사회적·직업적 동화 등 12개 원칙에 따른 사회헌장은 불과 절반만 채택되었다. 사회헌장은 유럽의 좌파들에게는 아킬레스건이 됨과 동시에 우파들에게는 계륵과 같은 존재로 인식되는 듯하다.

고용을 중시하는 백서의 전망도 EMU 차원의 긴축정책과 평가절상정책으로 인해 사실상 불가능하다는 전망이 나오고 있다. 암스테르담조약의 제도개혁은 물론 이후 니스회담을 거쳐 최근 유럽연합 대통령 논의 및 헌법 동의에 이르기까지 지속적 진전을 보이고 있지만, 유럽연합의 제도개혁이 정치적으로 뚜렷한 결실을 맺을 수 있

9) 최근 1년간 소비자 물가상승률이 회원국 중 가장 낮은 3개국의 물가수준에 1.5% 포인트를 가산한 수준 이내의 인플레이션, GDP 대비 3% 이내의 정부 재정적자, GDP 대비 60% 이내의 정부 누적채무, 자국통화와 다른 회원국 통화의 환율을 ERM의 환율변동 허용폭의 범위 내로 유지하되 최근 2년간 회원국 통화 간에 설정된 기준환율을 고수하는 환율기준. 그러나 이 조건들 중 절대적 기준으로 적용되는 것은 재정적자와 정부채무이며, 그 중에서도 필수적인 요건은 재정적자규정이다.
김균·문우식, 유럽통화동맹의 경제이론과 역사, 1997, pp.206~207.

10) "The Amsterdam Treaty : a Comprehensive Guide," http://europa.eu.int/en /agenda/igc-home/intro/home_en.htm

11) "The European Parliament," http://europa.eu.it/scadplus/leg/en/lvb/a21000.htm

을지는 아직 예단하기 어렵다. 지금까지의 과정으로 볼 때 정치통합은 어디까지나 경제통합을 위한 제도적 장치로 진행되어 온 성격이 강하기 때문이다. 게다가 최근 중·동유럽으로의 확장은 사회적 형평성문제를 더욱 어렵게 만들면서도 그 시급성을 더해주고 있다. 농업종사자의 수는 폴란드가 독일의 10배이며, 임금수준은 독일이 폴란드의 10.6배라는 단적인 예가 보여주듯이, EU 예산의 45%를 차지하는 농업지원금의 동유럽 치중현상이 생길 가능성이 많다(Sinn, 2000, pp.3~4). 또한 동유럽 국민들의 10% 이상이 가능하다면 서유럽으로 이주할 생각이 있는 것으로 나타났다. 이러한 상황에서 동유럽 지역발전과 사회정책상의 합당한 조치가 취해지지 않는다면, 저임금과 비정규직을 양산하는 사회적 덤핑을 막기 어려울 것이다.[12)]

2. 북미자유무역협정(NAFTA)

북미자유무역협정(North American Free Trade Agreement : NAFTA)은 1989년 미국과 캐나다 간 자유무역협정이 체결된 후 이와 별도로 1987년부터 추진된 미국과 멕시코 간 자유무역협정이 확대되어 1991년 6월부터 미국, 캐나다, 멕시코 3국 간 협상이 개시되면서 1992년 8월 결실을 보게 됨에 따라 1994년 1월 1일 발효되었다.

NAFTA는 세계최대의 경제대국인 미국과 경제규모가 미국의 1/20수준인 멕시코 등 최초의 선진국과 개발도상국 간에 이루어진 첫 경제통합이라는 점에서 3국 간 득실에 대한 많은 찬반 논란이 있었다. 미국은 NAFTA를 통하여 지역주의에 효과적으로 대응하고, 미국의 자본과 멕시코의 저렴한 노동력을 상호보완적으로 결합함으로써 그동안 악화되었던 미국 상품의 국제경쟁력을 회복할 수 있을 것을 기대한 반면 멕시코에 대한 투자확대와 수입증가로 인한 실업증가와 임금하락의 우려를 가지고 있었다. 캐나다는 미국과 멕시코 간 자유무역협정이 캐나다가 배제된 가운데 체결될 경우 그동안 누려왔던 미국시장에서의 기득권을 멕시코에 빼앗길 것을 우려하여 NAFTA에 참여하였으며, NAFTA 체결로 인한 멕시코에 대한 투자증가와 수출증가를 기대하였다. 멕시코는 NAFTA를 통해 미국에서의 관세 및 비관세장벽의 철폐로 인한 수출증가와 미국으로부터의 자본과 기술의 도입 및 미국시장진출의 교두보

12) 본문의 민주화 내용은 정병기(2005)의 "세계화와 유럽통합"을 참소(pp.14~17).

로서 활용가치가 있는 멕시코에 대한 역외국의 직접투자의 확대를 기대하여 NAFTA에 대한 긍정적인 의견이 지배적이었다. 그러나 일반적으로 NAFTA는 세 나라 모두에게 이익을 가져다주는 것으로 평가되고 있다.

(1) 조직 및 운영

NAFTA의 주요 조직으로는 각 회원국의 각료급 대표로 구성되는 자유무역위원회(Free Trade Commission)가 있다. 자유무역위원회는 협정의 이행을 감독하고, 계속적인 구체화작업을 추진하며, 협정의 해석 및 적용과 관련한 분쟁을 해결하고, 협정에 따라 설치되는 모든 소위원회 및 작업단의 활동을 감독하며, 협정의 운용에 영향을 미칠 수 있는 기타 다른 문제를 관할한다. 자유무역위원회는 달리 정하지 않는 한 총의에 의해 결정하며, 매년 한 번씩 정기회의를 개최하고 각 회원국들이 교대로 의장직을 맡는다. 이 밖에 사무국과 필요에 따라 임시 또는 상설적으로 설치되는 각종 소위원회와 작업단 및 전문가단이 있다.

(2) 주요 내용

NAFTA협정은 관세에 있어서 궁극적으로 15년 후 무관세를 목표로 각국에서 수입에 의한 국내산업에 미칠 영향을 고려하면서 관세철폐대상 상품을 즉시 철폐품목, 5년 내 철폐품목, 10년 내 철폐품목 및 15년 내 철폐품목의 네 가지 범주의 일정표를 설정하여 단계적으로 관세철폐를 시행해 나가기로 하였다. 또한 1999년까지 NAFTA 역내 무역의 60%, 2005년까지 95%를 무관세로 하기로 합의하였다. 그러나 자동차부문, 농업, 에너지, 직물, 의복 및 석유화학같이 매우 민감한 부문은 특별히 취급되었다.

원산지규정은 원칙적으로 세번변경기준을 채택하고 있으나 역내 산업의 보호가 필요한 자동차, 섬유 및 의류, 컬러 TV, 컴퓨터 등에 대해서는 특별기준을 설정하고 있다. 즉 자동차에 대해서는 세번변경과 현지부품 조달비율 요건을 동시에 충족해야 역내 생산품으로 인정하고 있으며, 섬유 및 의류의 경우에는 대부분의 경우 섬유사(yarn)는 산지주의, 원면사와 합성 섬유사에 대해서는 섬유원료 산지주의를 적용하고 있다. 그 밖에 컬러 TV나 컴퓨터에 대한 원산지규정은 주요 공정기준과 현지

부품 조달비율을 동시에 충족하도록 하고 있다.

서비스교역규정은 역내 서비스교역에 대한 원칙으로서 미국·캐나다 자유무역협정과 우루과이라운드 협정을 확대 적용하고, 내국민대우와 최혜국대우의 원칙을 보장하는 것이라고 규정하고 있다. 그러나 이 규정의 실질적인 목적은 서비스부문에서 경쟁력을 가지고 있는 미국과 캐나다의 기업들이 멕시코시장에 용이하게 진출할 수 있도록 멕시코의 서비스시장 개방을 확대하는 데 있다고 할 수 있다. 따라서 NAFTA의 서비스규정에는 멕시코의 서비스시장 개방에 관한 내용이 주로 규정되어 있고, 미국과 캐나다는 대부분의 경우에 기존의 미국·캐나다 자유무역협정을 그대로 준수하도록 하고 있다. 이 밖에 지적재산권, 정부조달, 환경, 노동 및 분쟁해결에 관한 규정이 있다.

(3) NAFTA의 평가

NAFTA는 공동대외관세나 강대국에서 약소국으로의 재원이전에 대한 조항의 부재 등을 포함하여 여러 측면에서 EU보다 느슨한 통합형태이지만 단순한 자유무역협정보다는 폭넓은 통합이익을 산출해 낼 수 있는 좀 더 조직화된 자유무역협정으로 추진과정에서 여러 가지 찬반논쟁이 있었으나 전반적으로 볼 때 개발도상국과 선진국 간의 경제협력을 촉진하고, 각종 무역장벽을 제거하고 공정경쟁조건을 개선함으로써 회원국 간의 자유무역 및 투자를 활성화하고, 관련 국내산업에서의 고용을 증대시키고, 지적재산권의 보호수준을 높이고, 환경과 노동문제를 공정무역이라는 관점에서 무역문제와 연관시키는 등 지역적·세계적 규모의 무역자유화를 촉진시키는 제도적 장치를 갖추고 있다고 평가할 수 있다.

3. ASEAN지역의 경제협력

아세안자유무역지대(ASEAN Free Trade Area : AFTA)는 1992년 1월 28일 제4차 ASEAN정상회의에서 브루나이, 인도네시아, 말레이시아, 필리핀, 싱가포르 및 태국 6개국에 의해 AFTA 창설의 기본골격이 되는 싱가포르선언이 채택되고 '아세안경제협력증진에 대한 골격협정(Framework Agreement on Enhancing ASEAN Economic

Cooperation)'이 서명됨으로써 합의되었다.

AFTA는 역내 무역을 활성화하고 지역경제의 발전을 도모하려는 ASEAN 국가들의 여러 가지 시도가 회원국 간의 경제와 산업구조가 상호보완적이기보다는 경합적인 성격을 가진 이유로 큰 결실을 보지 못하고, 1990년대 새로운 국제경제환경에 직면함에 따라 강력한 경제협력프로그램이 절실히 요구되면서 그 필요성이 제기되었다.

특히 단일유럽시장 형성(EU)과 NAFTA의 추진 등 세계경제가 보호주의 무역블록으로 나누어지는 경향을 보임으로써, 이들 지역 수출에 크게 의존하고 있던 아세안 국가들은 불안감을 갖게 되었으며, 기존 국제무역환경의 변화에 따른 아세안의 협상력 강화 필요성이 대두되었다.

또한 아세안 경제성장의 큰 힘이 되었던 외국인 직접투자가 다른 개도국들로 빠져나가는 심각한 상황을 맞게 되었다. AFTA는 이상과 같이 아세안 제품의 경쟁력을 유지하여 중국 등 후발국에 대한 비교우위를 지키고, 주요 시장인 미국, 일본 및 유럽으로의 지속적인 시장접근을 확보함으로써 고도경제성장을 유지하기 위한 필요성에서 추진되었다.

(1) 주요 활동

AFTA는 아세안 회원국 상호 간 관세를 인하하고, 비관세장벽을 철폐함으로써 역내에서 자유무역을 보장하고, 역외 국가에 대해서는 독자적인 관세정책과 무역제한조치를 취하는 일종의 경제통합으로서 개방적 지역주의 이념에 기초하여 역내 경제협력 확대와 기술적·인적 자원의 자유이동을 촉진하는 데 그 목적을 두고 있다.

1993년 1월 1일 출범한 공동특혜관세제도(Common Effective Preferential Tariff Scheme : CEPT)는 단일의 ASEAN시장을 창설하기 위한 기초를 다지기 위한 핵심적 제도로 이는 농산품 및 서비스, 일부 제조상품을 제외한 역내국으로부터 수입되는 모든 공산품 및 농산가공품에 공통으로 적용되는 특혜관세로서, 각 회원국은 2003년 1월 1일부터 자율적 계획을 통하여 상품단위별로 역내 관세율을 지속적으로 인하시켜 1993년 공동특혜관세제도의 출범 15년 후 2008년까지 역내 거래에 대한 관세율을 0~5%수준으로 일치시키며, 비관세장벽은 전면 철폐한다는 것이다.

이의 원활한 수행을 위해서 제4차 ASEAN 정상회담에서는 우선 15개 품목을 조기 인하대상품목으로 설정하였으며, 대상에서 제외되는 품목은 ASEAN 특혜무역협정(ASEAN Preference Trading Arrangements : APTA)의 적용을 받도록 합의하였다. 그러나 AFTA 회원국이 비회원국과의 교역 시 적용하는 관세율은 각국의 독자적인 결정에 따르도록 하였다.

그러나 CEPT협정은 역내 무역자유화에 대한 회원국별 일정 등 세부적 실천계획을 규정하지 않고 단지 무역자유화의 기본원칙만을 명시함으로써 회원국 간 관세인하 개시시기에 대한 의견차이가 발생하여 회원국 간의 갈등을 유발하게 되었으며, 관세인하대상 제외품목의 수가 너무 많아 각국의 국내산업으로부터 반발이 생김으로써 역내국들이 관세인하 계획에 적극적으로 동참하지 않는 등의 역내 문제가 발생하였다. 또한 외환보유고의 부족, 특정 산업의 피해 발생 시 관세인하대상에서 제외시키거나 중지시킬 수 있는 예외조항을 너무 많이 인정함으로써 산업 간 분쟁을 유발하게 되었다.

또한 국제무역환경이 WTO체제하에서 회원국들이 10년 이내에 관세인하를 완료하고, 관세 및 비관세장벽을 철폐하기로 함으로써 15년이라는 장기간에 걸친 AFTA의 관세인하 계획은 상대적으로 투자유인책으로서는 미흡하게 되었다. 이 같은 이유로 인해 1994년에는 인도네시아를 비롯한 몇몇 회원국들은 해외투자에 대한 규제를 자체적으로 완화하였으며, 1994년 9월 태국에서 열린 제26차 경제각료회의에서는 당초 목표보다 5년을 앞당긴 2003년 1월 1일까지 역내 무역자유화를 완료하는 것과 일부 극소수 비가공농산물을 제외한 모든 품목을 인하대상에 포함시킨다는 점진적 CEPT 대상품목화 계획을 골자로 하는 수정 관세인하 계획을 발표하였다.

(2) 평가

AFTA는 현재 추진 중에 있기 때문에 그 구체적인 성과를 평가한다는 것은 아직 시기상조라 하겠으나 지금까지 경제협력의 내용이 비강제적이어서 협정사항의 이행에 비협조적인 자세를 취하던 회원국들이 포괄적인 협정준수규정으로 아세안 경제협력의 차원을 한층 더 강화시키는 효과가 있을 것으로 기대되며, 아세안에서 활동하고 있는 다국적기업이나 진출을 고려중인 외국투자기업의 투자결정에 상당히 긍정적 영향을 미칠 것으로 기대되고 있다.

그러나 아세안은 역내 시장의 협소로 인해 역외 시장에 대한 의존도가 높게 나타나고 있는데, 이것은 역내 무역 확대 및 단일시장의 형성을 지연시키는 요인으로 작용할 가능성이 크다. 또한 관세인하에 따른 무역창출효과를 극대화하기 위한 전제조건의 하나로서 회원국 간의 상호보완성이 높아져야 하나 아세안 각국의 상품생산 및 수출구조는 상호보완적이라기보다는 경쟁적인 관계가 훨씬 크다 할 수 있어, 이것이 회원국 간의 협력확대를 가로막는 장애요인으로 작용할 것으로 보인다.

4. 남미공동시장(MERCOSUR)

남미공동시장(MERCOSUR)은 남아메리카지역에서의 자유무역과 관세동맹을 목표로 결성된 경제블록이다. 1980년대 브라질과 아르헨티나의 양국 경제협력프로그램을 시발로 하여 1991년 인접국인 우루과이와 파라과이를 포함한 아순시온조약(Treaty of Asuncion)이 체결됨으로써 제도적 골격을 마련한 남미공동시장은 4년동안의 준비기간을 거쳐 1995년 1월 1일 정식 발효되었다.

남미공동시장의 정식 회원국은 아르헨티나, 브라질, 파라과이, 우루과이 4개국이다. 칠레와 볼리비아가 자유무역지대수준에서 준 회원국으로 참가하고 있으며, 페루, 에콰도르, 콜롬비아, 베네수엘라와 남미자유무역지대 결성을 위한 협상이 진행되고 있다. 역외적으로는 1995년 유럽연합(EU)과 경제블록 간의 협력 합의가 서명되었다.

(1) 주요 활동

아순시온조약은 회원국 상호주의와 이행의무 준수를 원칙으로 하고 있으며, 이행기간 동안 각 회원국의 권리와 의무는 각국에서 채택하고 있는 무역자유화정책의 상이한 일정에 따라 반드시 동일하지는 않으나 평등의 원칙에 입각하고 있다.

대외공동관세는 최고 20%까지 11단계로 나누어 적용되며, 회원국의 경제사정에 따라 일부 예외품목규정을 두고 있다. 이들 예외품목은 2001년까지 동일한 대외공동관세를 목표로 하고 있다. 역내 국가들 간의 교역에서 회원국 총생산품의 약 90%는 경제블록 내에서 무관세로 거래되며, 각 회원국의 경제적 특수성을 고려, 일부 품목에 대해서는 차별된 관세부과를 허용하였다. 이들 예외품목에 대한 차별관세는 협상일정에 따라 점진적으로 인하하여 2000년까지 모든 생산품들의 역내 무관세 거래를 목표로 하고 있다.

(2) 평가

통합의 단계로는 초기 자유무역지대에서 관세동맹을 거쳐 궁극적으로는 회원국들 간의 자본과 인력의 자유로운 이동과 동등한 권리를 보장하는 공동시장 형성을 목표로 한다. 아순시온협약에서부터 MERCOSUR가 결성되기 전인 1994년 말까지의 과도기는 자유무역지대의 형성단계였으며, 현재 MERCOSUR는 대외공동관세제도를 채택함으로써 관세동맹의 형태를 띠고 있으나 일정기간 예외품목규정을 두고 있기 때문에 엄밀하게 구분한다면 자유무역지대와 관세동맹의 중간단계로 볼 수 있다.

읽고가기 | 브라질 · 아르헨티나 통상마찰과 협상

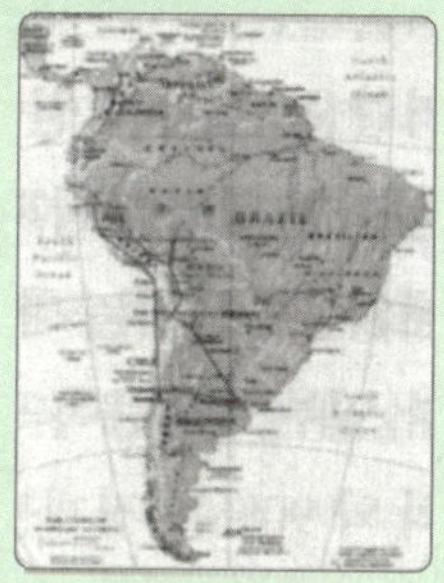

아르헨티나 정부의 브라질산 신발류와 종이제품에 대한 수입규제조치와 브라질산 철강제품 및 닭고기에 대한 덤핑조사 개시에 대한 통상보복으로 브라질은 아르헨티나산 우유에 대한 수입규제조치를 취한 데 이어 브라질 신발류 수입규제 해제협상이 아르헨티나 측의 규제해제 거부로 결렬되자 약 400개 품목의 아르헨티나산 수입품에 대해서 수입통제를 강화(기존 수입특혜 철회)하기로 결정하여 양국 간의 통상마찰이 확대되는 양상을 보였다.

이에 아르헨티나의 Campbell 외무상관은 브라질의 금번 조치에 대해 신중하게 대처하겠다고 언급하는 등 대 브라질협상에서 지금까지 유지해온 아르헨티나의 강경 입장의 변화를 시사했고, 브라질 외무부 당국자는 금번 조치의 목적이 실질적인 수입규제효과보다는 대 아르헨티나협상력 제고에 있다고 하였다.

그러나 아르헨티나 외무장관 로드리게스 지아바리니와 브라질 외무장관 펠리페 람쁘레이아는 양국 무역분쟁과 관련하여 리우데자네이루 회담에서 양국은 무역분쟁과 관련하여 일방적인 대응을 자제키로 합의하였다.

양국 외무장관은 상호무역에 영향을 줄 수 있는 일방적인 조치를 막기 위해 양국관리들이 관련 정책을 시행에 옮기기 전에 상대국 관계부처에 통지해 의견을 절충토록 하는 절차를 의무화하는 데 동의하였다.

브라질의 평가절하로 브라질 생산비가 30% 감소된 이후 아르헨티나와 브라질은 섬유, 신발, 닭고기 수출입관련 무역분쟁이 첨예화되고 또 아르헨티나 국내공장들의 브라질 이전으로 인해 양국 무역관계는 악화돼 최근 아르헨티나 공업부 차관은 브라질과의 무역협상에서 강경 대응할 것임을 발표한 바 있었으나 양국 외무장관 회동으로 관계개선을 위한 발판을 마련하였다.

자료 : 외교통상부

MERCOSUR의 결성은 중남미의 경제통합에 새로운 모델을 제공하였다. 과거 경제통합의 시도가 수입대체산업화와 역내 국가로의 교역의 단순한 전환을 통한 소극적인 방식이었다면 MERCOSUR는 개방화와 상호경제보완에 근거한 새로운 교역의 창출 시도로 국제경쟁력을 강화하는 개방적인 모델이다. 경제공동체로서 MERCOSUR의 성공적인 출발은 선진국들의 모임이라고 할 수 있는 EU나 미국이 실질적인 역할을 하고 있는 NAFTA와 달리 개도국들 간의 협력으로 이루어졌다는 점에서 남미에서 뿐만 아니라 다른 지역 경제권에 대해서도 훌륭한 통합 사례가 될 수 있음을 보여준다.

5. 우리나라 자유무역협정

(1) 자유무역협정의 추진정책

국제경제관계가 다원화됨에 따라 기존 통상정책의 국가 대 국가라는 쌍무적 협상 중심의 접근방식에 더하여 지역경제통합체와 국가 또는 지역경제통합체와 지역경제통합체라는 보다 다양하고 세분화된 집단주의적 보호주의에 탄력적으로 대응할 수 있는 정부 차원의 접근방법이 필요하다 할 것이다.

우리나라는 지역 및 자원적 조건이 여타 국가에 비하여 불리한 상황하에 경제성장의 발판을 수출증대와 해외시장 개척을 통하여 성장하여 왔으며 경제성장을 지속시키기 위해서도 무역과 해외투자 등 해외부문에 의지할 수밖에 없는 상황이라 할 수 있다. 그러나 세계교역 및 경제의 상호의존성의 심화가 계속되고 있는 현실 속에서 한국의 수출시장 여건은 매우 불리한 방향으로 전개되고 있으며 이러한 추세에 효과적으로 대응할 수 있는 하나의 방안으로써 자유무역협정의 적극적인 활용이 필요할 것이다.

1) 한국의 자유무역협정 추진 배경

우리나라는 세계무역이 WTO 중심의 범세계 자유화 추진과 다양한 지역을 중심으로 한 지역주의의 심화 추세라는 상반된 두 조류가 공존하고 있는 상태에서 급변하는 새로운 국제무역질서에 적응해가면서 선진국이 주축이 된 지역경제권 형성에 대응하고자 기존의 지역주의에 대한 소극적인 태도에서 벗어나 자유무역협정을 대외무역정책의 중요한 수단의 하나로 활용하고 있다.

우리나라가 FTA를 추진하게 된 배경은 다음과 같다.

첫째, 정부의 개혁과 개방정책의 지속적 추진이다. 우리나라는 외환위기를 극복하는 과정에서 우리 경제의 지속적인 성장을 위해서는 개혁과 개방정책을 견지할 필요가 있으며 이를 위한 구체적 정책수단으로 자유무역협정을 추진하게 되었다. 자유무역협정은 상품 및 서비스시장, 투자, 정부조달, 지적재산권, 경쟁, 반덤핑 등 무역규범 등 포괄적인 분야를 대상으로 개방협상을 벌임으로써 국내시장 및 제도의 개혁과 개방이 모두 협상의제로 다루어지게 된다.

둘째, 지역주의 확산에 따른 적극적인 대응의 필요성 때문이다. 우리나라는 WTO를 중심으로 하는 다자무역체제의 우월성을 지지하고 지역주의는 다자무역체제에 부합해야 한다는 입장을 계속 유지하고 있으나 지역주의가 전 세계적으로 급속히 확산되는 추세임을 고려할 때 우리나라도 적극적으로 양자 간 또는 지역자유무역협정을 추진하는 것이 실익이 크다는 인식이다.

WTO 출범 후에도 지역주의는 계속 확산·심화되어 대부분의 국가가 지역협정을 체결하고 있으며 최근에는 유럽연합(EU)의 중·동구권으로의 확대, 미주자유무역지대(FTAA), ASEAN 등의 확대를 통해 세계경제가 몇 개의 지역블록으로 재편되는 추세를 보이고 있다. 지역무역협정이나 관세동맹의 확산은 역내 교역을 증대시키게 되는바 WTO에 의하면 FTA 체결국 간의 교역이 전 세계교역에서 차지하는 비중은 50%를 넘고 있으며 이에 따라 제3국과의 교역비중이 점점 감소하고 있다는 점이다.

셋째, 우리 경제구조의 개선 및 국민후생의 증대를 위해서이다. 우리 경제의 높은 무역의존도로 인해 대외여건의 변화가 우리 경제에 직접적인 영향을 미치고 있다. 주요 교역상대국들의 경기침체나 반덤핑조치 등 무역제한조치는 우리나라 제품의 수출감소와 국내경기침체의 직접적인 원인이 된다.

우리 기업은 첨단기술보다는 중간급 제조기술의 비교우위에 근거한 생산체제를 유지하여 왔으나 최근 선진국과 개도국으로부터 공히 우리의 수출시장이 위협받고 있으며 선진국기업들은 높은 기술수준을 토대로 시장지배적 지위를 유지하고 있는 한편, 후발개도국들은 저임금에 기초한 가격경쟁력을 바탕으로 우리의 수출시장을 잠식하고 있다.

따라서 외국 선진기업의 첨단기술과 우리나라 기업의 생산기술, 마케팅능력의 결합을 통하여 생산구조의 고도화와 수출능력 배양이 절실한 바 자유무역협정 체결은 선진기업들과의 제휴를 증대시키는 유인이 될 것이다. 또한 기업들도 선진기업들과의 교류를 통한 첨단경영기법 도입으로 경영능력이 향상될 것으로 기대하고 있다.

마지막으로 외국인투자의 적극적 유치 및 우리 기업의 해외진출 거점지역의 확보를 위해서이다. 주요국과의 FTA 체결을 통해 국내시장이 역내 시장으로 확대됨에 따라 역내 시장진출을 목적으로 우리나라를 생산 거점기지로 활용하려는 외국인 직접투자가 확대될 수 있다. 역내 시장에 수출하려는 외국기업들은 무관세혜택을 누리기 위해 우리나라에 대한 투자를 확대할 것이며, FTA 체결을 통해 상대국의 투자시장이 확대되고 투자보장이 강화됨으로써 우리 기업의 안정적인 투자활동이 이루어지게 된다. 또한 우리 기업들은 FTA 체결상대국을 거점지역으로 삼아 주변 국가들의 시장에 접근하는 것이 가능하며 해당국이 다수국과 FTA를 체결한 경우 무관세특혜를 받는 범위가 확대될 수 있다.

2) 한국의 자유무역협정 추진 방향

우리나라는 그동안 전 세계적인 FTA 확산추세에 비켜서 있었기 때문에 짧은 기간 안에 여러 나라와 FTA를 추진함으로써 그간 지체된 FTA 체결 진도를 만회하기 위하여 노력하고 있다. 이는 세계 주요 시장에서 FTA를 이미 체결한 국가의 기업들과 우리 기업이 경쟁해서 불리하지 않기 때문이다. 이러한 전략을 우리나라는 동시다발적 FTA 추진전략이라고 부르고 있다. 또한 여러 나라와 동시에 FTA를 추진하게 되면 FTA협상의 모멘텀을 유지할 수 있고, 단기적으로 무역적자가 예상되는 FTA와 무역흑자가 예상되는 FTA가 동시에 체결됨으로써 무역적자 부담도 완화할 수 있다.

우리나라의 FTA 추진은 내용 면에서 포괄적이고 수준 높은 FTA를 지향하고 있다. 우리나라는 FTA 체결효과를 극대화하기 위해 상품 분야뿐만 아니라 서비스, 투자, 정부조달, 지적재산권, 기술표준 등 광범위한 분야를 포함하는 포괄적인 FTA 체결을 지향하고 있으며, 또한 내용 면에서도 WTO에서 추진하는 자유화의 폭보다 더 큰 자유화를 추진하되 그 내용이 WTO의 규범과 상치하지 않는 방향으로 수준 높은 FTA를 추진하고 있다. 이렇게 함으로써 WTO로 대표되는 다자주의를 보완하고 FTA를 통해 국내제도를 개선하고 선진화를 추구할 수 있기 때문이다.

시장개방은 종국적으로 우리 경제의 체질을 개선하여 생산성을 높이고 경제체제를 선진화하는 데 긴요한 정책방향이지만 이러한 개방에는 고통 또한 따르기 때문에 국민적 공감대를 바탕으로 추진하지 않으면 국민적 지지를 받기가 어렵다. 그렇기 때문에 우리나라는 지난 2004년 5월 FTA 추진에 대한 국민적 공감대를 형성하고, FTA 추진과정에서 투명성을 제고하기 위해 '자유무역협정체결절차규정(대통령훈령)'을 제정하였다. 이 규정에 따라 우리나라는 FTA정책을 추진하고 있으며, 이 절차는 광범위한 의견수렴을 거쳐 국민적 합의를 도출하고 민간전문가의 참여를 확대하며 절차적인 투명성을 확보하는 것을 그 주요 목적으로 하고 있다.

FTA 체결과정을 협상 전 단계, 협상단계, 협상 후 단계로 구분하여 각 단계별로 필요한 절차를 세부적·실무적으로 규정하고 있으며, FTA정책 추진의 효율성을 제고하기 위하여 FTA 실무추진회의, FTA 추진위원회, 대외경제장관회의로 이어지는 추진체계를 마련하고 있다. 나아가 효과적인 국민의견 수렴을 위해 FTA 추진위원회 산하에 업계 및 학계 대표자로 구성된 FTA 민간자문회의가 설치되어 있다. 또한 각 단계마다 FTA 추진에 대한 정보를 국민에게 제공하고 이해관계자의 의견을 수렴할 수 있는 절차를 마련하였으며, FTA협상 개시 결정 이전에는 반드시 공청회를 개최하여 의견을 수렴하도록 하고 있다. 이와 함께 관계부처와 함께 대외협상을 직접 주관하는 외교통상부의 통상교섭본부는 업계 현장을 직접 방문하거나 업종별 간담회를 개최하여 업계 요구사항을 정확히 파악하여 협상과정에 반영하기 위해 노력하고 있다.

또한 우리나라는 우리나라의 기존 주요 시장과의 FTA 체결을 추진함과 아울러 신흥유망시장과의 FTA도 적극적으로 추진하고 있으며, 브라질·러시아·인도·중국 이른바 BRICs로 대표되는 신흥유망시장과의 FTA는 향후 우리 산업의 성장 동력 확보에 큰 도움이 될 것으로 기대하고 있다.

(2) 주요 자유무역협정

1) 한·칠레 자유무역협정(FTA)

한·칠레 자유무역협정(FTA)은 1998년 쿠알라룸푸르 APEC 정상회의 기간 중 칠레의 Frei 대통령과 11월 17일 양국 정상회의에서 한·칠레 자유무역협정(FTA) 추진방안을 논의하는 데 합의하고, 이에 따라 양국은 실무협의를 개최하여 양국 간 FTA 추진방안을 모색키로 하여 시작되었다. 이후 '한·칠레 FTA 추진을 위한 실무협의'가 1998년 12월 2일부터 3일까지 칠레 산티아고에서 개최되어 한·칠레 간 FTA 체결 논의가 본격화되었다.[13)]

이 협의결과로 인하여 우리나라에서는 1999년 1월 국내대책반이 발족되면서 외교통상부 통상교섭조정관을 위원장으로 관계부처 국장, 연구소, 협회 등의 전문가들로 구성된 추진위원회가 결성되었고 추진위원회 산하에 국장급이 반장인 5개 작업반과 과장급이 간사인 14개 세부분과를 두어 운영하게 되었다.

물론 1998년 이전에도 칠레는 지속적으로 외교채널을 통하여 우리나라와의 자유무역협정 체결에 지속적인 관심을 표명해 왔으며, 우리나라는 1998년 11월 5일 국무총리 주재 대외경제조정위원회에서 칠레와의 자유무역협정(FTA) 추진을 의결하게 되었다.

그러나 우리나라는 칠레와의 FTA 체결에 대하여 1999년 12월 제1차 협상이 개최된 이후 여러 차례에 걸친 두 국가 간의 협상에도 불구하고 입장 차이를 좁히지 못하여 한·칠레 간 자유무역협정을 결렬시켜야 할 위기에까지 직면하였으나 우여곡절 끝에 2003년 2월 양국 정상이 공식서명함으로써 한·칠레 간 FTA가 정식 체결되었다.

또한 한·칠레 자유무역협정 비준동의안이 세 번에 걸친 비준 실패를 거듭한 후 2004년 2월 16일 국회를 통과하면서 우리나라도 지역무역체제에 합류하고, 경쟁력

13) 한·칠레 FTA 추진을 위한 실무협의의 주요 내용을 살펴보면, 한국과 칠레의 경제상황에 대한 일반적 의견교환, 칠레의 FTA 운용 사례에 대한 정보교환, 한·칠레 FTA 추진을 위한 기본 Framework 협의 등이 주요 협의의제였으며, 주요 협의결과로는 첫째, 협상의 기본원칙은 포괄적이고 최대한 자유화하며, 협상 및 이행과정에서 투명성을 유지하기로 한다는 것, 둘째, 협상의 대상범위는 상품, 서비스, 투자, 지적재산권, 정부조달, 경쟁정책, 분쟁해결절차 등을 포괄하도록 한다는 것, 셋째, 추진체계로는 고위급 작업반을 두고, 그 산하에 시장접근, 무역규범, 서비스 및 투자, 지적재산권·정부조달·경쟁정책, 분쟁해결 및 기타 법률문제 등 5개 그룹을 두기로 한다는 것 등이다.

을 갖춘 강자만이 살아남는 무한자유경쟁의 국제무역질서 대변화에 능동적으로 진입할 수 있는 계기를 마련하게 되었다.

살펴보기 한·칠레 자유무역협정(FTA) 추진일지

- 1998년 11월 5일 대외경제조정위원회 회의에서 칠레 대상국 선정
- 1999년 12월 14일 제1차 협상 개최
- 2002년 10월 24일 제6차 협상에서 타결
- 2003년 2월 15일 양국 정상회담에서 협정 서명
- 2003년 7월 8일 한·칠레 자유무역협정 비준동의안 국회 제출
- 2003년 7월 23일 자유무역협정 지원 특별법안 국회 제출
- 2003년 12월 26일 국회 통일외교통상위 비준동의안 의결
- 2003년 12월 30일 국회 본회의 비준동의안 상정 무산
- 2004년 1월 8일 국회 본회의 비준동의안 처리 무산
- 2004년 2월 9일 국회 본회의 비준동의안 처리 무산
- 2004년 2월 16일 국회 본회의 비준동의안 타결

표 11-3 한·칠레 자유무역협정 양허내용(농산물)

양허유형	주요 대상품목
제외	쌀, 사과(신선), 배(신선)
계절관세	포도(11~ 4월)
도하개발어젠다 이후 논의	고추, 마늘, 양파, 참깨, 잎담배, 보리, 콩, 팥, 돼지고기(냉동), 오리, 꿀, 감귤, 대추, 밤, 수박, 녹차, 인삼
도하개발어젠다 이후 논의 (무관세물량 제공)	쇠고기, 닭고기(냉동), 자두
16년 내 철폐	조제분유, 혼합주스
10년 내 철폐	돼지고기, 닭고기(냉동), 복숭아, 딸기, 키위, 단감, 살구, 절화류, 토마토, 당근, 오이
9년 내 철폐	기타 과실주스
7년 내 철폐	복숭아통조림, 잼, 감자, 호두
5년 내 철폐	말, 양, 닭, 튤립, 백합, 배추, 상추, 무, 김치, 고사리, 당류, 면류
즉시 철폐	종우, 종돈, 배합사료, 양모, 밀, 귀리, 수수, 조, 사탕무, 사탕수수, 커피

주 : 농산물에만 적용하는 세이프가드조치(S/G) 확보

한·칠레 자유무역협정은 양국 간 상이한 산업구조에 따라 각국의 이해관계를 대변한 양허안의 내용이 주요 골자를 이룬다. 우선 양국은 원칙적으로 농업을 포함한 전 산업을 자유화대상으로 포함하되 양국이 민감하게 반응하는 민간품목에 대해서는 관세율을 점진적으로 철폐하기로 하였다. 즉 FTA 체결효과를 극대화하기 위해 품목수를 기준으로 우리나라는 96.2%를 10년 이내에 관세율을 철폐하기로 하였고, 칠레는 96.4%의 품목에 대한 수입관세율을 10년 이내에 철폐하기로 하였다.

품목별로는 우리나라는 쌀, 사과, 배 등을 예외품목으로 하여 관세철폐대상품목에서 제외하였으며, 칠레는 냉장고, 세탁기 등을 자유화품목에서 제외하였다. 민감하게 반응하였던 포도의 경우에 있어서는 비수기 포도(11~4월)에 대해서만 향후 10년 동안 관세를 철폐하는 계절관세를 도입하였다.

① 양허안 주요 내용

우리나라는 관세 철폐대상을 즉시 철폐, 10년간 철폐, 계절관세, 도하개발어젠다(DDA) 이후 논의, 자유화 제외 등 관세양허내용을 총 10개 카테고리로 분류하였다. 즉시 철폐품목 비율은 87.2%로 총 1만1,170개 품목 중 9,740개 품목으로 이 중 9,122개는 공산품이며, 농산물과 관련된 농산품은 224개, 임산물은 118개, 수산물은 227개 품목으로 구성되어 있다. 또한 10년 이내 철폐되는 비율은 96.2%이며, 공산품과 임·수산물은 100%, 농산물은 70.7%수준이다.

한편 칠레는 즉시 철폐, 5년 철폐, 10년 철폐, 자유화 제외 등 6개 분야로 구성되어 있다. 즉시 철폐 비율은 전체 6,854개 품목 중에서 41.8%인 2,540개 품목으로 공산품 비율은 30.6%로 낮은 대신 농·수산물은 52개의 특수품목을 제외하고 전 품목을 즉시 철폐하였다. 10년 이내 철폐 비율은 96.%로 공산품 5,664개 품목을 포함한 5,648개 품목이 해당된다.

② 정부조달협정

한·칠레 FTA에서는 정부조달협정이 포함되어 있어 칠레가 추진 중인 사회간접자본 확충을 위한 대규모 프로젝트 등에 대한 우리 기업의 참여가 가능하여졌다. 칠레는 연간 정부조달규모가 약 30억 달러에 이르는 것으로 추정되고 있는데, 정부조달협정 미가입국이라 자국 조달품목에 대한 외국기업의 입찰의무가 없었으나

FTA 발효로 인하여 우리 기업은 칠레 기업과 동등한 자격으로 칠레 정부의 공공입찰에 참여할 수 있게 되었다. 이로 인하여 우리나라가 경쟁력을 갖고 있는 자동차, PC 등 공산품목의 진출가능성이 그만큼 높아지게 될 것이다.

③ 한·칠레 FTA의 시사점

한·칠레 자유무역협정 출범에 따라 순조롭고 효율적인 자유무역협정 이행을 위하여 양국 협력 강화방안에 대한 논의가 진행되고 있다. 또한 한·칠레 FTA를 계기로 우리나라의 FTA협상은 더욱 가속화될 것이다. 현재 추진 중인 싱가포르 및 일본과의 FTA협상도 빠른 진전을 보이게 될 것이다. 또한 우리나라와의 FTA 검토를 제의해 오는 나라가 늘어날 가능성도 크다고 할 수 있다. 물론 농업구조에 대한 근본적인 변화가 없는 한 FTA를 둘러싼 사회적 진통은 되풀이될 수밖에 없다. 향후 전개될 동남아, 미국, 중국 등과의 FTA에서 농업 개방의 진통은 칠레와는 비교가 되지 않을 정도로 클 것이다.

한·칠레 FTA 논의과정을 통해 국내적으로 FTA가 중요하고 꼭 필요한 것이라는 데 대한 인식이 확산되고 있지만 앞으로 일본, 싱가포르, 아세안, 미국, 중국 등과의 FTA 추진을 위해서는 한·칠레 FTA의 교훈을 바탕으로 보다 체계적이고 효율적인 추진전략 수립과 국민적 공감대의 확산이 필수적일 것이다. 또한 FTA를 추진할 때 신중하고 정도를 밟아야 할 것이며, 시행착오를 줄이고, 사회적 비용을 최소화할 수 있도록 추진해 나가야 할 것이다.

읽고가기 | 한·칠레 자유무역협정(FTA)이 남긴 교훈

한·칠레 자유무역협정(FTA) 비준동의안이 갈등과 대립 끝에 2004년 2월 16일 국회를 통과했다. 자유무역협정의 체결이 결코 거역할 수 없는 시대적 추세라는 것은 비준동의안 처리에 극렬히 저항했던 전국농민연대 소속 농민단체나 농촌출신 의원들도 모두가 잘 알고 있는 사실이다. 그럼에도 불구하고 이들이 동의안 처리에 반대했던 것은 칠레가 세계농산물 수출국 중의 하나로 자유무역협정을 체결하는 첫 상대로는 어느 모로 보나 부적절하다는 인식에서 비롯되었다.

교역과정 중 무관세를 지향하는 자유무역협정을 체결하는 데 있어서 가장 신경을 써야 할 부분은 협정 체결국과의 경쟁에서 뒤지는 취약산업의 구조조정문제일 것이다. 이는 우리나라에 앞서 자유무역협정을 추진해 온 대다수 국가의 사례에서도 익히 경험한 사실이다. 우리나라의 경우 가장 대표적인 취약한 산업 분야가 바로 농업이다. 그런데도 농업 분야에서의 경쟁력만큼은 나름대로 갖추고 있다고 하는 칠레를 자유무역협정의 첫 상대로 선택한 것은 과거 이를 주도한 정부의 실책이 아닐 수 없다는 견해를 간과해서는 안 될 것이다.

사실 칠레와의 자유무역협정 체결이 도시와 농촌이라는 지역 간 국론 분열이라는 양상으로까지 비화된 데는 이를 주도했던 과거 국민의 정부 통상관료들의 책임이 크다 할 것이다. 자유무역협정을 논의하는 초기단계부터 그 문제점들이 적나라하게 드러났는데도 불구하고 우리나라와 칠레의 농업 실상을 도외시한 채 성과에 급급해 이를 강행하였기 때문이다.

물론 이후 자유무역협정 대책 차원에서 농특세 10년 연장, 농어가 부채경감대책 확대, 농어촌 복지 증진방안 마련, 자유무역협정 지원기금 증액 등 4대 지원책을 마련하고, 119조 투융자계획을 확정한 데 이어 추가 대책까지 제시한 것은 나름대로 최선을 다한 부분이다. 그러나 이 같은 정부의 대책이 농민들에게 설득력 있게 다가가지 못한 이유는 그동안 누적되어 온 농정에 대한 뿌리 깊은 불신 탓이다. 따라서 도농 간의 심각한 갈등과 대립, 국론 분열이라는 미증유의 상처를 남긴 채 자유무역협정 비준동의안이 처리된 현시점에서 정부가 해야 할 일은 농정에 대한 신뢰가 뿌리내릴 수 있도록 힘쓰는 것임은 두말할 나위도 없다.

이를 위해서는 그동안 문제가 됐던 부분에 대해 솔직히 그 잘못을 인정하되 향후 자유무역협정이나 쌀 재협상, 도하개발어젠다(DDA) 농업협상 등 대외협상을 추진하는 과정에서는 이 같은 실수를 반복하지 않겠다는 의지를 차제에 분명히 밝혀야 할 것이다. 아울러 국제화・개방화라는 시대적인 조류 속에 우리 농업이 나아가야 할 청사진과 이를 위한 정부 차원의 구체적인 지원대책을 제시하는 것도 서둘러야 한다. 자유무역협정 체결로 허탈감과 불안감이 심화되고 있는 농민들이 좌절하지 않도록 세심한 주의와 배려가 필요한 것이다.

자유무역협정 체결로 이익을 보는 집단, 특히 재계도 이제는 농업・농촌의 발전을 위한 실천적인 노력을 기울여야 한다. 농업이 마치 우리나라 경제발전의 걸림돌이나 되는 양 치부하는 전근대적인 사고를 버리고, 재계와 농업계가 함께 발전할 수 있도록(Win-Win) 머리를 맞대고 재계 나름의 농촌 지원을 강화하는 실천적 노력이 절실히 필요하다.

한・칠레 자유무역협정 비준동의안 처리를 계기로 정부와 재계가 새로운 모습으로 다시 태어난다면 처리과정에서 나타났던 갈등과 대립, 진통은 새로운 발전을 위한 전기로 승화될 수 있을 것이다. 농업의 앞날을 좌우할 대외협상이 산적해 있는 현시점에서 농업・농촌을 지켜야 한다는 국민적 공감대 형성, 범정부적 합의만큼 중요한 것이 없으므로 이런 차원에서 농민단체나 농민들도 비준동의안 통과에 따른 좌절감과 허탈감을 딛고 일어나 묵묵히 시장개방에 대응한 자구노력에 매진해야 할 것이다.

2) 한・싱가포르 자유무역협정(FTA)

한・싱가포르 FTA에 대한 본격적인 논의는 1999년 9월 APEC 정상회담에서 고촉통 싱가포르 당시 총리가 양국 간 FTA 체결을 김대중 전 대통령에게 제안함으로써 시작되었다. 이어 2002년 11월 시드니 WTO 소규모 각료회의 기간 중 개최된 양국 간 통상회담에서 FTA 체결을 위한 산·관·학 공동연구회를 발족하기로 합의하여 2003년 3월부터 10월까지 3차례의 공동연구회의가 개최되었으며, 공동연구회는 최종보고서를 통하여 양국 간 FTA협상을 조속히 개시할 것을 권고하였다.

이에 따라 공동연구회의 권고에 기초하여 양국 정상은 2003년 10월 개최된 정상회담에서 양국 정부 간 FTA협상을 개시할 것을 선언하였고, 2004년 1월부터 11월까지 본격적인 협상을 진행하여 2004년 11월 라오스에서 개최된 ASEAN+3 정상회담 기간 중 개최된 양국 정상회담에서 FTA협상을 실질적으로 타결하였다. 그 이후 협정문에 대한 실무적인 법률검토를 거쳐 2005년 4월 협정문에 가서명한 후 2005년 8월 4일 서울에서 우리 측 반기문 외교통상부 장관과 싱가포르 측 Lim Hng Kiang 통상산업부 장관이 협정문에 정식 서명함으로써 협정이 체결되었으며, 2005년 12월 1일 국회 본회의에서 한·싱가포르 FTA 비준동의안 통과를 거쳐 2006년 3월 2일자로 정식 발효되었다.

한·싱가포르 FTA협정 발효로 인하여 상품교역 분야에서 한국은 품목수기준으로

표 11-4 한국의 상품 양허안 (HSK 10단위 기준, %)

구분	품목수 (비율)	공산품	농산물	수산물	임산물
즉시 철폐	6,724 (59.7)	반도체, 컴퓨터, 통신기기, 철강, 자동차, 선박, 섬유류 등	제분용 밀, 사탕무·수수, 팜유 등	연어, 홍합, 냉동 해조류 등	석재류, 원목, 단판 등
5년 철폐	2,009 (17.8)	석유아스팔트, 글리세롤 등 유기화학품, 면도기, 전기다리미 등	곡류가공품, 커피, 초콜릿 등	염장품, 통조림 등	대바구니, 부채살 등
10년 철폐	1,582 (14.1)	염화수소, 염화암모늄, 포름산 등의 유기화학품, 전동기 등	살구, 딸기, 콩, 감자, 무, 인삼, 주류 등	고등어·대구 등 일부 냉동품, 쥐치포 등	제재목, 성형목재, 파레트 등
소계	10,315 (91.6)	–	–	–	–
양허 제외	946 (8.4)	휘발유 등 석유제품, 볼베어링, TV 수신기 등	쌀, 사과, 배, 양파, 마늘, 쇠고기 등	양식용 활어 및 패류, 열대관상어 등	합판, 섬유판 등
계	11,261 (100)	–	–	–	–

주 : ( ) 안은 전체 품목에서 차지하는 비중

볼 때 91.6%인 10,315개 품목에 대하여 최장 10년 내 관세를 철폐하게 되며, 이 중 59.7%인 6,724개 품목은 즉시 관세가 철폐되었다. 싱가포르는 모든 품목에 대해 즉시 관세를 철폐하였다.

한·싱가포르 FTA에서는 개성공단 등 북한의 경제특구에서 생산한 제품에 대하여도 한국에서 생산된 제품에 부여하는 것과 동일한 특혜관세를 부여하기로 하여 개성공단 등에서 생산된 제품의 해외판로 확보 및 남북 경협사업의 활성화에 기여할 것이다.

또한 정부는 한·싱가포르 FTA 발효로 싱가포르와의 교역 확대뿐 아니라 우리기업들의 동남아시장 진출기반을 강화하는 한편, 세계적인 물류, 금융 및 비즈니스의 중심지이며 다국적기업의 유망 투자대상국가인 싱가포르와의 연계 강화로 우리나라의 경제시스템을 선진화시키는 계기가 될 것이다.

3) 한·미 자유무역협정(FTA)

① 한·미 FTA 내용

그동안 우리나라는 FTA 후진국으로 불릴 정도로 FTA 확산 흐름에 뒤처져 있었다. 아시아, 남미를 중심으로 많은 개발도상국들도 1990년대 들어 유럽연합(EU), 북미자유무역협정(NAFTA) 등에 대응하기 위하여 FTA를 통한 지역경제통합화에 대거 가세하였지만 우리나라는 2004년 4월 1일 칠레와의 FTA 발효로 본격적인 FTA 경쟁에 합류하게 되었다.

한편 세계 최대 경제대국인 미국은 NAFTA를 활용하여 지역주의체제를 다자주의체제인 WTO와 함께 세계무역자유화를 추진하는 양축으로 활용하는 전략을 추구하고 있으며, 여타 국가들도 지역주의체제를 전략적 무역정책으로 활용하고 있다.

따라서 국제경제관계가 다원화됨에 따라 기존 무역정책의 국가 대 국가라는 쌍무적 협상 중심의 접근방식에 더하여 FTA와 국가 또는 FTA 간의 통합이라는 보다 다양화된 집단주의적 보호주의에 탄력적으로 대응할 수 있는 정부 차원의 접근방식이 필요하다 할 것이다. 이에 우리나라는 동시다발적이고 압축적으로 FTA 체결을 위한 협상을 진행하겠다는 의지를 보이고 있고,[14] 나아가 개방과 개혁을 통한 한국

14) Kim, Young Han, "The Optimal Path of Regional Economic Integration between Asymmetric

경제의 선진화 구현이라는 대전제 아래 거대경제권과의 FTA협상과 체결에 노력을 기울이고 있다.

거대경제권과의 FTA 추진에 있어 우리 경제의 핵심 국가라 할 수 있는 미국과의 FTA 추진은 양 국가에서 공식적으로 논의된 바 없으나 비공식적인 협의는 1980년대부터 시작되었다고 볼 수 있다.[15] 즉 한·미 FTA 체결에 대한 논의는 1989년 미국국제무역위원회(USITC)가 '아·태지역 국가들과의 FTA 체결에 대한 검토보고서'[16]를 발표하면서 구체화되었다.

USITC보고서에 의하면 동아시아지역 국가 중 미국에게 바람직한 FTA 대상국가로 한국, 싱가포르, 대만을 꼽았다. 이들 국가 중 싱가포르는 이미 무역자유화를 실천하고 있을 뿐만 아니라 경제규모가 작기 때문에 FTA를 체결해도 실익이 없음을 지적하였고,[17] 대만과는 양국 간 미수교로 FTA협상 자체가 불가능하다고 판단하여 이들 세 국가 중에서 한국이 경제적인 측면에서 가장 적절한 FTA 대상국가임을 밝혔다. 그러나 당시 한국의 높은 반미감정으로 양국 간 협정을 추진하기가 어려울 것으로 분석하였으나 이를 계기로 미국과의 FTA 체결과 관련된 연구가 국내 연구기관을 중심으로 수행되었다. 하지만 한국에서 FTA에 관한 논의는 오래 가지 못하고 중단되었는데 이는 당시 미국이 한국시장을 개방하기 위한 압력수단으로 한·미 FTA를 이용한다고 인식하였기 때문이었다. 또한 1990년대로 접어들면서 우루과이라운드 농업 양허안에 대한 논란이 거세어지자 FTA에 대한 논의는 사실상 중단되었다.[18]

이후 우리나라는 칠레와 FTA협상을 진행하자 미국 측은 한·미 FTA에 다시 관심

Countries in the North East Asia," 한국관세학회 추계학술대회 발표논문집, 2004. 11. 27.

15) 1984년 4월 당시 미무역대표부(USTR) 대표였던 브룩이 내한하여 비공식적으로 한·미 FTA에 대한 우리의 입장을 타진한 바 있으며, 1985년 5월 머피 GATT 주재 미국 대사도 양국 간 FTA 추진에 대해 언급하였으며 1988년 1월 알가이어 USTR 대표도 한·미 FTA 체결을 역설한 바 있다. 이와 같이 지금까지 전개된 한·미 FTA에 대한 논의는 주로 미국 측 연구진에 의하여 이루어졌으며 한국은 소극적인 태도로 일관해 왔다고 볼 수 있다.

16) USITC(1989), The Pros and Cons of Entering into Negotations on Free Trade Agreements with Taiwan, the Republic of Korea, ASEAN, or the Pacific Rim Region in General. Report to the Senate Committee on Finance. Publication 2166. Washington, D.C. : USITC.

17) 그러나 2000년 미국과 싱가포르는 양국 간 FTA 체결을 추진하기로 결정, 2001년부터 협상에 돌입하여 지난 2004년 1월 미국과 싱가포르 FTA는 정식으로 발효되었다.

18) 정인교, "한·미 FTA의 주요 이슈와 경제적 효과", KIEP·KITA·전경련 공동연구 제2차 FTA 세미나 발표자료, 2001. 12. 17.

을 보이기 시작하였으며[19], 지난 2001년 4월 26일 한·미 간 FTA 체결추진관련 간담회가 개최되었다. 이러한 한·미 간 FTA 체결 추진의 배경은 1997년도 말 한국의 금융위기로 인한 한국기업의 구조조정 필요성과 아울러 한·미 간 무역규모가 연간 약 700억 달러로서 한국이 미국의 제6대 무역국으로 부상함에 따라 양국 간 무역마찰이 증대되고 있고 양국의 국내경제침체 등으로 인해 최근 상호자유무역의 필요성이 성숙하게 되었기 때문이라 할 수 있다.

이후 한·미 FTA에 대한 논의가 다소 지지부진하여 진척을 보이지 못하였으나 2004년 5월 USTR 부대표가 한·미 FTA 체결에 대한 관심을 표명하고, 이후 주한 미 대사 등 관계인사가 수차례에 걸쳐 관심을 표명해 옴에 따라 다시 논의가 시작되었다. 2004년 11월 칠레에 개최된 양국 통상장관회담에서 FTA 추진가능성 점검을 위한 사전 실무점검회의 개최에 합의를 도출하고, 지난 2005년 2월 3일 우리나라와 미국 간 FTA 추진가능성을 논의하기 위한 양국 정부 간 첫 FTA 사전 실무점검협의가 서울에서 개최되었다.

제1차 한·미 FTA 사전 실무점검회의에서 미국은 실무점검협의를 통해 스크린쿼터, 농산물, 지적재산권 등 주요 현안에서 상당한 진전이 있어야만 미국 내 지지를 확보할 수 있을 것이라는 입장을 표명하였다. 또한 1차 협의에서 양측은 상호 FTA 관련 제도 및 절차에 대한 의견교환뿐만 아니라 국내전문가들이 그동안 연구해 온 한·미 FTA의 경제적 효과에 대한 연구결과를 검토하였다.

이어 양측은 2005년 3월 28일 워싱턴에서 한·미 FTA 사전 실무점검협의 제2차 회의를 개최하여 관세인하, 원산지, 통관절차, 지재권, 정부조달, 농업 등 관련 내용 분석을 중심으로 논의되었으나 별다른 진전을 보지 못하였고, 2005년 4월 28일 워싱턴에서 한·미 양국 정부 간 FTA 사전 실무점검협의 제3차 회의[20]가 개최되었으

19) 그 예로서 주한 미국 상공회의소는 1999년 6월 당시 클린턴 미국 대통령에게 한·미 FTA 체결을 요청하는 서한을 보낸 바 있으며, 2000년 12월 미상원재무위원회는 USITC에 한·미 FTA의 경제적 효과에 대한 연구보고서를 제출하도록 요청하였다. 또한 2001년 1월 화와이에서 개최된 제14차 한·미 재계회의는 양국 간 BIT와 FTA를 조기에 타결할 것을 촉구하였다.

20) 3차 회의에는 우리 측에서 이건태 외교통상부 지역통상국장을 수석대표로 하여 재경부, 산자부, 정통부 등 관계부처 대표가 참여하고, 미국 측에서는 애미 잭슨(Amy Jackson) USTR 한국담당 부대표보를 수석대표로 하여 USTR, 국무부, 재무부 관계자가 참석하였다. 제3차 회의에서는 양국이 제3국과 과거 체결한 FTA협정문의 주요 내용(서비스, 투자, 금융, 통신, 전자상거래, 경쟁, 노동, 환경, 투명성 등)에 관한 비교분석을 중심으로 논의를 진행하였다.

나 한·미 FTA협상 진척을 위한 아무런 성과를 끌어내지 못하고 답보상태에 놓이게 되었다.

그러나 이후 6차례의 통상장관회담 개최를 통해 한·미 FTA 출범가능성을 모색하고, 2005년 7월 및 9월 통상교섭본부장이 미국의 주요 상하원의원, 정부관계자, 업계와 오피니언 리더들에 대한 설득작업을 통해 미 행정부가 2005년 9월 한국 등 4개국을 FTA 우선협상대상국으로 선정하게 되었다. 그리고 지난 2006년 2월 3일 Portman 미 USTR 대표와 함께 한·미 FTA협상 공식출범을 선언함으로써 동시다발적 FTA정책의 궁극적 지향점인 한·미 FTA협상이 공식적으로 시작되었다.

한·미 FTA는 상품, 무역구제, 투자, 서비스, 경쟁, 지재권, 정부조달, 노동, 환경 등 무역관련 제반 분야를 망라하는 포괄적 FTA로 한·미 FTA협상이 시작되면서 여러 다양한 의견과 논란이 끊이질 않았지만 한국과 미국을 오가며 8차례의 공식적인 협상을 통해 시난 2007년 4월 2일 김현종 통상교섭본부장과 카란 바티아(Karan Bhatia) 미 USTR 부대표 및 양측 대표단이 참여한 고위급협상에서 2006년 2월에 개시한 한·미 FTA협상을 타결하였다.

한·미 FTA 체결로 인하여 상품 분야에 있어서 양국은 상품 전 품목에 대해 관세를 철폐하고, 3년 이내에 수입액기준 약 94% 품목을 조기 철폐하기로 합의하였다. 우리나라의 주력 수출품목인 자동차에 대해서 미국은 3000cc 이하 승용차와 자동차 부품의 관세를 즉시 철폐하고, 3000cc 이상 승용차는 3년, 타이어는 5년, 픽업트럭은 10년에 걸쳐 관세를 철폐하기로 하였다. 농산물 분야에 있어서 우리나라 농업의 민감성과 미국의 시장접근 요구를 적절히 반영하여 쌀은 양허대상에서 제외하고, 수확기 오렌지, 콩, 감자, 분유, 꿀 등에 대해서는 현행 관세를 유지할 수 있도록 예외를 인정하였다. 아울러 쇠고기, 돼지고기, 고추, 마늘, 양파 등을 포함한 주요 민감품목에 대해서는 세이프가드, 관세할당(TRQ), 장기이행기간을 부여하기로 하였다.

또한 국가 대 국가 간 분쟁해결절차에 회부할 수 있는 대상에 위반 및 비위반조치를 포함하고, 비위반 제소대상에 상품·농업·섬유·원산지·서비스·정부조달을 포함하되, 지적재산권의 경우 WTO의 결정이 있을 때까지 비위반 제소 허용을 유예키로 하였다.

국제적 경쟁력을 한층 강화시키는 계기라는 논리와 문화적 다양성이 훼손되고 문화정체성이 상실될 것이라는 상반된 논란을 야기하였던 한·미 FTA협상에 있어 주요 난제 중의 하나였던 문화산업의 주요 협상의 결과는 [표 11-6]에 나타난 바와 같다. 한·미 FTA를 통해 문화산업이 개방됨으로써 피해가 우려되는 분야에 대하여는 지원 및 보완대책을 차질 없이 추진하고 문화산업이 우리 경제의 핵심 산업으로 성장·발전해 나갈 수 있도록 적극 지원해야 할 것이다.

표 11-5 한·미 자유무역협정 주요 양허안

	한국	미국
즉시	승용차(8), 크실렌(5), 통신용 광케이블(8), 항공기엔진(3), 에어백(8), 전자계측기(8), 백미러(8), 디지털프로젝션 TV(8) 등	3,000cc 이하 승용차(2.5), LCD모니터(5), 캠코더(2.1), 귀금속장식품(5.5), 폴리스티렌(6.5), 컬러TV(5), 기타 신발(8.5), 전구(2.6), 전기앰프(4.9) 등
3년	요소(6.5), 실리콘오일(6.5), 폴리우레탄(6.5), 치약(8), 향수(8) 등	DTV(5), 3,000cc 이상 승용차(2.5), 컬러TV(5), 골프용품(4.9), 샹들리에(3.9) 등
5년	톨루엔(5), 골프채(8), 면도기(8), 살균제(6.5), 바닷가재(20) 등	타이어(4), 가죽의류(6), 폴리에테르(6.5), 스피커(4.9) 등
10년	페놀(5.5), 볼베어링(13), 콘텍트렌즈(8) 등	전자레인지(2), 세탁기(1.4), 폴리에스테르수지(6.5), 모조장신구(11), 베어링(9), 섬유건조기(3.4), 화물자동차(25) 등
10년 이상	명태(30), 민어(63), 기타 넙치(10), 고등어(10) 등	특수신발

표 11-6 한·미 자유무역협정 문화산업 양허안

분야		협상 결과	내용
서비스 분야	영화	현행유보	향후 스크린쿼터 73일 이상으로 확대 어려움
	디지털 시청각콘텐츠	미래유보	필요 시 온라인 시청각 콘텐츠에 대한 규제를 발동할 수 있는 권한 유보(현재 차별적 규제는 없는 상황)
	도박	협상대상 제외	카지노, 사행성 게임 등 도박을 포괄적으로 협상대상에서 제외하는 부속서한에 합의
	정기간행물	미래유보(신문) 현행유보(잡지)	• 신문 : 신문과 관련된 국적 및 지분제한 등 포괄적 권리 유보 • 잡지 등 기타 간행물 : – 국적 및 지분제한, 외국간행물 지사의 허가제 유지 – 단, 외국 정간물 지사가 원어판 정간물 인쇄·배포가능(법률해석 확대)

	뉴스제공업	현행유보 (우리 측 안대로 타결)	로이터 등 외국뉴스통신사의 국내 직접배급은 여전히 허용되지 않음
	문화재	미래유보 (우리 측 안대로 타결)	문화재의 발굴, 감정, 매매 등 문화재 보존 및 복원을 위한 미래규제권한 확보
	외국간행물 추천	현행유보 (우리 측 안대로 타결)	외국간행물 수입업자의 외국간행물 추천제 유지(간행물윤리위원회 추천)
	외국공연자 추천	현행유보 (우리 측 안대로 타결)	외국공연자에 대한 추천제 유지(영상물등급위원회 추천제)
저작권 분야	보호기간 연장	조건부 인정	자연인, 비자연인(법인 등) 일률적으로 70년으로 연장+유예기간 2년 명시
	일시적 복제	조건부 인정	일시적 저장에 대한 복제권을 인정하되 '공정이용(fair use)' 예외 명시
	기술적 보호조치	조건부 인정	접근통제, 기술적 보호조치 보호를 인정하되 예외규정을 명시(향후 기술발전에 대비)
	OSP의 침해자 정보제공	인정	온라인 서비스 제공자, 저작권 침해자의 개인정보 제공의무 부여
	비친고죄	우리 제도와 유사	'상업적 규모'의 저작권 침해 시 비친고죄 적용
	법정손해 배상제도	인정	법정손해배상제도 도입
	병행수입금지	불인정	현재와 같이 저작물 병행수입 허용

② 한 · 미 FTA 개정협상내용

2017년 10월 미국 워싱턴 DC에서 개최된 제2차 한 · 미 FTA 특별회기에서 양국이 한 · 미 FTA 개정협상을 시작하기로 합의한 후 2018년 1~3월 총 세 차례 개정협상을 진행하여 3월 26일 원칙적으로 합의에 도달하였다. 지난 1월 5일 개최된 제1차 한 · 미 FTA 개정협상에서 양국 정부는 한 · 미 FTA 개정 및 이행관련 각각의 관심 분야가 제기되었고, 1월 31일과 2월 1일 개최된 제2차 개정협상에서는 상기 분야에 대한 구체적인 협상이 진행되었으며 3월 제3차 회의 이후 협상을 타결하였다.

한 · 미 FTA 개정협상에서 가장 핵심적인 미국의 관심사항은 자동차 분야였는데, 동 분야는 2006년 협상 개시 이후 수차례 추가 협상이 진행되어 현재의 합의안에 도달하였다. 관세 분야의 경우 아래에 정리된 바와 같이 승용차의 경우 발효 4년이 지나면 양국 모두 관세를 철폐하기로 합의되었기 때문에 현재 양국 모두 무관세인 상태여서 이번 개정협상을 통해 이를 되돌리는 합의는 도출되지 않았다. 그러나 미국의 가장 핵심적인 민감부문인 픽업트럭의 경우 2021년 철폐 예정이던 현행 관세(25%)에 대해 철폐 유예기간이 20년 추가 연장되어 2041년에 철폐하기로 합의되었다.

또한 관세 분야 외에도 미국 제작사별로 연간 50,000대(현행 25,000대)까지 미국 자동차 안전기준을 준수한 경우, 한국 안전기준을 준수한 것으로 간주하기로 합의하였다. 그 외에도 연비 및 온실가스관련 현행 기준은 2020년까지 유지하고 그 이후 새로운 기준 설정 시 미국 기준뿐만 아니라 글로벌 트렌드를 고려하기로 합의하였다. 세부적인 사항은 아래와 같다.

㉠ 우리 측 관심 분야 개정 이슈

㉮ 투자자-국가 간 분쟁해결(ISDS) 개선 : 투자자의 ISDS 남소 제한, 본안 전 항변단계 중재절차 신속 종료 등의 요소를 추가해 정부의 응소 부담을 완화했다. 또한 내국민대우·최혜국대우 위반 여부를 판단할 때 공공복지목적 등을 종합적으로 고려하도록 해 정부의 정책권한을 보호할 수 있도록 했다.

㉯ 무역구제 투명성과 절차 개선 및 섬유원산지기준 변경 : 현지 실사절차를 규정하고, 덤핑 및 상계관세율 계산방식을 공개키로 합의, 미국 측의 수입규제조사 관행을 명문화해 최소한의 절차적 투명성을 확보했다.

㉰ 섬유원산지기준 개정 : 일부 공급이 부족한 원료품목(업계 건의 반영)의 경우 역외산을 사용해 최종재를 생산했을 경우 이를 역외산으로 인정할 수 있도록 추진키로 했다. 이에 따라 미국 측은 해당 원료의 역내산 공급 부족 여부 판단 절차를 신속히 진행하고, 공급이 부족하다고 판정했을 경우 한·미 FTA 섬유·의류의 원산지기준을 변경한다.

㉡ 미국 측 관심 개정 이슈

㉮ 자동차 안전기준 : 연간 제작사별로 5만 대까지 미국 자동차 안전기준(FMVSS)을 준수할 경우 한국 자동차 안전기준(KMVSS)을 충족한 것으로 간주한다. 종전에는 대상이 2만 5,000대까지였다. 2017년 미국 자동차 빅3 기업의 한국 수출은 포드가 8,107대, GM 6,762대, 크라이슬러 4,843대였다. 미국산 자동차 수리를 위한 자동차 교체부품에 대해서도 미국 자동차 안전기준을 충족할 경우 우리 안전기준을 충족한 것으로 간주한다. 자동차 교체부품에 대한 대한민

국인증(KC) 마크 표시의무는 유지하되 표시방식상 부담을 완화한다.

㉯ 자동차 환경기준 : 연비·온실가스기준과 관련해 차기기준(2021~2025년) 설정 시 미국 기준 등 글로벌 트렌드를 고려하고, 연간 판매량이 4,500대 이하인 업체에 완화된 기준을 적용하는 '소규모 제작사'제도를 유지한다. 친환경 기술개발 인센티브인 에코이노베이션 크레디트의 인정 상한을 확대한다. 에코이노베이션 크레디트란 통상적인 연비·온실가스 측정방법으로 측정할 수 없는 연비향상과 온실가스 저감기술을 자동차에 적용할 경우 추가 크레디트를 인정해 주는 제도다. 아울러 휘발유 차량에 대한 배출가스 시험절차와 방식은 미국 측과 조화토록 하였다.

표 11-7 한·미 FTA 자동차부분 개정 주요 내용

한·미 FTA협상 결과 (2007년 4월)	한·미 FTA 재협상 결과 (2010년 12월)	한·미 FTA 개정협상 결과 (2018년 3월)
• 한국 : 현행 관세(8%) 발효 즉시 철폐 • 미국 : 3,000cc 이하 차량 현행 관세(2.5%) 발효 즉시 철폐 ; 3,000cc 이상 차량 현행 관세(2.5%) 발효 3년 후 철폐 ; 픽업트럭의 경우 현행 관세(25%) 발효 10년 후 철폐	• 한국 : 현행 관세(8%) 발효 4년 동안 4% 유지, 그 이후 철폐 • 미국 : 현행 관세(2.5%) 발효 4년 동안 유지, 그 이후 철폐 ; 픽업트럭의 경우 현행 관세(25%) 발효 7년 동안 유지, 그 이후 3년 동안 단계적 철폐(2021년 철폐)	• 한국 : 변동 없음 • 미국 : 픽업트럭의 현행 관세(25%) 철폐 유예기간을 20년 추가 연장(2041년 철폐)

ⓒ 기타 이행 이슈와 원산지검증

글로벌 혁신신약 약가우대제도는 현재 검토 중인 글로벌 혁신신약 약가우대제도 개정(안)을 한·미 FTA에 합치하는 방향으로 합의한다. 한편 원산지검증에 대해서는 양국은 공통적으로 적용하는 원산지검증원칙에 합의하고 원산지검증 작업반을 신규로 설치한다.

한·미 FTA 개정협상은 양국이 제한적 범위 내에서 신속하게 마무리해 시장 불확실성을 조기에 불식하고, 한·미 교역·투자관계의 안정성과 예측가능성을 제고했다는 점에서 그 의의가 있다는 평가를 받고 있다.

국제통상환경론
International Trade Environment Theory

12 CHAPTER

디지털무역과 국제규범

12 Chapter 디지털무역과 국제규범

21세기 들어 인터넷[1]의 급속한 성장은 산업혁명 이후 최대의 사회변혁을 초래하는 디지털 혁명의 근간이 되고 있다. 인터넷은 우리 일상생활의 변화를 주도할 뿐만 아니라 기업경영에 있어서도 매우 중요한 주체로 등장하게 되었으며, 개인과 기업경영, 나아가 국가의 경쟁력 우위를 위한 필수적인 요소가 되었다. 즉 이러한 디지털 혁명의 근간이 되는 인터넷은 기존의 상거래시스템의 장을 새롭게 열어가면서 사회 전반에 파급되는 힘을 지니게 된 것이다.

이러한 현실에서 인터넷의 생활화와 함께 나타난 용어가 전자상거래[2]로서 이는 인터넷이 통신수단으로서의 기능을 뛰어넘어 기업경영과 일상생활 변화의 의미로 확대되어 조직과 개인의 상호 간에 다양한 미디어를 통해 상품과 서비스를 교환하는 것을 의미한다. 전자상거래는 빠른 속도로 발전하고 있는 인터넷관련 정보기술을 활용하여 모든 거래활동을 전자적으로 수행하고, 신속하고 정확한 정보를 공유함으로써 기업의 이윤을 극대화하고 있다.

또한 인터넷 전자상거래가 국제교역에서 차지하는 비중이 급격히 늘어나면서 인터넷 가상시장의 중요성이 점점 증대하고 있다. 이러한 추세에 따라 미국은 일찍이 인터넷을 자유무역지대로 만들자는 '글로벌 전자상거래 계획'을 1997년에 발표하였다. 이는 인터넷상에서 이루어지는 전자상거래의 국제교역에 무관세를 실현하고 정부도 일체의 간섭을 하지 않는 인터넷 자유무역지대를 만들자는 것이었다. 이 계획에는 이미 정보인프라와 인터넷산업에서 절대우위에 있는 미국이 인터넷

1) 인터넷의 개념은 예전부터 있어왔지만 오늘날처럼 이렇게 많은 사용자를 갖추게 된 원인은 정보통신(IT) 분야 기술의 발전과 함께 제공가능한 정보의 형태가 다양한 멀티미디어 형태로 발전되었기 때문이라 할 수 있다.

2) 전자상거래라는 용어의 기원뿐만 아니라 개념 자체에 대해서도 현재까지 많은 논란이 있으나, 국내에서 일반적으로 전자상거래라고 지칭되는 Electronic Commerce라는 용어는 1989년 미국의 국립로렌스 리버모어 연구소(Lawrence Livemore National Laboratory)에서 미국 국방성의 프로젝트를 수행하면서 처음으로 사용된 이후, 1993년 미국 연방전부가 조달행정업무의 효율화에 Electronic Commerce를 표방하면서 확산되었다고 볼 수 있다(노승혁, "인터넷 전자상거래의 사회·경제적 파급효과에 대한 고찰", 한국국제상학회, 국제상학, 제14권 제2호, 1999. 5, p.317 참조).

상에서 형성된 가상시장을 선점하고자 하는 인식이 내포되어 있는 것이라 할 수 있다.

읽고가기 | 전자상거래관련 주요 쟁점

전자상거래와 관련하여 논의되고 있는 주요 쟁점은 첫째, 디지털 및 서비스에 대한 관세문제가 국제적 쟁점으로 등장하여 전자적으로 주문되고 전송되는 디지털상품에 대하여 현재 기술 및 관리상의 문제로 관세를 부과하지 않고 있다. 미국은 인터넷을 자유무역지대로 규정하고 범세계적인 합의를 도출하기 위한 노력을 하고 있다. 둘째, 미국은 전자상거래 활성화방안의 일환으로 인터넷 전자상거래관련 장비 및 내용물을 정보기술협정 확대협정(ITA-2)대상품목에 포함할 것을 주장하고 있다. 셋째, 1998년 2월 WTO 일반이사회에서 미국은 전자상거래 무관세화를 제안하여 2005년 12월 WTO 제6차 홍콩 각료회의에서 현재의 무관세 관행을 계속 유지하기로 결정하였다. 넷째, 우리나라는 원칙적으로 무관세화에 동의하고 있으나 인터넷으로 거래되더라도 물리적인 운송을 필요로 하는 유형의 상품의 경우에는 관세를 부과하겠다는 입장이다. 다섯째, 1996년부터 인터넷교역의 주류를 이루고 있는 S/W, 전자출판물 등은 무관세화, 기타 영상, 음악 등 인터넷을 통해 전송되는 경우 이는 물품이 아니므로 현행 관세법에 따르면 관세부과대상이 아니며 유체물의 경우에는 현행대로 관세를 부과할 것을 주장하고 있다. 여섯째, 향후 영화나 음악이 유체물에 수록되어 수입되는 경우와 통신망을 통해 전송되는 경우에 형평성의 문제가 발생할 수 있다는 것이다.

12.1 국제전자상거래의 주요 쟁점과 논의

전자상거래라는 새로운 패러다임의 등장으로 국제 간 전자상거래가 촉진되고, 기업들이 생산과 시장 등 모든 측면에서 글로벌화의 기회가 제공됨에 따라 전자상거래는 각국에 있어 주요 정책 현안으로 대두되고 있다. 전자상거래의 범세계적인 확산은 새로운 무역질서의 확립을 필요로 하게 되었으며, 이에 미국, 유럽연합 등의 주요 국가와 WTO, OECD 등의 주요 국제기구 등을 중심으로 국제규범 제정을 위한 논의가 빠른 속도로 진행되고 있다.

그러나 전자상거래에 대한 국제적 논의 동향이 여타 국제회의에서와 마찬가지로 정보화 선진국과 후진국의 이해관계가 첨예하게 대립하고 있는 상황에 있으나 각국들은 국제적 논의과정에서 자국의 이익이 최대한 반영될 수 있도록 발 빠른 움직임 보이고 있다.

1. 주요 쟁점

전자상거래를 둘러싼 주요 쟁점들이 전자상거래의 확산에 따라 부각되고 있다. 이와 관련된 쟁점으로는 경제적 측면의 각국 간 핵심적 사항인 관세와 조세에 관한 문제를 비롯하여 무관세지역화에 대한 논의, 법적인 측면에서의 개인정보 및 소비자보호, 지적재산권 침해문제 등으로 나누어 살펴볼 수 있다.

(1) 경제적 측면

1) 관세와 조세

전자상거래를 둘러싼 각국 간 핵심 쟁점은 관세 및 조세문제일 것이다. 이는 전자상거래의 특성상 공간적 제약이 없는 가상공간에서의 거래라는 점 때문이며, 예를 들어 전자상거래를 무관세지역으로 만들겠다는 미국의 주장은 곧 선두기업들의 선점에서 오는 우월적 경쟁력을 중심으로 각국의 전자상거래 기반을 붕괴시킬 수 있다는 유럽을 중심으로 한 다른 국가들 간의 전략적 고려가 그 바탕을 이루고 있다고 해도 과언이 아닐 것이다.[3)]

국제전자상거래에 있어 논의가 활발한 분야인 디지털제품 및 서비스에 대한 조세 및 관세문세는 각국의 세수확보 차원과 결부되어 있다. 특히 전자적으로 주문·전송되는 디지털제품 및 서비스는 지리적 이동선이 결여되어 있고, 기술 및 관리상의 문제로 현재 관세 및 조세의 부과가 사실상 불가능한 상태이다. 물론 인터넷으로 주문되고 물리적으로 전달되는 전자거래는 기존의 통신판매방식과 큰 차이는 없으나, 거래의 모든 과정이 전자적으로 이루어지는 디지털제품 및 서비스의 전자상거

3) 최용록, 전자상거래와 인터넷 무역, 두남, 2000, p.415.

래는 비대면거래이며, 그 과정 또한 암호화되기 때문에 신원확인 및 거래추적에 어려움이 있다.[4)]

전자상거래와 관련된 조세문제는 조세행정상의 문제와 실정세법상의 문제로 대별할 수 있다. 조세행정상의 문제는 전자상거래의 여러 가지 특징들이 기존 조세행정에 미칠 수 있는 영향과 그 대응방안에 관한 것이다. 실정세법상의 문제는 구체적인 조세유형과 관련된 문제를 말하는 것으로 전자상거래의 경우 소비세의 핵심인 부가가치세와 국제적 사업활동과 관련한 소득세가 논의의 대상이 되고 있다.

구체적으로 전자상거래로 인한 세제상의 문제로는 첫째, 거래당사자의 신원확인 및 결정곤란으로 과세권 행사의 곤란이 초래될 수 있다는 점이다. 예를 들어, 인터넷 전자상거래가 수행되는 웹사이트를 누가 소유하고 있는지 파악하기가 어려울 수가 있다. 둘째, 거래의 암호화, 원격조정, 변환장치의 사용으로 세무조사와 소득추적이 곤란해질 수 있다는 점이다. 웹사이트나 인터넷 주소의 소유자가 파악된다 하더라도 거래의 암호화, 전송경로의 세분화 등으로 과세당국이 인터넷거래를 파악하고 추적하는 것이 어려워질 수 있다. 셋째, 국제 간 전자상거래가 활성화됨에 따라 과세관할권의 영향에 따른 증거능력이 있는 자료의 획득이 곤란할 수 있다는 점이다. 즉 자금청산도 금융기관을 통하지 않고 직섭 이뤄질 수 있는 데다 중간도매상마저 사라져 과세당국이 이들을 통한 조세정보 획득에 한계가 있다. 마지막으로 조세피난처 및 역외 금융기관에 대한 접근이 용이함에 따라 조세회피 및 국제적 탈세의 가능성이 증가할 수 있다는 점이다. 즉 인터넷을 통해 국제적 기업들은 현지에 특정한 거점을 갖지 않고 사업을 영위할 수 있게 되었고 내부통신망을 통해 과세당국이 확인 불가능한 경영활동을 수행하면서 자유롭게 소득을 이전시킬 수도 있는 것이다.

인터넷을 통한 교역이 급증조짐을 보이면서 세계 각국이 차세대 세원으로 강행할 조짐을 보이자 유리한 위치에 있는 미국은 소프트웨어, 영상음악 등 전자신호형태로 이동가능한 상품부터 우선 무관세로 하자고 주장하며, 경쟁우위를 확보하겠다는 의도를 분명히 하고 있다. 일본은 전자통신기술에 있어서 미국 못지않은 경쟁력을 갖고 있다는 판단 아래 미국의 기본계획에 소극적인 찬성입장을 밝히고 있다.

유럽연합(EU)의 경우는 미국이나 일본에 비해 상대적으로 기술적으로나 상업적

4) 송경석 · 한병완, 전자상거래@경영 · 기술 · 법, 두남, 2001, p.405.

으로 뒤져있음을 직시하여 정부의 보호와 지원을 중심으로 소비지 과세주의를 주장하고 있고, 우리나라는 여건이 비슷한 대만, 싱가포르 등 아시아권 나라들과 보조를 맞춘다는 전략이다.

한편 조세 및 관세부과와 관련된 기술적 문제가 해결된다면 전자상거래에 대하여 조세 및 관세가 부과될 가능성이 있다고 할 수 있다. 결국 무관세 및 무조세화원칙이 파기될 수도 있을 것이다. 이 경우 개별국가 과세당국 간의 효율적인 협조가 요구될 것이다. 향후 관세부과 여부와 조세문제는 세계 각국의 핵심 사안으로 치열한 쟁점이 예상되어진다.

2) 무관세지역

미국은 전자상거래와 관련해 관세문제를 가장 먼저 거론하였다. 1997년 '글로벌 전자상거래 기본계획' 발표 이후 일관되게 무관세·무조세를 주장하고 인터넷을 자유무역지대로 규정하여 영구적인 무관세·무조세에 대한 범세계적인 합의를 도출하기 위해 노력하고 있다. 즉 인터넷 전자상거래는 상품의 물리적 교역의 상징이었던 명백하고 고정적인 물품운송로의 결여로 관세부과가 곤란하므로 인터넷 무관세(Tariff Free Environment)화를 WTO 등의 국제기구를 통해 국제적 합의를 도출한다는 계획이다.

유럽연합은 미국의 방침을 영구화하는 데 신중한 입장을 보이고 있으나 미국과 유럽연합은 인터넷으로 주문되고 인터넷으로 전송되는 재화 및 용역에 한해 관세를 부과하지 않고, 인터넷으로 주문되고 물리적으로 수송되는 제품에 관해 그것이 단지 인터넷으로 주문되었다는 이유만으로 추가적 관세가 부과되어서는 안 된다는 두 가지 원칙에 합의하였다. 이는 미국과 유럽연합이 전자거래시장 지배를 통해 자국의 경쟁우위를 지속적으로 확보하려는 의도로 간주되어진다. 그러나 유럽연합은 추가 관세부과문제에 대해서는 미국과 같은 입장이지만 이중의 과세체계문제, 즉 동일한 상품인 실물재화와 디지털재화의 문제점을 지적하면서 디지털재화에 대해 관세부과를 주장하고 있다. 향후 무관세지역화 논의는 국제적 통일규범을 도출하는데 있어 상당한 논란이 있을 것이다.[5)]

---

5) 박형래, "인터넷 자유무역지대논의와 다자간 규범으로의 조화", 한국인터넷 전자상거래학회, 2000년 추계학술발표대회 논문집, 2000. 11, p.238.

(2) 법적 측면

1) 개인정보보호

전자상거래에 있어 거래 및 결제에 필요한 의사표시나 정보는 디지털 메시지로 교환되기 때문에 경우에 따라서는 소비자나 이용자에 관한 정보를 수집 및 관리하기 쉽고 또한 다른 목적으로의 전용이 용이하다고 하는 구조적인 취약점이 있다. 즉 가상공간 내에서는 다수의 관계자가 관여할 수 있기 때문에 개인정보의 노출기회는 그만큼 많다고 할 수 있다.

전자상거래를 통하여 소비자의 거래내역이 데이터베이스화되어 불법적으로 유출될 수 있는 경로는 크게 세 가지로 구분해볼 수 있다. 첫째는 쿠키기능(cookie function)[6]에 의한 유출이다. 쿠키기능이 있는 소프트웨어의 경우 사용자 개개인의 ID, 비밀번호, 신용카드번호는 물론 인터넷 웹상에서의 방문사이트를 소비자 자신도 모르게 추적할 수 있게 된다. 둘째로는 가상공간에서 거래가 이루어지는 특성상 본인 여부를 확인하는 인증제도가 필요하고, 이 경우 인증기관에는 막대한 신용정보가 축적되므로 이에 의한 정보유출 및 오용의 우려가 있다. 셋째로는 전자화폐나 신용카드 등에 의한 대금결제에 따른 개인정보의 유출이 있을 수 있다.[7]

따라서 소비자들이 자신에 관한 어떤 정보가 수집되고 있는지 그리고 수집된 정보는 어떠한 과정을 통해 사용되는지를 알 수 있어야 하며, 또한 스스로 자신의 개인정보를 적절히 통제할 수 있어야 하는데 이는 전자상거래 활성화의 필수 불가결한 요소로 볼 수 있다. 결국 전자상거래가 거래당사자 간 공동의 이익을 보장하려면 개인정보가 부당하게 침해받지 않도록 제도적·행정적인 보호장치가 강구되어야 한다. 개인정보의 보호가 전자상거래 활성화에 장애가 되어서는 안 되며, 상호균형적인 조화를 통해 개인정보보호장치가 마련되어야 할 것이다.

국내외 관련 법제 동향을 살펴보면 미국의 경우, 1995년 '프라이버시에 관한 일반원칙'을 채택하였는데 동 원칙에는 개인정보의 합리적인 수집·관리 및 사용원칙, 개인정보 수집의 이유 및 목적의 통지원칙, 프라이버시 존중원칙, 개인정보 무결성

6) 쿠키기능이란 인터넷 이용자가 웹사이트에 접속할 때마다 각 웹사이트에 사용자 엑세스, 사용자 ID, 패스워드나 신용카드번호와 같은 정보를 자동등록하는 기능을 말한다.

7) 서민교, "인터넷 라운드의 대두와 그 대응방안-주요 이슈별 쟁점과 대응방안을 중심으로", 한국무역학회, 무역학회지, 제23권 제3호, 1998. 12, p.255.

의 원칙, 개인정보 정확성의 원칙, 피해보상원칙 등이 포함되어 있다.

우리나라의 경우 개인정보보호에 관한 규정을 살펴보면, 공공기관의 개인정보보호에 관한 법률, 전자거래기본법, 전자서명법, 정보통신망 이용촉진 등에 관한 법률, 개인정보보호지침 등이 있다.[8)]

공공기관의 개인정보보호에 관한 법률은 공공기관의 컴퓨터에 의하여 처리되는 개인정보의 보호를 위한 것이며, 전자거래기본법에서는 수집목적의 명시의무, 수집목적 외 사용금지, 안전대책 마련 의무, 열람권 및 정정·삭제의무 등의 개인정보보호조항을 두고 있고,[9)] 전자서명법에서는 최소한의 개인정보수집과 본인의 동의, 목적 외 개인정보 사용금지와 유출금지 등을 규정하고 있다.[10)]

또한 '정보통신망 이용촉진 등에 관한 법률'에서는 인터넷상의 개인정보보호에 관한 포괄규정을 두고 있는데, 이 법에서 개인정보 수집 시 정보통신서비스 제공자는 개인정보 관리책임자의 소속·성명 및 전화번호 기타 연락처, 개인정보의 수집목적 및 이용목적, 개인정보를 제3자에게 제공하는 경우의 제공받는 자, 제공목적 및 제공할 정보의 내용, 이용자의 권리 및 그 행사방법, 수집하는 개인정보의 보유기간 및 이용기간을 미리 이용자에게 고지하거나 정보통신서비스 이용약관에 명시하여야 하고, 이용자의 동의에 기초한 적절한 개인정보 수집·이용·처리·제공 및 이용자의 권리보장을 규정하여 개인정보를 보호하고 있다.[11)]

2) 소비자보호

전자상거래는 다수의 위험이 혼재되어 있는 경우가 많아 컴퓨터 자체의 운영상·통신망의 사용, 중요한 정보의 유출, 개인의 사생활 침해위험 등의 악용 사례가 많이 발생하고 있다. 또한 전자거래는 다수의 당사자가 참여하기 때문에 누구의 귀책사유로 손해가 발생하였는지 규명하기 어려우며, 만약 발생된 위험의 당사자를 찾았다 하더라도 기술·정보력에서 취약한 상태에 있는 소비자가 상대방의 고의·과실을 입증하기에 많은 어려움이 있다.

반면 전자상거래에 있어 제기되고 있는 문제의 상당부분은 향후 인터넷을 통한

8) 송경석·한병완, 전게서, pp.384~393.
9) 전자거래기본법 제13조
10) 전자서명법 제24조
11) http://www.youme.com(YOU ME 특허법인(YOU ME PATENT & LAW FIRM))

가상공간에서의 경쟁이 치열해짐에 따라 자연스럽게 해결될 수 있으리라는 전망도 있다. 그 이유는 서로 고객을 유치하려는 기업 간의 경쟁에 의해 민간자율에 의한 규제와 견제의 양상이 전개될 수 있으리라는 예측 및 전통적 상거래방식과 달리 전자상거래는 인증, 보안과 같은 일련의 기술의 발전과 연계되어 있기 때문에 이와 같은 기술의 급속한 발전이 곧 소비자문제의 해결에 직접적으로 기여할 수 있기 때문이다.

그러나 소비자와 판매자 간에 상호 신뢰하지 않고서는 전자상거래의 발전을 기대하기는 어렵다. 새로운 상거래방식에 대한 소비자 정보제공, 교육 등 소비자 지원을 강화하여 전자상거래에 대한 소비자의 신뢰를 제고시켜야 할 것이다.

전자상거래에 있어 소비자는 악의의 판매자를 통한 사기·기만 거래에 쉽게 노출될 수 있을 뿐만 아니라 전자상거래의 특성상 국경이 없는 가상공간에서 거래가 이루어질 수 있음에 따라 피해가 발생했을 경우 분쟁조정에 어려움이 발생하게 된다.

소비자보호는 대략 다섯 가지 주요 사안으로 구분할 수 있다. 광고의 정직성 및 신뢰성, 상품의 보증·증명 및 제품표준과 관련한 레이블 부착 및 공개성, 계약취소 및 할부판매계약 취소보증의 조건, 주문취소·상품하자·미배달 등일 경우의 환불제도, 상기조건을 충족할 판매자의 적격성 판별을 위한 제도적 절차 등이다.

각국은 전통적 상거래 관행과 법체계를 유지하고 있는 가운데 이를 전자적 환경에서 어떻게 조화시킬 것인가를 주요한 문제로 논의하고 있다. 미국의 경우 전자상거래와 소비자보호 대책을 우선 기존의 법률을 적용하여 사기방지를 위한 법 집행과 민간주도 및 민간과 공공부문의 협력을 통한 소비자교육에 기본원칙을 두고 소비자보호 문제해결에 노력하고 있다.[12)]

우리나라의 경우 전자거래기본법에서 정부가 소비자보호와 관련된 계획을 수립·시행하고, 소비자보호 등 관계법령의 규정에 따라 전자거래와 관련되는 소비자의 권익을 보호하기 위해 필요한 시책을 마련할 것을 규정하고 있으며, 또한 공정거래위원회에서는 전자거래 소비자보호지침을 제정하여 소비자 피해예방과 구제수단을 강구하는 등 소비자의 권익보호를 위하여 노력하고 있다.[13)]

12) 실례로 소비자보호 행정기관들의 참여를 유도하여 소비자문제에 관한 연방정부의 시책과 각종 정보를 제공하고 있다.

13) 송경석·한병완, 전게서, p.381.

3) 지적재산권

지적재산권(Intellectual Property Right)[14]이란 인간의 지적 창작물에 관한 권리와 표식에 관한 권리를 총칭하는 말이다. 지적재산권은 아이디어에 대한 투자와 교역, 문화적인 활동에 대한 경제적인 보상을 제공함으로써 보안과 신뢰를 제공하는 데 있어 중요한 역할을 수행하고 있다.

전 세계적인 정보인프라에서 지적 콘텐츠의 중요성이 증가함에 따라 지적재산권은 전자상거래의 발전에 있어 중요한 문제로 대두되고 있다. 즉 전자상거래에서 무단복제가 용이한 소프트웨어, 영화 등 디지털 상품에 대한 저작권보호와 독창성이 없는 데이터베이스의 보호, 권리의 신설, 기술조치 및 권리관리정보, 온라인 사업자의 책임문제 등의 저작권문제가 제기되고 있다.[15]

이와 같이 인터넷 사용이 급속하게 확산되면서 가상공간을 통해 무방비로 전송되고 있는 디지털 재화에 대한 지적재산권보호의 필요성이 대두되고 있다. 민간부문은 여러 부문에서 새로운 멀티미디어 제품과 서비스의 지적재산권보호와 관련된 공통의 표준에 합의하였는데 '무역관련 지적재산권 분야(Trade-Related Aspects of Intellectual Property Rights)'와 세계지적재산권기구(World Intellectual Property Organization)의 'WIPO 저작권 조약(WIPO Copyright Treaty)' 등이 그것이다. 각국의 정부도 재산권의 보호를 위한 국제적인 공통의 표준에 합의하는 데 상당한 진전을 보이고 있다.

디지털화의 대상이 모든 문화상품과 지적생산물로 확대되면서 전자거래의 발달을 위해서는 지적재산에 대한 확실하고 효과적인 보호가 필수적이라 하겠다. 즉 보호대상 저작물범위, 전송권, 기술적 보호조치, 온라인사업자의 책임범위, 컴퓨터프로그램, 도메인네임, 영업모델 특허 등이 지적재산권과 관련된 주요 쟁점사항이다.

우리나라의 경우 이러한 쟁점을 어느 정도 반영하여 2000년 1월 저작권법을 개정하였다. 즉 WIPO 저작권조약의 공중전달권 조항을 도입하여 전송권을 신설하였으며, 데이터베이스 정의규정을 도입하고 디지털 복제를 복제개념에 명시적으로 포함

14) 지적재산권은 산업재산권, 신지적재산권, 저작권으로 구분할 수 있다. 산업재산권에는 특허권, 실용신안권, 의장권, 상표권, 신지적재산권에는 컴퓨터프로그램, 반도체회로배치, 영업비밀, 저작권에는 저작재산권, 저작인격권, 저작인접권 등이 포함된다.

15) 서민교, 전게서, pp.254~255.

시켰으며, 컴퓨터프로그램보호법에서 프로그램 제작권자에게 전송권을 부여하고 저작권 관리정보의 보호규정을 신설하였다.16)

또한 전자상거래환경에 적합한 저작권의 보호와 국민의 이용 편의가 균형을 이룰 수 있도록 특허권 및 상표권과 인터넷 상호를 보호하기 위해 특허권을 비롯한 지적재산권 보호에 대한 대책을 수립하고 있다. 지적재산권 보호 실무 대책반을 구성하고, 특허 보호범위를 확대하여 전자거래관련 특허기술 보호방안 강구, 상표와 인터넷 상호의 저촉관계 해결 및 부정경쟁행위 방지, 인터넷을 통한 전자출원 및 특허정보 교류 등을 추진하고 있다.17)

그러나 상기의 주요 쟁점들을 살펴볼 때, 특히 국제전자상거래가 성장·발전하기 위해서는 거래가 원활하게 이루어질 수 있도록 필요한 하드웨어, 소프트웨어, 통신망 등의 체제 정비를 통한 기술적 시스템의 구축뿐만 아니라 국제전자상거래 관련 비즈니스를 수행할 수 있도록 거래대상관련 상품과 콘텐츠, 관련 물류 및 결제시스템의 구축 및 정비 등의 기반도 체계적으로 뒷받침되어야 할 것이다. 또한 전자상거래의 법적 효력, 전자서명의 인증, 소비자보호, 지적재산권의 보호 및 개인정보의 보호 등에 관한 법적·제도적 기반이 체계적으로 정비되어야 할 필요성이 있다.

16) 송경석·한병완, 전게서, p.406.

17) 김재우, 사이버무역실무, 두남, 2001, p.47.

12.2 국제기구의 전자상거래 논의와 정책

1. 주요 국제기구의 논의

(1) WTO

세계무역기구(World Trade Organization : WTO)는 국제무역의 규범과 집행을 관장하는 국제기구이다. WTO에서는 관세문제를 비롯하여 전자상거래와 관련된 여러 쟁점들을 검토하고 있다. 이는 전자상거래가 무국경성이라는 특징이 있는바 국제무역관계에 있어서 국가 상호 간에 문제를 발생시키고 있기 때문이다.

WTO에서 전자상거래 이슈로 논의된 것은 1998년 2월 미국이 전자상거래의 무관세화를 인정하는 규범이 필요함을 WTO 일반이사회(General Council)에 공식적으로 제안하면서 시작되었다고 할 수 있다.[18] 이러한 미국의 제안은 무역개발위원회의 의제로 채택되어 WTO 내에서 전자상거래에 대한 논의를 불러일으켰으나 각 회원국들은 미국의 무관세화에 대한 국제규범화 제안에 적극적으로 동의하지 않았다.

WTO 사무국은 1998년 3월 '전자상거래와 WTO의 역할(Electronic Commerce and the Role of the WTO)'이라는 보고서를 발표하여 상업적 목적으로 인터넷을 사용함으로써 발생하는 잠재적인 무역상의 이익을 검토하였다. WTO 사무국 보고서는 전자상거래에 관한 정책개발을 위하여 WTO 회원국에게 배경정보로서 준비되었고, 보고서에서 확인된 정책적 문제는 인터넷거래에 대한 법적 및 규제적 골격, 보안과 프라이버시문제, 조세, 인터넷에 대한 접속, 인터넷상 공급자를 위한 시장접근, 무역촉진, 공공구매, 지적재산권문제 및 내용의 규제 등이었다.

그 이후 1998년 4월 캐나다는 전자상거래의 범주가 WTO 내의 부속협정 중 어떤 규범의 적용을 받을 것인지 확정되지 않았음을 지적하고, 특히 전자적으로 전송되는 부분에 대하여 1999년 제3차 각료회의까지 관세부과의 효과가 있는 신규조치를 취하지 않도록 하는 시한부 동결조치를 제안하였고, 캐나다가 제시하였던 안은 1998년 5월에 개최된 WTO 제2차 각료회의에 반영되었다.[19] WTO는 1998년 5월

18) WTO, "Global Electronic Commerce", WT/GC/W/78, 9 February, 1998, para. 2.
19) 박노형, "전자상거래관련 국제규범의 제정 동향과 내용 분석", 삼성경제연구소 외부전문가 기고,

20일 '세계전자상거래에 관한 제네바 각료선언'의 채택으로 전자상거래에 관한 통상관련 쟁점들을 검토하기 위한 작업프로그램(work program)을 개발하고, WTO의 각 이사회별로 논의를 진행하도록 하여 WTO에서 본격적으로 전자상거래 논의가 진행되었다.

WTO 제2차 각료회의에서 현재의 전자 전송물에 대한 무관세 관행을 그대로 유지하며, 일반이사회는 전자거래와 관련된 모든 무역관련 쟁점검토를 위한 종합적 작업프로그램을 개발하여 추진하고, 이에 대하여 1999년 제3차 각료회의에서 재검토하는 내용을 골자로 하는 '전자상거래에 관한 WTO 각료선언(Declaration on Global Electronic Commerce)'을 채택하였다.[20] 이는 비록 한시적이지만 디지털제품의 거래에 대하여 관세를 부과하지 않는다는 국제적 합의가 이루어졌다고 볼 수 있다. 제네바 각료선언에 따라 WTO 일반이사회는 1998년 9월 25일 WTO에서 전자상거래문제를 다루기 위한 작업프로그램을 채택하였다.[21]

WTO 전자상거래 논의는 일반이사회가 중심적인 역할을 수행하고 계획작업 자체와 그 진행을 감독하기 위하여 전자상거래 이슈를 일반이사회 상시의제(standing-items)로 상정키로 하였다. 작업프로그램에 따르면 일반이사회는 1999년 3월 말까지 작업프로그램의 이행에 대한 중간검토를 마치고, 각 분아별 이사회들은 1999년 7월 말까지 일반이사회에 논의를 제출하는 것이었다.

이에 따라 작업계획 이행을 확인하는 중간 점검회의를 갖고 산하 이사회는 작업결과를 1997년 7월 말까지 일반이사회에 보고하였다. 그러나 일반이사회의 보고를 기초로 그 방향을 결정하려 하였던 시애틀 제3차 각료회의는 무산되어 결론적으로 각 회원국들의 제안들을 통일된 입장으로 제시하는 것에는 실패하였다.[22]

한편 WTO 상품무역이사회에서는 전자상거래에 대한 WTO규범의 적용과 관련하여 1998년 일반이사회 작업프로그램에서 부여한 쟁점들에 대하여 최종보고서 제출기한인 1999년 7월 30일까지 3차례의 비공식회의를 열고 논의를 하였으나 결론에

2000. 12, pp.65~66.

20) WTO, "Declaration on Global Electronic Commerce", WT/MIN(98)/DEC/2, 25 May, 1998. paras. 1-3.

21) WTO, "Work Program on Electronic Commerce", WT/L/274, 30 September, 1998, paras. 2-5.

22) 윤창인, "WTO의 전자 전송물 분류에 대한 논의 및 우리의 대응", 한국전자거래진흥원, 국제규범 워킹그룹 보고서, 2002. 1, p.89.

도달하지는 못하였다.

WTO 상품무역이사회에서 논의된 내용 중 중요한 것은 전자전송(electronic transmission)의 법적 성격으로서 서비스로 볼 것인지 또는 상품으로 볼 것인지, 아니면 제3의 유형(something else)으로 볼 것인지에 대한 문제였다. 이러한 문제는 관세, 분류, 관세평가, 원산지 및 수입허가 등 관련 사항에서 가장 먼저 해결되어야 할 사안으로 인식되었으나 여러 가지 사안들에 대한 합의가 도출되지 않음에 따라 WTO 상품무역이사회는 1999년 3월 비공식회의에서 이전까지 논의된 상품무역관련 전자상거래 부분을 일단 의장요약서로 정리하여 일반이사회에 중간보고서형태로 제출하여 회원국들에 회람하기로 결정하였다. 회원국들이 중간보고서를 검토하여 필요할 경우 논의를 계속하기로 하였으나 별다른 의견이 나오지 않아 동 보고서를 상품무역이사회의 최종결과로 일반이사회에 제출하였다.

WTO 상품무역이사회의 논의에서 관세와 관련되었던 문제를 살펴보면, 1998년 전자상거래에 관한 각료선언에 따라 전자전송에 부과하는 관세에 대하여 잠정적인 동결조치의 규정을 강조하면서 비록 일부 전송을 관세가 부과될 수 있는 상품으로 분류하는 것이 가능하다 하더라도 전자전송이 HS상품분류에도 분류되지 않고 각국의 양허표에도 포함되지 않는 경우 어떻게 적용가능한 관세율을 결정할 것인지에 대한 의문제기 및 관세목적을 위한 분류가 전송된 상품의 내용에 의존할 수는 없는지에 대한 문제 등이 주요 쟁점으로 제기되었다.[23)]

WTO의 전자상거래관련 논의에서 전자전송물에 관한 문제는 논의에 참여한 상품, 서비스 및 무역관련 지적재산권이사회와 무역개발위원회 모두에서 논의된 공통이슈였다.[24)] 회의결과 도출에 실패하였던 제3차 시애틀 각료회의 이후 수면상태에 들었던 WTO의 전자상거래 논의는 2000년 7월 일반이사회의 결정에 따라 재개되었다.

2001년 5월 일반이사회는 관련 각 부문에 공통적인 쟁점과 부문별 주요 쟁점에 대하여 작업을 계속하기로 하였으며 제4차 카타르 도하 각료회의에서 전자상거래가 검토과제로 확정되어 논의가 계속 진행 중에 있다. 현재 WTO의 전자상거래 논의

23) 박노형, "전자상거래관련 국제규범의 제정 동향과 내용 분석", 삼성경제연구소 외부전문가 기고, 2000. 12, pp.70~79.

24) WTO, "Minutes of Meeting", WT/GC/W/M/57, 14 September, 1998, para. 3.

중 가장 핵심적인 쟁점은 전자전송의 분류 이슈로 이는 전자상거래에 대하여 적용될 WTO협정문의 결정과 직결된 문제뿐 아니라 관세부과의 문제로도 직결되기 때문이라 하겠다.[25)]

앞에서 언급한 바와 같이 WTO는 상품무역이사회, 서비스무역이사회, 지적재산권이사회, 무역개발이사회 등 각 이사회 및 위원회 내부 작업프로그램을 구축하여 관련된 전자상거래 무역 쟁점에 대한 검토를 진행하여 왔다. 각 이사회 및 위원회의 분석을 기반으로 2001년 제4차 각료회의에서도 현행 전자적 전송에 대한 무관세 관행을 유지하기로 합의하였고 이후 2년마다 개최되는 WTO 각료회의를 통해 전자적 전송물에 대한 무관세 관행을 한시적으로 연장해가고 있으나, 이렇게 무관세 관행을 연장해가고 있을 뿐, 아직 WTO 차원에서 전자전송물에 대한 무관세를 통상규범화하지는 못하고 있는 상황이다.

WTO에서는 인터넷을 통하여 이루어지는 전자상거래의 전자전송을 상품, 혹은 서비스, 상품과 서비스의 혼합체 등 제3의 무엇으로 분류할 것인가 하는 분류의 문제가 가장 핵심적인 쟁점으로 그에 따라 기존 WTO 내의 규범 중에서도 GATT규범을 적용할 것인지, GATS규범을 적용할 것인지, 또는 새로운 규범을 제정해야 하는지 논의와 검토 중에 있다.

(2) OECD

선진국 중심으로 구성된 OECD는 전자상거래가 선진국 주도로 발전하고 있기 때문에 회원국 상호 관심사항의 하나로 부각되어 논의되고 있으며, 현재 전자상거래 규범형성은 OECD가 주도하고 있다. 전자상거래에 대한 OECD의 논의는 이미 1980년대부터 진행되었으며, 1994년 이후에는 전자상거래의 응용에 대한 논의가 본격화되었다.[26)]

OECD는 1997년 11월 19일부터 21일까지 전자상거래에 관한 국제적 정책합의의 도출을 목표로 핀란드 투르크에서 '전 세계 전자상거래 장벽제거'를 주제로 정부·민간합동국제회의를 개최하였다. 투르크 전자상거래 국제회의에서는 시장주도와

25) 윤창인, "WTO의 전자 전송물 분류에 대한 논의 및 우리의 대응", 한국전자거래진흥원, 국제규범 워킹그룹 보고서, 2002. 1, p.89.

26) 주OECD대한민국대표부, http://www.mofat.go.kr/mission/emb

기술중립성을 기조로 하는 OECD의 업계민간자문위원회인 BIAC(Business and Industry Advisory Committee)가 제시한 전자상거래 10대 정책원칙선언[27]이 발표되었다.[28]

투르크 회의는 민간부문이 전자상거래를 이끌어 나가는 원동력임을 확실히 인식하고, 정부는 이를 지원하는 역할을 담당하는 것이 기본적인 접근방식임을 분명히 확인하였다. 아울러 전자상거래 전개과정에서 많은 문제점과 장애가 있겠지만 이 문제점들은 기술발전과 시장메커니즘에 의하여 해결되어야 함을 강조하였다. 또한 정부의 규제가 필요한 경우 또 다른 문제점이 발생되지 않도록 신중하게 최소한으로 국한하되 투명하고 기술중립적인 방법으로 시행되어야 한다는 결론을 도출하였다.[29]

한편 오타와 각료회의[30]에서는 '전자상거래에서 소비자보호에 관한 각료선언'을 통하여 전자상거래 소비자가 실물 이동을 수반하는 실제거래와 동일한 수준의 보호를 받아야 함을 천명하였으며, '세계정보통신망상에서의 프라이버시보호에 관한 각료선언'을 채택하여 온라인환경에도 '1980년 OECD 프라이버시보호지침'이 적용되어야 한다는 원칙을 확인하였다. 또한 '전자상거래 인증에 관한 각료선언'을 채택하여 기술중립적이고 비차별적인 전자인증제도를 개발하기로 합의하였다.

27) 10대 정책원칙선언은 "① 전자상거래의 발전은 시장원리에 의해 민간부문이 주도해야 한다. ② 정부의 개입은 공익보호와 국제적으로 안정된 법적 환경을 조성하기 위해 필요·최소한으로 이루어져야 하며, 기술적으로 중립적이어야 한다. ③ 민간부문의 정책결정과정 참여 메커니즘은 모든 나라와 국제회의에서 폭넓게 적용되어야 한다. ④ 범세계적 적용을 위해 정부의 정책은 국제표준의 설정을 촉진하고 국제적으로 통용될 수 있도록 상호조정되어야 한다. ⑤ 비전자적 상거래와 비교하여 전자상거래가 조세 등에서 불리한 대우를 받아서는 안 된다. ⑥ 전기통신 인프라에 대한 규제는 시장의 수요에 따라 경쟁을 촉진하고 범세계적으로 시장의 개방과 공정경쟁을 지향해야 한다. ⑦ 전자상거래의 참여는 개방, 경쟁적 시장환경하에서 이루어지도록 해야 한다. ⑧ 프라이버시, 비밀성, 익명성, 내용규제에 관한 정책은 소비자에게 선택과 통제권을 부여해야 한다. ⑨ 업계는 소비자에게 선택의 수단을 제공하도록 해야 힌다. ⑩ 민간업계의 자율규제, 계약, 교육, 기술적 해결방안, 분쟁해결절차의 채택을 통해 고도정보사회에 대한 신뢰를 구축해야 한다"로 구성되어 있다.

28) 유창호, "OECD 전자상거래 논의 동향", 한국전자거래진흥원, 국제규범 워킹그룹 보고서, 2002. 1, p.6.

29) 송선욱, "전자상거래 과세에 대한 국제적 논의동향과 한국의 대응과제에 관한 연구", 한국관세학회, 한국관세학회지, 제2권 제1호, 2001, p.116.

30) 오타와 각료회의는 범세계 전자상거래의 잠재력을 실현하기 위한 기본체계의 정립을 목표로 1998년 10월 7일부터 9일까지 캐나다 Ottawa에서 열린 회의로 OECD 회원국 관련 장관 및 민관(民官) 국가대표단, 통신업계, 인터넷관련 업계 등 민간업계 대표 및 WTO, WIPO, UN 등 관련 국제기구 및 소비자단체 등 NGO대표 등이 참석하였다.

아울러 오타와 각료회의에서는 OECD 조세 분야 보고서인 '전자상거래의 조세골격 조건'을 승인하고 전자상거래가 기존 거래와 비교하여 더 불리하지 않은 조세대상이 되어야 한다고 선언하는 한편 소비세는 소비지국에서 과세되어야 하며 디지털 제품(digital product)은 상품의 공급으로 보지 않는다는 원칙을 채택하였다.

조세 및 관세와 관련하여 전자상거래의 활성화에 따라 가상기업 및 가상공간 내 거래에 대한 관할권, 조세회피 및 포탈 등에 대응하는 국제협력의 필요성을 제기하였다. 특히 무형재화에 대한 조세부과가 기존방식으로는 불가능함에 따라 새로운 방식이 필요하게 되었다.

오타와 각료회의에 참석한 OECD 회원국, 비회원국 및 민간업계 대표들은 전자상거래에 적용할 조세골격 조건(Taxation Framework Conditions)을 환영하면서 실물 재화의 국경 간 이동에 관하여는 세계관세기구(World Customs Organisation : WCO)와 긴밀히 협력하여 관세문제 논의를 발전시켜 나가도록 합의하였다.

이와 관련하여 OECD 재정위원회는 현재의 기술적·상업적 환경을 고려할 때 통상 거래에 적용되는 중립성, 효율성, 명확성·단순성, 효과성·공평성, 융통성 등 5가지 조세원칙이 전자상거래에도 적용되어야 한다고 결론지었고,[31] 또한 징세방안에 있어서는 금융기관에 의한 원천징수방안이 효과적인 징세방안이 될 수 있음을 제시하였다.

OECD에서는 전자상거래의 사회·경제적 파급효과에 대한 연구를 계속해 나가는 한편 각 위원회 소관사항에 있어서 전자상거래관련 이슈들이 계속 논의될 것이다. 나아가 선·후진국 간, 그리고 국내 소득·교육·연령 계층 간 정보격차(digital divide)해소 등 현실적인 문제에 대해 관련 국제기구와 협력이 계속 이루어질 예정에 있다.

OECD는 전자상거래에 관한 국제질서 정립과 관련하여 개념 형성 및 국가 간 정책협력 측면에서 가장 활발한 활동을 하고 있는 국제기구의 하나로 OECD 내에서 정보통신뿐만 아니라 조세, 소비자보호, 무역 등 여러 해당 위원회가 활동하여 새로운 전자상거래의 기본틀(framework)을 마련하는 데 유리한 여건을 형성하고 있다. 따라서 우리나라는 OECD 회원국의 일원으로 관계부처 간 긴밀한 협의를 바탕으로 전자상거래 논의에 지속 참여함으로써 OECD 활용도를 더욱 제고하는 것이 바람직

31) 법무부, "뉴라운드와 전자상거래", 2001. 1, pp.96~112.

할 것이다.[32)]

2. 지역무역협정에서의 디지털무역자유화

WTO 작업계획과 분쟁해결제도에서의 논의에 실망한 WTO 회원국들은 양자 및 지역무역협정을 통해 디지털무역에 관한 새로운 통상규범의 수립을 시도하고 있다. 디지털무역관련 통상규범을 독립적인 장(chapter)에서 다루지 않고 주로 서비스무역 장에서 다루는 EU와는 달리 미국은 2000년 요르단과 체결한 FTA에서 법적 구속력이 없지만 독립적인 전자상거래 장(e-commerce chapter)을 처음으로 도입하였고 이후 체결된 모든 FTA에는 법적 구속력이 부여된 독립적인 전자상거래 장을 포함시키면서 디지털무역규범 논의를 주도하고 있다. 특히 한·미 FTA는 디지털제품의 시장자유화를 주요하게 다루면서도 기발효된 지역무역협정 중 가장 진일보한 전자상거래규범을 담고 있는 것으로 평가받고 있다. 또한 최근 타결된 TPP는 '21세기형 무역협정'으로 불릴 정도로 기존 통상체제에서 논의되지 않았던 '국경 간 정보이전의 자유화'와 '컴퓨팅설비 현지화 금지' 등 새로운 내용의 디지털무역규범을 포함하고 있다.[33)]

(1) 한·미 FTA와 TPP에 공통적으로 포함된 디지털무역규범

1) 디지털제품의 정의 및 분류

WTO 작업계획이 기대했던 것만큼의 성과를 보이지 못하고 있는 이유 중 하나는 디지털제품을 상품으로 분류할 것인가 서비스로 분류할 것인가의 문제에 대하여 회원국 간의 견해가 극명히 대비되었기 때문이었다. 이에 한·미 FTA와 TPP는 디지털제품의 분류문제에 대해 전향적인 자세를 취하여 소모적인 논쟁에 얽매이지 않고 실용적으로 접근하는 방식을 택하였다. 우선 한·미 FTA와 TPP 모두 WTO 작업계획에서 구체적인 정의를 내리지 않았던 디지털제품을 정의하고 디지털제품 자체와 디지털제품의 전달방식을 구분하여 통상규범의 적용대상을 디지털제품의 전달방식

32) 주OECD대한민국대표부, http://www.mofat.go.kr/mission/emb

33) 본 내용은 곽동철·안덕근(2016)의 "아날로그체제하의 디지털무역"을 참조.

이 아닌 디지털제품으로 구체화하였다. 예를 들어, 한·미 FTA는 디지털제품을 "전달매체에 고정되는지 또는 전자적으로 전송되는지 여부에 관계없이 디지털방식으로 부호화되고 상업적 판매 또는 배포를 목적으로 생산된 컴퓨터 프로그램·문자열·동영상·이미지·녹음물 그 밖의 제품"으로 정의하였고 TPP에서 디지털제품은 "디지털방식으로 부호화되고 상업적 판매 또는 배포를 목적으로 생산된 컴퓨터프로그램·문자열·동영상·이미지·녹음물 그 밖의 제품으로서 전자적으로 전송될 수 있는 것"으로 정의한다. 디지털제품을 구체적으로 정의함으로써 최혜국대우 및 내국민대우 등 비차별원칙이 적용되는 대상을 디지털제품으로 한정하여 실용적인 입장에서 법적 확실성을 확보하려는 의도로 보인다. 또한 양 협정 모두 각주를 통해 "디지털제품의 정의는 전자적 전송을 통한 디지털제품의 무역이 상품무역으로 분류되어야 하는지, 또는 서비스무역으로 분류되어야 하는지에 관한 당사국의 견해를 반영하는 것으로 이해되어서는 아니될 것이다"라고 밝힘에 따라 양 협정으로 인해 다자협상차원에서 디지털제품의 분류에 대한 당사국의 입장이 구속받지 않는다는 점을 명확히 천명하였다. 상기 각주에 의해 당사국들은 자국이 체결한 FTA의 내용에 얽매이지 않고 향후 다자협상에서 유연하게 입장을 개진할 수 있게 되었다.

디지털제품의 정의규정을 통해 기술중립성[34]에 대한 한·미 FTA와 TPP의 입장 차이도 유추해볼 수 있다. 한·미 FTA는 "전달매체에 고정되는지 또는 전자적으로 전송되는지 여부에 관계없이" 디지털제품을 인정하지만 TPP는 "전자적으로 전송될 수 있는 것"만을 디지털제품으로 정의하고 있다. 한·미 FTA는 전달방식의 차이에 따른 구별을 인정하지 않으므로 암묵적으로 기술중립성 개념을 인정하고 있는 것으로 보이는 반면, TPP는 디지털제품의 정의에 있어 기술중립성 개념을 인정하지 않는 듯한 입장을 취한다. 한·미 FTA와 TPP가 서로 다른 입장을 택한 만큼 향후 통상규범 측면에서 기술중립성이 어떻게 다루어질지 섣불리 판단하기 어렵다.

2) 영구적 무관세선언

한·미 FTA와 TPP는 공히 WTO에서 법적 지위와 의미가 불확실하였던 무관세선

34) 기술중립성이란 협정상의 권리와 의무는 기술적인 발전단계와 무관하게 적용되어야 한다는 원칙으로 전송수단에 관계없이 통상규범이 전자상거래에 동일하게 적용되어야 함을 의미하는데 이것은 나아가 전자적으로 전송되는 서비스와 비전자적인 방식으로 공급되는 서비스가 '동종서비스'에 해당하는가의 문제에 대한 논란을 일으킬 수 있다.

언의 실체를 명확히 하고 또한 이를 영구화하였다. 한·미 FTA는 제15.3조에서 "전달매체에 고정된 디지털제품이 원산지상품인 경우 또는 전자적으로 전송된 디지털제품의 수입 또는 수출에 대하여 또는 이와 관련하여" 관세를 부과하여서는 아니되는 것으로 명시하고 있다. 즉 무관세선언의 적용대상이 물리적 전달매체에 체화된 디지털제품과 온라인으로 전송되는 디지털제품으로 한정되어 전자적 전송의 의미에 대한 논의가 불필요해졌다. 반면, TPP는 "전자적으로 전송되는(transmitted electronically) 콘텐츠를 포함하여 전자적 전송(electronic transmission)"에 대해 무관세를 적용한다. 이는 TPP가 디지털제품을 "전자적으로 전송될 수 있는 것"으로 정의한 것에 상응하는 것으로 보인다. TPP가 한·미 FTA에 비해 디지털제품을 좁은 의미로 파악하고는 있으나 물리적 전달매체에 내재된 콘텐츠에 대해서는 관세를 부과하지 않는 관행이 이미 자리 잡고 있으므로 TPP의 접근방식이 특기할 만한 것은 아니라 할 수 있다. WTO 각료회의에서 결정된 전자적 전송에 대한 무관세선언은 다음 회의 때까지 한시적으로 적용되는 규정이었다. 그러나 무관세선언에 관한 상기 한·미 FTA와 TPP 어느 조항에서도 무관세선언의 종료시점을 찾아볼 수 없다. 즉 한·미 FTA와 TPP의 무관세선언은 영구적으로 적용된다.

(2) TPP와 디지털무역규범

1) 전자적 수단에 의한 국경 간 정보의 이전 의무화

TPP 전자상거래 장에서 가장 주목할 만한 규범 중 하나는 '전자적 수단에 의한 국경 간 정보의 자유로운 이전 의무화'규범이다. 디지털시대와 빅데이터(big data) 시대에는 상품, 소비자, 시장상황 등에 대한 정보(information)가 기업의 생산활동, 영업활동, 연구개발활동 등에 필수적인 요소로 투입되기도 하고 그 자체가 상업적 가치를 지니기 때문에 정보의 자유로운 흐름은 IT서비스산업과 금융서비스산업의 성장의 전제조건이다. 특히 전 세계에 흩어진 고객들의 개인정보를 수집·저장·가공하여 상업적 이익을 추구하는 구글(Google)이나 페이스북(Facebook) 등 미국의 IT기업들은 국경 간 자유로운 정보이전을 줄기차게 요구해 왔다. 국경 간 정보의 자유로운 이전에 대한 논의는 이미 한·미 FTA에서 이루어졌지만 국경 간 정보가 자유롭게 이전될 수 있도록 노력한다는 수준에 머물렀다. 이에 반해 TPP는 "개인정보를 포함하여 전자적 수단에 의한 국경 간 정보의 이전을 허용해야 한다(shall)"고 명시하여 국경 간 정보의 이전을 의무화하였다. 다만 합법적인 공공정책 목표를 달성하기 위한 예외도 명시적으로 인정된다. 국경 간 정보의 이전을 제한하기 위해서는 의무에 일치하지 않는 조치가 (i) 합법적인 공공정책 목표를 달성하기 위한 것이어야 하며, (ii) 자의적이거나 정당화될 수 없는 차별의 수단을 구성하지 않아야 하며, (iii) 무역에 대한 위장된 제한수단으로 적용되지 않아야 하고, (iv) 필요성요건을 충족해야 한다. 디지털경제에서는 정보가 전통적인 생산요소인 노동, 토지, 자본 이외의 핵심적인 생산요소로 활용되기 때문에 정보의 자유로운 흐름이 제한되면 정보를 집약적으로 활용하는 산업의 생산성과 성장이 저해된다. 국경 간 정보의 자유로운 이전을 의무화하여 디지털무역자유화를 이루고 관련 산업의 발전을 추구하려는 시도는 향후 메가 FTA나 양자간 FTA협정에 큰 영향을 미칠 것으로 평가된다.

2) 컴퓨팅설비 현지화 금지

TPP 제14.13조에 규정되어 있는 컴퓨팅설비 현지화 금지조항은 GATT/WTO에서는 물론 기존 지역무역협정에서도 찾아볼 수 없었던 새로운 통상규범이다. 각 체결당사국은 "통신의 보안과 비밀을 보장하기 위한 요건을 포함하여 컴퓨팅설비의 사용에 대해 규제적인 요건을 보유"할 수 있지만 "자신의 영토 내에서 사업을 수행하기 위한 조건으로 대상인에게 그 영토 내의 컴퓨팅설비를 이용하거나 컴퓨팅설비를 그 영토 내에 수립"하도록 요구할 수 없다. 상기 국경 간 정보의 이전 의무화에 대한 예외가 인정되는 요건과 동일한 요건하에서 컴퓨팅설비 현지화 금지에 대한 예외도 인정된다. 컴퓨팅설비의 현지화조치가 강화될수록 상술한 데이터 및 정보의 자유로운 흐름이 저해되는 데이터 현지화(data localization)문제가 발생한다. 또한 개인정보를 저장하는 데이터센터(data center) 등을 각 영업지역에 중복하여 설치해야 하는 비용이 발생하여 자원의 효율적인 배분을 저해할 뿐만 아니라 온라인상에 존재하는 각종 개인정보를 수집·가공하여 ICT관련 상품과 서비스를 생산·수출하는 중소기업들에게는 큰 부담으로 다가온다. 컴퓨팅설비의 현지화조치가 시행되는 국가의 소비자는 외국 중소기업이 제공하는 혁신적인 디지털제품과 온라인 서비스 상품에의 접근이 제한되는 불편함을 겪게 된다. 전자적 수단에 의한 국경 간 정보의 이전 의무화규정과 더불어 컴퓨팅설비 현지화 금지규정은 디지털무역자유화를 달성하기 위해 필수적인 규정으로서 향후 디지털 무역관련 통상협상에서 중요한 이정표 역할을 할 것으로 보인다.

3) 기타 신규 디지털무역규범

데이터 현지화와 관련된 상기 두 가지 무역규범 이외에 TPP에서 처음으로 규정된 디지털무역관련 규범도 다수 존재한다. 그 중 TPP 제14.8조의 개인정보보호조항은 무역협정 최초로 협정당사국에게 개인정보를 보호하는 법체계를 채택하고 유지할 의무를 부과한다. 그러나 그러한 법체계가 어떤 내용을 포함해야 하는지는 명시하지 않아 구체적인 개인정보보호규정은 당사국의 자유에 맡겨져 있다. 따라서 향후 강력한 개인정보보호법규를 보유한 국가들이 TPP에 참가하게 되는 경우 비교적 느슨한 개인정보보호법규를 채택하고 있는 정보 강대국과의 갈등이 예상된다.

3. 주요 국가의 논의

(1) 미국

미국의 전자상거래 논의는 1997년 7월 1일 빌 클린턴 대통령이 '세계전자상거래골격'을 발표하면서 구체화되었다. 이에 따라 미국은 상무부, 무역대표부(USTR), 재무부, 연방거래위원회(Federal Trade Commission : FTC) 등 주요 연방기관들을 포함하는 전자상거래 작업반을 구성하여 미국의 전자상거래에 관한 정책 및 규범 형성에 노력하고 있다.[35)]

특히 1997년 '세계전자상거래골격'은 미국의 정보고속도로 구축에서 한 걸음 더 나아가 세계정보인프라(Global Information Infrastructure : GII)라는 목표를 설정하고, 이러한 GII환경에서 중요한 상거래수단인 전자상거래에 적용되는 5가지 주요한 원칙들을 천명하였다.[36)] 이러한 원칙들은 첫째, 민간부문이 전자상거래를 이끌어간다는 것, 둘째, 정부는 전자상거래에 관하여 적절하지 못한 간섭을 피한다는 것, 셋째, 정부의 간섭이 필요한 경우 그 목적은 예측가능하고, 최소한도이어야 하며,

35) 박노형, 전게서, pp.16~26.

36) The White House, 'A Framework for Global Electronic Commerce', 1997. 7. 1 참조.

양립가능하고 명확한 법적 환경을 강화하고 유지하는 것, 넷째, 정부는 인터넷의 독특한 성질을 인정해야 하고, 마지막으로 인터넷을 통한 전자상거래는 전 세계적인 기초에 근거하여 촉진되어야 한다는 것이다.

이와 같은 원칙들은 급변하는 인터넷 전자상거래환경에서 미국의 정책을 일관되게 유지하고 촉진하기 위해 계속 적용되고 있다. 미국은 이러한 1997년 세계전자상거래골격과 함께 발표된 '전자상거래에 관한 대통령 지침'을 바탕으로 전자상거래에 관한 논의를 전개하고 있다.

미국 정부의 전자상거래 작업반은 1997년 세계전자상거래골격 및 대통령지침의 추진 현황을 담은 제1차 연례보고서를 1998년 11월 발표하였다. 보고서에서는 전자상거래와 관련하여 13가지 범주로 논의를 전개하였다. 특히 보고서에서 다루고 있는 주요 논의사항에는 미 무역대표부에서 주관한 관세문제와 세계전자상거래시장에 관한 문제, 상무부에서 추진하는 전자상거래관련 특허보호의 문제와 도메인이름, 단일법골격(Uniform Legal Framework)과 전자서명, 온라인상의 개인정보보호 및 기술표준 등의 문제가 있으며, 재무부 주관으로는 조세정책과 관련하여 전자상거래에서의 문제 등이 있다.

또한 미국의 전자상거래 작업반은 1998년 대통령의 두 번째 전자상거래에 관한 지침 에 따라 작업을 계속하여 1999년 12월 제2차 연례보고서를 발표하였다. 보고서는 지난 1997년 대통령 지침을 통해 작업을 하였던 주요 내용에 대한 성과를 포함하여 1998년 대통령의 두 번째 지침으로 나타난 초고속 인터넷 접속, 소비자보호, 전자상거래에 대한 개도국 참여의 증진, 디지털경제의 측정 및 전자상거래에 중소기업의 참여 촉진 등의 문제를 다루었다.[37)]

상무부는 1998년 4월 15일 디지털경제에서의 전자상거래의 영향에 대한 이해를 위하여 미국에서의 전자상거래가 국가경제에 미치는 영향을 분석한 보고서 '떠오르는 디지털경제'를 발표하였다. 총 8장으로 구성된 보고서는 디지털경제가 번영하기 위한 여건을 조성하는 데 있어 첫째, 시장이 주도하는 환경하에서 전자상거래가 성장해야 한다는 원칙을 재확인하였고, 둘째, 인터넷과 전자상거래를 위한 규정들은 정부의 규제가 아니라 민간의 축적된 활동(collection action)의 결과이어야 하며,

---

37) U.S. Government Working Group on Electronic Commerce, 'Towards Digital eQuality', Second Annual Report, 1999. 12. 17 참조.

셋째, 각국 정부는 예측가능한 법적 환경의 창출을 지원하는 역할을 수행해야 하고, 넷째, 통신과 방송산업은 경쟁을 보장해야 하며, 다섯째, 인터넷 상거래에 대하여 차별적인 과세를 해서는 안 된다는 원칙을 설정하였다.[38)]

한편 미 상무부는 1999년 6월 '떠오르는 디지털경제 II'와 2000년 6월 '디지털경제 2000'을 발표하여 전자상거래시장에 대한 효과를 매년 분석하고 있다. 이러한 미국 정부의 전자상거래에 관한 연례보고서 및 관련법들을 중심으로 미국에서의 논의되고 있는 조세 및 관세관련 동향을 살펴보면 다음과 같다.

1997년 세계전자상거래골격은 전자상거래에 완전한 무관세를 구현하여 모든 국가가 이익을 얻을 수 있으며, 전자상거래에 세금을 신설하여서는 안 된다고 규정하였다. 이후 미국에서의 전자상거래에 대한 조세 및 관세부과의 특징은 일관되게 무과세를 유지하는 것이다. 특히 조세 분야에 있어 이러한 미국의 정책은 1998년 10월 시행된 '인터넷 면세법'[39)]에 구체화되어 있다. 이외에도 '인터넷 비차별법',[40)] '인터넷 접속요금금지법'[41)] 및 '전화소비세폐지법'[42)] 등이 하원에서 통과되어 미국의 무과세정책 입장을 표명해주고 있다.

한편 전자상거래와 관련한 관세 분야에서의 논의는 주로 WTO 전자상거래 작업 프로그램에 따라 각국의 의견을 수집하면서 본격화되었다. 특히 미국은 1998년 2월

38) U.S. Department of Commerce, 'The Emerging Digital Economy', 1998. 4. 15 참조.

39) 1998년 인터넷 면세법은 인터넷을 통한 상거래에 신규 조세 및 차별적 조세를 3년간 유예하도록 규정하고, 기존의 원격판매에 적용되는 과세원칙을 인터넷에도 동일하게 적용시킬 수 있도록 법제도의 정비를 위한 위원회를 설치하는 것을 주요 내용으로 한다.

40) 미국의 조세정책과 관련하여 미 하원은 2000년 5월 10일 찬성 352표, 반대 75표로 '인터넷 비차별법'을 통과시켰다. 동 법은 2001년 만료되는 인터넷 면세법에서 규정된 전자상거래에 대한 3년간의 과세유예기간을 2006년 10월 21일까지 추가적으로 5년간 연장한다. 또한 1998년 10월 1일 11개 주에서 인터넷 면세법이 효력을 발생하기 이전에 신설된 인터넷 접속료 징수에 관한 조부조항(grandfather clause)도 함께 폐기하였다. 따라서 동 법에 따라 인터넷 접속료에 대한 주정부의 과세는 금지된다.

41) 전자상거래의 기본이 되는 인터넷 접속의 요금과 관련하여 미 하원은 2000년 5월 16일 소비자에게 인터넷 접속 속에 대한 부가요금징수를 금지하는 '인터넷 접속료금지법'을 만장일치로 통과시켰다. 동 법은 연방통신위원회(Federal Communications Commission : FCC)가 인터넷서비스 공급자에게 인터넷접근서비스에 사용된 시간에 기초하여 추가적인 요금을 부과하는 것을 금지하고 있다.

42) 미 하원은 2000년 5월 25일 찬성 400표, 반대 2표로 전화 및 기타 통신서비스에 관한 소비세 폐지를 위한 1986년 내국세법의 수정을 주된 내용으로 하는 '전화소비세폐지법'을 통과시켰다. 현재 3%의 전화특별소비세가 휴대폰과 팩스 및 컴퓨터 모뎀에 연결되는 라인을 포함하여 2억 5천2백만 개 회선으로 추정되는 전화회선에 부과되고 있는데, 동 법은 2002년 10월 1일까지 3단계로 나누어 기존의 전화세를 점진적으로 폐지하도록 규정하고 있다.

6일 전자상거래의 무관세화를 인정하는 규범이 필요함을 WTO 일반이사회에 공식적으로 제안하였다. 또한 미국은 1999년 2월 11일 WTO 각 이사회와 무역개발위원회에 제출한 문서를 통하여 온라인거래에 대한 무관세 관행을 영구화할 것을 주장하였다. 이후 각국은 WTO에서의 전자상거래 작업프로그램에 따라 관세문제를 포함한 통상관련 전자상거래 쟁점들에 대한 자국의 입장을 각 이사회 및 무역개발위원회에 제안하였는데 특히 미국은 이러한 제안을 통해 관세문제에 있어 전자전송에 대해 관세를 부과하지 않는 관행의 연장을 기대한다는 입장을 제시하였다.[43]

(2) EU

유럽연합(EU)에서는 1997년 4월 15일 유럽위원회가 '전자상거래에 관한 유럽이니셔티브'를 발표하면서 본격화되었다. 유럽이니셔티브는 크게 네 부분으로 구성되어 있다. 첫 번째 부분인 '전자상거래의 혁명 : 도전과 기회(Electronic Commerce Revolution : Challenges and Opportunities)'에서 EU 단일시장과 전자상거래는 상호보완적인 관계에서 발전할 수 있으므로 유럽에서의 전자상거래 확산은 유럽기업의 경쟁력 강화에 도움을 주게 될 것이라고 전망하였다. 또한 전자상거래 혁명은 EU 단일시장 내에서 경쟁을 자극하고 저비용무역을 실현함으로써 상거래의 구조적 변화를 가져올 것으로 보았다.

두 번째 부분 '세계시장에의 접근 : 인프라, 기술 및 서비스(Access to the Global Marketplace : Infrastructures, Technologies & Services)'에서는 통신산업에 부과되는 높은 수준의 요율이 유럽에서의 전자상거래 발전에 주된 장애 요소가 되었음을 지적하고, 이미 통신자유화의 이행이 낮은 가격과 보다 탄력적인 가격구조를 이끌고 있다고 지적하였다. 또한 WTO의 기본통신협정이 세계적인 전자상거래시장의 출현에 계속 기여할 것이라고 진단하였다.

---

43) 실제로 미국은 전자상거래에 관세를 부과하지 않는다는 입장을 수시로 천명하여 왔다. Charlene Barshefsky USTR 대표는 1999년 7월 29일 Washington D.C.의 Woodrow Wilson 센터에서의 연설을 통해 전자상거래에 관세부과를 방지하는 것, 즉 가상공간을 비과세로 유지하는 것이 미국의 정책에서 가장 긴급한 것이라고 언급하였다. 한편 William Daley 미 상무부 장관은 1999년 11월 30일 Seattle에서 열린 민간부문 프로그램(Private Sector Program)의 연설을 통해 사이버 공간에서의 무관세를 유지하고, 전자적인 수단으로 전달되는 전자정보에 대한 현행 관세유예를 확대하여 영구적인 무관세화를 이룩하기를 희망한다고 상소한 바 있다.

세 번째 부분은 '호의적인 규제골격의 창설(Creating a Favourable Regulatory Framework)'로서 EU 단일시장의 구조는 전통적인 기업형태에서 그 가치가 입증되었으며, 이는 전자상거래에 있어서도 마찬가지가 되어야 한다고 하였다. 이를 위하여 소비자와 기업의 신뢰를 얻기 위하여 안전한 기술이 개발되어야 하고, 예측가능한 법률적 및 제도적 골격이 구축되어야 한다고 요구하였다.

마지막 부분인 '호의적인 기업환경의 촉진(Promoting a Favourable Business Environment)'에서는 전자상거래에 적합한 기업환경을 촉진하기 위해서는 유럽기업들의 최선관행(best practices)을 증진시킬 뿐만 아니라 소비자를 위하여 전자상거래에서 신뢰를 강화하는 것이 중요함을 인식하였다. 또한 각 회원국 정부들은 정부구매와 전자상거래 핵심기술의 수용 등의 방법으로 중요한 역할을 담당할 수 있을 것이라고 하였다.[44)]

EU는 1997년 유럽이니셔티브에 기초하여 유럽위원회가 1998년 11월 18일 '내부시장 내 전자상거래의 법적 측면에 관한 유럽의회와 이사회 지침제안'을 제시하면서부터 가속화되었다. 이후 동 제안은 논의와 발전을 거듭하여 결국 2000년 5월 4일 유럽의회는 EU 회원국들이 향후 18개월 내 국내법으로 이행해야 하는 전자상거래 지침('2000년 전자상거래지침')을 승인하였다. '2000년 전자상거래지침'은 2000년 7월 17일 관보에 게재됨으로써 효력을 발휘하였다.[45)]

'2000년 전자상거래지침'은 회원국들 사이에 정보사회서비스의 자유이동을 보장하는 것을 목적으로 하고 있다. 이를 위하여 동 지침은 정보사회서비스, 서비스 공급자, 및 상업적 통신 등에 관하여 정의하고, 정보사회서비스 공급자의 설립과 정보요건, 상업적 통신, 전자적 수단에 의한 계약, 중간서비스 공급자의 책임 및 이행의 문제 등에 대하여 규정하고 있다.

'2000년 전자상거래지침'의 주요 내용을 살펴보면 우선 정보사회서비스 공급자의 설립지를 웹사이트나 서버가 현재 위치한 곳 또는 운영자가 주소를 가지고 있는 곳 등에 관계없이 동 서비스 공급자가 고정된 시설을 통하여 실제로 경제활동을 추구

44) European Commission, 'A European Initiative on Electronic Commerce', COM(97) 157 final, 1997. 4. 15 참조.

45) Directive 2000/31/EC of the European Parliament and of the Council of 8 June2000 on certain legal aspects of international society service, in particular electronic commerce, in the Internal Market("Directive on Electronic Commerce"), OJ L178/1. 2000. 7. 17 참조.

하는 장소로 정의하였다. 또한 운영에 있어 회원국들이 기타 수단에 의하여 제공되는 동종서비스에는 적용되지 않는 정보사회서비스에 대해 특별한 허가체제를 부과하는 것을 금지하고 있다.

둘째, 전자수단에 의한 계약의 체결과 관련하여 동 지침은 회원국들에게 전자계약의 이용에 대한 금지나 제한을 제거할 의무를 부과하였다. 또한 동 지침은 소비자들이 기술적인 실수를 하지 않도록 하기 위해 전자계약의 체결을 위한 몇 가지 정보요건(information requirement)을 부과함으로써 법적 안정성을 보장하도록 하고 있다.

셋째, 중간서비스 공급자의 책임과 관련하여 동 지침은 기존의 법적 불확실성을 제거하고, 회원국 간 다양한 접근을 피하기 위해 중개자들이 제3자로부터 정보를 단순히 전달하는 것과 같이 수동적인 역할을 하는 경우에 중개자들에 대해 책임을 면제하고, 정보의 저장과 같은 기타 중개적 활동에 대해서는 서비스 공급자의 책임을 제한하였다.

넷째, 집행과 관련하여 EU 및 회원국 내 법률의 집행 보장을 위한 체제의 강화를 추구하고 있다. 즉 EU수준에서 행동규약(codes of conduct)의 발달을 장려하고, 대안적인 분쟁해결제도의 설립을 용이하게 하도록 하였다. 또한 회원국들에게 온라인 환경에 적절한 빠르고 효율적인 법적 구제를 규정하도록 요구하면서, 동시에 동 지침에 따라 규정된 규칙의 위반에 대한 제재가 효과적이고 비례적이 되도록 보장할 것을 요구하였다. 그 밖에 상업적 통신(commercial communication)의 정의와 회원국 국내법의 상호인정, 명예훼손, 투명성 등 전자상거래에 관련된 다양한 규정을 담고 있다.

조세 및 관세와 관련하여 EU에서는 미국의 경우와는 달리 간접세 비중이 큰 특성상 주로 부가가치세와 관련하여 검토되었다. 이러한 검토는 회원국 간 부가가치세의 공동체제에 관한 1977년 VAT지침을 기초로 발전하여 왔다.

1998년 6월 유럽위원회는 '전자상거래와 간접세에 관한 통신'을 채택하여 EU 각 기관에 전달하였는데 동 통신에서 '1997년 전자상거래에 관한 유럽이니셔티브'에서 명확하고 중립적인 조세환경을 보장할 필요성이 강조되었으며, EU는 전자상거래의 충분한 발전을 위해서 부가가치세체제의 법적 확실성(legal certainty), 간소함(simplicity) 및 중립성(neutrality)을 요구하고 있다고 천명하였다.[46)]

2000년 6월 7일 유럽위원회는 전자적으로 전송되는 서비스에 대해 적용되는 부가가치세에 관하여 1977년 VAT지침 수정 제안에서의 행정적 협력에 대한 1992년 규칙을 수정하는 제안을 하였다. 동 제안은 EU 역내에서 이루어지는 전자상거래라 하더라도 그 구매가 EU 역외에서 이루어질 경우에는 부가세를 면제하는 것을 주된 내용으로 하고 있다.

한편 국제전자상거래와 관세의 문제에 있어서 EU는 주문, 결제, 배달이 모두 인터넷으로 이루어지는 온라인거래에 대한 무관세화를 유지하는 것에 원칙적으로는 동의하고 있다. EU의 전자상거래와 관련한 관세에 대한 입장은 WTO 전자상거래 작업프로그램에 제출한 의견서를 통하여 알 수 있다. 제안서에서 EU는 전자상거래가 2가지 유형, 즉 주문은 전자적으로 이루어지면서 배달은 물리적으로 이루어지는 경우와 전자적으로 전송되는 경우를 포함한다고 하였다.

EU는 전자의 경우에는 GATT의 범위에 포함되며, 후자의 경우에는 GATS의 범위에 포함된다고 주장하였다. 특히 관세와 관련하여 논의되는 것은 모든 거래가 온라인(on-line)상에서 이루어지는 후자의 경우인데, EU는 현재 국제사회에서 이러한 온라인거래에 관세를 부과하지 않는 관행을 유지한다는 데 동의하고 있다.

그러나 이러한 전자적 전송의 경우에는 이를 어떤 유형의 공급형태, 즉 상품의 전송과 서비스의 전송 중 어느 유형으로 보는가에 따라 다른 논의가 전개될 수 있음을 시사하였다.

EU가 미국의 무관세원칙에 비해 전자상거래에 대해 부가가치세를 적용하자고 하는 배경은 미국은 부가가치세가 존재하지 않는 반면에 스웨덴 25%를 비롯하여 여타 유럽 국가들은 상당히 높은 부가가치세 비율을 유지하고 있기 때문이다. 따라서 인터넷 상거래의 급속한 발전과 이에 따른 거래규모의 급증으로 인해 중요한 국가 세수의 감소를 가져오게 될 것이 예상됨으로 이와 같은 입장을 갖게 된 것이다.[47]

46) 'E-commerce and Indirect Taxation: Communication by the Commission to the Council of Ministers, the European Parliament and to the Economic and Social Committee', CON(98) 374 final, 1998. 6. 16 참조.

47) 송선욱, "전자상거래 과세에 대한 국제적 논의동향과 한국의 대응과제에 관한 연구", 한국관세학회, 한국관세학회지, 제2권 제1호, 2001, p.128.

(3) 일본

일본의 전자상거래에 관한 논의는 총리실 산하에 고도정보통신사회 추진본부를 설치하여 1995년 2월 21일 '고도정보통신사회를 위한 기본방침'을 발표하고 관련 작업의 검토에 들어가 1998년 11월 9일 최종안을 확정·발표하면서 본격화되었다.

일본은 1999년 4월 16일 기본방침의 구현을 위해 3대 행동원칙과 4대 당면목표가 포함된 행동계획(Action Plan)을 발표하였는데, 고도정보통신사회 행동계획의 3대 원칙은 우선 전자상거래 발전은 원칙적으로 민간주로도 이루어져야 한다는 것이다. 둘째, 정부의 역할은 이러한 민간활동을 끌어내는 환경의 정비를 기본으로 하여 불필요한 규제나 제한을 두지 말아야 하며 또한 규제 등의 관여를 할 경우라도 명료하고 투명하도록 하여 거래당사자에게 불확실성을 주어서는 안 된다는 것이다. 셋째, 국경을 초월하는 전자상거래의 특성상 국제기관이나 외국과의 조정 및 국제적인 조화 확보와 세계적 표준에 관한 논의에 적극적으로 참여를 해야 한다는 것이었다.

또한 일본의 1999년 고도정보통신사회행동계획의 4개 당면목표 중 첫 번째 목표는 전자상거래 등 추진을 위한 환경정비로 전자상거래의 발전을 위하여 전자인증, 개인정보보호, 유해콘텐츠 대책, 소비자보호, 보인 및 범죄대책, 전자거래제도의 정비, 전자결제 및 전자화폐, 지적재산권, 도메인이름, 과세 및 기타 등의 문제해결을 한다는 것이다.

두 번째 목표는 공공 분야의 정보화로 행정의 정보화, 학술의 정보화를 포함한 연구 분야의 정보화, 문화·스포츠 분야의 정보화, 보험·의료·복지 분야의 정보화, 도로·교통·차량 분야의 정보화, 공공수송 분야의 정보화, 방재·기상 분야의 정보화, 환경 분야의 정보화, 노동·고용 분야의 정보화, 지리정보시스템(GIS)의 정비 및 상호이용의 추진 등의 문제해결을 한다는 것이다.

세 번째 목표는 정보 해독능력(literacy)의 향상 및 인재육성과 교육의 정보화이고, 네 번째 목표는 차세대 인터넷, 광섬유망, 글로벌 이동통신시스템 및 방송의 디지털화 등 네트워크 인프라의 정비이다.[48]

일본은 조세 및 관세와 관련하여 전자상거래의 발전으로 경제거래가 복잡화·국제화될수록 전자상거래에 대한 과세는 공평·중립·간소해야 하며, 국제적 정당성

48) 不正アクセス行爲の禁止等に關する法律(平成11年法律第126號) 참조.

을 확보해야 함을 강조하였다. 이와 관련하여 통산성은 국경을 넘나드는 디지털제품에 대한 현재의 무관세 관행을 연장하였으나 동시에 앞으로의 과세방안에 대해서도 검토 중에 있다. 그러나 고도정보통신사회 행동계획에 따라 전자상거래 무관세 문제에 있어서 전자상거래를 통한 국제무역에 대해서는 관세를 부과하지 않는 현행 체제의 유지를 지지하고 있다.

(4) 우리나라의 논의

우리나라는 1997년 7월 9일 대외경제조정실무회의에서 '전자상거래 세계동향과 대책' 논의에서 현재의 산업자원부인 통상산업부가 주관부처가 되어 인터넷 전자상거래 대응책을 수립키로 결정하면서 전자상거래 추진의 종합적인 대책이 이루어지기 시작하였다.

1997년 7월 18일 정보통신부 주재 CALS/EC관련 정책협의에서 통상산업부가 추진 중인 산업정보화산업의 일환으로 통상산업부 차관을 위원장으로 한 전자상거래 정책협의회를 구성하여 범정부적 대책을 마련키로 하였다. 또한 1997년 8월 8일 통상산업부에서 인터넷 전자상거래관련 핵심 분야별 정보교환 및 실무협의를 위한 전자상거래 추진사무국을 발족하였고, 1997년 8월 11일 통상산업부가 전자상거래 특별 대책회의에서 '인터넷 전자상거래 종합대책'을 발표하기에 이르렀다.

1997년 8월부터 9월 초까지는 전자상거래 특별 대책회의를 토대로 하여 각 부처별로 관련 사안에 대한 현황과 추진계획을 수립하고, 각 부처별 세부추진계획을 반영, 인터넷 전자상거래 종합대책을 수정·보완하여 정보화추진위원회에 상정 최종 협의하였다. 이에 현재의 산업자원부가 종합대책발표 이후 각 관련 부처에서 자체적인 연구노력이 진행되었는데, 특히 재정경제부에서는 무관세와 이에 대한 대응방안, 정보통신부에서는 요소기술개발을 위한 기술전문위원회 구성 등을 통해 관련 사안들에 관하여 추진 및 연구 중에 있다.

한편 관세문제와 관련하여 우리나라는 미국이 인터넷 무관세지역화를 주장함에 따라 인터넷을 활용한 전자거래에 대한 관세부과가 어렵고, 전자상거래시장을 왜곡·축소한다는 논리를 내세워 인터넷교역이 급증함에 따라 각국 정부 또는 지방정부가 이를 좋은 세원으로 보고 새로이 관세를 부과하려는 움직임을 사전에 차단하고 무관세원칙에 대한 국제적 합의를 이끌어 내려는 의도로 보고 있다. 또한 무관세대상으로는 상품의 배달까지도 인터넷에서 이동가능한 컴퓨터 소프트웨어, 영상, 음악 등의 전자신호형태로 이루어지는 거래를 말한다. 이에 대해 우리나라는 인터넷 교역 무관세화에 대한 대책수립을 재정경제부에서 수립하고 있다. 즉 유체물인 상품은 현행대로 관세를 부과하고, 무형의 상품은 잠정적으로 무관세 제의에 동의하고 있다. 또한 영상, 음악 등이 인터넷을 통하여 전송되는 경우, 이는 이미 관세부과대상 물품이 아니므로 미국의 무관세화 주장을 거부할 필요가 없다는 것이고, 무관세화에 대한 다른 국가의 반응과 향후 관세부과의 기술적 가능성 등을 파악하여 이를 기초로 입장을 재정립하고 있다.[49]

그러나 기존의 상거래에서 관세부과대상이던 재화가 전자상거래를 통하여 주문되고 인터넷 등의 전자매체를 통하여 소비자에게 전달되는 경우, 거래수단별 과세차별의 문제가 생기며, 인터넷을 통한 상품주문이 늘어날 경우 기존매체를 통한 거래를 전자상거래가 급속히 대체하게 될 가능성이 많아 관세수입은 줄어들 수 있다는 문제점을 지적한 바 있다.

우리나라의 현행 관세법시행령에서는 수입물품의 과세가격은 "우리나라에 수입판매되는 물품에 대하여 구매자가 실제로 지급하였거나 지급하여야 할 가격에 당해 물품에 관련된 특허권·실용신안권·상표권 및 이와 유사한 권리를 사용하는 대가로서 당해 물품의 거래조건으로 구매자가 직접 또는 간접으로 지급하는 금액을 가산하여야 한다"라고 규정하고 있다.[50]

또한 관세법시행령에서는 "이와 유사한 권리라 함은 저작권 등의 법적 권리와 법적 권리에는 속하지 않지만 경제적 가치를 가지는 것으로서 상당한 노력에 의하여 비밀로 유지된 생산·판매방법 기타 사업활동에 유용한 기술상 또는 경영상의 정보 등을 말한다"고 하여 저작권뿐만 아니라 노하우도 포함시키고 있다.[51]

유형의 재화가 인터넷을 통하여 주문되고, 전통적인 방법으로 전달될 경우에는 기존의 전화주문 및 우편주문과 동일하게 취급되어 적정한 관세가 부과되어야 한다. 예를 들어 컴퓨터 소프트웨어의 경우, 관세는 단지 소프트웨어를 저장하고 있는 매개체(공 디스켓)의 가치에만 부과되고 소프트웨어 자체의 가치에 대해서는 관세

49) 김재우, 사이버무역실무, 두남, 2001. 1, pp.45~46.

50) 관세법시행령 제19조 제2항.

51) 관세법시행령 제19조 제1항.

가 부과되지 않는다. 만약 상품의 전달이 인터넷에서 이루어진다면 매개체는 더 이상 존재하지 않으므로 관세를 부과할 수 없다는 것이므로 이러한 점은 추후 논의할 필요성이 있을 것이다.

또한 관세법에 의거 "수입물품에는 관세를 부과한다(제14조)"는 규정과 관련하여, 우리나라에서는 수입물품과 관련되어 지급되는 사용료소득은 관세의 과세대상이 된다. 다만 수입물품과 관련이 없는, 즉 통관절차를 거치지 않고 수입되는 저작권이나 노하우(know-how)의 경우에는 현실적으로 관세부과대상이 되지 않고 있다. 구체적으로 상품별로 구분해보면, 소프트웨어와 전자도서의 경우 매체에 대해서만 과세하고 있으나 비디오, 영화필름 등에 대하여는 매체뿐만 아니라 수입품 전체를 대상으로 과세하므로 기존 상거래방식으로 통관절차를 거쳐 수입되는 경우와 이들 재화가 온라인으로 공급되는 경우는 관세부과에 있어서 차별적으로 대우받게 되어 과세 중립성의 원칙이 무너진다는 문제점이 있으므로 이에 대한 논의도 필요할 것이라 생각된다.

4. 다자간 지역경제협력

경제협력개발기구(OECD), 아시아·태평양 경제협력체(APEC), 아시아·유럽 정상회의(ASEM)와 같은 형식의 다자간 경제협력체는 회원국 상호 간의 정보교환과 공동연구를 통해 일반경제정책과 통화·금융정책, 무역정책 등에서 긴밀한 협력관계를 유지하고 또한 회원국의 경제성장 도모 및 세계경제에의 공헌, 개도국에의 원조, 자유무역의 확대를 주요 목적으로 하고 있다. 동 기구들은 협상을 위한 국제기구라기보다는 회원국 간의 상호 관심 분야에 대한 정보공유·수집, 정책협의·검토와 조정을 통해 경제협력을 증진시키는 기구들로서 여타 국제기구에 비해 회원국의 자율성을 규제하는 정도가 낮지만 동 기구의 클럽적 성격으로 인해 회원국의 동질성을 요구하고 있으며, 특히 신규 가입국에 대해서는 경상무역 외 거래, 금융 및 자본시장, 직접투자 등에서 높은 수준의 자유화·개방화를 요구하고 있다.

아들 협력체의 주요 활동 분야는 무역자유화, 정보교류 및 수집, 산업구조조정, 무역 등 경제문제에 대한 정책토의나 그 밖에도 환경, 교육, 노동, 원자력 등 삶의

질에 관련된 광범위한 분야에서 다양하게 이루어지고 있는데, 구체적 활동을 보면 거시경제정책의 협의·조정, 산업구조조정의 촉진, 자유무역의 확대·발전, 외국인 직접투자 촉진, 에너지정책 개발, 환경보호, 개발원조의 확대, 경쟁정책에 관한 연구, 첨단기술 개발촉진, 소비자보호, 농업 및 어업 분야 정책 등에서의 국제적 조화를 위한 노력을 주요 활동으로 하고 있다. 여기서는 통상정보교류 및 클럽적 성격으로 운영되는 협의체 중에서 특히 OECD, APEC, ASEM을 중심으로 이들 협의체와 관련된 다자간 무역통상정보환경에 대해 살펴보기로 한다.

(1) 경제협력개발기구(OECD)

1961년에 설립된 경제협력개발기구(Organization for Economic Cooperation Development : OECD)는 우리나라를 포함하여 29개국이 회원이며[52] 최근 2000년 12월에 슬로바키아공화국이 가입하였다. OECD는 최근 가입한 슬로바키아공화국을 제외한 29개 회원국을 기준으로 볼 때 총GDP는 전 세계의 80.5%, 총인구는 전 세계의 17.4%, 총수출규모는 전 세계의 73.3%, 총수입규모는 전 세계의 71.9%, 1인당 평균GNP 21,000달러에 달하는 엄청난 규모의 국제협력기구이다.

OECD의 설립 배경을 살펴보면 제2차 세계대전 이후 미국은 공산진영과의 대결 구도하에서 유럽 경제부흥의 중요성을 인식하여 서부 유럽국가에 대해 마샬 플랜(Marshall Plan)에 의한 원조를 실시하였는데, 원조를 효율적으로 활용하기 위해 1948년에 유럽경제협력기구(Organization for European Economic Cooperation : OEEC)가 설립되었다.

유럽경제협력기구(OEEC)는 생산의 증가, 생산설비의 현대화, 무역의 자유화, 화폐의 태환성, 그리고 화폐가치 안정을 공동의 과제로 삼아 경제적 측면에서의 집단안보체제기능을 수행하여, 군사적 측면의 집단안보체제기능을 수행하고 있는 북대서양조약기구(NATO)와 상호 보완관계를 유지함으로써, 대서양동맹(Atlantic Alliance)의 양대 지주를 형성하였다.

---

52) 2000년 12월 14일 가입한 슬로바키아공화국을 제외한 29개 회원국은 오스트리아, 벨기에, 캐나다, 덴마크, 프랑스, 독일, 그리스, 아이슬란드, 아일랜드, 이탈리아, 룩셈부르크, 네덜란드, 노르웨이, 포르투갈, 스페인, 스웨덴, 스위스, 터키, 영국, 미국, 일본, 핀란드, 호주, 뉴질랜드, 멕시코, 체코, 헝가리, 폴란드, 한국 등이다.

그러나 유럽경제협력기구 설립 이래 미국과 유럽 간의 협조 여건이 변화하게 됨으로써 OEEC 개편 필요성이 대두되었다. 즉 전후 경제회복기간 동안 유럽의 달러 부족현상이 극복되고, 1958년 대부분 유럽국가의 통화가 태환성을 회복함으로써 유럽 내의 지역적인 무역자유화 촉진만을 규정한 OEEC규정의 개선 필요성이 대두된 것이다.

전후 자유세계에 대한 원조를 단독으로 수행해 오던 미국의 국제수지적자가 1950년대 후반 급증하게 되고, 서유럽국가들도 후진국 원조에 참여할 필요성이 증대됨으로써 피원조기구로 출발한 유럽경제개발기구의 성격변화가 불가피하게 되었고, EEC와 EFTA가 잇달아 발족함에 따라 이들 그룹을 포괄하는 복합적 기능의 경제협력체 수립 필요성이 제기되기에 이르렀다. 서유럽과 북미에 속하지 않는 새로운 국가들의 가입도 허용하는 보다 개방적 형태로의 OEEC 개편 필요성 또한 증대되었다. 이에 따라 1960년 12월 미국, 캐나다, EEC 및 EFTA 회원국, 그리고 OEEC의 기존 회원국인 터키, 스페인, 포르투갈 등 20개국이 OECD의 창설 회원국으로서 OECD 설립협정에 서명, 1961년 9월 협정문이 발효되었다. 경제협력개발기구(OECD)가 유럽경제개발기구(OEEC)와 다른 점은 OEEC가 서구의 경제회복을 목적으로 한 데 비해 OECD는 서방세계 전체의 경제성장과 세계경제발전을 목적으로 하고 있으며, 회원국 면에서도 OEEC가 서구 17개국만을 회원국으로 한 데 비하여 OECD는 유럽 제국 이외의 미국, 캐나다 등 서방 선진국 모두를 회원국으로 포함하고 있다는 점이다.

1) OECD의 성격

경제협력개발기구(OECD)는 세계경제를 주도하는 국가들 간의 경제협의체, 클럽(Club)적 성격, 범세계적인 무역·경제관련 규범의 선도 역할, 유럽 중심적(Eurocentric) 성격, 지역협역체 및 세계경제협력기구 등과의 접목, 순수 경제기구이면서도 정치적 성격을 공유, 토의(회의)방식의 특징 등의 성격을 가지고 있다.

① 세계경제를 주도하는 국가들 간의 경제협의체 성격

OECD는 세계경제에서 주도적 위치에 있는 주요 국가들만 참가하는 국제경제기구로서, 국방을 제외한 공공정책과 행정 전 분야에 걸친 정책의 수립과 운영의 효율성 제고를 위한 포괄적인 협의체이다. OECD가 제시하는 설립목적은 회원국의 경제성장 촉진 및 세계경제발전에의 공헌과 다자간 자유무역원칙에 의한 세계무역의 확대이며 OECD의 3대 이상인 다원적 민주주의, 시장경제체제, 인권존중이 회원국 간의 정치적 동질성의 기본 바탕이 되고 있다. 여타 국제기구가 무역, 통화, 환경, 개발 분야 중 특정 분야만을 다루는 데 비해 OECD는 경제정책은 물론 경쟁, 에너지, 고용, 교육, 소비자보호 등 모든 경제·사회·복지문제를 망라하는 포괄적인 경제협의기구로서 각 분야별 정책 상호 간의 관계를 연구할 수 있는 유일한 국제기구이다. WTO는 통상교섭이나 분쟁해결이 강조되는 반면, OECD는 협의기능이 중요하다. OECD는 회원국 정부 간 경제·산업정책에 관한 정보교류와 공동연구를 수행하는 '정책 카르텔'적 성격을 갖고 있다. 회원국 경제성장과 운영의 효율성을 높이기 위하여 필요한 정책방향과 원칙, 지침을 채택하여 시행하는 협의기구로서 국제경제관계의 4대 기본 분야(개발원조, 금융, 무역, 직접투자) 외에 환경, 에너지, 산업구조조정, 과학기술의 광범위한 분야에 걸쳐 각종 정보교류 제공과 회원국 간 정책협조 및 회원국 경제정책에 대한 감시 협의 및 '가이드라인(Guideline)'의 제공 역할을 하고 있다.

② 클럽(Club)적 성격

OECD는 주요 사항 결정 시 각 회원국의 자유로운 정책선택의 원칙을 토대로 하여 컨센서스에 의한 결정을 추구하며, 결정된 사항은 회원국 간의 신뢰관계에 의해 자발적으로 준수되고 있다. 주요 토의안건에 대한 표결은 없으며, 찬성국은 규범수락, 반대국은 규범 불참(또는 유보)으로 충분하며, 회원국 간, 동료 간 압력(peer pressure)을 통한 공동의 목표달성을 추구하나 OECD 설립협정(convention)에 규정된 민주주의 및 시장경제제도의 준수, 개도국 원조 등의 목표와 절차상의 의무규정, 양대 자유화(자본이동 자유화 및 경상무역 외 거래 자유화)규약은 그 자체가 구속성이 있는 의무사항이다.

OECD활동의 핵심인 각종 회의에는 해당 업무를 직접 담당하는 정부관리가 참석하고 있으며(일반적으로 각료급 회의에는 관계 각료, 위원회에는 국장급, 작업반 회의에는 과장 또는 실무급이 참석), 회의참석을 통해 상호 동료의식과 협조관계를 구축하고 있다. 정책 토론과정에서 개별회원국의 정책에 대한 상호평가 또는 비판을 통해, 여타 회원국이나 세계경제에 유해로운 정책이나 조치가 시정되도록 유도하고 있으며 이러한 비판이나 압력은 소위 동료 간 압력(peer pressure)이라고 불리 우며, OECD가 추구하는 공동목표달성을 위하여 회원국 상호 간 정책을 견제하고 개선하는 데 매우 중요한 역할을 하고 있다. 즉각적인 자유화보다는 각 회원국의 특수한 경제 · 사회여건을 감안한 점진적인 자유화(progressive liberalization)원칙을 추구하는데, 이는 자국 내 여론의 압력 때문에 스스로 정책을 바꾸기 어려운 나라들이 동료 간 압력에 의해 정책을 수정하는 경우가 적지 않다. 또한 OECD는 각국의 자유화수준에 관계없이 모든 회원국에 대해 무차별적인 적용을 권고하여 상호주의를 원칙적으로 배제하고 있다.

③ 범세계적인 무역 · 경제관련 규범의 선도 역할의 성격

OECD는 기본적으로 회원국 간 경제협력을 위한 기구이나, 세계경제에서 차지하는 회원국의 막중한 경제적 비중과 선도적인 역할을 통해 세계경제의 성장과 세계경제질서 구축을 주도하여 왔다. 1961년 창립 이래 OECD가 EU와 미국, 일본 등 비유럽 선진국 간 협력의 접점이라는 이점을 활용하여 개도국을 포함하는 범세계적 자유무역규범화(GATT규범화)를 추구해 왔다. 이러한 역할을 수행하는 과정에서 새로운 무역 이슈에 대한 최초 단계의 개념정립을 주도하여 왔는데, 예를 들면 1960년대 개념정립 후 1970년대 도쿄라운드에 반영된 반덤핑 및 비관세장벽문제, 1970년도 유엔무역개발회의(UNCTAD)에서 채택된 일반특혜관세제도(GSP), 1970년대 개념정립 후 1980년대 우루과이라운드협상에 반영된 서비스 및 금융자유화문제, 그리고 현재 새로운 국제무역 이슈로 부각되어 있는 무역과 투자, 환경, 경쟁정책, 노동, 국내정책의 상호조화문제 등에 관한 논의를 통해 경제자유화를 선도하고 있다.

④ 유럽 중심적(Eurocentric) 성격

OECD는 당초 유럽국가 간 경제협력을 도모하는 OEEC (Organization for European Economic Cooperation)를 모태로 출발하였으나 점차 비유럽국가들의 참여가 확대되었다. 1960년대 초 미국, 일본 등 비유럽국가의 가입은 1차 확대, 1990년대 멕시코, 동구권 국가 등의 가입은 2차 확대를 의미하나 일부 논의 의제는 유럽적 성격을 띠고 있었다. 육로운송, 내륙수로운송, 농업 분야 등은 주로 유럽의 지리적 특성을 감안한 유럽 중심적 성격의 의제이며, 자본, 금융 분야도 초기단계에서는 EC의 역내 자유화를 모델로 한 이슈였으나 미국, 일본 등 역외국의 가입으로 탈지역화 성향을 띠게 되었다. 반면에 에너지, 환경 분야는 당초부터 범세계적인 이슈로 출발하였다.

⑤ 기타의 성격

지역협력체 및 세계경제협력기구 등과 접목하는 기능의 성격을 가지고 있다. OECD 회원국은 범세계적인 경제기구인 세계무역기구(WTO), 국제통화기금(IMF)은 물론 EU, NAFTA, APEC 등 지역협력체의 구성원이므로 기구 상호 간의 협력도 촉진하고 있다. 또한 순수 경제기구이면서도 정치적 성격을 공유하고 있다. 다원적 민주정치체제, 시장경제원리, 인권존중 등의 가치를 존중하는 회원국들 간의 정치적 동질성을 중시한다. 최초 설립 시 유럽의 공산진영에 대한 서구 자유진영의 대항적 성격을 내포하였다. 한편 토의방식에 있어서도 OECD는 협상(negotiation)이 아닌 협의(discussion)의 성격을 중시하며 반대의견 존중, 신중한 의견 청취, 회원국에 대한 강요가 아니라 토의의 축적을 통한 회원국 간의 정책조화를 중시(소위 peer pressure)한다. 또한 대면회의방식을 취하여 개별회원국이 해결하기 어려운 문제 발생 시 관련 위원회 토의에 각국의 정책결정 관계자들이 직접 참여하는 방식으로 문제점을 협의·검토한다. 그리고 토의과정을 점진적인 공통인식의 마련 과정으로 인식하여 주요 토의 이슈에 대한 상관관계의 분석, 문제점 검증, 수량적 증거자료의 수집 정리, 각국의 입장 조화 등 장기간에 걸쳐 철저한 기초연구 시행 및 투자, 경쟁정책, 환경 등 1990년대의 새로운 경제 이슈로 대두되는 것들은 이러한 준비단계를 거치고 있다.

2) OECD 조직

OECD의 주요 조직으로는 이사회를 비롯한 집행위원회, 특별집행위원회 및 26개의 각종 전문위원회 그리고 이들 활동을 지원하는 사무국 등으로 구성되어 있다. 이사회는 최고의사결정기구로 각료이사회는 선진 7개국 회담 전에 열려 회원국의 입장을 미리 조정하며 상주대표이사회는 기구활동 전반에 대한 최종적인 의사결정권을 갖는다.

(2) 아시아태평양경제협력체(APEC)

1989년 2월 당시 호주의 호크 총리가 아・태지역의 정부 간 공식협의체의 필요성을 제안하고 한국이 이에 즉각적인 환영의사를 표명하였다. 이어 1989년 6월 미국 베이커 국무장관이 호크 총리의 지지를 표명한 후 다음달 ASEAN 외상회의가 호크 총리의 구상을 토의하고 회의 개최에 동의함으로써 1989년 11월 아・태협력을 위한 최초의 정부 간 협의체인 아시아태평양경제협력체(Asia-Pacific Economic Cooperation : APEC)가 역내 12개국인 한국과 미국, 일본, 캐나다, 호주, 뉴질랜드 등 선진 5개국 그리고 싱가포르, 말레이시아, 인도, 태국, 필리핀, 브루나이 등 ASEAN 6개국이 참가하여 탄생하게 되었다. 이러한 아・태지역의 지역협력을 태동시킨 요인을 몇 가지로 구분하여 살펴볼 수 있는데 첫째는 동서 냉전체제의 붕괴라고 할 수 있다. 동서 냉전체제하에서는 대부분의 국가들이 국가안보를 절대적인 관심사로 생각하였기 때문에 국가 간의 관계 역시 군사・안보적인 이해관계를 벗어날 수 없었다. 안보적 이해관계가 거의 절대적인 영향력을 가질 수밖에 없는 상황에서 이념적으로 대립되는 국가 간에 끊임없는 갈등이 존재하는 것은 불가피한 현상이었다. 이와 같은 아시아・태평양지역에서의 국가 간 관계는 세계질서를 지배하고 있던 군사적 긴장관계의 축소판이나 다름이 없었다.

그러나 1980년 후반에 들어서면서 구소련은 사회문제의 증가와 붕괴 일로를 걷고 있던 국내경제문제를 해결하기 위하여 내적으로 사회 및 경제개혁을 추진하고 대외적으로 미국이 대표하는 서구진영과의 동서화해를 도모하게 되었다. 특히 급작스러운 공산주의 몰락으로 인한 냉전체제의 붕괴는 국제관계에 중대한 변화를 가져왔다. 국제관계의 탈정치화가 가속화됨에 따라 정치적 이념과 이해관계를 중심으로 대립하고 협조하던 과거의 국제질서가 경제적 이해관계를 중심으로 재편되었다. 과거에는 갈등과 대립관계에 있던 국가들이 적대적 관계를 청산하고 경제적 문제에 치중하게 된 것이다. 대부분의 비공산국가들은 공산주의로 인한 국가 및 지역안보 위협을 심각하게 우려하지 않게 되었다. 그 결과 과거의 이념적 대립의 유산인 군사적 문제를 옆으로 제쳐놓고 경제적 실익을 최우선으로 추구하게 되었다. 이와 같은 맥락에서 볼 때 냉전체제의 종식은 아・태지역에서의 군사적 긴장관계를 완화시켰으며 긍정적인 국제적 경제환경을 조성하는 데 기여한 바 크다. 아울러 효과적으로 추진되지 못했던 경제적 지역기구의 설립을 촉진하는 결과를 가져온 것이다.

둘째는 지역 블록(Bloc)의 형성과 심화이다. 즉 타지역기구의 태동에 따라 지역주의 심화에 따른 보호무역주의에 대한 우려이다. 1980년대 중반 이후 경제적인 지역주의가 세계주의를 대체하게 되었고 그 결과 세계경제에 있어서도 새로운 질서구조가 나타나기 시작하였다. 북미지역의 NAFTA, 유럽대륙의 EU 그리고 여타 지역에서의 경제적 지역주의는 새로운 보호무역에 대한 경각심을 불러일으켰다. 특히 국내시장에 대한 개방요구와 국외시장에서의 지역주의 강화라는 이중의 압력에 직면한 대부분의 아·태지역 국가들은 지역주의가 고도성장을 위협하는 중대요인이 될 것으로 인식하였다. 국가 간의 교역과 투자가 활발해짐에 따라서 그에 따른 통상마찰의 증가도 불가피한 상황에서 이를 지역 내에서 효과적으로 해결하는 협의기구가 절실하게 된 것이다. 특히 대외적으로는 아·태지역의 지속적 상황과 대외적으로는 세계경제의 발전에 기여하기 위하여 지역 내의 국가 간 경제협력방안을 모색하는 정부 간의 협의체가 요청되는 상황이었다.

셋째는 아·태지역 국가 간에 상호의존도가 높아지고 있는 점 역시 경제적 지역공동체의 구성을 가속화시키는 요인이 되었다. 아·태지역 국가들 간 교역의존도는 60%를 상회하여 선진국은 아·태지역 개도국에 대한 영향력을 제고하는 한편 개도국은 선진국으로부터의 기술이전 및 선진국에 대한 수출시장 확보를 위하여 지역협력을 추구하게 되었다. 활발한 경제성장을 지속시키는 과정에서 무역과 생산의 상호의존성 증대는 불가피한 현상이기 때문이다. 이와 같이 상호의존적 경제상황들이 지역 국가들로 하여금 역내 경제협력의 필요성을 더욱 절실히 느끼게 하였다.

1) APEC의 성격

APEC의 성격은 다음과 같이 요약할 수 있다. 첫째, 아·태 경제공동체의 점진적 달성 추구이다. 장기적으로는 역내 무역과 투자 자유화의 실현을 목표로 하고 있으며 중·단기적으로는 무역활성화조치를 취함과 동시에 인력자원, 기술, 관광, 통신 등 경제 각 분야별로 실질협력 증진을 통하여 동아시아와 미주지역을 연결하는 경제공동체를 추구하며 나아가 경제공동체뿐만 아니라 동양적인 대가족의 의미로 해석한다는 견해도 있다.

둘째, 개방적 지역주의(Open Regionalism)를 표방하고 있다. 아·태지역 내 무역자유화를 촉진하되 역외국에 대한 배타적인 지역주의는 지양하고 다자무역체제를 보완·강화함과 아울러 아·태지역 내 무역 및 투자의 자율화를 통해 역외 국가들의 자유화도 촉진시키는 효과를 유도하고자 한다.

셋째, 발전적 과정(Evolving Process)이다. 창설 당시 아·태협력의 기본원칙에 대해서만 합의하였고 운용해 나가는 과정에서 필요에 따라 탄력적으로 제도를 마련하고 기구를 확대해 나가고 있으며 이러한 측면에서 아직도 발전단계에 있는 협의체라고 할 수 있다.

넷째, 전원합의(Consensus)에 입각한 의사결정과정을 가지고 있다. APEC의 회원들은 최첨단기술을 소유하고 1인당 GNP가 3만 달러에 달하는 고도산업 국가로부터 1인당 GNP가 300달러에 불과한 개발도상국에 이르기까지 경제발전단계에서 큰 차이가 있고, 경제구조나 역사, 문화 등에 있어 여타 지역보다 많은 다양성을 지니고 있다. 이러한 APEC은 역내 각국들이 가지고 있는 다양성을 인정하는 토대 위에서 협력을 추구하고 이를 위해 전원합의에 의거한 의사결정원칙을 따르고 있다.

다섯째, APEC은 중·장기적인 무역·투자자유화원칙에 합의하였다. 1994년 보고르 정상회의 선언에 따라 선진국의 경우는 2010년까지 개도국은 2020년까지 역내 무역·투자자유화를 추진키로 합의하였으며 이에 따라 1995년 오사카 정상회의에서 자유화행동지침(Action Agenda)이 채택되었고 동 행동지침에 의거해서 1996년 필리핀 수빅 정상회담에서는 각국의 자유화행동계획이 채택되었으며 각국은 행동계획에 따라 자유화를 이행하고 있고 향후 협의과정 및 자유화 추진과정에서 APEC의 운영방향 및 성격에 대해 논의가 계속될 전망이다.

2) APEC의 조직

APEC의 조직은 정상회의, 각료회의, 고위관리회의 등이 있다. 정상회의는 최고의 회의체로서 각국 정상들이 참석하는 것으로 창설 4년 만인 1993년 시애틀 제5차 회의부터 개최되었다. 정상회의 아래 각료회의가 연 1회 회원국의 외무, 경제, 통상관계 장관들이 참석하여 현안을 논의하며 각료회의보다 한 단계 낮은 고위관리회의(Senior Officer's Meeting : SOM)는 회원국 차관보 또는 국장급이 참석하여 매년 3~5차례 회의를 갖는다. 고위관리회의에 있어 적절한 방향과 조언을 할 수 있는 민간자문기구와 이 조직을 실질적으로 운영하는 사무국이 별도로 구성되어 있다. 또한 고위관리회의의 회의체로서 실무회의(Working Group)가 있어 회원국의 과장급이 참석하여 10개의 협력사업별로 연 2~3회 회의를 개최한다. 이 밖에도 예산행정위원회, 경제위원회 그리고 무역·투자위원회가 있다.

APEC의 조직에 관하여 좀 더 살펴본다면 첫째, 정상회의는 각 회원국 정상들만이 참석하게 되어 있으며 아·태 협력의 비전과 그 실현방안들을 논의하는 장으로서 APEC의 발전에 커다란 영향을 미친다. APEC의 창설 4년 만인 1993년 시애틀의 제5차 회의에서 최초로 개최되었으며 이 회의에서는 회원국 전체의 공동 관심사뿐만 아니라 개별 회원국끼리의 현안을 정상들이 직접 만나 협의한다는 측면에서 큰 의의를 가지고 있다.

둘째, 각료회의는 연 1회 개최되는 APEC의 최고의사결정기관이며 각 회원국의 외무장관 및 통상(혹은 경제)장관이 참석하여 APEC의 전반적인 운영방향을 합의하고 주요 정책을 결정하며 중요사안에 대한 고위관리회의의 건의를 승인하고 지침을 제공하는 역할을 담당하고 있다.

셋째, 고위관리회의는 각료회의 준비를 위해 해당 가료회의 주최국에서 연 3~5회 개최하는 APEC의 실질적 핵심 운영 및 협의기관이며 무역·투자위원회, 경제위원회 및 10개 실무회의 작업진전 현황, 각료회의 지시사항 및 위임사항, APEC 회원국 정책, 새로운 협력 분야 등 APEC활동 전반에 대해 협의하고 결정하며 주요 결정사항은 각료회의에 승인을 요청한다. 또한 각료회의 안건 준비 및 각료회의 주요 안건에 대한 사전 의견을 조정한다.

넷째, 민간자문기관(Business Advisory Council)은 1995년 오사카 각료협의에 따라 각 회원국 중소기업 대표를 포함한 3명 이내의 위원을 임명하여 민간기업 및 역내 민간기구들의 APEC의 활동에 적절한 참여방안을 모색한다.

다섯째, 사무국은 APEC의 본격적인 국제기구로서의 면모를 갖추도록 하기 위하여 1993년 싱가포르에 설치되었다. 사무국 전문 직원들은 회원국으로부터 임명되며 기타 지역인원은 사무국 소재인 싱가포르에서 현지 채용된다. 그 임무는 각종 행정지원 및 APEC의 협력사업의 계속성을 유지하는 데 있다.

여섯째, 위원회는 필요에 따라 고위관리회의의 심의를 거처 각료회의의 결정으로 설치되며 현재 3개의 위원회가 설치되어 있다. 무역투자위원회는 1993년 제5차 시애틀 회의에서 설립되어 통상·경제관련 업무를 담당하는 관리들로 구성되며, 예산행정위원회도 1993년 제5차 시애틀대회에서 결정되어 APEC의 예산안 작성, 예산집행 검토 및 행정·운영의 효율적 운영방안을 마련하는 임무를 가지고 있다. 경제위원회는 1994년 자카르타 각료회의에서 결정되어 APEC의 경제동향 및 경제전망보고서를 작성하는 임무를 수행한다.

일곱째, 실무회의(Working Group)는 공동사안별로 총 10개의 실무그룹이 형성되어 있으며 각 사안별 필요에 따라 연 1~3회 정도 회의를 개최한다. 이 밖에도 비공식 협의그룹으로 호주가 주관하는 역내 무역자유화 협의그룹과 캐나다 주관으로 되어 있는 역내 경제동향 및 현안그룹이 있다.

3) APEC의 무용론에 대한 논쟁

APEC이 자유화를 달성하게 하는 국제기구로서 태생적 한계를 지니고 있다는 것은 APEC의 설립 이념인 개방적 자유주의의 모호성에 기인한다. 개방적 지역주의(open regionalism)는 역내 무역·투자자유화의 혜택을 역외 국가에도 완전히 동등하게 부여할 것을 요구하고 있다. 이러한 이유로 APEC은 회원국 간의 공동이익을 추구하고, 내부적 결속을 다지기 위해 역외 국가들에 대해 차별적 대우를 당연시하는 EU나 NAFTA 등 다른 지역협력체와 다르다. 다시 말해서 APEC은 기본적으로 역내 무역·투자자유화 및 기술·경제협력의 성과와 혜택이 역외 국가에 차별적으로 부여되어서는 안 된다는 것이다. 그러므로 회원국에 대해 구속력도 없고, 매번 APEC각료회담 결과의 선언의 실현도 요원한 것이며, 결국 APEC은 말만 무성한 논의의 장에 불과하다는 비판이 나오게 된다는 것이다. 여기에 선진국과 개도국을 포함하는 회원구성 때문에 서로 간 이해관계가 대립되기 쉬우며, 아시아 금융위기 시 시급한 국내문제의 타결에 골몰할 수밖에 없게 된 회원국들은 무역·투자자유화에 대한 관심을 잃게 되었다. 무역자유화의 진전이 거의 없었던 1998년 쿠알라룸푸르 APEC 회의가 이러한 양상을 잘 대변해주고 있다.

지역경제협력체인 APEC을 회원국에 대해 구속력 있고 확고한 아시아공동체로 발전시키고, APEC의 목표를 기한 내에 달성하기 위해서는 APEC의 느슨한 운용방식에 근본적인 변화가 있어야 한다. 역외 국가들에 대한 무조건적 최혜국대우를 근간으로 하는 개방적 지역주의와 우선 심각한 무임승차의 문제를 제기하게 된다. 무역·투자자유화에 대한 선언적 지침을 구체화하기 위해 APEC이 채택한 개별실행계획은 흔히 협상과정에서 이해당사국 간에 일어나는 양허교환에 구애되지 않는 개별국가의 자발적인 결정이기 때문에 이 개별실행계획은 사실상 한 나라가 전 세계에 부여하는 일방적이고 대가성 없는 양허의 선물로 보아야 한다. 때문에 개별실행계획에 대한 국내의 정치적 지원을 계속 기대한다는 것은 현실적으로 매우 힘들 것으로 생각된다. 또한 개별실행계획의 내용을 검토하여 보면 대부분이 회원국가들이 이미 진행 중인 무역·투자자유화 계획프로그램의 일부이자 반복이기 때문에 APEC의 목표는 그러한 방안으로는 달성되기 힘들다고 판단된다.

다자간 정책협의 포럼에 불과한 현재의 APEC을 무역 및 투자자유화를 이룩할 수 있는 확고한 지역기구로 만들기 위해서는 일종의 협상적인 개방적 지역주의(open reciprocal regionalism)의 도입이 제안될 필요가 있다. 예컨대, 지역 내의 무역과 투자자유화의 신속하고 강력한 추진을 기도하는 선도적인 APEC회원국 그룹이 특정 상품에 대해 이러한 무역자유화 추진에 동조하는 여타 회원국은 물론 비회원 국가들과 양허협상을 개시할 수 있으며, 협상을 통해 이루어진 무역자유화의 혜택이 이렇게 달성된 무역 및 투자자유화를 수용할 수 있는 APEC회원국 및 비회원국에게만 부여된다는 것이다. 그러나 양허교환을 위한 협상에서 반드시 고려되어야 할 측면은 양허협상 대상품목이나 분야가 1996년 마닐라 APEC협정회의에서 미국의 주도로 정보관련 제품을 무관세화하기로 한 정보기술협정(ITA)의 타결과 같이 선진국의 관심 분야만 집중되어서는 안 된다는 점이다. 반드시 개도국 회원국의 경제발전과 깊은 관계가 있는 수출 분야도 양허협상의 대상이 되어야 한다는 점이다.[53]

요약하면 APEC 정상회담의 선언이나 정치적 의지로 장식된 지역협력으로는 APEC의 진정한 목표를 달성할 수 없다는 것이다. 2010/2020 목표연도까지 무역 및 투자자유화를 달성하기 위해서는 호혜적 협상방안, 의사결정절차, 구속력 있는 규범의 설정 등이 공식화·법제화되어야 할 것이다. 무역 및 투자자유화에 대한 APEC의 현행 운용방식의 근본적인 개혁 없이는 APEC은 별로 쓸모없는 소모적인 대화의 장으로 전락할 가능성이 많으며, APEC의 소생과 활성화를 위해 지금의 APEC이 구속력 있고 확고한 지역무역협력체로 바꾸어질 때 경제협력체로서의 진정한 의미를 가질 수 있을 것이다.

53) 김완순 외, 세계경제와 국제통상, 무역경영사, pp.72~73.

(3) 아시아 · 유럽정상회의(ASEM)

아시아·유럽정상회의(Asia-Europe Meeting : ASEM)는 지난 1994년 10월 싱가포르의 고척동 총리가 당시 EU 의장국인 프랑스를 방문하였을 때 공식 제의하였고 이어 ASEAN과 EU의 지지를 얻어 논의가 시작되었다. 또한 1995년 3월 김영삼 대통령이 프랑스를 방문하였을 때 프랑스가 ASEM에서 경제문제뿐만 아니라 정치협력도 의제로 다룰 것을 희망한 데 대해 김영삼 대통령이 지지의사를 표명함으로써 ASEM 논의가 구체화되었다. 그 후 1995년 7월 아시아·유럽 간 고위관리회의(SOM)를 시작으로 의제들에 대한 실무적인 의견 접근을 보았고, 1996년 3월 1일과 2일 이틀간에 걸쳐 제1차 양 지역 간 정상회의가 태국의 수도 방콕에서 열렸다. 1차 정상회의에는 아시아 측에서 한국, 일본, 중국 등 동북아 3국과 태국, 싱가포르, 말레이시아, 인도네시아, 필리핀, 브루나이, 베트남 등 동남아국가연합(ASEAN) 7개국 등 10개국과 유럽 측에서 영국, 프랑스, 독일, 이탈리아, 아일랜드, 네덜란드, 룩셈부르크, 오스트리아, 핀란드, 포르투갈, 스웨덴, 벨기에, 스페인, 덴마크, 그리스 등 유럽연합 15개국과 EU 집행위원장 등 각국 26명의 정상들이 참석했다.

ASEM은 APEC과는 달리 비공식적인 모임으로 출발하였지만 그동안 부재하였던 아시아와 유럽 간의 협력채널을 마련하고 있다는 데서 큰 의의를 찾을 수 있다. 또한 ASEM은 올해 1차 회의로 끝나는 것이 아니라 후속 회의를 2년에 한 번씩 양 지역을 오가며 정례적으로 개최하여 양 지역 간 협력방안을 폭넓게 논의하게 된다. 제2차 회의는 1998년 영국 런던에서, 제3차 회의는 2000년 한국의 서울에서 열리게 되었다. ASEM 정상회의의 주요 의제로는 세 가지가 논의되었다. 논의내용으로는 첫째, 아시아·유럽 간 정치대화 촉진, 둘째, 경제협력강화, 즉 무역·투자·기술교류 및 민간기업 협력, 셋째, 제반 분야 협력 촉진 등이다.

ASEM 발전의 3대 원칙으로는 WTO 등 다자간 규범을 통한 세계무역의 확대에 공동 협력하는 것과 아시아·EU 간 경제 및 기술협력 강화 그리고 개방적 지역주의의 확산을 위한 공동노력이다. ASEM 정상회의는 급속한 성장을 계속하고 있는 동아시아지역에 대한 유럽의 관심과 경제협력대상을 다변화하고자 하는 아시아지역의 이해관계가 일치함에 따라 추진되었다.

1) ASEM의 성격

유럽은 역동적 경제성장으로 아시아시장의 전략가치 증대를 고려하여 이들 지역과의 관계를 확대시킬 필요가 있었다 한국, 싱가포르 등 신흥공업국(NIEs)과 ASEAN 및 중국, 베트남 등 신흥시장을 포괄하고 있는 아시아지역은 수년 전부터 세계경제의 새로운 성장 핵으로 부상함으로써 세계경제의 성장을 주도하고 있다. 이와 같은 추세는 21세기 초반까지 지속될 것으로 예상되며, 아시아지역의 경제적 비중의 전략적 가치가 급격히 확대되고 있다. 이에 따라 미국, 유럽 등 선진국들은 아시아지역의 중요성을 재인식하고 동 지역에 대한 진출을 강화하려는 움직임을 나타내고 있다.

미국은 1995년 신흥시장전략을 발표하여, 특히 아시아지역의 신흥시장에 대한 진출강화 및 시장개방을 추진하고 있다. 또한 EU도 1990년대 초반부터 역외국과의 자유무역지대(FTA) 형성 노력을 가속화하는 한편, 1994년 7월 대아시아 신전략을 발표하여 아시아시장의 중요성을 재인식하고 동 지역국가와의 협력확대를 모색하였다.

EU는 1994년 7월 대아시아 신전략보고서를 채택하여 역동성장지역과의 유대관계를 통하여 EU의 성장을 추구하고 고실업을 완화하고자 하였고 냉전종식 이후 아시아지역에 대한 정치력 확대를 기대하고 있다. 이러한 과정에서 ASEM회의는 유럽의 종합적인 대아시아 전략 차원에서 상호이해의 장을 마련하는 성격을 가지고 있다. EU는 WTO 등의 다자체제 내에서 자유무역 기조를 확산시키려는 데 주도적인 역할을 하고 있다. 이러한 맥락으로 아시아 국가에 대한 EU의 통상전략도 자유무역 확대를 통한 무역자유화 달성을 장기적 목표로 하고 있다.

① ASEM의 세계경제적 성격

세계경제는 21세기에 상당기간 동안 아시아, 미국, 유럽의 3극 권역에 의해 주도될 것으로 예상된다. 특히 1980년대 초반 이후 아시아경제의 역동적 성장은 동 지역이 세계경제의 새로운 성장 핵으로 부상하는 것을 가능하게 하였으며, 이에 따른 경제규모의 확대, 지속적 성장을 위한 자본, 인프라시설 및 선진기술에 대한 수요의 증가 등으로 아시아지역의 전략적 가치가 급격히 확대되었다. 이에 따라 유럽과 미국은 아시아시장에 대한 새로운 접근전략을 수립하여 새로운 차원에서의 보다 긴밀한 협력관계를 모색하였다.

한편 북미와 아시아에는 1989년 발족한 아・태경제협력체(APEC), 북미와 유럽 간에는 최근 심도 있게 논의되고 있는 범대서양자유무역협정(TAFTA)협상을 중심으로 한 정상급의 대화채널이 이미 발족하였거나 발족을 서두르고 있는 반면, 아시아와 유럽 사이에는 최근까지도 이러한 협력, 대화 채널이 부재하였다. 따라서 제1차 ASEM의 개최는 이러한 양 대륙 간의 협력 강화와 교역・투자 증진에 관하여 25개국 간의 지도자가 처음으로 공식 논의하는 장으로서뿐만 아니라 세계경제의 3극 간 협력 및 대화 채널을 완성시키는 의미도 지니고 있는 매우 뜻깊은 회의였던 것으로 평가할 수 있다. 제1차 ASEM을 계기로 아시아와 유럽 간의 협력 강화가 의미 있는 진전을 이룰 경우 21세기 세계경제질서의 재편에도 적지 않은 영향을 미칠 것으로 판단된다.

특히 2020년까지 역내 무역・투자자유화를 지향할 가능성이 큰 것으로 전망된다. 이러한 전망에는 최근 들어 EU가 가시화하고 있는 미국, 중남미, 지중해연안국가 등 역외국과의 FTA체결 확대전략 가속화가 작용한다. 만약 이것이 현실화될 경우 3극 간 대화, 협력 채널의 완성을 의미하는 ASEM의 출범을 계기로 세계경제는 지역적 분할보다는 세계경제의 글로벌한 통합의 방향으로 전개될 가능성이 큰 것으로 판단된다. 또한 3극 간 대화채널의 완성과 이를 통한 세계경제통합에의 기여 등 21세기 세계경제질서의 재편에 적지 않은 영향을 미칠 것이다. 즉 ASEM으로부터 얻을 수 있는 지역 간 경제협력의 성과는 세계경제의 분할보다는 통합을 이끌어내는 기폭제 역할을 한다는 것이다. 그리고 세계경제의 3극체제 심화 및 아시아시장의 전략적 가치 확대, 그리고 다자주의와 지역주의의 공존 등 최근 국제경제환경의 변화는 우루과이라운드협상의 결과로 탄생한 다자간 교역규범인 WTO체제를 위협할 가능성도 내포하고 있어 이를 극복하기 위한 경제블록 간의 연계가 최근 들어 활발히 전개되고 있다. 따라서 금번 ASEM의 개최도 이러한 지역협력체 간의 연계를 강화함으로써 지역주의를 극복한다는 의도가 내포되어 있는 것으로 파악된다.

② ASEM의 국제정치적 성격

미・소 양극체제의 붕괴는 세력분포의 다극화 양상을 초래하였는데, 특히 경제력을 중심으로 국제체제는 아주, 구주 및 미주의 3극으로 점차 구조화되어 왔다. 또한

3극 내에서 구주는 EU, 미주는 NAFTA, 아주는 ASEAN 등을 중심으로 지역협력이 강화되어 왔는바 지역 내 협력 움직임이 본격화됨과 동시에 지역 간 움직임도 점차 가시화되고 있다. 지금까지 3극 간의 관계에서 아주와 구주 간의 지역간 협력 움직임은 결여된 상태였으며, 금번 아시아·유럽 정상회의는 이러한 지역의 연계를 충족시키는 의미를 지니고 있다. 이에 따라 금번 ASEM의 개최는 냉전이후시대 국제체제의 3극화 경향을 더욱 분명히 보여주는 가운데 3극 간의 새로운 관계설정과 균형모색이 시작되는 계기가 되었다. 냉전 이후 국제안보 개념은 진영 간 군사대결의 위험이 제1차적인 안보문제에서 간주되던 냉전시대의 협의의 안보개념으로부터 점차 환경, 난민, 마약 및 기아 등 민간안보에 대한 위협을 중대한 안보 이슈로 인식하는 것으로 확대되고 있다. 특히 새로운 안보 이슈들은 본질적으로 탈국경성을 지니는 범세계적 문제들인 동시에 지속적인 경제성장과의 연계하에 취급되어야 하는 포괄적인 성격의 문제들이다.

이러한 맥락에서 볼 때 ASEM과 같은 지역 간 협력의 틀이 마련된다는 것은 경제협력의 차원에 덧붙여 냉전구조하에서는 군사안보 측면을 중심으로 조직·운영되어 왔던 지역단위의 국가 간 협력패턴으로부터 벗어나 새로운 국제안보문제에 대한 세계적 차원에서의 공동인식의 기반이 구축되고 확대되는 계기가 됨을 의미하고 있다. 이러한 공동이해의 토대 위에서라야만 UN의 개혁문제 및 대량살상무기의 확산 방지 등 새로운 국제질서를 수립해 나가는 데 중요한 국제문제들에 대해 효율적인 대처가 가능해질 것이므로 ASEM의 국제안보 면에서의 의의도 매우 크다고 평가된다.

또한 이념에 바탕을 둔 세계 차원의 대결구조가 사라짐에 따라 점차 지역단위에서의 질서 구축이 가시화되고 있다. 이는 이스라엘·PLO 간 평화협정을 축으로 하는 새로운 중동질서의 모색 및 신태평양공동체의 추구 등으로 가시화되고 있다. 이러한 지역단위의 질서재편과정에서 경제요소가 중요시됨에 따라 새로운 지역세력균형도 점차 경제이익의 균형을 많이 반영하고 있다. 이러한 상황에서 각국은 정치측면과 경제 측면에서의 전략적 고려를 상호 연계함과 동시에 정책수단의 종합화도 추구하고 있다. 신대서양 협력과정에서와 마찬가지로 ASEM이 경제와 함께 정치·안보문제를 동시에 이루어 나가는 것은 이러한 국제정치·경제적 추세를 반영하는 것으로 보인다.

2) ASEM의 운영조직

아시아와 유럽 간의 대화협력체로 발족하게 된 ASEM은 대화협력체로서의 운영 메커니즘을 유지하고 있는데, ASEM의 운영방식은 2년마다 열리는 정상회의에서 최종적인 사업목록을 합의하는데 이를 위해 외무, 경제, 재무장관회의가 각각 개최되어 ASEM 협력사업의 이행이 전반적으로 조정·수행되게 된다. 이들 장관급회의의 산하조직으로 고위관리회의(SOM), 무역·투자고위관리회의(SOMTI), 재무고위관리회의(FDM)가 각각 1년에 두 차례 정도씩 개최되어, 실질적인 세부협력사항을 논의해 나가고 있다. 또한 아시아와 유럽 양측은 각각 2개의 조정국을 지정하여 전체회의가 열리지 않을 때에는 이들 4개 조정국 간 회의를 통하여 실무업무를 조정토록 하고 있다. 관례적으로 아시아 측 조정국은 동북아에서 1국, 동남아에서 1국이 각각 맡고, 유럽 측은 EU집행위 측이 맡고 있다.

3) ASEM의 문제점

ASEM의 문제점으로는 기업의 사회적 책임성과 투기자본 및 외국 대기업의 지배력 확대, 환경보호기준의 약화, 공식개발원조에 대한 부분 등을 들 수 있다.

첫째, 기업의 사회적 책임성과 투기자본 및 외국 대기업의 지배력 확대의 문제점을 들 수 있다. 그동안 계속해서 아시아에 진출한 유럽계 기업 또는 유럽에 진출한 한국 기업과 관련하여 다양한 종류의 분쟁과 인권 및 환경침해, 자원남용의 문제가 발생한 바 있다. 또 무책임한 공장철수로 인하여 상당한 사회적 파장을 불러일으킨 사례가 있다. 그러나 ASEM의 논의과정에서 이러한 기업의 사회적 책임성 문제에 대해서는 관심을 기울이지 않고 있다. 그리고 한국 등 아시아에 대한 외국인 투자의 상당부분이 단기 수익을 노린 투기의 성격을 띠고 있다. ASEM의 논의과정에서 투기자본에 대한 규제 논의가 전혀 없다.

둘째, 환경보호기준의 약화를 들 수 있다. 무역과 해외투자는 상품시장과 생산을 국경을 초월하여 확장할 수 있게 됨으로써 생산활동에 따른 환경영향의 지구적 확대와 증대를 가져온다. 또한 자국의 자원기반이 고갈되었거나 엄격한 자원보호법을 시행하고 있는 국가들이 원하는 상품을 외국에 의존할 수 있도록 함으로써 결국 이들이 소비의 혜택은 누리면서도 사실상 그에 따르는 환경영향은 다른 국가에 떠넘길 소지가 다분히 있다. 뿐만 아니라 각국의 환경법은 물론 국제환경조약조차 무역에 대한 비관세장벽으로 간주되어 공격받을 수 있다. 그러나 ASEM의 논의에는 무역과 환경을 연계시키는 적극적인 노력이 부족한 실정이다.

셋째, 공식개발원조에 대한 부분이다. 1976년부터 91년까지 유럽연합의 대 아시아 개발원조기금은 일본에 이어 두 번째이며 미국의 개발원조의 세 배 이상이었다. 원조기금 중 경제협력에 투자된 비중은 미미했으며 대부분의 기금은 빈곤퇴치와 인권교육, 지역개발, 사회 인프라 구축 등 사회발전 분야에 투여되었다. 그러나 현재 경제협력을 주의제로 하는 ASEM의 프로그램이 추진될 경우 유럽의 아시아 개발원조의 수준과 질은 크게 변모할 것으로 예상된다. 또한 일본, 한국의 공식개발원조의 경우 투명성의 문제와 원조목적의 변질에 대한 문제제기가 꾸준히 있었으나 ASEM 논의에서는 아시아국의 개발원조의 발전방향에 대해서 충분히 논의하고 있지 않다.

12.3 자유무역협정(FTA)과 전자상거래

1. 기본쟁점

국경을 초월하는 인터넷의 국제적 확산과 더불어 이 인터넷에 기반을 두는 전자상거래의 중요성이 증대되었다. 이러한 변화에 발맞춰 WTO는 1990년대 말에 디지털 전송콘텐츠의 자유무역의 가능성을 찾는 논의를 전개하였다. 그러나 디지털제품에 대한 예측가능하고 자유로운 무역체제를 지향하는 WTO에서의 다자무역회의는 전자전송에 대한 분류, 디지털 콘텐츠에 대한 관세평가, 적용 무역규범 등 어느 이슈에 대하여도 분명하게 합의를 도출하지 못하였다.

도하개발어젠다(DDA)는 급속한 신규 콘텐츠 및 전통적 콘텐츠의 디지털화의 전자상거래에 대한 협상을 요구하지 않았다. 이에 비하여 미국은 2000년대에 들면서 자유무역협상을 통하여 효과적으로 자국의 모형접근(model approach)을 확산시키고 있다. 이는 도하개발협상에서 다양한 쟁점에 대하여 어떤 진전을 이룩하지 못하는 상황에서 자유무역협정 체결이 가속화되면서 발생되고 있다.

우리나라는 디지털 콘텐츠의 국제적 무역관련 협상에서 주요 이슈에 대하여 공식적으로 입장을 밝히지 않았지만, 지난 한·미 FTA협상을 통하여 국경을 초월하는 인터넷의 국제적 확산과 더불어 이 인터넷에 기반을 두는 전자상거래의 중요성이 증대되었다. 이러한 변화에 발맞춰 WTO는 1990년대 말에 디지털 전송콘텐츠의 자유무역가능성을 찾는 논의를 전개하였다. 그러나 디지털제품에 대한 예측가능하고 자유로운 무역체제를 지향하는 WTO에서의 다자무역회의는 전자전송에 대한 분류, 디지털 콘텐츠에 대한 관세평가, 적용 무역규범 등 어느 이슈에 대하여도 분명하게 합의를 도출하지 못하였다.

도하개발어젠다(DDA)는 급속한 신규 콘텐츠 및 전통적 콘텐츠의 디지털화의 전자상거래에 대한 협상을 요구하지 않았다. 이에 비하여 미국은 2000년대에 들면서 자유무역협상을 통하여 효과적으로 자국의 모형접근(model approach)을 확산시키고 있다. 이는 도하개발협상에서 다양한 쟁점에 대하여 어떤 진전을 이룩하지 못하는 상황에서 자유무역협정 체결이 가속화되면서 발생되고 있다. 한국은 디지털 콘텐츠의 국제적 무역관련 협상에서 주요 이슈에 대하여 공식적으로 입장을 밝히지 않았지만 지난 한·미 FTA협상을 통하여 취에서 기본적 골격을 구성하였다.

콘텐츠산업은 산업 간 장벽을 극복하고 세계시장에 진출하는 데 진입장벽이 낮으며 부가가치가 높은 산업으로 해외진출에는 전자적인 방법, 즉 디지털제품의 전자상거래가 가장 효율적이다. 이런 맥락에서 한국은 후속 FTA에서 콘텐츠산업의 해외진출 및 국경 간 전자상거래가 보다 원활하게 이루어질 수 있는 보다 자유로운 디지털 통상환경을 조성하도록 노력해야 할 것이다.

국제적 전자상거래의 활성화에 발맞춰 WTO 차원의 다자간 통상규범 확립이 1990년대 말에 추진되었지만 회원국 간의 이해관계 대립으로 주춤하고 있는 반면 FTA 등 지역무역협정(RTA)에서 전자상거래규범이 자리를 잡아가고 있다. 이러한 현상은 특히 미국이 체결하는 FTA에서 나타난다. 미국은 2001년 12월 발효된 요르단과의 FTA 이후 추진한 FTA의 전자상거래 장(Chapter)에서 자국이 WTO 등 국제기구에서 주장하는 내용을 양국 간의 규범 혹은 협력사항으로 다루고 있다.

한·미 FTA 전자상거래부문협상을 통하여 한국은 그동안 미루어 오던 몇 가지 쟁점을 해소하였다. 전자전송물에 대한 무관세 법제화 채택, 오프라인의 관세평가 방식에서 전송매체에 탑재된 디지털 콘텐츠가격에 대한 관세부과, 디지털제품에 대한 내국민대우의 범위, 상대국에 최혜국대우부여, 방송 등 시청각서비스와 전자상거래 챕터 간의 관계, 전자인증 등이 그 예이다. 그 밖에도 소비자보호, 전자무역, 인터넷 접속 및 이용에 관한 원칙과 개인정보보호가 협력 차원의 의제도 다루었다.

이러한 쟁점들에 대한 한국의 입장 정립은 크게 두 가지 배경에서 설명될 수 있다. 첫째는 디지털 콘텐츠에 대한 한국의 현재 및 미래의 경쟁력을 긍정적으로 평가하여 전자상거래관련 국제규범 쟁점에 대하여 자유로운 무역을 지향하였다는 점이다. 다음은 한·미 FTA 전자상거래부문의 내용은 향후 우리나라가 동시다발적으로 추진할 전자상거래부문협상에서 기본적 골격을 구성할 것이라는 점이다.

2. 기체결 FTA에서의 디지털무역규범

한·미 FTA 전자상거래협정문은 한국이 현재까지 체결한 FTA 중 가장 포괄적인 내용을 담고 있다. 주요 조항을 살펴보면 디지털제품에 대한 영구 무관세, 디지털제품에 대한 비차별대우(내국민대우, 최혜국대우) 의무(제15.3조) 등이 존재하며, 특히 노력 조항으로 존재하는 국경 간 정보흐름(제15.8조)은 국경 간 정보의 이동에 대해 규정한 최초의 통상규범이다. 아래에서는 한·미 FTA 전자상거래 챕터 주요 조항내용에 대해 분석하면서 TISA, TPP 등 신규 ICT 통상규범 논의 이전의 전자상거래규범의 특징을 점검해보도록 한다.

(1) 한·미 FTA상의 디지털무역규범

1) 디지털제품의 무관세

우선 한국과 미국 양 당사국은 제15.3조 1항을 통해 디지털제품에 대한 영구 무관세를 의무화하였다. 이는 전달매체에 고정된 디지털제품, 전자적으로 전송되는 디지털제품 모두에 무관세의무를 적용하는 것이다. 이러한 무관세의무는 상기 WTO 전자상거래 워크프로그램의 일환인 전자적 전송에 대한 무관세 관행을 법제화하는 것으로, 한국은 한·미 FTA뿐만 아니라, 한·페루 FTA, 한·호주 FTA 등을 통해 디지털제품 또는 전자전송물에 대한 영구 무관세의무를 FTA 차원에서 도입하고 있다. 한·미 FTA에서 양 당사국은 디지털제품이 "전달매체에 고정되는지 또는 전자적으로 전송되는지 여부에 관계없이 디지털방식으로 부호화하고 상업적 판매 또는 배포를 목적으로 생산된 컴퓨터프로그램·문자열·동영상·이미지·녹음물 및 그 밖의 제품"이라고 광범위하게 정의하고 있다. 또한 "디지털제품의 정의가 전자적 전송을 통한 디지털제품의 무역이 상품무역으로 분류되어야 하는지, 또는 서비스무역으로 분류되어야 하는지에 대한 당사국의 견해를 반영하는 것은 아님"을 명시하고 있어 디지털제품이 상품인지 서비스인지에 대한 분류는 유보하고, 상품 챕터나 서비스 챕터가 아닌 전자상거래라는 독립된 챕터를 통해 관련 의무를 채택하고 있다.

2) 디지털제품에 대한 비차별적 대우

제15.3조(디지털제품) 2항은 다른 당사국이 원산지인 디지털제품에 대한 다른 동종의 디지털제품에 부여하는 것보다 불리한 대우를 부여할 수 없도록 규정하여 디지털제품에 대한 내국민대우의무를 채택하였다. 또한 3항을 통해 비당사국이 원산지인 디지털제품에 부여하는 것보다 다른 당사국이 원산지인 디지털제품에 불리한 대우를 부여할 수 없다고 규정하여 디지털제품에 대한 최혜국대우의무를 동시에 채택하고 있다. 또한 이러한 디지털제품에 대한 내국민대우, 최혜국대우 등 비차별대우의무는 서비스, 투자, 금융서비스 챕터의 비합치조치에 대해서는 적용되지 않음을 명시하여 시장개방을 유보한 서비스가 전자적인 방식으로 공급될 경우 해당 의무의 적용이 배제되도록 하였다. 또한 5항을 통해 디지털제품에 대한 내국민대우 의무가 정부지원 융자, 보증 및 보험 등 정보의 보조금 또는 무상교부에 대해서는 적용 면제됨을 명시하여 정부보조금 등에 대한 정부의 정책권한을 확보하고 있다.

3) 방송 등 시청각서비스 적용 면제

마지막으로 6항을 통해 "이 조는 청각적 및/또는 시각적 수신을 위하여 콘텐츠 제공자에 의하여 편성되고 콘텐츠 소비자가 그 편성에 대하여 선택권을 갖고 있지 아니한 일련의 문자열·동영상·이미지·녹음물 및 그 밖의 제품의 전자적 전송에 영향을 미치는 조치에는 적용되지 않는다"라고 기재하여 소비자가 콘텐츠 편성에 선택권이 없는 방송 등 시청각서비스에 대한 적용 면제를 명시하고 있다. 이는 아직 통신망 등 인터넷을 통해 전자적으로 제공되는 방송서비스 등 시청각서비스에 대해 이를 기존 시청각서비스관련 규제를 그대로 적용할지 여부에 대한 판단도 정립되지 않은 각국의 국내법상 현실과 국제통상법 차원에서도 전자적으로 제공되는 시청각서비스에 대해서도 각국의 시장개방 약속내용을 동일하게 적용된다고 해석되는지에 대한 공통된 합의 도출이 쉽지 않은 상황을 고려하여 조항의 해석상 혼란을 줄이기 방송 적용 면제 범주를 보다 정확하게 표현한 것이다. 소비자가 콘텐츠 편성에 선택권을 가지고 있지 않은 시청각서비스에 대해서는 적용을 면제한 것으로, 예를 들어 소비자가 전자적 콘텐츠를 자의적으로 선택하여 시청하는 것이 아닌 콘텐츠 제공자에 의해 편성 또는 구성된 편방향(linear) 전자적 전송 방송서비스는 해당 비차별 대우의무의 적용대상이 되지 않는 것으로 해석할 수 있다.

4) 국경 간 정보이동

한・미 FTA는 최초로 국경 간 정보이동에 대해 규정한 통상협정문으로 제15.8조(국경 간 정보흐름)을 통해 "무역을 원활히 함에 이어 정보의 자유로운 흐름의 중요성을 인정하고 개인정보보호의 중요성을 인정하면서, 양 당사국은 국경 간 전자 정보흐름에 불필요한 장벽을 부과하거나 유지하는 것을 자제하도록 노력한다"라고 규정하고 있다. 국경 간 정보흐름에 불필요한 무역장벽을 금지하도록 노력하라는 내용으로 최초의 통상조항이기는 하나, 노력조항으로 그 법적 구속력이 낮은 선언적 성격의 조항이다. 때문에 한・미 FTA상 동 조항이 국내산업, 정책적으로 미치는 영향력은 그다지 크지 않았으나, 아래에서 분석할 TPP, TISA[54] 차원에서 등장하고 있는 국경 간 정보이동조항은 법적 구속력이 강한 강행의무조항으로 법 형식에 있어 본질적 차이가 크며, 산업 및 정책적으로 미치는 영향력 역시 한・미 FTA와는 다르게 상당히 클 것으로 예측된다.

---

54) 복수국 간 서비스무역협정(Trade in Service Agreements : TISA)은 WTO DDA(도하개발어젠다)협상이 일괄 타결원칙 아래 농업, 상품 등 민감 분야에서의 개도국과 선진국 회원국 간 첨예한 의견 대립으로 인해 전체협상의 동력을 상실해가고 있는 상황에서 대두된 협상으로 WTO DDA협상에 대한 돌파구로 서비스 분야에 한해 일부 WTO 회원국을 중심으로 현 산업 현실과 미래 서비스산업 현실을 반영한 새로운 서비스무역협정을 도출하기 위해 2013년부터 본격 협상이 개시되었다.

5) 금융서비스상 정보이동

기존 FTA 경험상 정보의 해외이전관련 또 다른 통상규범은 금융서비스규범에 존재하고 있다. 한·미 FTA의 경우 금융서비스 챕터를 통해 금융정보 처리의 해외 위탁을 발효 2년 후부터 허용하도록 규정하고 있다. 단, 소비자 민감정보보호, 위탁받은 민감정보의 재판매를 포함한 재사용금지, 해당 위탁 금융기관의 기록에 접근할 우리 금융 당국의 권한 확보, 기술설비 위치요건 등 일정조건하에서 발효 후 2년 이내 시간을 두고 개방하기로 서한을 통해 유연성을 부여하였다.

(2) TPP, TISA상의 디지털무역규범

1) 정보의 국경 간 이전/자유로운 정보이동

TPP 전자상거래 챕터 제14.11조(전자적 수단에 의한 정보의 국경 간 이전)는 "당사국이 사업 수행을 위해 개인정보 포함 정보의 전자적 국외 이전을 허용하도록 의무화"하고 있으며, "정당한 공공정책 목적달성을 위해 해당 의무에 부합하지 않는 당사국 조치 채택 권한을 인정하고 있으나, 이러한 조치가 자의적·차별적 수단 또는 무역에 위장된 제한을 초래하지 않으며, 목적달성을 위해 요구되는 수준 이상으로 부과되지 않도록 조건화"하고 있다.

TISA 전자상거래 부속서 제2조(정보이동/국경 간 정보이동) 1항에 따르면, "어떠한 당사국도 다른 당사국의 서비스 사업자가, 서비스 사업자의 사업 수행과 관련하여 이행되는 행위에 있어, 당사국 영역 내 또는 외 개인정보 포함 정보를 이전(접근, 처리 또는 저장)하는 것을 제한할 수 없다"고 기재하고 있다.

우선 TPP와 TISA 의무상 차이점을 살펴보면, TPP는 '국외'로의 정보'이전'을 허용하라고 규정하고 있으나, TISA는 정보의 '국외'뿐만 아니라 '국내'로의 '이전(접근, 처리 또는 저장)'을 제한하지 말라고 규정하고 있다. 의무 자체의 내용 및 범주 면에서 TISA가 더욱 강력한 내용을 내포하고 있다고 해석할 수 있다. 또한 TPP는 3항을 통해 일정한 조건하에서 정당한 공공정책 목표달성을 위한 당사국의 정책추진권한을 보장하고 있으나, TISA는 아직 당사국의 정당한 정책추진권한을 인정해주는 표현이 존재하지 않는 상황이다. 이러한 TPP 및 TISA와 유사한 정보이동관련 국제통상규범은 한·미 FTA 전자상거래 챕터 제15.8조(국경 간 정보흐름)에서 유일하게 발견되고 있다. 그러나 한·미 FTA조항은 "국경 간 정보의 흐름에 불필요한 제약을 두지 않도록 노력"하라는 법적 구속력이 없는 내용으로, 의무수준 면에서 TPP, TISA와 현격한 차이를 보이고 있는바, 그 산업·정책적 파급효과에 있어 매우 다른 결과가 예상된다. 현재 공개된 TISA협상 문서 그대로 해석할 경우, 당사국은 정보의 국내외 이전(접근, 처리, 저장)과 관련하여 어떠한 제약도 부과할 수 없는 강력한 법적 구속력을 가진 강행 의무규정이며, TPP의 경우도 일정한 조건하에서만 이를 제한하는 조치를 채택할 수 있도록 규정하고 있다.

TPP, TISA는 기존 FTA보다 강력한 의무를 부여하면서 당사국의 정책추진권한을 상당히 제한하고 있다. 예를 들어, TPP의 경우 만약 당사국이 국외로의 정보이전을 제약하는 조치를 채택할 경우, 해당 제한조치가 ① 정당한 정책목적달성을 위한 조치이고, ② 자의적·부당한 차별을 초래하지 않는 비차별적 조치이며, ③ 위장된 무역제한적 조치가 아니고, ④ 목적달성을 위해 요구되는 것보다 강한 제한을 부과하지 않는 선에서만 부과가능하다고 규정하고 있어, 당사국의 정책추진권한을 제한적으로 인정하고 있다. 또한 TISA협정은 TPP와 같이 정보이전 제한조치 채택관련 표현이 아직 존재하지 않고, GATS의 일반 예외 및 안보예외조항을 그대로 준용하고 있으며, 전자상거래 부속서상 추가적으로 '필수적 안보 이해(essential security interests)' 보호를 위해서는 적절한 조치를 취할 수 있다고만 명시하고 있다. TISA 총칙상 예외조항 외 추가적으로 전자상거래규범에 있어 필수안보 예외관련 적용 면제를 인정하고 있으나, '필수적 안보 이해' 개념이 모호하고, 개별국가들이 도입하고 있는 정보이전관련 국내규제정책의 목적이 개인정보보호 등 반드시 안보와 연계된 목적으로 도입되는 것만은 아닌 바, 조항의 광범위한 적용범위와 강력한 의무수준에 비해 지극히 제한적 예외만 허용되고 있는 문제점이 존재한다. 이러한 TISA정보이동 조항과 각국의 정보이동관련 국내규제와의 상충관계는 향후 TISA협상 차원에서 공존 가능한 방안으로 협정 문안을 참여국 간 조정해 나가야 할 숙제이다.

2) 컴퓨팅설비 위치/현지 인프라구조

TPP, TISA 전자상거래 부속서상 '정보이동'조항만큼 두드러지는 신규 ICT 통상규범은 바로 '컴퓨팅설비 위치/현지 인프라구조'조항이다. 기존 FTA 전자상거래규범상 노력조항이나 선언적 조항으로도 존재하지 않던, 완전히 새로운 내용의 국제통상규범이다. TPP 제14.13조(컴퓨팅설비의 위치)의 경우, "사업 수행을 위한 조건으로 사업자에게 당사국 영역 내 컴퓨팅설비를 이용 또는 위치하도록 요구하는 것을 금지"한다고 규정하고 있으며, 여기서 "컴퓨팅설비란 상업적 용도로 정보를 처리 또는 저장하기 위한 컴퓨터 서버 및 저장기기를 의미한다"고 정의하고 있다. TISA 전자상거래 부속서 제9조(현지 인프라구조)의 경우, "어떠한 당사국도 당사국 영역 내 서비스 제공 또는 투자를 위한 조건으로 (a) 당사국 영역 내 위치한 컴퓨팅 설비를 이용하도록 하거나, (b) 당사국 영역 내에서 제공되는 컴퓨터 퍼리 또는 저장서비스를 이용하도록 하거나, (c) 달리 당사국 영역 내 데이터를 저장 또는 처리하도록 요구할 수 없다"는 내용을 담고 있다. 상기 정보의 국내외 이전에 제약을 두지 말라는 규정과 유기적으로 밀접하게 연계되어 있는 내용으로 해당 조항은 정보의 처리, 저장 등을 위한 컴퓨팅 설비의 '위치'에 대해 특정 제약을 두지 말도록 하는 것이 핵심이다.

정보통신기술의 발전으로 기업들은 사업수행에 있어 데이터를 저장・처리하기 위한 별도의 자체 물리적 설비가 구축되어 있지 않아도, 또는 글로벌 사업자의 경우 진출 국가별로 서버가 구출되어 있지 않아도 데이터저장 및 전산처리를 글로벌하게 원격으로 자유롭게 실현시킬 수 있다. 또한 클라우드 컴퓨팅서비스 및 기타 IT서비스 이용을 통해 자체 서버 없이도, 해당 서버의 위치와는 무관하게 기업업무 수행을 위해 중요한 정보를 저장・처리할 수 있는 현실이다. 예를 들어, 다국적 금융기업의 경우 진출한 모든 국가에 글로벌 고객의 정보를 저장・처리하는 서버를 진출 국가별로 개별구축하기보다는 비용절감 및 생산성 증진을 위하여 일부 지역 거점 서버에 관련 정보를 저장・처리하고 있다. 만약 일부 국가가 고객의 정보를 자국 영역 내 위치한 데이터서버, 컴퓨팅설비에서만 저장・처리하도록 강요할 경우, 해당 글로벌 금융기업은 추가적 비용을 투입하여 해당 국가 내 별도의 데이터서버를 신규 설립하거나, 해당 현지 국가 내 이미 구축되어 있는 데이터서버를 추가비용을 투입하여 임대해서 사용해야 하는 상황이 발생한다.

이러한 상황은 글로벌 금융기업에게 있어 추가비용을 발생시키고, 업무의 효율성을 저하시켜 원활한 글로벌서비스 제공에 있어 큰 제약요소로 작용하게 된다. '컴퓨팅설비 위치' 및 '현지 인프라구조'조항은 이처럼 기업 데이터의 저장 및 처리를 위한 컴퓨팅설비를 정부가 자국 내 두도록 사업자에게 강요하거나 컴퓨터 처리 및 저장서비스를 현지에서 조달·이용하도록 강요하지 못하게 함으로써 ICT를 통한 글로벌무역을 더욱 촉진하고 이를 통한 글로벌경제 성장을 도모하고자 도입된 신규 ICT 통상규범이다. 정보통신기술의 발전으로 인해 사업자가 정보를 처리·저장하는 물리적 서버의 위치는 점점 더 서비스 제공지역에서 자유로워지고 있는 추세에서 사업자는 가장 효율적이고 저렴한 서버, IT서비스를 이용하고자 할 것이고, 자유로운 사업자의 서버 위치 선택이나 IT 위탁서비스 결정권에 대한 제약을 두는 각국의 국내규제는 ICT 서비스무역 패러다임 변화에 따라 새로운 통상장벽으로 등장하게 된 것이다.

3) 디지털제품에 대한 비차별대우(TPP)

TPP 전자상거래 챕터 제14.4조(디지털제품에 대한 비차별대우)는 "다른 당사국의 디지털제품에 대해 동종의 디지털제품에 부여하는 것보다 불리한 대우를 금지한다"고 규정하여 디지털제품에 대한 내국민대우 및 최혜국대우 등 비차별의무를 부과하고 있다. 이는 앞에서 언급한 한·미 FTA 제15.3조(디지털제품)와 동일한 의무 내용이나, 한·미 FTA의 경우 3항에서 비당사국의 디지털제품에 대한 대우보다 불리하지 않은 대우를 부여하도록 규정하여 디지털제품에 대한 '최혜국대우'(MFN)의무를 부여하지만, TPP의 경우 각주 4를 통해 비당사국의 '동종 디지털제품'까지 '다른 동종 디지털제품'의 범주로 포함하여 최혜국대우의무를 부여하고 있어 구조상 차이를 보이고 있다. 또한 TPP 동조 2항, 3항, 4항을 통해 방송, 정부보조금 또는 교부금에 대한 적용 면제를 명시하고 있으며, TPP 전자상거래 챕터의 다른 강행 의무조항과 마찬가지로 제14.2조(범위 및 일반조항)을 통해 '디지털제품에 대한 비차별대우'의무가 서비스, 투자, 금융 챕터상 의무, 예외, 비합치조치에 적용되지 않음을 명시하고 있다.

TPP의 경우 '방송(broadcasting)'에 대해 적용 면제된다고 기재하고 있으나, 여기서 의미하는 '방송'의 구체적 의미 및 범주가 한·미 FTA보다 모호한 경향이 있어 향후 해당 의무 해석상 혼란이 발생할 수 있을 것으로 예측된다. 예를 들어 동조의 적용 면제대상인 '방송'의 범주를 어디까지 한정하느냐에 따라, 통신망을 통해 전송되는 모든 방송 콘텐츠의 전자적 전송을 적용 면제하는 것인지, 한·미 FTA처럼 이용자가 콘텐츠 편성권에 어떠한 권한도 가지고 있지 않은 방송서비스에 한해 적용 면제되는 것인지 등 다양한 OTT서비스(실시간 온라인·모바일 비디오, 주문형 온라인·모바일 비디오, 다운로드 동영상서비스, IPTV 등)가 해당 의무의 적용 면제대상인지에 대한 해석에 따라 향후 주요 통상 이슈로 등장할 가능성은 무시할 수 없으며, 이러한 규범 해석의 문제를 사전에 예방하기 위해서는 유보, 양허협상 등 시장개방협상과 유기적으로 연계하여 OTT 등 융합서비스에 대한 정책권한을 어느 정도 확보해야 할 필요가 있다. 결국 다양한 신규 융합서비스의 등장으로 인해 '디지털제품'의 적용범위에 대한 해석에 대한 논란이 부각되고, 디지털제품에 대한 비차별대우의무가 실현될 수 있는 경제의 영역이 더욱 확대되어 가는 현 추세 속에서 다양한 융합서비스에 대한 개별국 내 정책적 판단이나 또는 합의된 글로벌 이해가 부재하는 상황에서 신규 통상규범이라는 외부요인으로부터 융합서비스에 대한 국내정책적 판단이 결정지어질 수 있다.

4) 현지 전자적 전송콘텐츠 이용요건 부과금지

TISA협상에서는 전자상거래 부속서와 함께 모든 서비스 분야에 걸쳐 적용되는 수평적 통상규범인 현지콘텐츠(Local Content), 현지기술(Local technology)조항이 신규 통상규범으로 제시되고 있다. 관련 규범은 기존 FTA 투자협정 중 이행요건(performance requirment) 부과금지의무와 일부 유사하지만, 기존 이행요건 부과금지의무는 투자(mode3)에 대해서만 적용되나 TISA 차원의 현지콘텐츠, 현지기술 의무는 전 서비스 모드에 걸쳐 광범위하게 적용된다. 특이하게 현지콘텐츠조항 1항 (a)호 (ii)에서 전자상거래적 요소를 특정해서 반영한 내용으로, '전자적 전송콘텐츠(electronically transmitted content)'에 대해 이행요건 부과금지의무가 존재한다. 부연 설명하자면 서비스 공급자에게 당사국 서비스 공급(전 서비스 모드 적용)의 요건으로, 또는 투자에 대한 인센티브 부여의 조건으로, 당사국 '전자적 전송콘텐츠'에 대해 구매, 이용, 특혜부여하는 것을 금지하고 있다. 특히 1항 (b)호에서 상품 또는 전자적 전송콘텐츠 마케팅 또는 유통서비스 사업자에 특화하여 국내물 또는 자국 전자적 전송콘텐츠를 일정비율 이상 구매, 이용 또는 구성하도록 요구하지 못하도록 명시되어 있다.

'전자적 전송콘텐츠'라는 개념은 상기 한·미 FTA 전자상거래 챕터 제15.3조, TPP 전자상거래 챕터 제14.4조상 '디지털제품' 개념과 매우 유사한 성격을 가지고 있다. TISA 차원에서 '전자적 전송콘텐츠'의 개념을 "전달매체에 고정되는지 또는 전자적으로 전송되는지 여부에 관계없이 디지털방식으로 부호화되고 상업적 판매 또는 배포를 목적으로 생산된 콘텐츠"로 정의하고 있다. 개념을 보다 구체화해서 "통화를 포함한 금융수단의 디지털화된 표시는 포함하지 않으며, 해당 정의는 전자적 전송콘텐츠가 상품인지 아닌지 여부를 침해하지 않는다"고 기재하고 있다. 이는 양국은 "디지털제품이란 전달매체에 고정되는지 또는 전자적으로 전송되는지 여부에 관계없이 디지털방식으로 부호화되고 상업적 판매 또는 배포를 목적으로 생산된 컴퓨터프로그램·문자열·동영상·이미지·녹음물 및 그 밖의 제품"이라고 정의하고, "디지털제품의 정의는 전자적 전송을 통한 디지털제품의 무역이 상품무역으로 분류되어야 하는지, 또는 서비스무역으로 분류되어야 하는지에 관한 당사국의 견해를 반영하는 것으로 이해되어서는 아니될 것임"을 구체화하고 있다.

TISA '전자적 전송콘텐츠'와 TPP 및 한·미 FTA '디지털제품'의 개념은 대동소이하나, 이에 부과되는 의무의 성격은 다소 차이를 보이고 있다. 우선 TPP, 한·미 FTA에서는 앞서 살펴본 바와 같이 디지털제품에 대해 무관세의무와 내국민대우 및 최혜국대우 등 비차별대우의무를 부과하고 있다. 그러나 TISA의 경우, 무관세의무는 전자상거래 부속서 제11조를 통해 도입 시도하고 있으나, 내국민대우와 최혜국대우의무보다는 수평규범인 '현지콘텐츠'조항을 통해 기존 FTA 투자 챕터상 이행요건 부과금지의무를 전 서비스 모드에 걸쳐 적용하고 있다. 추측가능한 비합치조치[55]를 가정해본다면, 방송이나 영화 등에 존재하는 국내물 쿼터 충복 이행요건을 OTT 서비스 등 전자적으로 전송되는 콘텐츠에도 동일하게 적용한다면, 해당 의무와 충돌할 개연성이 높다. 또한 마케팅, 유통 사업자에 특화한 1항 (b)호 의무와 비합치하는 조치가 무엇이 있을지 고려해본다면, 아마존, 이베이 등 전자상거래사업자 또는 앱스토어, 구글플레이 등 애플리케이션 스토어 사업자에게 해당 웹사이트 또는 플랫폼에서 거래되는 상품, 애플리케이션(전자적 전송콘텐츠)을 일정비율 지국 상품, 자국 전자적 전송콘텐츠로 구성하도록 강요하는 경우, 동 규범의무에 위배될 가능성이 매우 높다. 해당 조항은 전자상거래 부속서규정들과는 다르게 관련 의무

55) 서비스 혹은 투자협정문상의 의무(내국민대우, 시장접근 제한, 현지 주재 의무 등)에 합치하지 않는 국내법령상의 조치를 말하며, FTA협상 추진 시 협정 당사국은 서비스 혹은 투자협정문상의 의무에도 불구, 국내법령상의 비합치조치를 유지코자 할 경우 유보안에 명시할 필요가 있다.

와 비합치하는 각국의 국내조치를 X.5조(Scheduling of Localization Commitments)를 근거로 양허협상을 통해 양허표에 기재하여 규제권한을 인정받을 수 있는 기회를 제공하고 있다.

13 CHAPTER

Mega FTA 출현과 새로운 무역질서

13 Chapter Mega FTA 출현과 새로운 무역질서

최근의 자유무역협정은 관세 및 비관세장벽의 제거를 주요 목표로 하던 과거와 달리 투자와 서비스, 기술이전, 인적자원 이동, 글로벌 가치사슬(GVC)하에서의 분업 강화를 통한 생산성증대 등 전방위적인 경제교류・협력 및 경제 활성화정책을 포괄한다. 나아가 메가 FTA는 글로벌 가치사슬의 확산과 심화를 위해 더 수준 높은 FTA형식을 추구하고 있으며 주로 비관세장벽의 철폐, 농수산물교역의 자유화, 더 높고 포괄적인 서비스 및 투자는 물론 공정경쟁, 노동, 환경 등의 강력한 자유화를 목표로 하고 있다. 특히 여러 국가가 대규모로 동시에 참여하는 메가 FTA의 추진은 그 전체적인 판을 어떻게 짜느냐에 따라 중장기적으로 개별국가의 산업경쟁력이 크게 좌우될 수 있다는 점에서 매우 중요한 의미를 지닌다.

글로벌 가치사슬이 심화되는 국제무역환경하에서는 선진국들은 메가 FTA를 추진하는 것이 각국의 자원을 가장 효율적으로 운용하는 것이라 판단하고 있다. 이것이 메가 FTA의 근본 배경이라 할 수 있다. 현재의 생산활동은 국내에서 머물지 않고 글로벌화됨에 따라 안정적 생산네트워크 확보와 현지생산의 필요성이 증대되고 있다 따라서 글로벌 부가가치사슬을 구축할 수 있는 역내 또는 글로벌 생산 네트워크간 상품(원료 및 중간재 포함), 서비스 자본, 기술의 자유로운 이동과 투자, 지재권 보호를 위해 양자간 FTA의 한계를 극복할 수 있는 새로운 체제의 구축이 필요하여 왔다. 이러한 체제는 수출시장접근과 관세보다 서비스, 투자관련 규제의 조화, 비관세장벽의 해소에 중점을 두고 있는 것이다. 그리하여 글로벌경제체제에서는 양자간 FTA가 만연하는 현재의 구조에 탈피하여 투자와 지재권, 데이터의 안정성 담보문제, 운송과 물류의 원활화, 높은 수준의 서비스 공급능력, 자유로운 인적자원의 이동, 무역원활화의 효율성 제고를 통해 원활하고 안정적인 생산원자재 및 중간재 확보가 가능한 높은 수준의 경제자유화체제가 필수적인 과제로 등장하게 되었다.

13.1 TPP와 TTIP

아시아를 중심으로 진행되는 거대 FTA로는 TPP(Trans-Pacific Strategic Economic Partnership : 환태평양경제동반자협정), 그리고 TTIP(Transatlantic Trade and Investment Partnership : 범대서양무역투자동반자협정)를 들 수 있다.

TPP는 2015년 10월 공식 타결 선언되었다. 참여국은 뉴질랜드, 브루나이, 싱가포르, 칠레, 미국, 호주, 페루, 베트남, 말레이시아, 멕시코, 캐나다, 일본 등 총 12개국으로, 이 중 한국과 FTA를 체결하지 않은 국가는 일본과 멕시코이다. 국제통화기금(IMF)에 따르면 TPP 12개국의 국내총생산(GDP) 합계는 27조 7,189억 달러로 전 세계의 GDP의 37.10%에 이르며, 교역규모는 9조 4,894억 달러로 세계교역규모의 약 25%를 차지한다. 대외경제정책연구원 분석에 따르면, TPP 가입에 따른 단기적 경제 파급효과는 0.05%에 불과하지만, 10년간 GDP 증가율이 2.58%로 예측됨에 따라 상당한 경제적 파급효과가 예상되었다. TPP협정문은 총 30개 챕터로 구성되어 있으며, 한국이 체결한 가상 포괄적 FTA인 한・미 FTA에는 없는 국영기업, 협력 및 역량 강화, 경쟁력 및 비즈니스 촉진, 개발, 중소기업, 규제조화 등 신규 챕터가 다수 존재하고 있다. 우선 높은 수준의 자유화 목표에 따라, 상품의 경우 관세의 즉시 철폐부터 30년 철폐까지 품목수기준 총 95~100% 관세 철폐가 예상되며, 규범의 경우에도 원산지, 국영기업, 전자상거래, 지재권 등에서 진일보한 국제통상규범을 정립한 것으로 평가된다. 2015년 11월 기준 한국을 비롯하여, 콜롬비아, 필리핀, 태국, 대만 등이 TPP협정 참여 관심을 표명했으며, 신규 가입을 희망하는 국가의 경우 관심표명, 예비 양자 협의, 공식참여선언, 기존 참여국의 승인, 공식협상 순으로 가입 절차를 완료해야 한다.

TTIP는 사실상 미국과 EU의 FTA로서 아시아를 중심으로 하는 거대 FTA에 포함되지 않는다는 지적이 있을 수 있다. 하지만 미국이 아시아・태평양지역 경제 논의의 중심축이 되고 있으며, 아시아지역으로 경제정책의 중심이 이동하고 있다는 점에서 미국과 EU가 추진하는 TTIP가 관심의 대상이 되고 있기도 하다. [그림 13-1]에서 보는 바와 같이 이 세 거대 FTA가 전 세계에서 차지하는 비중은 결코 적지 않다. 인구의 측면에서는 전 세계의 67%에 이르고 있으나,[1] 이 세 지역의 GDP가 전 세계에서 차지하는 비중은 약 80%에 이르고 있다.[2] 이 정도의 비중이면 이 세 지역에서 결정되는 경제정책 혹은 무역의 기조는 전 세계의 무역흐름을 근본적으로 바꿀 수 있는 새로운 전기를 마련하는 것이라 할 수 있다. 이러한 큰 경제적 효과에도 불구하고 2016년 9월 24일 유럽연합은 버락 오바마 정권에서는 더 이상 협상이 불가능하다고 협상결렬선언을 했고. 차기 미국 대통령이 취임하면 그 대통령과 TTIP협상을 재개할 예정이라고 하였지만 이후 보호무역주의를 내세우는 도널드 트럼프가 대통령에 선출되면서 TPP 탈퇴와 더불어 TTIP 논의도 중단되었다. 2019년 1월 미국과 유럽연합은 1년 7개월 만에 무역협상을 재개하기로 하였다. 그러나 1년 7개월 만에 재개되었던 TTIP 무역협상 시작부터 미국과 EU는 충돌하기 시작했다. 도널드 트럼프의 미국은 유럽 농산물에 대해 보조금을 폐지하고 수입쿼터를 폐지하여 100% 개방을 요구했고, 유럽연합은 독일은 수용, 프랑스·네덜란드는 반대를

그림 13-1 TTP, RCEP, TTIP의 관계

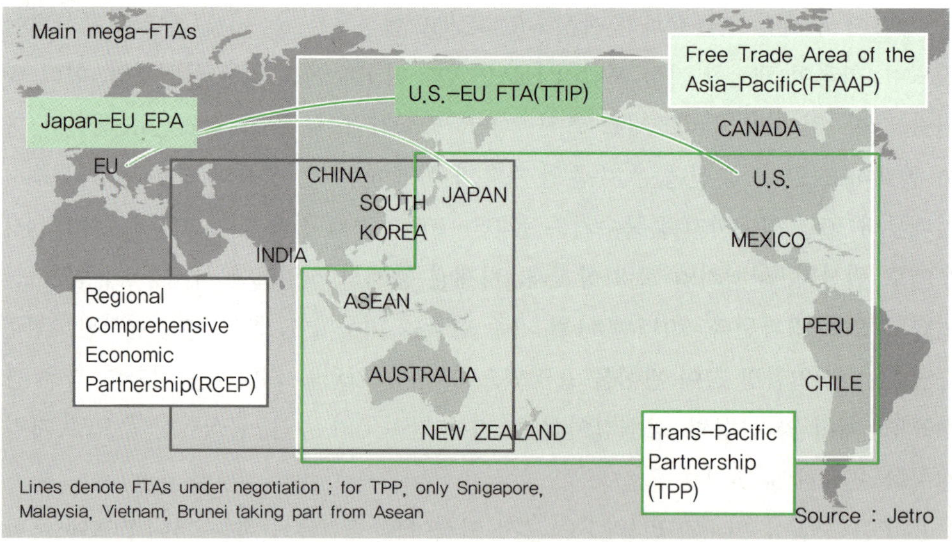

주 : Nikkei Asian Review, December 5, 2013, JST
자료 : Trading up, KAZUKI KAGAYA, Nikkei senior staff writer

1) TPP 설립을 구상했던 2012년을 기준으로 할 경우 RCEP와 TPP를 합하면 전 세계인구의 55.6%를 차지한다. 이에 EU의 개략적인 인구 5억을 더하면 약 67%의 인구 비중이다.

2) [그림 13-1]에서의 GDP 비중은 중복지역이 포함되어 있으며 이를 제외하면 약 80% 정도의 GDP 비중이다.

하면서 통일된 입장을 내지 못해 진전이 없다. 그러나 향후 보호무역의 폐해가 각국의 무역이익을 심각하게 침해시키는 기조가 형성되면 거대 FTA는 다시 모멘텀을 얻게 되어 세계무역의 주축이 될 것으로 기대된다.

만약 이 지역이 제각기 FTA협상을 타결 짓고, 그 뒤 적절한 경로를 통하여 하나의 FTA로 통합될 수 있다면 이것은 WTO에 버금가는 혹은 WTO를 대체할 수 있는 새로운 무역질서로 연결될 수 있다고 할 수 있을 것이다. 이러한 세계통상질서의 변화를 이해하기 위해 우선 아시아지역의 두 거대 FTA인 TPP와 RCEP을 간략하게 소개하기로 한다.

13.2 TPP와 RCEP

TPP(Trans-Pacific Strategic Economic Partnership : 환태평양경제동반자협정)의 타결은 그동안 느리게 진행되어 왔던 RCEP(Regional Comprehensive Economic Partnership : 역내포괄적경제동반자협정)의 협상에 새로운 전기를 마련할 것으로 보였다. 비록 미국이 TPP를 탈퇴하였지만 향후 언젠가는 미국이 다시 TPP로의 복귀가 전제된다는 점을 부인할 수 없을 것이다. 중국이 주도하는 RCEP에 대해서는 정치적 이유(중국과의 영토분쟁)로 아세안 국가의 참여가 제한적일 것이라는 예측도 있지만 궁극적으로 무역자유화로 아시안 국가의 교역확대라는 큰 틀에서 RCEP의 추진에는 TPP의 발전에 도움이 될 것으로 평가되고 있다. [그림 13-1]에서 보는 바와 같이 중복되는 부분을 제외하더라도 TPP와 RCEP의 무역이 세계무역에서 차지하는 비중은 50%를 상회하고 있다. 또 [표 13-1]에서 보는 바와 같이 이 지역의 역내 무역이 각 지역의 전체무역에서 차지하는 비중은 매우 높은 편이다.

2011년의 경우 RCEP지역은 43.8%, TPP지역은 38.6%에 이르고 있으며 따라서 이들 지역의 무역이 자유화될 경우 역외 지역으로부터의 무역은 줄어들고 역내 무역은 더 늘어나는 효과를 기대할 수 있다. RCEP과 TPP가 하나의 FTA로 귀결된다면 역내 무역 증대효과는 더 늘어날 수 있다. 이 경우 역외 국가에 대해서는 무역전환효과가 두드러질 수 있다는 점이 메가 FTA의 거대한 경제적 효과라 할 수 있다.

표 13-1 TPP 논의 시점에서의 각 Mega FTA 비중 : 2000~2011년 (%)

구분	2000	2005	2010	2011
ASEAN	22.7	24.9	24.6	24.1
CJK	203	23.7	22.1	21.3
RCEP	40.6	43.0	44.1	43.8
TPP	48.1	43.5	39.0	38.6
APEC	72.2	69.5	67.1	66.1

주 : CJK는 중국, 일본, 한국을 의미
자료 : Sanchita Basu Das(2014), p.7.

이런 RCEP과 TPP의 주요 성격과 특성은 다음과 같이 요약될 수 있다.

첫째, RCEP는 ASEAN에 의해 주도되고 있지만[3] TPP는 사실상 미국에 의해 주도되어 왔으나 트럼프 행정부는 TPP를 탈퇴하고 일본주도로 미국이 빠진 새로운 거대 FTA로 추진되었다.[4] 미국이 부시 행정부를 거쳐 오바마 행정부에서 아시아로의 회귀(Pivot to Asia)를 선언한 뒤 TPP가 급물살을 타게 되었다. TPP협상이 먼저 시작되어 타결되었다는 점에서 RCEP은 이 TPP에 대응하기 위해 시작된 면이 있다. 그러므로 TPP가 먼저 협상에서 타결되어 RCEP의 타결에도 하나의 전기가 마련될 것으로 전망되었다. 그러나 이후 미국의 정권교체로 들어선 트럼프 행정부하에서는 미국의 보호무역정책기조가 강조되어 미국이 TPP를 탈퇴하였고 그 결과 자유무역에 기반한 미국의 이익이 크게 침해되었다.

둘째, TPP가 시장개방과 같은 전통적인 무역자유화 외에 지적재산권, 환경, 노동문제와 같은 새로운 무역문제에 대한 규칙 제정을 선호하는 반면, RCEP은 이와 반대로 시장접근을 위주로 한 낮은 수준의 무역자유화를 목표하고 있다.

셋째, TPP는 광범위한 높은 수준의 자유화를 추구하고 있지만 RCEP은 시장접근을 기초로 한 점진적이고 낮은 수준의 FTA를 추진하여 왔다. 또한 신규참여에 대한 절차가 다소 느슨한 데 비하여,[5] TPP의 경우는 WTO 가입보다는 약하지만 상당히

3) ASEAN은 2011년 11월 ASEAN 정상회담 시 ASEAN과 FTA를 기체결한 6개국(한국, 중국, 일본, 호주, 뉴질랜드, 인도)이 참여하는 RCEP 작업계획을 제시하였다.

4) 2010년 TPP협상이 처음 시작될 무렵 참가국은 8개국(브루나이, 칠레, 뉴질랜드, 싱가포르, 호주, 페루, 베트남, 미국)에 불과했다. 하지만 2010년에는 말레이시아가 참여했고, 2012년에는 캐나다와 멕시코, 2013년에는 일본이 참여하여 현재 12개국으로 늘어났으나 현재 미국이 빠져서 11개국이 되었다. TPP는 보류되었으나 11국체제의 메가 FTA인 CPTPP로 탄생하였다.

복잡한 협상절차를 거치도록 하고 있다.

13.3 TPP

1. 기본방향 : 전반적으로 높은 수준의 개방수준

TPP 참여국 중 많은 국가들이 상호 어떤 형식으로의 FTA를 맺고 있고 실제 낮은 관세, 경우에 따라서는 농산물에서조차도 이미 낮은 관세를 실현하고 있는 경우가 많다. 여기서는 관세의 문제보다 주로 비관세장벽의 타파를 중요한 요소로 생각하고 있다. 궁극적으로 무역원할화를 주도할 수 있는 자유화수준, 원산지, 국영무역, 투자보호 등의 분야에서 혁신적인 무역체제, 즉 미국식의 자유화모델을 추구하는 것이라 할 수 있다. 따라서 본 절에서는 TPP협상 중 가장 중요한 몇 가지 요소에 대해 간략히 살펴보기로 한다.

표 13-2 TPP협정문의 내용

장	내용	장	내용
전문		제18장	지적재산권
제1장	설립조항 일반정의	제19장	노동
제2장	상품에 대한 내국민대우 및 시정접근	제20장	환경
제3장	원산지규정 및 절차	제21장	협력 및 역량 강화
제4장	섬유 및 의류	제22장	경쟁력 및 비즈니스원활화
제5장	관세행정 및 무역원활화	제23장	개발
제6장	무역규제	제24장	중소기업
제7장	위생 및 식품위생조치(SPS)	제25장	규제통합
제8장	무역에 대한 기술장벽(TBT)	제26장	투명성 및 반부패
제9장	투자	제27장	행정 및 제도규정

5) 협상이 시작된 뒤 사실상 RCEP에 추가적으로 참여한 국가는 없다.

제10장	국경 간 서비스무역	제28장	분쟁해결
제11장	금융서비스	제29장	예외조항
제12장	비즈니스 목적의 일시적 입국	제30장	최종규정
제13장	전기통신	부속서 Ⅰ&Ⅱ	비합치조치
제14장	전자상거래	부속서 Ⅲ	금융서비스
제15장	정부조달	부속서 Ⅳ	국영기업
제16장	경쟁정책	관련기구	
제17장	국영기업 및 지정독점	미국·일본 양자 간 협상 결과	※ 미국 : 일본 자동차 무역 비관세조치 ※ 일본 : 비관세조치 병렬 협상

2. TPP협정의 내용

TPP 당사국은 높은 수준의 포괄적 자유화를 기본목표로 협상을 추진해 온 결과, 관세가 즉시 철폐부터 최장 30년 철폐를 통해 최종 95~100%(품목수기준)의 자유화수준을 목표로 했다. 특히, 공산품의 경우 TPP 10개국이 장·단기에 걸쳐 관세를 100% 철폐할 예정이며, 호주(99.8%), 멕시코(99.6%)만 일부 품목에 대해 예외를 인정받고 당초 예외 없는 완전한 관세철폐를 목표로 출발하였으나, 협상 중 각국의 민감성을 반영하였다. TPP협정문은 총 30개 챕터로 구성되어 있으며, 국영기업, 협력 및 역량강화, 경쟁력 및 비즈니스 촉진, 개발, 중소기업, 규제 조화 등 신규 통상 이슈들을 별도 챕터로 구성하고 있는 것이 특징이다.

내용적인 측면에서, TPP규범은 전반적으로 한·미 FTA와 유사한 수준이나, 21세기 무역규범 제정을 목표로 일부 새로운 요소들을 도입하고 있다. 우선 다자간 FTA의 특성을 반영하여 12개 당사국에 적용되는 원산지규정을 통일하여 기업들이 행정비용을 절감할 수 있도록 하고, 역내에서 생산된 재료와 공정에 대한 원산지 완전누적을 허용하여 글로벌가치사슬(GVC) 형성을 촉진할 것으로 구성되었다. 또한 역내 공정한 경쟁기반을 조성하기 위하여 국영기업에 대한 규율을 통해 민간기업이 국영기업과 공정하게 경쟁할 수 있는 기반을 조성하도록 하고, 디지털경제의 지속적 확대 추세에 대응해 관련 산업의 자유로운 해외진출을 촉진하는 한편, 관련 규제를 완화하고 국가 간 협력을 강화하도록 했다. 아울러 환경 분야에서 생물다양성, 해양오염 방지 등 국제적으로 논의되어 온 이슈들을 반영한 수준 높은 협정이라 할 수 있다. 특히, 국영기업, 환경(수산보조금), 위생 및 식물위생조치(SPS), 지재권 등 일부 챕터에는 한·미 FTA 대비 신규 혹은 다소 강화된 의무가 도입되어 있어, 향후 글로벌 규범 수용 및 제도선진화 등 종합적 측면에서 국제무역환경에 큰 영향을 줄 수 있다. TPP협정문 전반에 거쳐 적용되는 이슈(cross-cutting)로 협력 및 역량 강화, 경쟁력 및 비즈니스 촉진, 개발, 중소기업, 규제 조화 등 새로운 무역규범을 도입하여 동 분야에서 당사국 간 협력을 강화해 나가도록 했고 TPP가 기존 양자 FTA를 다자화하는 거대 FTA인 만큼 역내 무역을 원활히 하는 원산지규정의 도입이 매우 중요한 쟁점이었다.

최종적으로 부품의 55% 이상이 역내에서 조달될 경우 관세철폐의 대상으로 인정하는 누적 원산지규정이 도입되었다. 누적 원산지규정의 도입은 누들볼효과를 해소할 수 있는 효과적인 수단이라는 점에서 상당한 의의가 있다. 자동차산업의 경우, 동남아시아와 멕시코에 생산 네트워크를 형성하고 있는 도요타 등 일본 자동차 제조업체들이 미국으로 수출하는 데 이 규정을 석극 활용할 수 있을 것으로 예상된다. 그럼에도 불구하고 55%라는 수치는 북미자유무역협정(North American Free Trade Agreement : NAFTA)의 62.5%보다 여전히 낮은 수준이다. 이 과정에서 미국은 픽업트럭에 대한 보호기간을 연장할 수 있는 부수적 성과도 거두었다.

TPP의 경제적 효과에 대한 미국의 판단은 담당 부처인 통상대표부(United States Trade Representative : USTR)의 평가를 통해 엿볼 수 있다. USTR은 TPP에 다섯 가지 의미를 부여하고 있다. 첫째, 포괄적 시장접근(comprehensive market access)을 가능하게 함으로써 기업, 노동자, 소비자들에게 새로운 기회와 혜택을 제공할 것이라고 본다. 둘째, 생산과 공급 체인의 발전을 촉진하는 지역적 접근(regional approach to commitments)을 통해 경제통합을 가속화하고 효율성을 제고할 것이라고 인식하고 있다. 셋째, 디지털경제의 발전과 세계화된 경제에서 국영기업의 역할 등 새로운 쟁점들을 다수 포함(addressing new trade challenges)시킴으로써 혁신을 촉진하고, 생산성과 경쟁력을 제고할 것이다. 넷째, 다양한 경제발전단계에 있는 국가들과 모든 규모의 기업들이 무역으로부터 혜택(inclusive trade)을 받을 수 있도록 하기 위해 이들의 역량을 강화할 수 있는 구체적 방안을 모색한다는 것이다.

마지막으로 다섯째, 역내 무역의 플랫폼(platform for regional trade)이자 향후 아시아·태평양지역의 다른 국가들도 포함하도록 설계되었다. TPP는 관세자유화를 주목적으로 했던 과거의 FTA와 달리, 새로운 무역규칙을 수립하고 회원국 간 경제통합을 촉진하는 한편, 새로운 지역 및 세계무역질서를 새롭게 형성하는 게임의 촉매제 역할을 할 것으로 기대된다. 구체적으로 TPP는 새로운 무역표준이 될 가능성이 있다. 위에서 언급했다시피 TPP에는 아직 WTO에서 확립되어 있지 않은 규칙과 규범이 다수 포함되어 있다. 이 규정들은 환대서양 무역투자동반자협정(TTIP)과 역내포괄적경제동반자협정(RCEP) 등 현재 진행되고 있는 다른 거대 FTA는 물론 향후 전개될 WTO의 다자 무역자유화협상에서도 새로운 표준 또는 중요한 준거점이 될 가능성이 있다는 점이 중요의미로 설명될 수 있다. 거대 FTA 형성은 새로운 무역규칙을 제정함으로써 21세기 무역질서, 더 나아가 세계경제질서의 틀을 보다 자유롭게 한다는 점에서 큰 의미를 가지는 것으로 평가된다.

3. 협정내용 중 중요조항 소개

(1) 완전누적의 원산지기준

TPP는 완전누적을 도입함으로써 역내산 원산지판정가능성을 높이고 상호 간 원부자재 조달 및 투자를 촉진시키는 이점이 있어 역내 서플라이체인(regional supply chain)을 강화시키는 기능을 원활히 할 수 있다. 누적 원산지기준규정은 TPP 역내에서 생산 및 수행된 재료와 공정을 모두 누적하여 원산지를 판정하는 완전누적(full cumulation)을 도입하고 있다. 완전누적은 체약국이 원산지인 재료뿐만 아니라 '비원산지판정'을 받은 재료에 대해서도 그 재료 생산에 투입된 모든 재료나 공정을 최종수출국에서 이루어진 것으로 간주한다는 특징이 있다. 누적(cumulation)은 한쪽 당사국의 '원산지상품'이 최종수출국의 영역에서 상품에 결합된 경우 최종수출국의 원산지로 간주하고 있다.

살펴보기 **Article 3.10 : Accumulation(완전누적조항 원문)**

3. Each Party shall provide that production undertaken on a non-originating material in the territory of one or more of the Parties by one or more producers may contribute toward the originating content of a good for the purpose of determining its origin, regardless of whether that production was sufficient to confer originating status to the material itself.

1) 누적조항(cumulation) 적용 시

- B국산 부품($20) 및 C국의 부가가치($10)만 누적 → 원산지기준 40% 미충족 → 특혜관세 적용불가
  - C국 최종재의 역내 부가가치 : $\frac{\$20+\$10}{\$120}=25\%\leqq40\%$
  - A국 중간재의 부가가치를 인정받기 위해서는 중간재가 A국의 원산지를 획득해야 하지만, A국은 부가가치 40%를 충족하지 못해 원산지를 인정받지 못함 (A국 중간재의 역내 부가가치 : $\frac{\$30}{\$90}=33\%\leqq40\%$)

2) 완전누적(full cumulation) 적용 시

- A국의 부가가치($30), B국산 부품($20), C국의 부가가치($10) 모두 누적 → 원산지기준 40% 충족 → 특혜관세 적용
  - C국 최종재의 역내 부가가치 : $\frac{\$30+\$20+\$10}{\$120}=50\%\geqq40\%$
  - A국의 원산지 충족 여부와 상관없이 A국에서 투입된 모든 재료나 공정을 누적

그림 13-2 완전누적(full cumulation)의 적용

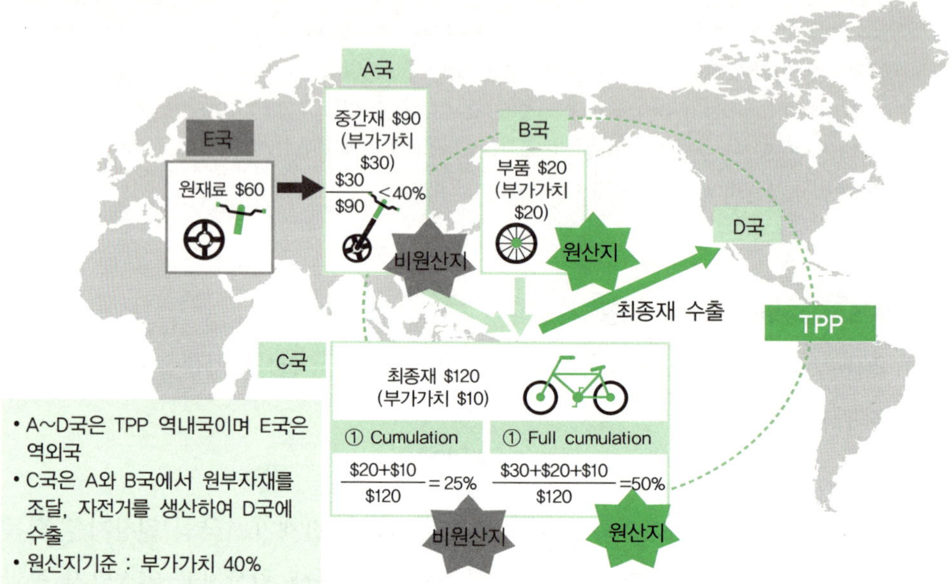

자료 : 제현정 · 박지은, "환태평양경제동반자협정(TPP) 상품 분야 주요 내용 및 시사점", Trade Brief, No. 54 2015. 11 참조.

(2) 국영기업부분

TPP협정문에 따르면 '국영기업(SOE) 및 지정 독점' 챕터에는 국영기업이 민간기업과 공정하게 경쟁할 수 있도록 국내외기업을 차별 없이 대우하고 통상적인 민간기업의 영업 관행과 일치하도록 해야 하는 상업적 고려의무가 규정되어 있다. 국영기업이 정부보조 등 비상업적 지원으로 상대국에 부정적 영향을 주거나 상대국 산업에 피해를 야기할 경우 상대국이 이의를 제기해 분쟁해결절차에서 승소하면 정부지원이 제한되도록 하는 것이다. 국영기업에 대한 정부보조 제한, 보조금 지원 금지, 수출보조금, 정부보조 등 국영기업에 대한 비상업적 지원이 적발될 경우 협정당사국에서 이의가 제기가능하다. TPP규정에는 국내법에 따라 공기업으로 분류되는 곳 외에도 직간접적으로 의사결정에 영향을 미칠 수 있는 경우도 국영기업 범주에 포함하도록 규정하고 있다. 단순하게 공기업뿐 아니라 정부가 직간접적으로 의사결정에 영향을 미치는 경우도 국영기업조항을 적용받을 수 있도록 하고 있다.

(3) TPP 발효요건

TPP협정문 30장(최종규정 : Final Provisions)의 제30.5조에 따르면, 모든 서명국의 국내법상 비준절차가 완료된 시점에서 60일 후에 발효되는 것으로 규정하고 있다. 그러나 협정문 서명 후 2년 내에 모든 원서명국들(original signatories)이 국내법상 비준절차를 완료하지 못할 경우, 2년 내에 원서명국 전체 GDP의 적어도 85%를 차지하는 6개국상의 원서명국이 비준절차를 완료할 경우 2년이 만료된 시점에서 60일 후에 비준 완료 국가들에 대해서만 협정이 발효된다. 서명 후 2년 내에 협정이 발효되지 못할 경우, 원서명국 전체 GDP의 적어도 85%를 차지하는 6개국상의 원서명국이 비준절차를 완료한 시점에서 60일 후에 비준 완료 국가들에 대해서만 협정이 발효된다.

원서명국 GDP의 85%를 차지하는 6개국상의 원서명국이 비준절차를 완료하는 요건을 충족시키기 위해서는 미국과 일본이 반드시 포함되어야 하도록 규정되어 있다.

2013년 기준 GDP 비중은 미국(60.4%), 일본(17.7%), 캐나다(6.6%), 호주(5.4%), 멕시고(4.5%), 말레이시아 (1.1%), 싱가포르(1.1%), 칠레(1.0%), 페루(0.7%), 뉴질랜드(0.7%), 베트남(0.6%), 브루나이(0.1%)이다.

13.4 CPTPP

1. CPTPP 현황 및 주요 내용

(1) 미국이 빠진 느슨한 TPP로서의 CPTPP

2017년 1월 미국 트럼프 대통령의 취임 이후 세계통상환경은 미국의 일방주의적 수입규제조치 증가로 보호무역주의 기조가 심화되었다. 이러한 상황에서 미국의 탈퇴로 동력을 잃었던 한태평양동반자협정(TPP)이 일본주도의 협상을 통해 포괄적·점진적 환태평양동반자협정(Comprehensive Progressive Trans Pacific Partnership :

CPTPP)으로 재탄생하였다. 미국발 보호무역주의 확산에 대응하여 자유무역을 통한 시장 확보에 공격적으로 나서는 일본의 이러한 행보는 한편으로는 전 세계적인 보호무역주의의 확산 저지라는 긍정적인 측면도 있지만 세계시장에서 일본제품과 전반적으로 수출 경합도가 매우 높은 한국기업들에게는 결국 각 시장에서 살아남기 위해 일본제품과 더욱 치열한 경쟁을 해야 함을 의미한다. 더욱이 최근의 메가 FTA를 일본, 중국 등 한국의 주요 수출 경쟁국들이 앞다투어 주도하면서 이들 경쟁국들을 중심으로 환태평양지역의 산업 및 무역구조 등 전체적인 판이 짜여지고 있다

미국을 제외한 11개국(일본, 캐나다, 멕시코, 호주, 뉴질랜드, 베트남, 말레이시아, 싱가포르, 칠레, 페루, 브루나이)은 2018년 3월 8일 CPTPP협정을 정식 서명하였으며, 미국을 포함한 12개국이 참여한 TPP는 정식서명(2016년 2월)을 완료했으나 TPP에 부정적이던 트럼프 대통령이 미국의 탈퇴를 결정(2017년 1월)한 이후 일본의 주도로 미국을 제외한 11개국이 TPP−11에 합의해 CPTPP협정은 2018년 12월 30일 발효되었다. 회원국의 50% 이상 또는 6개국 이상 비준 완료 60일 이후 동 협정이 발효되며, 현재까지 멕시코, 일본, 싱가포르 등 3개국이 비준을 완료하여 2018년 12월 30일자로 순조롭게 발효되었다. 신규 가입은 협정 발효 후 회원국과 가입희망국 간 합의된 조건에 따라 가입할 수 있게 하였다. 대만, 태국, 콜롬비아 등이 CPTPP 가입 의사를 밝혔으며, 한국도 CPTPP 가입이 중요한 것으로 인식하고 있다. 미국은 지난 1월 다보스포럼에서 트럼프 대통령이 '실질적으로 더 나은 조건(substantially better deal)'을 전제로 CPTPP 가입가능성을 시사했으나 최근 라이트하이저 USTR 대표가 "트럼프 행정부는 TPP에 복귀하지 않겠다"고 밝혀 미국의 가입 여부는 불투명한 상태이나 장기적으로 보아 미국의 TPP의 가입이 부정적인 것만은 아닌 것으로 예상된다. CPTPP는 세계 GDP의 13.1%, 세계무역의 15.2%를 차지하고 USMCA(구 NAFTA), RCEP에 이어 3번째로 큰 경제권역이다. CPTPP는 기존의 TPP와 비교했을 때 미국의 탈퇴로 경제적 중요성이 감소했으나 환태평양지역의 주요국들이 참여하고 디지털 통상 등 가장 최신의 무역규범을 반영한 메가 FTA라는 점에서 의미가 있다고 할 수 있다.

CPTPP는 기존의 TPP와 비교하였을 때 미국의 탈퇴로 경제적 중요성은 감소하였지만 환태평양지역의 주요국이 포함되고 가장 최신의 무역규범을 반영한 메가 FTA라는 데에 의의가 있다. CPTPP 체결은 11개 회원국 간 18개의 신규 양자 FTA가 체

결되는 효과가 있다. CPTPP 체결로 경제적 효과가 가장 클 것으로 기대되는 국가는 일본, 신규 FTA를 체결하는 캐나다와 뉴질랜드, EU・베트남 FTA 발효와 함께 FTA 허브를 목표로 하는 베트남 등이다. CPTPP는 협정의 조속한 발효를 위해 발효요건을 기존 TPP에 비해 완화하였으며 신규 회원국의 추가 가입에 대비 가입조항을 단순화하였다. 또한 TPP에서 미국의 주장으로 포함했던 지식재산권보호 및 투자분쟁 해결절차 등 조항들을 유예시켰다. 미국이 CPTPP를 가입할 경우 경제적 효과는 극대화될 수 있으나 최근 미국의 정치적 상황과 보호무역기조를 감안할 때 가입 여부와 시기는 가늠하기 힘든 상황이다. 대만, 태국 등이 CPTPP 가입 의사를 밝히고 있어 발효 이후 추가 가입국이 늘어날 것으로 보인다.

(2) TPP 대비 CPTPP협정의 주요 변경내용

다수의 TPP 회원국들은 미국의 탈퇴로 TPP의 의미가 퇴색되었다고 우려하였으나, 5년 여에 걸친 협상에 투여한 노력과 국별 대내 정치상황 및 해외시장 확대에 대한 필요성을 고려하여 TPP협정을 추진하는 방향으로 선회하였다. 미국을 제외한 TPP 11개 회원국들은 2017년 3월 15일 칠레에서 통상장관회담을 개최, TPP의 중요성을 재확인하고 개방된 시장을 유지하자는 내용의 공동성명을 발표하였는데 2017년 11월 11일 TPP-11 통상장관회담에서 기존의 TPP협정을 '포괄적・점진적 TPP'라는 의미의 CPTPP(Comprehensive-Progressive Trans Pacific Partnership)로 변경하여 추진하기로 합의하였다. 그리하여 2018년 1월 23일 CPTPP 수석대표회담에서 협상이 최종 타결된 후 3월 8일 칠레에서 11개 회원국 통상장관들이 공식서명하였다.

1) 유예조항의 도입

CPTPP협정문은 기존 TPP협정문에서 지식재산권, 투자자보호 등 총 22개 사항을 유예(suspend)하고, 협정의 발효요건을 완화하고, 가입절차를 단순화하였다. 그리고 기존 TPP에서 회원상호 간 부담이 컸던 조항을 유예하였는데 이를 살펴보면 지식재산권, 투자, 서비스, 정부조달, 환경, 투명성 분야에서 주로 미국의 주장으로 포함되었던 22개 사항들을 유예하였다. 미국이 관철시킨 조항들을 삭제하지 않고 유예시킨 것은 향후 미국의 재가입가능성을 고려한 것으로 보이며, 회원국들의 합의를 통해 유예를 종료할 수 있다고 규정하였다.

살펴보기 **Article 2 : Suspension(유예조항 원문)**

Article 2 : Suspension of the Application of Certain Provisions (유예 조항) Upon the date of entry into force of this Agreement, the Parties shall suspend the application of the provisions set out in the Annex to this Agreement, until the Parties agree to end suspension of one or more of these provisions.

2) 행정조항의 개정

행정조항이란 기존의 TPP에서 조항이 매우 엄격하여 각 회원국들은 이를 수정할 필요를 느끼고 있었던 발효와 가입절차에 관한 내용이다. CPTPP협정문 제30조에는 협정의 발효, 가입, 탈퇴, 조약정문의 체결일시에 관한 내용이 규정되었는데 CPTPP에서는 본 조항을 다소 유연하게 변경하였다. 특히 협정의 발효시기를 앞당기기 위해 발효요건을 완화하고 신규 회원국 가입을 확대하기 위해 가입조항을 간소화하였다. 기존 발효요건인 '회원국 GDP 85% 이상 비준 시 발효'를 삭제하고 회원국 '50% 이상 또는 6개국 이상 비준 완료 시'로 발효요건을 완화하였다.

미국 탈퇴 이전에 일본, 뉴질랜드는 비준을 완료하고 호주와 캐나다도 절차가 거의 완료(국회 소관위의 TPP 비준적합 결정)되었음에도 불구하고 전체 GDP에서 60%를 차지하는 미국의 비준 지연으로 발효요건을 충족하지 못하였다.

살펴보기 **Article 3 : Entry into Force(행정조항 원문)**

Article 3 : Entry into Force 1. This Agreement shall enter into force 60 days after the date on which at least six or at least 50 per cent of the number of signatories to this Agreement, whichever is smaller, have notified the Depositary in writing of the completion of their applicable legal procedures. 2. For any signatory to this Agreement for which this Agreement has not entered into force under paragraph 1, this Agreement shall enter into force 60 days after the date on which that signatory has notified the Depositary in writing of the completion of its applicable legal procedures.

2. CPTPP에 대한 회원국 입장

(1) 일본의 입장

아베 총리는 아베노믹스 성공과 외교적 성과 차원에서 TPP를 유지하는 데 주도적인 역할을 하였다. 일본 자민당은 장기간 협상에도 불구하고 TPP가 표류할 경우 지게 될 정치적 부담과 금년 9월 총재 선거를 앞두고 있는 상황을 감안, CPTPP를 아베 총리의 업적으로 내세웠다. 미국의 탈퇴에도 불구하고 일본이 주도하여 CPTPP를 발효시킬 경우 아베 정권의 외교 성과로 내세울 수 있기 때문이다. 일본은 CPTPP를 통해 아태지역에서 중국의 영향력 확대를 견제하고 미국의 재가입을 유도함과 동시에 향후 미・일 FTA 추진가능성에 대비한다는 데 의미를 부여하는 입장이었다. 일본은 TPP협정의 기본내용을 최대한 유지한 채 CPTPP를 발효시킬 경우 향후 미국이 전략적 판단하에 재가입할 가능성이 있을 것으로 예상하였으며 향후 미・일 FTA 추진 시 미국이 농업 분야에서 TPP 이상의 시장개방을 요구할 경우 CPTPP를 협상의 레버리지로 활용할 수 있을 것으로 기대하는 전략적 입장이 있다. 한편으로 아베 총리는 CPTPP를 통해 보호무역 흐름에 적극적으로 대응하고 자유무역 수호에 앞장선다는 명분을 내세워 경제적 이니셔티브를 주도하였다.

(2) 기타 회원국의 입장

CPTPP 회원국들은 공통적으로 CPTPP 추진을 통해 시장접근 개선(18개 신규 FTA 체결효과), 기존 FTA 체결국과의 추가 자유화, 역내 경제통합과 국내제도 선진화에 의한 수출경쟁력 향상을 목표로 하였다.

캐나다는 11개 회원국 중에 일본, 호주 등 가장 많은 국가(7개국)와 신규 FTA를 체결하는 효과가 있으며, 특히 일본에 대한 시장접근성 개선을 기대하였다. 캐나다는 CPTPP 체결 시 장기적 경제효과가 42억 달러로 TPP 체결에 따른 효과 34억 달러보다 증가할 것으로 예상하였는데 이는 미국과의 경쟁에서 우위를 차지하는데 따른 것이다. NAFTA 재협상에서 CPTPP의 발효가 캐나다의 협상 레버리지가 될 수 있다는 시각이 있는 반면, 미국의 대 캐나다 무역적자가 더 심화될 수 있어 협상에 부정적인 영향을 미칠 수 있다는 우려가 상존한다는 입장을 취하고 있다.

호주는 캐나다, 멕시코와 신규 FTA 체결효과가 있으며, 추가적인 시장개방을 통해 아시아시장에 대한 진출 확대를 기대하며 뉴질랜드 역시 CPTPP를 통해 일본, 캐나다, 멕시코, 페루 등과 신규 FTA를 체결, 특히 일본에 대한 농축산물 시장접근이 개선될 것으로 기대하며 협정에 조인하였다. ISDS조항은 뉴질랜드의 민감사안이었으나 뉴질랜드 FDI의 80% 이상을 차지하는 호주를 포함한 말레이시아, 페루, 베트남, 브루나이 5개국과의 부속서한을 통하여 유예조치하였다.

베트남은 수출 비중이 높은 미국의 탈퇴로 기대효과가 감소하였으나 여전히 CPTPP 체결의 최대 수혜국으로 평가되고 있고 2019년에 EU・베트남 FTA까지 발효될 경우 FTA 허브로서 무역 및 투자유치 확대효과까지 예상하였다. CPTPP 가입을 통해 노동, 환경, 지재권 등의 분야에서 국내제도를 선진화함으로써 글로벌 생산네트워크의 중심축으로 자리매김할 수 있을 것으로 기대하며 협정에 임하였다.

(3) 미국의 CPTPP 대응과 정치적 입장

트럼프 대통령은 더 좋은 조건이 가능하다면 TPP에 다시 가입할 수 있다고 언급해 재가입 검토가능성을 시사하였다. 공화당 상원 원내총무를 비롯한 25명의 공화당 상원의원들은 2018년 1월 25일 트럼프 대통령에게 TPP 재가입을 촉구하는 서한을 송부한 적이 있으며 지속적으로 TPP 참여가능성이 타진될 것으로 예상된다. 한때 오바마 대통령이 2016년 TPP 의회 비준을 추진할 당시에도 대다수의 공화당 의원들은 TPP에 찬성하는 입장이었으나 통상 분야의 핵심 인물인 오린 해치(Orrin Hatch) 상원 재무위원장이 제기한 생물의약품 이슈 등으로 의회 비준이 지연된 바 있었다. 또 한편으로는 철강 등 일부 제조업을 제외한 대부분의 미국 경제단체(미 상의, BRT 등)와 업종별 협회 등은 지속적으로 미국의 TPP 가입을 지지하고, 특히 농업계는 최근 트럼프 대통령의 TPP 가입 언급을 계기로 적극적으로 재가입을 촉구함으로써 자유무역의 기조가 미국의 국익에 도움이 된다는 점이 강조되어 왔던 측면이 있다.

트럼프 행정부의 보호무역기조와 국내정치일정 등을 감안할 때 단기적으로 미국이 CPTPP에 참여할 가능성은 높지 않으나 중장기적으로 전략적・정치적・경제적인 득실을 고려하여 CPTPP 가입을 고려할 것이라는 점들이 대두되었다. 결국 2018년 11월 중간선거를 앞둔 트럼프 대통령이 핵심 지지층인 백인 노동자층들의 표심을 고려해 당장 가입을 진행하기는 쉽지 않으나, CPTPP가 발효되고 신규 가입국이 증가하게 될 경우 미국의 가입 검토 요구는 커질 것으로 보인다고 할 수 있다.

14 CHAPTER

미국의 통상정책환경

14 Chapter 미국의 통상정책환경

제2차 세계대전 후 국제경제는 최첨단의 산업기술과 막강한 인력 및 자본력을 바탕으로 한 미국에 의해 주도되어 형성되어 왔다. 현재에도 국제통상질서는 미국의 주도하에 형성되어 가고 있어 국제경제에서 미국이 차지하는 비중과 역할은 매우 중요시되고 있다.

미국의 통상정책[1)]은 미국 내 경기와 집권당의 성향에 따라서 보호무역정책에서 자유무역정책, 자유무역정책에서 보호무역정책을 반복하는 경향이 있다. 1920년대까지 폐쇄적 입장을 견지하고 있던 미국은 1930년대 대공항의 여파가 전세계적으로 확산되면서 보호주의 장벽을 서서히 걷기 시작하였다. 이러한 움직임은 제2차 세계대전이 끝나고 미국이 세계경제를 선도하게 되면서 절정에 이르러 미국은 1960년대 말까지 자유무역을 견지한 바 있다.

그러나 1970년대 이후 다시 보호주의로 방향을 바꾸었고, 1980년대에 들어서 미국은 통상문제의 해결을 위해 다자간 협약으로부터 점차 양국 간 교섭으로 전환하여 교역상대국들의 시장개방을 유도함으로써 미국의 수출을 확대하기 위한 정책이 주종을 이루었다. 1990년대에 들어서 미국은 다자주의, 지역주의, 쌍무주의 그리고 실리주의를 동시에 추구하였고, 이러한 추세는 2000년대에 들어서서 더욱 강화하는 경향을 보이고 있다. 이러한 경향은 향후에도 지속될 것으로 전망되고 있다.

이러한 미국의 통상정책은 다양한 변수들이 역학관계를 이루며 수립되고 있는데, 경제적 요인 이외에도 이익집단들의 정치적 개입, 의회와 행정부 간의 관계, 행정부 자체 내의 부처 간 이해, 대중여론 등이 매우 복합적으로 작용하고 있는 것이다. 또한 미국의 통상정책은 미국이 처한 대내외 여건변화에 커다란 영향을 받으면서 자국의 통상법에 근거하여 변화하여 왔으며, 이는 미국통상법의 변천과정을 통해 두드러지게 나타나고 있다. 미국의 통상법은 단일화된 통상법이 존재하지 않는다는

1) 통상정책이란 일국의 대외경제정책의 하나로 국제무역의 흐름과 대외통상관계에 영향을 미치는 정부의 정책을 말한다. 즉 통상정책은 국제무역거래에 정부가 개입하고, 무역이익을 도모함으로써 국민경제를 발전시키고 번영을 도모하는 것이다.

특징이 있다. 즉 미국의 통상법은 국제통상을 직접적으로 혹은 간접적으로 규제하는 일련의 연속적인 법규들로 구성된다. 이러한 통상규제 관련법들은 각기 다른 개개의 내용을 규정하고 있는 것이 아니라 다른 통상법의 내용을 수정 및 보완함으로써 상호연관된 체제를 형성하고 있다.

본 장에서는 미국의 통상정책의 변화과정과 통상정책 결정의 관련 기구 및 정책결정체계에 대하여 살펴볼 것이며, 또한 미국의 통상정책의 근간이 되는 주요 통상법규에 대하여 살펴본다.

14.1 미국 통상정책의 변화과정

1. 1934년 이전 통상정책환경

미국의 산업은 건국 후 제1차 세계대전 전까지 유럽 국가들에 비해 낙후되어 한편으로 유치산업 보호를 위한 고율의 관세정책을 쓰면서 다른 한편으로 19세기 후반에는 서구열강의 시장쟁탈전에 뛰어들어 해외시장 진출을 적극적으로 추구하였다. 이 시기에는 해외시장 확대가 통상정책의 주요 목표였다. 미국 경제는 남북전쟁 후 비약적인 산업발전에 들어서서 이후 번영을 지속하였지만 국내산업보호정책 기조는 크게 변하지 않았다.

제1차 세계대전 종전 후 1920년대에 보수주의적 공화당의 대외정책은 대체로 고립주의로 흘렀고 경제적 번영을 유지한다는 생각에서 자국산업이 국내시장을 독점하도록 관세장벽을 더욱 높였으며, 마침내 1930년에 이르러서는 극히 보호주의적인 Smoot-Hawley 관세법을 제정하게 되었다.

세계적인 대공황으로 국제경제가 위축되고 있는 상황하에서 이 법에 근거하여 미국은 역사상 가장 높은 관세율을 규정한 관세체계를 도입하게 되었고, 이 같은 보호무역주의조치에 대하여 교역국들은 자국산업의 보호를 위하여 동시에 관세인상조치를 취하였다. 이에 따라 세계교역량은 급감하여 세계경제가 침체하기 시작하였으며, 미국 경제에도 심각한 불황을 겪게 되었다. 결국 미국의 이 같은 대외통상정책의 실행은 각국의 무역블록화 및 보호무역정책, 관세보복전쟁 등을 야기시켜 세계경제를 더욱 공황상태로 이끌었다.

2. 1934년~1960년대 통상정책환경

세계경제의 침체를 가속화시킨 미국은 1934년에 이르러 호혜통상협정법(Reciprocal Trade Agreements Act of 1934)을 통해 세계경제의 블록화에 대응하여 무역장벽완화를 다시 추구하게 되었다. 이로부터 제2차 세계대전 이전까지는 쌍무협정에 의거하여 상호 관세인하를 추구하였고, 쌍무주의에 입각한 자유무역주의를 지향하였다.

제2차 세계대전 후 세계경제는 미국주도하에 탄생된 GATT, IMF, 미국의 압도적인 경제력에 힘입어 다자주의에 의한 자유무역의 신장 속에 번영을 구가하였다. 종전 이후 1960년대까지 미국의 통상정책은 동서의 이데올로기 냉전 속에 서방진영의 결속과 번영을 통한 미국의 세력권 유지라는 외교정책 목표의 일부로 다루어졌고, 경제적 이익보다는 국제정치나 안전보장 등의 차원에서 고려되었다.

3. 1970년대 통상정책환경

1970년대 들어서서 유럽과 일본의 경제부흥과 발전으로 미국의 경제적 지위는 상대적으로 약화되었다. 1960년대를 통하여 미국은 막대한 해외군사비 지출과 무역수지의 악화 등으로 국가재정 및 국제수지 적자가 누증되어 기축통화로서 달러가치의 신임이 크게 문제되었으며 이로 인해 세계경제의 지도적 입장을 견지해 온 미국경제가 점차 약화되면서 미국의 전통적인 보호무역이 고개를 들기 시작하여 전 세계적으로 파급되었다. 두 차례에 걸친 오일쇼크(Oil Shock)로 미국 경제도 커다란 타격을 입게 되었고, 결국 닉슨쇼크(Nixon Shock)가 일어나게 된다. Nixon Shock의 첫 번째는 닉슨 대통령의 금태환 정지선언이며, 두 번째는 국제수지 개선과 달러를 방어하기 위해 자국에 수입되는 모든 물품에 대하여 10%의 임시수입부가세를 부과하는 것으로써 결국 미국은 자유무역체제를 뒤흔들게 되었다. 이로 인해 미국의 통상정책에도 신보호무역주의적 성향이 고개를 들었다.

4. 1980년대 이후 통상정책환경

1981년 레이건 행정부가 들어서면서 국방력의 강화정책과 소위 레이건 경제정책이라고 하는 거시경제정책의 실천으로 미국 경제는 경기침체하의 인플레이션에서 점차 벗어나 비교적 높은 성장과 낮은 실업률을 달성하였으나, 미증유의 재정적자 및 무역적자를 초래하게 되었다. 행정부의 경제정책에 불만을 품어 온 야당주도의 의회는 헌법상 의회의 권한영역인 통상에 관한 입법활동을 강화하였고, 미국 의회는 행정부 경제정책의 부산물로 생긴 부작용들을 입법으로 제거 내지 완화하려고 시도한 것이다.

1930년 관세법 제정으로 대공황을 초래한 이후 의회의 통상문제관련 활동은 약화되었고 통상관련법의 시행과정에서 행정부는 커다란 재량권을 행사해 왔으나, 1970년대부터 의회는 점차 대행정부 견제를 강화하여 행정부의 재량권을 축소시켜왔다. 이러한 변화 속에서 1980년대에 제정된 두 개의 종합무역법인 1984년 통상관세법과 1988년 종합무역 및 경쟁력법은 행정부의 정책수행이 미리 마련된 통로를 따라 수행되도록 제어를 기도했다는 점에서 소위 절차상의 보수무역주의이며, 법률상의 보호무역주의라고 할 수 있다.

이처럼 1980년대 들어 통상정책의 주도권을 행사하려는 국회의 입김이 더욱 드세진 가운데 미국의 대외통상정책의 기조는 공정무역과 상호주의를 강화하였다. 공정무역이란 시장메커니즘에 방임하는 대신 무역거래에 있어서 페어 플레이가 지켜지지 않을 때에는 정부가 개입한다는 관리무역이라고 바꿔 말할 수 있다. 한편 상호주의는 미국의 통상정책의 역사를 볼 때 이미 오래 전에 도입되었는데, 즉 1778년 브라질과의 통상조약에 나타난 호혜통상원칙 또는 1830년 영국과의 상호조약상의 상호주의원칙이 그것이다.

미국의 통상정책은 건국 이후 영국을 필두로 한 유럽 열강의 경제적 우위시대에는 보호무역주의 경향으로 일관되었고, 제2차 세계대전 후 미국 경제가 세계경제에서 압도적인 위치를 누리던 소위 Pax Americana 시기에는 자유무역주의가 두드러졌다. 그리고 미국 경제의 절대적 지위가 흔들리자 다시 보호주의 경향이 일고 있다고 말할 수 있다.

전통적으로 미국 통상정책에 깔려 있던 상호주의는 미국주도하에 창설된 GATT에 이르러 상호주의가 다자간으로 확대됨으로써 최혜국원칙이 성립되었다. 그리고 GATT에서 선진국들이 개도국들에 대해 제공하는 특별하고 차별적인(special and differential)대우는 개도국들에 대해서만 상호주의를 예외적으로 유보한 것이라 할 수 있다.[2)]

한편 미국은 1988년 종합무역법안의 제정을 통해 불공정·불평등 무역관행에 대하여 통상정책을 강화시켰다. 1974년 통상법 제301조를 보다 강화한 슈퍼 301조의 발효는 이 시기 미국의 일방주의를 가장 극명하게 보여주는 사례라 할 것이다. 교역상대국과의 불공정·불평등 무역관행을 시정하기 위한 미국의 주요 규제정책은 크게 세 가지로 나누어 살펴볼 수 있다.

첫째, 1974년 통상법에 있는 제301조이다. 제301조는 USTR이 교역상대국의 불공정·불평등 무역관행에 대해 의무적 조치와 재량적 조치 중 하나를 선택하여 취할 수 있도록 규정하고 있다. 의무적 조치란 무역협정에 따른 미국의 권리가 거부되고 있거나 교역상대국의 경제정책 및 법규가 미국이 누려야 할 혜택을 제한하고 규제한다고 판정되는 경우 취해지는 조치를 말한다. 또한 재량적 조치란 교역상대국과의 불공정·불평등 무역관행이 분명할 경우 상대국에 대해 관세, 과징금, 기타 형태의 규제를 취할 수 있는 조치이다.

둘째, 슈퍼 301조이다. 슈퍼 301조는 1988년에 수립된 종합무역법에 규정되어 있는데, USTR은 1974 통상법 제301조를 반드시 이행하고, 그 결과를 의회에 보고하도록 강제하였다. 슈퍼 301조는 1989년과 1990년에만 적용되는 한시법으로 제정되었다.

셋째, 행정명령 슈퍼 301조이다. 1994년 클린턴 행정부는 휴면 중이었던 슈퍼 301조를 행정명령에 의해 부활시켜 1995년과 1996년에 적용하였다. 주요 내용은

2) 상호주의에 입각한 권리와 의무의 균형이라는 선진국의 주장은 주로 중진국들의 시장개방에 초점을 두고 있는 것으로 자국산업에 대해 외국으로부터의 경쟁을 제한하겠다는 보호주의와는 구별되는 개념이라 할 수 있다.

슈퍼 301조와 거의 유사하지만 우선 협상국과 우선 협상관행을 구분하여 지정하지 않고 이를 통합하여 우선협상국관행으로 지정한 차이점이 있다.

미국은 1990년대 이후 특히 2000년대에 들어 미국의 교역상대국에 대해 수입자유화 확대와 비관세장벽의 제거를 더욱 거세게 요구하고 있다. 미국은 교역상대국이 외관상 수입자유화를 추진하고 있어도 실질적으로 갖가지 수입수요를 제한하는 규정과 절차가 그대로 남아있는 상황을 발견하고, 이를 완전히 제거하고자 하는 것이다. 결국 미국의 비관세장벽의 제거를 위한 통상정책의 시행은 외국시장에서 자국상품의 시장접근을 용이하게 하기 위한 조치라 할 수 있으며, 교역상대국에게 더욱 강하게 요구하고 있다.

14.2 미국의 통상정책 결정 메커니즘

미국의 대외통상정책 결정에는 통상정책 수립에 가장 영향력을 행사하고 있는 의회와 행정부, 이익집단 등이 관련되어 있다. 외국과의 통상을 규제하는 권한은 근본적으로 입법부에 속하고 있으나 이러한 권한을 가진 의회는 통상정책의 수행과 협상권을 행정부에 상당부분 위임하여 왔다. 그러나 미국 의회는 행정부의 통상정책 수립과 집행에 대해 감시와 견제를 하고 있으며, 입법과정과 예산승인을 통해 통상정책 결정에 영향력을 행사하고 있다. 또한 민간업계는 의회에서의 로비와 행정부의 접촉을 통해 통상정책의 수립과 집행에 그들의 입장을 반영하고 있다.

1. 통상정책 결정과정

미국의 통상정책은 의회, 행정부, 민간부문의 3자 간 상호작용에 의해 결정되어진다. 예를 들어 이익단체가 수입규제를 요청하게 되면 의회에서는 관련의원들이 수입규제 법안 및 결의안을 제출하거나 청문회를 개최하는 등 행정부에 압력을 가하기 시작한다. 이 과정에서 보호주의를 반대하는 자유무역론자들의 목소리가 높아지고 행정부는 외국정부와의 협상을 계속하는 한편 보호주의법안의 입법에 반대하여 그 철회와 수정을 요구한다. 법안심의과정에서 의회는 행정부와의 타협에 의해 보호주의 색채가 약화되는 과정을 거치기도 한다.

이러한 통상정책의 결정과정에서 특히 중요한 것은 미국의 통상정책을 둘러싸고 전개되는 미국 의회와 행정부 간의 상호마찰과 협력이다. 이것은 미국 통상정책의 결정구조와 체계의 핵심적 요소라 할 수 있다. 의회와 행정부(대통령) 가운데 주도권을 누가 행사해 왔느냐에 따라 미국의 통상정책 방향과 내용은 크게 변화되어 왔다.

미국의 통상정책 결정과정은 각계각층의 다양한 의견을 수렴하는 공개적인 체계를 갖고 있으며, 이로 인하여 의회, 업계 및 기타 압력단체 등은 자신들의 이익이 정부의 통상정책에 반영되도록 적극적으로 개입하고 있는 특징을 가지고 있다. 이는 하나의 통상정책이 결정되기까지 의회와 행정부는 물론 정부부처 간 또는 의회 내에서도 의원 간, 위원회 간의 마찰 그리고 이들을 통해 이익을 추구하려는 관련 이익단체들 간의 대립 등 정책결정과정에서 갈등이 필연적으로 표출되며 부단한 의견 교환을 통해 입장이 조정되고 표출된 갈등이 해소됨으로써 하나의 정책을 세우게 됨을 의미한다. 결국 미국의 통상정책 결정과정은 여러 기관의 상반된 이해관계를 상호작용을 통해 조정하여 미국의 국익에 가장 최선인 정책을 정립하는 민주적인 과정이라고 할 수 있다.

이러한 갈등을 해소하기 위해 의회에서 이해관계자에게 참여기회가 주어지는 공개토론과 청문회가 열리며, 절차의 투명성을 강조하기 위해 미국무역대표부(USTR)의 제301조 조사와 독립된 미국국제무역위원회(USITC, 약칭 ITC라 한다)에 의한 지적재산권 침해 및 반덤핑조사 등이 공개적으로 이루어진다. USTR은 대통령의 직속기관이고 의회에 대해 책임을 지고 있으나 비교적 정치적 환경과는 무관하게 독자적인 권한과 책임하에 업무를 수행하고 있다. 이러한 자율성은 객관적인 입장에서 일관된 통상정책 수행을 보장하는 기본적인 조건이 되고 있다.

미국은 통상정책의 결정권한이 행정부가 아니라 의회에 부여되어 있다는 것이 큰 특징이라 할 수 있는데, 이로 인해 대통령은 미국 의회와 통상정책을 둘러싸고 끊임없는 경쟁을 벌여왔다. 물론 이러한 현상은 대통령과 의회의 다수당이 동일정당인 경우도 마찬가지 상황이라 할 수 있다. 결국 미국의 통상정책 결정구조의 중요부분을 차지하고 있는 USTR이나 ITC도 의회와 행정부의 상호견제와 균형에서 생겨난

그림 14-1 미국의 통상정책 결정과정

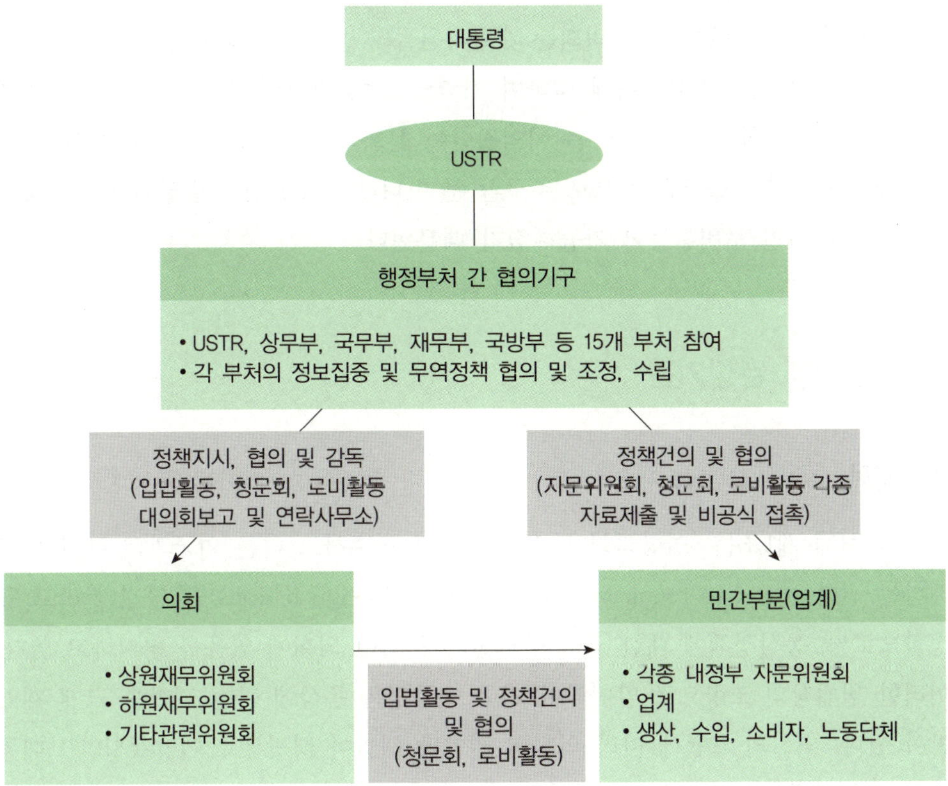

제도적 산물이라고 볼 수 있다.

이처럼 의회와 대통령 간의 통상정책 결정권을 둘러싸고 전개되는 견제와 타협은 일반적으로 각 출신지역의 경제적 이해를 통상정책에 반영하고자 하는 의원들의 보수주의적 경향과 미국의 정치안보 및 국민적 후생증대를 목적으로 하는 대통령의 자유주의적 경향간의 균형이 유지될 수 있는 제도적 역할을 수행하고 있다.

통상정책에 관해서 행정부는 광범위하고 장기적이며 범국가적 이익을 대변하고 있다면, 상대적으로 의회는 출신지역의 특성과 관련 단체의 이익을 보다 중시하는 경향이 있다. 양원으로 구성되어 있는 미국 의회에서도 통상정책에 있어 특징을 살펴볼 수 있는데, 각 주에서 2인씩 선출되고 임기가 6년인 상원의원들은 출신 주의 주민의 이익과 산업에 좀 장기적인 안목을 갖고 관심을 갖는 반면에 임기가 2년에 불과한 하원의원들은 상대적으로 단기적인 입장에서 해당 지역의 이해득실을 강하게 대변하는 경향을 보이고 있다.

1980년대를 거치면서 미국 의회는 개별의원들의 발언권이 강해지면서 부문별 이익이 잘 반영되어 왔으며, 이에 더하여 지역별·업종별 보호주의의 요구도 증가하고 있는 추세라 할 수 있다. 이는 이익집단이 분화되고 체계화됨으로써 해당 이익집단들은 관련 이익을 적극적으로 추구할 뿐 아니라 정보통신의 발달과 정보유통의 증대로 효과적인 로비활동이 가능해졌기 때문이다.

2. 통상정책 결정기관

(1) 의회

미국 헌법 제1조는 "연방의회가 관세를 부과 징수하고 다른 외국과의 통상을 규제하는 권한(power to regulate commerce with foreign nations)을 가진다"라고 규정함으로써, 통상정책에 대한 궁극적 권한과 책임이 의회에 있음을 명시하고 있다. 이러한 헌법상의 조항으로 말미암아 미국 대통령은 통상에 관한 권한을 크게 제약받아 왔다. 역사의 흐름에 따라 의회의 권한과 책임이 행정부로 이양됐지만[3] 대통령의 통상정책에 관한 권한도 어디까지나 의회에서 통과된 법률에 의해서 행사될 수 있으므로 미국에 있어서 통상정책에 관한 의회의 역할은 매우 크다. 즉 미국의 의회가 통상문제에 관해 전적인 권한을 가지고 있는 것이다.

그러나 많은 의원들로 구성된 의회가 다자간 또는 양자간 통상협상에 직접 나설 수 없으며, 또한 법을 집행하는 기능을 가지고 있지 못하기 때문에 의회는 통상정책에 대한 권한을 대통령에게 위임하고 의회가 법률로 정한 바에 의해서 행정부의 통상정책 권한의 폭이 결정된다.

대외통상에 관한 최종적인 권한을 의회가 가짐에 따라 미국 행정부의 통상관련조치는 의회가 주도적으로 입법한 후 각종 무역관련법에 기초하거나, 또는 의회로부

3) 예를 들면 1916년에 관세위원회를 설치하여 관세업무 권한을 위임하였고, 1934년에는 호혜통상협정법(Reciprocal Trade Agreement Act)을 제정하여 행정부가 외국과의 쌍무협상에서 취할 수 있는 재량권을 부여하였으며, GATT체제가 출범한 이후 진행된 여러 차례의 다자간 무역협상에서 미국이 취할 범위와 관련된 권한 등을 위임받았다.

터 명시적으로 위임된 권한에 입각하여 그 범위 내에서 수행하지 않으면 안 된다. 따라서 의회는 행정부의 통상정책 권한의 행사가 의회의 의도에 맞게 이루어지기 위해 각종 무역법에 행정부가 행사할 수 있는 권한에 대한 명시적 규정, 통상정책과 제도를 적절히 변경하고 수정하기 위한 규정 등을 상세하게 규정하고 있다.

미국 의회에서 무역관련 정책과 제도를 관장하고 있는 위원회로는 세입세출위원회의 무역소위원회(House Ways and Means Committee, Subcommittee on Trade)와 상원 재무위원회의 국제무역소위원회(Senate Finance Committee, Subcommittee on International Trade)가 있다. 이들 위원회를 중심으로 의회는 법안심의와 청문회개최, USTR에 대한 감독을 통해 통상정책 결정과정에 깊이 개입하고 있다. 또한 통상문제가 단순한 관세율조정을 벗어나 각종 국내제도와 연결되는 비관세장벽, 투자문제 등으로 확산됨에 따라 다른 위원회들도 통상문제에 관여하고 있다.

한편 대외통상문제에 있어 정당의 통상정책에 대한 입장의 변화를 살펴보면 전통적 지지기반의 변화에 자유에서 보호, 보호에서 자유로 색채를 달리 하는 모습을 볼 수 있다. 일례로 1960년대까지만 하더라도 공화당이 보호주의적 입장을 취하였고, 민주당이 자유주의적인 입장을 취하였다. 그러나 1970년대에 들어서면서 양당의 성향은 전도되어 민주당이 공화당보다 더 보호주의적인 성향을 나타내기 시작했다.

그림 14-2 미국 의회의 입법과정

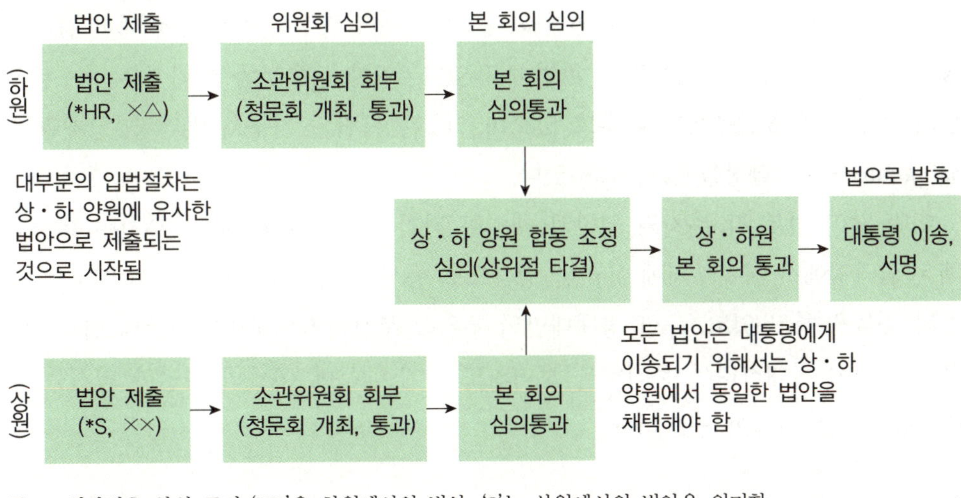

주 : * 의안번호 앞의 표기 'HR'은 하원에서의 법안, 'S'는 상원에서의 법안을 의미함.

이러한 변화는 전통적 지지기반의 변화에 기인하는데 공화당은 동북부와 중서부의 제조업자들에 대한 의존, 민주당은 남부의 자유무역주의자들에 대한 의존이 줄어들었기 때문이다. 특히 1970년대에 들어서면서 미국 산업의 경쟁력 약화에 따라 실업이 증가하면서 미국의 노조들이 보호무역을 적극 옹호하면서 노동자의 이익을 대변하고 있는 민주당의 보호주의적 색채는 더욱 강해졌다.

(2) 행정부

미국의 통상정책 집행 측면에서 행정부의 통상정책 결정의 주요한 역할은 대통령에게 주어져 있다. 각료는 조언자에 지나지 않으나 행정부에서 결정되는 통상정책은 이들 조언자집단의 자문에 의해서 이루어지기 때문에 이들의 정책제안은 통상정책 결정에 중요한 역할을 하고 있다. 통상문제가 갖는 복잡한 외교적 요인을 고려해야 하는 속성으로 인해 행정부의 통상정책은 단일 부처에 의하여 다루어지는 것이 아니라 다수의 집행부처가 관여하고 있다.

1974년 통상법에 의하여 대통령 직속기관으로 편제된 USTR 이외에 상무부와 재무부는 물론 국방부, 농무부, 노동부 등 여러 기관에 의해 통상정책이 결정된다. 예를 들면 국무부나 재무부는 통상정책 수립에 직접적인 관련은 없으나 외교정책이나 거시적인 정책운용과 관련하여 통상정책 수립에 관여하고 있다. 상무부는 대외통상정책 수립권은 갖고 있지 않으나 농산물교역을 제외한 통상정책의 집행을 담당하고, 반덤핑·상계관세 등의 부과권한을 재무부로부터 흡수하여 수입에 대한 감사기능을 보강하고 해외에 상무관을 파견하고 있다. 또한 농무부와 에너지부는 소관상품과 관련된 수출입문제를 다루고 있으며, ITC는 독립된 기구로 반덤핑, 상계관세, Safeguard 등의 결정을 담당하고 있다.

이와 같이 정부 각 부처의 권한과 책임이 각기 다르기 때문에 각 부처는 통상정책 수립과정에서 자기부처에 유리한 방향으로 통상정책을 유도하기 위해 때로는 경쟁과 충돌을 하고 있고, 또한 정책대안의 우위를 주장하기도 하며, 기존의 업무영역을 고수하고 확대하려는 움직임을 보이기도 하기 때문에 이들의 다양한 의견을 조정·통합하는 기능이 필요하다.

1) 부처 간 정책조정기구

부처 간 정책조정기구는 무역정책실무위원회(Trade Policy Staff Committee : TPSC), 무역정책검토그룹(Trade Policy Review Group : TPRG), 국가경제회의(National Economic Council : NEC)의 세 구조로 나누어져 있다. TPSC는 USTR의 통상정책담당 대표보가 주재하는 국장급 회의이며, TPRG는 USTR 부대표가 주재하는 차관 혹은 차관보급 회의이고, NEC는 대통령을 의장으로 하는 각료급 회의이다.

대부분 일상적이고 기술적인 통상정책은 TPSC에서 입안되어진다. TPSC에 참여하는 부서는 상무부, 농무부, 재무부 등 관련 10여 개의 경제부처이다. 이 과정에서 TPSC를 지원하는 60여 개의 소위원회와 일부 추진팀은 USTR의 지시에 따라 정책분석을 수행한다. 이들 그룹의 권고는 TPSC에 제출되고, 부처 간 합의의 기초가 된다. 그러나 실무급 작업반인 TPSC수준에서는 정치적으로 민감하거나 중요한 사안, 또는 정책전환이 필요하거나 다른 정책과 관련된 문제를 해결하지는 못한다.

이러한 문제들은 일반적으로 교역대상국에게도 민감한 사항이라 할 수 있는데, 이러한 경우에는 USTR 부대표가 주재하는 TPRG로 넘어가게 된다. TPRG의 참여부처는 TPSC와 동일하며, TPSC로부터 보고된 의견을 중심으로 부처 간 입장조정이 어려운 사항, 즉 그 결정이 국가의 통상에 중요한 영향을 미치는 사안의 경우에는 최고 의사결정기구인 NEC로 이관되어진다. NEC 상임위원회(Deputies Committee)는 TPRG에서 작성한 정책 또는 특별히 중요하거나 통상문제, 국가안보상 중요하다고 판단되는 문제를 결정하게 된다.

이러한 과정에서 살펴보면, 하나의 통상문제가 TPSC에서 TPRG, NEC로 옮겨감에 따라 기술적인 검토는 점차 줄어드는 반면 정치적·전략적인 관점이 보다 중요하게 된다는 점을 알 수 있는데, 이는 미국의 중요한 통상정책이 경제원칙보다는 정치적인 면이 많이 고려되고 있음을 의미하는 것이라 할 수 있다.

이와 같이 거의 모든 통상문제는 부처 간 협의를 통해 결정되며, USTR은 이러한 정책결정의 전 과정에서 주도적인 역할을 수행하고 있으며 정책이 결정되면 시행할 책임도 USTR에 있는데, USTR은 적절하다고 판단될 경우 그 책임을 다른 부처에 위임할 수도 있다.

2) 미국무역대표부(USTR)

USTR의 전신은 1962년 통상확대법에 의거하여 1963년 케네디라운드의 추진을 위해 설립된 특별통상대표부(Special Trade Representative : STR)이다. STR은 1974년 통상법에 의해 대통령 직속기관으로 바뀌게 되었고, 그 대표에게는 각료급의 대

그림 14-3 미국의 행정부 내 통상정책 결정과정

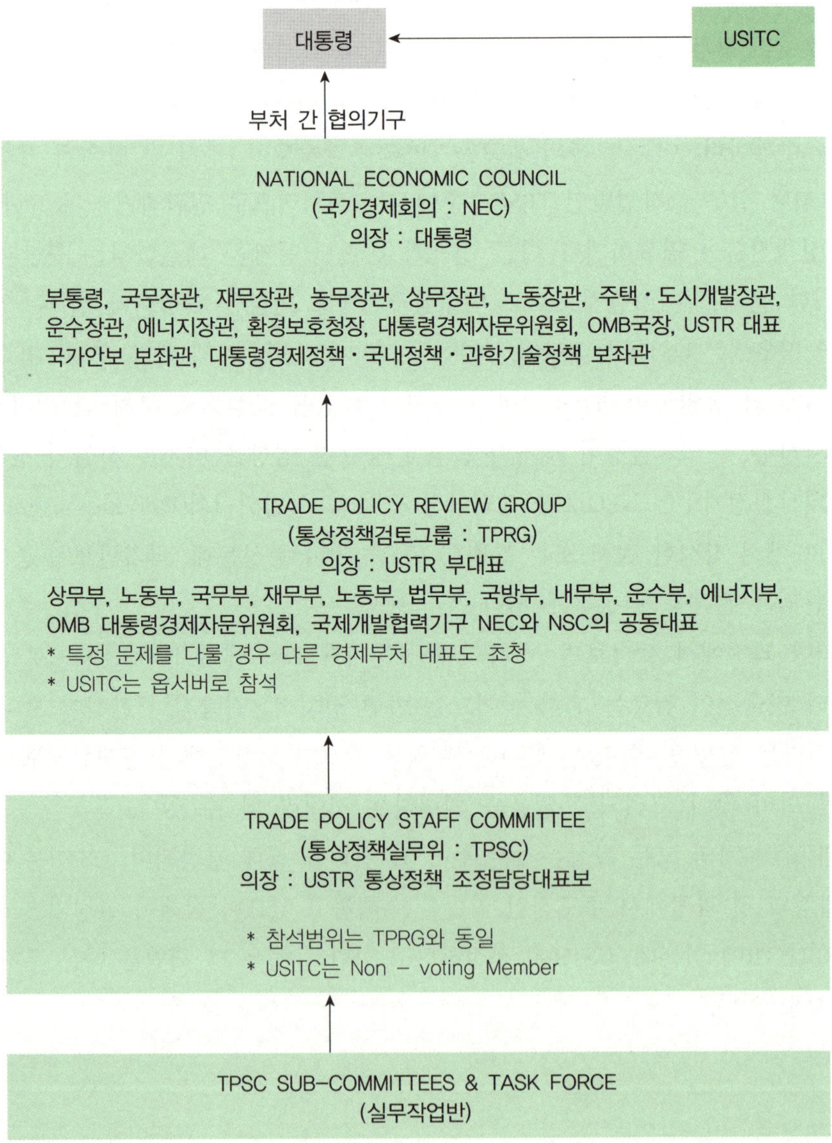

사 지위가 주어졌다. STR은 1979년에 발효된 통상협정법에 의하여 카터 행정부의 통상기구 개혁에 따라 업무와 권한이 현재와 같이 대폭 확대되었으며, 명칭도 USTR로 개칭되었다.

USTR의 조직은 각료급 대사인 1명의 대표 아래 워싱턴과 제네바에 각각 주재하는 2명의 대사급 부대표와 1명의 섬유협상대표(대사급 부대표), 그리고 대표보와 부대표보 등의 실무책임자 및 기타 부문별 위원회들로 구성되어 있다. 3명의 부대표 밑으로 대의회관계, 민간부문과의 관계, 각종 대외협상등 분야별로 업무를 전담하는 실무급 연구원들이 있다.

워싱턴 주재 부대표 밑에는 다자간 섬유협상, 쌍무협상, 그리고 부문별 협상을 다루는 3개의 부서가 있다. 다자간 협상은 주로 WTO와 관련된 문제를 다루고 있으며, 쌍무협상은 유럽, 중남미, 일본, 중국 등의 지역별로 구분되어 있으며, 분야별 협상의 경우는 산업, 지적재산권과 환경, 서비스·투자·과학기술, 그리고 농산물 등 4개 부문으로 구분되어 해당 문제를 다루고 있다.

USTR은 1974년 통상법,[4] 1979년 통상협정법과 대통령령[5] 및 동 시행령에 의해 그 역할과 책임이 규정되어 있고 필요한 권한이 부여되어 있으며, 1984년과 1988년 두 차례에 걸친 통상법 개정을 통해 USTR의 기능과 권한이 더욱 강화되었다.

USTR의 기능은 첫째, 대외통상에 관한 대통령의 주요 자문기관으로서의 역할로 USTR은 이를 위해 TPSC, TPRG 등 통상관련 부처 간의 정책조정회의를 주재하며 이견을 조정하는 정책조정기능을 수행한다. 둘째, 미국을 대표하여 대외 통상교섭을 전담하는 협상대표의 역할 수행이다.

USTR은 상기 역할을 독자적으로 또는 대통령의 지시나 의회 및 관련 위원회와의 협의를 거쳐 수행하며, 그 활동에 관하여 대통령과 의회에 대하여 책임을 진다. USTR은 대통령 직속기구이지만 의회의 체계적인 감독하에 놓여 있다. 의회가 USTR을 통제하는 수단은 협의와 보고서 제출을 받는 것이다. USTR은 연 1회의 무역장벽보고서(National Trade Estimates on Foreign Trade Barriers)를 작성하여 상원 재무위원회와 하원 세입위원회에 제출해야 한다. 그리고 USTR은 시장 확대를

4) USTR은 1974년 통상법에 의해 다자간 협상 및 쌍무협상, 동서무역문제, 일정한 범위 내에서의 반덤핑, 상계관세부과에 관한 협상권이 부여되었다.

5) 제12188호(1980.1.4)

위한 통상정책의 우선순위에 관하여 상원 재무위원회 및 하원 세입위원회와 수시로 협의를 해야 한다.

USTR의 설치와 역할강화는 의회가 대통령과 행정부의 통상정책 결정에 관여할 수 있는 공식채널의 확보 및 의회의 역할 증대를 의미한다. 즉 의회의 통제를 받고 있는 USTR로 대통령의 권한을 이양시킴으로써 대통령의 재량권을 축소 및 제한하고 통상문제에 의회가 개입할 수 있는 길을 마련하여 의회는 자신들의 보호주의적 성격을 USTR에 요구할 수 있게 되었다.

3) 국제무역위원회(USITC)

미국국제무역위원회(US International Trade Commission : USITC, 이하 ITC)는 수입으로 인한 국내산업 피해 여부조사, 판정 그리고 피해구제(Remedy)와 통상관계 등에 대한 조사활동을 통하여 대통령 및 의회에 필요한 것들을 건의하는 대통령 산하의 준사법적인 성격을 가진 기관이다. 대통령 및 의회로부터 완전히 독립적인 ITC는 정책을 입안하지는 않는다.

ITC는 1916년에 미의회법에 의거하여 미국관세위원회(US Tariff Commission)로 설립되었는데, 1974년 통상법에 의거하여 현재의 이름으로 개명되었다. ITC는 상원 재무위원회의 승인을 얻어 대통령이 임명하는 임기 9년의 6인의 위원으로 구성되어지는데, 정치적 중립성을 위하여 6인의 위원 중 3인 이상이 동일정당에 속하지 않아야 한다. 위원의 재임명은 가능하나 5년 이상 근무한 위원은 재임명되지 않으며, 2년 임기의 위원장은 대통령이 위원 중에서 선정하고 전임위원장과 같은 정당으로 구성되지 않는 특성을 가지고 있다. 또한 ITC의 의사진행은 거의 예외 없이 청문회 절차에 따라 공개적으로 이루어지고 있는데, 이는 준사법기구로서의 ITC의 독립성과 중립성을 확보하기 위한 것이라 할 수 있다.

ITC는 외국의 불공정 무역행위나 미국 정부의 관세인하가 미국 산업에 미치는 피해 여부나 영향의 정도를 조사 및 판정하고, 그에 따른 적절한 정책수단을 대통령에게 건의한다. 국제무역위원회의 최종판정은 대통령에게 이송되고 대통령은 최종판정 후 60일 이내에 이를 거부할 수 있다. 대통령이 승인하거나 이 이 기간 내에 거부하지 않으면 판정은 확정되며, 반대로 대통령이 거부하면 국제무역위원회의 판정은 효력을 상실하게 된다. 또한 미국의 수입상황 및 무역문제에 관한 객관적인 조사, 그리고 대통령이나 상・하원 통상관련위원회의 요청에 따라 통상정책과 관련한 주제에 대한 연구 및 보고의 기능을 수행하고 있다. 또한 청문회 및 기타의 방법을 통해 노동계, 산업계, 농민, 소비자 및 수입업자 등 이해당사자의 의견을 수집하고 평가하여 대통령 및 의회에 의견을 제공하고 있다.

(3) 민간부문

미국의 통상정책 결정과정에 업계와 이익단체를 비롯한 민간부문은 정책의 직접적인 이해당사자로서 전반적인 정책방향, 세부정책내용 및 이의 운용방법에 이르기까지 강력한 영향력을 행사하고 있다. 이익단체들은 워싱턴에 입법활동 혹은 정치활동위원회를 설치하여 대의회 및 대행정부로비를 수행하고 있다. 업계나 이익단체들은 관련법안에 대한 의원들의 투표를 체계적으로 조사하고 찬성, 반대의 정도에 따라 정치자금 배분을 결정하기도 한다. 이에 따라 의회와 정부는 이익단체들의 요구를 정책에 반영할 수밖에 없는 입장에 처해 있다. 특히 의회는 자신이 관련을 맺고 있는 업계와 이익단체의 영향력에서 벗어날 수 없으며, 재선을 의식하여 그들의 요구를 적극적으로 대변해야 하는 입장에 놓여 있으며, 의원들은 자신의 신거구와 이익단체에 자신의 활동을 공개하고 선전하는 경향이 있다.

민간부문은 행정부의 정책결정과정에 직접 참여하기도 하는데, 민간부문이 미국의 통상정책결정과정에 정식으로 참여하기 시작한 것은 1974년 통상법에 의해 민간위원회가 구성되면서부터라고 할 수 있다. 도쿄라운드협상과정에서 민간자문위원회의 역할이 매우 유익했던 것으로 평가되자 1979년 통상협정법에서 민간자문위원회의 지속적 활동을 규정하였고, 1988년 종합무역법에서 민간자문위원회는 무역협상의 자문기능, 외국의 협상사항 이행 여부에 대한 감시기능, 미국의 통상정책 우선순위의 설정에 대해서도 자문할 수 있도록 그 기능이 대폭 확대되었다.

민간부문의 자문기구는 40여개의 위원회로 구성되어 있는데, 통상정책・협상자문위원회(Advisory Committee for Trade Policy and Negotiations : ACTPN), 7개의 정책자문위원회, 30개 이상의 기술 및 기능별 자문위원회로 나누어져 있다. ACTPN은 임기 2년의 대통령이 임명하는 대기업 회장 및 임원 45명으로 구성된 최고위급 민간위원회로서 1974년 통상법에 근거하여 대통령 자문기구로 설립되었다. ACTPN은 전체적인 국가이익이라는 관점에서 통상정책문제에 접근하고 있는데, 그 역할이

1988년 종합무역법에 의해 UR을 포함한 통상정책의 모든 측면에 관해 대통령에게 자문하는 것으로 확대되었다.

7개의 정책자문위원회는 USTR이 단독으로 또는 타 부처 장관과의 협의를 통해 임명되고 있는데, USTR이 운영하고 있는 위원회는 서비스, 투자, 주정부 간 정책자문위원회가 있으며, 공업, 농업, 노동, 국방정책자문위원회는 USTR이 상무부, 농무부, 국방부와 합동으로 운영하고 있다.

그림 14-4 민간부문의 통상정책결정과정

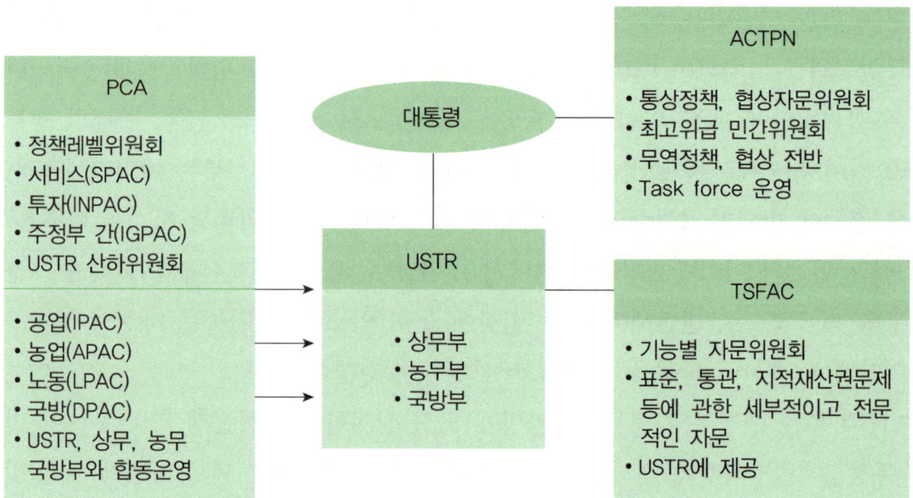

ACTPN : Advising Committee for Trade Policy and Negotiations
T A P : Policy–level Advisory Committes
TSFAC : Technical/Sectoral Functional Advisory Committee

14.3 미국의 주요 통상법규

미국의 통상정책은 정책수립과 집행활동이 거의 대부분 법조문에 근거하여 이루어지며, 주요 통상정책의 골격은 주로 통상법의 제정 및 개정을 통해서 형성되거나 혹은 변경되어진다. 미국의 통상법은 단일 통상법체계가 아니라 대외통상과 관련된 일련의 법들로 구성되어 있으며, 미국의 대외무역과 직접적으로 또는 간접적으로 관련되는 법규들에 대한 일반적인 지칭을 말한다.

미국의 통상법규는 최초의 통상법이라 할 수 있는 1789년 관세법에서 출발한다. 1789년 관세법은 고관세부과를 목적으로 하는 보호무역적 성격을 바탕으로 한 법률이라 할 수 있다. 이후 미국의 역사상 최악의 관세법이라는 Smoot- Hawley법이 1930년에 입법화되었다. 이른바 1930년 관세법이다. 세계적인 대공황으로 국제경제가 위축되고 있는 상황하에서 미국은 Smoot-Hawley법으로 미국 역사상 가장 높은 관세율을 규정한 관세체계를 도입하게 되었고, 이 같은 보호무역주의조치에 대하여 교역국들은 자국산업의 보호를 위하여 동시에 관세인상조치를 취하였다. 이에 따라 세계 교역량은 급감하여 세계경제가 침체하기 시작하였으며, 미국 경제에도 심각한 불황을 겪게 되었다.

그러나 미국의 통상법은 세계무역의 감소와 같은 1930년 관세법의 후유증을 해소하기 위하여 정책의 현실을 반영하여 관세에 의한 규제에서 무역을 자유화하고, 수출을 확대하는 것에서 국내의 경제를 회복하고자 대통령에게 교역국과의 협상에 필요한 권한을 위임하는 1934년의 호혜통상협정법(Reciprocal Trade Agreements Act Of 1934)으로 이어진다. 이 협정법에 의거하여 대통령은 3년간에 걸쳐 타국의 2국간 호혜적인 무역협정을 교섭하는 권한을 의회로부터 위임받아 독자적으로 관세를 50%까지 인하할 수 있게 되었으며, 이에 따라 미국의 관세가 대폭 낮아져서 교역량이 급증하는 계기가 되었고, 1939년까지 상호적인 무역협정의 교섭을 통하여 무역은 확대되었다.

제2차 세계대전에 의해 정상적인 무역거래는 중지되었으나 자유로운 국제거래를 기본으로 하는 1934년 호혜통상협정법의 이념은 전후의 무역의 기본이 되었다. 이후 미국의 통상법규는 1939년 호혜통상협정법이 1962년까지 수정·연장되었고,

1962년 통상확대법, 1974년 통상법, 1979년 통상협정법, 1984년 통상 및 관세법, 1988년 종합무역법, 1994년 UR협정법 제정 등으로 이어져 오늘에 이르고 있다. 이와 같은 미국의 통상법규는 통상규제의 완급에 따라 각 시대의 통상정책을 반영하고 있으며, 미국의 통상정책 수립 및 집행과정에서 중요한 역할을 수행하여 왔다. 미국의 통상법규들은 통상정책의 기본적인 틀을 제공해 주고 있으며, 이해관계자간의 역학관계를 조정하는 역할도 수행하고 있다. 또한 행정부가 수립한 정책을 효율적으로 운영할 수 있도록 수단을 제공해주는 한편 반대 입장에 처한 세력들에 대해서는 보호벽 역할을 수행하고 있다.

표 14-1 미국의 주요 통상법의 변천과정 책588P참조

통상법	주요 내용 및 특징
1789년 관세법	• 최초의 통상법 • 보호무역주의적 법률로서 고관세부과
1930년 Smoot-Hawley법 (1930년 관세법)	• 미국 사상 최고의 관세율부과 • 가장 보호무역주의적 성격의 법
1934년 호혜통상협정법	• 최혜국조항 도입 • 의회 권한 이임(대통령에게 관세인하에 대한 협상권 부여)
1962년 통상확대법	• USTR 전신인 무역협상특별부(STR) 신설 • 대통령에게 케네디라운드협상권 부여 • 긴급수입규제조항의 적용여건 강화
1974년 통상법	• 대외무역에 관한 포괄적 법안 • 대통령에게 대외협상권을 반덤핑, 상계관세 등 비관계 분야까지 확대 • 외국의 불공정하고 비합리적 수입 및 관계 규제에 대한 보복조치 허용(301조 도입) • 일반특혜관세제도(GSP) 실시
1979년 통상협정법	• 신속처리절차 최초 사용 • 비관세협정 승인(GATT 도쿄라운드 비관세협정)
1988년 종합무역법	• 행정부에 제301조에 의한 보복조치 권한 부여(슈퍼 301조) • 반덤핑, 상계관세, 세이프가드규정 개정
1994년 UR협정	• UR협상 결과 반영
1998년 Helms-Buffon법	• 자국법의 역외 적용을 규정(쿠바 제재)

1. 미국 통상법체계의 특징

미 헌법상 대외통상에 관한 모든 권한과 규제는 입법부인 의회가 관장하고 있다. 즉 헌법상 모든 입법권은 하원과 상원으로 구성되는 의회에 있으며, 징세권은 하원이 가지고, 상원은 개정안을 제출하거나 양원 합동회의에서 이를 수정할 수 있다. 또한 의회는 조세, 관세, 수입세 및 소득세를 부과하고 징수할 권한을 가지며 외국과의 통상을 규제할 권한도 가진다. 그러나 국제교역이 점차 전문화·복잡화됨에 따라 의회는 1934년 이래 대외통상과 관련된 권한을 일정한 조건하에 한시적으로 대통령에게 위임해 오고 있다. 이에 근거하여 대통령은 대외무역협상권을 가지며, 의회의 위임범위에서 외국과 쌍무협정 또는 UR과 같은 다자간 협정을 체결할 수 있다. 따라서 미국의 통상관련법을 이해하기 위해서는 의회와 행정부 간의 관계뿐만 아니라 관련법의 입법 배경과 연혁의 이해가 선행되어야 한다.

한편, 미국의 법률체계는 우리나라의 체제와는 매우 상이하다. 즉 미국은 기존의 법률을 개정할 경우 우리나라와 같이 당해 법률의 개정안을 국회에 상정하여 개정하는 것이 아니라, 기존의 여러 통상법관련 규정들을 종합적으로 개정·삭제·추가하는 내용을 담은 별도의 단일 법률을 제정하는 입법체제를 가지고 있다. 예를 들면 1994년 UR 이행법은 기존에 운영되어 왔던 통상관련법인 1930년의 관세법, 1974의 통상법, 1988년 종합무역법의 특정 조항을 개정·삭제·추가하는 형태를 가진 수많은 조항들로 구성된 법률인 것이다. 이러한 이유로 해서 미국 통상관련법[6]의 이해에는 당해 통상법의 전반적인 내용뿐만 아니라 당해 통상법 특정 조항의 내용이 어떻게 변천되어 왔는가에 대한 고찰이 매우 중요하다. 예를 들면 우리에게 널리 알려진 1974년의 통상법 제301조는 1979년의 통상협정법, 1984년의 통상관세

---

6) 미국법은 법령명칭에 제정년도를 포함하는 것이 특징(Act of 19xx) 이며, 법률 수정 시 별도의 법령을 제정하는 입법형식을 취하고 있으나, 편제상 수정내용이 기존의 법령 체계 속에 삽입 또는 변경되는 것으로 간주하고 있다. 다음으로 특별한 주석 없이 '74 통상법'이라고 지칭할 경우 개정된 내용을 반영(as amended)한 수정법령을 의미하며 개별법의 개별조항 개정 시에도 새로운 법안(bill)형태로 다시 제안하며 새로운 법률제정과 동일한 절차를 거치고 있다. 이러한 통상법 구성은 Act(법)-Title(편)-Chapter(장)-Section(조) 등으로 되어 있고 주요 장, 조에는 약칭을 사용하고 있다. 예를 들면 'Title VII'은 법 제7편(제701조 이하 800조 이전까지)을 지칭하고 있으며, Title(로마자 표기)은 subtitle(영문 대문자 표기)로, section(숫자 표기)은 subsection(영문 소문자, 숫자 등)으로 세분된다.

법, 1988년의 종합무역법, 1994년의 UR 이행법 등을 통해 그 주요 내용이 계속 개정되어 왔다는 점을 주지할 필요가 있다.

2. 미국의 주요 통상법규

(1) 1930년 Smoot-Hawley법

1930년 Smoot-Hawley법은 미국 경제뿐만 아니라 1929년에 야기된 세계대공황을 더욱 악화시킨 원인이 되는 통상법으로 1930년 관세법(Tariff Act of 1930)이라고도 한다. 이 법은 미국의 본격적인 통상법이라 할 수 있으나, 미국 역사상 최악의 관세법이라고 평가를 받고 있는 강력한 보호무역주의적 성격의 통상법이다.

Smoot-Hawley법은 당시의 대공황에 직면한 미국이 해외로부터의 수입을 억제하기 위하여 평균관세율을 59%로 대폭 인상한 법률로 본래 이 법은 고율의 관세부과를 통하여 주로 미국의 농산물을 외국 농산물과의 경쟁으로부터 보호하는 것을 목적으로 하였다.

이 법에 근거한 미국의 고율 관세정책으로 인하여 타국이 미국으로부터 달러를 획득하는 것을 방해하고, 또한 미국은 제1차 세계대전 중 동맹국들에게 빌려주었던 달러를 회수할 수 있는 마지막 가능성을 파괴하게 되었다. 이는 곧바로 외국의 보복적인 무역조치를 유발시켜 캐나다, 멕시코, 이탈리아, 스페인 등이 경쟁적으로 관세율을 인상하는 한편 미국산 제품에 대하여 수입쿼터제를 실시하는 등 각종 수입제한을 실시함에 따라 세계적인 관세전쟁으로 비화되어 세계교역량의 급감과 세계경제의 침체가 가속화되었고, 미국 경제에도 심각한 불황을 겪게 되었다.

(2) 1934년 호혜통상협정법

세계무역의 위축과 감소를 겪은 미국은 1930년 관세법의 후유증에 대한 반성으로 1934년 호혜통상협정법(Reciprocal Trade Agreement Act of 1934 : RTAA)[7]을

7) 이 법의 정식 명칭은 '1930년 관세법의 개정법(Act to Amend The Tariff Act of 1930)'으로 당시 대통령인 루스벨트가 자유무역론자인 국무장관이었던 헐에게 통상법안을 마련하도록 한 지시에 의해 입안・제정되었다.

제정하게 되었다. 이 법은 1930년 관세법에 대한 국내외의 정면도전을 피함으로써 미국의 수출증가를 통한 국익을 강조하였던 실용적인 통상법이었다. 호혜통상협정법의 제정은 외국제품의 미국 시장 진입규제와 미국 제품의 외국시장 진출확대에 그 목적이 있으며, 여기에는 미국인의 실업 및 경기침체의 극복수단으로서의 의도가 내포되어 있었다.

또한 이 법에서는 최혜국조항 도입과 함께 통령에게 3년 동안 쌍무협상을 통하여 관세를 인하할 수 있는 권한을 부여하고, 이에 따라 1930년 관세법상의 관세율의 50%까지 인하할 수 있도록 하는 제한적인 관세인하 협상권을 대통령에게 위임하였다. 인하된 관세는 미국의 수출에 대해 차별적인 국가를 제외하고는 최혜국대우원칙에 따라 제3국에게도 확대하여 적용할 수 있도록 하였다.

1934년 호혜통상협정법에 의하여 미국은 1934년부터 각국과 호혜통상협정을 체결하였다. 1934년부터 1939년까지의 기간 중 미국 행정부는 31차례 쌍무협정을 체결하였고, 이 협정에서 최혜국대우원칙을 통해 관세인하의 범위를 확대한 결과 미국의 평균관세율은 59%에서 37%로 감소하게 되는 등 자유무역 분위기를 조성해 나갔다. 미국은 1939년까지 쌍무적인 통상협정과 관세율의 인하를 통하여 무역을 계속 확대해 갔지만 제2차 세계대전이 발발되자 정상적인 무역거래가 중지되었다. 그러나 자유무역을 기본으로 하는 1934년 호혜통상협정법의 이념은 추후 GATT의 기초가 되었으며, 전후 미국 통상정책의 지주로 남게 되었다.

1934년 호혜통상협정법은 관세책정에 관한 권한이 의회로부터 행정부로 이전되었다는 점과 이후 자유주의 통상정책의 추진 및 유지에 매우 중대한 영향을 미쳤다는 측면에서 높게 평가할 수 있는 미국의 통상법이라 할 수 있다.

(3) 1962년 통상확대법

1940년대의 후반기부터 50년대에 걸쳐 무역의 자유화는 진행되었으나 보호무역의 흐름이 나타나기 시작하여 자유무역을 가속화시킬 필요성이 미국에서 제기되었다. 미 행정부는 무역자유화를 위해 대통령이 새로운 조치를 취할 수 있는 권한이 부여된 법의 제정을 요구하였고, 그 결과 제정된 법이 1962년의 통상확대법(Trade Expansion Act of 1962)이다.

통상확대법은 호혜통상협정법의 기본적 특징을 계승한 신통상법으로서 1950년대에 대두한 보호주의적 경향을 억제하고 무역자유화를 대규모로 추진하는 데 그 목적을 두고 있었다. 즉 미국의 경제성장을 촉진시키고 미국의 농업·공업·광업제품의 해외시장과 무역을 확대·유지시키며, 개방적이고 무차별적인 무역을 통하여 외국과의 경제적 유대관계를 강화시킴과 동시에 공산주의 국가의 경제침투를 저지시킬 목적으로 제정된 법이다.

1962년 통상확대법은 1934년 호혜통상협정법과 마찬가지로 대폭적인 관세인하를 단행하고 케네디 대통령에게 무역자유화를 위한 조치를 취할 수 있는 광범위한 권한을 부여하여 관세뿐만 아니라 비관세장벽과 유사관세장벽에 대한 양자간 협상권한 및 다자간 협상권한도 부여하였다.

또한 이 법은 단순히 대통령에게 관세협상에 관한 위임시한만을 연장·갱신하는 것을 주요 내용으로 한 과거의 통상법과 달리 GATT체제하의 다자간 통상협상에 미국이 참여하는 것을 명시적으로 인정한 최초의 통상법으로서 행정부의 협상권한에 관한 구체적 범위를 규정하고 있다.

1962년 통상확대법에 의해 1962~67년의 무역교섭에서 1962년 수준의 50%의 관세인하 권한이 대통령에게 부여되었고, 미국과 EEC가맹국 모두 자유세계의 무역의 80% 이상을 차지하는 제품범주의 관세를 제거하는 것, 미국의 농산물수출을 유지하는 데에 필요하면 80% 기반에 만족되지 않아도 농산물의 관세를 인하하든지 철폐할 수 있는 권한, 그리고 현재의 5% 이하의 관세제품의 관세를 제거할 수 있는 권한을 대통령에게 부여되었다.

또한 이 법에 의거하여 미국의 수출품에 대해 부당한 제한을 계속하고 있는 나라에게 관세양허를 철회할 수 있는 권한, 미국의 수출농산물 제한에 대해 부담이 되는 제한을 설치하고 있는 나라로부터의 수입품목에 관세 혹은 다른 제한을 부과하는 것, 국가안전보장을 위협하는 경우 수입을 제한하는 것, 공산권에 지배되고 있는 나라와 지역에 대해 1930년 이후 최혜국대우에 주어진 어떠한 무역이익도 가능한 실리적으로 일시정지하는 등의 권한도 부여되었다.

무역협상에서 미국의 주요 대변인 및 교섭자로서의 무역협상특별대표부(현재의 USTR)를 창설하고, 동 대표가 각료수준의 관청 간의 무역조직, 즉 무역정책위원회를 열어 그 의장으로서 역할을 하는 것도 결정짓는 등 통상교섭의 제도적인 충실도 가했다.

통상확대법에 의거하여 미 행정부는 GATT의 제6차 다자간 무역협상인 케네디라운드를 추진하였다. 이 다자간 무역협상은 1967년 타결되어 1968~1972년의 5년간에 걸쳐 단계적으로 관세인하가 실시되었다. 케네디라운드를 통한 농산품무역자유화협상에서 충분한 성과를 거두지 못했으나 미국, 유럽, 일본 등 주요 제국의 광공업품 관세는 대폭적으로 인하되었다.

(4) 1974년 통상법

1960년대 후반부터 1970년대 초에 걸쳐 세계시장에서는 경쟁이 격화됨에 따라 전미노동연맹 및 산업별노조회의(Amercian Federation of Labor and Congress of Industrial Organization : AFL-CIO)가 수입제한을 요구하는 등 미국 내에서는 戰前에 팽배했던 보호무역주의 경향이 다시 강해지기 시작하여 1950~1960년대의 자유무역이념이 변화의 징후를 보이게 되었다. 인플레이션으로 곤란을 받고 있던 미국산업은 수입의 증가로 인해 한층 더 어려움을 보였다.

미국의 무역수지도 변화를 보이기 시작하였다. 수출도 확대되었지만 수입은 그 이상으로 확대되어 1971년에는 전후 처음으로 미국의 무역수지가 43억 달러의 적자를 보였다. 이에 따라 미국 내에서는 신규 시장개척을 통한 수출증대를 요구하는 세력들의 영향력이 점차 강해지게 되었다.

1969년 11월에 닉슨(Richard M. Nixon) 행정부는 이미 1967년에 시효가 지난 대통령의 관세인하권을 재확립하기 위하여 법안을 마련해서 의회에 제출하였다. 이 법안(HR 14870)은 닉슨 행정부 최초의 통상법안이었는데 1970년에 와서 하원은 이 법안 대신에 보호무역주의적 조치를 보다 강화하는 법안(HR 18970)을 통과시켰다. 후자는 섬유, 신발, 석유에 대한 수입할당부과를 의무화하는 내용을 포함하고 있었다. 이 법안은 상원에서 폐기되었으나 미국 통상정책에서 보호주의적 요소가 강화되는 것을 예고하였다.[8)]

닉슨 대통령이 1973년 봄에 무역자유화계획에 착수할 당시 정치적으로는 두 가지 상반된 상황이 존재하였다. 물가는 1970년에 비해 3배 이상 급등하고, 노동생산성은 1970년에 비해 감소하였다. 이러한 지표의 변화는 다소 자유무역 주창자들에게 유리한 상황이었다. 그러나 관세율은 1970년의 6.1%에서 4.1%로 하향조정되었

8) 미국학연구소 편저, 미국의 통상정책 결정과정, 1995, p.62.

고, 실업은 1970년의 4.9%에서 6.6%로 증가하였으며, 교역조건은 1970년의 100%에서 84.7%로 급격히 악화되었다. 이들 지표의 변화는 보호무역주의 강화론에 유리한 상황이었다.[9)]

1970년대는 국제경제체제에도 큰 변화의 시기였다. 우선 1971년의 이른바 닉슨쇼크(Nixon shock)[10)]로 달러와 금의 태환이 정지되었으며 수입과징금이 도입되어 미국의 무역을 위축시켰다. 그 결과 국제금융질서인 브레튼우즈체제가 동요되었고 2차례에 걸친 석유파동으로 인하여 각국 간의 불균형의 심화와 무역 면의 경쟁격화로 통상마찰이 야기되었다.

이러한 상황에서 1974년 통상법(Trade Act of 1974)이 제정되었다. 1973년 4월에 닉슨 대통령은 그의 두 번째 통상법안을 의회에 제출하였다. 이 법은 수입으로 인한 피해구제, 공산국가에 대한 최혜국지위 정지, 그리고 무역수지조정을 위한 추징금(surcharge)의 부과 또는 이를 대체할 수입할당제의 실시조치 등의 보호무역적인 요소를 포함하고 있었다. 그러나 전체적으로는 대통령에게 전례없는 권한을 위임하는 자유무역지향적 법이었다. 대통령에게 관세인하협정을 체결할 수 있는 5년 유효의 권한뿐만 아니라 미국 역사상 최초로 대통령에게 자유무역에 대한 모든 장벽을 조화·감소 또는 제거할 수 있는 외국과의 협상권한도 부여하였다.[11)]

즉 이 법에서는 1973년부터 시작된 GATT의 도쿄라운드에 대비하여 대통령에게 협상권한을 부여하였는데, 대통령에게 위임된 사항은 관세인하뿐 아니라 이와는 별도로 비관세장벽협상을 위한 권한도 부여한 것이다. 대통령에게 새롭게 위임된 비관세장벽협정 이행을 위하여 의회는 이 법속에 특별한 절차를 규정하였는데, 그것이 후에 소위 신속처리절차(fast-track procedures)로 불려진 규정이다.

신속처리절차는 의회가 통상협상을 실행하기 위한 미국의 국내법을 어떻게 심의하는가에 대한 일련의 규정을 말한다. 신속처리절차는 어떠한 내용의 비관세협정이 체결되건 간에 일단 체결된 협정에 대해 의회는 수정없이 표결한다는 원칙하에 행정부로 하여금 외국과의 통상협정을 전개하도록 허락하는 것이다. 이러한 절차는 대통령에게 신속처리권한(fast-track authority)이 부여된 경우 대통령은 비관세협정

---

9) Magee, R. Stephen, William Brock, Leslie Young, *Black Hole Tariffs and Endogenous Policy Theory*(Cambridge : Cambridge University Press, 1989), p.191.

10) 닉슨쇼크란 1971년 8월 15일 닉슨 대통령이 발표한 달러방위조치로 인하여 발생한 충격을 말한다.

11) *Ibid.*, p.137.

을 체결하기 90일 이전까지 협정문의 내용 등을 의회에 제출하고 ① 의회는 행정부가 제출한 법안에 대해 수정할 수 없고, ② 제출된 법안은 상원과 하원에서 각각 최고 20시간만 토론할 수 있으며, ③ 찬반투표만 허용되고, ④ 행정부가 입법권을 가지며, ⑤ 법안의 최종절충(mark ups)과 같은 통상적인 위원회절차를 생략하고, ⑥ 법안 제출 후 60일 이내에 표결처리하는 것을 그 내용으로 하고 있다.

신속처리절차의 도입으로 미 행정부는 신속처리권한 내에서 입법권한을 가지게 되어 협상대상국에게 의회의 지지를 받고 있음을 보여줌으로써 미국 행정부의 신뢰도를 제고시켜 협상을 유리하게 이끌 수 있을 뿐만 아니라 행정부가 통상협상에서 합의한 내용을 충실히 반영하는 법안을 제안할 수 있게 되었다.[12)]

이 제도는 매우 훌륭하게 시행되었으며 추후로도 의회는 계속해서 신속처리협상권한을 연장하여 주었고, 도입 이후 현재까지 미국의 통상정책에 가장 중요하고 혁신적으로 기여한 요소 중의 하나가 되었다.

이와 함께 대외적으로 행정부가 약속한 사항을 국내 차원에서 지원하기 위한 방안으로 두 가지 제도적 장치가 도입되었다. 첫째, 국제협정대표단에 의회 측 대표를 포함시키도록 하고 의회대표는 장기적으로 협상진행상황에 대한 보고를 받을 자격이 부여되었다. 둘째, 협상의 우선순위와 전략에 관한 자문 및 정보를 제공하기 위하여 민간 분야의 자문위원회 설립을 명문화시켰다. 이에 따라 협상에 관한 자문을 제공하기 위하여 27개 자문위원회의 연대지지를 받아 통상정책·협상자문위원회(Advisory Committee for Trade Policy and Negotiations : ACTPN)가 대통령 자문기구로 설치되었다. 이러한 자문기구의 설립은 행정부가 민간부문의 관심사를 충분히 반영하도록 법률적으로 보장하는 역할을 하였다.

또한 이 법에서는 공산권과의 교역과 관련하여 소련을 포함하여 공산국가들에게 최혜국 지위의 부여에 대한 권한을 대통령에게 위임하였다. 그러나 소련의 경우에는 이민절차를 자유화하지 않으면 18개월 후에나 MFN대우를 허용하기로 유보하였다. 이와 더불어 1974년 통상법은 개발도상국으로부터 수입되는 물품에 대하여 일반특혜관세(Generalized System of Preference : GSP)를 적용할 수 있는 권한을 대통령에게 위임하고 있다. GSP적용권한은 10년 동안 활용할 수 있으며, 이의 적용에 대해서는 일정한 제한규정을 두고 있다. 이러한 제한규정으로는 OPEC 회원국의 적

12) 정인교, 미국 FTA정책의 전개와 시사점, 대외경제정책연구원, 1998, p.66.

용제외, 시계 및 수입민감품목인 섬유, 의복, 신발, 전자제품, 철강, 유리제품 등을 대상품목에서 제외시키는 국별·품목별 적용요건의 기준을 제시하였다.

한편, 이 법에서는 관세가 더 이상 무역의 주요 장애가 아니라는 이유로 관세위원회를 국제무역위원회(International Trade Commission : ITC)로 확대 개편하였고, 위원회 위원들의 임기를 6년에서 9년으로 연장하였다.

이와 함께 제201조에서는 과거의 면책조항을 긴급수입제한제도(safeguard)로 확립시켰다. 제201조는 GATT 제24조의 긴급수입제한조치에 해당하는 미국 내 법규이다. 새로운 규정의 피해기준은 피해와 미국의 무역양허 간의 인과관계를 더 이상 요구하지 않으며, 산업체로 하여금 수입증가가 피해를 야기시키는 주요 원인(major cause)이기보다는 심각한 피해의 상당한 원인(substantitial cause)임을 제시만 하면 되도록 그 조건이 과거 규정에 비해 완화되었다. 그리고 과거 조항의 재량적 용어인 'may'에서 'shall'로 전환[13)]하여 ITC가 산업피해와 관련하여 이해관계자들로부터 제소를 수리하고 산업피해에 대한 사실관계를 조사하며, 제소수리 후 6개월 이내에 산업피해의 구제방안에 대해서 대통령에게 권고하면 대통령은 권고를 받은 후 60일 이내에 피해구제조치를 실시하도록 규정하고 있다. 만일 대통령이 그 구제조치안을 승인하지 않는다면 의회는 대통령의 결정을 번복할 수 있으며, ITC 권고안을 양원의 다수결로써 이행할 수 있게 되었다.

특히 이 법에서는 미국의 무역적자 해소를 위하여 상대국의 불공정무역관행(unfair trade practice)을 제거하여 미국 기업의 해외시장진출을 지원하기 위한 목적으로 제301조[14)]가 신설되어 미국에 차별대우한 나라에 대해 대통령이 수입제한조치로써 보복할 수 있는 새로운 권한을 부여하였고, 또한 이를 책임지고 수행하기 위하여 STR을 미국통상대표부(U.S. Trade Representative : USTR)로 그 명칭을 바

13) If the United States International Trade Commission determines under section 202(b) that an article is being imported into the United States in such increased quantities as to be a substantial cause of serious injury, or the threat thereof, to the domestic industry producing an article like or directly competitive with the imported article, the President, in accordance with this chapter, shall take all appropriate and feasible action within his power which the President determines will facilitate efforts by the domestic industry to make a positive adjustment to import competition and provide greater economic and social benefits than costs. Trade Act of 1974 Sec. 201 (a).

14) 일반적으로 제301조는 1974년 통상법상의 제301조 내지 제309조를 포괄적으로 지칭하는 용어이다.

꾸고 행정부의 한 법정기구로 만들어 그 長에게는 내각의 지위를 부여하였다.

제301조의 기본이념은 대통령에게 미국의 통상이익에 영향을 미치는 외국의 '불합리한' 그리고 '부당한' 무역관행에 대해 보복할 수 있는 광범위한 권한을 부여한다는 것이었으나, 1962년 통상확대법의 제252조와 유사한 1974년 통상법 제301조는 대통령이 과거 통상법규를 소극적으로 사용한 데 대한 의회의 불만을 반영하고 있기도 하였다. 이 조항은 관련 산업에 유리하도록 제소절차를 변경시킴으로써 해당 산업이 다양한 구제수단을 제공받을 수 있도록 하였으며, 소송을 시작할 수 있는 민간당사자의 권리를 도입하고 대통령이 거부하면 그에 대한 해명을 요구할 수 있도록 규정하고 있다. 또한 불공정무역관행의 정의에 수입제한조치뿐만 아니라 외국의 정부보조금을 포함시키고 그 적용대상에 상품무역 외에도 서비스무역을 포함시킴으로써 1962년 통상확대법의 제252조 규정의 적용범위가 확대되었다.

또한 1962년 통상확대법에서 제정한 무역조정지원조항(TAA)을 근본적으로 개정하였다. 우선 지원대상을 기업 및 노동자로 한정하였던 과거의 규정에 수입경쟁으로 타격을 입은 해당 지역(communities)을 추가로 포함시켰고, 지원액수를 증액하였으며 지원기간도 연장하였다. 또한 이 제도와 관련한 조사권한을 노동자의 경우에는 노동부로, 기업과 지역이 관련된 경우에는 상무부가 지니도록 하였고 지원의 적합성판정을 받을 수 있는 지원기준도 완화하였다.

이와 함께 수입으로 인하여 곤경에 처한 기업 또는 산업에 또 다른 피해를 입힐 수 있는 수입을 줄이기 위하여 수출상대국과 체결하는 수입수량규제에 관한 협정인 시장질서유지협정(Orderly Marketing Agreements : OMA)을 체결할 권한을 대통령에게 부여하였다.

결국 이 법은 미국에게 다가오는 도쿄라운드에서 필요한 지렛대를 제공하는 역할을 하였다.

(5) 1988년 종합무역 및 경쟁법

1988년 종합무역 및 경쟁법(Omnibus Trade and Competitiveness Act of 1988 : OTCA)은 행정부에 대해 부당하고 불공정한 통상정책 또는 관행을 지니고 있는 교역상대국을 조사하도록 의무를 지우고 이들과의 통상협상 및 협상결렬 시 보복조치 발동을 의무화한 미국통상법 입법 역사상 가장 보호무역주의 색채가 강한 법이다.

달러환율이 최고수준에 달했던 1985년 초 레이건 대통령이 USTR의 불공정무역 관행에 대한 직권조사 등을 독려하지는 않은 채 일본의 자동차에 대한 수출자율규제협정(Voluntary Export Restraints : VER)을 종료시키고 당시 의회의 강력한 지지를 받고 있던 USTR의 Brock 대사를 노동부 장관으로 전임시킨 뒤 3개월간이나 USTR 대사직을 공석으로 비워두게 되자 의회의 불만이 고조되었다.

이후 3년간 미 의회는 수백 건에 달하는 보호무역주의 법안을 제출하였고, 급기야 1930년 관세법 제정 이후 처음으로 자신들에 의하여 성안한 1988년 종합통상경쟁력법(OTCA)을 상·하원의 절대적 지지 속에 통과시켰다.[15)]

실제로 무역상황이 악화되었던 1980년대를 통해 수입피해구제 요구가 급증하였으나 ITC에 의한 긍정적 판정의 수는 증가되지 않았고, 또한 ITC의 긍정적 판정에도 불구하고 수입피해구제의 요구가 대통령에 의해 거부되는 경우가 오히려 증대하였다. 이에 따라 보호무역주의 세력은 ITC를 통한 준사법적 장치를 통해 개별부문에 대한 보호무역주의 혜택을 요구하는 방식에 점차 회의적이게 되었다. 더욱이 레이건 행정부에 이르면, ITC의 판정은 무시한 채 정치적 영향력이 강한 철강산업 등에 대해 수출자율규제(VER) 등을 통해 비공식적으로 보호무역주의적 혜택을 제공하는 경우가 증대되었는데, 이는 정치적 영향력이 강한 여타의 보호무역주의 집단들을 정치화하기에 충분한 유인이 되었다.[16)]

결국 OTCA는 의회가 주도한 법률로써 행정부로 하여금 무역에 관한 제반조치를 실시하도록 요구하는 의회의 압력을 반영하고 있다.

이 법의 제정배경은 다음과 같이 몇 가지로 요약할 수 있다.

첫째, 미국 경제여건의 악화이다. 미국은 1980년대 중반 이후 무역적자와 재정적자가 누적되어 이러한 문제를 해결하기 위한 방안의 하나로 이 법안의 입법이 가속화되었던 것이다.

둘째, 일본과 신흥공업국(Newly Industrializing Countries : NICS) 등의 급속한 미국 시장진출 확대로 산업공동화 등 미국 경제의 미래에 대한 불안감이 고조되었기 때문이다. 특히 1987년 10월 뉴욕 주가대폭락사태 이후 이러한 경제위기의식이 팽배되기 시작하였다.

15) 최병선, 무역정치경제론, 1999, p.963.

16) 미국학연구소 편저, 미국의 통상정책 결정과정, 박영사, p.153.

셋째, 미국의 통상 및 산업정책에 대한 재검토의 필요성이 대두되었다. 제2차 세계대전 후의 세계무역질서는 GATT를 중심으로 한 다자간 무차별 자유무역이었으나 1980년 후반에는 세계경제의 다극화현상으로 인해 각국 간의 이해관계가 복잡해져 미국으로서는 다자간 문제해결방식보다는 쌍무협상방식이 필요했으며, 미국 내 산업정책에 대한 재검토를 토대로 한 무역수지개선 및 경쟁력제고를 시현할 수 있는 법적 제도의 구축 필요성도 증대되었기 때문이다.

넷째, 미 의회는 이상과 같은 현안들을 해결하기 위해 통상, 산업, 국제금융 중 어느 한 분야에 대한 입법만으로는 미국의 경제여건개선에 도움이 될 수 없을 것으로 판단하여 포괄적 입법을 추진하게 된 것이다.

마지막으로 통상정책의 주도권에 대한 의회와 행정부 간, 그리고 각종 국내 이익집단 간의 이익다툼 등의 요인도 이 법의 제정에 커다란 요인으로 작용하였다.

총 10편 994개 조항으로 구성된 이 법은 거의 모든 경제부문을 총망라한 포괄적인 통상법으로서 미국 통상정책의 근본적 기조변화를 반영하고 있다. 미 의회의 절대적 지지를 얻고 발효된 이 법은 ① 미국 내 산업의 경쟁력을 향상시키고, ② 교역상대국의 불공정무역행위의 개선을 통해 자국의 무역적자를 감축시키며, ③ 해외시장개방을 강화하는 동시에 자국시장보호의 벽을 강화시킨다는 데 그 목적을 두고 있다. 이는 미국의 무역이 공정하다는 전제하에 교역상대국의 불공정무역관행을 규제하고, 상호주의원칙하에 교역상대국에 대해 미국의 시장개방 정도와 동등한 수준의 개방을 요구해야 하며 다자간 교섭보다는 쌍무적 교섭을 중시한다는 논리에 입각한 것이다.

경제 분야의 포괄입법인 OTCA에서는 미국의 주요 수입규제와 관련한 통상법 등에 대해서도 대폭적인 개정이 이루어졌는데, 이 법에서는 슈퍼(Super) 301조, 스페셜(Special) 301조, 통신무역조항 등이 신설되어 미국 기업의 시장접근을 제약하는 외국 민간기업의 '체계적인 반경쟁적인 행위들(systematic anticompetitive activities)'에 대해서 USTR의 무역보복조치발동을 의무화하여 대통령의 재량권을 제한하고 외국시장에 대한 효과적인 시장개방조치를 강구하였다.[17]

한편 대공산권 수출통제위원회(Coordinating Committee for Export Control to

---

17) 백창재, "개입과 책임회피의 정치", 한국정치연구, 제4권, 서울대학교 한국정치연구소, 1994, pp.241~277 참조.

Communist : COCOM)의 규정위반기업에 대해 이른바 '도시바조항'[18]이라 불리는 제재조항을 신설하였다. OTCA를 자세히 살펴보면, 첫째 제301조에서 불공정무역관행에 대한 조사의 실시와 필요시 제재조치를 명령할 수 있는 권한을 대통령으로부터 USTR로 이전시켰다. 이러한 변화는 이익집단 등 외부의 압력에 대해 대통령보다 각료급관리가 더욱 노출되게 만들었으며, 이로 인하여 중대한 사안이 아닌 한 대통령이 직접 제301조의 실시에 관하여 관여할 기회가 축소되었다. 또한 반덤핑조사시 라이프사이클이 짧은 상품에 대한 신속한 조사실시를 규정하여 수입품과 경쟁하는 미국 내 산업을 보호하기 위한 조치를 강화하였다.[19]

둘째, 슈퍼 301조[20]와 스페셜 301조[21]를 처음으로 도입하였다. 슈퍼 301조에서는 상대방 국가의 일관된 무역장벽이나 시장왜곡관행이 존재할 경우 USTR이 그러한 점을 시정하기 위해서 그 상대방 국가와 지속적인 협상을 벌여 나가게 되는 근거가 되는 규정으로 1990년까지 유효한 조항이었다.[22] 이에 따르면 미국의 교역상대국이 자국에 대해 불공정무역관행을 실시하거나 불리한 통상정책을 채택하거나 또는 부당한 법률을 적용하는 경우 USTR로 하여금 우선협상대상국(Priority Foreign Country : PFC)과 우선협상대상국관행(Priority Foreign Country Practice : PFP)으로 분류하도록 하고 있다. 분류에 포함된 국가는 3년 내에 문제의 관행을 제거하거나 보상 또는 관행의 완화조치를 취해야 하며, 이러한 관행의 완화는 그로 인해 미국의 해당 국가에 대한 수출이 매년 점진적으로 증가할 것으로 예상되어야 한다. 그리고 분류에 포함된 국가가 문제의 관행을 제거하거나 보상 또는 관행의 완화조치를 취해야 하지 않을 경우 USTR이 보복조치를 취하도록 규정하고 있다.

이와 관련하여 이 법에서는 USTR에게 우선협상관행의 제거에 대한 상당한 진전의 입증자료로서 매년 국별무역장벽보고서(National Trade Estimate Report on Foreign Trade Barriers)를 의회에 송부하도록 규정하여 USTR의 대의회 보고의무를

18) OTCA 제2414조, 제2415조 등을 일컫는 것으로 미국 정부는 이 조항에 의해 러시아에 기술을 판매함으로써 수출조절을 어긴 도시바 기계상사의 모회사인 도시바 상사로부터 정부구입을 3년 동안 금지시켰다.

19) 1974년 통상법에서 규정한 제301조(제301~제309조)를 Original 301조, 그리고, 1988년 개정・강화된 제301조를 Regular 301조라 지칭하기도 한다.

20) 슈퍼 301조는 OTCA 1302조에 의해 1974년 통상법에 새로이 삽입된 제310조 규정을 지칭한다.

21) 스페셜 301조는 OTCA 1303조를 일반적으로 지칭하는 용어이다.

22) Public Law 100-418, Sec. 1302, 102 Stat. 1176-7, 19USC 2420, 1988.

강화시켰다.[23)]

한편, 스페셜 301조는 지적재산권을 충분히 보호해주지 않고 있는 미국의 교역상대국에 대응하기 위해 제정된 조항으로 미국에 대한 불공정무역관행을 제거하기 위하여 상표권, 저작권, 특허권 등 지적재산권보호가 미흡한 국가를 우선협상대상국으로 지정하고 이 국가와 협상을 추진할 것을 명시한 규정이다. 이 조항은 슈퍼 301조와 유사하지만 슈퍼 301조와 근본적으로 다른 점은 슈퍼 301조에서는 USTR이 어떤 분야이든 간에 조사를 행할 수 있는 재량이 있지만, 스페셜 301조는 지적재산권 분야에 대해서 USTR이 반드시 조사를 실시하고 우선협상대상국을 지정하도록 규정하고 있다는 점이다.

셋째, 통신무역조항이 신설되었다. 이 조항에서는 통신시장 개방이 부진한 나라나 통신관련 투자에 대한 규제조치를 완화하지 않는 나라를 우선협상대상국으로 지정하고 협상을 추진할 수 있도록 규정하고 있다. 이는 통신기기, 통신서비스, 통신관련 투자 등도 지적재산권의 경우와 마찬가지로 기존의 301조, 슈퍼 301조를 활용할 수 있음에도 불구하고 특별히 별도의 규정을 마련한 것이다.

이와 같이 통신 분야의 보호를 위해 별도의 법률규정이 제정된 이유는 교역상대국의 통신기기 및 통신서비스시장 개방을 촉진하고 통신관련 투자조치를 완화함으로써 미국의 통신기기와 통신서비스의 수출을 증대하며 미국 내의 해당 산업의 고용증대와 소비자서비스의 강화 그리고 미국의 기술적 우위를 유지하고자 하는 데 있다.

미국의 통신시장은 1980년 레이건 행정부의 각종 규제완화조치에 의하여 완전히 개방되었고, 이에 따라 통신기기의 수입이 증가됨으로써 미국이 비교우위산업이라고 자부하던 통신기기부문에서 무역수지적자가 발생되어 그 적자규모가 매년 증가되어 왔기 때문에 외국의 불공정무역관행으로 인한 수입침투를 시정하고 통신산업을 보호하기 위한 목적도 이 조항의 제정동기 중의 하나이다.[24)]

넷째, 제201조의 적용을 완화하였다. 제201조의 적용과 관련하여 수입으로 인한 피해의 구제조치 신청 시 대통령에게 산업조정계획의 실시를 사실상 강제화하였고, 피해의 가능성을 보다 구체적으로 예시하였으며, 또한 산업경쟁력 향상을 위한 대

23) Public Law 100 418, Sec. 1304, 102 Stat. 1181, 19USC 2241, 1988.

24) 신현종, 한국무역론, 박영사, 1997, p.915.

통령의 조정권한을 강화하는 한편 수입규제조치 기간도 5년에서 8년으로 연장하였다.

다섯째, 1930년 관세법 제337조 규정의 적용범위를 확대하였다. 이는 특허권 침해와 관련된 제소의 경우 국내산업의 피해를 제소자가 입증할 필요없이 단지 미국의 특허권을 침해하는 상품이 미국 내로 수입되었다는 사실만 입증하면 되도록 제소절차를 간소화한 것이다.

결국 OTCA는 과거 특정 산업의 수입규제에 목표를 두었던 고전적 보호무역주의와는 뚜렷이 구별되는 몇 가지 입법특징을 보이고 있다.

첫째, 이 법은 특정 분야의 보호조치 강화라기보다는 통상문제 해결의 절차나 정책결정과정에서 미국 측에 일방적으로 유리하게 하거나 자의적인 해석이 가능하도록 제정한 절차적 보호무역주의입법(process-protectionism)이다.

둘째, 이 법은 미국이 이 법의 각종 제301조 관련 조항들에 의거하여 교역상대국 시장을 개방하도록 하여 자국의 수출증대를 도모하는 등 확대균형을 지향하고 있는 입법이다.

셋째, OTCA는 그 명칭에서 알 수 있듯이 통상 분야 뿐만 아니라 지적소유권, 산업경쟁력, 환율문제 등에 관한 포괄적 내용을 집대성해 놓은 법으로서 미국 국내산업의 보호와 경쟁력의 제고, 그리고 무역상대국의 시장개방 촉구를 통한 무역적자의 해소를 목표로 하고 있는 법이다.

넷째, 의회는 OTCA의 입법을 통하여 통상과 관련된 대통령의 권한을 약화시키고 의회의 영향력 강화를 도모하였다. 즉 대통령의 통상관련 권한 중 일부를 USTR로 이관하였고 보복조치 결정권한을 USTR에 줌으로써 대통령의 외교적 차원에서 행하는 배려가능성을 배제하였고 이와 더불어 USTR의 대의회보고의무규정을 강화시켜 의회의 통상정책에 대한 영향력을 강화시켰다.

(6) 1994년도 UR 이행법

이 법은 1994년 4월 15일 공식적으로 종료된 UR협상의 결과로 생성된 제반 무역협정을 미국의 국내법으로 승인하기 위한 목적으로 제정되었다. 다자주의에 입각한 분쟁해결절차를 갖춘 WTO체제의 출범에 즈음하여 쌍무적 차원에서 발동되는 제301조의 적법성 여부가 크게 논란이 되었다. 그런데 이 법 제 102조는 미국의 연방법이 UR 제협정에 우선한다는 것을 분명히 밝히고 제301조 규정을 계속 보유할 것임을 강조하였다. 특히 WTO법의 적용을 받지 않거나 부적절하게 다루어지는 사안들에 대해서는 행정부의 적극적인 제301조 사용을 지시하고 있다.

3. 통상법 제301조, 슈퍼 301조, 스페셜 301조의 비교

미국의 통상법규 가운데 가장 많은 논란과 오해를 받고 있는 것이 바로 자유무역법의 항목에 속하는 법규들이다. 다른 나라들로 하여금 미국의 상품과 투자에 대해 그 시장을 개방하도록 경제적 압력을 행사할 수 있도록 규정한 법들로 이 가운데 특히 문제가 되는 것은 제301조와 이를 근간으로 파생된 슈퍼[25] 301조, 스페셜 301조 등을 예로 들 수 있다. 이러한 법규들은 외국 정부가 미국 상품에 대해 그 수입

| 표 14-2 | 일반 제301조, 슈퍼 제301조, 스페셜 제301조 비교

구분	일반 제301조	슈퍼 301조
근거	• 1974년 통상법에서 처음으로 규정 • 1988년 종합무역법에서 대폭 개정	1988년 종합무역법 제310조
내용	USTR이 자체적으로 또는 업계청원에 의해 교역상대국의 불공정한 무역제도, 법관행에 관한 조사를 개시하고 만족할만한 합의에 도달하지 못할 경우 보복조치 실시	• 1989년과 1990년에 불공정무역의 정도가 심한 국가를 우선 협상국으로, 그 국가의 불공정관행을 우선협상대상관행으로 지정하고, 해당 국가에 대해 조사, 협상 개시 • 이후 만족할만한 합의가 나오지 못할 경우 보복조치의 실시를 의무화
발동대상	교역상대국의 부당한, 불합리한, 차별적인 법, 제도, 관행(제소대상이 된 외국의 불공정관행)	• 불공정 국가의 불공정무역관행 • 미국의 상품, 서비스의 수출에 장벽이 되는 법, 정책, 관행 • 미국의 해외직접투자에 장벽이 되는 법 • 정책, 관행(외국의 모든 불공정관행)
보복조치범위	• 제한이 없으며 조사대상에 관계없이 어떤 상품이나 분야에 대해 모든 조치 발동 • 무역협정의 양허정지, 철회 • 관세 또는 기타 수입규제 실시 • 법, 정책, 관행의 제거를 위한 협정 체결	제301조와 동일

25) '슈퍼'라는 이름이 붙여진 것은 오리지널 제301조가 특정 분야의 불공정 무역관행에 대해 개별적 개선을 요구하는 데 비해 1988년 종합무역법에 의한 제정 당시의 슈퍼 301조는 불공정무역관행이 심한 국가를 특별히 우선협상대상국으로 지정하여 이의 포괄적 개선을 요구할 수 있다는 데 기인한다.

구분	행정명령 슈퍼 301조	스페셜 301조
근거	• 1988년 종합무역법 제310조 • 1994년 행정명령으로 부활	종합무역법 제182조
내용	• 1994년 행정명령에 의해 이후 2년간 슈퍼 301조를 한시적으로 부활 • 지적대상 및 절차는 슈퍼 301조와 동일하나 우선 관심국가의 지정 및 절차 등에서 일부 차이 있음(NTE 발표 후 우선협상관행 지정까지 소요기간을 과거 1개월에서 6개월까지 크게 연장함)	미국이 자국의 특허권, 상표권, 저작권 등 지적재산권을 보호하기 위하여 이를 침해한 나라를 우선협상대상국이나 우선감시대상국으로 지정
발동대상	• 불공정 국가는 지정하지 않고 불공정무역국관행으로 지정 • 발동대상은 슈퍼 301조와 동일	제301조나 슈퍼 301조가 모든 분야에 적용되는 데 반하여 여기서는 지적재산권 분야에만 한정함
보복조치범위	제301조와 동일	지적재산권에 관한 협상을 하거나 필요한 무역상의 보복조치를 단행

을 규제하는 등 불공정무역관행이 이루어질 때 이를 시정하기 위해 미국 대통령이 필요한 조치를 취할 수 있도록 입안되어 있다.

(1) 일반 제301조(미국종합무역법 내의 제301~309조를 의미)

통상법 제301조란 미국의 교역상대국이 자국에 대해 불공정무역관행을 실시하거나 불리한 무역정책을 채택하거나 혹은 부당한 법률을 적용하는 경우 미국 무역대표부가 기존 무역협정의 정지 또는 파기, 무역협상 추진, 관세율인상, 수입제한 등 보복조치를 단행할 수 있도록 광범위한 재량권을 부여한 법률조항이다. 미국통상법 제301조는 교역상대국이 무역을 통하여 미국 산업이 피해를 받는다고 판단되면, 그 국가에 대해 미국이 일방적으로 보복조치를 취할 수 있고 보복대상도 제한이 없는 것으로 규정하고 있다. 여기서 미국 산업의 피해란 산업시설의 조업단축, 유통단계상의 재고 증가, 고용감소 및 불완전고용, 산업과 적정이윤의 감소 등을 의미한다.

미국통상법 제301조는 자의적이고 광범위한 보복적 법률조항으로서 미국이 교역상대국의 상품시장과 서비스시장 개방을 관철하기 위해 빈번히 활용하는 가장 강력한 비장의 무기로 사용하고 있다. 외국의 불공정무역관행에 대한 일방적 조치를 허용하는 미국통상법 제301조에 대하여 세계 각국은 이 규정이 WTO DSU(분쟁해결

양해) 제23조에 명시적으로 위반된다고 주장하였다. 이에 대해 WTO 출범 시 USTR 대표였던 Mickey Kantor는 제301조가 여전히 회원국이 아닌 나라들에 적용될 수 있으며, 또한 WTO가 규율하지 않는 부문에서 적용될 수 있다고 주장하였다. 그러나 문제는 WTO 회원국들에 대하여 WTO가 규율하는 분야에 대해서도 여전히 미국이 통상법 제301조를 들어 보복조치 등을 위협하고 있다는 사실이다. 이에 바나나 분쟁으로 첨예하게 대립하던 EC가 미국통상법 제301조가 WTO분쟁해결양해협정(DSU) 제23조 다자체제의 강화규정에 위반된다고 주장하여 WTO에 제소한 바가 있었으나 기대한 성과를 거두지는 못했다. 즉 2000년 1월 채택된 WTO 패널리포트는 미국통상법 제301조가 WTO DSU규정 위반이기는 하나, 미국이 UR 이행법 통과시 제301조 운용지침에서 WTO규정과의 조화로운 운용을 약속하였고, 패널심리과정에서 동 조항을 WTO규정에 합치하도록 운영하겠다고 약속한 사항 등을 고려하여 미국 측의 손을 들어주었다.

따라서 이제는 통상법 제301조를 이용하여 무역상대국에 직접적인 보복조치를 가한다기 보다는 상대국의 무역정책 변경에 대한 압박수단으로 사용될 가능성이 높다고 하겠다. 미국 국내적으로는 의회와 행정부 간의 무역정책 결정에 관한 권한범위의 한계나 질차규정으로서의 기능을 가지며, 또한 무역상대국이나 외국기업의 불공정경쟁으로 인한 산업피해구제 등에 있어서 일련의 절차를 규정한 조항으로서의 성격을 갖고 있다.

(2) 슈퍼 301조(미국종합무역법 내의 310조)

슈퍼 301조는 미국 기업이 시장참여 기회를 제한받는 등 외국 정부에 의해 차별을 받는 경우나 미국 기업의 설립기회가 주어지지 않는 경우 발동되며, 그 법적 근거는 1988년 제정된 미국종합무역법 중 교역상대국에 대한 무차별 보복이 가능토록 한 310조를 의미한다. 즉 슈퍼 301조란 미국이 자국에 대한 교역상대국의 불공정한 무역관행을 제거하기 위하여 우선협상대상관행을 지정하고, 통상협상을 추진하거나 혹은 이를 거치지 않더라도 무역보복조치를 단행할 수 있도록 규정하고 있다. 이 조항은 법적용이 강화된 미국통상법 301조의 별칭으로서 1988년 8월에 개정된 1988년 미국종합무역 및 경쟁력 강화법(Omnibus Trade and Competitiveness Act of 1988)에 규정되었다가 1994년 UR협정 이행법에 의하여 전면 개정되었다. 발동

절차는 국별무역장벽보고서(NTE)가 발표된 후 180일 이내에 무역확대를 위한 우선관심사항을 파악하고, 미국의 무역에 큰 영향을 끼칠 수 있는 부문을 선정하여 우선협상대상관행을 지정하고 의회에 이를 보고하며, USTR은 보고서 제출 후 21일 이내에 일반 제301조 절차를 개시할 것을 의무화하고 있다. 미국은 일본과의 수출물량축소 논쟁, 한국에서의 포괄적인 시장개방압력(농산물시장의 개방, 외국인 직접투자에 대한 규제완화, 국산화정책의 3개 분야) 등에서 슈퍼 301조를 들어 무역보복조치를 위협한 바 있으며, 1997년 말 만료한 슈퍼 301조를 1999년 3월 31일 이후 3년간 부활한다고 밝힌 바 있었으나 2008년 7월 현재는 효력을 상실하고 있다.

(3) 행정명령 슈퍼 301조(슈퍼 301조의 행정명령에 의한 부활)

행정명령을 통한 슈퍼 301조는 슈퍼 301조의 시행과 동일한 효과를 낼 수 있도록 행정명령의 수단을 통해 기존의 1974년 통상법 제301조의 시행 메커니즘을 강화한다는 의미로 해석할 수 있다. 따라서 이는 효력이 이미 종료된 1988년 통상법상의 일명 슈퍼 301조를 법으로서 되살리거나 새 법을 제정한다는 의미는 아니다. 과거 슈퍼 301조는 1989~1990년의 2년간, 1994~1995년의 2년간 한시적으로 시행되었는데 1994~1995년 2년 동안 부활된 슈퍼 301조가 이전의 슈퍼 301조와 다른 점은 국별무역장벽보고서(NTE) 발표로부터 우선협상관행 지정까지 소요되는 기간이 과거 1개월에서 6개월로 크게 연장되었다는 점이다. 또한 1988년 슈퍼 301조처럼 특정 국가를 통째로 불공정교역국(Priority Foreign Country)으로 지목하는 대신 특정한 관행에 초점을 맞추어 우선협상대상국관행(Priority Foreign Country Practices)을 지정하도록 규정되어 있다. 또한 1988년에는 USTR이 반드시 우선협상대상국가를 지정하여야 했으나, 행정명령 슈퍼 301조에서는 쌍무협상이 진전되고 있거나 혹은 대통령의 지시가 있는 경우 PFCP를 지정하지 않아도 무방하다. 그리고 보복조치를 취하려고 할 때 WTO의 분쟁해결절차가 필요한 경우 동 절차를 거치도록 하였다. 이 때문에 Bayard and Elliott(1994 : 45)는 클린턴의 슈퍼 301조를 '한결 부드러워진' 슈퍼 301조라고 평가한다.

(4) 스페셜 301조(1974년 통상법 제182조)

스페셜 301조란 미국이 자국의 특허권 상표권, 저작권 등 지적재산권을 보호하기 위하여 이를 침해한 나라를 우선협상대상국이나 우선감시대상국, 감시대상국으로 지정하여 그 나라와 지적재산권 분야에 관한 협상을 하거나 필요한 무역상의 보복조치를 단행할 수 있도록 한 미국종합무역법 제182조를 의미한다. 일반 제301조나 슈퍼 301조가 모든 분야에 일반적 적용가능성을 갖는 데 반하여, 스페셜 301조는 지적재산권 분야에만 한정되는 조항이라 할 수 있다. 미국이 일반 제301조나 슈퍼 301조의 적용으로도 협상을 통해 불공정관행을 제거할 수 있음에도 불구하고 별도로 스페셜 301조를 제정한 것은 지적재산권 분야가 특히 1980년대 들어 미국의 비교우위산업임을 확인하고, 그 보호를 강화하고 미국의 무역상의 이익을 공고히 하려는 데 그 목적이 있다.

미국의 1988년 종합무역법은 지적재산권에 대한 적절한 보호 또는 시장접근을 부인하는 국가에 대하여 미국 무역대표부가 우선협상대상국으로 지정한 국가에 대하여 제301조에 의한 직권조사를 의무화하고 있다. 그러나 통상법 제301조(b)(2)(A)에 의하면 비록 직권조사가 의무적이라 하여도 미국 무역대표부는 경제적 이익의 고려라는 예외조항을 두어 제301조에 따른 조사가 미국의 경제적 이익에 치명적 손해를 가할 것으로 판단되는 경우에는 조사를 개시하지 않을 수도 있도록 허용하고 있어, 그나마 제301조의 일방적 조치성을 약간은 누그러뜨린다고 할 수 있다.

지정과정에서 미국 무역대표부는 해당 국가가 우선협상대상국으로 지정된 전례가 있는지를 비롯하여 해당 국가의 지적재산권 법력 및 관행의 역사를 고려하여야 하고 지적재산권에 대한 적절하고 효과적인 보호와 시행을 위한 노력 등을 평가하게 되어 있다. 그리고 미국 무역대표부는 적절한 이유가 있다고 판단되면, 우선협상대상국가의 지정을 취소할 수 있으며, 추가로 지정할 수 있다. 더욱 나아가 특정 국가가 WTO TRIPS(무역관련 지적소유권협정)를 준수하고 있다고 하더라도 지적재산권에 대한 적절한 보호를 하고 있지 않다고 무역대표부가 판단할 수도 있도록 되어 있는데 이는 TRIPs협정상 최소보호의 원칙과 충돌할 여지가 있다고 할 수 있다.[26)]

26) 박덕영, "한·미 간의 통상과정과 주요 통상현안의 법적 고찰", 법무부, 통상법률 2003. 12 참조.

살펴보기

제301조에 의한 한국의 보험시장 개방 압력 사례

미 통상법 제301조는 미국의 관련 업계가 한국시장접근과 관련하여 장애를 받고 있는 이해당사자가 미 무역대표부에 청원을 하거나, 미 무역대표부가 자체 발의하여 조사개시를 할 수 있도록 규정하고 있다. 미국의 제301조 제소는 주로 이해당사자에 의한 경우가 대부분이었는데 다만 1985년 미 무역대표부가 보험과 지적재산권 분야에 있어서 한국을 직접 제소하였다. 또한 제소일로부터 단기간에 협상이 종료되어 실제로 미국이 보복조치를 취한 사례가 없다는 점이 특징이다. 1979년 11월 미국 보험회사(American Home Insurance)가 한국 정부의 외국 보험회사에 대한 차별적 관행을 이유로 한국을 미 통상법 제301조에 의거하여 제소한 이후 1년간의 협상결과 한국 정부는 동 회사에 대한 시장접근 기회를 확대하기로 합의함으로써 협상이 종결되었다. 1985년 7월 미국은 한·미 경제협의회 등을 통해 생명보험시장의 개방 및 화재보험풀제도의 해체를 강력히 요구하였고, 9월 미 무역대표부는 한국보험시장에 대한 제301조 조사를 개시하였다. 이와 같이 미국이 두차례에 걸쳐 한국의 보험시장을 제301조에 의거하여 제소하였던 이유는 당시 서비스시장의 개방문제가 본격적으로 다자간 협상을 통해 논의되고 있지 못하였던 현실을 반영하는 것이었다.

미 무역대표부에 의한 한국보험시장에 대한 제301조 조사는 1986년 8월로 종결되지만 1988년 3월에 이르기까지 세 차례에 걸친 협상을 통해 한국의 보험시장은 더욱 개방되기에 이른다. 주요 합의내용을 살펴보면 우선 1차 협상을 통해 미국 손해보험회사의 화재보험풀 참여를 허용하였으며, 1986년 말까지 미국 생명보험회사의 1개 국내지점 설치를 허용하였다. 2차 협상에서는 1988년 1월까지 미국 보험회사의 국내시장진출을 위한 기준을 확정하기로 하였으며, 3차 협상의 결과 합작 생명보험회사의 설립기준이 마련되었다. 즉 기존 생명보험회사의 참여를 배제하고 15대 재벌기업의 50% 미만 지분참여를 허용하는 형태로 미국 보험회사의 국내진출이 허용되었다. 이후 생명보험회사를 중심으로 합작투자가 활성화되었다. 우루과이서비스협상이 본격화되면서 미국은 제301조를 무기로 한 쌍무적 협상보다는 다자간 차원의 협상을 통해 한국의 보험시장접근을 확대하는 전략을 강구하였다.

참고문헌

[국내문헌]

강경훈 외 2인, 최신 무역학개론, 두남, 2007.

강문성, "한·미 FTA의 경제적 효과", KIEP, 2004.

강문성·김양희·김흥종·권경덕·이종화·정인교, "거대경제권과의 FTA 평가 및 정책과제", KIEP 정책연구 04-11, 2004.

강문성·김원호·박순찬·전종규·권기수·김진오·나수엽, "미주자유무역지대(FTAA)의 협상 동향과 경제적 효과 분석", KIEP 정책연구 03-11, 2003. 12.

강용찬, 무역법규, 형설출판사, 1997.

강이수, 국제거래분쟁론, 삼영사, 1999.

강이수, 신국제통상론, 삼영사, 2007.

강인수 외 7인, 국제통상론, 박영사, 1998.

고우복, 관세이론과 통관실무, 도서출판 두남, 1999.

고준성, WTO 시애틀 각료회담의 결과 및 뉴라운드 전망, 통상법률, 법무부, 2000. 2.

곽동철 외, "아날로그 체제하의 디지털무역", 통상법률, 131, 2016.

권영민, "WTO 분쟁해결의 형평성", 국제통상학회, 국제통상연구, Vol.13, No.1, 2008.

권영민, "WTO체제 출범 이후의 무역분쟁 추이분석 및 사례연구", 한국경제연구원, 1998. 4.

김관호·김인배·송유철·이호생, "WTO 주요논의 동향과 대응과제", 대외경제정책연구원, 1997. 12.

김기수(편), WTO와 반덤핑관세, 세종연구소, 1995.

김도훈 외 6인, WTO의 평가와 신통상이슈, 산업연구원, 1996. 12.

김상겸, "APEC 주요국의 교역구조와 자유화의 경제적 효과", 대외경제정책연구원, 1996.

김선광 외, 국제통상학개론, 동성사, 1996.

김성준, WTO법의 형성과 전망, 삼성출판사, 1996.

김성훈, 뉴라운드 농산물 협상의 과제, 통상법률, 법무부, 2000. 2.

김세영·박영기, "한·미 FTA 체결에 따른 문제점과 해결방안", 한국무역학회 2005년 춘계학술발표대회 발표자료, 2005. 4.

김세영·박영기, "한·미투자협정의 난제와 제언", 한국관세학회, 관세학회지, 제6권 제2호, 2005. 5.

김세영·신상식, FTA 확산과 한국의 대응, 도서출판 두남, 2003.

김세원, "동북아 경제권의 의의와 발전방향", 경영논총, 제39편, 고려대학교 경영대학, 1995. 8.
김시경, 최신무역학개론, 삼영사, 1998.
김완순, "APEC의 개방적 지역주의", 통상법률, 법무부, 1995. 8.
김완순・한복연, 국제경제기구론, 박영사, 1998.
김인수 외, 국제통상론, 박영사, 1998.
김호철, "WTO DDA 최근 협상동향과 전망", 통상법률 127, 2016. 2.
김한균 외 5인, 국제통상학원론, 도서출판 두남, 1999.
김희일, 글로벌전략과 국제통상, 무역경영사, 2005.
김희주・홍석일, 아세안의 도전, 산업연구원, 1995.
김희철・이신규, 국제무역의 이해, 도서출판 두남, 2000.
남상열, "UR협정 이후 공산품 관세인하와 시사점", 대외경제정책연구원, 2000.
남종현, "지역주의와 WTO", 세계경제와 국제통상, 무역경영사, pp.36-37.
노택환, 국제통상정책론, 박영사, 2008.
농협중앙회, GATT와 농산물 교역, 1991. 12.
대외경제정책연구원, WTO출범과 신교역질서, 1994.
대외경제정책연구원, 아・태경제협력의 신구상, 1995.
대외경제정책연구원, OECD 가입과 분야별 평가와 과제, 1996. 11.
대한무역투자진흥공사, 구주통상정보, 각호.
대한무역투자진흥공사, 북미자유무역협정과 우리의 대응, 1994.
대한상공회의소, "WTO 신통상의제 논의동향과 기업의 대응", 1998. 10.
도중권・라공우, 대외무역법, 도서출판 두남, 1999.
박광서 외 4인, 세계화와 현대경제, 도서출판 두남, 1999.
박노형, GATT의 분쟁해결사례연구, 박영사, 1995.
박노형, WTO체제의 분쟁해결제도 연구, 박영사, 1995.
박명섭, 국제통상의 이해, 형설출판사, 2007.
박번순, "세계 FTA 경쟁과 한국의 선택", CEO Information, 삼성경제연구소, 2004.
박번순, 한국의 FTA 전략, issue paper, 삼성경제연구소, 2003.
박선희, "신지역주의와 아셈", 한국유럽학회, 유럽연구, Vol.25, No.3, 2007.
박영기, 전자전송물과 관세, 한국학술정보, 2006.
박원암, OECD가입과 자본자유화, 한국개발연구원, 1996.
박종수, 관세법, 법문사, 1998.
박종수, 국제무역의 이해, 도서출판 두남, 1998.
박종수, 국제통상무역관리, 삼영사, 1997.
박종수, 국제통상정책, 백산출판사, 2007.
박형래, 국제무역개론, 도서출판 두남, 2001.
박형래, 국제무역환경의 이해, 도서출판 두남, 2001.
박형래, 사례로 보는 WTO와 무역마찰의 이해, 도서출판 두남, 2005.

박형래·라공우, 관세론, 도서출판 두남, 2005.
박형래·박영기, 국제경제와 무역의 이해, 도서출판 두남, 2005.
박형래·박영기, 국제무역환경론, 도서출판 두남, 2004.
박형래·박영기, 산업피해구제와 대외무역법, 도서출판 두남, 2006.
배종하, "WTO 차기농업협상의 쟁점과 전망", 통상법률, 법무부, 1999. 10.
법무부, UR협정의 법적 고찰(상)·(하), 법무부, 1994.
산업자원부, 산업자원뉴스 : 보도자료
서근태 외 5인, 국제통상론, 박영사, 1999.
서정두, 국제통상법, 삼영사, 1998.
서헌제, 통상문제와 법, 율곡출판사, 1994.
설영기, 국제통상의 이해, 보명Books, 2007.
설영기, 국제통상학개론, 법경사, 1997.
성일석, 국제통상의 이해, 교우사, 2003.
손병해, 경제통합론, 법문사, 1995.
송용종, "무역-환경 연계가 국제무역에 미치는 영향과 우리의 대응방안", 산업경제연구, 제12권 6호, 한국산업경제학회, 1999. 11.
송유철, "WTO 차기 농산물협상과 우리의 대응과제", 대외경제정책연구원, 1999.
신경환 외 2인, 세계화와 국제통상, 도서출판 두남, 1998.
신동수, 관세법, 법경사, 1997.
신동수, 대외무여법, 법경시, 1997.
신유균, 신교역질서와 한국의 선택, 한국무역경제, 1997.
신유균, WTO체제와 주요국의 반덤핑제도, 한국무역경제, 1995.
신유균, WTO체제와 주요국의 세이프가드제도, 도서출판 두남, 1997.
신한동, "국제환경규범과 무역연계", 무역상무연구, 제12권, 한국무역상무학회, 1999.
안상욱, "동아시아-유럽연합, 북아메리카-동아시아의 관계 발전과 동향", 아태쟁점과 연구, 2008, pp.90-94.
여영현, "WTO 농업협상의 쟁점과 대응전략", 농림부, 1999.
여택동 외 2인, 국제통상과 WTO, 율곡출판사, 2003.
왕상한, 뉴라운드와 전자상거래, 법무부, 2001. 1.
외교통상부, "농업협상 동향 및 대응방안", 세계무역기구과, 2000. 5.
외교통상부, "미래를 향한 WTO", 세계무역기구담당관실, 1995. 10.
외교통상부, "시애틀 WTO 각료회의 결과와 향후 대응방안", 1999. 12.
외교통상부, "아세안 개황", 1996.
외교통상부, 우리나라의 FTA 추진, 자유무역협정국 자료.
외교통상부, 2000년 외국의 통상환경 보고서, 2000. 12.
외교통상부, "최근 국제무역질서 개편논의 동향과 우리의 대응방향", 조사국 국제무역팀, 2000. 4.
외교통상부, "투자보장협정", 통상정보지원팀, 2000. 12. 4.

외교통상부, "한·미/한·일 투자협정의 추진배경 및 효과", 2000. 12.

외교통상부, "WTO 뉴라운드협상 논의동향 및 대응방향", 세계무역기구과, 2000. 5. 31.

외교통상부, "WTO 뉴라운드협상 논의동향(2000-17)', 통상교섭본부, 2000. 10. 12.

외교통상부, WTO 바로알기, 2000.

외교통상부, "WTO와 뉴라운드 협상", 1999. 11.

외교통상부, WTO 이해하기, 2000.

외교통상부, WTO 협정해설 자료.

원용걸, "ASEAN 자유무역지대(AFTA)의 발전과정과 그 시사점", 대외경제정책연구원, 1996.

유장희, "지역주의와 다자주의의 연계 : 개방적 지역주의를 중심으로", 국제경제연구, 제1권 제1호, 1995.

윤미경, "WTO 뉴라운드에서 경쟁정책 국제규범화에 대한 논의와 한국에 대한 시사점", 통상법률, 법무부, 2000. 12.

윤영각, WTO시대의 반덤핑제도, 한송, 1995.

이광은, "국내환경마크제도와 WTO/GATT 체제", 통상법률, 법무부, 1999. 10.

이남구, 국제지역경제, 무역경영사, 1989.

이성봉, "WTO 뉴라운드와 투자", 대외경제정책연구원, 1999.

이신규, "환경보호를 위한 국제통상 규제의 적합성", 무역상무연구, 제12권, 한국무역상무학회, 1999.

이장로·문희철, 무역개론, 무역경영사, 2000.

이재기, 국제통상환경론, 청목출판사, 2005.

이종원 외 3인, 국제지역경제, 비봉출판사, 1996.

이호생, "무역과 환경 : GATT/WTO의 논의", 대외경제정책연구원, 1995.

임정빈, "WTO출범 이후의 농산물 무역분쟁과 정책대응", 농촌경제연구원, 2000.

임홍재, "OECD 부패방지협약", 통상법률, 법무부, 1998. 8.

장병기 "세계화와 유럽통합", 한국EU학회, EU학 연구, Vol.10, No.1, pp.14-17.

정상국, 국제통상협상론, 두남, 1999.

정상조, "WTO체결 이후의 지적재산권문제", 통상법률 제14호, 1997.

정영진, "개방형 다자무역질서와 새우-바다거북 WTO 항소심 패널판정", 통상법률, 법무부, 2000. 2.

정인교, "뉴라운드 공산품 관세인하방식의 모색", 대외경제정책연구원, 1999.

정인교, "미국 FTA 정책의 전개와 시사점", KIEP, 1999.

정인교, "지역무역협정의 확산과 한국의 대응방안", 대외경제정책연구원, 1998. 12.

정인교, "한·미 FTA의 주요 이슈와 경제적 효과", KIEP·KITA·전경련 공동연구 제2차 FTA 세미나 발표자료, 2001. 12. 17.

정인교, "APEC 무역자유화의 경제적 효과", 대외경제정책연구원, 1996. 11.

정홍주, 국제통상의 이해, 문영사, 2007.

조영정, 국제통상법의 이해, 무역경영사, 2000.

조영정, 국제통상론, 법문사, 2003.
채욱, "UR반덤핑조치의 현황 및 효과와 뉴라운드 협상방향", 대외경제정책연구원, 1999.
최세형, 신국제통상론, 두남, 1999.
최원목, 국제통상법 기본자료집, 이화여자대학교 출판부, 2003.
한국무역위원회, 무역위원회 10년사 : 산업피해구제제도의 운용성과와 발전방향, 한국무역위원회, 1997. 7.
한국무역위원회(KTC), KTC Review, 각호.
한국무역위원회, 제도이용안내 : 산업피해구제제도안내, 한국무역위원회.
한국무역협회, 주요 선진국의 수입규제총람, 한국무역협회, 1998.
한국무역협회, 지역경제통합요람, 한국무역협회, 1994.
한국문화정책개발원, "한국 스크린쿼터의 현황과 발전방안에 대한 연구", 한국문화정책개발원, 2002.
한내희 외 2인, 한국의 산업별 무역분쟁 사례, 포스코경영연구소, 1999.
한철수, 서비스산업 개방과 WTO, 비봉출판사, 1994.
한홍렬, "주요 선진국 무역규제의 불공정성에 관한 연구", 대한무역투자진흥공사, 1996. 12.
한홍렬, "WTO 원산지규정 협상의 현황과 전망", 통상법률, 제20호, 법무부, 1999. 10.
한홍열, "WTO출범과 신교역질서", 대외경제정책연구원 원산지규정 정책연구, 92-05, 1994.
허태완, "EC의 TBR 분석 및 우리나라에의 도입 필요성에 관한 연구", 통상법률, 법무부, 1998. 8.

[국외문헌]

Anderson, Belina, "Unilateral Trade Measures and Environmental Protection Policy", *Temple Law Review*, Vol.66, 1993.
Anderson, K and H. Norheim, "Is world trade becoming more regionalized?", *Review of International Economics* 2, pp.91-109, 1993.
Bergsten, C. Fred and Marcus Noland, "Pacific Dynamism and the International Economic System", *Institute for International Economics*, Washington, D. C., 1993.
Bhagwati, J., "Jumpstarting GATT", *Foreign Policy*, Summer 1991.
Bhagwati, J., "Regionalism and multilateralism: an overview", in Melo, J. de and A. Panagariya(eds.), *New Dimenssions in Regional Integration*, Cambridge University Press, pp.22-51, 1993.
Bourgeois, Jacques H. J., *Subsidies and International Trade*, Kluwer Law and Taxation Publishers, 1991.
Bronckers, *Selective Safeguar Measures in Multilateral Trade Relations : Issues of Protectionism in GATT, European Community and United States Law*, Kluwer, Deventer and Boston, 1985.
Daniel C. Estsy, *Greening the GATT*, International Economic Institutes, 1994.

David Yoffice, *Power and Protectionism*, New York : Columbia Univ. Press, 1983.

De la Torre, Augusto and Margaret R. Kelly, "Regional Trade Arrangement", *Occasional Paper 93*, IMF, 1992.

Doz Y. and Hamel G., *The Competitive Logics of Strategic Alliances*, New York : Free Press, 1993.

Frank W. S. Kenneth R. R., L. B. Wenger, *World Trade without Barriers*, Vol. I, Vol. II, Michie Butterworth Law Publishers, 1995.

French, H. F., *Costly Trade offs : Reconciling Trade and the Environment*, Worldwatch, 1993.

GATT, *Guide To GATT Law and Practice*, GATT, 1994.

GATT Secretariat, *The Result of the Uruguay Round of Multilateral Trade Negotiations*, June, 1994.

Geiger Till and Kennedy Dennis ed., *Regional Trade Blocks, Multinational and the GATT*, London : PINTER, 1996.

Green, Milford and Mcnaugton, ed., *The Location of Foreign Direct Investment*, Brookfield : Avebury Ashgate Publishing Ltd., 1996.

Grilli, E., "Regionalism and Multilateralism : Conflict or Coexistence?", in Regionalization and Globalization in the World Economy, Center for International Cooperation and Development, pp.31-64, 1993.

Hitiris, T., *European Community Economics*, 2nd ed., St. Martin's Press, 1991.

Hoekman, B. and Kostecki, M., *The Political Economy of the World Trading System : From GATT to WTO*, Oxford University Press, 1995.

Hufbauer, G. and J. Schott, *North American Free Trade : Issue and Recommendations*, Washington, D. C., 1992.

ITC, *The Economic Effects of Antidumping and Countervailing Duty Orders and Suspension Agreements*, June 1995.

Jeffery J. Schott, "Assessing US FTA Policy", in Shott(eds.), *Free Trade Agreements : US Strategies and Priorities*, IES, 2004.

Jeffery J. Schott, *WTO 2000 : Setting the Course for World Trade*, Washington, D. C., Institute for International Economics, 1996.

Jeffery J. Schott(ed.), *The World Trading System : Challenges Ahead*, International Economic Institutes, 1996.

John H. Jackson, Willam J. Davey, Alan O. Sykes, Jr., *Legal Problems of International Economics Relations*, West Publishing Co., 1995.

John Whalley, Collin Hamilton, *The Trading System after the Uruguay Round*, International Economic Institutes, 1996.

John Zysman and Laura Tyson, *American Industry in International Competition*, Ithaca :

Cornell Univ. Press, 1984.

KIEP, "The Asia-Europe Meeting : A New Dynamism from a Renewed Linkage", The 6th KIEP/FES International Seminar, December 4, 1996.

Kim, Young Han, "The Optimal Path of Regional Economic Integration between Asymmetric Countries in the North East Asia", 한국관세학회 추계학술대회 발표논문집, 2004. 11. 27.

Krishna, Pravin, "Regionalism and Multilateralism: A Political Economy Approach", *The Quarterly Journal of Economics*, February 1998.

LEE, Tsao Yuan, "The ASEAN Free Trade Area : The Search for a Common Prosperity", *Asian-Pacific Economics Literature*, Vol.8, No.1, May 1994.

Lewicki, R. Z., *Regionalism, Multilateralism, and Deeper Integration*, Brookings Institution, 1996.

McConnell, J. and A. MacPherson, "The North American Free Trade Area : An Overview of Issues and Prospects", in *Continental Trading Blocs : The Growth of Regionalism in the World Economy*, eds. by R. Gibb and W. Michalak, John Wilcy & Sons Ltd., pp.163-187, 1994.

Mcdonald, Janet, "Trade and Environment : Greening the GATT", *Environmental Law*, Vol. 23, 1992.

Paul, Hastings, Janfsky & Walker, *North American Free Trade Agreement*, Matthew Bender, 1993.

Paul Waer and Edwin Vermulst, "EC Anti-dumping Law and Practice after Uruguay Round", *Journal of World Trade*, Vol.28, No.2, pp.5-21, 1994.

Sager, M., "Regional trade agreements: their role and the economic impact on trade flows", *The World Economy*, pp.239-252, 1997.

Sampson, G., "Compatibility of Regional and Multilateral Trading Agreements : Reforming the WTO Process", *American Economic Review*, May 1996, 86(2), pp.88-92.

Slope, Peter B. and Blowers, Andrew(ed.), *Environmental Problems as Conflicts of Interest,* Arnold, 1996.

Stewart, Terence P., *The GATT Uruguay Round : A Negotiating History*, Kluwer Law and Taxation Publishers, 1993.

The International Agricultural Trade Research Consortium, "Implementation of the Uruguay Round Agreement on Agriculture and Issues for the Next Round of Agricultural Negotiations", 1997.

Thomas V. Vakerics, David I. Wilson, Kenneth G. Weigel, *Antidumping, Countervailing Duty, and Other Trade Actions*, Practical Law Institute, 1994.

Thurow, L. C., "Needed : A New System of Intellectual Property Rights", *Harvard Business Review*, pp.95-103, 1997.

UN(1998), *Bilateral Investment Treaties in the Mid-1990s.*

UN, *World Investment Report 1992-1998.*

UNCTAD, *Trade and Development Report*, 1995.

USITC, "The Pros and Cons of Entering into Negotiations on Free Trade Agreements with Taiwan, the Republic of Korea, ASEAN, or the Pacific Rim Region in General," Report to the Senate Committee on Finance, Publication 2166, Washington, D.C. : USITC, 1989.

USITC, "U.S.-Korea FTA : The Economic Impact of Establishing a Free Trade Agreement between the United States and the Republic of Korea", Investigation, No.332-425, USITC Publication, No.3452, Washington, D.C. : USITC, 2001.

USTR, *1993 Trade Policy Agenda and 1992 Annual Report*, 1993. 3.

Vousden, N., *The Economics of Trade Protection*, Cambridge, U. K. : Cambridge University Press, 1990.

Walters, R. and D. Blake, *The Politics of Global Economic Relations*, Prentice Hall, 1992.

Yamazawa, I., "Recent Developments in APEC : Issues and Prospects", 6th Annual East Asian Seminar on Economics, NBER, KDI, June 15-17, 1995, Seoul, Korea.

대외경제정책연구원 http://www.kiep.go.kr

디지털말 http://www.digitalmal.co.kr

문화체육관광부 http://www.mcst.go.kr

지식경제부 http://www.mke.go.kr

삼성경제연구소 http://www.seri.org

세계무역기구 http://www.wto.org

스크린쿼터문화연대 http://screenquota.org

연합뉴스 http://www.yonhapnews.net

영화진흥위원회 http://www.kofic.or.kr

외교통상부 http://www.mofat.go.kr

외교통상부 자유무역협정국 http://www.fta.go.kr

한국무역위원회 http://www.ktc.go.kr

찾아보기

[국문]

[영문]

| 저자소개 |

박형래

- 동아대학교 법경대학 무역학과 졸업(경영학사 1979)
- 고려대학교 대학원 무역학과 석사과정 졸업(경영학 석사 1981)
- 고려대학교 대학원 무역학과 박사과정 졸업(경영학 박사 1988)
- 고려대학교 경영대학 강사 및 고대기업경연연구소 연구원(1984~1988)
- 강릉대학교 기획연구처장(1997~98)
- 영국 Oxford University, Wolfson College, Vsiting Scholar(1997)
- 미국 University of Colorado-Boulder, Visiting Scholar(200~2003) : LG연암문화재단 해외연구교수 지원
- 일본 후쿠이 현립대학교 연구교수(2001)
- International Atlantic Economic Society, Member(1999~2004 현재)
- 현, 강릉대학교 사회과학대학 무역학과 교수
  한국관세학회장(2010), 한국무역통상학회장(2014), 한국무역학회 부회장 및 한국무역학회 편집위원장
  국무총리실 조세심판원 심판관(관세심판부 비상임, 2011년~현재)
  기획재정부 관세심의위원회 심의위원(2012~현재), 기획재정부 국세예규심의위원회 심의위원(2012~현재)
  기획재정부 조세개혁추진위원회 심의위원(2012~현재)
  지식경제부 무역위원회 정책평가 위원(2003~2005)
  법제처 전문심리위원(경제 · 기업/국제거래/반덤핑업무 분야), 2008~현재
  관세청 관세행정발전심의위원회 위원(2009~2010)
  관세청 관세심사위원회 심의위원(2013~현재)
  관세청 9급, 7급 공무원 공개시험 출제위원 및 선정위원, 관세청 5급 승진시험 출제위원, 행정고등고시 출제위원
  관세사 시험 출제 및 선정위원

[주요 저서]
- 관세론, 도서출판 두남, 2006
- 세계경제와 국제통상(공저), 무역경영사, 2001
- 산업피해구제와 대외무역법, 도서출판 두남, 2009
- 국제무역환경론, 도서출판 청람, 2010
- 국제무역개론, 도서출판 청람, 2010
- 국제통상분쟁사례의 이해, 도서출판 청람, 2010

[주요 논문]
- 수입경쟁성과와 산업의 조정속도에 관한 실증적 연구 : 한국무역학회, 무역학회지 1994
- "Strategic Trade Policy under Imperfect Competition" : Journal of Youngdong Industrial Research, KNU 1995
- "Measuring the Impact of Economic Integration" : Journal of Youngdong Industrial Research, KNU 1996
- 무역구조와 생산구조조정과의 연계성에 관한 연구 : 한국무역학회, 무역학회지 1995
- 시장개방에 반응한 산업의 조정과정과 조정속도 결정요인에 관한 실증적 연구 : 한국무역학회, 무역학회지 1996
- 무역위원회의 긴급수입제한조치, 반덤핑관세, 상계관세조치의 의사결정과정에 관한 실증적 연구 : 한국무역학회, 무역학회지 1996
- 불완전경쟁하의 무역정책 효과에 관한 실증적 연구 : 한국무역학회, 무역학회지 1999
- WTO협정과 농산물협상의 쟁점에 관한 연구, 한국관세학회, 관세학회지 2000
- 국제무역요인의 시장성과에 관한 실증적 연구, 한국무역학회, 무역학회지 2001
- WTO국제규범과 우리나라 반덤핑제도와의 조화, 한국관세학회, 관세학회지 2001외 40여 편
- 다자간 투자규범과 개도국의 정책과제, 국제경영학회, 말레이시아 국제학술대회 2001년
- USITC의 대아시아 개도국 반덤핑, 상계관세조치의 의사결광과정에 관한연구, 한국무역학회, 무역학회지 2004.
- 전자적 형태의 무체물 국제인터넷거래의 관세부과 쟁점과 과세모델, 2007
- 국가별 지적재산권 보호 수준 결정 요인에 대한 실증 분석, 국제통상학회 국제통상연구 2007
- 기초원재료납세증명서의 과다 발급 시 추징 전 정정의 가능성 여부에 대한 연구, 한국관세학회, 관세학회지 2009. 12
- 주요국의 주기적 신고제도 및 신고세관 선택제도 도입실태 연구, 한국관세학회, 관세학회지 2010
- WCO 교토협약의 주기적 신고제도 및 신고세관 선택제도에 관한 고찰, 한국관세학회, 관세학회지 2010. 5
- 탄력관세제도 효과 제고와 새로운 관세율제도 도입가능성 연구, 조세연구원 2012. 8
- 기능단위기계 품목분류 실무상의 유의점에 관한 연구, 한국관세학회, 관세학회지 2013. 5
- HS품목분류 결정요소와 법적 지위에 관한 고찰, 한국무역통상학회, 무역통상학회지 2013. 9
- 국제무역거래에 있어서 품목분류의 난해성에 관한 연구, 한국관세학회, 관세학회지 2014. 2
- The Effects of Foreign Antidumping on the Value of Korean Firms, The Journal of Customs and Trade, Korea Research Society for Customs, 2009
- A Study on the Optimal Passenger's Inspection Ratio, The Journal of Customs and Trade, Korea Research Society for Customs, 2009
- Korea's Alternatives for the Korea-China-Japan FTA and Regional Comprehensive Economic Partnership Negotiations, KRAIC, Journal of Trade and Commerce, 2013. 4 외 다수

국제통상환경론

2019년 3월 10일 1판 1쇄 인쇄
2019년 3월 15일 1판 1쇄 발행

저　자 | 박형래
발행인 | 이수영
발행처 | 도서출판 청람
서울시 마포구 독막로 288(대흥동, 세양상가 109호)
TEL | 02)3272-2601~2
FAX | 02)3272-2603
E-mail | crbooks@daum.net
홈페이지 | http://www.crbooks.co.kr
등록 | 2000년 8월 26일 제6-0509호

ISBN 978-89-5972-695-0 93320 [정가 28,000원]